GEOGRAPHISCHER JAHRESBERICHT · BAND LXII und LXIII (Doppelband)

Geographisches Institut
der Universität Kiel
ausgesonderte Dublette

Inv.-Nr. A.20318

Geographischer Jahresbericht aus Österreich

LXII. und LXIII. BAND (Doppelband)

BEITRÄGE ZUR HUMANGEOGRAPHIE UND ENTWICKLUNGSFORSCHUNG

HERAUSGEGEBEN VOM VORSTAND DES
INSTITUTS FÜR GEOGRAPHIE UND REGIONALFORSCHUNG
DER UNIVERSITÄT WIEN

HELMUT WOHLSCHLÄGL

SCHRIFTLEITUNG
NORBERT WEIXLBAUMER

INSTITUT FÜR GEOGRAPHIE UND REGIONALFORSCHUNG
DER UNIVERSITÄT WIEN
2007

Bibliografische Information der Deutschen Bibliothek

Die Deutsche Bibliothek verzeichnet diese Publikation in der Deutschen National-
bibliografie; detaillierte bibliografische Daten sind im Internet über
<http://dnb.ddb.de> abrufbar.

ISBN 978-3-900830-62-5
ISSN 0376-1738

Alle Rechte vorbehalten

© 2007 by Institut für Geographie und Regionalforschung der Universität Wien
A-1010 Wien, Universitätsstraße 7
Satz und Offsetdruck:
Ferdinand Berger & Söhne Gesellschaft m.b.H., A-3580 Horn
Printed in Austria

Inhaltsverzeichnis

	Seite
Vorwort zum 62. und 63. Band (Doppelband)	7

Beiträge zur Humangeographie und Entwicklungsforschung

STEINICKE, ERNST und STEFKA VAVTI: Ethnischer Wandel im Kanaltal – Deutsche und Slowenen zwischen Abwanderung und Intermarriage.	9
PICHLER-KOBAN, CHRISTINA, WEIXLBAUMER, NORBERT, MAIER, FRANZ und MICHAEL JUNGMEIER: Die österreichische Naturschutzbewegung im Kontext gesellschaftlicher Entwicklungen	27
LIEB, GERHARD KARL: Vom Klimawandel beeinflusste Naturprozesse im Hochgebirge als potenzielle Gefahren für Freizeitaktivitäten – qualitative Überlegungen mit Beispielen aus den Hohen Tauern	79
HUSA, KARL und HELMUT WOHLSCHLÄGL: Der Alterungsprozess der Bevölkerung in Ost- und Südostasien: die neue demographische Herausforderung des 21. Jahrhunderts?	95
NISSEL, HEINZ: Der Kampf um Lebensraum in den Megastädten Indiens	131
SPREITZHOFER, GÜNTER: „New Towns & Old Kampungs" – Metro-Jakarta zwischen Macht und Marginalität.	157
TRUPP, ALEXANDER: Ethnotourismus in Nordthailand: Perspektiven der Akha und Karen, dargestellt am Beispiel zweier touristisch unterschiedlich entwickelter Hilltribedörfer.	185
ASSHEUER, TIBOR: Proaktives Katastrophen-Management und die Rolle der NGOs – am Beispiel von Überschwemmungen im ländlichen Bangladesh	215

Arbeitsberichte der Institute für Geographie in Österreich 2003

I. Institut für Geographie und Regionalforschung der Universität Wien	233
A. Habilitationen, Dissertationen und Diplomarbeiten	234
B. Wissenschaftliche Veröffentlichungen.	254
C. Veranstaltungen	263
D. Gastprofessuren 2003	265
II. Institut für Geographie und Raumforschung der Universität Graz	267
A. Habilitationen, Dissertationen und Diplomarbeiten	267
B. Wissenschaftliche Veröffentlichungen.	271
C. Veranstaltungen	273
III. Institut für Geographie der Universität Innsbruck	275
A. Habilitationen, Dissertationen und Diplomarbeiten	275
B. Wissenschaftliche Veröffentlichungen.	278
C. Veranstaltungen	285
IV. Institut für Geographie und Angewandte Geoinformatik der Universität Salzburg	286
A. Habilitationen, Dissertationen und Diplomarbeiten	286
B. Wissenschaftliche Veröffentlichungen.	289
C. Veranstaltungen	294

V. Institut für Geographie und Regionalforschung der Universität Klagenfurt ... 295
    A. Habilitationen, Dissertationen und Diplomarbeiten 295
    B. Wissenschaftliche Veröffentlichungen. 301
    C. Veranstaltungen 303
VI. Institut für Wirtschaftsgeographie, Regionalentwicklung und Umweltwirtschaft der Wirtschaftsuniversität Wien 304
    A. Habilitationen, Dissertationen und Diplomarbeiten 304
    B. Wissenschaftliche Veröffentlichungen. 321
    C. Veranstaltungen 322

Arbeitsberichte der Institute für Geographie in Österreich 2004

I. Institut für Geographie und Regionalforschung der Universität Wien 323
    A. Habilitationen, Dissertationen und Diplomarbeiten 324
    B. Wissenschaftliche Veröffentlichungen. 336
    C. Veranstaltungen 347
    D. Gastprofessuren 2004 348
II. Institut für Geographie und Raumforschung der Universität Graz 350
    A. Habilitationen, Dissertationen und Diplomarbeiten 350
    B. Wissenschaftliche Veröffentlichungen. 354
    C. Veranstaltungen 357
III. Institut für Geographie der Universität Innsbruck 359
    A. Habilitationen, Dissertationen und Diplomarbeiten 359
    B. Wissenschaftliche Veröffentlichungen. 369
    C. Veranstaltungen 375
IV. Geographische Abteilungen des Fachbereichs Geographie, Geologie und Mineralogie der Universität Salzburg 377
    A. Habilitationen, Dissertationen und Diplomarbeiten 377
    B. Wissenschaftliche Veröffentlichungen. 379
    C. Veranstaltungen 384
V. Institut für Geographie und Regionalforschung der Universität Klagenfurt ... 386
    A. Habilitationen, Dissertationen und Diplomarbeiten 386
    B. Wissenschaftliche Veröffentlichungen. 394
    C. Veranstaltungen 395
VI. Institut für Wirtschaftsgeographie, Regionalentwicklung und Umweltwirtschaft der Wirtschaftsuniversität Wien 397
    A. Habilitationen, Dissertationen und Diplomarbeiten 397
    B. Wissenschaftliche Veröffentlichungen. 411
    C. Veranstaltungen 412

Vorwort zum 62. und 63. Band (Doppelband)

In den letzten Bänden des Geographischen Jahresberichts standen ausgewählte wissenschaftliche Arbeiten der österreichischen Institute für Geographie (Band 55 und Band 60/61: das Wiener Institut; Band 56: die Institute in Salzburg und Innsbruck; Band 57: die Institute in Graz und Klagenfurt; Band 58: das Institut an der Wirtschaftsuniversität Wien) oder – in einem „Rundblick" – eine Auswahl von Forschungsberichten von jüngeren im Ausland tätigen österreichischen Wissenschaftlerinnen und Wissenschaftlern (Band 59) im Mittelpunkt. Der vorliegende Doppelband ist durch eine andere thematische Ausrichtung charakterisiert, die durch das – inhaltlich sehr breite – Rahmenthema *„Beiträge zur Humangeographie und Entwicklungsforschung"* beschrieben werden kann.

Zum einen beinhaltet der Band Originalbeiträge, in denen sozial- und ethnogeographische sowie humanökologische Aspekte beleuchtet werden, zum anderen enthält er – gemäß einem der zentralen Arbeitsbereiche des Instituts für Geographie und Regionalforschung der Universität Wien – einen Asien-Schwerpunkt mit fünf Originalbeiträgen zu aktuellen räumlichen und soziodemographischen Entwicklungsproblemen in Südost- und Südasien. Folgende Forschungsberichte bilden demnach den diesjährigen Doppelband, zu dem Herausgeber und Schriftleiter den geschätzten Leserinnen und Lesern anregende Stunden wünschen und hoffen, dass der Inhalt ihr Interesse findet:

Der erste Beitrag stammt von einem bewährten interdisziplinären Forschungsteam des Instituts für Geographie der Universität Innsbruck. Die beiden Autoren, ERNST STEINICKE und STEFKA VAVTI, präsentieren Teilergebnisse des vom „Fonds zur Förderung der wissenschaftlichen Forschung" (FWF) finanzierten Projektes „Die Bedrohung der ethnischen Vielfalt im Kanaltal (Italien)". Neben theoretischen Grundlagen zur Thematik werden die demographische Entwicklung sowie das sprachräumliche Heiratsverhalten bei den Slowenen und Deutschen im Kanaltal unter folgendem Leitthema zur Diskussion gestellt: „Ethnischer Wandel im Kanaltal – Deutsche und Slowenen zwischen Abwanderung und Intermarriage."

Es folgt ein weiterer Artikel, der sich auf ein vor kurzem abgeschlossenes, vom Jubiläumsfonds der Oesterreichischen Nationalbank gefördertes Forschungsprojekt, diesmal in enger Zusammenarbeit mit dem Institut für Geographie und Regionalforschung der Universität Wien sowie dem Umweltdachverband, bezieht. Das Team um CHRISTINA PICHLER-KOBAN vom E.C.O. Institut für Ökologie in Klagenfurt hat sich unter anderem mit folgenden Fragestellungen auseinandergesetzt: Wie lässt sich die konzeptionelle Naturschutzgeschichte Österreichs skizzieren, wie können die Zusammenhänge zwischen gesellschaftlichen Entwicklungen und konkreten Naturschutzinstrumenten dargestellt werden, welche Standortbestimmung lässt sich für die aktuelle Naturschutzbewegung vornehmen? Der Titel des umfangreichen Beitrags von CHRISTINA PICHLER-KOBAN, NORBERT WEIXLBAUMER, FRANZ MAIER und MICHAEL JUNGMEIER lautet: „Die österreichische Naturschutzbewegung im Kontext gesellschaftlicher Entwicklungen."

Im dritten Beitrag des Doppelbandes geht es um ein weiteres hochaktuelles Thema, um den Klimawandel und seine Implikationen auf das Mensch-Umwelt-

System. Die zentrale Fragestellung der Studie von GERHARD KARL LIEB, Institut für Geographie und Raumforschung der Universität Graz, ist bereits aus dem Titel seines Beitrags deutlich ersichtlich: „Vom Klimawandel beeinflusste Naturprozesse im Hochgebirge als potenzielle Gefahren für Freizeitaktivitäten – qualitative Überlegungen mit Beispielen aus den Hohen Tauern."

Den darauf folgenden Asien-Schwerpunkt, der fünf Beiträge über aktuelle räumliche und soziodemographische Entwicklungsprobleme in Südost- und Südasien enthält, eröffnen KARL HUSA und HELMUT WOHLSCHLÄGL mit einer ausführlichen Studie zu einer Fragestellung, die, wie sie zeigen, nicht nur im demographisch „alten" Europa, sondern künftig auch in Ost- und Südostasien von zukunftsweisender Relevanz und Brisanz ist: „Der Alterungsprozess der Bevölkerung in Ost- und Südostasien: die neue demographische Herausforderung des 21. Jahrhunderts?"

Im nächsten Beitrag mit dem Titel „Der Kampf um Lebensraum in den Megastädten Indiens" erörtert HEINZ NISSEL die Problematik der Bevölkerungskonzentration und der enormen sozialen Disparitäten in den Megastädten des Subkontinents, die zum einen als „globalizing cities" eine dynamische, postmodern und neoliberal beeinflusste, bauliche und ökonomische Entwicklung aufweisen, während andererseits die weit verbreitete städtische Armut bei gleichzeitiger Marginalisierung großer Bevölkerungsteile düstere Szenarien der Zukunft für den „Kampf um Lebensraum" ergibt.

Thematisch daran anschließend beschäftigt sich GÜNTER SPREITZHOFER am Beispiel der Riesenagglomeration Jakarta mit Konfliktpotenzialen im metropolitanen Raum, mit Fragen der Regionalentwicklung und Landnutzung in Metro-Jakarta und mit den großen Disparitäten in den urbanen und suburbanen Lebensformen. Der Titel seines Beitrages ist: „New Towns & Old Kampungs – Metro-Jakarta zwischen Macht und Marginalität".

Ihm folgt der Artikel von ALEXANDER TRUPP: „Ethnotourismus in Nordthailand: Perspektiven der Akha und Karen, dargestellt am Beispiel zweier touristisch unterschiedlich entwickelter Hilltribedörfer." Dieser Beitrag präsentiert neben einer theoretischen Einleitung empirische Feldforschungsergebnisse aus zwei Hilltribe-Dörfern in Nordthailand, die im Rahmen einer am Institut für Geographie und Regionalforschung unter Betreuung von KARL HUSA verfassten Diplomarbeit gewonnen wurden.

TIBOR ASSHEUER geht abschließend, ebenso aufbauend auf Feldforschungsergebnissen, auf die Mitwirkungs- und Gestaltungsmöglichkeiten von „Nongovernmental Organisations" (NGOs) in Katastrophenregionen Bangladeschs ein. Sein Titel: „Proaktives Katastrophenmanagement und die Rolle der NGOs – am Beispiel von Überschwemmungen im ländlichen Bangladesch. Erste Ergebnisse eines Forschungsaufenthalts im Sommer 2006."

Der zweite Teil dieses Doppelbandes ist – so wie in den früheren Bänden auch – den *Arbeitsberichten der Institute für Geographie in Österreich* gewidmet, wobei der Schwerpunkt auf einer Dokumentation der Habilitationen, Dissertationen und Diplomarbeiten, der Publikationen im Rahmen der Schriftenreihen der Institute, der wissenschaftlichen Veröffentlichungen der Institutsmitglieder sowie ausgewählter Veranstaltungen liegt. In diesem Band sind die *Arbeitsberichte für die Jahre 2003 und 2004* enthalten.

NORBERT WEIXLBAUMER	HELMUT WOHLSCHLÄGL
Schriftleitung	Herausgeber

Ethnischer Wandel im Kanaltal – Deutsche und Slowenen zwischen Abwanderung und Intermarriage[1]

Ernst Steinicke und Štefka Vavti, Innsbruck[2]

Mit 5 Abb. und 1 Tab. im Text

Inhalt   Seite

1 Einleitung und Zielsetzung 9
2 Theoretische Grundlagen 12
3 Die demographische Entwicklung des Kanaltals und die nordfriulanische
   Entvölkerung.. 13
4 Sprachräumliches Heiratsverhalten bei den Kanaltaler Slowenen und Deutschen 17
   4.1 Zahlenmäßige Entwicklung.. 18
   4.2 Intermarriage im Bild narrativer Interviews: Bedrohung oder Normalfall?. 19
5 Fazit.. 23
6 Literatur 24

1 Einleitung und Zielsetzung

Während das wissenschaftliche Schrifttum über das viersprachige Kanaltal (ital. Valcanale)[3] bis in die 1980er-Jahre wenig umfangreich war (vgl. Steinicke 1984), ist dieser Altkärntner Grenzraum, der 1919 an Italien angegliedert wurde, in den vergangenen beiden Jahrzehnten immer stärker ins Blickfeld ethnischer Analysen gerückt. Eine Übersicht über bedeutende Studien bietet der von I. Šumi und S. Venosi im Jahr 1996 herausgegebene Sammelband, den gegenwärtigen Forschungsstand dokumentieren schließlich die Arbeiten, die im Rahmen des FWF-Forschungsprojektes „Die Bedrohung der ethnischen Vielfalt im Kanaltal (Italien)" vorgelegt wurden (v.a. Vavti 2005; Vavti und Steinicke 2006a; 2006b; Steinicke, Cirasuolo und Vavti 2006).

Die zuletzt genannten Studien erklären auch die heutige ethnisch-linguistische Struktur, wobei das Schwergewicht auf die Darstellung der beiden in ihrem Bestand bedrohten alteingesessenen Minderheitengruppen, den Slowenen und Deutschen, gelegt wird (Abb. 2):

---

[1] Der Beitrag präsentiert Teilergebnisse der Untersuchungen des derzeit laufenden Projekts des Österreichischen Wissenschaftsfonds (FWF; P16664-G03) „Die Bedrohung der ethnischen Vielfalt im Kanaltal (Italien)".

[2] Ao. Univ.-Prof. Mag. Dr. Ernst Steinicke und Dr. Štefka Vavti, beide: Institut für Geographie der Leopold Franzens-Universität Innsbruck, A-6020 Innsbruck, Innrain 52.

[3] Um den folgenden Text nicht zu überladen, werden für die topographischen Bezeichnungen des viersprachigen Kanaltals entweder die vor 1919 offizielle deutsche Version oder die heutigen amtlichen Ortsnamen (in Italienisch) verwendet. Ferner gelten sämtliche in dieser Arbeit verwendeten personenbezogenen Bezeichnungen auch in ihrer weiblichen Form.

- Ihre Zahl ist stark rückläufig. Lebten nach dem Zweiten Weltkrieg noch ca. 2.500 Altösterreicher (mit ihren Nachkommen) im Kanaltal, so waren Anfang der 1980er-Jahre dort noch rd. 1.600 autochthone Deutsch- und Slowenischsprachige feststellbar. Heute sind es etwa 1.000.
- Da sich in den agrarisch-orientierten, traditionell slowenischen Ortschaften die Umsiedlung nach Kärnten und in die Steiermark im Gefolge der Option von 1939 („Hitler-Mussolini-Abkommen") in einem bescheidenen Rahmen hielt, bilden die Alteingesessenen in Saifnitz und Uggowitz heute noch die Mehrheit innerhalb der Dorfbevölkerung. Im gesamten Kanaltal ist dadurch die Zahl der Slowenischsprachigen seit dem Zweiten Weltkrieg höher als jene der Deutschsprachigen.
- Zwar erlitt die Stadt Tarvis im Verhältnis die größten Umsiedlungsverluste, doch ist sie aufgrund der relativ hohen absoluten Zahl von Nichtauswanderern noch immer eines der wichtigsten deutschsprachigen Zentren im Kanaltal.
- Mit Ausnahme von Raibl (seit 1993) sind in allen traditionellen Ortschaften noch Alteingesessene anzutreffen.
- Sprachgrenzen sind im Kanaltal nicht streng topographisch aufzufassen. Es ist der Regelfall, dass sie mitten durch Familien ziehen, wobei in vielen alteingesessenen Familien häufig nur mehr die Älteren die deutsche bzw. slowenische Sprache beherrschen. Jugendliche verstehen zwar oft beide Sprachen passiv, sie sind aber nicht mehr in der Lage, sich in Deutsch oder Slowenisch ausreichend zu verständigen. Besonders nachteilig zeigt sich die ungünstige Altersstruktur in den traditionell deutschsprachigen Ortschaften. Hier wirken sich die vor über 20 Jahren prognostizierten, mit der Überalterung zusammenhängenden hohen Mortalitätsraten voll aus (STEINICKE 1984).

Abb. 1: Die ethnolinguistische Struktur im Kanaltal im 19. Jahrhundert
Quelle: STEINICKE (1998), modifiziert

Über die Aufteilung der romanischen Gruppe in Italiener und Friulaner bestehen dagegen keine vergleichbaren Untersuchungen. Hier muss man sich mit der Feststellung begnügen, dass im östlichen Kanaltal die Italiener (im ethnischen Sinn) und im Westen die Friulaner zahlenmäßig mit jeweils rd. 60 %

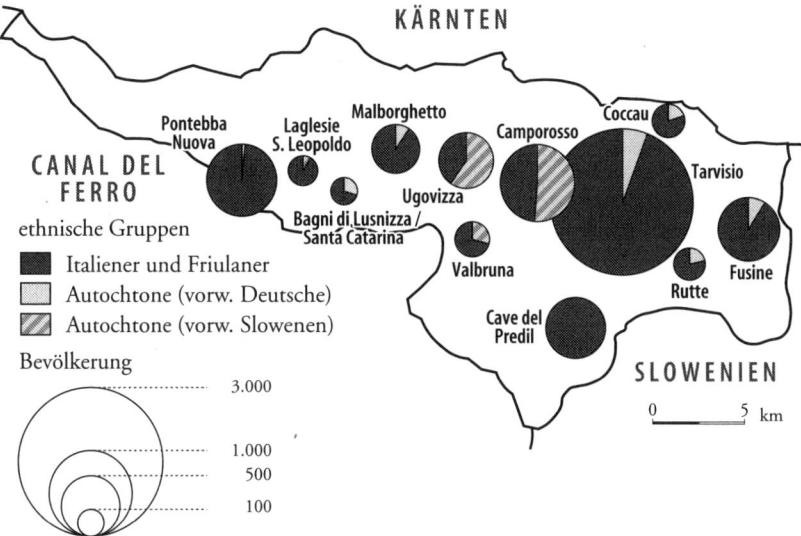

Abb. 2: Das heutige ethnolinguistische Kräfteverhältnis im Kanaltal (ohne ausländische Arbeitskräfte und Migranten)
Quelle: STEINICKE, CIRASUOLO und VAVTI (2006), modifiziert

überwiegen. In der Abbildung 2 kommt auch die im angesprochenen FWF-Projekt gewonnene Erkenntnis zum Ausdruck, dass es nicht den tatsächlichen Verhältnissen entspricht, die Kanaltaler Deutschen und Slowenen strikt als unterschiedliche Gruppen voneinander zu trennen. Das jahrhundertelange Ineinandersiedeln auf engem Raum, die Benachteiligung während der faschistischen Zeit, vor allem aber die Minderheitenstellung nach der Option sowie ein verstärktes Rückbesinnen auf die ethnopolitische Herkunft, das seit den Erdbebenereignissen von 1976 stattfindet, haben einen eigenen Identitätstyp hervorgebracht. So ist im Kanaltal die Gleichsetzung deutschsprachig = deutsch gesinnt und slowenischsprachig = slowenisch gesinnt nicht immer zutreffend. Die Problematik der ethnischen und regionalen Identität der Kanaltaler soll aber im vorliegenden Beitrag nicht im Einzelnen diskutiert werden (vgl. dazu VAVTI 2005).

In den nachfolgenden Abschnitten geht es um die Frage, wodurch der rasche zahlenmäßige Rückgang der alteingesessenen Kanaltaler gesteuert ist. Alle traditionellen deutschsprachigen Zentren (Abb. 1) – auch die Stadt Tarvis – sind vom Verschwinden der alteingesessenen Bevölkerung akut bedroht. In Raibl gibt es sie schon seit Beginn der 1990er-Jahre nicht mehr, in Pontafel (heute: Ostteil der Gemeinde Pontebba) wird Deutsch nur mehr in drei Haushalten gesprochen, und auch in zahlreichen anderen Orten ist ihre absolute Zahl verschwindend gering. Beispielsweise ist in Malborgeth die Zahl der deutschsprachigen Alteingesessenen seit 1980 von 60 auf 21 zurückgegangen (STEINICKE 1984, S. 61–64; eigene Erhebungen im Sommer 2004). Es war bereits die Rede von der vergleichsweise günstigeren Situation in den traditionell slowenischen Ortschaften. Dabei darf freilich nicht übersehen werden, dass auch der Erhalt dieser Minderheit stark bedroht ist. Das gilt in erster Linie für Leopoldskirchen (Gemeinde Pontebba) sowie auch für Wolfsbach (Gemeinde Malborghetto-Valbruna).

2 Theoretische Grundlagen

Im Unterschied zu den Verhältnissen in Südtirol, das nach dem Ersten Weltkrieg ein ähnliches politisches Schicksal hatte, ist man im Kanaltal mit einem schrumpfenden Siedlungsgebiet der beiden alteingesessenen Minoritäten konfrontiert. Für diese Regression von Territorium und Bevölkerungszahl können zwei Gründe ausgemacht werden: zum einen demographische Veränderungen, zum anderen fortschreitende Assimilierung an die Mehrheitsgruppen – also die Übernahme von kulturellen Mustern der Italiener und Friulaner, was letztendlich zur Aufgabe des Deutschen und Slowenischen und damit zum Sprachwechsel führt.

Ein Vergleich der slowenischen Siedlungsgebiete in Kärnten mit jenen der benachbarten friulanischen Slavia (Resiatal, Torre- und Natisonetäler in der Provinz Udine) gab Mitte der 1990er-Jahre zu erkennen, dass für den Rückgang der Zahl der Slowenen in Kärnten in erster Linie die Assimilation und in der Slavia die Entvölkerung verantwortlich war (STEINICKE 1995). Nicht zuletzt aufgrund einer völlig anderen Bevölkerungsentwicklung als im übrigen Nordfriaul (vgl. Kap. 3.1) ließ sich das Kanaltal dabei nicht eindeutig zuordnen.

Der Einfluss der Majorität auf die Minderheit erfolgt vor allem über die Kulturpolitik (Kindergarten, Schule, Massenmedien, Verwaltungssprache usw.), die kulturellen Traditionen der Mehrheitsbevölkerung und die Wirtschaft. Gegenüber den beiden zuerst genannten Bereichen machen sich hier räumliche Differenzierungen viel stärker bemerkbar. Sind ungeschützte Volksgruppen in einem wirtschaftlichen Aktivraum oder in einem Erschließungsgebiet beheimatet, so können Zuwanderer die ethnische Zusammensetzung entscheidend verändern. In strukturschwachen Regionen führt die Arbeitsplatzsuche vielfach zur Abwanderung junger Menschen und damit nicht nur zu quantitativen, sondern auch zu qualitativen Einbußen. Daneben bestehen weitere Faktoren, die eine Bereitschaft zur Assimilation erhöhen oder verringern können, wie zum Beispiel Verkehrserschließung und Kommunikation, die Lage zum kulturellen Kernland, Sprachverwandtschaft, dialektale Aufsplitterung, Kodifizierungsstand der Schriftsprache sowie moderne Trends in Sport und Musik.

Für die endgültige Assimilation der jüngeren Generation ist aber letztlich die sprachliche Herkunft der Erziehenden, also der Elternteile, ausschlaggebend. Sprechen beide die Minderheitensprache, so erwerben sie in der Regel auch die Kinder als Muttersprache – selbst bei ungünstigsten kulturpolitischen Bedingungen. Die größte Bedrohung für den Erhalt ethnischer Minderheiten sind deshalb sprachlich gemischte Ehen, in denen vorwiegend das Idiom der Mehrheit gepflegt und dieses auf die Kinder übertragen wird (STEINICKE 1986). In Minderheitenregionen erweisen sich solche Heiraten demnach als Hauptträger des Verschmelzungsprozesses mit der Majorität, wobei der Sprachwechsel nicht immer schon bei der nächsten Generation erfolgen muss. Die regionale (und damit ethnische) Herkunft der Ehepartner ist für den Fortbestand einer Minderheit von zentraler Bedeutung.

Bevölkerungsentwicklung und Assimilation stehen in Wechselwirkung zueinander und können nicht isoliert gesehen werden. Eine ethnogeographische Analyse, die sich mit dem Erhalt und Verfall von Minderheiten befasst, muss daher beide Kräfte berücksichtigen. Aus diesem Grund wird in vorliegender Studie zunächst die neue demographische Entwicklung im Kanaltal näher betrachtet. Darauf sollen die sprachlich gemischten Ehen („Intermarriage") als wichtigste Assimilationsdeterminante thematisiert werden.

Es erschien den Verfassern zweckmäßig, im vorliegenden Beitrag sowohl quantitative wie auch qualitative Arbeitstechniken zu verwenden. Neben der Auswertung des aktuellen Forschungsstandes gründet erstere auf der Analyse der amtlichen Statistik sowie auf Erhebungen in den kommunalen Meldeämtern. Der zweite Ansatz liegt im Bereich der qualitativen Sozialforschung. Anhand von 35 Befragungen, die zwischen 2004 und 2006 geführt wurden, sollen die sprachlichen Mischehen aus der Sichtweise der alteingesessenen Kanaltaler/innen beleuchtet werden. Die dargestellten Interviews präsentieren lediglich einen Auswertungsschritt der gesamten FWF-Studie, wobei auf die Kategorie „Heiratsbeziehungen" anhand entsprechender Aussagen eingegangen wird. Methodologie und spezielle Methodik dazu sind in der Publikation von S. VAVTI (2005) erläutert. An dieser Stelle nur soviel: Der methodologische Ansatz folgt der „grounded theory" (vgl. GLASER und STRAUSS 1967), als Erhebungstechnik wurde das narrative Interview gewählt (SCHÜTZE 1983).

3 Die demographische Entwicklung des Kanaltals und die nordfriulanische Entvölkerung

Zwischen 1925 und 1929 wurden die 13 traditionellen Kanaltaler Ortschaften (vgl. Abb. 1) in drei Großgemeinden – Tarvisio (Tarvis), Malborghetto-Valbruna (Malborgeth-Wolfsbach), Pontebba – vereinigt. Da sich die Gemeinde Pontebba neben den beiden Kanaltaler Dörfern Leopoldskirchen und Pontafel zum überwiegenden Teil aus altitalienischen Fraktionen zusammensetzt, ist das Kanaltal mit Hilfe von amtlichen demographischen und sozioökonomischen Strukturdaten nicht mehr richtig in seinen historischen Grenzen zu erfassen. Im Folgenden werden daher lediglich die zwei Gemeinden Tarvisio (1.1.2005: 5.021 Ew.) und Malborghetto-Valbruna (1.1.2005: 1.025 Ew.) berücksichtigt; Leopoldskirchen (heute ca. 120 Ew.) sowie Pontafel (ca. 700 Ew.) mit ihren wenigen slowenisch- bzw. deutschsprachigen Haushalten sind in den statistischen Betrachtungen nicht mehr enthalten.

Nirgendwo in den Alpen ist der Bevölkerungsrückgang in den letzten fünf Jahrzehnten stärker gewesen als in den friulanischen Berggemeinden (Montagna Friulana). Dort setzte ab 1951 eine Entvölkerung ein, die in manchen Talschaften die Einwohnerzahl bis zur Gegenwart mehr als halbierte (ZANINI 1964; ČEDE und STEINICKE 2007). Naturräumliche und agrarsoziale Ungunstfaktoren sowie der Mangel an Beschäftigungsmöglichkeiten im sekundären und tertiären Sektor waren die wesentlichen Ursachen für die hohen Emigrationsraten, die bis etwa 1970 das demographische Bild prägten („Friuli migrante", ZANINI 1964). Auch mit dem Abklingen dieses nordfriulanischen Abwanderungsphänomens in den 1970er-Jahren änderte sich die ungünstige Bevölkerungsentwicklung nicht. Die vorhergehenden Fortzüge hatten eine Überalterung hinterlassen, mit der wiederum steigende Sterbe- und sinkende Geburtenziffern einherschritten. Somit sind heute die ungünstigen biodemographischen Faktoren die entscheidende Größe für die abnehmenden Einwohnerzahlen geworden.

Das Kanaltal selbst bildete jedoch innerhalb der Montagna Friulana bis in die 1990er-Jahre eine der wenigen demographischen Ausnahmen. Durch die Umsiedlung und das unmittelbar darauf einsetzende Hereinströmen von jungen Friulanern aus den benachbarten Tälern ergab sich nach dem Zweiten Weltkrieg eine völlig andere Ausgangssituation. Nimmt man als Beginn des Vergleichs das Jahr 1951 (7.950 Ew.), so wuchs hier bis 1961 sogar die Bevölkerungszahl an – ganz im Gegensatz zu allen übrigen Talschaften Nordfriauls. Sie sank zwar im darauf folgenden Jahrzehnt geringfügig und pendelte sich in den 1980er-Jahren zwischen 7.000 und 7.100 ein. Der Erklärungsansatz für die im Vergleich zum übrigen Nordfriaul unterschiedliche Bevölkerungsentwicklung liegt in der Altersstruktur und damit in der günstigeren bevölkerungsbiologischen Voraussetzung im Kanaltal begründet. Bis Anfang der 1990er-Jahre lässt sich die demographische Situation folgendermaßen zusammenfassen (STEINICKE 1998, S. 274–276): Das Kanaltal erwies sich durch seine vielfältigen Arbeitsplatzmöglichkeiten im Tourismus und im Grenzhandel sowie zum Teil in der Industrie als attraktives Zuwanderungsgebiet für jüngere Altersgruppen. Bei den Fortzügen nahmen hingegen vorwiegend Vertreter der älteren Jahrgänge teil. Damit ist es zur Bildung einer wenig bodenständigen Schicht aus Friulanern und Italienern gekommen, denen die Gruppe der Deutschen und Slowenen mit einer viel schwächer ausgeprägten räumlichen Mobilität und auch einem wesentlich ungünstigeren Altersaufbau gegenüberstand.

Seit 1993 (7.056 Ew.) hat aber eine völlig andere Entwicklung eingesetzt: Das Kanaltal folgt nunmehr den demographischen Prozessen der Montagna Friulana und verliert dementsprechend kräftig an Einwohnern. Schloss in den Dekaden vorher die Geburtenbilanz immer positiv ab, so haben sich die bevölkerungsbiologischen Verhältnisse grundlegend verändert. Die eigenen Auswertungen in den Meldeämtern von Tarvis und Malborgeth ergaben für die Periode 1994–2005 eine Geburtenrate von 7,6/1.000 Ew. sowie eine Sterberate von 9,2/1.000 Ew. und damit einen Sterbeüberschuss von 1,6 Promille. Gemeinsam mit der Zunahme der Abwanderungen (Migrationsdefizit: 10,1 Promille), für welche allerdings die Gemeinde Tarvis die Hauptlast trägt, wird verständlich, dass das Kanaltal (ohne

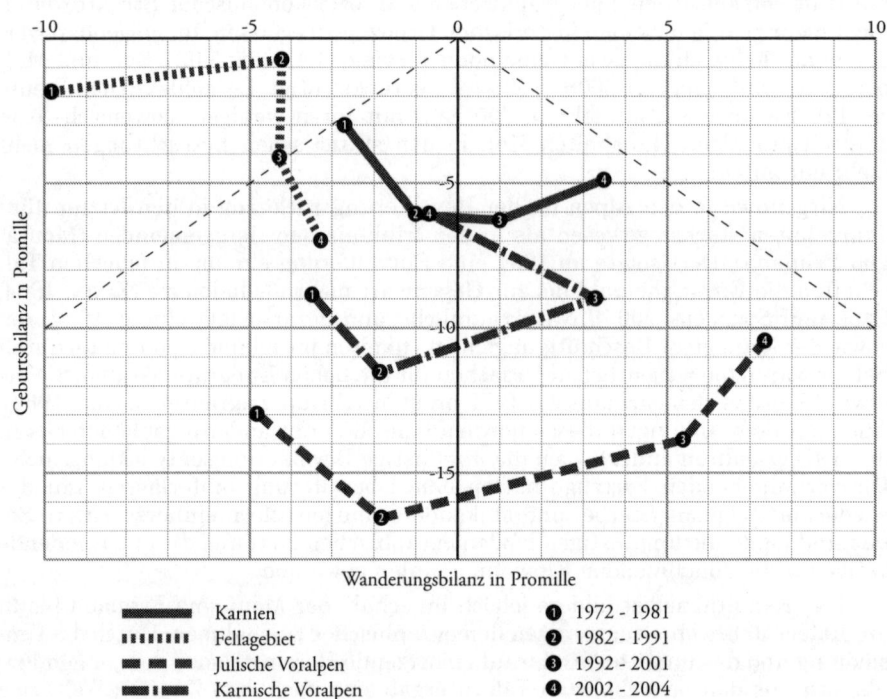

Abb. 3: Bevölkerungsbilanzen der Subregionen Nordfriauls 1972–2004
Quelle: ISTAT (1973ff.); http://www.demo.istat.it; eigene Darstellung

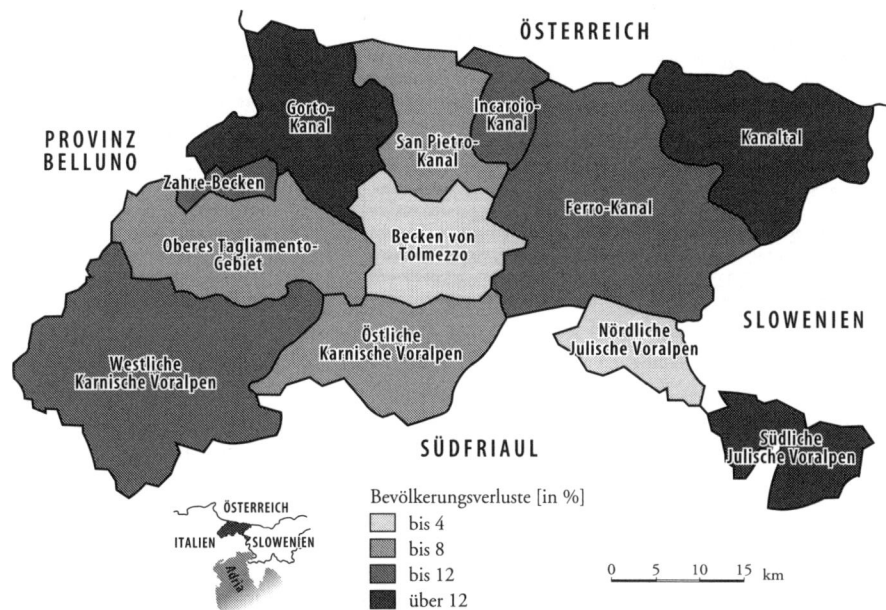

Abb. 4: Die Bevölkerungsentwicklung in den Talschaften Nordfriauls 1991–2005
Quelle: ISTAT (1993); http://www.demo.istat.it; eigene Darstellung

Pontebba) bis Anfang 2005 rd. 1.000 Einwohner verloren hat (6.046 Ew.). Abb. 3 stellt die demographische Sonderentwicklung des oberen Fellagebietes (Kanaltal mit Pontebba und benachbarten Orten des Canale di Ferro) im Diagramm durch das markante Tieferrücken der Signaturen deutlich dar. Die negativen Geburten- und Wanderungssaldi, welche der demographischen Situation der übrigen nordfriulanischen Täler in den 1970er- und 80er-Jahren entsprechen, lassen die Einwohnerzahl rasant sinken. Damit verzeichnet das Kanaltal seit 1991 – sowohl in relativer als auch in absoluter Zahl – die größten Einwohnerverluste aller Talschaften Nordfriauls (Abb. 4).[4]

Ein Grund für den gegenwärtigen Einwohnerschwund ist zweifellos die Krise der zwei großen Kanaltaler Industriebetriebe, des Raibler Blei- und Zinkbergwerks und des Weißenfelser Kettenwerks, die beide auf Tarviser Gebiet liegen. Eine Durchsicht der kommunalen Zu- und Abwanderungsregister (Registri di immigrazione e emigrazione) zeigt, dass im Kanaltal seit 1993 tatsächlich ein Exodus eingesetzt hat. Die Verstärkung der Fortzüge hängt aber auch mit dem EU-Beitritt Österreichs im Jahr 1995 zusammen. Zahlreiche Grenzbeamte, Finanzer und das militärische Personal verloren ihre Funktion und wurden abgezogen. Ähnliches wiederholte sich in abgeschwächtem Ausmaß mit dem Beitritt Sloweniens zur EU (1. 5. 2004). Mit dem Erweiterungsprozess der EU hat der Grenzhandel gewiss nicht profitiert. Inwieweit sein Rückgang die Fortzüge verstärkt hat, ist jedoch nicht bekannt.

Diese markante demographische Veränderung hat sich in den letzten Jahren auch auf die Altersstruktur im Kanaltal ungünstig niedergeschlagen. Vergleicht

---

[4]) An dieser Stelle danken die Autoren Herrn ao. Univ.-Prof. Dr. P. ČEDE, Karl-Franzens-Universität Graz, für seine tatkräftige Unterstützung bei der Datensammlung und -aufbereitung, die der Abb. 3 und 4 zugrunde liegen.

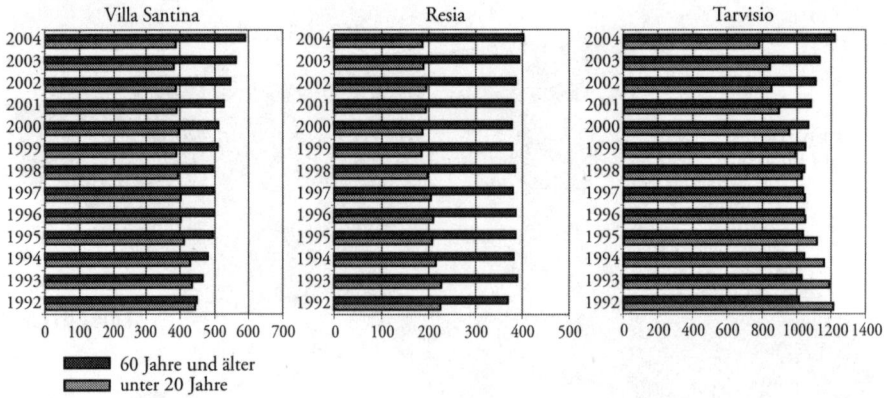

Abb. 5: Die Entwicklung der Überalterung in drei Gemeinden Nordfriauls 1992–2004
Quelle: http://www.demo.istat.it; kommunale Meldeämter; eigene Darstellung

man beispielsweise die Entwicklung der Überalterung in der Stadt Tarvis mit jener des südlich benachbarten Resiatals (Gemeinde Resia), das typisch für die demographischen Prozesse Nordfriauls ist, sowie mit jener der Stadt Villa Santina im Becken von Tolmezzo, welche wiederum als Zuwanderungsgemeinde gilt, so lässt sich rasch erkennen, dass sich Tarvis heute an die nordfriulanischen Verhältnisse angeglichen hat (Abb. 5). Das oben angegebene Geburtendefizit ist das bevölkerungsbiologische Resultat.

Die gegenwärtige Abwanderung aus dem Kanaltal, an der sich in erster Linie die jüngere, im Erwerbsleben stehende Bevölkerung beteiligt, betrifft die nicht assimilierten Angehörigen der beiden alteingesessenen Minderheitengruppen jedoch nur am Rande. Die traditionell slowenischsprachigen Dörfer im mittleren Kanaltal, Saifnitz, Uggowitz und Wolfsbach, wo die Autochthonen die Landwirtschaft betreiben, wurden von der Krise der Kanaltaler Industrie nicht in voller Härte getroffen. Obwohl die Verluste von Arbeitsplätzen im sekundären Sektor auch einigen Deutschsprachigen im östlichen Kanaltal einschließlich der Stadt Tarvis erhebliche Nachteile brachten, haben die wirtschaftlich motivierten Abwanderungen in erster Linie die romanische Gruppe geschwächt. Im Gegensatz zu den bereits seit Jahrzehnten überalterten „Einheimischen" (vgl. STEINICKE 1984) stellt sie – von Ausnahmen einmal abgesehen – praktisch die gesamte Kanaltaler Bevölkerung unter 60 Jahre. Außerdem bringen die traditionellen Kanaltaler Servitute (= mit dem Besitz einer Realität verbundene Holzbezugsrechte) zusätzliche Einkünfte mit sich, was insgesamt die Wanderungsbereitschaft der alteingesessenen Kanaltaler nicht erhöhen dürfte.

Für den zahlenmäßigen Rückgang der alteingesessenen Deutschen und Slowenen hat der negative Wanderungssaldo daher nur eine geringe Bedeutung. Dies macht es auch verständlich, warum das Verhältnis zwischen „Einheimischen" und Romanen seit über einem Jahrzehnt stabil bei rd. 17:83 liegt. Allerdings werden sich spätestens im kommenden Jahrzehnt die ungünstigen biodemographischen Strukturen bemerkbar machen. Diese betreffen wiederum die „einheimische" Gruppe viel stärker als die Romanen, sodass sie im wahrsten Sinne des Wortes unmittelbar vom „Aussterben" bedroht ist.

Der zahlenmäßige Rückgang der alteingesessenen Bevölkerung sowie ihre Überalterung hängt in erster Linie mit der Assimilierung an die romanische Ethnie zusammen. Entscheidende Veränderungen könnten sich dann ergeben, wenn vom benachbarten Ausland her Tendenzen einer „Auffrischung" beider Ethnizitäten – etwa durch Neuorientierungen von Arbeitskräftewanderungen oder räumlicher Heiratsbeziehungen – einsetzten. Aus diesem Grund geht der folgende Abschnitt auf sprachlich gemischte Ehen näher ein.

4 Sprachräumliches Heiratsverhalten bei den Kanaltaler Slowenen und Deutschen

Da sich der Ethnizitätswechsel über die Zweisprachigkeit abspielt und dabei, wie in Kap. 2 aufgezeigt, sprachlich gemischten Ehen eine besondere Rolle zufällt, soll im Folgenden die räumliche und sprachliche Herkunft der Ehepartner im Kanaltal dargestellt werden. Als Quellen zur Erfassung von Intermarriage bieten sich die standesamtlichen Eheregister (Registri di matrimonio) an. Sie enthalten Angaben über den Geburts- und Wohnort sowie den Namen der Eheschließenden und deren Eltern, sodass mit Hilfe von Standesbeamten und anderen einheimischen Kontaktpersonen einigermaßen gesicherte Aussagen über die sprachliche Herkunft möglich sind. Nicht in die Untersuchung einbezogen sind alle jene Brautpaare, bei denen keiner der beiden Partner im Kanaltal wohnhaft war. Ebenso konnten einige Fälle wegen unklarer Zuordnung nicht aufgenommen werden. Die Auswertung erstreckt sich auf den Zeitraum von 1960 bis 2004 und umfasst die traditionellen Kanaltaler Dörfer der Gemeinden Tarvisio und Malborghetto-Valbruna.

Da sich die Kanaltaler Deutschen und Slowenen in mehreren Sprachen verständigen können, liegt die Vermutung nahe, dass ihre Heiratskreise im Hinblick auf das anschließende deutsche und slowenische Sprachgebiet größer sind als die der Romanen. Daher erscheint es zweckmäßig, grenzüberschreitende Heiraten besonders zu beachten.

In einem zweiten methodischen Schritt sollen in Form von Interviewzitaten sowie Interpretationen Einstellungen und Wahrnehmungen der ansässigen deutsch- und slowenischsprachigen Kanaltaler zum Problemkreis Intermarriage ausgedrückt werden. Bei allen interviewten Personen musste die Zugehörigkeit zu einer der beiden autochthonen Sprachgruppen gegeben sein; sie zeigte sich konkret in der Selbstidentifikation, der Fremdzuschreibung durch andere Kontaktpersonen, zum Teil durch die Teilnahme an kulturellen Aktivitäten, die ethnische Herkunft und schließlich durch die vorhandene Sprachkompetenz. Die Befragungen wurden in jenen Dörfern im Kanaltal durchgeführt, in denen noch eine größere Anzahl von Angehörigen der beiden autochthonen Sprachgruppen lebt. Schwierigkeiten bei der Erhebung gab es lediglich bei einigen Jugendlichen, die aufgrund der geringen Sprachkompetenz in den autochthonen Sprachen – die Interviewsprache war Deutsch oder Slowenisch bzw. deren Dialektformen – keine längeren Erzählungen präsentieren konnten („narrative Interviews").

Interviews und anschließende Gespräche wurden zur Gänze auf Tonband aufgezeichnet und transkribiert. Alle Zitate sind somit den Erzählungen betroffener Menschen entnommen (vorliegende Interview-Transkripte sind im Kap. 4.2 als „Int." abgekürzt).

4.1 Zahlenmäßige Entwicklung

Tabelle 1 gibt eine Übersicht über die sprachlich gemischten Trauungen im Kanaltal.[5] Zwar waren die Heiratskreise der alteingesessenen Kanaltaler verfolgbar, doch ließ sich in manchen Fällen deren Sprachkompetenz nicht mehr eindeutig feststellen, vielfach handelte es sich bereits um Assimilierte. Deswegen erschien es angebracht, den Intermarriage-Anteil an der Gesamtzahl der Heiraten in einer Bandbreite wiederzugeben. In der gesamten Periode 1960–2004 betrug dieser Anteil mehr als zwei Drittel. Belief er sich im Zeitraum 1960–1974 auf 50–60 %, so stieg er bis 1989 auf 67–70 %, und seitdem wird nur mehr eine von fünf Ehen zwischen alteingesessenen deutsch- und slowenischsprachigen Kanaltalern (bzw. auch mit gleichsprachigen Ausländern, Südtirolern oder Bewohnern der Slavia) geschlossen. Die Untersuchung belegt somit, dass sprachlich gemischte Ehen im Kanaltal in den letzten Jahrzehnten immer häufiger geworden sind. Sie wirken sich auf das Sprachverhalten der alteingesessenen Kanaltaler entscheidend aus und sind daher hauptverantwortlich für den Rückgang der Zahl der Deutsch- bzw. Slowenischsprachigen.

Tab. 1: Die sprachräumlichen Heiratsverbindungen der deutschen und slowenischen Kanaltaler (1.1.1960–31.12.2004)

Zeitraum	Zahl der Trauungen	davon Intermarriage (v.a. mit Romanen)	Heiratsverbindungen mit anderen dts./slow. Gebieten (A, SLO)
1960–1974	693	50–60 %	27 (3,9 %)
1975–1989	529	67–70 %	22 (4,2 %)
1990–2004	480	80–82 %	26 (5,4 %)
1960–2004	1702	ca. 68 %	75 (4,4 %)

Quelle: Registri di matrimonio in den Gemeinden Tarvisio und Malborghetto-Valbruna; eigene Erhebungen und Auswertung

In vorliegender Analyse wurde auf die mit Eheschließungen zusammenhängenden Abwanderungen nicht eingegangen. Im Kanaltal sind solche Migrationen ohnehin kaum mit Klarheit aufzuzeigen, da die Servitutsrechte, wie bereits angesprochen, hemmend auf die offizielle Meldung von Wohnsitzverlagerungen wirken. Fortzüge erfolgen zumeist über den Weg von Zweitwohnsitzen. Es bedarf jedoch keiner besonderen Erklärung, dass Mischehen neben ihrer Funktion als Assimilationsdeterminante auch die Wanderungsbilanz der Kanaltaler Deutschen und Slowenen ungünstig beeinflussen.

Es wurde jedoch untersucht, ob die Heiratskreise der beiden Minderheitengruppen in andere Gebiete reichen, in denen Deutsch oder Slowenisch gesprochen wird (Österreich, Deutschland, Schweiz, Südtirol bzw. Slowenien und die Slavia). Die Auswertung bestätigte mehr oder weniger die Ergebnisse einer früheren Untersuchung, die auf Grundlage von kirchlichen Matrikeln durchgeführt wurde (1945–1991; STEINICKE 1992, S. 199). Von den 1.702 Ehen, die im Kanaltal zwischen 1960 und 2005 geschlossen wurden, kamen 75 Ehepartner (4,4 %) aus anderen slowenischen oder deutschen Sprachgebieten, v.a. aus Kärnten. Zwar

---

[5] Die Untersuchungen umfassen 11 von den 13 traditionellen Kanaltaler Ortschaften. Pontebba (Pontafel) sowie Leopoldskirchen wurden aufgrund der äußerst geringen Zahl an deutschen bzw. slowenischen Kanaltalern nicht berücksichtigt.

lässt sich feststellen, dass dieser Anteil seit den 1990er-Jahren leicht angestiegen ist (5,4 %), was nicht zuletzt mit dem EU-Beitritt Österreichs zusammenhängen dürfte, von einer Trendwende kann jedoch keine Rede sein. Der Hauptkamm der Karnischen Alpen und die Wasserscheide von Rateče, die das Kanaltal von Österreich und Slowenien trennen, bilden nach wie vor eine Grenze der räumlichen Ehebeziehungen. Die Stellung der beiden altösterreichischen Minderheitengruppen wird zahlenmäßig nur wenig durch Heiraten mit Gleichsprachigen aus Kärnten oder Slowenien verstärkt.

4.2 Intermarriage im Bild narrativer Interviews: Bedrohung oder Normalfall?

Im viersprachigen Kanaltal gehören Mischehen heute zur Normalität. In der Vergangenheit, in der Zwischen- und Nachkriegszeit, wurde jedoch die Heirat mit einem Italiener (bzw. Friulaner) von der autochthonen Bevölkerung als Verrat angesehen:

„Es wor holt so nochan, i hob dos beim Votar gsehn, wenn ein Mädchen mit einem Italiener gegangen ist und wenn sie von ihm geehelicht wurde, do hom sie: 'Die hot ihr Deutschtum verroten!' do wurde sehr stork kritisiert, wenn eine Frau einen Italiener geheiratet hot. Dos hom sie sehr kritisiert, es worn jo einige Fälle hier, domols ..." (Int. 23:8)

Damals waren Heiratsbeziehungen zu Gleichsprachigen schon im Sinne des Erhaltes der eigenen Sprachgruppe erwünscht. So holten sich in den 1980er-Jahren auch noch einige junge Burschen ihre Frauen aus dem benachbarten Kärnten. Die autochthonen Sprachen blieben so in der Familie erhalten, die eingeheirateten Frauen aber hatten es nicht immer leicht, wie hier eine Betroffene erzählt:

„I komm vom Gailtal, [...], i hab zwei Geschwister, die sind beide a in Uggowitz verheiratet, (mhm) ... So das ist eins, und das andere: Mit 15 Johr hab i mein Mann kennen gelernt, auf einem Kirchtag, eben bei uns daham, donn, was soll i, ... warma ungefähr vier Johr zsamm, [...] und '83 hamma gheiratet, [...] ... des Leben, do, do herinnen wor am Anfong sehr hort für mi, (mhm), ... oba nit weil i Hamweh ghobt hob, ... wegen der Sproch, i hob ka Italienisch gekonnt und i wor eigentlich obhängig von meine Schwestern. Von meinen Schwestern, weil i nur de besuchen wor, i hab niemanden anderen ghobt (mhm), i hob eigentlich zu kan fost Kontakt ghobt. Mit der Sproch hot angfongen, wie meine Kinder in den Kindergarten komman sind (mhm), meine Kinder sind aufgwochsn ... dreisprachig, (mhm), deitsch, italienisch und slowenisch. I deitsch, der Monn slowenisch, die Schwiegermutter a bissl deitsch, a bissl slowenisch. Und im Kindergarten dann italienisch, weil do homma gsogt, des lernen sie so und so (mhm). ..." (Int. 1:1)

Die Sprachenvielfalt in der Familie wird in der Erzählung ebenso angesprochen, wie später die Probleme, als „Gailtolerin" in dem traditionell agrarischen Dorf Fuß zu fassen und aufgenommen zu werden. Auf die Frage, ob es üblich ist, dass Gailtalerinnen ins Kanaltal heiraten, wird aber in der Antwort relativiert, ferner werden auch Bezüge zur Gegenwart hergestellt:

„Na, i weiss nit, wenn i denk in Uggowitz, nur in U. seima mir drei Schwestern ...donn is, is ane, zwei, donn is a ondre, die is schon über 30 Johr herinnen, donn is die, die Isa, siebene, jo, es is oba, wie soll i sogn, vielleicht wor domols mit uns der große Boom, (hmh), vielleicht sind wirklich wir diejenigen, erstens worma drei Schwestern ... homma in a Dorf einegheiratet, und donn wor von F. eine, von D. sind zwei, donn wor ane von T. ane von V. Jo. Es is jetzt a so, ... i konn Ihnen nit sogn, i weiß, dass die Jugend jetzt wieder viel noch Österreich geht, oba i konn

Ihnen jetzt nit sogn, ob sie wirklich draußn heiratn wolln, oba es is so .. dass monche von Italien ausseheiraten ... i weiß oba nit wohin, ob noch Villach oder Klognfurt, oder wohin, des weiß i nit, (hmh), ... weil i keine Verbindungen zu diese Leit hob. (Int. 1:8)

Alteingesessene Slowenisch- oder Deutschsprachige heirateten auch untereinander: In solchen Fällen passte sich meistens die Frau an die Familiensprache des Mannes an. Dies ist offenbar die Folge einer mehr oder weniger ausgeprägten patriarchalischen Struktur bei den alteingesessenen Kanaltalern.[6] Dennoch blieben viele Frauen zumindest „im Herzen" ihrer Herkunftssprache treu, wie die folgenden Ausschnitte zeigen:

„*Jo, jo, wo die meisten sind, no, daham tuama schon noch Deutsch und Slowenisch reden, wenn die Kinder kumman, mit dem Monn homma immer Slowenisch gredet, oba jetzt ist er gstorbn, jetzt bin i allein, jetzt ist onderscht (hustet, betroffen) (...)*"(Int.15:2)

„I: Wenn Sie jetzt so von Ihrem Gfühl her denken, jetzt gibt's do so viele Sprochn und so, zu welcher fühln Sie sich am meisten verbunden, jetzt eher so vom Herzen oder vom Gfühl?

A: *Zum Deitschen (mhm), ... tu i leichter reden und schimpfen jo (lacht), jo, ...*" (Int. 15:10f.)

Die folgenden Beispiele enthalten eindrucksvolle Hinweise auf räumlich weit entfernte Heiratskreise:

„I: Und Ihr Mann, war der deutschsprachig?

A: *Seine Mutter ist eine Steirerin, sie lebt aber schon viele Jahre hier in Italien, aber die Mutter ist aus der Steiermark, von ihm und der Vater ist aus Tarvis, der ist aber jetzt verheiratet in Österreich mit einer Frau. Und lebt in Österreich. Und mein Exmann lebt auch in Österreich. Wo, weiß ich nicht.*" (Int. 8:2)

„*Meine Eltern sind, meine Großmutter war eigentlich ursprünglich aus Slowenien, sie hat nach Weißenfels geheiratet, einen Mann von dort und die haben dann Deutsch geredet. Sie waren ursprünglich Bauern und Jäger und so, ... und donn haben sie so in Weißenfels gelebt. Meine Großmutter, die ist eben, die ist von Slowenien, was heißt Slowenen, damals Jugoslawien ... hier gonz nahe bei der Grenze. Sie waren dann do mit der Familie, und wie dann gekommen ist ... Umstellung von diese Länder, dann Sozialismus, die Umstellung, sie sind dann geflüchtet und so haben viele alles verloren, meine Großmutter hat also dann hier gelebt und hier geheiratet, sie hat geheiratet einen Österreicher dann, ... der war Offizier, bei Militär, der war zuerst eigentlich aus der Steiermark, der hat da gearbeitet, wie er beim Militär war und dann hatten sie eine Pension gehabt, in Weißenfels, ... do war daheim meine Mutter auch, dann war später der Mann, mein Vater, war dann in eine andere Österreicherin verliebt und dann ist er fort und meine Mutter ist allein geblieben, mit uns Kindern (...)*" (Int. 26:1)

Auch der Zusammenhang zwischen Mischehen und Sprachverlust wird in den Interviews häufig thematisiert, so etwa im folgenden Ausschnitt:

„*(...) Aber die Leute vom Dorf haben irgendwie, es ist automatisch gekommen, dass man italienisch spricht, eh, weil der Mann Italiener ist, das war schon vor 20, 30 Jahren so, wie ich klein war, man hat drei vier Jahre Deutsch gesprochen, zu Hause mit den Kindern, Dialekt und dann ist man in die Schule gegangen und dann ist es automatisch gekommen, dass wir zu Hause italienisch gesprochen haben. (...)* (Int. 10:2)

---

[6] Vgl. hier die entsprechende Aussage im Interview 15. Das zeigen aber auch Hinweise in anderen Interviews, z.B. passen sich vor allem ältere Frauen häufig an die Sprachpräferenz des Mannes an.

Die Verbundenheit mit dem alten Brauchtum und Sprachverluste:

Einige jüngere Kanaltaler fühlen sich eng mit Österreich verbunden, besonders im Hinblick auf das Brauchtum. Das zeigt der folgende Erzählausschnitt einer 37-jährigen Kauffrau:

„Ich habe auch drei Jahre in Österreich gelebt. Ich war da sehr gerne. Vielleicht weil ich da zweisprachig erzogen worden bin und die Tradition habe ich da auch, ... von Italien vielleicht ein Viertel und drei Viertel von Österreich. Wir feiern da, nicht wie in Italien, sondern wie in Österreich, z.B. Weihnachten, Ostern, würd i sogn, 60 % fühl i mi fost besser mit die Österreicher, weil wenn i draußen bin, ... des ist so als wenn i bei mir z'Haus wär. Ich spür keinen Unterschied. Ich seh den Unterschied, weil wenn ich jetzt, wenn ich von der Grenze hinüber komm, da ist es ganz onderscht, wenn man so herum schaut, es ist anders, die Häuser und alles, aber, ... in Weißenfels bin i geboren, ich bin gerne in Tarvis, obwohl es sehr wenig gibt, für Junge gibt es sehr wenig, oba, ... do homma Österreich so in der Nähe, dass man hin geht tanzen und fort gehen und essen ..." (Int. 25:5)

Die enge Beziehung zum Nachbarland Österreich verwundert hier besonders deshalb, weil die junge Frau mit einem Italiener verheiratet ist und selber einer Mischehe entstammt.[7] Die emotionale Verbundenheit zeigt sich überdies in der Tatsache, dass die Tochter täglich in den Kindergarten nach Arnoldstein in Kärnten gebracht wird. Dies bedeutet einen erheblichen Aufwand für die jungen Eltern:

„Es ist mir sehr wichtig und i bin meiner Oma donkbor, bin meiner Oma des gonze Leben donkbor, dass sie mir des glernt hot, [...] und i bin ihr donkbor und deswegen hob i meine Tochter in Arnoldstein in den Kindergarten gebn, ... und vielleicht wird sie auch in die Volksschule donn weiter gehen. Dos weiß i noch nicht so genau. Sie hot noch zwei Johre Kindergarten. Aber ... auf einer Seiten hätt i gerne, dass sie weiter geht, und dass sie dann so wie das Fräulein L. einen Beruf hat, ... aber, ... auf der anderen Seitn möchte i auch, dass sie nicht gonz Österreicherin wird, weil wir sind doch Italiener. Wir sind doch Italiener. Ihr Vater ist auch ein Italiener und es ist wichtig, dass sie unsere Literatur lernt, unsere Geschichte, ... die italienische Sprache, die Grammatik und alles, und so ... [...] (Int. 25:3)

Diese Passage zeigt zum einen, dass sich in Mischehen auch junge Italiener gegenüber den autochthonen Sprachen öffnen, zum anderen aber ist sie auch Ausdruck einer gewissen Ambivalenz: Die junge Frau fühlt sich mit Österreich verbunden, sie hat aber zugleich Loyalitätskonflikte. Letztere gehören offenbar – wie auch andere Beispiele zeigen – zur Lebenswelt in interethnischen Beziehungen. Sie bewirken eine nicht klare und eindeutige ethnische Selbstidentifikation mit Zügen der gemischten, multiplen oder angepassten Identität.

Viele junge Menschen, die aus interethnischen Beziehungen stammen, haben sich mittlerweile an das italienische Lebensumfeld angepasst. Emotionale Bindungen – im obigen Beispiel an die Großmutter und ihre Sprache – sind aber ein wichtiger Faktor für die ethnische Persistenz in der nachfolgenden Generation.

Unsere Ergebnisse bestätigen, dass Intermarriage die Assimilierung begünstigt. So erzählt etwa eine ältere, aus Arnoldstein eingeheiratete Frau, die deutsche Sprache sei in Goggau noch relativ stark vertreten, allerdings sei sie in der jüngeren Generation aufgrund von Mischehen ernsthaft bedroht. Besonders die jungen Mädchen heiraten meistens Italiener oder Friulaner und nicht die alteingesessenen Burschen, bedauert sie. Ihre beiden Töchter sind mit Italienern ver-

---

[7] Sie hat eine deutschsprachige Mutter und einen italienischen Vater, der kein Deutsch spricht, vgl. Int. 25.

heiratet. Ferner weist sie darauf hin, dass es im Kanaltal viele Mischehen gibt. In diesem Zusammenhang erzählt sie von einem Treffen in Tarvis, bei dem sich alle Familien versammelt hätten, in denen Österreicher bzw. Slowenen ins Tal geheiratet hätten. Über 150 betroffene Personen hätten an diesem Treffen teilgenommen.[8]

Vereinzelt zeigt sich in interethnischen Beziehungen die Identifikation mit beiden oder mehreren Sprachen, besonders deutlich bei Jugendlichen, die bereits in der Kindheit innerfamiliär mehrere Sprachen erlernt haben. Gelegentlich passen sich jedoch auch eingeheiratete Italienerinnen an die Alteingesessenen an. Diese sprachliche Anpassung ist allerdings keine Garantie für den Erhalt der ethnischen Vielfalt in der nachfolgenden Generation:

„*Meine Schwiegertochter* (Anm.: aus Carnia) *hat sich so eingelebt, sie singt slowenisch, sie betet slowenisch und sie macht alles (…), wie gesagt, sie spricht mit den Kindern slowenisch, aber die Kinder italienisch, die antworten italienisch. Ich auch, sage: Pridi sem / Komm her! Und sie tun so, als ob sie nichts verstehen. Cosa / Was ist? Und das ist schade, da wird sich unsere Sprache … verlieren. Es ist schade.*" (Int. 5:4, übersetzt aus dem Slowenischen)

Auffallend ist, dass es bei Intermarriage häufig zumindest Versuche gibt, innerfamiliär mehrere Sprachen zu gebrauchen. Im Alltag überwiegt freilich das Italienische aus rein pragmatischen Erwägungen – weil es alle verstehen.

Die (Heirats-)Grenzen zwischen Angehörigen der beiden autochthonen Ethnien, den Deutsch- und Slowenischsprachigen, waren in der Vergangenheit durchlässig und fließend.[9] In Einzelfällen aber gab es schon in der Zwischenkriegszeit sprachliche Anpassungen an das Italienische. Der Identitätswechsel war somit eine mögliche Option, wenn man eine Italienerin oder einen Italiener geheiratet hat:

„*Ja wissen Sie, wie das ist, jeder der nach Österreich gegangen ist* (Anm: nach der Option 1939)*, wollte in Uggowitz / Ukve begraben werden und wollte eine slowenische Aufschrift haben, auf dem Grab, einige sind mit Italiener, die eine Italienerin geheiratet haben, die haben auch italienische Aufschriften genommen, unsere Leute, … einige, da in unserer Kirche.*" (Int. 19:6, übersetzt aus dem Slowenischen)

Intermarriage wird auch für den Verlust alter Gebräuche verantwortlich gemacht:

„*…Da gab es sehr viel Mischehen zwischen Deutschsprachigen und Italienern aus Neapel und so, die vom Markt und die haben auf die Kinder nicht Deutsch gesprochen, die haben Italienisch gesprochen, d.h. diese ganze Kultur, Bräuche, die ja mit der deutschen Sprache zu tun haben, die sind dann weggefallen, die wurden nicht einmal übertragen, ja und deshalb haben wir fast eine ganze Generation, die mit diesem Brauchtum nicht aufgewachsen ist und nicht kennt (betont).*" (Int. 21:3)

Der Assimilationsprozess bei den Jüngeren wird hier als Bedrohung der ethnischen Vielfalt erlebt. Anpassungen an die Sprachmehrheit sind jedenfalls oft unmittelbare oder Spätfolgen von Mischehen.

---

[8] Die Aussagen sind aus einem Gesprächsprotokoll zusammengefasst. Besonders Frauen thematisieren in ihren Lebensgeschichten z.T. umfangreich die Probleme rund um Mischehen. Hier: Int. 27:1.

[9] Darauf gibt es viele Hinweise auch in anderen Interviews, umfassend etwa im Int. 30.

Mischehen und Abwanderung erschweren die ethnische Selbstzuordnung:

Die Vielfalt von Sprachen erschwert im Kanaltal manchmal die ethnische Selbstzuordnung. Dies zeigt sich im folgenden Gesprächsausschnitt:

„*...Ich kann nicht sagen, dass ich 100 % Slowene bin, auch jetzt sind wir alle gemischt, der Mann meiner Schwester ist Italiener, der eine Friulaner, meine Neffen sind gemischt, deshalb ich kann nicht sagen, ich bin 100 % Slowene, ich bin auch italienischer Slowene, oder friulanischer Slowene oder Kärntner Slowene, ich kann nicht sagen, dass ich, wie ein Aborigin in Australien, dass ich reinrassig bin. [...]*" (Int. 11: 3, übersetzt aus dem Slowenischen)

Die jüngere Generation hat überdies mit soziostrukturellen Problemen zu kämpfen: So wird etwa die Ausbildung immer öfter in entfernten Großstädten oder im Ausland konsumiert, das führt häufig zu Abwanderung und Intermarriage. Damit entfernen sich jüngere Menschen und ihre Nachkommen schrittweise von ihrer ethnischen Herkunft. Verschiedene Formen und Ausprägungen von gemischten und angepassten Identitäten sowie Doppelidentitäten sind die Folge dieser Entwicklung: Die Jungen halten zwar an den Sprachen ihrer Eltern fest, sehen aber die italienische Staatssprache als gleichwertig an und fühlen sich nicht mehr in erster Linie „slowenisch" oder „deutsch", sondern zwei- oder mehrsprachig. Sie räumen beiden oder mehreren Sprachen einen wichtigen Stellenwert in ihrem Leben ein. Es gibt dadurch auch mehr Offenheit gegenüber dem Neuen und dem Anderen. Im Alltag freilich zeigen sich Sprachverluste, weil das Italienische schon aus rein pragmatischen Erwägungen als Familiensprache die Oberhand gewinnt, z.B. wenn nicht alle Familienmitglieder die autochthone/n Sprache/n sprechen.

Bei der Anpassung an das italienische Lebensumfeld und der sprachlichen Assimilierung bleibt das Interesse an alten Traditionen und Gebräuchen oft noch gewahrt – in Form einer nur mehr symbolischen Ethnizität (GANS 1979) mit eingeschränkter oder auch ganz fehlender Sprachkompetenz in den beiden autochthonen Sprachen.

Ein wichtiger Faktor für den Erhalt von ethnischer Identität ist zweifelsohne der innerfamiliäre Sprachgebrauch, denn hier werden Grundkenntnisse und eine enge Bindung an die jeweiligen Sprachen vermittelt. Diese werden später durch schulische Angebote ausgebaut und vertieft.[10]

5 Fazit

Vorliegende Studie zeigte auf, dass die älteren autochthonen Kanaltaler vom Abwanderungsschub, der ab 1993 auch das Kanaltal erfasst hat, kaum betroffen sind. Ihr zahlenmäßiger Rückgang ist in erster Linie auf Assimilationsprozesse zurückzuführen. Es ließ sich nachweisen, dass Mischehen im viersprachigen Kanaltal im Gegensatz zur Nachkriegszeit, in der es verpönt war einen Italiener zu heiraten, heute zur Normalität gehören und häufig zum Sprachverlust in den nachfolgenden Generationen führen. Das italienische Lebensumfeld verleitet die autochthone Bevölkerung überdies aus rein pragmatischen Überlegungen zum Italienischsprechen.

---

[10] Hier soll auch das Fehlen des schulischen Angebotes als bedeutender Faktor der Assimilierung angesprochen werden: Dies galt in der Vergangenheit vor allem für die slowenische Sprache. In Interviews wurde darauf hingewiesen, man hätte die jeweiligen Sprachen bis zum Schuleintritt innerfamiliär noch gelernt, sie dann aber „verloren", weil eben in der Schule alles Italienisch gewesen sei. Vgl. in diesem Zusammenhang Int. 7.

Von den insgesamt 35 Interviewpartnern, die uns ihre umfangreichen Lebensgeschichten erzählten, leben derzeit 13 Personen in interethnischen Beziehungen. Mehrere befragte Personen sind überhaupt noch ledig. Auch diese Zahlen sind ein Hinweis darauf, dass im viersprachigen Gebiet Mischehen zum Alltag dazu gehören: Immerhin sind mehr als ein Drittel der befragten Personen davon betroffen. Da diese eher zum „harten Kern" der autochthonen Bevölkerung zählen, liegt die tatsächliche Zahl der Mischehen weit darüber (siehe Tab. 1). Auch die ausbildungs- und berufsbedingte Abwanderung ist mittlerweile zur wirtschaftlichen Notwendigkeit geworden: Fehlende Angebote im Kanaltal führen junge Menschen, darunter auch die (bereits weitgehend assimilierten) Nachkommen der alteingesessenen Familien, ins benachbarte Ausland oder in größere italienische Zentren wie Udine, Tolmezzo oder Triest. Mit der Abwanderung in ein italienischsprachiges Umfeld wird Intermarriage zusätzlich gefördert und damit die Entfernung dieses Personenkreises von den beiden autochthonen Sprachen und einer entsprechenden ethnischen Identität.

Bedenkt man, dass sowohl das Deutsche als auch das Slowenische mehr oder weniger nur bei den über 60-jährigen Alteingesessenen verankert ist, so lassen sich für den Erhalt der ethnischen Vielfalt im Kanaltal bereits die Perspektiven eingrenzen. Von einer Zuwanderung österreichischer oder slowenischer Arbeitskräfte bzw. von einer „Auffrischung" beider Ethnizitäten durch Heiratsverbindungen mit Österreich bzw. Slowenien kann kaum die Rede sein. Die für den Erhalt der beiden Minderheitengruppen ungünstige Altersstruktur kann auch durch ethnokulturelle Projekte im Rahmen des neuen italienischen Minderheitengesetzes (no. 482/1999) im Kanaltal nicht verbessert werden. Assimilation und bevölkerungsbiologische Vorgänge werden somit den zahlenmäßigen Rückzug der deutsch- und slowenischsprachigen Kanaltaler fortsetzen.

6 Literatur

ČEDE, P. und E. STEINICKE (2007): Ghosttowns in den Ostalpen. Das Phänomen der Entvölkerung im friulanischen Berggebiet. In: Geographica Helvetica 61 (im Druck).

GANS, H. (1979): Symbolic ethnicity: The future of ethnic groups and cultures in America. In: H. GANS, N. GLAZER, J. GUSFIELD und CH. JENCKS (Hrsg.): On the Making of Americans. Essays in honor of David Riesman. Pennsylvania, S. 193–220.

GLASER, B. und A. STRAUSS (1967): The Discovery of Grounded Theory. Chicago.

ISTAT – ISTITUTO CENTRALE DI STATISTICA (1955 ff.): Censimento generale della popolazione 1951, 1961, 1971, 1981, 1991, 2001 / Popolazione e movimento anagrafico dei comuni (Statistiche demografiche), Roma (http://www.demo.istat.it).

SCHÜTZE, F. (1983): Biographieforschung und narratives Interview. In: Neue Praxis, H. 3, S. 283–293.

STEINICKE, E. (1984): Das Kanaltal – Val Canale. Sozialgeographie einer alpinen Minderheitenregion. (= Innsbrucker Geographische Studien 11), Innsbruck.

STEINICKE, E. (1986): Erhalt und Verfall deutscher Sprachinseln der Ostalpen. In: Berichte zur dt. Landeskunde 60, S. 247–288.

STEINICKE, E. (1992): Das viersprachige Kanaltal – seine ethnogeographische Sonderstellung im Friulanischen Gebirge. In: Europa Ethnica 49, S. 185–201.

STEINICKE, E. (1991): Friaul. Bevölkerung und Ethnizität. (= Innsbrucker Geographische Studien 20), Innsbruck.

STEINICKE, E. (1995): Die Slowenen in Kärnten und Friaul – eine verschwindende Minderheit? In: Geographische Rundschau 47, S. 52–57.

STEINICKE, E. (1998): Multikulturelle Probleme im viersprachigen Kanaltal. In: Arbeiten aus Lebensraumforschung und Geographie der Karl-Franzens-Universität Graz, vol. 36, S. 265–281.

STEINICKE, E., L. CIRASUOLO und Š. VAVTI (2006): I tedeschi e gli sloveni nella Val Canale quadrilingue. La diversità etnica in pericolo. In: Bollettino della Società Geografica Italiana, serie XII, vol XI, S. 395–420.

ŠUMI, I. und S. VENOSI (Hrsg.) (1996): Večjezičnost na evropskih mejah. Primer Kanalske doline. Zbornik predavanj in referatov / Multilingualism on European borders. The case of Val Canale. Anthology of lectures and papers. Kanalska dolina/Kanaltal, SLORI, Trieste.

VAVTI, S. (2005): „Wir sind Kanaltaler!" – Regionale und lokale Identitäten im viersprachigen Valcanale in Italien. Forum Qualitative Sozialforschung / Forum: Qualitative Social Research [On-line Journal], 7(1), Art. 34. Verfügbar über: http://www.qualitative-research.net/fqs-texte/1-06/06-1-34-d.htm

VAVTI, S. und E. STEINICKE (2006a): Biographie, Identität und ethnische Vielfalt: Bedrohung und Chancen im Kanaltal (Italien). In: Europa Ethnica 63, S. 12–20.

VAVTI, S. und E. STEINICKE (2006b): Lokale Identitäten im viersprachigen Kanaltal/Kanalska Dolina. In: Razprave in Gradivo/Treatises and Documents 47, S. 102–121.

ZANINI, G. (1964): Friuli migrante. 2a ed. Udine: Ente Friuli nel Mondo.

Die österreichische Naturschutzbewegung im Kontext gesellschaftlicher Entwicklungen[1]

CHRISTINA PICHLER-KOBAN, NORBERT WEIXLBAUMER, FRANZ MAIER und MICHAEL JUNGMEIER[2]

Mit 19 Abb. im Text

Inhalt	Seite
1 Vorwort	27
2 Projektbeschreibung	28
2.1 Einleitung	28
2.2 Gesellschaft und Naturschutz	28
2.3 Forschungsziele und Forschungsfragen	29
2.4 Projektablauf	29
2.5 Methoden	30
3 Ergebnisse	33
3.1 Naturschutzgeschichte im Überblick	33
3.2 Naturschutz in den ausgewählten Schutzgebieten	35
4 Diskussion und Ausblick	71
5 Zusammenfassung	75
6 Verwendete Literatur	76

1 Vorwort

Das Projektteam möchte sich vorweg bei Prof. Dr. MARINA FISCHER-KOWALSKI und Dr. RAINER LEITNER für ihre substantiellen Beiträge und ihre aktive Teilnahme am wissenschaftlichen Beirat und bei Ao. Prof. Dr. JOSEF LANGER, der an der Konzeption des Projektes mitwirkte, bedanken.

Mit dem Projekt „Die Österreichische Naturschutzbewegung im Kontext gesellschaftlicher Entwicklungen" verfolgte das Projektteam das Ziel, Erkenntnisse aus dem Studium vergangener Ereignisse zu gewinnen, um diese für das Verstehen und die Weiterentwicklung des komplexen Phänomens „Naturschutz" in Wert setzen zu können. Das Projektteam ist zuversichtlich, dieses Ziel trotz mancher Schwierigkeit im Projektverlauf erreicht zu haben.

---

[1] Der Aufsatz entstand im Rahmen eines Projektes, das gemeinsam vom Institut für Geographie und Regionalforschung (Universität Wien), Umweltdachverband und E.C.O. Institut für Ökologie durchgeführt und vom Jubiläumsfonds der Oesterreichischen Nationalbank finanziell unterstützt wurde.

[2] DI CHRISTINA PICHLER-KOBAN und Mag. MICHAEL JUNGMEIER, E.C.O. Institut für Ökologie, Kinoplatz 6, A-9020 Klagenfurt, office@e-c-o.at; Dr. NORBERT WEIXLBAUMER, Institut für Geographie und Regionalforschung, Universität Wien, Universitätsstraße 7, A-1010 Wien, norbert.weixlbaumer@univie.ac.at; Mag. FRANZ MAIER, Umweltdachverband, Alserstraße 21, A-1080 Wien, franz.maier@umweltdachverband.at.

Mit den Erkenntnissen aus diesem Projekt sollte ein Diskussionsprozess betreffend die Beziehungen von Naturschutz und Gesellschaft in Gang gesetzt werden. Damit sollten die Akteure im Naturschutz die Möglichkeit erhalten, ihre eigene und die Rolle anderer im Gesellschaftssystem besser verstehen und besser für ihre Anliegen nutzen zu können. In diesem Sinne hoffen wir, mit unserer Arbeit einen positiven Beitrag zum künftigen gesellschaftlichen Diskurs um Naturschutzagenden geleistet zu haben.

2 Projektbeschreibung

2.1 Einleitung

Naturschutz hat die Erhaltung und Sicherung ausgewählter Naturgüter zum Ziel und ist damit Segment eines umfassenden Umwelt- und Ressourcenschutzes. Im Laufe der letzten 150 Jahre hat sich Naturschutz als wesentliches Element in den Werthaltungen und Aktivitäten moderner Gesellschaften etabliert und vor allem in Europa Eingang in zentrale Politiken und Programme gefunden. Naturschutz stellt sich heute als komplexe Aufgabe im Schnittfeld unterschiedlichster Fachdisziplinen dar.

Unter dem Begriff „Naturschutz" wird gemeinhin eine Gemengelage verschiedenster Ansätze, Werthaltungen und gesellschaftlicher Anliegen subsumiert, die den Umgang mit Natur betreffen. Es gibt daher eine Fülle an teils sehr widersprüchlichen Naturschutzkonzeptionen.

Die Geschichte des Naturschutzes in Österreich ist bisher nur aus sehr speziellen Blickwinkeln heraus bearbeitet worden. Meist konzentrierte man sich dabei auf institutionelle Geschichte, biographische Aspekte oder die Genese einzelner Schutzinstrumente (Gesetze, Schutzgebiete etc.), und griff dabei auf Fragestellungen und Methoden aus dem Bereich der Naturwissenschaften zurück. Im vorliegenden Projekt stand die gesellschaftswissenschaftliche Dimension des Phänomens Naturschutz im Mittelpunkt des Interesses.

2.2 Gesellschaft und Naturschutz

Der Umgang mit Natur bestimmte seit jeher das Handeln des Menschen. Den vielfältigen Nutzungen der Natur standen bereits in „primitiven" Gesellschaften unterschiedliche Regulative entgegen. Diese waren unter anderem religiös-ethisch geprägt (Schöpfungsmythen, Naturmystik), oft aber auch von pragmatisch-wirtschaftlichen Überlegungen getragen (Waldordnungen, Alpordnungen) oder durch hoheitlich-herrschaftliche Ansprüche (Jagd, Fischerei, Bodenschätze) bestimmt. Naturschutz nach unserem heutigen Verständnis existiert in Österreich seit etwa 150 Jahren.

Weltweit sind heute rund 13 Prozent der Landflächen der Erde zu Zwecken des Naturschutzes unter Schutz gestellt. Und gerade in Europa sind in den letzten Jahren hinsichtlich Anzahl und Ausdehnung enorme Zuwächse an hochrangigen Schutzgebieten zu verzeichnen. In diesen Gebieten verpflichtet sich die Gesellschaft, die Erhaltung und Sicherung der Natur zur wichtigsten Funktion zu erklären. Die Zunahme solcher Flächen kann daher auch als Ausdruck ihres gesellschaftlichen Stellenwertes gedeutet werden.

Vor diesem Hintergrund werden die konzeptionellen Grundlagen der Naturschutzarbeit immer wichtiger. Naturschutz braucht in zunehmendem Maße eine klare Identität, proaktive Ziele und an das gesellschaftliche Umfeld angepasste

Kommunikationsstrategien. Das setzt voraus, dass den Akteuren die Ursprünge, Hintergründe und Bedingungen der einzelnen Konzeptionen bewusst sind.

2.3 Forschungsziele und Forschungsfragen

Zu Projektbeginn wurden folgende Forschungsziele festgelegt:

- Skizzierung einer „Konzeptionellen Naturschutzgeschichte Österreichs". Mit der Einbettung der institutionellen und schutzgutbezogenen Entwicklungen in einen gesellschaftshistorischen Gesamtkontext sollte der Grundstein zu einer „Naturschutzgeschichte Österreichs" gelegt und damit ein Beitrag zur Identitätsfindung des österreichischen Naturschutzes geleistet werden.
- Strukturierte Darstellung der Zusammenhänge zwischen gesellschaftlichen (sozialen, wirtschaftlichen, technischen, politischen) Entwicklungen und konkreten Naturschutzinstrumenten und -ansätzen.
- Entwicklung eines theoretischen Grundgerüstes für die Naturschutzarbeit. Die auf verschiedenen Naturbildern gründenden Naturschutzkonzeptionen sollten inhaltlich und institutionell detailliert erfasst und systematisch zusammengestellt, dann vor ihrem zeitgenössischen gesellschaftlichen Hintergrund betrachtet und ihre Relevanz für die aktuelle Naturschutzpraxis untersucht werden.
- Standortbestimmung der aktuellen Naturschutzbewegung. Dabei sollte ermittelt werden, welche gesellschaftlichen Interessen im Naturschutz heute vertreten werden und welche Entwicklungsdynamiken dabei zum Tragen kommen.

Um diese Ziele zu erreichen wurden folgende Fragen untersucht:

- Wie ist grundsätzlich das Phänomen „Naturschutz" aus Sicht der Gesellschaftswissenschaften zu erklären und einzuordnen?
- Können verschiedene Naturschutzkonzeptionen und die ihnen zugrunde liegenden Naturbilder aus ihrem gesellschaftlichen und historischen Kontext heraus erklärt und systematisch erfasst werden?
- In welcher Form haben diese Naturschutzkonzeptionen für die gegenwärtige Arbeit im Naturschutz Relevanz und wessen Interessen bzw. Interessensgemenge werden aktuell im Naturschutz vertreten?

2.4 Projektablauf

Im Jänner 2004 wurde ein Ansuchen um Finanzierung des Projekts „Die österreichische Naturschutzbewegung im Kontext gesellschaftlicher Entwicklungen – Konzeptionsanalyse des Naturschutzes in Österreich aus historischer, soziologischer und naturwissenschaftlicher Perspektive" beim Jubiläumsfonds der Oesterreichischen Nationalbank eingereicht. Dieses Ansuchen wurde am 24. 06. 2004 als Jubiläumsfondsprojekt Nr. 11001 bewilligt.

Das Projekt kann grob in folgende Phasen gegliedert werden:
- Recherche und Sammlung von Materialien
- Aufbereitung und Analyse der Materialien
- Interpretation und Aufbereitung der Ergebnisse

In jeder dieser Projektphasen haben sich die wissenschaftlichen Berater und das gesamte Bearbeiterteam zu einem Wissenschaftlichen Beirat zusammengefunden. Bei diesen Treffen wurden die Projektziele nochmals geschärft, die Projektinhalte eingegrenzt und die Zwischenergebnisse einer kritischen Revision unterzogen.

2.5 Methoden

Schon zu Projektbeginn wurde offensichtlich, dass die Menge an Materialien und Unterlagen zum Themenkreis „Naturschutz–Gesellschaft–Geschichte" – selbst bei Beschränkung auf den Raum Österreich – nahezu unüberschaubar ist. Das Verhältnis der Größen Naturschutz, Gesellschaft und Geschichte zueinander war völlig unklar. Dieses Verhältnis zu analysieren und strukturiert darzustellen war eine der größten Herausforderungen in diesem Projekt.

Ein erster Projektschritt war die handhabbare Eingrenzung der Projektinhalte. Das Projektteam entschloss sich dazu, bedeutende österreichische Großschutzgebiete auszuwählen und die Analysen am Beispiel dieser Gebiete durchzuführen. Anhand von Zeitreihen wurde ihre Entwicklung im historischen und sozialen Kontext untersucht.

Ausschlaggebend für die Wahl der Gebiete war:

- Es sollten möglichst viele und unterschiedliche Schutzgebietskategorien vertreten sein.
- Eine gewisse räumliche Verteilung über das Bundesgebiet sollte gegeben sein.
- Sie sollten eine möglichst lang rückverfolgbare und gut dokumentierte Geschichte haben.
- Es sollten verschiedenste Aspekte des Naturschutzes abgebildet werden.

Die Wahl fiel auf folgende Gebiete:

- Wienerwald. Begründung: lange Geschichte, Schutzgebiet im städtischen Umfeld
- Donauauen. Begründung: politische Brisanz und Meilenstein im Verhältnis Naturschutz–Gesellschaft in Österreich
- Dobratsch. Begründung: lange Forschungstradition
- Hohe Tauern. Begründung: Schutzgebiet mit der längsten Tradition, wechselvolle und konfliktreiche Geschichte.

Auswahl der Quellen

Die Auswahl der Materialien, die für die Untersuchung herangezogen wurden, war ein Faktor, der das Projekt in weiterer Folge stark beeinflusste. Zu Beginn wurde das Material zu den einzelnen Schutzgebieten noch wenig selektiert. Bald verfolgte man aber den Weg, ausgewählte Zeitschriftenreihen über ihren gesamten Erscheinungszeitraum nach Beiträgen zu den ausgewählten Schutzgebieten zu durchsuchen. Da parallel zu den Recherchearbeiten die Materialien bereits weiterbearbeitet wurden, finden sich in den Ergebnissen auch Auswertungen einzelner Beiträge anderer Schriftenreihen.

Als die reichhaltigsten Quellen nahezu vollständig erfasst, wurden:

- „Blätter für Naturkunde und Naturschutz": gegründet 1913 von GÜNTHER SCHLESINGER, ab 1946 erscheinen sie als „Natur und Land", Zeitschrift des Naturschutzbundes Österreich
- „Carinthia II": Mitteilungen des Naturwissenschaftlichen Vereins für Kärnten, erscheinen seit 1890
- „Der Naturfreund": Zeitschrift der Naturfreunde Österreich, erscheint seit 1897
- „kärntner naturschutzblätter": herausgegeben vom Amt der Kärntner Landesregierung, Abt. Landesplanung, gemeinsam mit der Landesgruppe Kärnten des Österreichischen Naturschutzbundes, erschienen von 1962 bis 1987. Ab 1996 folgen die „Kärntner Naturschutzberichte", herausgegeben von der Abt. Landesplanung, Uabt. Naturschutz.

Berücksichtigt, aber nicht vollständig erfasst, wurden Beiträge aus:

- „Alpenverein. Mitteilungen des Österreichischen Alpenvereins"
- „Jahrbuch des Vereins zum Schutze der Alpenpflanzen und -Tiere"
- „Österreichische Forstzeitung"
- „Verhandlungen der Zoologisch-Botanischen Gesellschaft Österreich"

Als eine äußerst wertvolle Quelle erwies sich das Archiv des Umweltdachverbandes (vormals Österreichische Gesellschaft für Natur- und Umweltschutz: ÖGNU). Hier fanden sich Pressemitteilungen und Briefwechsel zu jenen Geschehnissen, die die österreichische „Naturschutzszene" während der letzten Jahrzehnte am meisten bewegten.

Sehr hilfreich war ein Manuskript des Historikers RAINER LEITNER „Kurze Geschichte des bürgerlichen Naturschutzes in Österreich". Für Ereignisse, die innerhalb des Bearbeiterteams bekannt waren, die aber in den vorgenannten Quellen nicht abgebildet wurden, wurde auf weitere Einzelwerke zurückgegriffen. Schließlich wurde das Material mit Beiträgen aus dem World Wide Web ergänzt. Diese Informationsquelle hat allerdings den Nachteil, dass sie sich schnell verändert und nicht immer nachvollziehbar ist.

Beschreibung der Ereignisse

Aus den einzelnen Beiträgen wurden jene Aspekte und Textpassagen herausgearbeitet, die für die Entwicklung des Naturschutzes in Österreich von Bedeutung gewesen sein könnten. Sie wurden als „Ereignisse" in einer Online-Datenbank (www.e-c-o.at/projects/kona) erfasst.

Unter Ereignis wurden dabei jene Geschehnisse verstanden, die im betreffenden Gebiet Resonanzen bewirkten. Das heißt, sie stärkten oder schwächten Naturschutzarbeit in diesem Gebiet.

Insgesamt wurden 498 Beiträge zu Ereignissen aufbereitet und dokumentiert. Jedem Ereignis wurde zu seiner Identifizierung eine Zahlenkombination zugeordnet. Sie setzt sich aus dem Jahr, in dem das Ereignis stattfand und einer fortlaufenden Nummer, die beim Eintrag in die Datenbank automatisch generiert wird, zusammen (z.B. 1872-157).

Ereigniskarten

Im nächsten Bearbeitungsschritt wurde der herrschende Zeitgeist/die herrschende Ideologie den gesellschaftlichen Akteuren, die an einem Ereignis beteiligt waren, gegenübergestellt. Dadurch sollte es möglich werden, die Konzeptionen, die hinter diesen Ereignissen stehen, zu identifizieren. Als Bearbeitungstool wurde die „Ereigniskarte" entwickelt.

Die „Ereigniskarte" ist eine im Programm Mind Manager X5 angelegte Mind Map. Sie gliedert sich in fünf Hauptäste, die jeweils zahlreiche Verzweigungen aufweisen. Die Hauptäste bezeichnen jene Größen, die jedes einzelne Ereignis charakterisieren sollen:

- Geschichtlicher Kontext: gesellschaftliche Machtverhältnisse und vorherrschende ideologische Strömung, die den Rahmen für das jeweilige Ereignis bildeten.
- Gesellschaftliche Akteure: involvierte gesellschaftliche Gruppen, Unterscheidung in unmittelbar Betroffene (= Stakeholder: Promotoren und Nicht-Promotoren) und mittelbar Betroffene (= Ferne: Verbündete und Gegner).
- Bedrohung/Gefährdung: Bedrohung, die wahrgenommen und thematisiert wurde.
- Schutzziel: Zustand oder Bild der Natur, das erhalten oder erreicht werden sollte.
- Instrumente/Aktivitäten/Maßnahmen: Strategie, die entweder durch die herrschende gesellschaftliche Gruppe oder von der Basis her verfolgt wurde, sowie die dabei verwendeten Argumente.

Die Ereignisse wurden entlang der Verzweigungen zugeordnet. Für jedes Ereignis ergab sich daraus ein besonderes Verzweigungsmuster, eine individuelle „Ereigniskarte". Sie ließ das Verhältnis der Akteure zueinander viel klarer in Erscheinung treten. Im Zusammenspiel mit den anderen Größen wurden die Interpretation des jeweiligen Geschehens und das Erkennen der vermutlich zugrunde liegenden Konzeption möglich.

In einer „Gesamtereigniskarte" wurden alle in den 498 Ereignissen identifizierten Erscheinungsformen der fünf Hauptgrößen abgebildet. Die Gesamtereigniskarte stellt den Prototyp eines „Katalogs der Konzeptionen" dar. Beliebig viele weitere Ereignisse können mit Hilfe dieses Tools dargestellt und analysiert werden. Es ist möglich und durchaus anzustreben, den Katalog weiter zu ergänzen und weiter zu entwickeln.

Für jedes der ausgewählten Schutzgebiete wurde eine Ereigniskarte erstellt, die die Gesamtheit der Ereignisse in diesem Gebiet abbildet. Eine weitere Karte enthält nur die „Meilensteine". Die Meilensteine markieren besondere Punkte in der Entwicklung der einzelnen Gebiete.

Ein Meilenstein wurde definiert als ein Ereignis, auf das sich nachfolgende Ereignisse beziehen (z.B. Schöffels Medienkampagne zur Rettung des Wienerwaldes) bzw. das durch nachfolgende Ereignisse wiederholt wurde (z.B. Ausweisung des ersten Naturdenkmals).

Eine Auswahl von Meilensteinen zu jedem der untersuchten Schutzgebiete soll in diesem Bericht die vielfältigen Analyse- und Interpretationsmöglichkeiten, die mit dem Tool „Ereigniskarte" zur Verfügung stehen, illustrieren (vgl. Kapitel 3.2).

Anmerkungen zu Bearbeitung und Darstellung

Das Projektteam ist sich dessen bewusst, dass die verwendeten Quellen Einfluss auf das Ergebnis der Analysen haben, ebenso Auswahl und Interpretation der Ereignisse, die nach dem subjektiven Empfinden des Bearbeiters vorgenommen wurden.

Das Ergebnis dieser Arbeit kann es daher nicht sein, das Phänomen „Naturschutz" erschöpfend und repräsentativ zu erklären. Es eröffnet aber neue Sichtweisen auf die Wechselbeziehungen verschiedener gesellschaftlicher Größen und erlaubt insgesamt eine Annäherung an die Mechanismen des Themenkreises „Naturschutz–Gesellschaft–Geschichte".

Die Schutzgebiete sind in der Reihenfolge dargestellt, in der sie bearbeitet wurden. Mit zunehmender Bearbeitungsdauer ist das Verständnis der Bearbeiter für die Materie gewachsen, die Methodik weiterentwickelt und verfeinert worden. Das spiegelt sich wohl auch in den Ergebnissen wider. Die Reihenfolge wurde daher beibehalten.

3 Ergebnisse

3.1 Naturschutzgeschichte im Überblick

Im Vergleich zu anderen Nationen konnte der Naturschutzgedanke in Österreich erst recht spät Fuß fassen. Die Österreichisch-Ungarische Monarchie besaß im Böhmerwald, in Bosnien und den Karpaten ausgedehnte urwaldartige Gebiete, so dass die Frage des Naturschutzes keineswegs so brennend schien, wie etwa in der kleinen Schweiz oder im hoch industrialisierten Deutschland. Die Anfänge der Naturschutzbewegung lagen folglich auch in der Großstadt Wien und griffen auf das angrenzende Niederösterreich über. Hier wurden Beanspruchung und Schäden an der Natur zuerst und am deutlichsten sichtbar.

Naturschutzbestrebungen waren zunächst ähnlich wie in Deutschland eng mit der Denkmalpflege verbunden und hatten vor allem den konservierenden Naturschutz zum Inhalt. Im Jahr 1903 begann das Ministerium für Cultus und Unterricht mit der Anlage eines Naturdenkmalinventars.

1909 richtete Schweden als erster Staat in Europa einen Nationalpark ein, 1914 entstand mit dem Schweizer Nationalpark der erste Nationalpark in den Alpen. Im Jahr 1912 gründete ADOLF VON GUTTENBERG den „Österreichischen Verein Naturschutzpark" als Zusammenfassung der in Österreich lebenden Mitglieder des 1909 gegründeten gleichnamigen Vereins in Stuttgart. Eines der Hauptziele des Vereins war die Begründung von österreichischen Naturschutzparken entsprechend den internationalen Vorbildern. Der Verein wurde zu einer Keimzelle der österreichischen Naturschutzbewegung und verkörperte ihren bürgerlichen Zweig. Auch der bereits 1862 in Wien gegründete Oesterreichische Alpenverein (OeAV) wird diesem Zweig zugeordnet. Primäres Vereinsziel war damals, die Alpen für ein gebildetes und naturliebendes Publikum zu erschließen. In seiner langen Geschichte nahm der OeAV großen Einfluss auf die österreichische Naturschutzbewegung.

Ebenfalls in Wien formierten sich aus den Kreisen der Arbeiter 1895 die „Naturfreunde". Sie forderten vor allem den freien Zugang zur Natur, die damit nicht immer unerheblichen Belastungen ausgesetzt war. Während des letzten Jahrhunderts gab es immer wieder Konflikte zwischen Naturschützern proletarischer und bürgerlicher Prägung.

1913 wurden auf Initiative des damaligen Kustos am Niederösterreichischen Landesmuseum, GÜNTHER SCHLESINGER, erstmals die „Blätter für Naturkunde und Naturschutz" herausgegeben, eine Zeitschrift, die sich ausschließlich mit Naturschutzthemen befasste. SCHLESINGER war stark beeinflusst von HUGO CONWENTZ, dem deutschen Vorreiter der Naturdenkmalpflege[3]. SCHLESINGER wurde 1917 in die Fachstelle für Naturschutz im Rahmen des Österreichischen Heimatpflegeverbandes und später des Bundesdenkmalamtes berufen. 1924 schuf er gemeinsam mit dem Verwaltungsjuristen ADOLF MERKL das Niederösterreichische Naturschutzgesetz. Es war Vorbild für die anderen Landesgesetze und griff auch dem Reichsnaturschutzgesetz von 1935 vor.

Während des Dritten Reiches wurde der Naturschutz, der gleichgesetzt wurde mit dem Bewahren deutscher Landschaft, als Wertquelle des Lebens und Schutz des wahren Deutschtums propagiert. Bezeichnenderweise fiel in diese Zeit eine große Anzahl von Erklärungen zu Naturdenkmalen und Naturschutzgebieten. Im Widerspruch dazu wurden aber auch Kraftwerks- und Straßenbauten der Nationalsozialisten als Ingenieurleistungen gelobt, die den ästhetischen Wert der Landschaft noch steigern sollten. Tatsächlich war die Verwirklichung solcher Projekte eine beschäftigungspolitische Maßnahme. Als solche wurde sie auch toleriert und in weiten Teilen der Bevölkerung begrüßt. Dass damit gleichzeitig die Infrastruktur für einen bevorstehenden Krieg bereitgestellt werden sollte, wurde nicht offen diskutiert.

In den Jahren nach dem Zweiten Weltkrieg entstanden bedeutende internationale Organisationen. 1948 wurde mit der Gründung der IUCN (World Conservation Union) die erste Institution geschaffen, die internationale Richtlinien für den Schutz der Natur vorgab. Die 1952 gegründete CIPRA (Commission Internationale pour la Protection des Alpes) stellte den Schutz der Alpen in den Mittelpunkt. Der 1961 gegründete WWF (World Wide Fund for Nature) befasste sich vor allem mit dem Arten- und Lebensraumschutz.

In Österreich war die Entwicklung hin zum internationalen Naturschutz zunächst nicht spürbar. Zu sehr war man noch mit der Suche nach einer nationalen Identität und dem Wiederaufbau der Lebensgrundlagen, die der Krieg zerstört hatte, beschäftigt. Naturschutz gewann vor allem in Form der Erhaltung von Erholungslandschaft Bedeutung. In den jungen und aufstrebenden Wirtschaftszweig Fremdenverkehr wurden große Hoffnungen gesetzt. Zahlreiche Landschaftsschutzgebiete wurden ausgewiesen und Naturparks eingerichtet. Diese Entwicklung dauerte bis in die 1970er-Jahre an.

Im Europäischen Naturschutzjahr 1970 versuchte sich Österreich auch international zu profilieren und seinen angemessenen Platz unter den europäischen Staaten zu finden. Viele Naturschutzaktivitäten und Unterschutzstellungen fanden unter der Prämisse „von europäischer Bedeutung" statt. Dennoch trachtete man stets danach die „nationale Eigenart" und das „Charakteristische" zu bewahren.

1971 wurden die Bestimmungen der Ramsar-Konvention, ein Übereinkommen zum Schutz der Feuchtgebiete von internationaler Bedeutung, festgelegt. 1973 wurde die Österreichische Gesellschaft für Natur- und Umweltschutz ÖGNU (heute: Umweltdachverband) als überparteiliche Dachorganisation der

---

[3] GÜNTHER SCHLESINGER stand ähnlich wie sein deutsches Vorbild der nationalsozialistischen Bewegung sehr nahe. Er übernahm ihre Sprach- und Denkmuster und meinte damit die Anliegen des Naturschutzes durchsetzen zu können. Als er gegen Ende des Zweiten Weltkriegs erkannte, wohin ihn diese Allianz geführt hatte, zog er die Konsequenz und nahm sich 1945 das Leben.

österreichischen Naturschutzverbände gegründet. Bereits im Jahr 1972 veröffentlichte der „Club of Rome", eine Gruppe von hochkarätigen Wissenschaftlern, „Die Grenzen des Wachstums" und löste gemeinsam mit einer Reihe anderer kritischer Publikationen eine globale „Endzeitstimmung" aus. Diese Stimmung trug – neben parteipolitischen Überlegungen – wesentlich dazu bei, dass die österreichische Bundesregierung 1978 bei einer Volksabstimmung über die Inbetriebnahme des Atomkraftwerkes Zwentendorf ein „Nein danke!" hinnehmen musste. Die Absage an die Atomkraft bezeichnete auch den Beginn der Umweltschutzbewegung in Österreich. Ihre Fortsetzung fand sie in den Protesten gegen Kraftwerksbauten im Reichraminger Hintergebirge und in Hainburg 1984 und im Einzug der Grünen Partei ins Parlament 1986.

1992 gab die Europäische Union die Fauna-Flora-Habitat-Richtlinie heraus, die gemeinsam mit der Vogelschutzrichtlinie von 1979 die gesetzliche Grundlage für das europäische Schutzgebietsnetzwerk Natura 2000 bildete. Mit dem Beitritt zur Europäischen Union 1995 verpflichtete sich auch Österreich, seinen Beitrag zu diesem Netzwerk zu leisten und begann im selben Jahr mit der Nominierung und Ausweisung von Natura 2000-Gebieten.

Etwa seit der Jahrtausendwende steht der internationale Naturschutz immer mehr im Mittelpunkt. Es scheint immer erstrebenswerter internationale Prädikate bzw. internationale Anerkennung zu erlangen. Die Promotoren im Naturschutz versprechen sich davon wirtschaftliche Vorteile aus Vermarktungsmöglichkeiten und daraus entstehend breitere Akzeptanz für Naturschutzmaßnahmen in der Bevölkerung. Sie hofften aber auch, dass durch den Druck im Licht der internationalen Öffentlichkeit zu stehen, Schutzziele besser durchgesetzt werden könnten.

3.2 Naturschutz in den ausgewählten Schutzgebieten

In den folgenden Kapiteln sollen die Untersuchungsräume Wienerwald, Donauauen, Dobratsch und Hohe Tauern näher vorgestellt werden. Einleitend wird

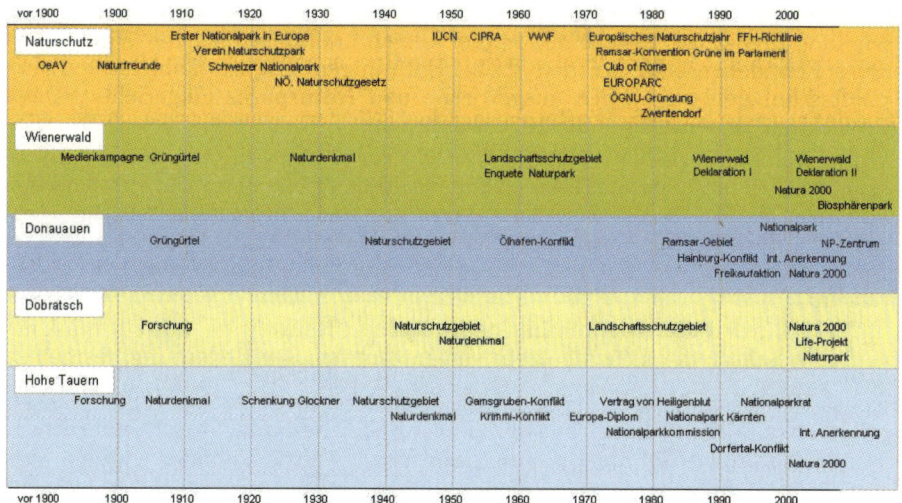

Abb. 1: Naturschutz im Überblick. Die Grafik zeigt Meilensteine des Naturschutzes in den Untersuchungsgebieten sowie auf nationaler und internationaler Ebene

für jedes Gebiet ein Bild des historischen und gesellschaftlichen Kontextes skizziert. Die nachfolgende Ereignisliste soll die Geschichte der Entwicklung zum Schutzgebiet in seiner heutigen Form nachzeichnen. Im Anschluss daran werden für jedes Schutzgebiet einige Ereignisse exemplarisch angeführt und interpretiert. Dies soll den Gebrauch des Analysetools „Ereigniskarte" veranschaulichen. Die Wahl fiel dabei auf Ereignisse, die als Meilensteine (vgl. Kapitel 2.5) identifiziert wurden.

Eine vollständige und ausführliche Beschreibung aller angeführten Ereignisse samt Quellenangabe findet sich im Anhang des Endberichtes zu diesem Projekt (siehe bei www. e-c-o.at).

3.2.1 Wienerwald

Die dokumentierte Geschichte des Wienerwaldes begann 1002, als der deutsche Kaiser Heinrich II. das Gebiet den Babenbergern zusprach. Die Rechte am Wienerwald gingen an die Habsburger über. Bis zum Ende des 19. Jahrhunderts diente der Wienerwald vorwiegend dem herrschaftlichen Jagdvergnügen. Die forstliche Nutzung war von untergeordneter Bedeutung, der Wald blieb daher weitgehend in seinem Bestand erhalten. In Notzeiten, wie zum Beispiel zur Zeit der Napoleonischen Kriege, kam es allerdings immer wieder zu Plünderungen durch die verarmte Bevölkerung, die ihren Bedarf an Fleisch und vor allem an Holz zu decken suchte. Prekär wurde die Situation nach dem ersten Weltkrieg, als man den Wald nur durch rigorose Maßnahmen und die Einrichtung von Ordnerdiensten vor dem völligen Kahlschlag bewahren konnte.

Eine der herausragenden Persönlichkeiten in der Geschichte des Wienerwaldes war JOSEF SCHÖFFEL, der 1872 durch eine groß angelegte Medienkampagne den Verkauf großer Teile des Wienerwaldes an spekulative Holzhändler abwenden konnte. SCHÖFFELS Wirken gilt noch heute als beispielhaft.

Um die Jahrhundertwende war Wien zu einer Millionenstadt herangewachsen. Der Erschließungsdruck durch die aus allen Nähten platzende Großstadt war enorm. Die Flächen rund um Wien standen im Brennpunkt zahlreicher Bau- und Straßenbauvorhaben. Gleichzeitig stellten sie einen nahezu unverzichtbaren Frei- und Erholungsraum für die arbeitende Bevölkerung dar. Ein Großteil lebte in der Stadt unter beengten und menschenunwürdigen Verhältnissen. Um die Wohlfahrtsfunktion sicherzustellen wurde 1905 das Schutzgebiet „Wald- und Wiesengürtel", ein Grüngürtel rund um Wien, eingerichtet.

Zur Erhaltung des Wienerwaldes wurden immer wieder Kampagnen initiiert. 1931 überreichte der Naturschutz-Verband unter Führung GÜNTHER SCHLESINGERS eine Petition zum Schutz des Wald- und Wiesengürtels an den damaligen Bürgermeister KARL SEITZ und wusste 200.000 Vereinsmitglieder aus der Wiener Bevölkerung hinter sich. 1955 veranstaltete das Aktionskomitee zum Schutz der Landschaft eine Enquete zum Schutz des Wienerwaldes, in der Maßnahmen zur Erhaltung dieser „natürlichen Klimaanlage" und Erholungslandschaft gefordert wurden. 1987 unterzeichneten die Landeshauptleute von Wien und Niederösterreich die Wienerwalddeklaration, die 2002 erneuert wurde. Ab den 1990er-Jahren waren es vor allem Vorhaben zur Erweiterung oder Neuanlage von Steinbrüchen, die als Bedrohung für die Erholungslandschaft wahrgenommen wurden. Verschiedenste Naturschutzorganisationen und lokale Initiativen wehrten sich dagegen. Sie forderten einen endgültigen und wirksamen Schutz für den Wienerwald, der durch die Ausweisung eines großflächigen Schutzgebietes erreicht werden sollte.

Abb. 2: Wienerwald. In der Geschichte des Wienerwalds spielt die menschliche Nutzung der Natur, vor allem zu Erholungszwecken, eine große Rolle

Nach der Einrichtung des Wald- und Wiesengürtels betrafen gesetzliche Maßnahmen zum Erreichen von Naturschutzzielen vorerst die Unterschutzstellung als Naturdenkmal (erstmals 1926). Das wurde vor allem von der gerade von SCHLESINGER eingerichteten Fachstelle für Naturschutz forciert. Eine zweite und dritte Welle der Naturdenkmalerklärungen folgten um 1940 und um 1980. Fast zeitgleich mit der ersten Wienerwald-Enquete wurde 1955 der Wienerwald zum Landschaftsschutzgebiet erklärt, 1962 wurde mit dem Naturpark Sparbach der erste Naturpark eingerichtet, weitere folgten. Die Naturparks sollten vor allem den Erholungs- und Freizeitbedürfnissen der Städter Rechnung tragen und setzten damit eine lange Tradition im Wienerwald fort. Ganz andere Ziele – vor allem Arten- und Lebensraumschutz – verfolgte der europäische Naturschutz, der mit der Nominierung der ersten Natura 2000-Gebiete 1998 wirksam wurde. Im Jahr 2002, als „1000 Jahre Wienerwald" gefeiert wurden, sollte endlich ein Konzept für einen umfassenden Schutz des Wienerwaldes erstellt werden. Eine Studie zur Klärung der Frage, ob ein National- oder ein Biosphärenpark das für den Wienerwald am besten geeignete Konzept darstellten, favorisierte den Biosphärenpark. Der darauf folgende Planungsprozess unter intensiver Beteiligung der Bevölkerung mündete in der Erklärung zum Biosphärenpark im Jahr 2005. Man hoffte nun die geeignete Schutzkategorie gefunden zu haben, um die vielfältigen Nutzungsinteressen und die Erhaltung und Entwicklung des Naturraums bestmöglich aufeinander abstimmen zu können.

Ereignisse im Wienerwald

1002 Schenkung des Wienerwaldes an die Babenberger
1561 Einrichtung des kaiserlichen Jagdreviers Lainzer Tiergarten
1809 Plünderung des Tiergartens zur Deckung des Fleisch- und Holzbedarfs
1812 Einrichtung des Sparbacher Tiergartens
1849 Neuorganisation des Jagdrechts im Lainzer Tiergarten
1872 SCHÖFFELS Medienkampagne zur Rettung des Wienerwaldes[4)]
1874 Eröffnung der Zahnradbahn auf den Kahlenberg
1900 Naturdenkmal Johannserkogel
1900 Einsatz der Naturfreunde für den Wienerwald
1902 Ehrung JOSEF SCHÖFFELS – Schützer des Wienerwaldes
1903 Bildervortrag über den Wienerwald
1905 Einrichtung des Schutzgebiets Wald- und Wiesengürtel
1905 Projekt zur Errichtung einer Wiener Höhenstraße scheitert
1918 Gründung des Vereins Tiergartenschutz
1919 Lainzer Tiergarten wird öffentlich zugänglich
1919 Ordnerdienste zum Schutz des Tiergartens vor Holzsammlern
1919 Übereignung des Tiergartens an Kriegsgeschädigtenfonds
1924 Niederösterreichisches Naturschutzgesetz
1925 Erlass des Wiener Stadtschulrats zum Wald- und Flurschutz
1926 „Anschauliche Wegräumarbeit" des Vereins Tiergartenschutz
1926 Naturdenkmal Felsendurchbruch
1926 Erfolgreiche Tätigkeiten der Fachstelle für Naturschutz
1926 Fachstelle für Naturschutz beantragt Banngebiet „Lainzer Tiergarten"
1926 Flurschutzdienst in Mödling
1926 Verordnung zum Niederösterreichischen Naturschutzgesetz
1926 Naturdenkmal Granit-Riesenblock bei Neulengbach
1926 Naturdenkmal Vierbrüderbaum
1926 Naturdenkmal Parapluibaum
1927 Kampf des Naturschutzvereins SCHÖFFEL gegen Vogelsteller
1927 Einkreuzung „blutfremden" Schwarzwildes wird beklagt
1927 Mitgliederwerbung des Vereins Wienerwaldschutz
1927 Verbot der Netzfischerei während der Laichzeit
1928 Bebauungspläne für den Lainzer Tiergarten
1928 Propagandaaktionen der Naturschutzvereine
1931 Denkschrift für Wiener Wald- und Wiesengürtel
1931 Besucher beklagen Beeinträchtigung des Wald- und Wiesengürtels
1931 Forderung nach Naturschutzgebiet am Teufelstein
1931 Erhaltung des Wienerwalds zur Luftverbesserung
1931 Erziehung zum Naturschutz via Radio
1931 Aufruf zum Kaufboykott für Frühlingsblumen
1931 Naturdenkmal Schwarzpappel
1933 Proteste begleiten Bau der Wiener Höhenstraße
1938 Verkauf des Lainzer Tiergartens an die Stadt Wien
1941 Naturdenkmal Eibe
1941 Naturdenkmal Kleine breite Föhre
1941 Naturdenkmal Sommerlinde bei Alland
1941 Naturdenkmal Türkische Baumhasel bei Alland
1941 GÖRING erklärt Lainzer Tiergarten zum Naturschutzgebiet

[4)] Mit dem Fettdruck wurden jene Ereignisse hervorgehoben, die im Folgenden auch beispielhaft analysiert wurden.

1943 Kriegsnot zwingt zur landwirtschaftlichen Nutzung des Tiergartens
1951 Schrebergärten erregen Missfallen der Wienerwaldbesucher
1951 Bezirksbehörde geht gegen Reklame vor
1952 Neues Naturschutzgesetz für Niederösterreich
1955 Aktionskomitee veranstaltet Enquete zum Schutz des Wienerwaldes
1955 Erklärung des Wienerwaldes zum Landschaftsschutzgebiet
1955 Land Niederösterreich richtet Naturschutzbeirat ein
1956 Maßnahmen gegen standortfremde Arten
1957 Naturdenkmal Bäume Meiereiwiese
1958 Gemeinde Wien will Wald- und Wiesengürtel sichern
1960 Naturschutzgebiet Eichkogel
1961 Forderung nach Rücksichtnahme auf Naturschutzgebiet Eichkogel
1962 Einrichtung des Naturparks Sparbach
1964 Planung zur Erhaltung des Erholungsraums Wienerwald
1965 Forderung nach einem Naturpark Wienerwald
1969 Einrichtung des Naturparks Föhrenberge
1971 Resolution zur Sicherung des Wienerwaldes
1975 Einrichtung des Naturparks Purkersdorf – Sandstein Wienerwald
1978 Einrichtung des Naturparks Eichenhain
1981 Wienerwaldkonferenz – eine Plattform zum Schutz des Wienerwaldes
1983 Naturdenkmal Schwarzkiefer
1984 Naturdenkmal Götterbäume
1984 Naturdenkmal Winterlinde
1984 Naturdenkmal Geradfrüchtiges Hornköpfchen
1987 Landeshauptleute unterzeichnen Wienerwalddeklaration
1988 Entwicklung des Schutzgebiets Wald- und Wiesengürtel
1988 Naturdenkmal Platane
1989 Wienerwaldkonferenz warnt vor Gefahren
1994 Erweiterung des Naturschutzgebiets Eichkogel
1994 Alpenverein gegen neue Steinbrüche im Wienerwald
1995 Eichkogelkomitee arbeitet für die Erhaltung wertvoller Rasenflächen
1997 Bevölkerung skeptisch gegenüber Projekt Nationalpark im Wienerwald
1998 Wienerwald-Thermenregion als Natura 2000-Gebiet nominiert
1998 Plattform gegen Steinbrucherweiterungen
1999 Studie zum Verhalten der Wienerwaldbesucher
2000 Entwicklungskonzept und Grünraumleitbild für Mödling
2000 Förster entdeckt Speierlingvorkommen im Wienerwald
2000 Umweltdachverband warnt vor Steinbrüchen in Naturparks
2000 Bürgerliste wirft ÖBf[5] Naturparkzerstörung vor
2000 Naturschutzorganisationen gegen Steinbruchbetreiber
2001 Naturnahe Waldbewirtschaftung durch das Forstamt der Stadt Wien
2001 Tagung „SOS Wienerwald" kritisiert Bundesforste
2001 WWF[6] fordert Nationalpark Wienerwald
2001 Umweltdachverband fordert Biosphärenpark Wienerwald
2001 Wienerwaldkonferenz fordert nachhaltigen Schutz der Landschaft
2001 Wienerwaldkonferenz stellt Forderungen an die Landesregierung
2001 Kritik an Waldverkäufen der ÖBf
2001 Presseaussendung zur SOS-Wienerwald-Tagung

---

[5] Österreichische Bundesforste
[6] World Wide Fund for Nature

2001 Studie zur Natürlichkeit des Wienerwaldes
2001 Lokale Aktionen für den globalen Klimaschutz
2001 Naturschutzverein Schöffel gegen Steinbruch am Anninger
2001 Erholungsraum Wienerwald erhöht die Lebensqualität
2002 Machbarkeitsstudie als Basis für politische Entscheidungen
2002 Millenniumsfeiern 1000 Jahre Wienerwald
2002 Landeshauptleute erneuern Wienerwalddeklaration
2002 Landeshauptmann Pröll befürwortet Biosphärenpark
2002 Landeshauptmann Häupl begrüßt Biosphärenparkmodell
2002 Neue Schutzkategorien werden bewertet
2002 Biosphärenparkmodell wird bevorzugt
2002 Forderung nach ausgewogener Entwicklung der Wienerwaldregion
2002 Biosphärenpark als Modell nachhaltiger Regionalentwicklung
2003 Natura 2000-Managementplan Wienerwald-Thermenregion
2003 Besucheransprüche widersprechen Jagderfordernis
2003 Informationsveranstaltung zum geplanten Biosphärenpark Wienerwald
2004 Warnfeuer weisen auf drohenden ökologischen Kollaps hin
2004 Eichkogelkomitee wird für seine Arbeit geehrt
2005 Projekt „Zukunft Stadtwald" zur Entschärfung von Nutzungskonflikten
2005 Wald- und Wiesengürtel soll nach 100 Jahren weiterbestehen
2005 Gemeinde Mödling befasst sich mit Natura 2000
2005 Naturverträglichkeitsprüfung im Natura 2000-Gebiet
2005 Antrag für Biosphärenpark bei der UNESCO
2005 Umweltdachverband zeigt Schwachstellen der Biosphärenparkeinrichtung auf fordert bessere Information der Bevölkerung
2005 Ernennung zum Biosphärenpark Wienerwald

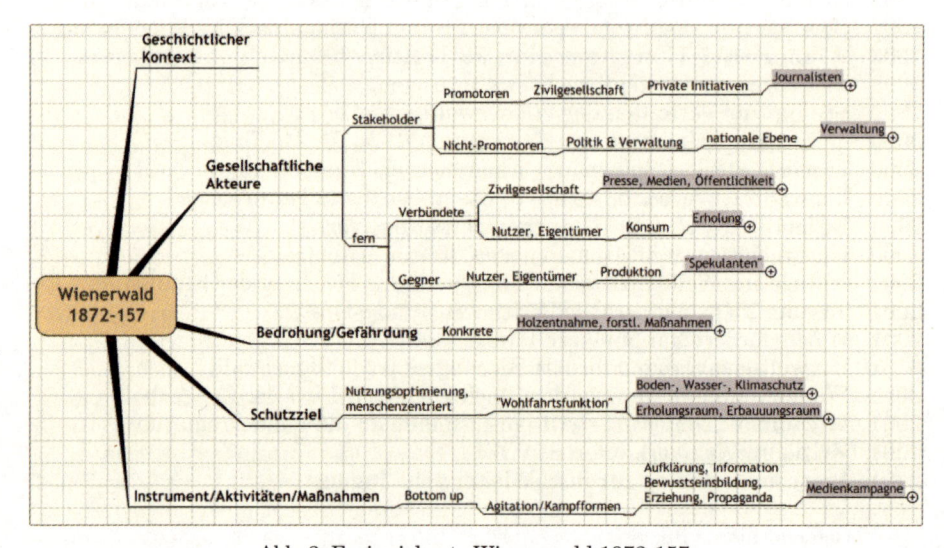

Abb. 3: Ereigniskarte Wienerwald 1872-157

Meilensteine Wienerwald

Im Kapitel Meilensteine wurden sowohl zum Wienerwald als auch zu den anderen Schutzgebieten nicht sämtliche Ereignisse analysiert, die als Meilensteine bewertet worden waren. Es wurden nur jeweils drei Beispiele herausgenommen, mit denen möglichst unterschiedliche Aspekte des Beziehungsgefüges „Naturschutz–Gesellschaft–Geschichte" aufgegriffen werden konnten.

SCHÖFFELS *Medienkampagne zur Rettung des Wienerwaldes (Ereignis 1872-157)*

Um die zerrütteten Staatsfinanzen nach dem verlorenen Krieg von 1866 zu sanieren, beschließt der Staat, die Staatsdomänen zu verkaufen. Dazu zählt auch der Wienerwald. Der pensionierte Oberleutnant JOSEF SCHÖFFEL *argumentiert im Stile eines Ökologen dagegen: Der Verkauf und der unmittelbar daraus folgende Raubbau am Wienerwald hätte schlimme Folgen für Klima und Boden, und er könne dann die so wichtige Funktion eines Wohlfahrtswaldes nicht mehr erfüllen.* SCHÖFFEL *hat sich nach seiner militärischen Laufbahn naturwissenschaftlich gebildet und betätigt sich als Journalist im „Wiener Tagblatt". In seinen Bemühungen zur Rettung des Wienerwaldes bleibt* SCHÖFFEL *gegen Bestechung und Korruption standhaft. Er bedient sich dabei der Presse und zieht die öffentliche Meinung auf seine Seite. Ein bereits eingebrachtes Gesetz wird zurückgezogen und der Wienerwald in letzter Sekunde gerettet.* JOSEF SCHÖFFEL *ist damit Initiator und treibende Kraft der ersten Umweltbewegung in Österreich.*

Quelle:

LEITNER, R. (2003): *Kurze Geschichte des bürgerlichen Naturschutzes in Österreich von den Anfängen bis 1945. Unveröffentlichtes Manuskript, 43 S.*

BÜRGMANN, G. (2005): *Josef (Joseph) Schöffel. Online im Internet. URL: http://www.pur kersdorf-online.at/netzwerk/schoeffel.php [Stand: 30. 6. 2005].*

JOSEF SCHÖFFEL war ein Vertreter der bürgerlichen Gesellschaft und der Idee des Heimat- und Naturschutzes eng verbunden. Er war angesehen und gewitzt genug, um sich auf eine Konfrontation mit den politischen Machthabern einlassen zu können. Die Beamtenschaft, die er angriff, unterhielt wiederum tatsächlich unsaubere Geschäftsbeziehungen zur Forstindustrie (den „Spekulanten"), aus denen beide Profit schlugen. SCHÖFFEL hatte nicht allzu schweres Spiel durch einen publizistischen Feldzug die Öffentlichkeit auf seine Seite zu ziehen und einen „Sieg der Wahrheit und Redlichkeit über Lüge und Betrug" zu erringen. Die in Österreich eben voll anlaufende Industrialisierung hatte Bewegung in die Gesellschaft gebracht. Die neue Klasse der Arbeiter, die oft unter ärmlichsten Verhältnissen lebte und arbeitete, hatte Bedarf an leicht und kostengünstig erreichbaren Erholungsmöglichkeiten. Die nächst liegende war der Wienerwald. Diese Naherholungsmöglichkeit zu erhalten war SCHÖFFELS aufrechtes Anliegen. Auch in seiner nachfolgenden Laufbahn als Bürgermeister von Mödling zeigte er großes soziales Engagement. SCHÖFFELS persönliche Geschichte ist untrennbar mit der des Wienerwaldes verbunden. Bis heute erinnern zahlreiche Ehrenbekundungen an ihn.

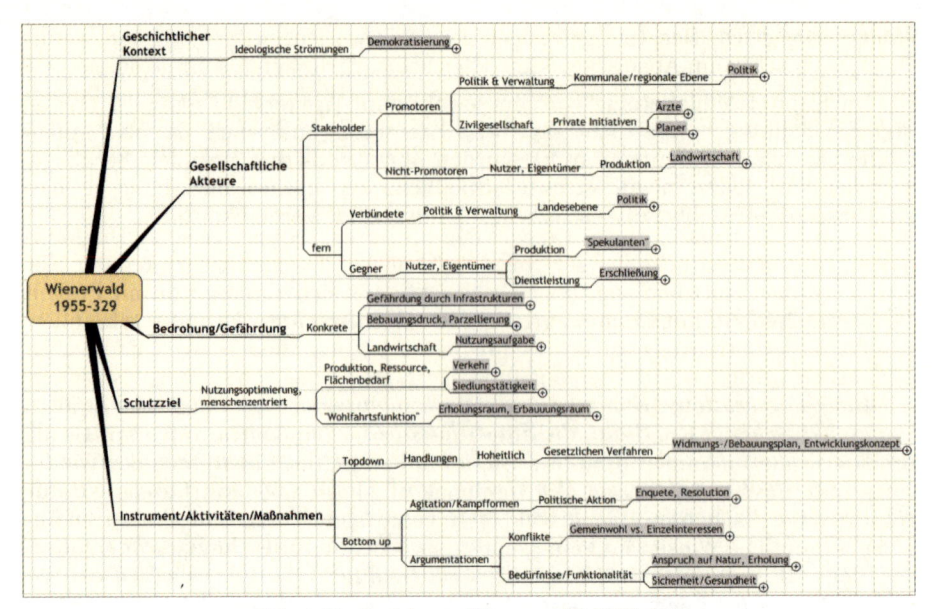

Abb. 4: Ereigniskarte Wienerwald 1955-329

Aktionskomitee veranstaltet Enquete zum Schutz des Wienerwaldes (Ereignis 1955-329)

Vom Aktionskomitee zum Schutz der Landschaft wird eine Enquete zum Schutz des Wienerwalds veranstaltet. Der Wienerwald bietet nicht nur ungefähr 500.000 Besuchern jährlich Erholung, er ist auch „eine großartige natürliche Klimaanlage ... Ärzte, Pädagogen, Stadtplaner und die Bürgermeister (betonen die Notwendigkeit), Schritte zur Erhaltung dieser vielbesungenen Erholungslandschaft zu unternehmen." Die größten Gefahren sind Rückzug der Landwirtschaft, Grundstücksspekulanten, wildes Siedeln, Autobahnbau.

Der Wiener Stadtrat THALLER gibt die Losung aus: „Noch mehr Grün, noch mehr Freilandfläche, noch mehr Zungen hinein in verbautes Stadtgebiet." Mit dem Naturschutzgesetz, das im selben Jahr vom Wiener Gemeinderat beschlossen worden ist, „ist ein weiterer Schritt zum Schutz des Wienerwalds, des sozialen Grüns getan worden."

Die Teilnehmer der Enquete fordern in einem 14-Punkteprogramm: „Lenkung der großstädtischen Siedlungsentwicklung, Erklärung des Wienerwaldes zum Landschaftsschutzgebiet, Ausarbeitung von Flächenwidmungs- und Verbauungsplänen, gesetzlicher Schutz des Wald- und Wiesen-Gürtels, Sicherung des Lainzer Tiergartens, die Schaffung ähnlicher Naturschutzgebiete im niederösterreichischen Teil des Wienerwaldes" sowie allgemein Zusammenarbeit von Wien und Niederösterreich in Fragen des Wienerwaldes.

Quelle:
Anonymus (1955): Der Wienerwald ist in Gefahr! Der Naturfreund, 48. Jg., S. 71.

Besonders bemerkenswert an der Enquete ist der Zeitpunkt, zu dem sie stattfand. Im Jahr 1955 bemühte sich Österreich um die Wiederherstellung seiner vollen Souveränität und erreichte diese schließlich mit der Unterzeichnung des

Staatsvertrags. Die Besatzungstruppen der Alliierten waren noch im Land, wenngleich auch schon im Abzug begriffen. Gleichzeitig gründeten sehr gebildete und angesehene Personen ein Aktionskomitee zum Schutz der Landschaft und fanden kein Problem vordringlicher, als den Schutz der Erholungslandschaft Wienerwald. Das mag auf den ersten Blick verwundern, war aber womöglich symptomatisch für diese Epoche.

Das Land befand sich nun schon mehrere Jahrzehnte fast ohne Unterbrechung im Kriegszustand bzw. war von den alliierten Truppen besetzt. Die Menschen sehnten die Rückkehr der Normalität herbei. Die ärgsten Zeiten der Not waren vorüber, trotzdem waren sie es überdrüssig, sich ständig nur mit Fragen der Vergangenheit, mit Fragen nach Schuld und Mitverantwortung auseinanderzusetzen. Sie hatten ein starkes Bedürfnis nach einer „heilen" Welt und waren vermutlich zufrieden, ein Thema gefunden zu haben, das von großer Wichtigkeit schien und dennoch nicht mit dem alltäglichen Überlebenskampf zu tun hatte.

Im Rahmen der Enquete wurde der Rückzug der Landwirtschaft erstmals als Problem wahrgenommen. Konkret ging es dabei um die Einstellung der Weidewirtschaft im Wiener Umland. Die Weidenutzung hatte über Jahrhunderte dafür gesorgt, dass Flächen im Wienerwald offen gehalten wurden. Dadurch waren äußerst artenreiche Wiesen und eine sehr ansprechende Kulturlandschaft entstanden, deren Bestand nun sichergestellt werden sollte.

Die Forderung nach Zusammenarbeit der Länder Wien und Niederösterreich war beispielhaft für die Zeit nach dem Zweiten Weltkrieg. Das Thema „Kooperation der Länder" zieht sich wie ein roter Faden durch die Geschichte der Zweiten Republik, wurde in allen Bundesländern aufgegriffen und beschränkte sich dabei nicht nur auf Angelegenheiten des Naturschutzes.

Die Form des Naturschutzes, die hier propagiert wurde, entsprach einer bildungsbürgerlichen Annäherung an das Thema. Das lässt sich auch an den teilnehmenden Akteuren unschwer erkennen. Sie prägte das Naturschutzgeschehen bis in die 1980er-Jahre. Erst die Ereignisse rund um Hainburg brachten einen deutlichen Wandel.

Wienerwald-Thermenregion als Natura 2000-Gebiet nominiert (Ereignis 1998-541)

„Der Beitritt Österreichs zur Europäischen Union hatte auch für den Naturschutz in Österreich eine Neuorientierung zur Folge. In Artikel 130r des (EWG)Vertrages wird festgestellt, daß Erhaltung, Schutz und Verbesserung der Qualität der Umwelt wesentliche Ziele der Gemeinschaft und folglich von allgemeinem Interesse sind.

Hiezu zählt der Schutz natürlicher Lebensräume, deren Zustand im EU-Raum sich unaufhörlich verschlechtert, sowie wildlebender Tiere und Pflanzen, die zunehmend ernstlich bedroht sind (Rote Listen). Daher sind zu ihrer Erhaltung Maßnahmen auf Gemeinschaftsebene erforderlich.

Der Rat der europäischen Gemeinschaft hat deshalb eine Richtlinie zur Erhaltung der natürlichen Lebensräume sowie der wildlebenden Tiere und Pflanzen (=Fauna-Flora-Habitat-Richtlinie) erlassen, welche die bereits bestehende Vogelschutz-Richtlinie ergänzen soll. Gemeinsam bilden sie den gesetzlichen Rahmen zum Schutz des europäischen Naturerbes. Eine zentrale Rolle nimmt dabei die Entstehung eines kohärenten ökologischen Netzes von besonderen Schutzgebieten in ganz Europa – bekannt als Natura 2000 – ein ...

Stufe 1: Vorbereitung der nationalen Gebietslisten ...

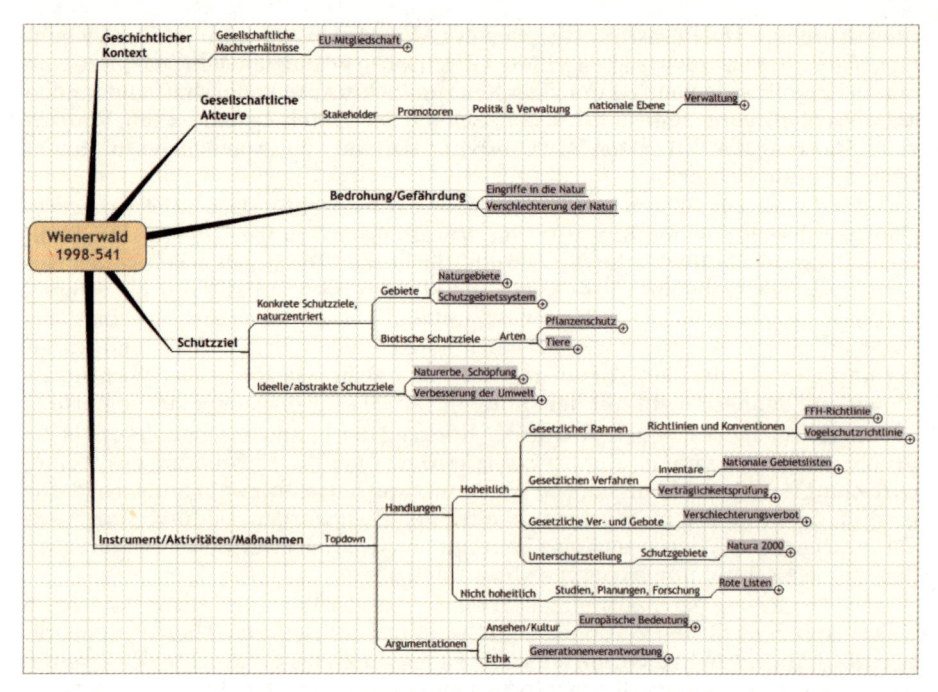

Abb. 5: Ereigniskarte Wienerwald 1998-541

Stufe 2: Ausweisung der Gebiete von gemeinschaftlicher Bedeutung ...
Stufe 3: Errichtung besonderer Schutzgebiete ...
Schließlich ist zu beachten, daß in den besonderen Schutzgebieten erhebliche Verschlechterungen der natürlichen Lebensräume und Habitate von Arten sowie Störungen von Arten, für deren Schutz die Gebiete ausgewiesen wurden, zu vermeiden sind. Darüber hinaus erfordern Pläne und Projekte, ... die ein solches Gebiet ... erheblich beeinträchtigen könn(t)en, eine Verträglichkeitsprüfung ...
Bereits im Sommer 1995 waren zahlreiche Schutzgebiete bzw. Schutzgebietsprojekte als Beitrag Niederösterreichs zum Europäischen Schutzgebietssystem Natura 2000 nominiert worden ... Im Juni 1997 wurden zwei weitere großflächige Landschaftsteile nach Brüssel gemeldet, um rechtzeitig für die erste Arbeitssitzung der alpinen biogeographischen Region im Oktober in Salzburg die niederösterreichische Liste hinsichtlich der Bergregionen zu vervollständigen:
Wienerwald-Thermenregion
Nordöstliche Randalpen ..."

Quelle:
KRAUS, E. (1998): Herausforderung Natura 2000. Österreichische Forstzeitung 109. Jg., Nr. 8/1998, 36–37.

Mit Natura 2000 soll die Institutionalisierung und Standardisierung des Naturschutzes auf gesamteuropäischer Ebene erreicht werden. Die Richtlinien legen Inhalt und Ablauf von Schutzmaßnahmen in einem sehr hohen Detaillierungsgrad fest. Sie richten sich nur an die Fachwelt, die Formulierungen sind äußerst sachlich gehalten. Dem „Normalbürger" verschließt sich der Sinn dieser

Ausführungen. Daher muss sich der europäische Naturschutz häufig den Vorwurf der Überreglementierung und des Bürokratismus gefallen lassen.

Die Schutzziele von Natura 2000 sind im Grunde jenen der Anfänge der Naturschutzbewegung sehr ähnlich. Es geht um konkrete Pflanzen, Tiere und Lebensräume, die für Europa repräsentativ und daher von gemeinschaftlicher Bedeutung sind. Schutzziele, die dem Menschen direkt zugute kommen, bleiben weitgehend ausgeklammert. Auch abstrakte Schutzziele werden formuliert – Bewahrung des europäischen Naturerbes und Verbesserung der Umwelt. Letztendlich geht es aber immer um den Europäischen Gedanken. Mit Hilfe des Naturschutzes versucht die Verwaltung der Staatengemeinschaft ein Stück europäische Identität zu schaffen.

Besondere Aspekte des Naturschutzes im Wienerwald

Im Wienerwald ging es zumeist um die Bewahrung einer Erholungslandschaft für die städtische Bevölkerung, die Wohlfahrtsfunktion des Waldes spielte stets eine große Rolle. Der Naturschutz wurde vor allem vom Bildungsbürgertum forciert. Die soziale Komponente hatte die Politik aufgegriffen, um Volksnähe zu demonstrieren. Das allgemeine Wohl wurde immer wieder als Argument gegenüber der Durchsetzung von Einzelinteressen ins Feld geführt.

3.2.2 Donauauen

Wie der Wienerwald wurden auch die Donauauen als kaiserliches Jagdgebiet genutzt. Nach dem Ersten Weltkrieg wurde die Lobau öffentlich zugänglich und entwickelte sich zum beliebten Wanderziel. Das Wildbaden in den Donauauen war ein kostenloses Vergnügen der breiten Masse der Wiener Vorstädte. 1926 beschränkte man den Zugang und hob eine Eintrittsgebühr ein, was bei der Bevölkerung auf wenig Gegenliebe stieß. Der Naturschutz zeigte hingegen Verständnis für diese Maßnahmen, wohl in der Hoffnung, dass damit Müll und Flurschäden durch die Besucher abnehmen würden.

Der 1905 eingerichtete Wald- und Wiesengürtel rund um Wien bezog die Lobau mit ein. Sie erhielt dadurch erstmals gesetzlichen Schutz. Dennoch veränderten land- und forstwirtschaftliche Maßnahmen die ursprüngliche Aulandschaft. In den Notjahren nach dem Ersten Weltkrieg wurden höher gelegene Auflächen in Ackerland umgewandelt, Waldgebiete abgeholzt. Auch Jagd und Fischerei spielten eine gewisse Rolle und stießen auf Kritik bei den Naturschützern. Sie befürchteten die Beunruhigung der Wasservögel und beantragten die Einrichtung von Banngebieten in der Lobau. 1937 erklärte man schließlich die Untere Lobau zum Naturschutzgebiet.

Unter dem nationalsozialistischen Regime wurden große Teile der Au zur Industriezone. Zur Versorgung der Krieg führenden Macht entstand 1938 ein Ölhafen. Pläne zum Ausbau des Ölhafens bewirkten im Jahr 1958 heftige Proteste von Naturschutzverbänden. Durch eine vom Institut für Naturschutz initiierte Kampagne konnte das Projekt abgewendet werden.

Im Jahr 1938 begann man auch mit dem Bau des Donau-Oder-Kanals. Er blieb unvollendet, bewirkte jedoch ebenso wie der 1992 eröffnete Rhein-Main-Donau-Kanal eine starke Veränderung der Gewässerdynamik. Heute wird die Eintiefung der Donau zur Schaffung einer europäischen Wasserstraße diskutiert. Nach Meinung von Umweltschützern würde ein derartiges Projekt die Natur nachhaltig beeinträchtigen.

Anlässlich des 1. Europäischen Naturschutzjahres 1970 schlug man vor, die Lobau zu einem Greifvogelreservat zu machen, da sie eines der naturwissenschaftlich wertvollsten und schützenswertesten Gebiete Ostösterreichs darstelle. Von Naturwissenschaftlern ausgehend, erfolgte 1977 die Erklärung zum Biosphärenpark. Die Lobau ist bis heute ein Biosphärenpark alter Prägung geblieben, das heißt, die Betonung lag und liegt auf der wissenschaftlichen Erforschung und nicht auf der nachhaltigen Entwicklung des Gebietes, wie in moderneren Biosphärenparks. 1979 forderte der Niederösterreichische Naturschutzbund erstmals die Errichtung eines Nationalparks. 1982 wurden die Donau-March-Thaya-Auen, als Urlandschaft mit einzigartigem Lebensraum und großer Artenvielfalt, zum Ramsar-Gebiet erklärt.

Bereits 1980 war eine örtliche Bürgerinitiative gegen die Errichtung eines Donaukraftwerkes bei Hainburg und für die Errichtung eines Naturparks aufgetreten, blieb medial jedoch wenig beachtet. 1983 griff der WWF das Thema auf und begann unterstützt von der Kronen Zeitung den schwelenden Konflikt in die Öffentlichkeit zu tragen.

Künstler, Journalisten, Wissenschaftler, Studenten, Umweltaktivisten und Politiker setzten über Parteigrenzen hinweg Aktivitäten zur Erhaltung der Au und traten gegen das Kraftwerksprojekt auf. Höhepunkte waren die „Pressekonferenz der Tiere", ein Sternmarsch und die Einleitung des „Konrad-Lorenz-Volksbegehrens". Zu den Kraftwerksbefürwortern zählten die Regierung und die Arbeiterschaft. Der Konflikt eskalierte im Dezember 1984, als in der Stopfenreuther Au hunderte Aubesetzer mit Polizeigewalt entfernt werden sollten. Bilder von blutig geschlagenen Umweltschützern schockierten die Bevölkerung und lösten eine Welle der Solidarität aus. Das Kraftwerksprojekt musste schließlich unter dem massiven Druck der Öffentlichkeit fallen gelassen werden.

Als Folge des Hainburg-Konflikts wurde eine Ökologiekommission eingerichtet, auf ihre Empfehlung hin die Planung für einen Nationalpark aufgenommen. Interessenkollisionen mit Forstverwaltung, Grundbesitzern, Bürgerinitiativen und neuerliche Vorstöße der Energiewirtschaft verzögerten den Planungsfortschritt. 1989 initiierte der Ökologe BERND LÖTSCH die Aktion „Natur freikaufen!" So sollten Flächen zugunsten des Naturschutzes anderen Nutzungsabsichten entzogen werden. 1996 konnte schließlich der Nationalpark Donauauen eröffnet werden. Ein Jahr später folgte die internationale Anerkennung.

Ereignisse in den Donauauen

1870 Donauregulierung verändert Aulandschaft
1905 Lobau wird Teil des Wald- und Wiesengürtels
1918 Lobau wird öffentliches Eigentum
1924 Niederösterreichisches Naturschutzgesetz
1925 Au wird zum Ausflugsziel
1926 Fischer vertreiben Kormorankolonie
1926 Zugangsbeschränkung für Lobau-Besucher
1926 Fachstelle für Naturschutz beantragt Banngebiete in der Lobau
1926 Schärfere Bestimmungen zum Schutz des Landschaftsbildes
1927 Verbot der Netzfischerei während der Laichzeit
1927 Fachstelle für Naturschutz befürchtet Verwahrlosung der Lobau
1928 Reiherabschuss erregt Unmut
1929 Eingabe gegen Errichtung eines Staubeckens
1937 Untere Lobau wird Naturschutzgebiet

Abb. 6: Donauauen. In den Donauauen wurde in den 1980er-Jahren auch Politikgeschichte geschrieben

1937 Lobau geht in den Besitz der Gemeinde Wien
1938 Au wird zur Industriezone
1952 Neues Naturschutzgesetz für Niederösterreich
1955 Land Niederösterreich richtet Naturschutzbeirat ein
1958 Protest gegen Ausbau des Ölhafens Lobau
1958 Ausbau des Ölhafens abgewendet
1970 Forderung nach Greifvogelreservat in der Lobau
1972 Kraftwerks- und Straßenbauprojekte in der Lobau
1977 Ernennung zum Biosphärenpark Lobau
1978 Wien erklärt Untere Lobau zum Naturschutzgebiet
1979 Niederösterreichischer Naturschutzbund fordert Nationalpark
1980 Bürgerinitiative gegen Kraftwerk und für Naturpark
1982 Naturschutzbund fordert Verträglichkeitsprüfung zur Staustufe Wien
1982 Donau-March-Thaya-Auen werden Ramsargebiet
1983 Pläne für Donaukraftwerk werden publik
1983 Offener Briefwechsel zwischen Umweltminister und Naturschützern
1983 Internationale Unterstützung für die Kraftwerksgegner
1984 „Pressekonferenz der Tiere" gegen Kraftwerksprojekt
1984 Kundgebungen von Kraftwerksbefürwortern und Kraftwerksgegnern
1984 Kraftwerksbau naturschutzrechtlich bewilligt
1984 Einleitung des Konrad-Lorenz-Volksbegehrens
1984 Positiver Wasserrechts- und Rodungsbescheid für Kraftwerk Hainburg
1984 Besetzung der Hainburger Au

1984 Hainburg-Konflikt als politischer Wendepunkt der Zweiten Republik
1984 Publizist GÜNTHER NENNING bezieht Stellung im Hainburg-Konflikt
1984 Prof. KONRAD LORENZ nimmt Stellung zum Hainburg-Konflikt
1984 Gewerkschaftspräsident ANTON BENYA äußert sich im Hainburg-Konflikt
1984 Künstler beziehen Stellung im Hainburg-Konflikt
1984 ROBERT JUNGK äußert sich zum Hainburg-Konflikt
1984 Offener Brief an Innenminister KARL BLECHA
1984 FREDA MEISSNER-BLAU nimmt Stellung zum Hainburg-Konflikt
1984 KURT ZUKRIGL äußert sich zum landschaftsökologischen Wert der Au
1984 Medien tragen Hainburg-Konflikt in die Öffentlichkeit
1985 Umweltregierungsklausur als Folge des Hainburg-Konflikts
1985 11-Punkte-Programm der Bundesregierung
1985 Die Naturfreunde im Hainburg-Konflikt
1985 Einsetzung der Ökologiekommission der Bundesregierung
1986 Bundesforste stehen Nationalpark positiv gegenüber
1986 Kartierung der Amphibienfauna der Donauauen
1987 Naturschutzbund fordert qualifizierte Beendigung des Donauausbaues
1989 Diskussionsveranstaltung zu geplantem „Nationalpark Donauauen"
1989 Aktion „Natur freikaufen!"
1989 Konzept für Nationalpark Donauauen
1990 Ablösung der Ökologiekommission
1990 Studie zur Amphibienfauna der Donauauen
1991 Ökologiekommission für Nationalpark
1992 Planungsauftrag für Nationalpark Donauauen
1992 Eröffnung des Rhein-Main-Donau-Kanals
1993 Umweltstadtrat fordert Nationalpark in Maximalvariante
1995 Forderungen der Naturfreunde
1995 Umweltminister kündigt „Jahr der Nationalparks" an
1996 Nationalparkkritische Bürgerinitiative wendet sich an den Bundespräsidenten
1996 Nationalparkgesetze in Niederösterreich und Wien
1996 ÖNB[7] und ÖGNU fordern „Naturgebietestiftung Österreich"
1996 Landesräte mit Nationalpark-Ablehnung konfrontiert
1996 Nationalparkeröffnung
1997 Ziele des Nationalparks werden dargelegt
1997 Herausforderungen für die Nationalparkverwaltung
1997 Internationale Anerkennung des Nationalparks Donauauen
1998 Öffentliches Nationalparkforum in Hainburg
1998 Donauauen als Natura 2000-Gebiet nominiert
1998 Bericht der Nationalparkforstverwaltung
1999 Präsentation der Nationalpark-Managementpläne
1999 Lebensraummanagement in den Donauauen
2000 Studie zur Vegetationsentwicklung der Lobau
2000 Protest gegen Donau-Oder-Elbe-Kanal
2000 Umweltdachverband fordert Stopp von „Monsterprojekten" an der Donau
2000 Managementkonzept soll unterschiedliche Nutzungsansprüche vereinbaren
2001 Aufgaben des Forstamtes der Stadt Wien
2003 Nationalparkkonformes Jagdkonzept
2005 Eröffnung des neuen Nationalpark-Zentrums

---

[7] Österreichischer Naturschutzbund

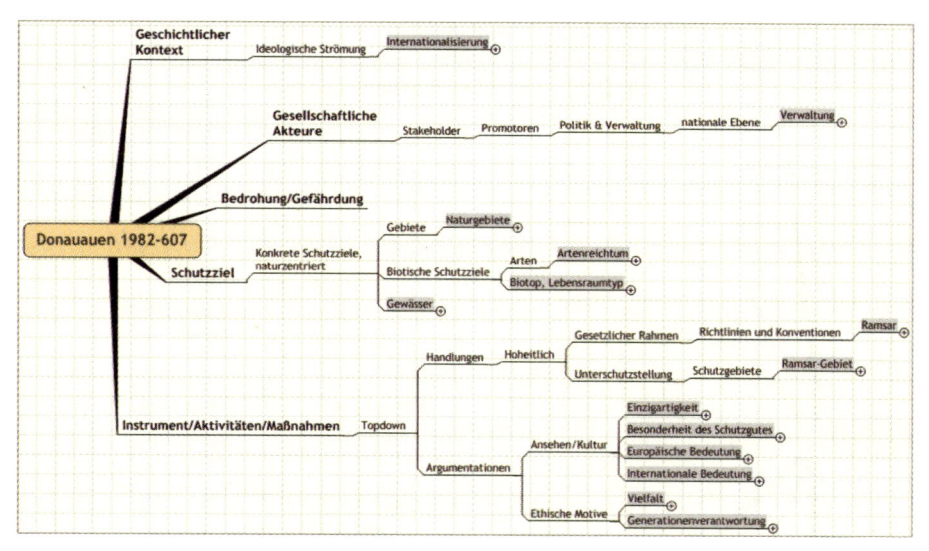

Abb. 7: Ereigniskarte Donauauen 1982-607

2006 Donaueintiefung entzweit Infrastrukturministerium und
Umweltschützer

Meilensteine Donauauen

Donau-March-Thaya-Auen werden Ramsar-Gebiet (Ereignis 1982-607)
„*Urlandschaften an großen Strömen, mit ... Altarmen und einer überaus vielfältigen Vogelwelt gehören in Mitteleuropa zu den Raritäten. Eine solche hat man im Ramsar-Gebiet Donau-March-Thaya-Auen für die Nachwelt erhalten ... Die Donau-March-Thaya-Auen verbinden unterschiedlichste Biotoptypen zu einem einzigartigen Lebensraum und beherbergen eine unvergleichbare Artenvielfalt ...*"
Die Auen im Zusammenfluss von March, Thaya und Donau werden am 16. 12. 1982 Ramsar-Gebiet.

Quelle:
Arge NATURSCHUTZ (2004): Ramsar in Österreich. Hrsg.: Lebensministerium. Klagenfurt, 40 S.

Die Erklärung zum Ramsar-Gebiet war eines der ersten Zeichen der Internationalisierung des Naturschutzes in Österreich. Die Republik Österreich war stolz darauf einen ganz besonderen Naturraum präsentieren zu können, der über die Grenzen hinaus Beachtung fand. Sie gehörte damit einer internationalen Gemeinschaft an, in der alle ein gemeinsames uneigennütziges Ziel verfolgten. Dass man damit auch eine internationale Verpflichtung einging, schien weniger Beachtung zu finden. Bereits im Jahr darauf wurde das Vorhaben eines Kraftwerksbaus bei Hainburg publik – die Pläne gab es schon 1980, Proteste einer Bürgerinitiative dagegen waren aber unbeachtet geblieben. Die Verwirklichung dieses Projektes hätte auch erhebliche Auswirkungen auf das Ramsar-Gebiet gehabt.

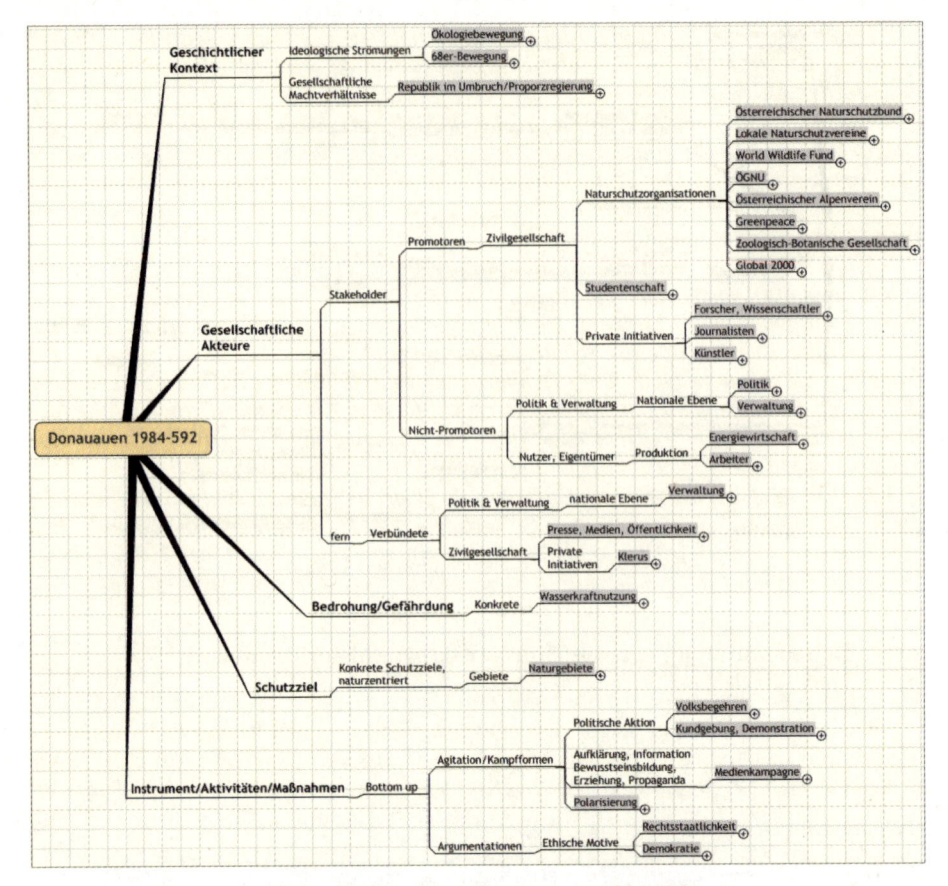

Abb. 8: Ereigniskarte Donauauen 1984-592

Ziel der Ramsar-Konvention ist der Schutz von Feuchtgebieten und vor allem der auf sie angewiesenen Wasservögel. Deren Reviere und Zugstraßen liegen über den ganzen Erdball verteilt. Daher besteht die Notwendigkeit zu internationalen Vereinbarungen. Schutzmaßnahmen in nur einem Land könnten nur wenig zum Erreichen des Schutzzieles beitragen.

Dass die internationale Verpflichtung, die Österreich mit diesem Abkommen einging, nicht allzu ernst genommen wurde, zeigt auch die Quellenlage. Die Erklärung zum Ramsar-Gebiet fand in den untersuchten Zeitschriftenreihen keine Erwähnung. Ähnliches gilt für die Erklärung zum Biosphärenpark Lobau, die bereits 1977 erfolgte. Im Rahmen einer Studie zur Situation der österreichischen Biosphärenparks im Jahr 2004 musste das zuständige Forscherteam feststellen, dass der Verwaltung nicht einmal die Grenzen des Biosphärenparks bekannt waren.

Besetzung der Hainburger Au (Ereignis 1984-592)

Am 8. 12. 1984 veranstalten die Auinitiativen einen Sternmarsch zum Konrad-Lorenz-Volksbegehren in die Stopfenreuther Au, 5.000 Auschützer nehmen teil. Die Schlusskundgebung findet auf der Brücklwiese mit Jörg Mauthe, Günther Nenning, André Heller u. a. statt. Einige hundert Auschützer übernachten erstmals in der Au.

Am 10. 12. blockieren einige hundert Auschützer ab 5.30 Uhr zufahrende Holzarbeiter, erste Barrikaden werden errichtet, am Nachmittag erfolgt der erste Gendarmerieeinsatz. Der erste Baum fällt, die Zahl der Aubesetzer wächst. Sie übernachten ohne Ausrüstung unter freiem Himmel. Ein erneuter Räumungsversuch in den Morgenstunden scheitert.

Am 12. 12. wird ein Lager in der Au errichtet, das Volksbegehren hat bereits 2.000 bis 3.000 Auschützer mobilisiert. Verhandlungen mit der Bundesregierung werden aufgenommen, bis zum 16. 12. ein „Waffenstillstand" vereinbart. Am 15. 12. stellt die Regierung ein Ultimatum an die Aubesetzer, die Au bis zum 17. 12. freiwillig zu räumen. ÖGB-Chef Benya droht mit Aktionen zur Räumung der Au durch die Bau- und Holzarbeitergewerkschaft. Am 17. 12. sind über 5.000 Auschützer in der Stopfenreuther Au. Mit Unterstützung der Exekutive beginnen Rodungsarbeiten. Betriebsräte drohen mit dem Aufmarsch der Arbeiter.

Am 19. 12. wird die Au zum Sperrgebiet. Über 1000 Exekutivbeamte versuchen die Au mit Gewalt zu räumen, es gibt Verletzte. Die Medien bezeichnen diesen Tag als „Tag der Schande". 40.000 Menschen demonstrieren spontan am Heldenplatz. Der ÖGB fordert hartes Durchgreifen, die Zahl der Aubesetzer wächst auf mehr als 7.000.

Am 21. 12. erfolgt ein Friedensappell von Kardinal König. Der Verwaltungsgerichtshof signalisiert die Aufhebung des Wasserrechtsbescheids. Bundeskanzler Sinowatz verkündet den „Weihnachtsfrieden".

Am 2. Jänner 1985 hebt der Verwaltungsgerichtshof den Wasserrechtsbescheid für das KW Hainburg wegen Rechtswidrigkeit auf. Mit der Verhinderung dieses Projektes erringen die Umweltschützer in Österreich einen „historischen Sieg".

Quelle:
Archiv Umweltdachverband: Hainburg 1984 – Nationalpark Donauauen 1996
STROHMEIER, *G. (o. A.): „Umwelt" – Orte, Topoi, Mythen. 29 S.*

Das Kraftwerksprojekt Hainburg mobilisierte alle Bevölkerungsschichten. Es spaltete die Nation: Die Front verlief durch alle Gesellschaftsgruppen, sogar quer durch die verschiedenen Naturschutzorganisationen. Während die meisten Naturschutzverbände sich gegen das Kraftwerk aussprachen, versuchten sich die Regierung und der Arbeiterschaft nahe stehenden Naturfreunde so weit als möglich aus dem Konflikt herauszuhalten bzw. den Naturschützern die „saubere Energie" aus Wasserkraft schmackhaft zu machen.

Der Hainburg-Konflikt stellte einen historischen Wendepunkt in der Zweiten Republik dar. Er markierte einen Höhepunkt der Ökologiebewegung in Österreich und kündigte einen politischen Generationenwechsel an. Ein Projekt, auf das sich Wirtschaft und Gewerkschaft geeinigt hatten, musste fallen gelassen werden. Die Sozialpartnerschaft – eine große Errungenschaft der sich nach dem Weltkrieg neu formenden Zweiten Republik – erlitt damit ihre erste große Niederlage. Die ältere Generation sehnte sich nach Stabilität und glaubte diese durch die Proporzwirtschaft der Großen Koalition gesichert. Die Jugend hatte wenig Verständnis für die Ressentiments der Alten. Sie war im Wohlstand aufgewachsen und rebellierte gegen die alte Ordnung. Die Grünen konnten sich als politische Partei formieren und schafften zwei Jahre später den Einzug ins Parlament. Gleichzeitig erfuhren aber auch rechtspopulistische Strömungen, die zum Kampf gegen die Obrigkeit aufrufen, regen Zulauf. Der Wunsch alte Struk-

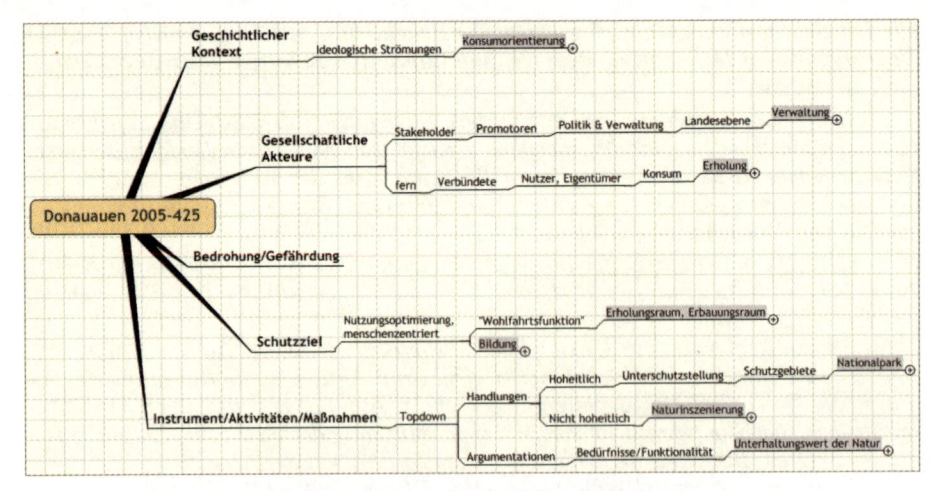

Abb. 9: Ereigniskarte Donauauen 2005-425

turen aufzubrechen und neue gesellschaftliche Werte zu etablieren wurde im Hainburg-Konflikt auf allen Ebenen spürbar.

Der gesamte Verwaltungsapparat war bis dahin auf ein fein ausgewogenes Kräfteverhältnis zwischen den beiden mächtigsten politischen Parteien ausgerichtet. Man nahm an, dass jedes Projekt durchzubringen wäre, wenn sich nur die Sozialpartner einigten. Die Ereignisse rund um Hainburg änderten das und zeigten, dass eine Demokratisierung der Gesellschaft stattgefunden hatte. Durch den Entscheid des Verwaltungsgerichtshofes stellte sich überdies die Frage, wie es um die Rechtsstaatlichkeit der Republik Österreich bestellt war. Ein Motto der Aubesetzer lautete: „Wo Recht zu Unrecht wird, wird Widerstand zur Pflicht."

Im Hainburg-Konflikt wurden nie gekannte Formen des Aktionismus (z.B. das Anketten an Bäume) gepflegt. Ob dies für die wirksamste Art des Protestes gehalten wurde, oder ob man sich dabei einfach an internationalen Vorbildern orientierte (z.B. Proteste in Gorleben oder Wackersdorf), bleibt offen. Es ließ sich medial gut verwerten. Die Medien zeigten während der Geschehnisse rund um Hainburg ihre große Macht. Sie bezogen Stellung, polarisierten und beeinflussten die weitere Entwicklung wesentlich.

Eröffnung des neuen Nationalpark-Zentrums (Ereignis 2005-425)

Das neue schlossORTH Nationalpark-Zentrum und ein umfangreiches und vielfältiges Besucherprogramm sollen die Donauauen mit allen Sinnen erfahrbar machen.

„... das neue Zentrum im Schloss Orth, dessen Eröffnung eine neue Dimension an Unterhaltung und Service für alle Besucher darstellt ... Unkonventionelle Inszenierungen sorgen für einen neuen Blick für jene Natur, die sich gleich hinter dem Schloss entfaltet. Österreichs einziges über 8 Meter langes begehbares Luftbild erschließt eine neue Perspektive des Nationalparks und der Region Wien-Bratislava ... Im Au-Theater wird der Besucher zum Mitspieler und Zuschauer zugleich und erfährt die immer neue Geschichte von Entstehung und Wandel der Au. Andernorts begibt man sich auf eine Zeitreise in die Vergangenheit. Trotz des faszinierenden Zentrums mit multimedialer Ausstellung, Veranstaltungsräumen, Bistro, Shop und fachkundiger Beratung bleibt die Natur das Wichtigste. Vom Aus-

sichtsturm im Turnierhof des Schlosses verschafft sich der Besucher einen Überblick, und es wird spannend, die Aulandschaft dann auch ‚live' zu erleben."

Quelle:
Anonymus, (2005): Naturerlebnis Nationalpark. Besucherprogramm 2005 – besonders vielfältig und abwechslungsreich. Au-Blick. Die Zeitung des Nationalpark Donau-Auen Nr. 24, Frühling 2005, 1–2.

Neben dem Schutz der Natur im engeren Sinn sind das Anbieten von Erholungs- und Bildungsmöglichkeiten weitere wichtige Aufgaben in einem Nationalpark. Die Verwaltung des Nationalparks Donauauen versuchte diesem Auftrag nachzukommen, indem sie ein Besucherkonzept entwickelte, das den Ansprüchen einer modernen konsumorientierten Gesellschaft gerecht wird und das den Unterhaltungswert der Natur in den Vordergrund stellt.

Natur wird inszeniert um sie für den medienverwöhnten Besucher attraktiv und interessant zu machen. Der Zugang zur Natur erfolgt virtuell und interaktiv. Es ist nicht notwendig, die Räume des Besucherzentrums zu verlassen, um die Wunder der Natur erleben zu können. Auf Wunsch kann man sich aber auch in die „echte" Natur begeben und beurteilen, ob sie dem Vergleich mit der artifiziellen standhält.

Besondere Aspekte des Naturschutzes in den Donauauen

In den Donauauen stand die Erhaltung von Natur und natürlicher Dynamik im Vordergrund. Dieser Landschaftsraum war nicht unmittelbar kommerziell verwertbar. Gerade das führte aber auch dazu, dass er gerne für „unschöne" Nutzungen beansprucht wurde (Ölhafen, Industriegelände, Kraftwerk), die man der Bevölkerung andernorts nicht zumuten wollte und die hier auf wenig Widerstand treffen sollte. Die Basis – Naturschutzorganisationen und Bevölkerung – wehrte sich jedoch heftig und mehr oder weniger erfolgreich dagegen.

3.2.3 Dobratsch-Villacher Alpe

Die allgemeine Forschungsbegeisterung im 19. Jahrhundert fand in zahlreichen Forschungsaktivitäten im Gebiet des Dobratsch ihren Niederschlag. Eine große Arten- und Lebensraumvielfalt durch die Bergsturzdynamik und das Einstrahlen südlicher Floren- und Faunenelemente leisteten dieser Entwicklung Vorschub. Ebenso begünstigt wurde sie durch die zentrale Lage und leichte Erreichbarkeit des Dobratsch. 1942 wurde der Südabhang der Villacher Alpe zu einem der ersten Naturschutzgebiete Kärntens erklärt. 1970 richtete man anlässlich des Europäischen Naturschutzjahres die Landschaftsschutzgebiete „Schütt-West" und „Schütt-Ost" ein. 1973 eröffnete man den Villacher Alpengarten, in dem Naturliebhabern und botanischen Experten über 1000 Pflanzenarten präsentiert wurden. Im Jahr 2000 wurde die Villacher Alpe als Natura 2000-Gebiet nominiert, im darauf folgenden Jahr ein LIFE-Natur-Projekt gestartet, das Lebensräume und Artenvielfalt sichern sollte.

Die Lagegunst machte den Dobratsch auch zu einem beliebten Ausflugsziel. Er wurde zum Freizeitdorado der nahen Stadt Villach. Die Villacher Alpenstraße wurde im Sommer als Aussichtsstraße und zum Besuch des Alpengartens, im Winter zum Erreichen der Schilifte am Dobratsch genutzt. Konflikte zwischen Naturschutz und Tourismus schienen vorprogrammiert, blieben aber erstaunlich gering. Die Einstellung des Liftbetriebes vor wenigen Jahren tat der Beliebtheit

Abb. 10: Dobratsch-Villacher Alpe. Die Geschichte der Region Dobratsch-Villacher Alpe wird über einen langen Zeitraum von naturkundlicher Forschung beherrscht

des Dobratsch als „Freizeitberg" keinen Abbruch. Tatsächlich erfreut er sich eines größeren Zulaufs an Besuchern und Freizeitsportlern als je zuvor. Das Naturerlebnis wurde durch das Wegfallen künstlicher Aufstiegshilfen noch unmittelbarer.

Im Jahr 2002 verordnete die Kärntner Landesregierung den Dobratsch als ersten Naturpark in Kärnten. Das Naturparkkonzept schien ideal geeignet, um die lange gepflegte Tradition des Naturschutzes und der naturkundlichen Forschung fortsetzen, die ansprechende Erholungslandschaft erhalten und gleichzeitig die Regionalwirtschaft ankurbeln zu können. Streitigkeiten um Zuständigkeiten, Verantwortlichkeiten und Finanzierung brachten dem Naturpark Dobratsch aber immer wieder negative Schlagzeilen. Bis heute erschweren sie die Arbeit der Naturparkverwaltung und hemmen die Umsetzung der Naturparkziele.

Das jüngste Geschehen im Naturpark Dobratsch reicht zu nahe an die Gegenwart, um seine Bedeutung mit der nötigen Distanz bewerten zu können. Daher haben wir auf eine Interpretation dieser Ereignisse verzichtet.

Ereignisse im Gebiet Dobratsch-Villacher Alpe

1904 Forschungsbegeisterung als Impuls für Unterschutzstellung
1907 Bergsturz als nationaler Forschungsgegenstand
1925 Pflanzenschutzgesetz für Kärnten
1928 Naturschutz im Interesse des Fremdenverkehrs
1931 Naturschutzgesetz für Kärnten
1938 Der Dobratsch-Wolf – verfolgt und verehrt
1942 Villacher Alpe wird Naturschutzgebiet
1948 Naturdenkmal Eggerloch

1952 Gesetz über Schutz und Pflege der Natur
1955 Landschaftsschutz zum Wohl der Allgemeinheit
1957 Nachweise des Bockkäfers am Dobratsch
1959 Studien zur Vegetationsentwicklung in der Schütt
1960 Geologische Forschungen am Dobratsch
1961 Amethystfunde am Dobratsch
1963 Höhlenforschung im Bereich der Villacher Alpe
1963 Forschungen zum Bergsturz von 1348
1963 Forderung nach Schutz der Krainer Lilie
1963 Motive für die Erklärung der Villacher Alpe zum Naturschutzgebiet
1965 Bericht über einen Steinadler im Dobratschgebiet
1965 Naturdenkmal Villacher Naturschächte
1966 Sandotter-Vorkommen in der Schütt
1968 Erforschung der Naturschächte
1968 Erforschung der Gips- und Mineralwasservorkommen
1970 „Schütt-West" und „Schütt-Ost" werden Landschaftsschutzgebiete
1973 Einrichtung des Alpengartens Villacher Alpe
1975 Kompetenzänderung im Naturhöhlengesetz
1975 Studien zu Muschelkalk, Nematoden und Zwergweberknecht
1976 Studien zu Seidelbast, Weißdorn und Deckenbau des Dobratsch
1977 Pollenanalytische Untersuchungen am Dobratsch
1981 Bezirksjägermeister erfreut über Anwesenheit eines Luchses
1982 Aufbau eines Höhlenkatasters
1983 Villacher Alpe im Mittelpunkt der Höhlenforschung
1985 Studie zu Radongehalt der Freibadquelle
1985 Kritik zu Schipisten auf dem Dobratsch
1988 Naturschutz im Unterricht
1992 Zoologische Exkursion in die Schütt
1995 Warnfeuer für den Schutz der Alpen
1995 Schmetterlingserstnachweise in der Schütt
1996 Naturliebhaber bilden Verein Alpengarten
1998 Einrichtung eines Naturwaldreservats auf der Villacher Alpe
1999 Ornithologische Erhebungen im Bereich der Villacher Alpe
1999 Vegetationsstudien in der Schütt
2000 Skorpionforschung am Dobratsch
2000 Nachweise seltener Spinnen im Schütter Wald
2000 Erprobung neuer Fangmethoden in der Schütt
2000 Studie zu Wanzenfauna der Schütt
2000 Villacher Alpe als Natura 2000-Gebiet nominiert
2001 Durchführung des LIFE-Natur-Projekts „Schütt-Dobratsch"
2002 Verordnung des Naturparks Dobratsch
2004 EU-ko-finanziertes Projekt „Bärenbrücke"
2005 Naturschutzbund unterstützt LIFE-Projekt Bärenbrücke
2006 Ziele des Naturparks Dobratsch
2006 Aufgrund fehlender Landesmittel droht Einstellung der Naturpark-Aktivitäten
2006 Kronen Zeitung berichtet über „Sexspiele auf der Bärenbrücke"

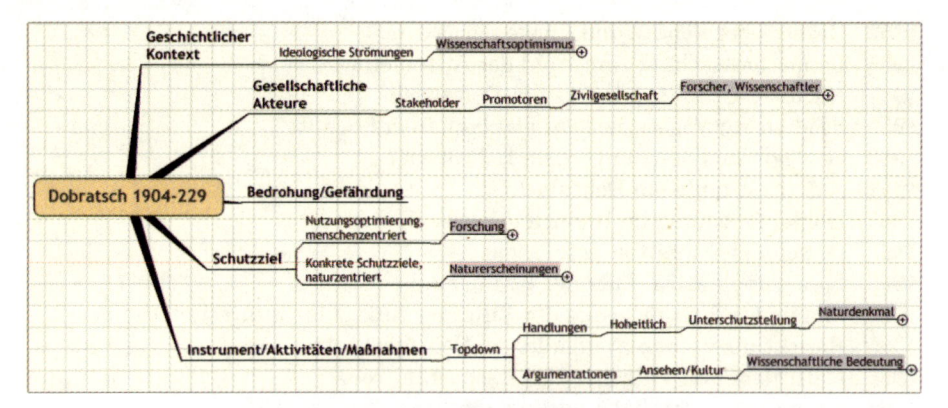

Abb. 11: Ereigniskarte Dobratsch 1904-229

Meilensteine Dobratsch

Forschungsbegeisterung als Impuls für Unterschutzstellung (Ereignis 1904-229)

Der Verfasser zeichnet die Geschichte der Höhlenforschung in Kärnten nach, in der die Villacher Alpe immer eine zentrale Rolle gespielt hat. Als sehr junges Wissensgebiet trat sie erst Ende des 19. Jahrhunderts stärker in Erscheinung. Man darf auch nicht erwarten, „daß die Bevölkerung den dunklen, geheimnisumwobenen Tiefen unserer Erde gegenüber aufgeschlossen sein konnte ... Sagen, Aberglaube ... haben den Menschen in ihrem Bann gehalten, und noch heute sind in der Bevölkerung derartige Auswirkungen anzutreffen ... Mit einsetzender Bergbautätigkeit begann auch langsam, zunächst in Fachkreisen, die Furcht vor der unterirdischen Finsternis zu schwinden ..."

1904 wurde im Eggerloch der erste Höhlenkäfer in Kärnten gefunden – in der allgemeinen Begeisterung für wissenschaftliche Forschung nahm auch die Speläologie Aufschwung, die schließlich auch dazu beitrug, dass manche besonders eigentümliche Höhle unter Naturschutz gestellt wurde.

Quelle:
Gressel, W. (1973): *Höhlenforschung in Kärnten. Carinthia II. Naturwissenschaftliche Beiträge zur Heimatkunde Kärntens.*
Mitteilungen des Naturwissenschaftlichen Vereines für Kärnten 163./83. Jg. 1973, 81–92.

Durch die wissenschaftliche Forschung im 19. Jahrhundert begann die Natur ihre Bedrohlichkeit und ihr unbekanntes Wesen zu verlieren. Damit schwand aber auch der ehrfürchtige Respekt, den man ihr entgegengebracht hatte. In der Hochblüte der Industrialisierung schienen der Inanspruchnahme von Natur keine Grenzen gesetzt zu sein. Man glaubte, die Gesetzmäßigkeiten der Natur verstanden zu haben. Die Folgen technischer Eingriffe hielt man für einschätzbar und kontrollierbar.

Als Konsequenz wurden letzte Reste unberührter Natur unter Schutz gestellt, um sie vor menschlichem Zugriff zu bewahren. Das Argument der wissenschaftlichen Bedeutung sollte auch eingeschworene Technokraten von der Schutzwürdigkeit der Natur überzeugen. Gleichzeitig bekamen die Forscher exklusive Rechte auf den Zugang zur auf diese Weise geschützten Natur. Forschung galt als „chic" und war in Mode.

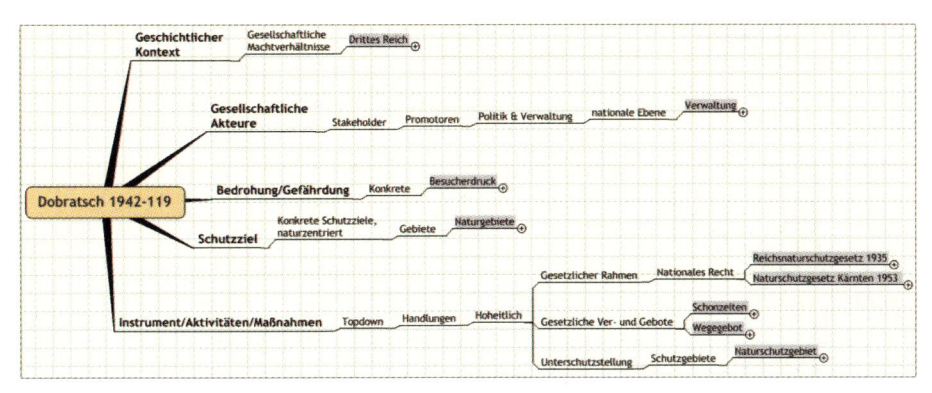

Abb. 12: Ereigniskarte Dobratsch 1942-119

Parallel dazu gab es Bemühungen traditionelle Elemente der Landschaft zu erhalten. Diese fanden in der Erklärung zu Naturdenkmälern und in der Anlage von Naturdenkmalinventaren ihren Niederschlag. Diesen Umgang mit Natur forcierten vor allem verschiedene Heimatschutz- und Heimatpflegeverbände. Ihre Mitglieder suchten Sicherheit und Halt in einer Zeit, die von wirtschaftlichen und sozialen Veränderungen geprägt war, indem sie an alten Werten und Ordnungen festhielten.

Villacher Alpe wird Naturschutzgebiet (Ereignis 1942-119)

„Am 12. Juni 1942 wurde der Südabhang der Villacher Alpe, eine Fläche von insgesamt 1902 ha, vom Reichstatthalter Kärntens zu einem der ersten Naturschutzgebiete Kärntens erklärt. Der strenge Schutzstatus gab für die Öffentlichkeit nur fünf Steige frei, wobei der so genannte Wabensteig von der Ogritza auf den Wabenriegel überhaupt nur an zwei Tagen des Jahres begangen werden durfte.

Nach Zusammenbruch des Dritten Reiches wurde der Schutzstatus gemäß dem Rechtsübertragungsgesetz des Jahres 1945 prolongiert und 1953 ins Kärntner Naturschutzgesetz übernommen. Als der Verfassungsgerichtshof jedoch Bedenken anmeldete, wurde 1967 die Villacher Alpe erneut zum Naturschutzgebiet erklärt."

Quelle:
JUNGMEIER, M. & SCHNEIDERGRUBER, M. 1998: *Bergsturz – Landschaft – Schütt. Naturwissenschaftlicher Verein für Kärnten, Klagenfurt, 271 S.*

Das Reichsnaturschutzgesetz griff Regelungen aus der Weimarer Zeit und des niederösterreichischen Naturschutzgesetzes auf. Es trat in Österreich 1939 in Kraft und galt in wenig veränderter Form bis in die 1970er-Jahre. Es umfasste neben dem Schutz von Pflanzen, Tieren und Naturdenkmälern auch Kulturlandschaften. Es verlangte, dass an sämtlichen landschaftsverändernden Planungen auch der Naturschutz beteiligt wurde und sah die Möglichkeit vor, Grundstücksbesitzer zur Durchsetzung von Naturschutzinteressen entschädigungslos zu enteignen – der einzige Passus, der nach 1945 umgehend gestrichen wurde.

Dem Naturschutz wurde in der Zeit des Nationalsozialismus deswegen große Bedeutung eingeräumt, weil man ihn ideologisch vereinnahmen konnte. Der deutsche Mensch war seiner Heimat, seiner Scholle tief verbunden. Das „wahre Deutschtum" bezog seine Kraft und seine Werte aus der „deutschen Landschaft".

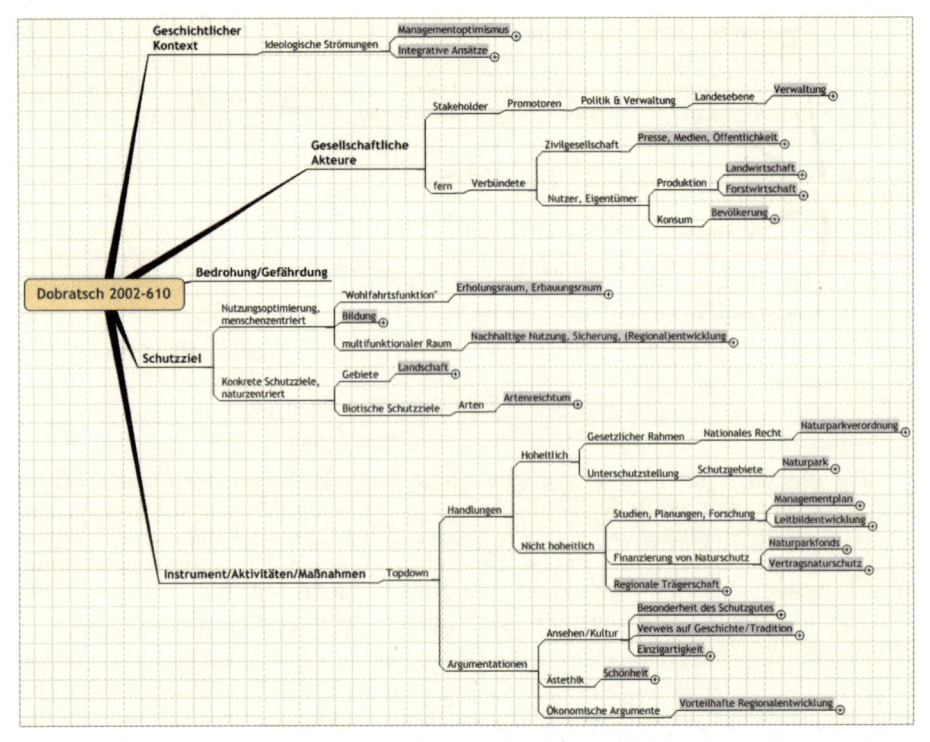

Abb. 13: Ereigniskarte Dobratsch 2002-610

Wohingegen durch Flurbereinigung entstandene Kultursteppen die Landflucht der deutschen Bauern anregen und das Eindringen slawischer Völker und Juden veranlassen würden.

Diesen überhöhten Ideologien war das Unbehagen der Heimatschutzbewegungen gegenüber der Moderne vorausgegangen. Sie forderten Reservate, die den gesellschaftlichen Veränderungsprozessen nicht geopfert werden dürften. Damit meinte man die Folgen der Industrialisierung und das Anwachsen des Proletariats in den urbanen Zentren.

Verordnung des Naturparks Dobratsch (Ereignis 2002-610)

„Der Naturpark Dobratsch wurde im Oktober 2002 von der Kärntner Landesregierung als erster Naturpark Kärntens verordnet. Das Leitbild stellt die unzähligen Besonderheiten des Naturparks Dobratsch bzw. der Naturparkregion aus der Sicht des Naturschutzes, der Regionalentwicklung, der Wirtschaft und der Öffentlichkeit in den Vordergrund.

Der Naturpark Dobratsch liegt im Zentralraum Kärntens, er besticht durch die imposante Erscheinung der Villacher Alpe und ist der einzige Ganzjahres-Naturpark Österreichs, das älteste Naturschutzgebiet Kärntens (seit 1942), weist einzigartige Lebensräume auf und inspiriert die Menschen seiner Umgebung schon seit Jahrhunderten ...

Das Kapitel Entwicklungsziele fasst die Ergebnisse zahlreicher Konzepte und Workshops für den Zeitraum bis 2010 zusammen. Diese sind den 4 Säulen ‚Naturschutz', ‚Erholung', ‚Bildung' und ‚Regionalentwicklung' zugeordnet ...

Zu oberst steht gemäß den zahlreichen Schutzgebiets-Verordnungen und Verpflichtungen die Erhaltung und nachhaltige Entwicklung der Biodiversität. Aus der Vielfalt der eingebrachten Themen wurde eine Reihung von 13 prioritären Maßnahmen durchgeführt, darunter ein Wanderwegekonzept; Gipfelweg; Themenwege-Konzept; NADO-Verwaltungs- und Besucherzentrum Bad Bleiberg; Mobilitäts-Management; ‚Pflege-Euro' für eine nachhaltige Land- und Forstwirtschaft zur Erhaltung und Entwicklung der Biodiversität, Info-Stationen; NADO-Schulen; NADO-Produkte ...

Behandelt wurde auch das Thema Finanzierungsmodelle. Basierend auf Bundesländer-Recherchen wird ein Modell einer möglichen zukünftigen Finanzierung von Naturparken in Kärnten vorgeschlagen, und zwar die Einrichtung eines Kärntner Naturparkfonds."

Quelle:
Arge NATURSCHUTZ (2005): Naturparkplan Dobratsch. Online in Internet: http://www.arge-naturschutz.at/projekte/sonstiges.html [Stand: 26. 4. 2006].

Die Verordnung des Naturparks Dobratsch ist ein Beispiel für den integrativen Ansatz, der in den letzten Jahren bei der Entwicklung von Schutzgebieten verfolgt wurde. Erklärtes Ziel der Schutzgebiete war plötzlich nicht mehr „Schutz der Natur vor dem Menschen" sondern „Schutz der Natur für den Menschen". Ein Paradigmenwechsel hatte stattgefunden.

Schutzgebiete dieses Typus wurden nun nicht mehr nur auf Initiative von Naturschutzorganisationen oder Privaten erkämpft. Diese Schutzgebiete wurden als Planungsinstrument eingesetzt, mit dem Politik und Verwaltung zahlreiche gesellschaftliche Aufträge zu erfüllen suchten. An erster Stelle stand dabei die Förderung einer „nachhaltigen Regionalentwicklung". Die Erhaltung von natürlichen und kulturellen Werten und die Schaffung von Erholungs- und Bildungsangeboten waren weitere Schwerpunkte.

Die regionale Trägerschaft wurde Top down verordnet. Durch verschiedene Finanzierungsinstrumente sollten Land- und Forstwirtschaft als Partner gewonnen werden. Mit der Erarbeitung von Leitbildern und der Entwicklung von Managementplänen sollte ein Ausgleich zwischen verschiedenen Nutzungsinteressen erreicht werden. Gezielte Öffentlichkeitsarbeit sollte helfen, die nötige Akzeptanz in der Bevölkerung zu schaffen.

Die Naturpark-Verordnung entsprach einem postmodernen Konzept. Jede Interessensgruppe verfolgte dabei ihre Teilinteressen, alles sollte nebeneinander möglich sein. Die verantwortlichen Politiker schienen unwillig oder unfähig, sich zu einem klaren Ziel zu bekennen. Daher übertrugen sie diese Verantwortung an die Planung. Es gab von keiner Seite Widerstand, es wurden keine Gefährdungen wahrgenommen. Die jüngsten Entwicklungen[8] zeigen, dass dieses Konzept dennoch schwer zu verwirklichen ist.

Besondere Aspekte des Naturschutzes im Gebiet Dobratsch-Villacher Alpe

Der Dobratsch bildete lange Zeit ein Beispiel dafür, wie in einem Naturraum verschiedene Nutzungsansprüche vereint werden können (Schutz der Natur, Forschung, Freizeitaktivitäten). Bemerkenswerterweise war das seit dem Zeitpunkt, ab dem die Erfüllung dieser Ansprüche als Zielvorgabe festgeschrieben wurde, nicht mehr ohne Konflikte möglich.

---

[8] Die Naturparkverwaltung stellte im Juni 2006 ihre Tätigkeit ein.

3.2.4 Hohe Tauern

Bereits am Ende des 18. Jahrhunderts bereiste der französische Arzt und Forscher BELSAZAR HACQUET, ein Vertreter des Zeitgeistes der Aufklärung, den Ostalpenraum und erkundete dabei auch das Glocknergebiet. 1800 gelang einer vom Bischof zu Gurk organisierten Expedition die Erstbesteigung des Großglockners, 1813 entdeckte schließlich der deutsche Botaniker HOPPE die Gamsgrube. Mit der weit verbreiteten Euphorie, mit der naturkundliche Forschung im 19. Jahrhundert betrieben wurde, erwachte auch das Interesse an den Hohen Tauern. Das schwierige Gelände verlangte den Forschern viel ab. Sie wurden dafür mit der Entdeckung von naturkundlichen Besonderheiten in diesen abgelegenen Gebirgsregionen belohnt. Zahlreiche namhafte Naturwissenschaftler der Zeit betrieben daher ihre Studien in den Hohen Tauern.

Im Jahr 1910 gab der Stuttgarter Verein Naturschutzpark eine Schrift unter dem Titel „Naturschutzparke in Deutschland und Österreich – ein Mahnwort an das deutsche und österreichische Volk" heraus und warb nachdrücklich für die Schaffung eines Alpen-Naturschutzparks.

1918 erwarb der Villacher Industrielle ALBERT WIRTH das Glocknergebiet und übertrug es dem Alpenverein mit dem Wunsch, es als Naturschutzpark der Zukunft zu erhalten. WIRTH war fasziniert von den Nationalparks in den USA, ähnlich wie AUGUST PRINZINGER, ein Naturschutzpionier in den Salzburger Hohen Tauern. Die Geschichte dieser beiden Personen ebenso wie die des Vereins Naturschutzpark und des Alpenvereins war seit damals eng mit der Geschichte der Hohen Tauern verwoben.

Mit zunehmender Mobilisierung und Motorisierung zu Beginn des 20. Jahrhunderts entdeckte auch der Massentourismus die Alpenwelt für sich und so wurden immer wieder kühne Erschließungsprojekte erdacht. 1935 wurde die Großglockner Hochalpenstraße eröffnet. Man plante sie bis zur Gamsgrube zu verlängern und dort die Talstation für eine Seilbahn zu errichten. Die Gamsgrube war eben erst zum Naturschutzgebiet erklärt worden. Das Projekt führte zu heftigen Auseinandersetzungen mit Naturschutzverbänden und Wissenschaftlern, aus dem die Projektbefürworter formal als Sieger hervorgingen. Der Ausbruch des Zweiten Weltkrieges verhinderte jedoch die Umsetzung. 1951 flammte der Konflikt erneut auf, dann konnte das Projekt endgültig abgewehrt werden. In den 1980er-Jahren bewirkten Pläne zur Erschließung von Gletschergebieten für den Sommerschilauf den Widerstand der Naturschützer.

Die Energiewirtschaft erkannte wiederum in den Gebirgsbächen der Tauern reiches Potenzial für die Stromerzeugung und meldete wiederholt ihre Ansprüche an. Die Kraftwerksbefürworter argumentierten mit drohenden Energieengpässen und Ölknappheit und warben mit der Schaffung von Arbeitsplätzen. Die Tauernkraftwerke Kaprun wurden errichtet, Projekte zur Wasserkraftnutzung der Krimmler Ache, der Umbalfälle, der Isel im Innergschlöß und zum Bau des Dorfertalspeichers konnten nach langen, harten Verhandlungen und mit Hilfe öffentlichkeitswirksamer Aktionen der Naturschutzverbände abgewehrt werden.

Touristische und energiewirtschaftliche Erschließungsinteressen waren es auch, die das Entstehen des schon so lange ersehnten Alpen-Naturschutzparks verhinderten.

Als Beitrag zum Europäischen Naturschutzjahr 1970 entschlossen sich Kärnten, Salzburg und Tirol einen länderübergreifenden Nationalpark zu schaffen und hielten dies 1971 in der Vereinbarung von Heiligenblut fest. Eine Nationalparkkommission sollte die Länder beraten und den Park vorbereiten. Neben

Abb. 14: Hohe Tauern. Die Geschichte der Hohen Tauern erzählt vom Bezwingen und Erkunden der Natur bis hin zum Kampf um und für die Natur

den Vorstellungen der Energiewirtschaft und des Tourismus erwies sich auch die Zuständigkeit der Länder in Naturschutzangelegenheiten als Stolperstein. Daraus ergaben sich unterschiedliche gesetzliche Rahmenbedingungen. Kein Land war bereit Kompetenzen an den Bund abzugeben und so gingen die Vorbereitungen für den Nationalpark nur schleppend voran.

Kärnten, das sich einen regionalwirtschaftlichen Aufschwung erhoffte, verwirklichte 1981 als erstes der drei Länder seinen Anteil am Nationalpark Hohe Tauern, Salzburg folgte 1984. Tirol konnte sich lange nicht entschließen, Wasserkraftprojekte fallen zu lassen, und zog erst 1991 nach.

Mittlerweile hat sich der Nationalpark Hohe Tauern als der älteste österreichische Nationalpark etabliert und kann heute auf rege Forschungstätigkeit und ein umfangreiches Bildungs- und Erholungsangebot verweisen. Im Jahr 2001 erreichte der Kärntner Anteil die internationale Anerkennung als Nationalpark der IUCN-Kategorie II. Zuvor war es der Nationalparkverwaltung gelungen, die heikle Frage der Jagd in den Kernzonen des Nationalparks im Einvernehmen mit Grundbesitzern und Jägerschaft zu lösen.

Ereignisse in den Hohen Tauern

1779   HACQUETS betreibt naturkundliche Forschungen am Glockner
1800   Erstbesteigung des Großglockners
1813   Deutscher Botaniker entdeckt die Gamsgrube
1818   Glocknergebiet als „Schatzkammer" der Botaniker

1846 Brüder SCHLAGINTWEIT begründen Gletscherforschung
1879 SEELANDS Messungen am Pasterzengletscher
1895 Panoramaschau und Vortrag zur Adlersruhe
1896 Hochtouristen unterstützen die Forschung
1896 Ruf nach Errichtung der Tauernbahn
1899 Klima- und Gletscherbeobachtungen im Tauerngebiet
1900 Angerer führt Beobachtungen am Pasterzengletscher fort
1904 Vorschläge für Naturdenkmale in Kärnten
1909 Eröffnung der Glocknerhausstraße
1910 Werbung für einen Alpen-Naturschutzpark
1911 KORDONS Bergwanderungen in der Ankogelgruppe
1912 Verein Naturschutzpark richtet Schutzgebiet im Stubachtal ein
1913 Verein Naturschutzpark will Alpenpark schaffen
1918 Industrieller widmet Grundbesitz dem Naturschutz
1920 Neue Schmetterlingsvarietät am Glockner
1921 Hinterstubach- und Felbachtal werden zu Naturbanngebiet
1923 Einrichtung eines Pflanzenschonbezirks in den Hohen Tauern
1925 Pflanzenschutzgesetz für Kärnten
1925 Fischereigesetz stuft Fischadler als Schädling ein
1925 Reklameverbot in Tirol
1926 Forderung nach Naturschutzgesetz für Salzburg
1926 Wiedereinbürgerung von Steinwild in Salzburg
1926 Ergebnisse der V. Österr. Naturschutzkonferenz in Salzburg
1927 Reklameverbot zum Schutz des Landschaftsbildes in Salzburg
1927 ADOLF VON GUTTENBERGS Bemühungen um einen Alpenpark
1927 Einbürgerungsversuche von Steinwild im Felbertal
1927 Bundespräsident HAINISCH soll für Naturschutzparks eintreten
1928 Naturschutzpark – Besitz des deutschen und österreichischen Volkes
1928 Wiederansiedlung des Steinbocks mit reinblütigen Tieren möglich
1928 50 Jahre Gletscherbeobachtung auf der Pasterze
1928 Naturschutz im Interesse des Fremdenverkehrs
1931 Naturschutzgesetz für Kärnten
1931 Kritik am Wasserkraftausbau
1931 BRAUN-BLANQUET veröffentlicht botanische Studien zum Glockner
1935 Gamsgrube wird Naturschutzgebiet
1935 Eröffnung der Großglockner Hochalpenstraße
1935 Großglockner mit Pasterze wird Naturschutzgebiet
1936 Heftiger Widerstand gegen Erschließung der Gamsgrube
1938 Baubeginn der Tauernkraftwerke Kaprun
1940 Naturdenkmal Krimmler Wasserfälle
1940 Verein Naturschutzpark erwirbt Sulzbachtal
1941 SCHLESINGER gegen energiewirtschaftliche Nutzung der Krimmler Fälle
1941 Studien zu Landschaft und Mensch in den Hohen Tauern
1942 Besitz des Vereins Naturschutzpark wird alpines Landschaftsschutzgebiet
1943 Gößgraben und Maltatal werden Naturschutzgebiet
1949 ÖNB verwaltet Besitz des Vereins Naturschutzpark
1950 Naturschutzorganisationen gegen Seilbahnstation in der Gamsgrube
1950 Naturschutzorganisationen gegen Wasserkraftprojekt Krimmler Wasserfälle
1950 Politiker und Fremdenverkehr begrüßen Nationalparkidee
1951 Projekte zur Erschließung der Gamsgrube abgelehnt

1951 Rede des Salzburger Landeshauptmanns zum 1. Österreichischen Naturschutztag
1951 Denkschrift zur Errichtung eines Alpen-Nationalparks
1951 Internationale Konferenzen zum Thema „Nationalpark"
1951 Resolution des Bundesarbeitsausschusses für Fremdenverkehr im Sinne des Naturschutzes
1951 Ergebnisse des 1. Österreichischen Naturschutztags in Krimml
1951 Kampagne zum Schutz der Gamsgrube
1951 Krimmler Wasserfälle sollen unangetastet bewahrt werden
1952 Neue Pläne für den Ausbau der Krimmler Wasserfälle
1952 Aufruf zur Unterschriftenaktion zum Schutz der Krimmler Wasserfälle
1952 Neues Naturschutzgesetz für Tirol
1952 GROHAG setzt sich für Pflanzenschutz auf der Glocknerstraße ein
1952 Gesetz über Schutz und Pflege der Natur in Kärnten
1953 Volksbefragung bringt Wasserkraftprojekt zum Stillstand
1953 Fremdenverkehr will Mitspracherecht in Naturschutzangelegenheiten
1953 Endgültiges Aus für Wasserkraftprojekt Krimmler Wasserfälle
1953 OeAV[9)] für Nationalpark Hohe Tauern
1954 Rückzug der Landwirtschaft im Glocknergebiet wird festgestellt
1957 HERBERT PASCHINGER übernimmt Messungen am Pasterzengletscher
1958 Naturschutzbund fordert österreichische Nationalparks
1958 Naturschutzaktivitäten der Naturfreunde in den Hohen Tauern
1958 Pflanzensoziologische Exkursion im Gößgraben
1959 Propaganda für die Schaffung österreichischer Nationalparks
1960 Ornithologische Forschung in der Hafner-Ankogel-Gruppe
1963 Spenden finanzieren Wiederansiedlung des Steinbocks in Salzburg
1963 Überlegungen zum Naturschutz im Oberen Mölltal
1964 Schobergruppe-Nord wird Naturschutzgebiet
1964 Erfolgreiche Einbürgerung von Steinwild in Kärnten
1966 Naturdenkmal „Naturpark hinter dem Weiher"
1967 Europäisches Diplom für die Krimmler Wasserfälle
1967 Großglockner mit Pasterze und Gamsgrube werden Vollnaturschutzgebiet
1968 Nationalpark Hohe Tauern soll Gutes für die Region bewirken
1968 Nationalpark Hohe Tauern als Beitrag zum Europäischen Naturschutzjahr
1969 Festakt zur Verleihung des Europäischen Diploms an die Krimmler Fälle
1970 Salzburgs Landesregierung lehnt energiewirtschaftliche Nutzungen ab
1970 Nationalpark Hohe Tauern als Symbol demokratischer Reife
1971 Festakt zur Unterzeichnung der Heiligenbluter Vereinbarung
1971 Unterzeichnung des Vertrags von Heiligenblut
1971 Heiligenbluter Vereinbarung als Akt von europäischer Tragweite
1971 Rede des Bürgermeisters von Heiligenblut zum Vertrag von Heiligenblut
1971 Rede des Kärntner Landeshauptmanns zum Vertrag von Heiligenblut
1971 Rede des Salzburger Landeshauptmanns zum Vertrag von Heiligenblut
1971 Rede des Tiroler Landeshauptmanns zum Vertrag von Heiligenblut
1971 WAKONIGG übernimmt Messung des Pasterzengletschers
1972 Tourismus erscheint als Gefahr für Erholungsgebiete
1972 Nationalpark als Angebot für den Fremdenverkehr
1972 Nationalparkkommission nimmt Tätigkeit auf

[9)] Österreichischer Alpenverein

1973	Naturfreunde drängen auf Errichtung des Nationalparks
1973	E-Wirtschaft sieht Kraftwerk als Vorteil für den Nationalpark
1973	Nationalparkkommission will alle Interessen berücksichtigen
1974	Nationalpark als Heimstatt für den Alpinismus
1974	Kritik an Arbeit der Nationalparkkommission und der Ämter
1974	Nationalparkkommission soll politische Entscheidungen vorbereiten
1974	Nationalpark als wirtschaftspolitische Aufgabe
1974	Antrag auf Naturschutzgebiet Ankogel-Hochalmspitzgruppe
1975	Geologische Studien im Auftrag der Wasserwirtschaft
1975	Biozönotische Untersuchungen in den Hohen Tauern
1975	ÖGNU beauftragt Studie „Landschaftsbewertung für Erholungszwecke"
1976	Naturfreundekritik „Nationalpark – Selbstbedienungsladen für Aufschließungsgesellschaften"
1976	ÖGNU kritisch gegenüber Kraftwerksprojekt Osttirol
1977	Gletscherbeobachtungen des Alpenvereines
1977	Nationalparkkommission gibt Informationsbulletin heraus
1977	Pollananalytische Untersuchungen in den Hohen Tauern
1977	Podiumsdiskussion zu „Umweltschutzproblemen der Energiegewinnung"
1978	Modellgemeinden sollen Funktion des Nationalparks demonstrieren
1978	Mineralogische Forschungen in den Hohen Tauern
1978	ÖGNU-Resolution zum Kraftwerksprojekt Osttirol
1979	Resolution der Naturfreunde zum Kraftwerksprojekt Osttirol
1979	Naturschutz soll als Wirtschaftsfaktor integriert werden
1979	Löschung des Naturdenkmals „Naturpark hinter dem Weiher"
1979	Naturdenkmal Jungfernsprung
1979	Naturdenkmal Gößnitzfall
1979	Naturdenkmal Astener Moos
1979	Interventionen der ÖGNU zum Kraftwerksprojekt Osttirol
1979	Verein zum Schutz der Erholungslandschaft Osttirol wendet sich an ÖGNU
1980	Forderung nach alpiner Raumordnung
1980	Naturfreunde als Anwalt bedrohter Berglandschaft
1980	Forstrat DRAXL plädiert für Nationalpark Hohe Tauern
1980	Forderungen der E-Wirtschaft nicht mit Nationalpark vereinbar
1980	Nationalpark-Modellgebiet für Bildung und Forschung Kolm-Saigurn
1980	Naturfreunde kündigen Unterschriftenaktion für den Nationalpark an
1980	Nationalparkmodellstudie in Mallnitz
1980	Nationalparkkommission macht Stimmung für Nationalpark
1980	Studie zur Bruchtektonik in den Hohen Tauern
1980	Erneuerung und Ergänzung der ÖGNU-Resolution 1978
1980	ÖGNU setzt sich für Nationalpark ein
1980	KONRAD LORENZ zum Nationalpark
1980	Gesundheitsminister Salcher ortet steigendes Umweltschutzbewusstsein
1980	Presse sieht Naturschutz gegenüber Politik im Nachteil
1980	Bundesregelung soll Nationalparkfrage klären
1980	Parlamentarische Enquete zum Nationalpark Hohe Tauern
1981	Kärnten richtet Nationalpark Hohe Tauern, Teil Kärnten, ein
1981	ÖGNU fordert nationalparkfreundliches Kraftwerk in Osttirol
1981	ÖNB lobt Salzburgs Landeshauptmann als „Politiker mit ökologischem Weitblick"
1981	Tirol soll sich zwischen Kraftwerk und Nationalpark entscheiden
1981	Vortrag über „Naturschutz in Tirol"

1981	Resolution des ÖNB zum Kraftwerksprojekt Osttirol
1981	Salzburgs Jugend für Nationalpark
1981	Aktionsgemeinschaft gegen Tauernkraftwerk
1981	Salzburgs Landespolitiker zum Nationalpark
1981	Polemik von Kraftwerksangestellten gegen Naturschützer
1981	Bürgermeister will Mitspracherecht im Nationalpark
1981	Naturfreunde halten Nationalpark und Kraftwerk nicht für unvereinbar
1981	Kärnten verwirklicht Nationalpark zuerst
1981	Naturschutz im Dienst der Raumordnung
1981	Kärnten steht weiter zu Dreiländer-Nationalpark
1981	Kärntner Landeszeitung sieht jahrzehntelanges Anliegen realisiert
1981	Nationalparkgebiet bekommt Förderungen
1981	Nationalpark soll Wirtschafts- und Lebensbedingungen verbessern
1981	Nationalpark bietet Möglichkeit für alternativen Fremdenverkehr
1982	Bundesregierung für Nationalpark
1982	Nationalrat HEINZINGER ortet „Etikettennationalpark"
1982	Gesundheitsminister will Umbalfälle erhalten
1982	Tirols Landeshauptmann kann sich nicht entscheiden
1982	Resolution des ÖNB zum Umbaltal
1982	Naturfreunde stellen Nationalparkmodell der Öffentlichkeit vor
1982	Naturfreunde lassen sich von Nationalparkgegnern nicht beirren
1982	Nationalpark soll nicht Kärntner Angelegenheit bleiben
1982	Alpenverein will aktiv im Nationalpark mitarbeiten
1982	Gletscherforschung in der Schobergruppe
1982	Luftbildauswertung für Vegetationsstudien
1983	Kärnten beschließt Nationalparkgesetz
1983	Nationalparkkomitee wird eingerichtet
1983	Nationalpark-Wanderführer werden ausgebildet
1983	Kärntner Nationalparkgespräche als Informations- und Diskussionsplattform
1983	Kärntner Nationalparkschriften sollen Akzeptanz erhöhen
1984	Nationalpark Hohe Tauern Salzburg wird eingerichtet
1984	Naturfreunde fördern Nationalpark
1985	Nationalparkverträgliche Kraftwerksvariante des OeAV
1985	Mallnitz soll Nationalparkgemeinde werden
1985	Kritik an Erschließung von Gletscherregionen für den Sommerschilauf
1985	Untersuchung der Diplopodenfauna des Glockners
1986	E-Wirtschaft weitet ihre Ansprüche aus
1986	ÖBf-Besitz soll Sonderschutzgebiet werden
1986	Widerstand gegen Kraftwerksprojekt Dorfertal
1986	Botanische Woche des Naturwissenschaftlichen Vereins in Kals
1986	ALBERTH-WIRTH-Symposium in Heiligenblut
1987	Nationalpark Hohe Tauern ist größtes Hochgebirgsschutzgebiet Europas
1988	Nicht-Entscheidung Tirols schadet Fremdenverkehr
1988	Alpine Allianz startet Initiative „Rettet das Dorfertal"
1988	Naturfreunde lehnen Kompromiss im Dorfertal ab
1988	Naturschutz als Thema im Kärntner Schulunterricht
1989	Resümee zu fünf Jahren Nationalpark
1989	Politisches „Aus" für Speicherkraftwerk Dorfertal
1989	Forschungsprojekte im Nationalpark 1989
1990	Salzburg will größten Nationalpark Mitteleuropas
1990	Forschungsprojekte im Nationalpark 1990

1990 Nationalparkkomitee und -kuratorium
1991 Neuerlicher Vorstoß der E-Wirtschaft
1991 Entwurf für Tiroler Nationalparkgesetz
1991 Naturfreunde kritisieren Verzögerungstaktik Tirols
1991 Forschungsprojekte im Nationalpark 1991
1991 Dorfertal-Projekt aus Sicht des Bundeskanzlers
1991 ÖNB droht mit Volksbegehren für den Nationalpark
1992 Ergebnisse des 36. Österreichischer Naturschutztags
1992 Nationalpark ist mehr als Vermarktungschance
1992 Studie zur Besucherstromlenkung am Stappitzer See
1992 Nationalpark-Pionier tritt ab
1993 100 Jahre Glocknerrelief symbolisieren Meilenstein der Wissenschaft
1993 Nationalparkrat wird eingerichtet
1993 Gründung des Vereins der Freunde des Nationalparks Hohe Tauern
1994 Mineralogische und zoologische Studien im Nationalpark
1995 Studien zu Insekten, Pilzen und Flechten
1995 Studie zu Vegetation und Nutzung im historischen Kontext
1996 Jubiläumsfeier 15 Jahre Nationalpark in Kärnten
1997 Hohe Tauern sind traditioneller Nationalpark Österreichs
1997 Jagd und Käferkalamitäten sorgen für Zündstoff
1998 Nationalparkverwaltung bemüht sich um nationalparkkonformes Jagdkonzept
2000 Hohe Tauern als Natura 2000-Gebiet nominiert
2000 Jagdfrage ist Schlüssel zur internationalen Anerkennung
2001 Brutvogelerhebung im Großelendtal
2001 Forschung im Seebachtal
2001 Internationale Anerkennung des Nationalparks Hohe Tauern Kärnten
2001 Nationalpark soll Weltnaturerbe werden
2002 Bären ziehen durch den Nationalpark
2002 Private Sponsoren ermöglichen Umweltschutzprojekte
2003 Studie zu den Laubwaldrelikten im Gößgraben
2004 Studie zu Einfluss des Tourismus auf Tierverhalten
2004 Erstnachweis einer Tagfalterart
2004 Studie zum Nunatak des „Kleinen Burgstall"
2004 Nationalparkakademie veranstaltet Tagung zum Thema „Jagd"
2005 Reklameverbot in Salzburg
2005 Rückblick auf das Wirken des OeAV im Nationalpark

Meilensteine Hohe Tauern

Industrieller widmet Grundbesitz dem Naturschutz (Ereignis 1918-290)

Der Gutsbesitzer und Holzindustrielle ALBERT WIRTH erwirbt einen Großteil des Glocknergebietes und der Pasterze aus dem Besitz der Geschwister AICHER V. AICHENEGG und überträgt ihn unter Übernahme aller Gebühren dem Deutschen und Österreichischen Alpenverein. Er knüpft den Wunsch daran, dass das gewidmete Glocknergebiet als Naturschutzpark der Zukunft erhalten bleibe. WIRTH beendet damit alle Diskussionen zur intensiven touristischen Nutzung und Erschließung des Glockners.

Quelle:

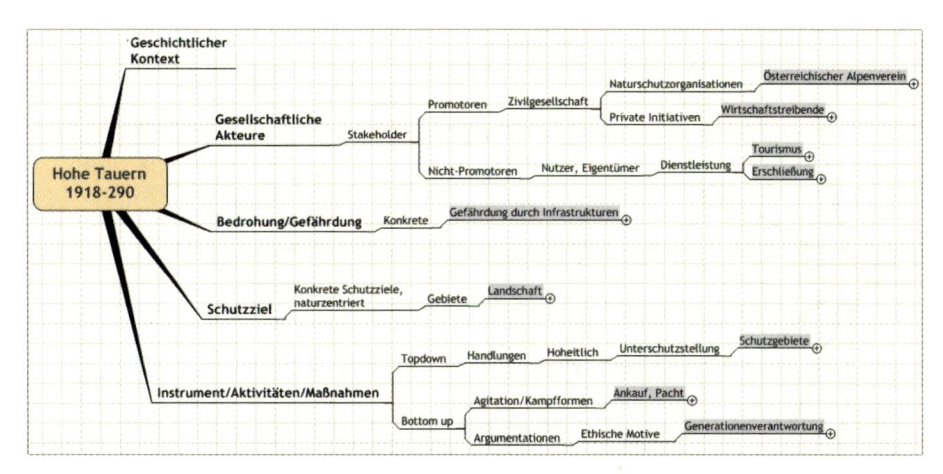

Abb. 15: Ereigniskarte Hohe Tauern 1918-290

Anonymus (1959): Zur Geschichte österreichischer Nationalparke. Natur und Land. Blätter für Naturkunde und Naturschutz. Offizielles Organ der österreichischen Naturschutzstellen 45. Jg., Heft 4 6 1959, 48(80)–50(82).

ALBERT WIRTH kehrte begeistert von den amerikanischen Nationalparks von seinen Geschäftsreisen in den USA heim und gehörte damit einer Gruppe von Pionieren der Naturschutzparkbewegung in Österreich an. Die Amerikaner, sonst in Europa wenig beliebt, als geschichts- und kulturlos verschrien, übernahmen hier eine Vorbildrolle. Wobei anzumerken ist, dass gerade dieses Fehlen der kulturellen Wurzeln die Amerikaner zur Schaffung ihrer monumentalen Nationalparks veranlasste. Sie versuchten sich damit gleichzeitig eine historische Identität zu geben.

Dem Entschluss ALBERT WIRTHS waren jahrelange Diskussionen über Projekte zur Errichtung von Hotelbauten und Seilbahnen vorausgegangen. Die Idee Naturgebiete zu kaufen, um sie anderen Nutzungen zu entziehen, wurde in Österreich zuerst vom Verein Naturschutzpark propagiert und in den 1980er-Jahren in den Donauauen (Aktion Natur freikaufen!) wieder aufgegriffen. WIRTHS Tat ist jedenfalls ein erstes Beispiel für Mäzenatentum im Naturschutz. Dass gerade ein Holzindustrieller, der die Natur sonst für rein ökonomische Zwecke nutzte, diesen Schritt tat, kann wohl als eine Art Kompensation verstanden werden. Die Mäzene und Sponsoren des Naturschutzes der Gegenwart entstammen ähnlichen gesellschaftlichen Schichten.

Das Ziel WIRTHS, wie auch das des Alpenvereins, war es, den erhabenen Berg vom Massenansturm der Touristen frei zu halten. Beiden ging es also vor allem um die Erhaltung des Landschaftsbildes.

Nach wie vor nimmt der Alpenverein seine Verantwortung als Eigentümer sehr ernsthaft wahr. Für das Glocknergebiet erwies sich das als sehr effektives Schutzinstrument. Bis auf eine Ausnahme im Jahr 1936 konnte der Alpenverein seinen Grundbesitz am Glockner verteidigen. Damals wurden Teile der Gamsgrube enteignet, um einen Promenadenweg zu errichten.

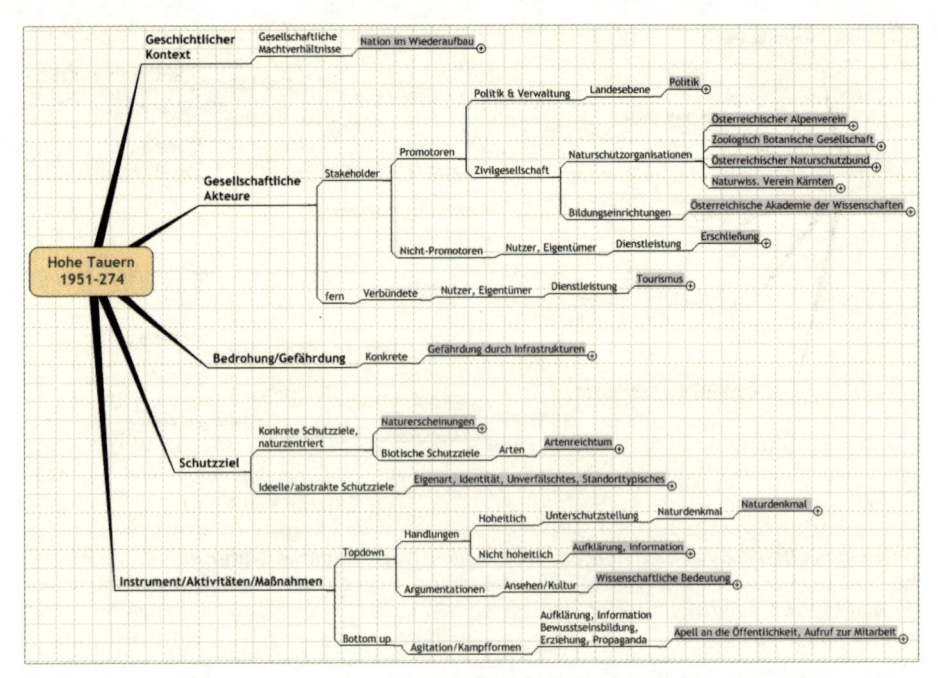

Abb. 16: Ereigniskarte Hohe Tauern 1951-274

Kampagne zum Schutz der Gamsgrube (Ereignis 1951-274)

1951 erscheint ein Sonderheft der „Blätter für Naturkunde und Naturschutz" zum Thema „Schutz der Gamsgrube". Naturwissenschaftliche Besonderheiten, Entstehungsgeschichte, Pflanzen- und Tierwelt der Gamsgrube werden ausführlich beschrieben, einleitend wird der Zweck dieser Bemühungen erklärt:

„Wenn überhaupt ein Gebiet wegen seines Reichtums an seltenen Pflanzen und Tieren und der Merkwürdigkeit seiner Naturerscheinungen wert erscheint, als Naturdenkmal erhalten zu bleiben, so ist dies die Gamsgrube ... Dem widerspricht jedoch jede weitere Erschließung und im besonderen die Anlage der Talstation einer Seilschwebebahn inmitten des Schutzgebietes."

„... gelegentlich der Zusammenkunft auf der Franz Josefs-Höhe am 15. Juli 1950 ..., an der die Herren Landeshauptleute von Kärnten und Salzburg, sowie Vertreter des Österreichischen Alpenvereines, des Naturwissenschaftlichen Vereines für Kärnten, der Zoologisch-botanischen Gesellschaft, der Akademie der Wissenschaften, des Österreichischen Naturschutzbundes, des Instituts für Naturschutz u.a. teilnahmen ... wurde festgestellt, es wäre höchst notwendig, die landschaftliche Eigenart und wissenschaftliche Bedeutung der Gamsgrube allgemein verständlich darzustellen. Wie könnte auch von der Technik Verständnis für die Forderungen von Naturschutz und Wissenschaft erwartet werden, wenn die naturwissenschaftlichen Probleme der Gamsgrube nicht genügend herausgestellt und den zuständigen Kreisen nahegebracht werden? Wie soll die breite Öffentlichkeit an den Bemühungen um die Erhaltung der Gamsgrube teilnehmen, wenn ihr nicht gesagt wird, worum es geht? ...

Die Hohen Tauern sind in vieler Hinsicht wirtschaftlich karg und arm, doch desto reicher an landschaftlichen Schönheiten. Wollen wir wirklich diese Schönheit, ein unschätzbares ruhendes Kapital des Fremdenverkehres Stück für Stück zerstören? Heute soll es die Gamsgrube sein, morgen sind es die Krimmler Wasserfälle! Wohin soll diese Entwicklung führen, und wie sollte der künftige Österreichische Nationalpark beschaffen sein, an dessen Errichtung der österreichische Fremdenverkehr so sehr interessiert ist?"

Quelle:
Institut für Naturschutz (1951): Entschließung. Natur und Land. Blätter für Naturkunde und Naturschutz. Offizielles Organ der österreichischen Naturschutzstellen. Sonderheft Schutz der Gamsgrube! 37. Jg., Heft 7/8 1951, S. 112.
MACHURA, L. (1951): Zum Geleit!. Natur und Land. Blätter für Naturkunde und Naturschutz. Offizielles Organ der österreichischen Naturschutzstellen. Sonderheft Schutz der Gamsgrube! 37. Jg., Heft 7/8 1951, 113–114.

Die Kampagne zur Rettung der Gamsgrube war ein frühes Beispiel für einen naturwissenschaftlichen Ansatz im Naturschutz: Natur sollte geschützt werden, weil sie wissenschaftlich bedeutsam war. Der Gruppe der Promotoren gehörte die „Crème" der österreichischen Wissenschaft an. Sie kämpfte nicht nur gegen die Erschließung der Gamsgrube, sondern auch mit einem Problem, das für das verbleibende Jahrhundert ein Dauerbrenner im Naturschutz sein würde: Wie sollte die Öffentlichkeit in einem Konflikt Stellung beziehen, wenn sie nicht wusste, worum es ging? Warum sollten Menschen im Sinne des Naturschutzes handeln, wenn sie die Themen der Naturschützer nicht berührten?

In diesem Ereignis wird abermals ein Motiv sichtbar, das bereits am Beispiel der Enquete zum Schutz des Wienerwaldes erörtert wurde. Trotzdem die Geschehnisse der Zeit die Gesellschaft vor große Herausforderungen stellten, widmeten sich hoch gebildete Bevölkerungsgruppen ganz dem Schutz eines mehr oder weniger unscheinbaren Stücks Natur im Hochgebirge. Auch hier wird der Wunsch nach einer geordneten und „heilen" Welt spürbar.

Der Fremdenverkehr nimmt in seinem Verhältnis zum Naturschutz eine äußerst ambivalente Position ein. Stellte im Fall der Schenkungsaktion von ALBERT WIRTH der Tourismus die große Bedrohung für das Glocknergebiet dar, so wurde hier mit der Bedeutung des Fremdenverkehrs im Sinne des Naturschutzes argumentiert und der Fremdenverkehr als Verbündeter angerufen. Auch als Gegenspieler kommt ihm eine wichtige Funktion zu: Ein Konflikt kann oftmals erst erfolgreich ausgetragen und bereinigt werden, wenn ein Gegner definiert wurde.

Rede des Bürgermeisters von Heiligenblut zum Vertrag von Heiligenblut (Ereignis 1971-447)

Aus der Festrede des Bürgermeisters von Heiligenblut Georg Lackner anlässlich der Unterzeichnung der Vereinbarung von Heiligenblut:

„... Wir können es heute nicht abschätzen, welche Bedeutung die Erholungslandschaft für unsere vielgeplagten Menschen des Industriezeitalters hat ... Wir danken ... all jenen, die im Gebiet des Nationalparks seit Jahrhunderten landschaftsgestalterische Arbeit machen, die heute unter schwersten Bedingungen und trotz einer modernst fortgeschrittenen Zeit doch unentwegt an ihrer Scholle festhalten ... Wir hoffen, daß die Öffentlichkeit für die Arbeit unserer Bergbauern und Bergbewohner mehr als bisher Verständnis aufbringen wird ...

In diese Feierstunde fällt ... ein bitterer Wermutstropfen. Ich muß Ihnen mitteilen, daß von elf Bergbächen ... acht abgeleitet werden ... wo bleibt hier Naturschutz

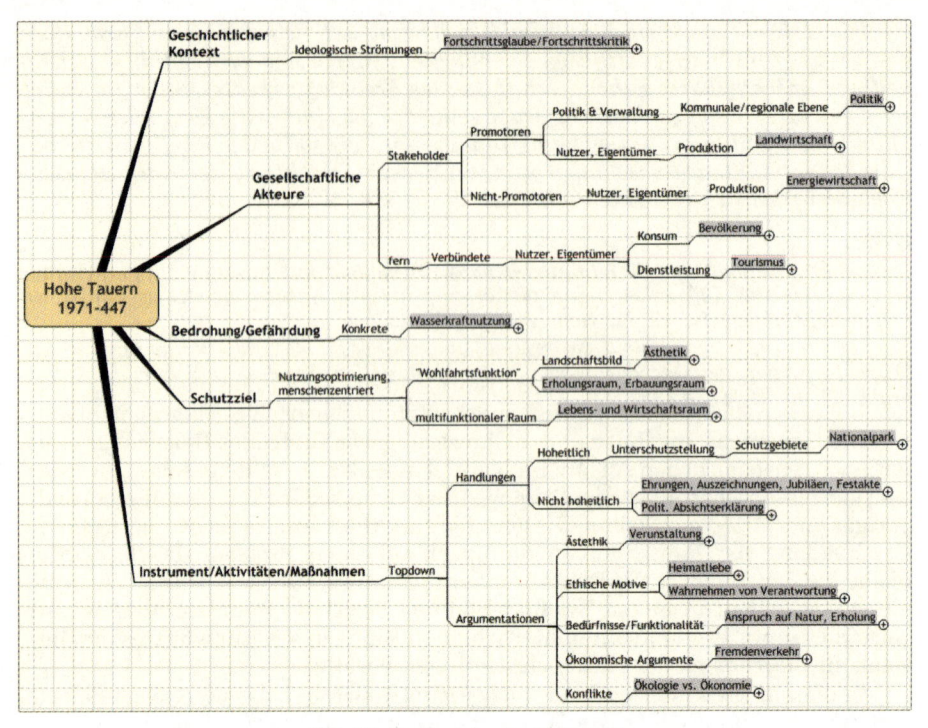

Abb. 17: Ereigniskarte 1971-447

und ist die Erzeugung von Kilowatt wesentlicher und wichtiger als eine naturgegebene Landschaft? Wir neigen dahin, daß wir jene Gebiete allmählich kriegen, die in den französischen und italienischen Alpen vorzufinden sind ... laßt nicht zu, daß in unserem interessantesten Fremdenverkehrsgebiet alle Wässer abgeleitet werden und dadurch die Landschaft entstellt wird. Wir tragen Verantwortung für die Öffentlichkeit! Wir tragen Verantwortung für unser Land, für die Länder, für unseren Staat, für unser Vaterland und schließlich auch für eine erholungssuchende Menschheit in Europa."

Quelle:
FRITZ, W. *(1971): Nationalpark Hohen Tauern. Bericht über Vereinbarungsunterzeichnung. kärntner naturschutzblätter 10. Jg. 1971, 33–43.*

In der Rede des Bürgermeisters wurden jene Hoffnungen ausgedrückt, die die Bewohner der zukünftigen Nationalparkregion an die Einrichtung des Nationalparks knüpften. Für lange Zeit waren sie im wirtschaftlichen Abseits gestanden und wünschten nun, Anschluss an die städtischen Gebiete zu finden, die es in den so genannten „Wirtschaftswunderjahren" zu ansehnlichem Wohlstand gebracht hatten. Die Nationalparkgemeinden sahen ihre Zukunft im Fremdenverkehr.

Gleichzeitig wurden eine tiefe Heimatverbundenheit, das Bedürfnis an alten Traditionen festzuhalten und ein Unbehagen gegenüber neuen Entwicklungen spürbar. Der Bürgermeister sprach für eine Generation, die sich in der Zeit nach dem Weltkrieg gerade erst als Nation zu begreifen gelernt hatte. Darauf war man stolz und lehnte jede Fremdbestimmung ab. Im Gegenzug bekundete man Bereitschaft, Initiative zu ergreifen und dafür auch Verantwortung zu übernehmen. Man gab sich durchaus weltoffen – zumindest so weit, als man sich auch selbst Vorteile davon versprach.

Besondere Aspekte des Naturschutzes in den Hohen Tauern

Nicht umsonst entstand der erste österreichische Nationalpark in den Hohen Tauern. Die Alpen stellen für die Mehrheit der Österreicher *den* repräsentativen Landschaftsraum Österreichs dar. Identität und Selbstverständnis sind eng an sie geknüpft. Diese Landschaft zeigt man auch gerne her. Daher wurde mit der Bedeutung der Hohen Tauern für die Tourismuswirtschaft und das nationale Ansehen im Bemühen um den Nationalpark letztendlich erfolgreich argumentiert.

4 Diskussion und Ausblick

Aufbauend auf den zu Projektbeginn formulierten Zielen (vgl. Kapitel 2.3) entwickelte das Projektteam folgende Hypothesen, die es durch seine Arbeit im Wesentlichen verifiziert sieht.

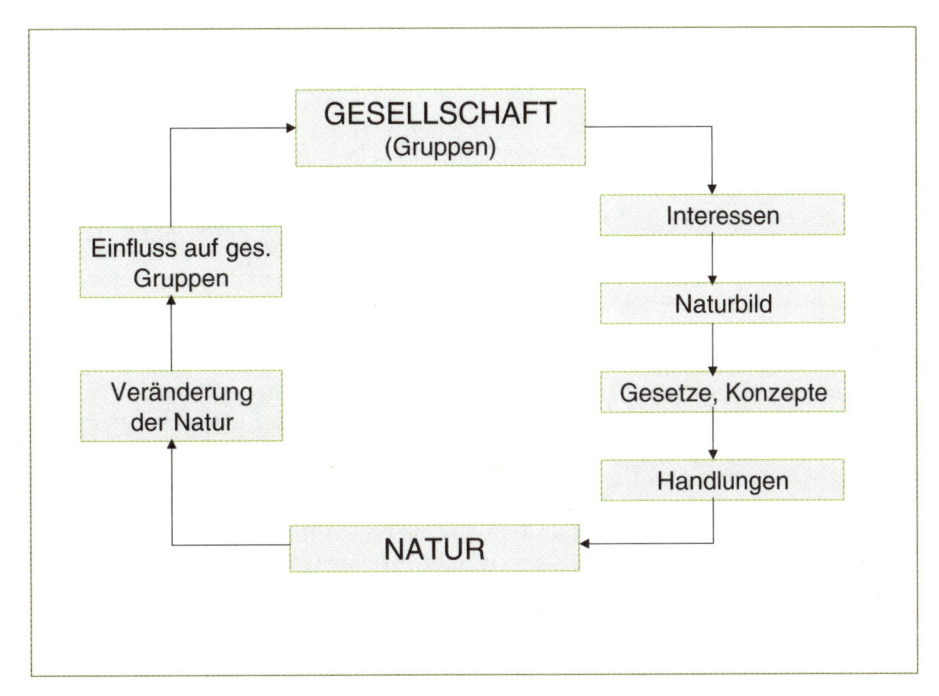

Abb. 18: Das Wirkungsgefüge Gesellschaft–Natur. Die Interaktionen zwischen Natur(raum) und Gesellschaft verlaufen in komplexen Systemzusammenhängen. Die Darstellung zeigt, dass das Naturbild einer Gesellschaft bzw. gesellschaftlicher Gruppen den Umgang mit Natur bestimmt (Quelle: eigene Darstellung)

Hypothese 1: Naturschutz folgt gesellschaftlichen Diskursen und Konflikten. Naturschutz liiert sich mit bestimmten gesellschaftlichen Interessen.

Naturschutz ist ein gesellschaftliches Phänomen. Unterschiedliche gesellschaftliche Entwicklungen und Strömungen finden in unterschiedlichen Naturschutzkonzeptionen ihren Ausdruck. Somit ist Naturschutz ein Konglomerat von Konzeptionen und Aktivitäten, die aus unterschiedlichen gesellschaftlichen, geschichtlichen und kulturellen Kontexten „gespeist" werden.

Die Instrumente/Ansätze (= Konzeptionen) im Naturschutz können als Folge bzw. als Gegenbewegung zu größeren gesellschaftlichen Strömungen und Entwicklungen gesehen werden. Mit den Ereigniskarten wurde versucht, die Zusammenhänge zwischen dem gesellschaftlichen Kontext und den Konzeptionen im Naturschutz darzustellen. Dabei wurde sichtbar, dass der Naturschutz von sehr unterschiedlichen gesellschaftlichen Akteuren forciert wird. Nahezu jeder dieser Akteure kann auch als Gegenspieler des Naturschutzes in Erscheinung treten. Es verwundert nicht, dass Naturschutz oft als widersprüchliches Unterfangen wahrgenommen wird.

Ein Beispiel dafür liefert der Hainburg-Konflikt. Als einzige der größeren Naturschutzorganisationen standen die Naturfreunde als Verbündete der Arbeiterschaft (und wohl auch der Regierung) lange Zeit auf Seiten der Kraftwerksbefürworter. Einen ganz anderen gesellschaftlichen Hintergrund hatte die Mehrzahl der Aubesetzer (Studentenschaft, Bildungsbürgertum). Ihre Handlungen hatten teilweise nur vordergründig den Naturschutz zum Ziel, vielen ging es eigentlich um eine Veränderung der gesellschaftlichen Machtverhältnisse. Letztendlich kamen diese Aktionen aber dem Naturschutz zugute (vgl. Abbildung 8 – Ereigniskarte und Interpretation zum Ereignis 1984-592, Besetzung der Hainburger Au).

Hypothese 2: Naturschutzkonzeptionen sind Ergebnis konkurrierender Werthaltungen.

Konkretes Naturschutzhandeln leitet sich immer von mehr oder weniger ausformulierten Naturschutzkonzeptionen ab. Diese resultieren aus einem gesellschaftlichen Diskurs, in dem über Ideologie und Werthaltungen, Interessen einzelner Gruppen verhandelt werden. Naturbilder als kognitive, affektive und evaluative Orientierungen gegenüber der Natur führen zu spezifischen Ergebnissen des Naturschutzes.

Unterschiedliche gesellschaftliche Gruppen haben unterschiedliche Vorstellungen von der Natur („Naturbild"). Im gesellschaftlichen Entwicklungsprozess werden diese Vorstellungen von der Natur letztlich in unterschiedlichen Gesetzen, Organisationen und Handlungen umgesetzt. Diese wirken direkt auf Natur bzw. Umwelt. In einem Rückkoppelungsprozess wirken die Veränderungen von Natur und Umwelt auf die Gesellschaft zurück (vgl. Abbildung 18).

Jede Gesellschaft ist durch eine Vielzahl sozialer Gebilde (Gruppen, Schichten, Klassen, Netzwerke, etc.) strukturiert, die jeweils ihre Lebensoptionen zu optimieren und damit ihre Interessen durchzusetzen trachten. Auch der Naturschutz und seine unterschiedlichen Konzeptionen gründen sich auf konkrete gesellschaftliche Interessen. Die am vehementesten kommunizierten und durchgesetzten Argumente/Interessen bestimmen letztlich die Entwicklung der Natur

Anhand des Forschungsprojektes sollte der Versuch unternommen werden, die konkreten gesellschaftlichen Interessen freizulegen, die in einer bestimmten Naturschutzkonzeption repräsentiert werden, was letztendlich auch gelang.

Abb. 19: Naturschutzkonzeption als Ausdruck gesellschaftlicher Interessen. Naturschutzkonzeptionen sind Zielformulierungen für konkretes Naturschutzhandeln. Sie haben einen ideologischen Hintergrund, zugeordnete Organisationen und einen operativen Rahmen (z.B. Gesetze) (Quelle: eigene Darstellung)

Gleichzeitig konnte festgestellt werden, dass es keine kausalen, sondern nur diffuse Beziehungen zwischen Naturschutz und gesellschaftlichen Entwicklungen gibt. Bestimmte Naturschutzkonzeptionen sind mit bestimmten gesellschaftlichen Diskursen, Werthaltungen und Lebensstilen assoziiert. Diese Beziehungsgefüge könnten als Cluster oder fluide Gemengelagen beschrieben werden. Sie werden durch die Darstellung in den Ereigniskarten besonders gut sichtbar.

Hypothese 3: Im aktuellen Naturschutzhandeln findet die gesellschaftliche Fragmentierung ihren Ausdruck.

Den Sozialwissenschaften fehlt heute eine einheitliche Vorstellung von der Gesellschaft. Verschiedene Modelle (Informationsgesellschaft, Weltgesellschaft, Spaßgesellschaft etc.) werden mehr oder weniger indifferent diskutiert. Weitestgehende Übereinstimmung besteht indes in der Annahme einer zunehmenden Fragmentierung und Individualisierung. Diese Entwicklung löst den Zusammenhang zwischen gesellschaftlichen Interessen und Naturschutz nicht auf, wohl aber wird er in Bezug auf die beteiligten Akteure uneinheitlicher und diffuser, insgesamt schwerer nachvollziehbar.

In der gegenwärtigen individualisierten Gesellschaft hat jeder Einzelne sein eigenes Naturbild, das anlassbezogen nach unmittelbarer Interessenlage revidiert bzw. adaptiert wird. Der aktuelle Zweck heiligt das Argument!

In unseren Analysen bestätigte sich, dass die einzelnen gesellschaftlichen Akteure ihr jeweiliges Naturbild anlassbezogen nach unmittelbarer Interessenlage revidieren bzw. adaptieren. Naturbilder sind austauschbar, sie werden individualisiert und besitzen keinen emphatischen Charakter mehr. Eventuell erkennbare ideologische Widersprüche werden ausgeblendet.

In weiterer Konsequenz gibt es gegenwärtig eine große Anzahl sehr unterschiedlicher Konzeptionen, die nicht miteinander Hand in Hand gehen, die aber alle unter dem Begriff Naturschutz subsumiert werden.

Wohin diese Entwicklung den Naturschutz führen kann, wurde am Beispiel der Verordnung des Naturparks am Dobratsch skizziert (vgl. Abbildung 13 – Ereigniskarte und Interpretation Ereignis 2002-610): Sehr viele unterschiedliche Teilinteressen sollen gleichzeitig befriedigt werden. Auf mögliche Konflikte und Widersprüche wird nicht eingegangen, sie werden nicht einmal wahrgenommen. Die Folge ist eine Patt-Stellung – nichts bewegt sich mehr. Diese Tendenz wird auch in der Ereigniskarte abgebildet: Es gibt viele Ziele und eine Fülle von Instrumenten, mit denen sie erreicht werden sollen, es gibt keine Gegner und Gefährdungen. Für andere ähnlich gelagerte Beispiele ergeben sich entsprechende Verzweigungsmuster.

Schlussfolgerungen

Zusammengefasst steht der Naturschutz heute vor folgenden Herausforderungen:

- Formulieren klarer Ziele: Dem Naturschutz fehlt es heute oft an klaren operativen Zielen. Er will zuviel und erreicht damit wenig. Die Vorstellungen verschiedenster Interessengruppen sollen berücksichtigt werden. Dieser an sich löbliche Ansatz mündet oft in leeren Versprechungen, zu hohen Erwartungen und im Verharren im Status quo. Die Quadratur des Kreises ist nicht gelungen.

- Schärfung des eigenen Profils: Im Projektverlauf wurde ersichtlich, dass sehr viel „Ballast" aus der Anfangszeit der Naturschutzbewegung ein effektiveres Auftreten des Naturschutzes in der Gegenwart hemmt. Das gilt sowohl hinsichtlich der Ideologien, die man mit ihm in Verbindung bringt, als auch hinsichtlich seiner Kompetenzen. Oft wird etwas zu einem „Anliegen des Naturschutzes" gemacht, das eigentlich eine Frage der Verkehrssicherheit, der Raumplanung, etc. wäre (Bsp. Reklametafeln, Ortsbildpflege, …). Auch daher rührt das häufige Image des Naturschutzes als „Verhinderer".

- Bereitschaft zum Austragen und Lösen von Konflikten: Den Bedrohungen und auch den Gegnern kommt im Naturschutz eine große Bedeutung zu. Gerade dort, wo der Naturschutz gegen einen starken, scheinbar unbezwingbaren Gegner antrat, war er oft besonders erfolgreich. Konflikte der Sorte „Kampf des David gegen Goliath" konnten die Öffentlichkeit hellhörig machen und große Teile der Bevölkerung mobilisieren. Dass die Rolle des Goliath in Österreich besonders oft der Energiewirtschaft zugedacht war, könnte Gegenstand einer eigenen Studie sein.

- Vorantreiben der aktuellen paradigmatischen Entwicklung: Naturschützer leben vielfach beharrlich im Selbstbild des klassischen „Glassturz-Naturschutzes". Dies drückt sich auch in ihrer Selbstbeschreibung als „Kämpfer auf verlorenem Posten, aber für eine gute Sache" aus. Der Naturschutz muss zu Elementen des klassisch-konservierenden Ansatzes verstärkt den dynamisch-innovativen Ansatz beherzigen. Dieser ist im Wesentlichen durch folgende Eigenschaften gekennzeichnet: Naturschutz wird als räumlich und zeitlich übergreifendes Grundprinzip – in dem Flächen- und Prozessschutz eine Rolle spielen – aufgefasst, er ist gesellschaftlich (Top down und Bottom up) orientiert und erarbeitet sich die Akzeptanz, er baut auf Freiwilligkeit auf, verfügt über ein professionelles Management, ist von einem „Mitweltdenken" geprägt und humanwissenschaftlich ausgerichtet (vgl. WEIXLBAUMER 2006, S. 20 f.).

Weiterer Forschungsbedarf

Aus Sicht des Projektteams wäre es wünschenswert, die Forschungen zum Themenkomplex „Naturschutz und Gesellschaft in Österreich" aufbauend auf dieser Studie fortzuführen und zu vertiefen.

Die Ereignislisten zu den im Rahmen dieses Projekts untersuchten Gebieten sollten ergänzt, die Untersuchungen auf andere Gebiete ausgeweitet werden. Eine Möglichkeit dazu wäre die Einrichtung einer offenen Internet-Plattform, mit der eine breite Öffentlichkeit erreicht werden könnte. Die Besucher dieser Plattform könnten gemeinsam eine Naturschutzgeschichte Österreichs verfassen.

Der Diskurs zum Thema „Naturschutz im gesellschaftlichen Kontext" könnte in Form einer Fachtagung mit Teilnehmern aus Naturschutz und Soziologie fortgesetzt werden.

Mit den Ergebnissen, die bisher vorliegen, könnte ein Screening der derzeit aktiven Naturschutzorganisationen durchgeführt werden.

5 Zusammenfassung

Generelles Ziel des Projektes war es, eine Analyse der österreichischen Naturschutzbewegung und des Naturschutzes vor dem Hintergrund gesellschaftlicher Entwicklungen durchzuführen. Dazu wurden mit dem Naturschutz in Zusammenhang stehende Ereignisse mit entsprechender gesellschaftlicher Resonanz in vier Großschutzgebieten untersucht. Diese Gebiete waren: Wienerwald, Donauauen, Dobratsch und Hohe Tauern. Die damit implizierte Auswahl unterschiedlicher Schutzgebietskategorien und die über einen langen Zeitraum von rund 150 Jahren rückverfolgbare Geschichte der Gebiete ließen es zu, verschiedenste Aspekte des Naturschutzes in Raum und Gesellschaft abzudecken. Die so auf einen aussagekräftigen Rahmen eingegrenzte und dennoch handhabbare Analyse wurde von einem interdisziplinären Fachbeirat begleitet.

Um die vielfältigen Ereignisse kompakt darstellen zu können, wurden Mind Maps – thematisch strukturierte „Ereigniskarten des Naturschutzes" – generiert. Mit dieser erstmals in der Naturschutzdokumentation verwendeten Technik kann die Einbettung des Naturschutzes in den gesellschaftlichen und historischen Kontext auf einen Blick erfasst werden. In der vorliegenden Fassung wurde anhand besonders prägnanter Ereignisse eine auszugsweise vertiefende Darstellung dieser Ereigniskarten vorgenommen. Methodisch wurde in diesem Projekt ein Werkzeug zur Operationalisierung und Inwertsetzung vergangener Ereignisse für die zukünftige Naturschutzarbeit entwickelt.

Allgemeine Aufgabe des Projektes war es, das eng verwobene Verhältnis von Gesellschaft und Naturschutz bzw. von Entwicklungen in der Ereignisstruktur zu beleuchten. Im Speziellen wurden folgende Ziele verfolgt:
- Ereignisbezogene Skizzierung einer „Konzeptionellen Naturschutzgeschichte Österreichs"
- Strukturierte Darstellung der Zusammenhänge zwischen gesellschaftlichen Entwicklungen sowie konkreten Naturschutzansätzen und -instrumenten
- Standortbestimmung der aktuellen Naturschutzbewegung und Ausblick für die künftige Naturschutzarbeit.

Anhand des ausgewählten Settings zeigen sich Naturschutzkonzeptionen, die einerseits als Folge, andererseits als Gegenbewegung zu gesellschaftlichen Strömungen und Entwicklungen gesehen werden können. Die Akteure sind dabei nicht automatisch und durchgehend einheitlichen Lagern zuzuordnen. Sie können sowohl als Gegenspieler wie auch als Befürworter des Naturschutzes auftreten. Dies konnte anhand der strukturierten Ereigniskarten des Naturschutzes über Fallbeispiele augenscheinlich gemacht werden. Die entwickelten Mind Maps der ausgewählten Gebiete stellen in diesem Sinne Gedächtniskarten dar, die sowohl Rückblicke erlauben, als auch fundierte Basisbausteine für zukünftige Naturschutzarbeit in sich bergen.

Dem Naturschutz fehlt es heute wie in der Vergangenheit weder an Aufgaben noch an Zielen. Allerdings sind beide diffuser und komplexer geworden. Deshalb ist es heute mehr denn je von Bedeutung klare Formulierungen und Strategien für die vielfältigen Bereiche des Naturschutzes zu erarbeiten. Auch muss das eigene Profil abseits der „Arbeit für eine gute Sache" geschärft und ideologischer Ballast der Vergangenheit abgeworfen werden. Naturschutz wäre heute mehr denn je in der Lage, seine historische Rolle als Verhinderer abzulegen und sich als Gestalter und Schöpfer von neuen Möglichkeiten zu profilieren. Dies zeigt sich besonders am Beispiel der gemanagten Großschutzgebiete (Natur-, National- und Biosphärenparks). Hier geht es darum, in Ergänzung der klassisch konservierenden Naturschutzstrategien dynamisch innovative Ansätze zu forcieren. Das heißt neben konservierenden Maßnahmen, Handlungsstrategien zu einem ausgewogenen Schutz-Nutzen-Verhältnis der Ressourcen zu fördern. Die Erarbeitung einer solchen Ausgewogenheit wird im 21. Jahrhundert die zentrale Herausforderung im Verhältnis von Naturschutz und Gesellschaft sein.

6 Verwendete Literatur

BLAB, J., 2006: Schutzgebiete in Deutschland – Entwicklung mit historischer Perspektive. Natur und Landschaft 81. Jahrgang, Heft 1, 8–11.

BRENDLE, U., 2006: Naturschutz im Spannungsfeld zwischen staatlicher Aufgabe und bürgerschaftlichem Engagement. Natur und Landschaft 81. Jahrgang, Heft 1, 39–42.

BRÜGGEMEIER, F.-J. & ENGELS, J. I., 2005: Natur- und Umweltschutz nach 1945. Konzepte, Konflikte, Kompetenzen. Campus Verlag, Frankfurt, 380 S.

CALDWELL, L. K., 1991: Globalizing Environmentalism: Treshold of a New Phase in International Relations. Society and Natural Resources Vol. 4, 259–272.

DENSCHER, B. (Hrsg.), 1999: Kunst & Kultur in Österreich. Das 20. Jahrhundert. Christian Brandstätter Verlag, Wien, 319 S.

DEVALL, B., 1991: Deep Ecology and Radical Environmentalism. Society and Natural Resources Vol. 4, 247–258.

DRAXL, A., 1996: Der Nationalpark Hohe Tauern. Eine Österreichische Geschichte. Band 1. Von den Anfängen bis 1979. Alpine Raumordnung Nr. 12, Fachbeiträge des Oesterreichischen Alpenvereins, 346 S.

DUNLAP, R. E., 1991: Trends in Public Opinion Toward Environmental Issues: 1995–1990. Society and Natural Resources Vol. 4, 209–218.
DUNLAP, R. E. & MERTIG, A., 1991: The Evolution of the U.S. Environmental Movement from 1970 to 1990: An Overview. Society and Natural Resources Vol. 4, 209–218.
ECO, U., 1987: Über Gott und die Welt. Essays und Glossen. Deutscher Taschenbuch-Verlag, München, 304 S.
ERDMANN, K.-H. & BORK, H.-R., 2005: Zukunftsfaktor Natur – Blickpunkt Berge und Gebirge. Bundesamt für Naturschutz, Bonn, 216 S.
ERDMANN, K.-H. & SCHELL, C., 2003: Zukunftsfaktor Natur – Blickpunkt Mensch. Bundesamt für Naturschutz, Bonn, 379 S.
ERDMANN, K.-H., SCHELL, C., TODT, A. & KÜCHLER-KRISCHUN, J., 2002: Natur und Gesellschaft: Humanwissenschaftliche Aspekte zum Naturschutz Natur und Landschaft 3/2002, 101–104.
FISCHER-KOWALSKI, M. & PAYER, H., 1995: Fünfzig Jahre Umgang mit Natur. In: SIEDER, R., STEINERT, H. & TÁLOS, E. (Hrsg.), 1995: Österreich 1945–1995. Gesellschaft – Politik – Kultur. Österreichische Texte zur Gesellschaftskritik Bd. 60, Verlag für Gesellschaftskritik, Wien, 552–566.
FROHN, H.-W., 2005: Busy for nature – seit fast einem Jahrhundert. Erste Winterakademie zur Naturschutzgeschichte auf der Insel Vilm: 100 Jahre amtlicher Naturschutz. Natur und Landschaft 80. Jahrgang, Heft 6, 278–283.
FROHN, H.-W. & SCHMOLL, F., 2006: Amtlicher Naturschutz – Von der Errichtung der „Staatlichen Stelle für Naturdenkmalpflege" bis zur „ökologischen Wende in den 1970er-Jahren. Ein historischer Abriss. Natur und Landschaft 81. Jahrgang, Heft 1, 2–7.
HASSLACHER, P., 1996: Der Beitrag der NGOs bei der Weiterentwicklung der Nationalparks. ÖGNU, Wien, 34–45.
HEDDEN-DUNKHORST, B. & JELDEN, D., 2006: Hundert Jahre Internationaler Naturschutz: Ein Überblick aus deutscher Sicht. Natur und Landschaft 81. Jahrgang, Heft 1, 22–26.
IUCN – THE WORLD CONSERVATION UNION (Hrsg.) 2003: Contact Guide 2003, IUCN, Schweiz, 28 S.
JOB, H. & METZLER, D., 2005: Regionalökonomische Effekte von Großschutzgebieten. Natur und Landschaft 80. Jahrgang, Heft 11, 465–471.
JUNGMEIER, M., 1988: Der lange Weg zum Nationalpark. Das Glocknergebiet 1889–1983. Streiflichter auf ein Jahrhundert beispielhafter Konflikte zwischen wirtschaftlicher Nutzung und Naturschutz. Eigenverlag, Millstatt, 40 S.
KÖRNER, S., NAGEL, A. & EISEL, U., 2003: Naturschutzbegründungen. Bundesamt für Naturschutz, Bad Godesberg, 174 S.
KRUG, A., HÖLTERMANN, A. & KLEIN, M., 2006: Hundert Jahre Naturschutz und Landnutzung – zwischen Konfrontation, Ideologie und neuen Allianzen. Natur und Landschaft 81. Jahrgang, Heft 1, 27–31.
LANGER, J., 1991: Nationalparks im regionalen Bewußtsein – Akzeptanzstudie Hohe Tauern und Nockberge in Kärnten. Kärntner Nationalparkschriften Band 5, 75 S.
LANTERMANN, E.-D., REUSSWIG, F., SCHUSTER, K. & SCHWARZKOPF, J., 2003: Lebensstile und Naturschutz. Zur Bedeutung sozialer Typenbildung für eine bessere Verankerung von Ideen und Projekten des Naturschutzes in der Bevölkerung. In: ERDMANN, K.-H. & BORK, H.-R.: Zukunftsfaktor Natur – Blickpunkt Berge und Gebirge. Bundesamt für Naturschutz, Bonn, 125–244.
LEINWARTHER, T., 2001: Die Ansätze ökologischer Ethik in den Statuten österreichischer Natur- und Umweltschutzorganisationen. Österreichischer Kunst- und Kulturverlag, Wien, 146 S.
LEITNER, R., 2003: Kurze Geschichte des bürgerlichen Naturschutzes in Österreich von den Anfängen bis 1945. Unveröffentlichtes Manuskript, 43 S.
MAIER, F., 2002: Hemmnisse und Erfolgsfaktoren in der Naturschutzarbeit. Österreichische Forstzeitung 113/2, 28–30.
MAIER, F., 2004: Natur- und Umweltschutzverbände in Österreich. Forstzeitung 115/10, 6–7.
MCCLOSKEY, M., 1991: Twenty Years in the Environmental Movement: An Insider's View. Society and Natural Resources Vol. 4, 273–284.

MEIER, A., ERDMANN, K-H. & EMDE, F. A., 2005: Die Bedeutung gesellschaftlich verankerter Naturbilder für den Naturschutz. Natur und Landschaft 80. Jahrgang, Heft 12, 528–536.

MITCHELL, R. C., MERTIG, A. & DUNLAP, R. E., 1991: Twenty Years of Environmental Mobilization: Trends Among National Environmental Organizations. Society and Natural Resources Vol. 4, 219–234.

OeAV (Hrsg.), 1989: Albert-Wirth-Symposium Gamsgrube (Heiligenblut). Tagungsbericht. Alpine Raumordnung Nr. 2 Fachbeiträge des Oesterreichischen Alpenvereins, 145 S.

PAYER, H. & ZANGERL-WEISZ, H., 1997: Paradigmenwechsel im Naturschutz. In: FISCHER-KOWALSKI, M., HABERL, H., HÜTTLER, W., PAYER, H., SCHANDL, H., WINIWARTER, V. & ZANGERL-WEISZ, H., 1997: Gesellschaftlicher Stoffwechsel und Kolonisierung von Natur. Ein Versuch in sozialer Ökologie. Verlag Fakultas, Amsterdam, 223–241.

PIECHOKI, R., 2006: Der staatliche Naturschutz im Spiegel seiner Wegbereiter. 4. – Hugo Conwentz (1855–1922): „Extremer Fleiß und taktische Klugheit". Natur und Landschaft 81. Jahrgang, Heft 3, 158–159.

RADKAU, J. & UEKÖTTER, F., 2003: Naturschutz und Nationalsozialismus. Campus Verlag, Frankfurt, 487 S.

RIEKEN, U., 2006: Geschichte des Biotopschutzes. Natur und Landschaft 81. Jahrgang, Heft 1, 12–17.

SCHALLER, G., 2004: Schützt der Naturschutz die Natur? Nationalpark Heft 4, Nr. 126, 40-43.

SCHERZINGER, W., 2004: Zweifelhafte „Naturschutzbegründungen": keine Vorlage für eine zeitgemäße Naturschutzstrategie! Natur und Landschaft 79. Jahrgang, Heft 9/10, 471–475.

SCHEUCH, M., 2000: Österreich im 20. Jahrhundert. Von der Monarchie zur Zweiten Republik. Christian Brandstätter Verlag, Wien, 190 S.

SCHLESINGER, G., 1941: Naturdenkmale in Niederdonau. Heft Nr. 30, St. Pöltner Zeitungsverlag GesmbH, St. Pölten, 27 S.

SCHMOLL, F., 2004: Erinnerung an die Natur. Die Geschichte des Naturschutzes im deutschen Kaiserreich. Campus Verlag, Frankfurt, 508 S.

SCHREINER, L. & FÜGENER, K. F. 1954: 40 Jahre vereinsmäßiger Naturschutz in Österreich! Natur und Land 40. Jahrgang, Heft 1–3 1954, 2–33.

SCHUSTER, K., 2005: Naturschutz – kein Thema für Jugendliche? Natur und Landschaft 80. Jahrgang, Heft 12, 507–513.

SPAARGEN, G. & MOL, A. P. J., 1992: Sociology, Environment, and Modernity: Ecological Modernization as a Theory of Social Change. Society and Natural Resources Vol. 5, 323–344.

STIFTUNG NATURSCHUTZGESCHICHTE (Hrsg.), 2000: Wegmarken. Beiträge zur Geschichte des Naturschutzes. Klartext, Essen, 284 S.

SUKOPP, H., PRETSCHER, P. & SUKOPP, U. 2006: Artenschutz in Deutschland: Konzepte, Strategien und Bilanz der letzten 100 Jahre. Natur und Landschaft 81. Jahrgang, Heft 1, 18–21.

UEKÖTTER, F., 2004: Naturschutz im Aufbruch. Eine Geschichte des Naturschutzes in Nordrhein-Westfalen 1945–1980. Campus Verlag, Frankfurt, 198 S.

WEIXLBAUMER, N., 2006: Auf den Weg zu innovativen Naturschutzlandschaften – Naturverständnis und Paradigmen im Wandel. In: Erdmann, K.-H. et al. Hrsg.: Naturschutz im gesellschaftlichen Kontext (= Naturschutz und Biologische Vielfalt, 38). Bonn–Bad Godesberg, S. 7–27.

WINTER, G., 2005: Asynchronien von Gesellschaft, Natur und Recht. GAIA 14. Jahrgang, Heft 1, 47–56.

Vom Klimawandel beeinflusste Naturprozesse im Hochgebirge als potenzielle Gefahren für Freizeitaktivitäten – qualitative Überlegungen mit Beispielen aus den Hohen Tauern

GERHARD KARL LIEB, Graz*)

Mit 7 Abb. im Text

Inhalt   Seite

1 Die Problemstellung und ihre wissenschaftliche Zuordnung................. 79
   1.1 Aktualität und Eingrenzung des Themas............................ 79
   1.2 Forschungsansätze und fachliche Bezüge........................... 80
2 Klimawandel und Geomorphodynamik.................................... 80
   2.1 Versuch eines Überblicks und thematische Fokussierung............... 80
   2.2 Folgeprozesse von Gletscherschwund und Permafrost-Degradation 82
3 Beeinflussung von Freizeitaktivitäten...................................... 85
   3.1 Allgemeine Überlegungen 85
   3.2 Freizeitgesellschaft und Anwesenheitswahrscheinlichkeit............... 86
4 Fallstudien aus den Hohen Tauern 88
   4.1 Grundüberlegungen und Begründung der Auswahl 88
   4.2 Kurzbeschreibung der Einzelsituationen 89
5 Resümee und Zukunftsperspektiven..................................... 91
   5.1 Bewertung der Befunde.. 91
   5.2 Forschungsbedarf und Ausblick................................... 92
6 Literatur 93

1 Die Problemstellung und ihre wissenschaftliche Zuordnung

1.1 Aktualität und Eingrenzung des Themas

Die Frage nach den Auswirkungen des in Gang befindlichen Klimawandels im Hochgebirgsraum der Alpen unterliegt spätestens seit 1999, dem „Jahr der Jahrhundertkatastrophen" (WILHELM et al. 2001, S. 102), einem breiten öffentlichen Diskurs. Dieser widmet sich schwerpunktmäßig den „Naturgefahren" (gesamtösterreichische Übersicht bei EMBLETON-HAMANN 1997) und dem daraus erwachsenden Risiko sowie dessen Management in den besiedelten bzw. großtechnisch erschlossenen Teilräumen der Alpen. Hierfür existiert inzwischen nicht nur umfangreiche Literatur (z.B. KIENHOLZ 2004), sondern auch ein ganzes Set an Maßnahmen, die meist als „integrales Risikomanagement" zusammengefasst werden. Hierzu gehören raumplanerische, technische, biologische und organisatorische Maßnahmen sowie Risikotransfer durch Versicherungen (vgl. Kap. 3.1).

---

*) Ao. Univ.-Prof. Mag. Dr. GERHARD KARL LIEB, Institut für Geographie und Raumforschung der Universität Graz, Heinrichstr. 36, A-8010 Graz.

Die vorliegende Arbeit greift aus diesem Problemkreis als speziellen Aspekt die Frage nach jenen Naturprozessen heraus, die bei Anwesenheit von Menschen zu potenziellen Naturgefahren *außerhalb* der von den erwähnten Maßnahmen „gesicherten" Bereiche werden können. Als Aktivitäten kommen hierfür in erster Linie Wandern und Bergsteigen, aber auch diverse Trendsportarten in Betracht, die im Hochgebirgsraum abseits von Siedlungen und Verkehrswegen ausgeführt werden. Es war zuletzt besonders der „Hitzesommer" 2003, der die mediale Aufmerksamkeit auf gefährliche Prozesse in diesen Gebieten (namentlich Steinschlag und Felsstürze) lenkte (vgl. die drastischen Erfahrungsberichte von Bergführern bei Dick 2004).

1.2 Forschungsansätze und fachliche Bezüge

Die stark anwendungsorientierte Arbeit ordnet sich folgenden Fachbereichen ein, von denen die beiden ersten schwerpunktmäßig naturwissenschaftlich, der letzte sozialwissenschaftlich orientiert ist. Der Ansatz ist damit integrativ und fühlt sich einer holistischen Geographie verpflichtet.

- *Klimafolgenforschung*: Der Klimawandel selbst (vgl. z.B. Auer et al. 2001 oder in stärker globaler Perspektive Hauser 2002) wird als gegeben und für andere Geoökofaktoren relevant aufgefasst und nicht näher begründet.
- *Geomorphodynamik*: Hierin wird ein prozessorientierter Ansatz verfolgt, der nicht nach Formen oder Formengruppen, sondern nach Mechanismen und Abfolge von Vorgängen sowie deren Ursachen und Wirkungen fragt. Wichtig ist hierzu die grundlegende Feststellung, dass alle exogenen Prozesse witterungs- bzw. klimagesteuert sind und somit laufend auf sich ändernde atmosphärische Bedingungen reagieren müssen.
- *Naturgefahrenforschung*: Dieser vielfach auch als Hazardforschung bezeichnete Bereich besitzt sozialwissenschaftliche Relevanz, weil er über die Interaktion natürlicher Prozesse mit dem Menschen bzw. menschlichen Aktivitäten definiert wird.
- *Tourismusforschung*: Da die Arbeit auf die Beeinflussung von Freizeitaktivitäten im Hochgebirge fokussiert, bestehen auch Bezüge zu diesem Teilbereich der Humangeographie.

Die Arbeit ist eine deduktive, qualitative und exemplarische Darstellung der in diesem Sinn relevanten Prozesse und ihrer Interaktionen. Quantitative Angaben werden nur randlich eingebunden, was als Ursache u.a. die nur eingeschränkte Verfügbarkeit entsprechender Daten hat. Aus diesem Grund bleibt auch die Frage unberücksichtigt, ob bzw. in welchem Ausmaß der Klimawandel die Intensität der gegenständlichen Naturprozesse bzw. die Zahl der Ereignisse vergrößert hat.

2 Klimawandel und Geomorphodynamik

2.1 Versuch eines Überblicks und thematische Fokussierung

Der im Titel dieses Aufsatzes verwendete Begriff Naturprozesse ist sehr weit gefasst und beinhaltet in Bezug auf Klimawandel sowohl unmittelbare Wirkungen von Witterung und Klima als auch mittelbare Wirkungen auf andere Geoökofaktoren. Wie in Kap.1.2 schon dargelegt, interessieren an dieser Stelle nur jene klimagesteuerten morphodynamischen Prozesse, die Freizeitaktivitäten im Hochgebirge beeinflussen. Ausgeklammert bleiben somit all jene – meist bioklimatischen – Wirkungen des Klimawandels, die Aktivitäten begünstigen oder behindern. So etwa machen höhere Temperaturen den Aufenthalt im Hochgebirge tendenziell angenehmer, können aber in tieferen und/oder sonnseitigen Lagen die Sportausübung auch körperlich belastend oder sogar unmöglich machen. Dieses banale Beispiel ist geeignet, auf einen auch für die folgenden Überlegungen wichtigen Aspekt aufmerksam zu machen: Gerade im Hochgebirge ist sowohl die *kleinräumige* als auch die *kurz- bis mittelfristige Veränderlichkeit* der Rahmenbedingungen für Freizeitaktivitäten tendenziell bedeutender als der Einfluss des langfristigen Klimawandels:

- In der räumlichen Dimension können z.B. Wegverhältnisse auf kürzeste Distanz wechseln, Aussagen über eine generelle Verschlechterung oder Verbesserung von Bedingungen sind für größere Räume nur eingeschränkt möglich. So kann ein einziger lokaler Felssturz trotz sonst gleich bleibender Wegverhältnisse ein ganzes Tal unzugänglich machen (vgl. Beispiel 2 in Kap. 4.2).

- In der zeitlichen Dimension verändern sich die Bedingungen etwa für eine Bergtour durch einen sommerlichen Wettersturz binnen weniger Stunden oft ungleich stärker (Vereisung, Schneelage) als dies der Wandel der Umweltbedingungen seit dem 19. Jh. vermochte. Gleiches gilt sinngemäß für den jahreszeitlichen Wechsel in der Begehbarkeit des Hochgebirges.

Abb. 1: Glocknerhaus gegen Großglockner von E. Ein „klassisches" Beispiel des Gletscherschwundes, erkennbar an der strichlierten Linie, die den Eisrand der Pasterze beim letzten Hochstand 1852 zeigt – das Alpenvereinshaus war 1876 an einer Stelle errichtet worden, von der aus man die Eismassen besonders eindrucksvoll betrachten konnte.
(Foto: LIEB, 29.5.2005)

Um diese räumlich und zeitlich hochvariablen und kaum mit dem Klimawandel korrelierbaren (wenngleich von ihm beeinflussten) Prozesse auszuklammern, wird die Betrachtung in der Folge auf zwei Prozessfelder eingeschränkt, die unzweifelhaft vom Klimawandel im zeitlichen Scale mehrerer Jahrzehnte bis Jahrhunderte gesteuert sind.

- Der Gletscherschwund ist die augenscheinlichste Manifestation des aktuellen Klimawandels (z.B. SLUPETZKY 2005 oder ZÄNGL und HAMBERGER 2004) mit einer Erhöhung der Temperatur um rund 1,5 K im Ostalpenraum seit dem ausgehenden 19. Jh. als Hauptmerkmal. Er ist auf allen Maßstabsebenen ausgezeichnet dokumentiert, dank der kontinuierlichen Gletschermessungen auch zeitlich hoch auflösend nachvollziehbar und in allen Gletschergebieten in direkter Anschauung zu sehen (Beispiel in Abb. 1). In den österreichischen Alpen verringerte sich die Gletscherfläche von 946 km^2 um 1850 auf 759 km^2 um 1920 und zuletzt von 567 km^2 um 1969 auf 471 km^2 um 1998 (GROSS 1987, Institut für Meteorologie und Geophysik der Univ. Innsbruck 1998).

- Die Permafrost-Degradation (HARRIS und HAEBERLI 2003) ist demgegenüber wenig augenscheinlich und auch ungleich schlechter in ihren Ausmaßen bekannt. So ist etwa der vielfach kolportierte Anstieg der Permafrost-Untergrenze um 100–250 m seit dem 19. Jh. (VEIT 2002, S. 302) zumindest in Österreich noch nirgendwo empirisch eindeutig nachgewiesen worden, sondern ein theoretischer, vom beobachteten Temperaturanstieg abgeleiteter Wert. Dies hängt damit zusammen, dass Permafrost an der Oberfläche meist unsichtbar ist, zumindest in den Alpen erst relativ spät „entdeckt" wurde (LIEB 2000) und schließlich auch wesentlich träger (zeitlich um etwa eine Größenordnung) als Gletscher auf geänderte Umweltbedingungen reagiert.

2.2 Folgeprozesse von Gletscherschwund und Permafrost-Degradation

Der Versuch einer modellhaften Systematisierung der mit Gletscherschwund und Permafrost-Degradation in Verbindung stehenden Prozesse ist in Abb. 2 umgesetzt. Schon eine flüchtige Betrachtung zeigt, dass manche Folgeprozesse sowohl durch Veränderungen im Gletscher- als auch im Permafrost-Milieu verursacht sein können. Auch führen nicht alle Prozesse in Hinblick auf das Gefahrenpotenzial für Freizeitaktivitäten zu einer Verschlechterung der Situation – in der aktuellen Diskussion wird oft übersehen, dass vom Klimawandel gesteuerte Prozesse auch retardierend auf die Morphodynamik wirken und somit die Begehbarkeit des Hochgebirges lokal verbessern können. Im unteren Teil von Abb. 2 ist dieser Aspekt ganz außen zu erkennen, während die Pfeile im Mittelteil eine zunehmende Neigung zu gefährlichen Einzelereignissen (von links nach rechts) bzw. eine tendenziell über mehrere Jahre hinweg wirksame Erschwerung der Wegverhältnisse (von rechts nach links) andeuten. Stabilisierend kann auch das in den Alpen gut dokumentierte Höhersteigen von Vegetationsgrenzen (z.B. GRABHERR et al. 2002) wirken, wobei aber auch hierbei keine pauschalierenden Aussagen möglich sind, weil sowohl die Frage der jeweiligen Nutzungsintensität (BÄTZING 2003, S. 232 ff.) als auch das Problem veränderter Artenspektren zu gegenteiligen Effekten führen können.

Zu den in Abb. 2 verzeichneten Prozessen (die wohl noch durch weitere ergänzt werden könnten) sollen folgende Anmerkungen gegeben werden.

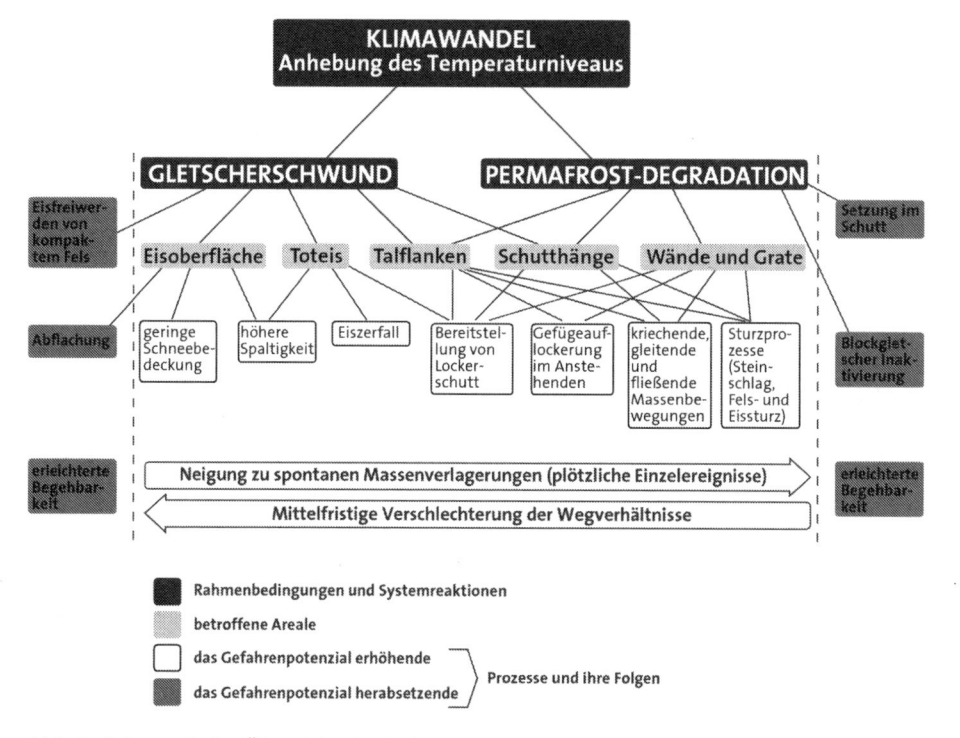

Abb. 2: Schematische Übersicht der Folgeprozesse von Gletscherschwund und Permafrost-Degradation in den Alpen (eigener Entwurf, Erläuterungen im Text)

- Wie die Erfahrung zeigt, ist das Freiwerden von kompaktem Fels durch die Gletscherabschmelzung eher die Ausnahme als die Regel – eine wirkliche Verbesserung der Wegverhältnisse ist meist nur in flachen Geländeteilen, wo Rundhöcker eisfrei werden, gegeben.
- Zur Abflachung von steilen Gletscherpartien – häufig in endnahen Bereichen von Gletscherzungen – ist anzumerken, dass natürlich auch der gegenteilige Effekt einer Versteilung eintreten kann.
- Über die Auswirkungen geringerer Schneebedeckung (tendenziell weniger tragfähige Schneebrücken) und die höhere Spaltigkeit – aus alpinistischer Sicht wird besonders häufig die Überwindung von Randklüften und Bergschründen zum Problem – sowie über weitere Facetten erschwerter Begehbarkeit von Gletscheroberflächen informiert kompakt SCHWÖRER 2002.
- Eiszerfall, der als Versturzprozess in Erscheinung treten und als besonders typisches Element stark zurückweichender Gletscherränder gelten kann, vergrößert die Spaltigkeit und isoliert einzelne Eisschollen vom Gletscherrand (Toteis; vgl. Abb. 7). Häufig kommt es darauf zur Anreicherung von Schutt, der das darunter liegende Eis für eine bestimmte Zeit vor Abschmelzung schützt, dann aber Toteislöcher entstehen lässt. Diese erschweren die Begehbarkeit der Gletschervorfelder durch Schaffung unwegsamen Geländes, aber auch durch neue Gefahrenstellen in Form von Rutschflächen auf dem schuttbedeckten Eis. Ähnliche Formen können auch durch Schmelzprozesse in eisübersättigtem

Permafrost auftreten („Thermokarst"). Die damit in Zusammenhang stehende Möglichkeit des Ausbruchs von Seen, wie sie vielfach beschrieben wurde (z.B. HAEBERLI et al. 1999, S. 123 ff.), ist nur bedingt ein für Freizeitaktivitäten spezifisches Gefahrenpotenzial.

- Die Bereitstellung von Schutt, der bei erhöhtem Wasserdargebot (Schneeschmelze und/oder Starkniederschläge) mobilisierbar ist, gehört zu den ganz wesentlichen, flächenhaft sehr weit verbreiteten Prozessen im Hochgebirge. Der Gletscherschwund hinterlässt überwiegend Schuttflächen, was ein wesentlicher Aspekt des immer wieder thematisierten Attraktivitätsverlustes der Gebirgslandschaft in Folge des Gletscherschwundes ist. Dabei bleibt Moränenmaterial zuerst in situ zurück, unterliegt in geneigtem Gelände jedoch bald starken Umlagerungsprozessen. Gleiches gilt für Schutt, der seinen Zusammenhalt verlieren kann, wenn darin enthaltenes Permafrost-Eis ausschmilzt. Bei der Inaktivierung von Blockgletschern tritt dieser Effekt an deren ohnehin steinschlägigen Stirnen auf und kann bei entsprechender Geländekonfiguration zu vermehrtem Eintrag von Jungschutt in die Vorfluter führen (Abb. 3).

- Diesen Prozessen entspricht in anstehendem Gestein die Lockerung des Gesteinsbestandes, die beim Gletscherschwund meist durch den Wegfall des Eis-„Widerlagers" von übersteilten Flanken erfolgt (tiefgründige Gefügeauflockerung, ein für beinahe alle großen spät- und postglazialen Bergstürze der Alpen wichtiger Faktor, vgl. ABELE 1974, S. 61). Felswände im Permafrost können hingegen durch veränderte thermische Gegebenheiten destabilisiert werden: Da Wände, wenn überhaupt, nur geringmächtig von Schnee und/oder Schutt bedeckt sind, teilt sich laterale Wärmezufuhr rasch dem Untergrund mit und macht Steilwände tendenziell sensibler gegenüber Erwärmung als etwa Schuttflanken. Dabei entstehen bereits bei Temperaturen wenig unterhalb des Gefrierpunktes „speziell reibungsarme Fels-/Eis-/Wassergemische" (NÖTZLI und GRUBER 2005, 119) von hoher Labilität.

- Die Folge von großen Mengen mobilisierbaren Schutts einerseits und labilisierter Gesteinsmassen im Anstehenden andererseits sind Massenbewegungen unterschiedlichster Art, wobei langsame (z.B. Sackungen) im vorliegenden Kontext tendenziell weniger problematisch sind als schnelle (z.B. Muren). Bei diesen ist wie auch bei den als nächste beschriebenen Vorgängen zu beachten, dass sie gravitativ stets auch tiefer gelegene, mitunter weit entfernte Gebiete betreffen.

- Als besonders gefährlich und für das Hochgebirgsrelief geradezu symbolhaft gelten Sturzprozesse (Abb. 4). Dabei ist zwischen quasi kontinuierlichen (Steinschlag) und spontanen Einzelereignissen (Fels-, Berg-, Eisstürze) zu unterscheiden. Aus der Sicht der Freizeitaktivitäten sind diese Vorgänge in zweifacher Hinsicht zu bewerten. Auf der einen Seite geht es um unmittelbare Gefährdung von Personen durch die Ereignisse selbst (wobei die spontanen geringe Eintrittswahrscheinlichkeiten besitzen), auf der anderen Seite um deren Folgewirkungen im Sinne der erschwerten Begehbarkeit von Routen sowohl in den Anbrüchen als auch in den Sturzbahnen und Ablagerungsgebieten der Ereignisse. Für die Ostalpen weniger bedeutend sind Eisstürze aus meist kalten Gletscherpartien, sehr wohl aber die Ausaperung von Eiswänden, welche die Steinschlagaktivität erhöht (Kap. 5.1).

- In gering geneigten Geländeteilen führt der Abbau eisübersättigten Permafrostes durch Setzung des Lockermaterials und Aufhören der Bewegungsdynamik kriechender Schuttmassen (Blockgletscher) tendenziell zu Stabilisierung

Abb. 3: Vorderes Leitnerkar und Maresenspitze (Ankogelgruppe) von NNE. Der Kreis kennzeichnet die Stirn eines aktiven Blockgletschers am Oberrand eines Wildbach-Einzugsgebietes. Im Falle von Permafrost-Degradation würde hier das Material rasch zu Tal gebracht werden (Pfeil) und könnte dort Menschen gefährden. (Foto: LIEB, 22.6.2000)

ursprünglich labiler Oberflächen, die auf Grund ihres meist grobblockigen Charakters allerdings weiterhin erschwert begehbar bleiben.

3 Beeinflussung von Freizeitaktivitäten

3.1 Allgemeine Überlegungen

Prozesse werden erst dadurch, dass sie anwesende Personen oder Infrastrukturen potenziell betreffen, zu Naturgefahren. Bezüglich der in jüngerer Zeit umfassend entwickelten theoretischen Überlegungen zum Themenfeld Sicherheit – Risiko – Schutzstrategien wird beispielhaft auf AMMANN 2003 und 2005 verwiesen. Wie in Kap. 1.1 erwähnt fokussiert die vorliegende Arbeit auf jene Aktivitäten, die im hochalpinen Gelände *außerhalb* der „gesicherten" Bereiche (also Parkplätze und Seilbahnstationen samt den ihnen zugeordneten Einrichtungen sowie Schipisten) durchgeführt werden. In rechtlichem Sinne handelt es sich hierbei im Wesentlichen um das „Ödland", egal ob die beteiligten Personen sich auf den dort vorhandenen Wegen aufhalten oder die Wegefreiheit (zu den Begriffen vgl. STOCK 1995) nutzen und sich „frei" im Gelände bewegen (was im Übrigen ein integrierender Bestandteil bergsteigerischen Selbstverständnisses in den Alpen ist). Freilich ist einerseits wegen der Haftungsfragen von Seiten der Wegerhalter und andererseits wegen der in jüngerer Zeit verstärkten Forcierung der „Besucherlenkung" besonders in vom Massentourismus stark beanspruchten Gebieten ein

Abb. 4: Ankogel und Kleinelendkees von NE. Der Pfeil deutet auf das Abbruchgebiet eines wahrscheinlich in Permafrost-Degradation begründeten Felssturzes vom Grubenkarkopf. (Foto: LIEB, 6.9.2004)

besonderes Augenmerk auf das markierte Wegenetz zu lenken.

Wie schon angedeutet, ist es schwierig, die in Kap. 2.2 skizzierten Prozesse mit dem Klimawandel in Verbindung zu bringen, denn sie alle gab es im Hochgebirge immer schon und bei ihnen allen erlaubt die angesprochene hohe räumliche und zeitliche Veränderlichkeit kaum (wenn überhaupt nur lokal) eine signifikante Zunahme ihrer Häufigkeit in jüngerer Zeit zu erkennen. Ja die gesamte Alpinismusgeschichte hat sich seit der „Goldenen Zeit des Alpinismus" (BÄTZING 1997, S. 114) parallel zur globalen Erwärmung und zum Gletscherschwund vollzogen. Die kulturelle und technisch-sportliche Entwicklung des Alpinismus musste sich also fortwährend auf in ständiger Veränderung begriffene Umweltbedingungen einstellen. Zum alpinistischen Wissensstand gehört auch die Kompetenz im Umgang mit tages-/jahreszeitlich sowie kleinräumig je nach Witterung wechselnden Verhältnissen. Im Zeitalter des Massentourismus mit immer besserer Erreichbarkeit des Hochgebirges ist jedoch die Anwesenheitswahrscheinlichkeit von Personen in gefährlichen Gebieten ungleich höher, weshalb Naturgefahren *mehr* Menschen als einst betreffen.

3.2 Freizeitgesellschaft und Anwesenheitswahrscheinlichkeit

In Kap. 2.2 wurde gezeigt, dass eine Reihe von hochgebirgstypischen, klimagesteuerten Naturprozessen bei Fortdauern des gegenwärtigen Erwärmungstrends dazu neigen, häufiger und intensiver aufzutreten. Wenn gleichzeitig die Zahl der Personen steigt, die sich in den von diesen Prozessen betroffenen Gebieten aufhalten, wird daraus doch ein Problem, das nicht mehr als bloß punktuell bedeutend abgetan werden kann. Hierbei stellt sich jedoch das wissenschaftliche Problem, dass kaum konkrete Zahlen für Besucher/innen des Hochgebirgsraumes außerhalb der gesicherten Bereiche verfügbar sind. Für die Umgebung des Großglockners können zumindest größenordnungsmäßige Abschätzungen vorgenommen werden:

- In einer Dissertation (UNGER 1989) wurden für die Franz-Josefs-Höhe (den Endpunkt des zur Pasterze führenden Astes der Großglockner-Hochalpenstraße) aus Befragungen erhoben, dass dort rund 3 % aller Besucher/innen eine Bergtour unternehmen. Umgelegt auf die derzeitigen Besucher/innen-Frequenzen der Glocknerstraße betreten damit etwa 15.000 Menschen jährlich jene hochalpinen Räume im weiteren Umkreis der Franz-Josefs-Höhe, worin die in Kap. 2.2 beschriebenen Prozesse zum Tragen kommen.

- Im Jahr 1994 wurde vom Oesterreichischen Alpenverein gemeinsam mit dem Nationalpark Hohe Tauern die Zahl der Besteiger/innen des Großglockners durch Zählung bei der Erzherzog-Johann-Hütte auf der Adlersruhe (dem höchst gelegenen Stützpunkt unterhalb des Gipfels) mit 4.897 bestimmt (schriftl. Mitt. von J. ESSL).

Diese Zahlen sind zwar relativ zum gesamten Tourismusaufkommen bescheiden, absolut zumindest in den bekanntesten Berggebieten Österreichs – wie etwa weiten Teilen der Hohen Tauern – jedoch keineswegs eine vernachlässigbare Größe. Diese macht jedenfalls die hohe Zahl an Bergrettungseinsätzen (österreichweit 6840 im Mittel der Jahre 1998–2005, Österr. Bergrettungsdienst 2006) zwangloser erklärbar als mögliche mittelbare Effekte des Klimawandels.

Hinzu kommt das veränderte Aktivitätsspektrum bzw. Verhalten der Angehörigen der Freizeitgesellschaft. An dieser Stelle müssen schlaglichtartige Hinweise genügen, etwa auf neue Trend- bzw. Extremsportarten, eine generell höhere Risiko-Bereitschaft unter dem Motto „risk and fun" oder das vielfach über Gebühr strapazierte Vertrauen in eine objektiv tatsächlich optimierte Ausrüstung und ein wohl ausgeklügeltes Rettungswesen. Darüber hinaus verweist der Umweltdachverband (2006, S. 77) auf das Problem einer wachsenden Zahl unerfahrener Bergsteiger/innen, die „die Gefahren der hochalpinen Gebirgsregion generell unterschätzen". So etwa berichtete B. JELK, Leiter der Bergrettung Zermatt (Schweiz), bei den Glocknerhausgesprächen, einer Tagung zum Thema „Der Klimawandel und die alpine Sicherheit" am 9.6.2006, dass in seinem Arbeitsgebiet eine signifikante Erhöhung der Risiko-Bereitschaft durch Alpinist/innen, die über ein Mobiltelefon verfügen, zu verzeichnen sei. Die alpinen Vereine und Rettungsdienste widmen diesem Problemkreis große Aufmerksamkeit in ihrer Öffentlichkeitsarbeit und ihren Ausbildungsangeboten (z.B. LARCHER et al. 2003 oder WÜRTL 2006). Im vorliegenden Kontext ist daraus zu schließen, dass die Veränderungen im menschlichen Verhalten wohl ebenso bedeutend wie die Veränderungen von Umweltbedingungen sein dürften. Obwohl klare Quantifizierungen (noch) nicht möglich sind, scheinen die im Klimawandel begründeten möglichen Eskalationen von Prozessen bislang eher sekundär und den Faktoren Mensch, Material und kurzfristige/kleinräumige Veränderlichkeit der natürlichen Umgebung nachgeordnet zu sein.

4 Fallstudien aus den Hohen Tauern

4.1 Grundüberlegungen und Begründung der Auswahl

Dennoch gibt es bei der Betrachtung von Hochgebirgsräumen im lokalen bis regionalen Scale eine bedeutende Zahl an Belegstellen, an denen sich klar eine markante Veränderung der Wegverhältnisse bzw. der natürlichen Rahmenbedingungen von Routen nachweisen lässt. Dies wird im Folgenden an Beispielen aus den Hohen Tauern gezeigt, die mir als langjähriges Arbeitsgebiet gut vertraut sind. Neben meinen eigenen Beobachtungen und Gesprächen mit Hüttenwirten konnte ich auf mündliche Informationen von E. RIEGER (Obmann des Bergführerverbandes Kärnten) und O. STRIEDNIG (stellvertretender Landesleiter des Österr. Bergrettungsdienstes Kärnten) sowie auf die bei den Einzelstellen genannte Literatur – besonders auf die erste monographische Studie hierzu (Umweltdachverband 2006) – zurückgreifen. Die in Abb. 5 verzeichneten Belegstellen erheben natürlich keinerlei Anspruch auf Vollständigkeit, sondern sind eine Auswahl markanter Beispiele, die nach folgenden Kriterien zustande kam:

- Exemplarische Beleuchtung der in Kap. 2.2 beschriebenen potenziell gefährlichen Prozesse in Folge von Gletscherschwund und Permafrost-Degradation.

- Betroffenheit von Alpinist/innen und anderen Sportler/innen im ungesicherten „Freiraum" des Hochgebirges, womit – durchaus vorhandene – Problembereiche etwa auf den beiden Gletscher-Schigebieten der Region unberücksichtigt blieben.

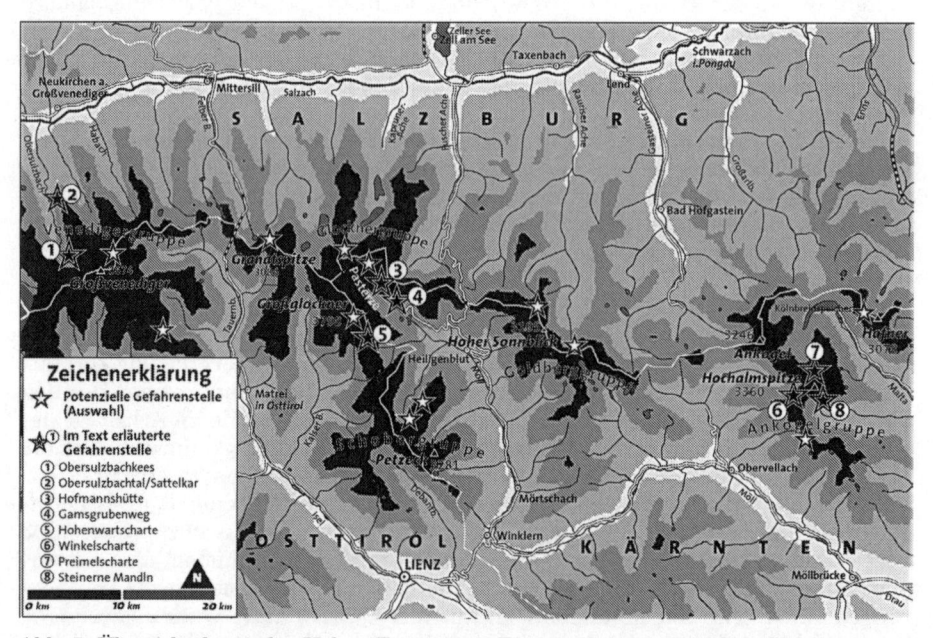

Abb. 5: Übersichtskarte der Hohen Tauern mit Eintragung ausgewählter Gefahren- und Unfallstellen (Erläuterungen im Text). Schwarz erscheinen stark generalisiert die Areale oberhalb von 2500 m und somit jene Höhenstufe, worin Gletscherschwund und Permafrost-Degradation auf großen Flächen wirksam sind.

- Bevorzugung jener Stellen, an denen viel begangene Wege (und nicht bloß Kletter- und ähnliche Routen) betroffen sind und auch bereits Sanierungsmaßnahmen getroffen oder Weganlagen gesperrt bzw. neu trassiert werden mussten.

4.2 Kurzbeschreibung der Einzelsituationen

Obersulzbachtal / Venedigergruppe (Nr. 1, 2 in Abb. 5)

Im Nahbereich der zerfallenden Stirn des Obersulzbachkeeses ereignete sich am 3.8.2001 ein Bergunfall mit drei Toten, der von SLUPETZKY 2002 analysiert wurde. Dieses Ereignis ist symptomatisch für das Zusammenspiel von Prozessen nahe von im Rückzug befindlichen Gletscherenden unter Beteiligung von Toteis, wobei Lockermaterial sich an einem eisfrei gewordenen Hang anreicherte und – stark vereinfacht – seiner früheren Abstützung durch das Gletschereis beraubt in Bewegung geriet, wobei in diesem Fall auch eine Gletscherhöhle mit verursachend wirkte. Ein in diesem Bereich vorhandener Weg war wegen des Gefahrenpotenzials 1999 gesperrt worden. 2005 kam es weiter talaus im selben Tal zu Sturzprozessen, die den Zugangsweg blockierten (VALENTIN 2006) und dessen Neuanlage an der gegenüber liegenden Talseite im Folgejahr notwendig machten. Das Herkunftsgebiet der Sturzmassen war in diesem Fall eine unter Permafrost-Bedingungen stehende Schuttmasse im Sattelkar, an deren Fuß Blockschutt durch ein komplexes Zusammenspiel verschiedener Prozesse labilisiert wurde.

Umgebung der Pasterze / Glocknergruppe (Nr. 3, 4, 5 in Abb. 5)

Die Pasterze, mit 18,4 km² (Stand 1998, Institut für Meteorologie und Geophysik der Univ. Innsbruck 1998) nach wie vor größter Gletscher Österreichs, verfügt über eine der längsten Messreihen zum Gletscherverhalten in den gesamten Alpen (seit 1878). Damit sind aus den Ergebnissen der (derzeit unter meiner Leitung stehenden) jährlichen Gletschermessungen detaillierte Angaben über die Veränderungen des Gletschers verfügbar. Als Beispiel hierfür ist in Abb. 6 das Einsinken der Gletscheroberfläche am Eisrand unterhalb der Hofmannshütte (2444 m) für den Zeitraum 1990–2005 dargestellt. Wie ein Vergleich mit den bei WAKONIGG 1991 zusammen gestellten älteren Daten zeigt, hat sich das mittlere jährliche Einsinken gegenüber früheren Perioden vergleichbarer Länge deutlich vergrößert. Diese Veränderungen führten dazu, dass der früher viel benützte Anstieg über den „Hofmannsweg" auf den Großglockner kaum mehr begangen wird (vgl. Umweltdachverband 2006, S. 63 f.), was schon für die Jahre vor der 1999 aus anderen Gründen erfolgten Schließung der Hofmannshütte galt. Neben dem Kräfte raubenden Höhenverlust (die im 19. Jh. nur wenige Zehnermeter über dem Eisrand erbaute Hütte lag 2005 rund 270 m über diesem!) ist die Route auch durch losen Schutt und hangparallel einfallende Schichtflächen erschwert.

In unmittelbarer Nachbarschaft befindet sich der Gamsgrubenweg, dessen jüngeres „Schicksal" vom Umweltbundesamt 2006, S. 71 ff., ebenso wie die Problematik des Weges der Ersteisteiger über die Hohenwartscharte auf den Großglockner gut dokumentiert wurde. In beiden Fällen spielt der Gletscherrückgang eine große Rolle für die Entstehung der aufgetretenen Probleme – im ersten Fall durch verstärkte Hangerosion wegen des Einsinkens der Oberfläche der Pasterze (zur Morphodynamik am Hangfuß unterhalb des Weges siehe Abb. 7), im zweiten durch Umwandlung eines früheren Gletscher-Anstiegs in einen Felsensteig auf Grund des Eisfreiwerdens der zur Scharte führenden Rinne. Dieser Anstieg gilt

Eisoberfläche am linken Eisrand der Pasterze im Profil der Seelandlinie (1990-2005)

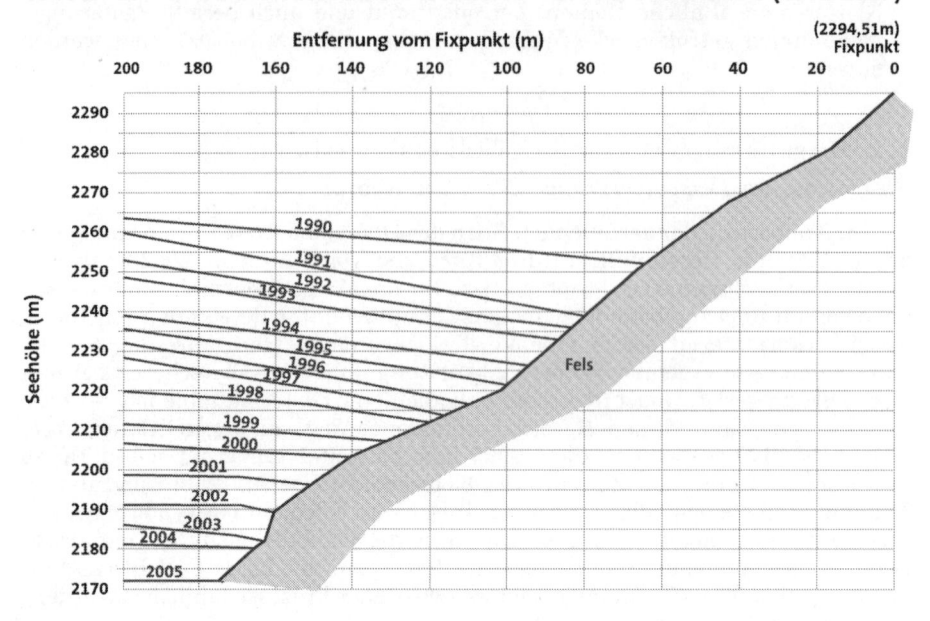

Abb.6: Das Einsinken des orographisch linken Eisrandes der Pasterze im Messprofil „Seelandlinie" unterhalb der Hofmannshütte (Quelle: eigene Messungen)

derzeit als von einem Felssturz (wegen erwarteter Permafrost-Degradation) gefährdet. In beiden Fällen mussten die betroffenen Wege neu angelegt werden, wobei die Kosten des neuen Gamsgrubenweges mit aufwändiger Tunnellösung 2,1 Millionen Euro betrugen! Die Steinschlaggefährdung, die der Hauptgrund für die Sperre und Neuanlage dieses Weges war, kann als Beispiel dafür dienen, dass auch außerhalb des diskontinuierlichen Permafrostes die Steinschlagaktivität zunehmen kann (etwa durch verstärkte Aufheizung der Wände oder vermehrten Eintrag von Wasser wegen des erhöhten Anteil flüssigen Niederschlags am Gesamtniederschlag).

Zentrale Ankogelgruppe (Nr. 6, 7, 8 in Abb. 5)

In dieser Gebirgsgruppe, aus der mit dem Absturz des Ankogel-Gipfelaufbaus im Jänner 1932 (LUCERNA 1932, GLANTSCHNIG 1995) ein frühes spektakuläres Beispiel eines höchstwahrscheinlich mit Permafrost-Degradation in Verbindung stehenden Felssturzes überliefert ist, haben sich an den drei hier beschriebenen Stellen jeweils durch den Gletscherschwund massive Änderungen der Wegverhältnisse ergeben. Bereits um 1980 musste der Anstieg auf die (Lassacher) Winkelscharte, der bis dahin über ein steiles, kompaktes Eis- bzw. Schneefeld erfolgte, als gesicherter Steig in die westlich benachbarte Felsrampe verlegt werden, weil die Rinne, die einen wichtigen Verbindungsweg zwischen Schutzhütten darstellt, durch zunehmende Schuttbedeckung des Eises (typische Anreicherung von Schutt auf einsinkenden Gletscher-Oberflächen) und Steinschlaggefahr im Hochsommer nicht mehr mit vertretbarem Risiko begangen werden konnte. Ähnliche Probleme zeigen sich seit Ende der 1980er-Jahre unter der Preimelscharte am

Abb. 7: Abtragungsprozesse am orographisch linken Begrenzungshang der Pasterze unterhalb der Franz-Josefs-Höhe (Glocknergruppe), Blickrichtung ENE. Das Bild zeigt gut die Erosion am moränenverkleideten Talhang (A), an seinem Fuß Toteisbildungen (B), deren Abschmelzung den Bereich A zwangsläufig weiter destabilisiert, und Eiszerfall am stark zurück schmelzenden Gletscherende (C). (Foto: LIEB vom 18.9.2003)

Anstieg von der Osnabrücker Hütte zur Hochalmspitze – hier kam es wiederholt zum Ausbrechen und Absturz Kubikmeter großer Felsblöcke (schriftl. Mitt. von H. LANG). Am viel begangenen Normalweg von der Gießener Hütte auf diesen Berg ist durch das Einsinken des Westlichen Trippkeeses der Übertritt von diesem zur Felsstufe am Fuß der „Steinernen Mandln" wesentlich schwieriger und unfallträchtiger geworden. Auch hier ist bereits 1927 das kleinste (östlichste) der ursprünglich 3 Mandln (Grattürme) auf den Gletscher an seinem Fuß gestürzt (BUCHENAUER 1975, S. 167).

5 Resümee und Zukunftsperspektiven

5.1 Bewertung der Befunde

Es kann auf Grund der in Kap. 4.2 diskutieren Beispiele kein Zweifel daran bestehen, dass durch den herrschenden Klimawandel verstärkt Prozesse in Gang gesetzt werden, die Freizeitaktivitäten im Hochgebirge beeinträchtigen bzw. die ausübenden Personen gefährden können. Davon betroffen sind besonders die stark besuchten Gebiete, weil dort die Anwesenheitswahrscheinlichkeit von Menschen besonders hoch ist. So verwundert es nicht, dass die Studie des Umweltdachverbandes 2006 als ein wichtiges Ergebnis einer groß angelegten Befragung ein generell hohes Problembewusstsein hinsichtlich des Klimawandels und seiner Folgen bei den örtlichen Kompetenzträger/innen in den zentralen Hohen Tauern (Hüttenwirte, Bergführer/innen, Wege erhaltende Organisationen) erbrachte. So etwa stimmten rund ¾ der Befragten der Feststellung zu, dass die Änderung der Gefährlichkeit von Wegen und Routen auch ein geändertes Besucher/innenverhalten nach sich ziehe. Etwa ⅔ der befragten Bergführer/innen und Tourenwarte gaben an, „mit ihren Gästen bestimmte Routen aus Sicherheitsgründen infolge klimatisch bedingter Veränderungen" nicht mehr zu begehen (Umweltdachverband 2006, S. 63).

Gerade diese Einschätzungen von Fachleuten belegen klar, dass der herrschende Klimawandel deutliche Auswirkungen auf Freizeitaktivitäten hat und dass es Prozessfolgen gibt, deren Wirkungen über das bisher „gewohnte" Ausmaß hinausgehen und schon beim bloßen Andauern der herrschenden Klimabedingungen zumindest lokal eine weitere Verschlechterung der Weg- und Routenverhältnisse erwarten lassen. Da es sich um die quasi kontinuierliche Fortsetzung aktuell schon beobachtbarer Entwicklungen handelt, ist damit zu rechnen, dass eine Zunahme der Gefahren mit entsprechender Sensibilisierung der Betroffenen „beherrschbar" sein dürfte. Schon jetzt reagieren AlpinistInnen z.B. auf die verstärkte Ausaperung von Eiswänden damit, dass diese beinahe ausschließlich nur mehr im Frühling und Frühsommer begangen werden (JENTZSCH und JENTZSCH-RABL 2004, S. 11).

5.2 Forschungsbedarf und Ausblick

Abgesehen davon, dass etliche Facetten des Themas gar nicht zur Sprache kamen (z.B. die potenzielle Gefährdung von Schutzhütten und anderen Bauobjekten, vgl. LIEB 2006) bleibt im Einzelnen eine Fülle von Fragen offen. Diese betreffen einerseits das Prozessverständnis und die mangelnden Kenntnisse über die Frequenz von potenziell gefährlichen Ereignissen. Das vom Fonds zur Förderung der wissenschaftlichen Forschung finanzierte Projekt „ALPCHANGE – climate change and impacts in Southern Austrian alpine regions" wurde am Institut für Geographie und Raumforschung der Universität Graz 2006 mit dem Ziel gestartet, genau in diesem Bereich vertiefte Kenntnisse zu erlangen. Eine wichtige Aufgabe ist die Schaffung von Grundlagen für die Modellierung zumindest einiger der in Kap. 2.2 genannten Prozesse, um GIS-gestützt besser potenzielle Gefahrenstellen lokalisieren und dort gegebenenfalls schon präventiv Einzelmaßnahmen setzen zu können. Erste Ansätze in diese Richtung werden bereits vom Zentrum für Naturgefahren Management alpS (Innsbruck) in Form der Visualisierung von Gefahrenbereichen durch das Kooperations-Projekt „Sicher unterwegs in den Alpen" realisiert (mündl. Mitt. von P. MAIR).

Andererseits herrschen eklatante Wissensdefizite in Bezug auf die tatsächliche Anwesenheit von Personen in den hier thematisierten Regionen. Eine gute Datenlage hierzu wäre jedoch für eine quantitative Risikoanalyse unerlässlich. Mit diesen noch zu generierenden Informationen wäre wohl auch mehr Klarheit über die tatsächliche Bedeutung des Klimawandels in Bezug auf das Gefahrenpotenzial für Freizeitaktivitäten (in Abgrenzung zu den kurzfristigen Wetteränderungen und/oder kleinräumigen Sondersituationen) zu gewinnen. Bis dahin kann nur das Postulat in den Raum gestellt werden, die Prozesse weiterhin aufmerksam zu verfolgen und die Angehörigen der Freizeitgesellschaft darüber sachlich zu informieren!

Dank

Für Einzelinformationen danke ich J. Essl (Innsbruck), H. Lang (Villach), P. Mair (Innsbruck), E. Rieger (Großkirchheim), O. Striednig (Mallnitz), für fachliche Diskussionen zum Thema M. Avian, A. Kellerer-Pirklbauer (Graz), H. Slupetzky (Salzburg) und W. Würtl (Innsbruck). Für die kritische Durchsicht des Manuskripts möchte ich mich bei M. Krobath und H. Wakonigg, für die Gestaltung der Graphiken bei P. Fink und T. Lang (Graz) aufrichtig bedanken.

6 Literatur

Abele, G. (1974): Bergstürze in den Alpen. – In: Wiss. Alpenvereinshefte Bd. 25, 230 S.

Ammann, W. J. (2003): Integrales Risikomanagement von Naturgefahren. – In: Jeanneret, F., Wastl-Walter, D., Wiesmann, U., und Schwyn, M. (Hrsg.), Welt der Alpen – Gebirge der Welt. Ressourcen, Akteure, Perspektiven. Haupt Verlag, Bern, Stuttgart, Wien, S. 143–155.

Ammann, W. J. (2005): Integriertes Risikomanagement bei Naturkatastrophen. – In: Steininger, K., Steinreiber, C., und Ritz, C. (Hrsg.), Extreme Wetterereignisse und ihre wirtschaftlichen Folgen. Springer Verlag, Berlin, Heidelberg, S. 57–68.

Auer, I., Böhm, R., und Schöner, W. (2001): Austrian long-term climate 1767–2000. – In: Österr. Beiträge zur Meteorologie und Geophysik Bd. 25, 147 S.

Bätzing, W. (1997): Kleines Alpen-Lexikon. Umwelt – Wirtschaft – Kultur. – Beck'sche Reihe 1205, München, 320 S.

Bätzing, W. (2003): Die Alpen. Geschichte und Zukunft einer europäischen Kulturlandschaft. – Verlag Beck, München, 431 S.

Buchenauer, L. (1975): Alpenvereinsführer Ankogel- und Goldberggruppe. – Bergverlag Rother, München, 272 S.

Dick, A. (2004): Ein heißer Job. – In: Berge 1/2004, S. 84–87.

Embleton-Hamann, C. (1997): Naturgefahren in Österreich. Ursachen, Verbreitung, Schäden und Schutzmaßnahmen. – In: Mitt. d. Österr. Geogr. Ges. Bd. 139, S. 197–230.

Glantschnig, E.J. (1996): Geschichtliches aus dem Mallnitztal. – Eigenverlag, Klagenfurt, 78 S.

Grabherr, G., Gottfried, M., und Pauli, H. (2002): Ökologische Effekte an den Grenzen des Lebens. – In: Spektrum der Wissenschaft, Dossier 1/2002 „Klima", S. 84–89.

Gross, G. (1987): Der Flächenverlust der Gletscher in Österreich 1850–1920–1969. – In: Zeitschr. f. Gletscherkunde und Glazialgeologie Bd. 23/2, S. 131–141.

Haeberli, W., Kääb, A., Hoelzle, M., Bösch, H., Funk, M., Vonder Mühll, D., und Keller, F. (1999): Eisschwund und Naturkatastrophen im Hochgebirge. – Projekschlussbericht des Nationalen Forschungsprogrammes NFP 31 „Klimaänderungen und Naturkatastrophen". Vdf Hochschulverlag, Zürich, 190 S.

Harris, C., und Haeberli, W. (2003): Warming permafrost in the mountains of Europe. – In: Bulletin of the World Meteorological Organization 52/3, S. 1–6.

Hauser, W. (Hrsg.) (2002): Klima. Das Experiment mit dem Planten Erde. – Stuttgart, 400 S.

Institut für Meteorologie und Geophysik der Univ. Innsbruck (1998): Österreichisches Gletscherinventar. – Unpubl. Bericht.

Jentzsch, A., und Jentzsch-Rabl, A. (2004): Firn- und Eisklettern in den Ostalpen. – Alpinverlag, Bad Häring, 209 S.

Kienholz, H. (2004): Alpine Naturgefahren und -risiken – Analyse und Bewertung. – In: Alpenwelt – Gebirgswelten. Inseln, Brücken, Grenzen. 54. Deutscher Geographentag Bern 2003, Tagungsbericht und wissenschaftlichen Abhandlungen. Heidelberg, Bern, S. 249–258.

Larcher, M., Renzler, R., Töchterle, L., und Zörer, W. (2003): Risiko-Manifest. – In: Mitt. d. Oesterreichischen Alpenvereins Heft 58 (128)/3, S. 6–7.

Lieb, G. K. (2000): Hochgebirgspermafrost in den österreichischen Alpen. – In: Österreich in Geschichte und Literatur mit Geographie Heft 44/1, S. 49–59.

LIEB, G. K. (2006): Permafrost – ein neuer Problembereich im Hochgebirge? – In: Bergauf 3/2006. Magazin des Oesterreichischen Alpenvereins Heft 61 (131)/3, S. 14–16.

LUCERNA, R. (1932): Der Gipfelabbruch des Ankogels. – In: Mitt. d. Deutschen u. Österreichischen Alpenvereins Heft 48 (58), S. 108.

NÖTZLI, J., und GRUBER, S. (2005): Alpiner Permafrost – ein Überblick. – In: Jb. d. Vereins zum Schutz der Bergwelt (München) Bd. 70, S. 111–121.

Österr. Bergrettungsdienst (2006): www.bergrettung.at (Zugriff Juni 2006)

SCHWÖRER, D.-A. (2002): Klimaänderung und Alpinismus. Überlegungen zur Veränderung der alpinen Naturlandschaft aufgrund der globalen Erwärmung. – In: Berg & Steigen Bd. 3/2002, S. 18–21.

SLUPETZKY, H. (2002): Eine tödliche Falle. Analyse der Naturprozesse nach einem Alpinunfall. – In: Berg & Steigen Bd. 2/2002, S. 16–18.

SLUPETZKY, H. (Red.) (2005): Bedrohte Alpengletscher. – In: Fachbeiträge des Oesterreichischen Alpenvereins, Serie: Alpine Raumordnung Bd. 27, 73 S.

STOCK, W. (1995): Ökologisch-geographisches Rechtswörterbuch. Natur – Verkehr – Tourismus. – Leykam Verlag, Graz, 127 S.

Umweltdachverband (Hrsg.) (2006): Auswirkungen der Klima- und Gletscheränderung auf den Alpinismus. – In: text.um Bd. 1/06, Wien, 96 S.

UNGER, C. (1989): Der Massentourismus im Bereich Großglockner-Pasterze. – Unpubl. Diss. Univ. Graz, 348 S.

VALENTIN, G. (2006): Steinschlaggefahr im Obersulzbachtal. – In: Salzburger Alpenvereinsnachrichten Heft 52/2, S. 13–14.

VEIT, H., 2002: Die Alpen. Geoökologie und Landschaftsentwicklung. – Eugen Ulmer Verlag, Stuttgart (= UTB 2327), 352 S.

WAKONIGG, H. (1991): Die Nachmessungen an der Pasterze von 1879 bis 1990. – In: Arb. Geogr. Inst. d. Univ. Graz Bd. 30 (= Festschrift f. H. PASCHINGER), S. 271–307.

WILHELM, C., BRÜNDL, M., und AMMANN, W. (2001): Vom Umgang mit dem Risiko im Berggebiet. – In: Alpenschutzkommission CIPRA (Hg.), 2. Alpenreport. Daten, Fakten, Probleme, Lösungsansätze. Verlag Paul Haupt, Bern, Stuttgart, Wien, S. 102–106.

WÜRTL, W. (2006): Komplexes Risikomanagement. Der strategische Umgang mit Risiko im Wintersport. – In: Alpenvereinsjahrbuch „Berg 2006" (Zeitschrift Band 130), S. 84–95.

ZÄNGL, W., und HAMBERGER, S. (2004): Gletscher im Treibhaus. Eine fotografische Zeitreise in die alpine Eiswelt. – Tecklenborg Verlag, Steinfurt, 271 S.

Der Alterungsprozess der Bevölkerung in Ost- und Südostasien: die neue demographische Herausforderung des 21. Jahrhunderts?

Karl Husa und Helmut Wohlschlägl, Wien*)

Mit 8 Abb. (davon 4 in Farbe) und 5 Tab. im Text

Inhalt   Seite

1 Einführung und Ausgangsproblematik 95
   1.1 Von der Bevölkerungsexplosion zum „demographischen Bonus" – „alte" Probleme in neuem Gewand? 95
   1.2 Alte Menschen in Asien: ein neues demographisches Top-Thema im Blickpunkt von Politik, Massenmedien und Öffentlichkeit 97
2 Fertilitätsrückgang und ansteigende Lebenserwartung – die Haupttriebkräfte des Alterungsprozesses.. 99
3 Dimensionen und raumzeitliche Unterschiede des demographischen Alterungsprozesses in Ost- und Südostasien.. 103
4 Ältere Menschen in Ost- und Südostasien – ein soziodemographisches Profil.... 110
5 Staatliche Altersvorsorge und soziale Sicherungssysteme in Südost- und Ostasien 115
   5.1 Staatlich verwaltete Versorgungs- bzw. Rentenfonds („National Provident Funds")... 119
   5.2 Sozialversicherungsprogramme zur Alterssicherung in markwirtschaftlich ausgerichteten Staaten 121
   5.3 Alterssicherungsprogramme in Transformationsstaaten bzw. sozialistischen Staaten 123
   5.4 Staaten ohne geregelte Altersvorsorge 126
6 Ausblick.. 126
7 Literatur... 127

1 Einführung und Ausgangsproblematik

1.1 Von der Bevölkerungsexplosion zum „demographischen Bonus" – „alte" Probleme in neuem Gewand?

Wie schnell wächst die Weltbevölkerung? Wann wird das globale Bevölkerungswachstum zum Stillstand kommen? Wie viele Menschen werden dann auf der Erde leben und wie wird deren räumliche Verteilung aussehen? All das sind altbekannte Fragen, mit denen sich nicht nur zahlreiche Bevölkerungsexperten, sondern auch die Medien und die demographisch interessierte Öffentlichkeit in der zweiten Hälfte des 20. Jahrhunderts intensiv beschäftigt haben. Dementspre-

---

*) Ao. Univ.-Prof. Mag. Dr. Karl Husa und Univ.-Prof. Mag. Dr. Helmut Wohlschlägl, Institut für Geographie und Regionalforschung der Universität Wien, Universitätsstraße 7, A-1010 Wien. E-Mail: karl.husa@univie.ac.at; helmut.wohlschlaegl@univie.ac.at

chend belegten sowohl bei den Regierungen der meisten Staaten der Dritten Welt als auch bei den Fachgremien internationaler Organisationen Themen wie die Eindämmung des zu raschen Bevölkerungswachstums (Schlagwort „Bevölkerungsexplosion") und die zunehmende Ungleichverteilung der Bevölkerung zwischen den Agglomerationsräumen und den restlichen Landesteilen (Schlagwort „hoffnungslose Überfüllung der ausufernden Megastädte") jahrzehntelang die Spitzenpositionen der bevölkerungspolitischen Agenden. Nachdem während des allergrößten Teils der Menschheitsgeschichte das Bevölkerungswachstum nur sehr langsam vor sich gegangen war, erschien es nur folgerichtig, dem neuen und vorher nie gekannten Phänomen einer dynamischen Bevölkerungszunahme und seiner möglichen Konsequenzen die entsprechende Beachtung zu schenken und das vergangene Jahrhundert als das „Jahrhundert der Bevölkerungsexplosion" zu etikettieren.

Allerdings begann sich schon gegen Ende des 20. Jahrhunderts abzuzeichnen, dass Bevölkerungsexplosion, Ressourcenknappheit, Konflikte um Wasser, Energieträger und Nahrungsmittel, Umweltverschmutzung, wachsende Armut oder riesige Verkehrsstaus in ausufernden und zunehmend unregierbar werdenden Megastädten nur ein Teil der Geschichte sind. Der zweite Teil, der das 21. Jahrhundert prägen dürfte, scheint völlig anders zu lauten: das klassische Leitthema „zu viele Menschen auf der Welt" scheint plötzlich – zumindest in den meisten entwickelten Staaten – von einem neuen abgelöst zu werden, nämlich „zu viele alte Menschen bei zu geringem (natürlichem) Bevölkerungszuwachs". Tatsächlich sanken in jüngster Zeit in fast allen Staaten der Welt die Fertilitätsraten kontinuierlich ab, und das zum Teil mit zunehmender Geschwindigkeit. Während dieses Phänomen noch bis vor etwa drei Jahrzehnten in der Öffentlichkeit vor allem als typisch für die Industriestaaten erachtet wurde, zeigt sich nunmehr, dass sich der revolutionäre Fertilitätsrückgang der letzten Dekaden schon derzeit – und künftig noch stärker – in viele Staaten der Dritten Welt verlagert bzw. verlagern wird, wobei allerdings die Konsequenzen dieses Prozesses unterschiedlich eingeschätzt werden:

Ein Teil der Fachleute spricht bereits davon, dass vor allem die so genannte „Erste Welt" ebenso wie die postkommunistischen Transformationsländer (die frühere sog. „Zweite Welt") schon in kurzer Zeit massiv mit dem historisch bislang unbekannten demographischen Phänomen schrumpfender Bevölkerungszahlen bei gleichzeitig rascher demographischer Alterung der Bevölkerung konfrontiert sein wird, wobei die wirtschaftlichen und gesellschaftlichen Konsequenzen dieses Vorgangs ohne historische Parallelen zur Zeit noch schwer abschätzbar sind.

Andere wiederum argumentieren, dass es sich sowohl beim Fertilitätsrückgang als auch bei der demographischen Alterung letztlich um global ablaufende Prozesse handelt, die – zu unterschiedlichen Zeitpunkten und mit unterschiedlicher Dynamik – alle Staaten der Welt erfassen werden oder bereits erfasst haben; sie sehen aber in der Tatsache, dass in vielen Entwicklungsländern der demographische Übergang und das Absinken der Kinderzahlen erst seit relativ kurzer Zeit vonstatten gehen, im Gegensatz zu früheren Annahmen keinen Nachteil mehr: Längerfristig gesehen könnte es sich dabei sogar um einen *„demographischen Bonus"* handeln, der diesen Staaten einen Zeitpuffer verschafft, um den möglichen ökonomischen Nachteilen alternder, schrumpfender Bevölkerungen effektiver begegnen zu können. Mit anderen Worten: Während in den meisten westlichen Staaten in zunehmendem Maß die Ressource „einheimische menschliche Arbeitskraft" knapp zu werden droht, zögern die noch immer deutlich stärkeren Geburtenjahrgänge der letzten Jahre in vielen Entwicklungsländern den Alterungseffekt der Bevölkerung noch zwei bis drei Jahrzehnte hinaus.

Dieser „demographische Bonus" hat jedoch auch seine Schattenseiten: Eine Reihe von Entwicklungsländern wird in naher Zukunft in steigendem Maß mit einer neuen Art von „demographischer Scherenentwicklung" konfrontiert sein, indem nämlich einerseits für die noch eine gewisse Zeit weiter wachsende Zahl von Jugendlichen, die in das Erwerbsalter kommen, dringend Erwerbsmöglichkeiten geschaffen werden müssen, während andererseits zur selben Zeit die Weichen für eine künftig rasch alternde Gesellschaft mit all ihren spezifischen Anforderungen gestellt werden müssen.

Zu jenen Weltregionen, in denen diese neuen demographischen Herausforderungen bereits derzeit offensichtlich werden und auch dementsprechend heftig diskutiert werden, zählen Südost- und Ostasien.

1.2 Alte Menschen in Asien: ein neues demographisches Top-Thema im Blickpunkt von Politik, Massenmedien und Öffentlichkeit

Als im Jahr 1982 in Wien die erste „UN World Assembly on Ageing" stattfand, wurde von den meisten Konferenzteilnehmern der Alterungsprozess der Bevölkerung noch als ein Problem betrachtet, von dem primär die Industriestaaten des Westens betroffen waren. Die meisten Regierungen der so genannten „Dritten Welt" – und so auch jene vieler asiatischer Staaten – sahen sich damals noch mit ganz anderen Bevölkerungsproblemen konfrontiert: An der Spitze der demographischen Prioritätenliste standen Themen wie die Eindämmung des raschen Bevölkerungswachstums, die Schaffung von ausreichenden Arbeitsplätzen für eine rasch wachsende Erwerbsbevölkerung, Maßnahmen zur Stabilisierung der Land-Stadt-Migration und Verbesserungen im Bildungs- und Gesundheitsbereich. Zwei Jahrzehnte später hingegen, bei der „Second World Assembly on Ageing" der Vereinten Nationen in Madrid im Jahr 2002, war der rasche demographische Alterungsprozess von Bevölkerungen bereits zu einem Thema von globalem Interesse aufgestiegen, denn es zeichnete sich bereits deutlich ab, dass die Alterung nun nicht mehr nur eine Angelegenheit der „Staaten des Nordens" ist, sondern in absehbarer Zeit auch eine erhebliche Herausforderung für immer mehr Länder der sog. „Dritten Welt" darstellen wird.

Unter den sog. „Newly Industrializing Countries" waren es vor allem zahlreiche Staaten Ost- und Südostasiens, die als erste die großen sozialen und wirtschaftlichen Herausforderungen erkannten, mit denen sie durch die dynamischen Veränderungen in der Altersstruktur ihrer Bevölkerungen in den kommenden Jahrzehnten konfrontiert sein werden. Das jüngst erwachte Problembewusstsein dieser Staaten manifestiert sich auch in einer Reihe von hochkarätig besetzten Seminaren und Konferenzen, die in den letzten Jahren abgehalten wurden und auch bereits erste konkrete Ergebnisse mit sich brachten: Bereits 1998 wurde von den Mitgliedsstaaten der „United Nations Economic and Social Commission for Asia and the Pacific Region" (ESCAP) die sog. „Macao Declaration on Ageing for Asia and The Pacific" verabschiedet. Im Jahr 2002 wurde dieser erste regionale Aktionsplan, der sich mit Fragen der demographischen Alterung auseinandersetzt, durch die „Shanghai Implementation Strategy" noch weiter konkretisiert und ergänzt. Auch auf wissenschaftlicher Ebene boomt die Befassung mit alternden Gesellschaften: Die Zahl der auf Asien bezogenen einschlägigen Veröffentlichungen ist in den letzten Jahren geradezu zur Flut angewachsen und das

„Altersthema" hat mittlerweile schon längst die jahrzehntelang dominierenden Forschungsbereiche Fertilität, Familienplanung etc. von der Spitze der demographischen Forschungsagenden verdrängt. Die im Februar 2006 in Honolulu abgehaltene „Hawaii's International Conference on Aging" mit dem Titel „Active Aging in Asia Pacific: Showcasing Best Practices" stellt dafür ein eindrucksvolles Beispiel dar.

Das neu erwachte Interesse an Dimensionen und Folgen des unaufhaltsam voranschreitenden Alterungsprozesses der ost- und südostasiatischen Gesellschaften spiegelt sich auch in den Massenmedien wider: „Grey boom on its way" lautete zum Beispiel der Titel des Leitartikels der englischsprachigen thailändischen Tageszeitung „The Nation" anlässlich des Weltbevölkerungstages am 11. Juli 2001, und in einem ähnlichen Stil berichtete „Xinhua", die offizielle Nachrichtenagentur der VR China, mit dem Aufmacher „Aging Challenges Asia-Pacific" (Xinhua News Agency, May 17, 2002) von den erheblichen Herausforderungen, die durch die „growing greying population" auf viele asiatische Staaten in den nächsten Jahrzehnten zukommen werden. Die Liste einschlägiger Berichte in asiatischen Massenmedien aus den letzten Jahren ließe sich beliebig verlängern.

In der Wahrnehmung des „neuen" demographischen Top-Themas „Alterung" besteht allerdings – sowohl auf Regierungsebene als auch in Wissenschaft, Massenmedien und öffentlicher Meinung – verglichen mit jener zu den in den letzten Jahrzehnten aktuellen „alten" demographischen Fragen ein eklatanter Unterschied: Der drastische Rückgang der Fertilität bei gleichzeitig kontinuierlich zunehmender Lebenserwartung wurde als großer Erfolg begrüßt und durch breit angelegte familienplanerische Maßnahmen unterstützt (vgl. KNODEL 1999), die Konsequenzen dieser beiden demographischen Prozesse für die Alterung hingegen werden weit weniger euphorisch aufgenommen und vielfach eher als ungünstige Nebeneffekte betrachtet, was auch in einer ausgeprägten „demographischen Krisenrhetorik" zum Ausdruck kommt. Das Paradebeispiel schlechthin für eine derartige negative Grundeinstellung zum Thema „Altern von Gesellschaften" stellt ein Weltbank-Bericht aus dem Jahr 1994 dar, der den wenig freundlichen Titel „Averting the Old Age Crisis" trägt (World Bank 1994).

Dass gerade in Südost- und Ostasien den steigenden Anteilen älterer Menschen größere Beachtung geschenkt wird als in anderen Regionen der Dritten Welt, mag zunächst vielleicht überraschen, kommt aber nicht von ungefähr. Gerade diese Weltregion hatte in den letzten drei Dekaden des 20. Jahrhunderts einen dynamischen Fertilitätsrückgang und parallel dazu – zeitlich etwas verzögert – auch eine kontinuierliche Zunahme der Lebenserwartung zu verzeichnen. Die Folgen für die nächsten Jahrzehnte sind unschwer abzuschätzen: Viele Staaten der Region werden in absehbarer Zeit mit der Herausforderung von historisch beispiellos hohen Anteilen älterer Menschen in ihren Bevölkerungen konfrontiert sein. Derzeit, zu Beginn des 21. Jahrhunderts, ist der Anteil der älteren Bevölkerung – definiert als die 60- und Mehrjährigen – in den meisten Staaten (mit Ausnahme Japans) noch gering, die entsprechenden Prozentsätze werden jedoch bis zur Jahrhundertmitte mit alarmierender Geschwindigkeit zunehmen. So zählt zum Beispiel in Südostasien, grob gesprochen, derzeit erst eine von 14 Personen zur Altersgruppe der 60- und Mehrjährigen, um 2050 wird es bereits mehr als jeder Fünfte sein, für Ostasien lauten die entsprechenden Relationen eine von acht Personen für 2000 bzw. eine von drei (!) für 2050.

Die meisten Staaten der Region stehen also erst am Beginn des Alterungsprozesses, so dass die frühe Einbeziehung von möglichen Problemen, die durch das rasche Altern der Gesellschaften entstehen, in die langfristigen sozialen und wirtschaftlichen Planungen zunächst überraschend anmutet. Die finanzielle, ökonomische und soziale Krise, die viele Staaten ab der Jahresmitte 1997 – zum Teil für mehrere Jahre und bis in ihre Grundfesten – erschüttert hat und unter der Bezeichnung „Asienkrise" international bekannt wurde (vgl. dazu u.a. HUSA und WOHLSCHLÄGL 1999, 2003a), hat allerdings auch den Blick der Regierungen für die Unzulänglichkeiten der bestehenden Sozialsysteme und des sozialen Risikomanagements geschärft. Man erkannte, dass aufgrund der Dynamik des demographischen Transformationsprozesses nicht viel Zeit bleibt, Strategien zur Anpassung der sozialen Sicherungssysteme wie auch der Gesundheitssysteme an den demographischen Alterungsprozess einzurichten.

Nicht überall allerdings verlaufen die Veränderungen in der Altersstruktur mit der gleichen Dynamik und nicht in allen Staaten ist der Handlungsbedarf gleichermaßen akut, weshalb es sinnvoll erscheint, zunächst die Triebkräfte des Alterungsprozesses und die daraus resultierenden Veränderungen in der Altersstruktur regional differenziert zu betrachten, bevor in der Folge die Konsequenzen für die sozialen Sicherungssysteme und die staatlich unterschiedlichen Reaktionsstrategien vorgestellt und analysiert werden sollen.

2 Fertilitätsrückgang und ansteigende Lebenserwartung – die Haupttriebkräfte des Alterungsprozesses

Die Altersstruktur einer Bevölkerung ist im Wesentlichen das Ergebnis jener demographischen Prozesse, die in den vorangegangenen Jahrzehnten abgelaufen sind, wobei die Frage, welcher Einflussfaktor hauptverantwortlich für das rasche Altern einer Bevölkerung ist, spontan meist mit „zunehmende Langlebigkeit" beantwortet wird. In der Bevölkerungsforschung herrscht allerdings heute generell Übereinstimmung, dass zunächst nicht die ansteigende Lebenserwartung, sondern der Fertilitätsrückgang, also der Rückgang der durchschnittlichen Kinderzahl pro Frau, die Hauptursache für das Altern von Bevölkerungen ist (vgl. z. B. OGAWA 2003). Sinkende Fertilitätsraten bewirken eine relative Abnahme der jüngeren Altersgruppen innerhalb einer Bevölkerung, führen also zu einem „Altern von der Basis" her.

In fortgeschritteneren Stadien des demographischen Übergangs und mit steigendem sozioökonomischem Entwicklungsstand verschiebt sich das Gewicht der demographischen Einflussfaktoren schließlich zunehmend von der Fertilität zur Mortalität. Während das Absinken der Säuglingssterblichkeit in den frühen Phasen des demographischen Übergangs zunächst zu einer Verjüngung der Bevölkerung führt (weil mehr Neugeborene überleben), bewirkt die rückläufige altersspezifische Sterblichkeit in den höheren Altersgruppen einen „Alterungsprozess an der Spitze" der Alterspyramide. Besonders wichtig für die Dynamik des Alterns einer Bevölkerung ist die Geschwindigkeit, mit der die Überlebenswahrscheinlichkeit in den hohen Altersgruppen steigt, und diese Steigerung verlief in vielen Staaten der Ost- und Südostasiens in den letzten Jahrzehnten deutlich ausgeprägter als in anderen Teilen der Welt: So hat sich zum Beispiel in Japan die fernere Lebenserwartung der 65- und Mehrjährigen zwischen 1970 und 2000 um 44 Prozent erhöht, die durchschnittliche Lebenserwartung bei Geburt im selben Zeitraum hingegen nur um 9 Prozent (KINSELLA und PHILLIPS 2005, S. 9).

Was die Ursachen des Alterns der Bevölkerung in Südost- und Ostasien betrifft, so ist in den meisten Staaten der Region der Einfluss veränderter Mortalitätsmuster auf Verschiebungen in der Altersstruktur im Vergleich zu den Effekten des Geburtenrückgangs bislang noch relativ begrenzt (vgl. Abb. 1). Noch um

1970 wies mit Ausnahme von Japan und der britischen Kronkolonie Hongkong kein einziger Staat der Region eine Gesamtfertilitätsrate (TFR) von unter fünf Kindern pro Frau auf. Mittlerweile hat bereits in allen Staaten Ostasiens ein massiver Geburtenrückgang stattgefunden und nach Schätzungen und Berechnungen des „Population Reference Bureau" in Washinton lag die TFR in Ostasien im Durchschnitt im Jahre 2006 nur mehr bei 1,6 Kindern pro Frau (PRB 2006). Japan mit einer TFR von 1,3 und Südkorea und Taiwan mit 1,1 (2006) zählen schon seit geraumer Zeit zur Staatengruppe mit den weltweit geringsten Fertilitätsraten und auch die VR China liegt mit einem Wert von 1,6 bereits deutlich unter dem sog. „Bestandserhaltungs- oder Ersetzungsniveau" („Replacement Level") von 2,1 (vgl. auch Tab. 1).

Auch in Südostasien zeigt die Entwicklung in den letzten Jahren eine zunehmende, allerdings in der Mehrheit der Staaten zeitlich leicht verzögerte Konvergenz zur Situation in Ostasien. Anders als in Ostasien sind jedoch die regionalen Unterschiede im Fertilitätsniveau noch wesentlich ausgeprägter. Generell gesehen lag die Gesamtfertilitätsrate 2006 mit 2,5 im Vergleich zu Ostasien (1,6) noch deutlich höher und nur Singapur und Thailand haben mit Gesamtfertilitätsraten von 1,2 bzw. 1,7 Kindern pro Frau ein Niveau erreicht, das unter dem „Replacement Level" liegt und dem der ostasiatischen Staaten vergleichbar ist. Aber auch in Malaysia, Vietnam, Indonesien, auf den Philippinen und in Myanmar vollzieht sich seit geraumer Zeit ein ausgeprägter Prozess des Geburtenrückgangs, so dass auch diese Staaten zu Beginn des 21. Jahrhunderts bereits zur Gruppe der Länder mit intermediären Fertilitätsraten (TFR zwischen 2,4 und 3,2) gezählt werden können (vgl. CALDWELL 2002). Nur mehr Kambodscha und Laos weisen noch hohe Geburtenraten auf (TFR jeweils über 3,5) und liegen somit noch näher an

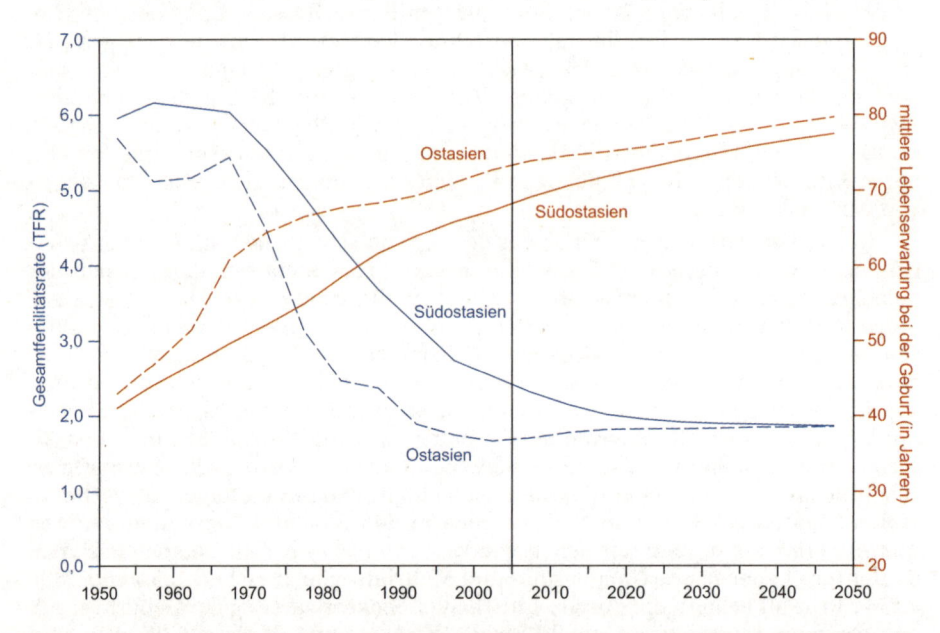

Abb. 1: Die demographischen Triebkräfte des Alterungsprozesses in Ost- und Südostasien: Dynamik des Fertilitätsrückgangs und Anstieg der mittleren Lebenserwartung bei der Geburt 1950/55 bis 2000/05 und Prognose bis 2045/50
Datengrundlage: United Nations (2005): World Population Prospects – The 2004 Revision. Eigener Entwurf.

der Schwelle von fünf Kindern pro Frau, ab der ein Staat zur Staatengruppe mit hoher Fertilität gezählt wird.

Tab. 1: Gesamtfertilitätsrate (TFR) und mittlere Lebenserwartung bei der Geburt 1950/55 bis 2000/05 und Prognose bis 2045/50 in den Staaten Ost- und Südostasiens

	Gesamt-fertilitätsrate (TFR)			Mittlere Lebenserwartung (Männer)			Mittlere Lebenserwartung (Frauen)		
	1950/55	2000/05	2045/50	1950/55	2000/05	2045/50	1950/55	2000/05	2045/50
Kambodscha	6,29	4,14	2,10	38	52	69	41	60	73
Laos	6,15	4,83	1,89	37	53	70	39	56	74
Myanmar	6,00	2,46	1,85	36	57	72	39	63	77
Vietnam	5,75	2,32	1,85	39	68	77	42	72	81
Brunei	7,00	2,50	1,85	60	74	79	61	79	84
Malaysia	6,83	2,93	1,85	47	71	78	50	76	82
Thailand	6,40	1,93	1,85	50	66	77	54	74	82
Indonesien	5,49	2,37	1,85	37	65	75	38	69	79
Philippinen	7,29	3,22	1,85	46	68	76	50	72	81
Singapur	6,40	1,35	1,84	59	77	83	62	81	86
VR China	6,22	1,70	1,85	39	70	77	42	73	81
China, Hongkong	4,44	0,94	1,52	57	79	84	65	85	90
Mongolei	6,00	2,45	1,85	41	62	74	44	66	78
Südkorea	5,40	1,23	1,77	46	73	81	49	81	88
Nordkorea	3,35	2,00	1,85	48	60	71	50	66	77
Japan	2,75	1,33	1,85	62	78	84	66	85	93

Gesamtfertilitätsrate (TFR): Durchschnittliche Zahl der pro Frau lebendgeborenen Kinder bei den zum jeweiligen Beobachtungszeitraum herrschenden Fertilitätsverhältnissen (Periodenmaßzahl).
Mittlere Lebenserwartung bei der Geburt: In Jahren.
Datengrundlage: United Nations (2005): World Population Prospects – The 2004 Revision.

Generell zeigen die vorliegenden statistischen Daten bzw. die Prognosen der UNO für die Entwicklung der Fertilität bis zur Mitte dieses Jahrhunderts, dass der Fertilitätsrückgang mit dem Fortschreiten der einzelnen Staaten im Prozess des demographischen Übergangs von hoher zu niedriger Geburtenhäufigkeit in Ostasien (als Ganzes betrachtet) bereits seit etwa 2000 auf der Höhe des Bestanderhaltungsniveaus von rund zwei Kindern pro Frau oder knapp darunter stabilisiert ist und dies in Südostasien ab etwa 2015/2020 der Fall sein wird. Es würde an dieser Stelle zu weit führen, die vielfältigen Ursachen der rasch sinkenden Kinderzahlen in Südost- und Ostasien näher zu diskutieren. Es sei nur darauf hingewiesen, dass es wohl nicht möglich ist, den Geburtenrückgang in allen Staaten der Region nur allein vor dem Hintergrund eines – pointiert ausgedrückt – „sozioökonomischen Determinismus", wie er auch in der orthodoxen demographischen Transformationstheorie einen zentralen Stellenwert einnimmt und in der von den Vereinten Nationen in den 1960er-Jahren entwickelten sog. „Schwellenwerthypothese" („threshold hypothesis of fertility decline") noch besonders akzentuiert wurde, zu erklären (vgl. dazu HUSA und WOHLSCHLÄGL 2002, 2003b).

Neben der Fertilität ist – wie eingangs erwähnt – der zweite wesentliche Einflussfaktor auf den Alterungsprozess in einer Veränderung des Mortalitätsmusters zu suchen. Wie in den meisten anderen Teilen der Welt ist während des letzten halben Jahrhunderts auch in Ost- und Südostasien ein markantes Ansteigen der Lebenserwartung zu verzeichnen, das vor allem auf die massive Reduktion der Säuglings- und Kindersterblichkeit zurückzuführen ist. Zu Beginn des 21. Jahrhunderts (im Jahrfünft von 2000 bis 2005) lag die Lebenserwartung bei der Geburt für Ostasien insgesamt bei rund 73 Jahren (71 Jahre für die Männer und 75 Jahre für die Frauen) und für Südostasien bei 67 Jahren (Männer 65 Jahre, Frauen 70 Jahre). Gegenüber der Periode 1950/55 bedeutet dies ein Verlängerung der durchschnittlichen Lebensspanne der Bevölkerung um rund drei Jahrzehnte in Ostasien und um knapp mehr als ein Vierteljahrhundert in Südostasien: Die Generation des beginnenden 21. Jahrhunderts kann somit erwarten, in Südostasien im statistischen Durchschnitt um rund 63 Prozent und in Ostasien sogar um 69 Prozent länger zu leben, als dies bei ihren in den 1950er-Jahren geborenen Vorgängern der Fall war.

Trotz der unbestreitbar großen Erfolge, die vor allem bei der Absenkung der Säuglings- und Kindersterblichkeit in den letzten Jahrzehnten in den meisten Staaten der Region erzielt werden konnten, sind die Unterschiede in der Höhe der Lebenserwartung und im Niveau der Säuglingssterblichkeit zwischen den einzelnen Staaten Ost- und Südostasiens noch enorm. Während zum Beispiel in Bezug auf die mittlere Lebenserwartung bei der Geburt Staaten wie Japan mit durchschnittlich 82 Jahren, Singapur mit 80 Jahren oder Südkorea und Taiwan mit rund 76 Jahren weltweit im Spitzenfeld zu finden sind, beträgt diese in Laos erst 54 Jahre, in Kambodscha und Myanmar 60 Jahre (alle Werte 2006). Ähnlich massiv sind auch die Differenzen im Niveau der Säuglingssterblichkeit. Während Japan, Südkorea, Singapur oder Taiwan bereits Raten von deutlich unter zehn Promille erreicht haben, lag die Säuglingssterblichkeit in Kambodscha, Laos und Myanmar auch gegen Ende der 1990er-Jahre noch zwischen 75 und 95 Promille und damit deutlich über dem Durchschnittswert der Entwicklungsländer insgesamt von rund 62 Promille. Insgesamt betrachtet ist die mittlere Lebenserwartung in Südostasien immer noch deutlich niedriger als in den Industriestaaten, während die Säuglingssterblichkeit noch immer auf dem nahezu sechsfachen Niveau liegt. Dies zeigt, dass gerade für eine Verbesserung des Gesundheitswesens in den meisten Staaten Südostasiens noch ein erheblicher Spielraum besteht.

Dieser kurze Überblick über die unterschiedliche Entwicklung des Fertilitätsrückgangs und des Anstiegs der mittleren Lebenserwartung macht deutlich, dass nicht alle Staaten Ost- und Südostasiens gleichzeitig mit den Problemen rasch alternder Bevölkerungen konfrontiert sein werden. Für jene südostasiatischen Staaten, in denen die Geburtenraten nach wie vor noch relativ hoch sind oder in denen sie erst vor kurzer Zeit stärker abzusinken begonnen haben, ist das (Über)Alterungsproblem noch einige Jahrzehnte entfernt. In jenen Ländern hingegen, in denen der Fertilitätsrückgang bereits voll in Gang oder durch Stabilisierung auf tiefem Niveau im Wesentlichen bereits abgeschlossen ist, besteht das Problem rasch alternder Gesellschaften schon heute oder steht bereits in naher Zukunft bevor.

3 Dimensionen und raumzeitliche Unterschiede des demographischen Alterungsprozesses in Ost- und Südostasien

Im Jahr 2000 lebten insgesamt rund 421 Millionen Menschen im Alter von 65 und mehr Jahren auf der Erde, das entspricht ca. sieben Prozent der Weltbevölkerung. Um 2050 werden es – nach aktuellen Prognosen der „Population Division" der Vereinten Nationen – bereits rund 1,47 Milliarden Menschen oder 16 Prozent der Weltbevölkerung sein, die dieser Altersgruppe angehören, was – in absoluten Zahlen betrachtet – mehr als eine Verdreifachung der älteren Menschen in nur einem halben Jahrhundert darstellt. Da der Alterungsprozess der Bevölkerung in den entwickelten Regionen besonders in der zweiten Hälfte des 20. Jahrhunderts rasch vorangeschritten ist und in den kommenden Jahrzehnten nicht mehr so dynamisch verlaufen wird, entfällt ein Großteil der Alterungsdynamik der kommenden Jahrzehnte auf die sog. „Dritte Welt" (vgl. Tab. 2).

Überdies altert auch die ältere Bevölkerung selbst immer rascher: Gegenwärtig beträgt der Anteil der so genannten „Hochbetagten" oder „Oldest Old" (Bevölkerung im Alter von 80 und mehr Jahren) an der 60- und mehrjährigen Bevölkerung weltweit rund 13 Prozent (2006), um 2050 werden es bereits mindestens 20 Prozent sein, womit die „Oldest Old" in den nächsten Dekaden die Altersgruppe mit der größten Wachstumsdynamik darstellen werden.

Ostasien und – in einem etwas geringeren Maß – auch Südostasien zählen dabei zu jenen Weltregionen, in denen sich die hier skizzierten Trends in den kommenden Jahrzehnten besonders akzentuiert vollziehen: So wird der Prozentsatz der 80- und Mehrjährigen an der Bevölkerung im Alter von 60 und mehr Jahren in Ostasien von derzeit (2006) zwölf Prozent bis 2050 auf 25 Prozent, also den doppelten Wert, ansteigen und auch in Südostasien fällt der entsprechende Anstieg der Vergleichswerte von neun Prozent 2006 auf 16 Prozent um 2050 dynamischer aus als in vielen anderen Teilen der Welt.

Eine ähnliche Struktur ergibt sich, wenn man den Anteil der 80- und Mehrjährigen an der Gesamtbevölkerung betrachtet: Zwischen 2006 und 2050 werden – bei durchaus ausgeprägten regionalen Unterschieden (vgl. dazu auch Abb. 2) – die entsprechenden Prozentsätze für Ostasien insgesamt von 1,5 Prozent auf acht Prozent und für Südostasien immerhin auch noch von 0,7 Prozent auf rund vier Prozent hochschnellen, relativ gesehen liegen aber, was die Anteile der Hochbetagten an der Gesamtbevölkerung betrifft, nach wie vor europäische Regionen im Spitzenfeld – die für 2050 angenommenen acht Prozent „Oldest Old" in Ostasien werden nach den derzeit aktuellen UN-Bevölkerungsprognosen von Nordeuropa (neun Prozent) sowie West- und Südeuropa (jeweils zwölf Prozent) noch deutlich übertroffen werden.

In absoluten Zahlen gesehen bietet sich hingegen ein ganz anderes Bild (vgl. Abb. 3): Während sich derzeit die absolute Anzahl der Hochbetagten in Ost- und Südostasien im Vergleich zu Gesamteuropa (einschließlich Russland) mit jeweils rund 27 Millionen die Waage hält, wird um die Mitte dieses Jahrhunderts das Verhältnis Europas zu Ost- und Südostasien 63 Millionen zu rund 154 Millionen betragen – eine derart große absolute Anzahl an sehr alten Menschen stellt, völlig unabhängig davon, ob die Relativwerte hoch oder niedrig sind, eine enorme Herausforderung an künftige Gesundheits-, Betreuungs- und soziale Sicherungssysteme dar.

Um welche Dimensionen mit allen ihren Auswirkungen auf die Fragen der sozialen Sicherung im Alter es hier in Zukunft – trotz des relativ geringen Anteils, den die 65- und Mehrjährigen derzeit an der Gesamtbevölkerung der Staaten der Dritten Welt noch ausmachen (2000: 5,1 Prozent) – geht, verdeutlichen

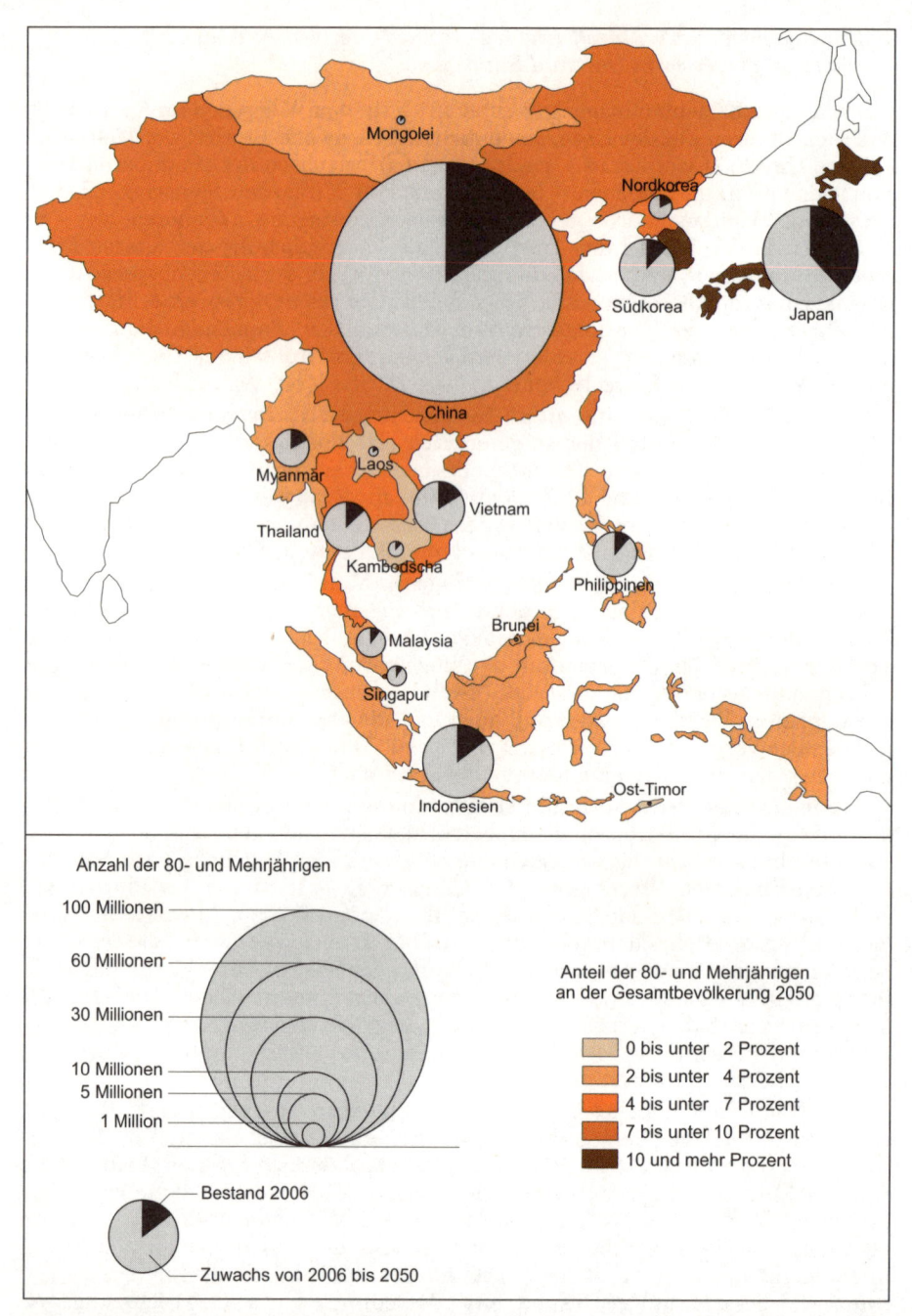

Abb. 2: Prognostizierte Zunahme der Zahl der Hochbetagten (80- und Mehrjährigen) 2006 bis 2050 und Anteil dieser Altersgruppe an der Gesamtbevölkerung 2050 in den Staaten Ost- und Südostasiens
Datengrundlage: United Nations (2005): World Population Prospects – The 2004 Revision. Eigener Entwurf.

2006

2050

Anteil der 80- und Mehrjährigen
- 0 bis unter 1 Prozent
- 1 bis unter 3 Prozent
- 3 bis unter 5 Prozent
- 5 bis unter 7 Prozent
- 7 und mehr Prozent
- keine Daten verfügbar

Anzahl der 80- und Mehrjährigen
- 125 Millionen
- 60 Millionen
- 30 Millionen
- 10 Millionen
- 5 Millionen

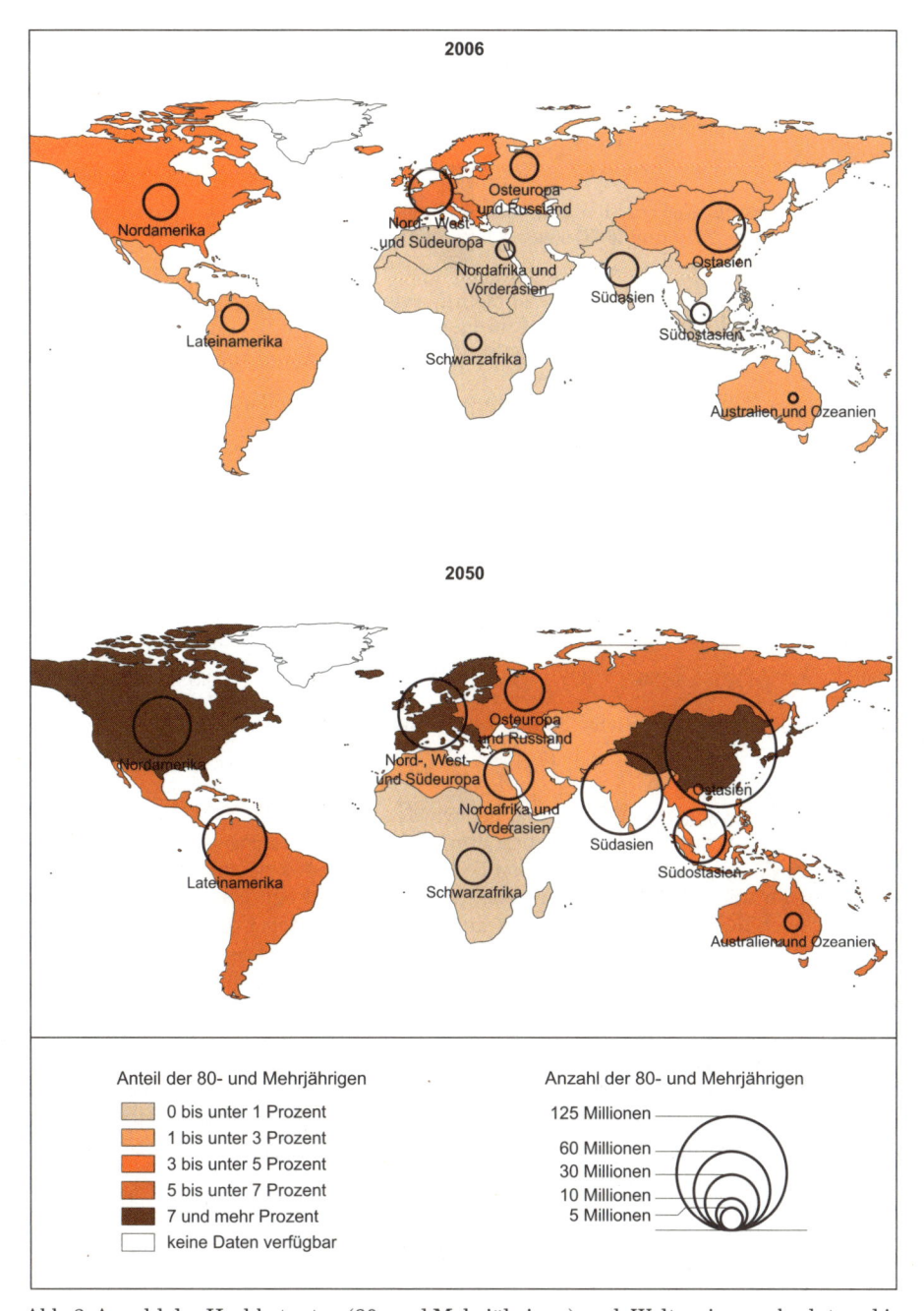

Abb. 3: Anzahl der Hochbetagten (80- und Mehrjährigen) nach Weltregionen absolut und in Prozent der Gesamtbevölkerung 2006 sowie Prognose für 2050
Datengrundlage: United Nations (2005): World Population Prospects – The 2004 Revision.
Eigener Entwurf.

die folgenden Zahlen: Um 1950 lebten rund 51 Prozent der 65- und Mehrjährigen in Entwicklungsländern, im Jahr 2000 waren es schon 59 Prozent und bis zur Mitte des 21. Jahrhunderts werden bereits mehr als drei von vier älteren Menschen (mehr als 78 Prozent) in einem Staat leben, der heute zur Gruppe der Länder der sog. „Dritten Welt" gezählt wird (vgl. Tab. 2).

Tab. 2: Ausgewählte Kennzahlen zum Anteil alter Menschen in Südost- und Ostasien im globalen Vergleich 1950 und 2000 sowie Prognose bis 2050

Großregion	65- und Mehrjährige (in Millionen)		65- und Mehrjährige in Prozent der Gesamtbevölkerung				Anteil der 65- und Mehrjährigen an der gesamten Weltbevölkerung in dieser Altersgruppe (in Prozent)			
	2000	2050	1950	2000	2025	2050	1950	2000	2025	2050
Südostasien	25	129	3,8	4,8	8,8	17,1	5,3	5,9	7,1	8,8
Ostasien	115	393	4,5	7,7	15,0	24,7	22,9	27,3	29,8	26,8
Asien	216	911	4,1	5,9	10,2	17,5	43,5	51,3	57,8	62,2
Industrieländer	171	321	7,9	14,3	20,8	25,9	48,9	40,6	31,2	21,9
Entwicklungsländer	250	1144	3,9	5,1	8,6	14,6	51,1	59,4	68,8	78,1
Welt	421	1465	5,2	6,9	10,5	16,1	100,0	100,0	100,0	100,0

Datengrundlage: United Nations (2005): World Population Prospects – The 2004 Revision. Eigene Berechnungen.

In Asien betrug die Bevölkerungszahl der 65- und Mehrjährigen im Jahr 2000 – folgt man den Zahlenangaben der Vereinten Nationen – rund 216 Millionen Menschen, was einem Anteil von 5,9 Prozent an der asiatischen Gesamtbevölkerung entspricht. Der Anteil älterer Menschen liegt somit in Asien gegenwärtig zwar noch deutlich unter dem Niveau der entwickelten Länder (14,3 Prozent im Jahr 2000), allerdings entfällt von der Gesamtzahl der 65- und Mehrjährigen auf der Welt auf Grund der hohen Einwohnerzahl des Kontinents – Asien beherbergt ja nicht nur mit Japan den zweitältesten Staat der Welt nach Italien, sondern mit China auch jenen mit der bei weitem höchsten absoluten Anzahl älterer Menschen – bereits jetzt mehr als die Hälfte auf Asien und Mitte dieses Jahrhunderts werden bereits nahezu zwei Drittel der Menschen im Alter von 65 Jahren und mehr, die auf der Erde leben, auf dem asiatischen Kontinent zu Hause sein.

Innerhalb Asiens verläuft der Alterungsprozess vor allem in Südostasien besonders dynamisch. In dieser Region wird sich der Anteil der 65- und Mehrjährigen in der ersten Hälfte des 21. Jahrhunderts von 2000 bis 2050 nahezu vervierfachen (von 4,8 auf 17,1 Prozent), aber auch Ostasien wird seinen Anteil älterer Menschen im selben Zeitraum verdreifachen (von 7,7 auf 24,7 Prozent; vgl. Tab. 2). Der rasche „Aufholeffekt" von Südostasien gegenüber Ostasien wird auch in einem Vergleich der Veränderung des Altersaufbaus in den beiden Regionen im Zeitraum von 1950 bis 2000 bzw. 2050 deutlich erkennbar: Während die Altersstruktur Südostasiens im Jahr 2000 anders als jene von Ostasien noch nahezu die klassische „Pyramidenform" erkennen lässt, wird prognostiziert, dass fünfzig Jahre später kaum mehr Unterschiede im Altersaufbau der beiden Regionen vorhanden sein werden (siehe Abb. 4).

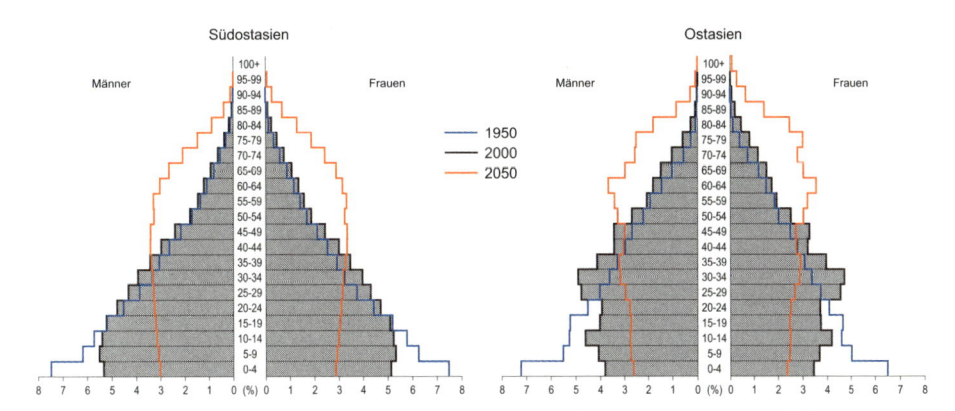

Abb. 4: Veränderungen in der Altersstruktur der Bevölkerungen Südost- und Ostasiens im Zeitraum von 1950 bis 2000 und Prognose bis 2050
Datengrundlage: United Nations (2005): World Population Prospects – The 2004 Revision.
Eigener Entwurf.

Nimmt man als Kriterium zur Abgrenzung der älteren Bevölkerung anstelle von 65 Jahren 60 Jahre (in den meisten Staaten Südost- und Ostasiens liegt das durchschnittliche Pensionsalter der im formellen Sektor Beschäftigten bei 60 Jahren oder darunter), so zeigen sich die gewaltigen Dimensionen der künftig zu erwartenden Verschiebungen in der Altersstruktur noch eindrucksvoller (vgl. Abb. 5), wobei weniger die rasch ansteigenden Relativwerte, sondern vor allem die hohen absoluten Zuwächse eine enorme Herausforderung für die Sozialpolitik in den betroffenen Staaten darstellen (vgl. auch KNODEL 1999; NIZAMUDDIN 1999):

Standen in Ostasien zum Beispiel im Jahr 2000 den rund 167 Millionen 60- und Mehrjährigen noch 352 Millionen unter 15-Jährige gegenüber, so wird sich diese Relation bis 2050 in nur fünf Jahrzehnten mit 245 Millionen unter 15-Jährigen zu nun knapp mehr als einer halben Milliarde (!) 60- und Mehrjährigen ziemlich genau ins Gegenteil verkehrt haben! Tendenziell ähnlich, wenn auch noch nicht ganz so spektakulär ist die in den nächsten Jahrzehnten zu erwartende Verschiebung in der Altersstruktur der südostasiatischen Bevölkerung: Während die Relation zwischen den Altersgruppen der unter 15-Jährigen zu den 60- und Mehrjährigen im Jahr 1950 noch etwa 7 : 1 und 2000 noch immer ca. 4 : 1 betrug, werden um 2050 rund 175 Millionen ältere Menschen einer nunmehr ebenfalls geringeren Anzahl von nur rund 135 Millionen unter 15-Jährigen gegenüberstehen (0,8 : 1).

Auf Staatenbasis sind die Unterschiede im Anteil der 60- und Mehrjährigen innerhalb Südost- und Ostasiens allerdings groß. Während noch 1950 alle Länder der Region weniger als acht Prozent 60- und Mehrjährige aufzuweisen hatten, haben im Jahr 2000 bereits fünf Staaten die Zehn-Prozent-Schwelle überschritten: Japan liegt mit mehr als 23 Prozent älterer Menschen klar an der Spitze, mit einem deutlichen Abstand gefolgt von der SAR Hongkong (14,8 Prozent) und Südkorea (11,4 Prozent) sowie Singapur und der VR China mit jeweils knapp mehr als zehn Prozent. Folgt man den Prognosen der Vereinten Nationen für 2050, so werden, was die Anteile der 60- und Mehrjährigen betrifft, zur Mitte dieses Jahrhunderts außer den gegenwärtig noch „sehr jungen" Staaten Laos und Kambodscha alle Staaten der Region die 20-Prozent-Schwelle überschritten haben.

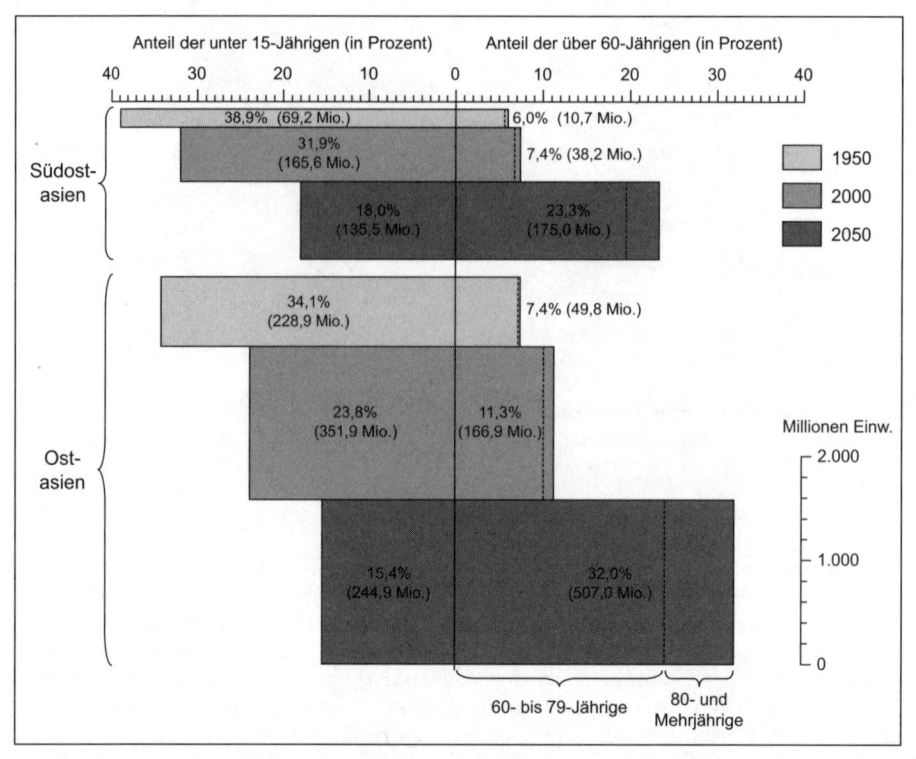

Abb. 5: Veränderung der Anzahl und des Anteils der unter 15-Jährigen und der 60- und Mehrjährigen in Südost- und Ostasien 1950 bis 2000 und Prognose bis 2050
Die in den Balken links und rechts der Nulllinie angegebenen Prozentwerte und absoluten Zahlen betreffen die Gesamtzahl der unter 15-Jährigen bzw. über 60-Jährigen. Bei letzteren ist zusätzlich noch der Anteil der 80- und Mehrjährigen grafisch verdeutlicht.
Datengrundlage: United Nations (2005): World Population Prospects – The 2004 Revision. Eigene Berechnung. Eigener Entwurf.

Besonders deutlich wird das unterschiedliche Alterungsniveau in Südost- und Ostasien, wenn man die Entwicklung des Altersindex (60- und Mehrjährige in Prozent der unter 15-Jährigen) auf Staatenbasis betrachtet: Im Jahr 2000 lag dieser nur in Japan bei mehr als 100, in allen anderen Staaten überwog noch die Anzahl der unter 15-Jährigen jene der 60- und Mehrjährigen. Für 2050, also 50 Jahre später, zeichnet sich eine Teilung der Staaten in drei Gruppen mit unterschiedlichem Alterungsniveau und somit mit unterschiedlich gravierenden sozialpolitischen Herausforderungen ab (vgl. Abb. 6):

- Die erste Gruppe besteht aus den Staaten Kambodscha, Laos, Brunei, den Philippinen und Malaysia, deren Altersindex zwischen rund 60 und 120 liegen wird und die in ihren Bevölkerungen noch eine halbwegs ausgewogene Altersverteilung aufweisen werden.
- In den Staaten Myanmar, Vietnam, Indonesien und Thailand wird die Altersgruppe der über 60-Jährigen jene der unter 15-Jährigen bereits deutlich überwiegen (Altersindices zwischen 140 und 170) und der Altersaufbau der betroffenen Bevölkerungen wird bereits ausgeprägte „kopflastige" Tendenzen zeigen.

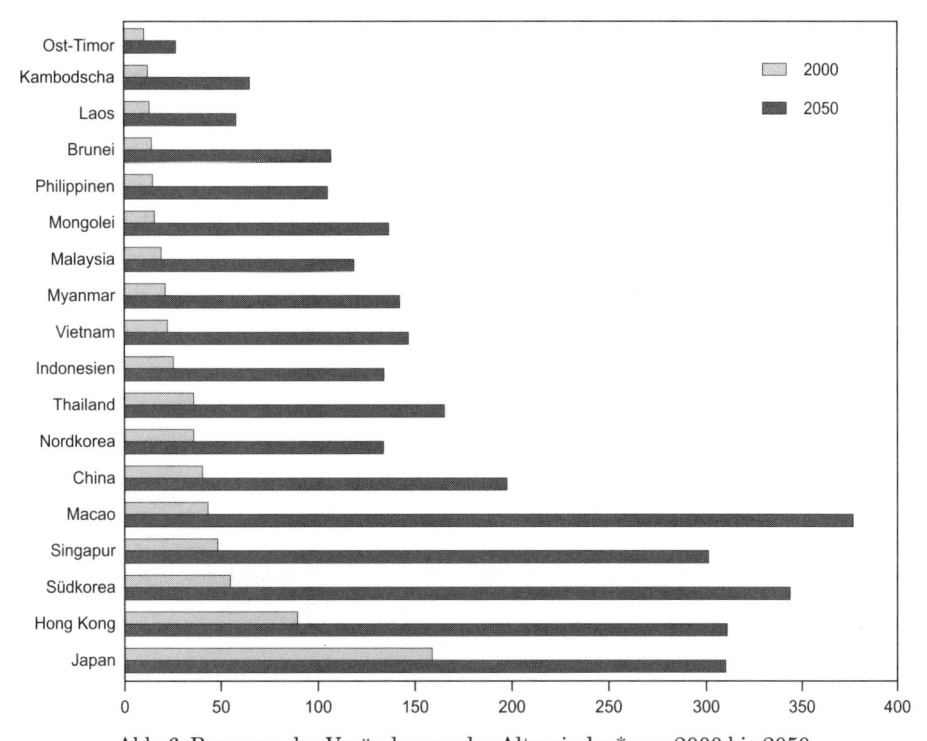

Abb. 6: Prognose der Veränderung des Altersindex* von 2000 bis 2050
*) Altersindex = (60- und Mehrjährige / Unter 15-Jährige) x 100.
Datengrundlage: United Nations (2005): World Population Prospects – The 2004 Revision.
Eigene Berechnung.

- Bleibt schließlich noch die Gruppe der ostasiatischen Staaten, in denen die Relation zwischen alten und jungen Bevölkerungsanteilen zur Jahrhundertmitte zwischen 2 : 1 (VR China) und mehr als 3 : 1 (Japan, Südkorea, Taiwan) liegen dürfte. Damit werden die Länder Ostasiens in wenigen Jahrzehnten – wie Japan bereits heute – geschlossen zur Gruppe der Staaten mit den ältesten Bevölkerungen weltweit zählen.

Ein auffälliges Charakteristikum, das den Alterungsprozess in Südost- und Ostasien deutlich vom Verlauf der demographischen Alterung in den Industriestaaten unterscheidet, ist das hohe Tempo, mit dem sich die Veränderungen in der Altersstruktur vollziehen – ein Phänomen, das von KINSELLA und PHILLIPS (2005) treffend als „Compression of Aging" bezeichnet wurde. Während viele europäische Staaten wie zum Beispiel Deutschland oder Frankreich bereits Ende des 19. Jahrhunderts die Zehn-Prozent-Schwelle bei den Anteilen der 60- und Mehrjährigen überschritten hatten und rund 100 Jahre für eine Verdopplung der entsprechenden Anteile auf 20 Prozent benötigten, vollzog Japan diese Entwicklung innerhalb von nur 28 Jahren und Singapur wird – folgt man den aktuellen Prognosen – diesen Sprung in der „Weltrekordzeit" von nur 17 Jahren (!) bewältigen (vgl. Abb. 7).

Letztlich wird aus Abbildung 6 auch deutlich, dass bis zur Mitte des 21. Jahrhunderts kein Staat der Region von den Folgen des voranschreitenden Alterungs-

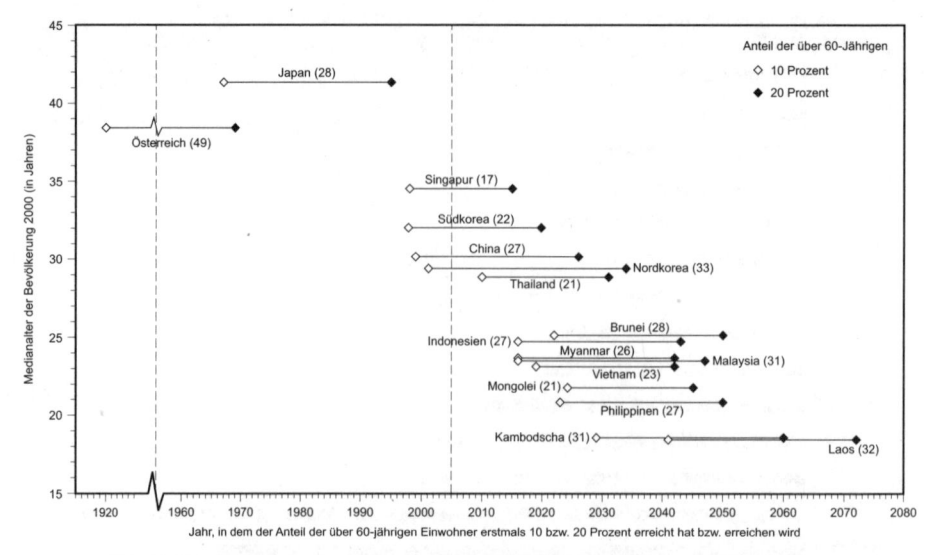

Abb. 7: Zur Dynamic der „Compression of Aging" in Ost- und Südostasien
(Jahr, in dem der Anteil der 60- und Mehrjährigen 10 Prozent bzw. 20 Prozent der Gesamtbevölkerung erreicht hat bzw. erreichen wird, differenziert nach Staaten und Medianalter)
Datengrundlage: United Nations (2005): World Population Prospects – The 2004 Revision, Comprehensive Tables. Eigene Berechnung. Eigener Entwurf.

prozesses verschont bleiben wird, einzig für Ost-Timor, Kambodscha und Laos – Länder mit einem Medianalter ihrer Bevölkerungen von derzeit jeweils noch unter 20 Jahren – besteht noch ein gewisser Zeitpolster, bevor Fragen der demographischen Alterung in quantitativ großen Dimensionen sozialpolitisch relevant werden.

4 Ältere Menschen in Ost- und Südostasien – ein soziodemographisches Profil

Wer sind nun die rund 205 Millionen Menschen im Alter von 60 und mehr Jahren, die derzeit in Ost- und Südostasien beheimatet sind? Wo und wie leben sie, welche demographischen und sozialen Merkmale weisen sie auf? Einfache Antworten auf diese Fragen gibt es nicht, denn die Heterogenität dieser Altersgruppe ist auch in Asien groß. Einige charakteristische Merkmale lassen sich jedoch generalisierend festhalten.

Das auffälligste Charakteristikum, das nicht nur auf Südost- und Ostasien zutrifft, sondern grundsätzlich in einem Großteil der Staaten der Welt festzustellen ist, ist eine zunehmende *„Feminisierung des Alterns"*, da die Lebenserwartung der Frauen deutlich höher ist als die der Männer (vgl. Tab. 1). So wie auch in den Industrieländern sind es vor allem die höheren Altersgruppen, besonders jene ab achtzig Jahren, die von Frauen dominiert werden, wie ein Blick auf die in Tabelle 3 aufgelisteten Sexualproportionen in den Altersgruppen der 60- und Mehrjährigen bzw. der 80- und Mehrjährigen verdeutlicht. Darin spiegelt sich die Tatsache, dass die mittlere fernere Lebenserwartung, die für bestimmte Altersgruppen die im statistischen Durchschnitt noch zu erwartenden Lebensjahre angibt, mit zunehmendem Alter bei den Frauen deutlich höher liegt als bei den Männern.

Tab. 3: Sexualproportion,ª) alters- und geschlechtsspezifische Erwerbs- und Analphabetenquoten für 2000 sowie Verheirateten- und Verwitwetenquoten um 1990/95 der 65- und Mehrjährigen in Ost- und Südostasien

Staat	Sexualproportion ª) im Jahr 2000 in der Altersgruppe ᵇ)		Erwerbsquote 2000 (%) ᵇ)		Analphabetenquote 2000 (%) ᵇ)		Verheiratetenquote / Verwitwetenquote 1990/95 (%) ᶜ)	
			der 65- und mehrjährigen					
	60+	80+	Männer	Frauen	Männer	Frauen	Männer	Frauen
Kambodschaᵈ)	56,1	68,5	41,8	26,7	39,7	26,2	87 / 9	42 / 45
Laos	88,0	78,9	53,6	27,1	–	–	–	–
Myanmar	86,9	75,6	66,7	32,9	17,7	47,1	–	–
Vietnam	87,6	74,6	43,7	26,1	9,5	31,6	–	–
Brunei	102,4	91,3	29,1	4,2	33,2	88,3	–	–
Malaysia	89,7	76,4	38,6	17,0	34,2	70,3	81 / 17	36 / 62
Thailand	82,9	64,9	37,5	17,3	11,0	23,9	74 / 22	39 / 58
Indonesien	84,5	69,4	48,5	24,1	35,3	68,8	80 / 16	28 / 70
Philippinen	83,0	61,5	54,5	26,2	16,1	20,5	78 / 19	42 / 49
Singapur	86,9	62,3	16,3	4,3	16,1	56,0	74 / 21	33 / 63
VR China	91,4	54,1	27,5	7,6	39,1	82,3	67 / 31	37/ 63
China Hongkong	93,9	60,5	20,0	6,9	8,6	37,7	–	–
Südkorea	72,0	41,1	32,4	16,0	5,7	20,8	84 / 16	26 / 73
Japan ᵉ)	77,0	46,8	33,4	14,4	0,0	0,0	84 / 14	43 / 53

ª) Sexualproportion = Männer je 100 Frauen.
ᵇ) Quelle: United Nations 2002, teilweise modifiziert.
ᶜ) Nach KINSELLA und VELKOFF 2001.
ᵈ) Kambodscha: Spalten 7 und 8 nach UN-ESCAP 2001, S. 65, für 55- und Mehrjährige, Stand 1990/95.
ᵉ) Japan: Spalten 5 und 6 nach OGAWA 2003.

Der Frauenüberschuss in den höheren Altersgruppen kommt auch in den alters- und geschlechtsspezifischen Verheirateten- bzw. Verwitwetenquoten deutlich zum Ausdruck (vgl. Tab. 3). Während nur zwischen 20 bis maximal knapp über 40 Prozent der Frauen im Alter von 65 und mehr Jahren (noch) verheiratet waren, schwankt die Verheiratetenquote bei den Männern zwischen rund 70 und 90 Prozent – wie in anderen Teilen der Welt ist also auch in Asien die Witwenschaft das dominante Familienstandsmuster bei den älteren Frauen.

Ein ganz zentraler Unterschied zwischen der Lebenssituation der älteren Bevölkerung in den entwickelten Staaten Europas und Nordamerikas und in den weniger entwickelten Ländern Südost- und Ostasiens manifestiert sich jedoch in den Wohnverhältnissen: Während ein Großteil der älteren Menschen – besonders verwitwete Frauen – in der westlichen Welt in Einfamilienhaushalten lebt, ist die dominante Wohnsituation älterer Menschen in Asien an Lebensarrangements gebunden, die jüngere Familienmitglieder – primär erwachsene Kinder – involvieren. So leben nach den Ergebnissen diverser in den ASEAN-Ländern durchgeführter „Ageing Surveys" in Indonesien rund 76 Prozent, in Thailand 73 Prozent, in Malaysia 82 Prozent, auf den Philippinen 92 Prozent und in Singapur 81 Prozent der älteren Menschen gemeinsam mit anderen Verwandten in einem Haushalt. Diese Ko-Residenz älterer Menschen mit jüngeren erwachsenen Verwandten stellt gleichsam das zentrale Merkmal des in vielen Teilen der Region noch einigermaßen intakten familialen Unterstützungs- und Pflegesystems dar, wobei allerdings zwischen den einzelnen Staaten erhebliche Unterschiede bestehen, und zwar sowohl, was die Art und das Niveau der gewährten Unterstützung, als auch, was das Geschlecht des im gemeinsamen Haushalt wohnenden erwachsenen Kindes betrifft (vgl. ILO 1997; OFSTEDAL et al. 1999). Grundsätzlich lassen sich diesbezüglich in Ost- und Südostasien zwei dominante Systeme feststellen (vgl. dazu auch OGAWA 2003):

- Im patrilinealen System ostasiatischer Gesellschaften verfügt der Mann über die Ressourcen, während die Frau bzw. Gattin nach ihrer Heirat die familialen Sorgepflichten innerhalb der Familie des Mannes übernimmt. In solchen Gesellschaften, wie zum Beispiel in China oder Japan, leben die älteren Menschen primär mit dem Sohn in einem gemeinsamen Haushalt, Pflege erhalten sie – wenn benötigt – von der Schwiegertochter.
- In Teilen Südostasiens, wie zum Beispiel in Thailand, Laos oder Kambodscha, herrscht ein stärker bilaterales Muster vor: Frauen und Männer werden in Bezug auf Fürsorge für die älteren Familienmitglieder als weitgehend gleich verantwortlich betrachtet und es gibt kaum geschlechtsspezifische Präferenzen, was das Zusammenwohnen von jüngeren und älteren Familienmitgliedern betrifft.

Die rasch voranschreitende Urbanisierung, die Südost- und Ostasien in den letzten Jahrzehnten ergriffen hat, birgt allerdings die Gefahr in sich, dass diese zentrale Säule des Versorgungs- und Pflegesystems älterer Menschen nun bald auch in Asien ins Wanken geraten könnte. So ist im letzten halben Jahrhundert der Urbanisierungsgrad in Ostasien von rund 16 Prozent um 1950 auf 43 Prozent im Jahr 2005 und in Südostasien von 15 Prozent auf 39 Prozent angestiegen (Population Reference Bureau 2006). Im Vergleich zu den Industriestaaten ist er gegenwärtig in der Region noch immer relativ niedrig, so dass nach aktuellen Prognosen der Vereinten Nationen (vgl. United Nations 2005) auch in nächster Zukunft mit einer weiteren dynamischen Zunahme des Anteils der städtischen Bevölkerung bis etwa 2030 auf über 60 Prozent zu rechnen sein dürfte.

Die zentrale Triebkraft der Urbanisierung ist die Abwanderung von jungen Erwerbsfähigen in die Stadtregionen, was in der Folge zu wachsenden Isolationstendenzen der in den ruralen Gebieten zurückgebliebenen älteren Bevölkerung und zu steigenden Engpässen in der Verfügbarkeit von potenziellen Pflegepersonen aus dem Familienkreis führt. Verstärkt werden diese Tendenzen in den letzten Jahren in vielen Teilen Südost- und Ostasiens noch durch eine Zunahme der Erwerbstätigkeit von Frauen in nicht-landwirtschaftlichen Sektoren, was bewirkt, dass sie nur mehr eingeschränkt als Pflegepersonal für ältere Familienangehörige verfügbar sind. In zahlreichen weniger entwickelten, überwiegend ländlichen Gebieten – zum Beispiel auf den Philippinen, in Thailand, in Indonesien und Malaysia, in den Indochina-Staaten und in zunehmendem Ausmaß auch in der VR China – spielt auch die internationale Arbeitsmigration (vgl. z. B. HUSA und WOHLSCHLÄGL 2005) eine wesentliche Rolle für die beginnende Krise der traditionellen familiengebundenen Unterstützungssysteme.

Die Tatsache, dass ein erheblicher Teil der älteren Bevölkerung im heutigen Südost- und Ostasien im ländlichen Raum lebt, findet auch in den altersspezifischen Erwerbsquoten ihren Niederschlag (vgl. Tab. 3). Die Erwerbsquote der Männer in der Altersgruppe der 65- und Mehrjährigen schwankt – sieht man einmal von Hongkong und Singapur ab – zwischen 27 Prozent (VR China) und 67 Prozent (Myanmar) und liegt somit deutlich über den entsprechenden Vergleichswerten europäischer Staaten. Die Erwerbsbeteiligung der Frauen in derselben Altersgruppe liegt hingegen wesentlich tiefer, was tendenziell mit der traditionellen Rollenverteilung innerhalb der Familie erklärt werden kann. Die deutlich geringere Chance für ältere Frauen, durch eigene Erwerbstätigkeit selbst zu ihrem Lebensunterhalt beizutragen, kommt auch im wesentlich geringeren Bildungsniveau im Vergleich zu den Männern derselben Altersklasse zum Ausdruck (Tab. 3). Dies ist ein Faktum, das vor dem Hintergrund der dynamischen Verbesserungen in den Bildungssystemen der meisten südost- und ostasiatischen Staaten in den letzten Jahrzehnten zwar noch auf die gegenwärtige ältere Generation zutrifft, allerdings die künftigen Alten nicht mehr in diesem Ausmaß betreffen wird. Zahlreiche empirische Erhebungen zu den Lebensverhältnissen älterer Menschen in Asien bestätigen, dass die finanzielle Unterstützung durch Familienmitglieder vor allem für ältere Frauen die Hauptquelle für den Lebensunterhalt darstellt, während ältere Männer in geringerem Ausmaß von Unterstützungsleistungen durch Familienmitglieder abhängig sind, dafür aber in höherem Maße durch Einkommen aus eigener Erwerbstätigkeit zu ihrem Lebensunterhalt beitragen können (vgl. z. B. JONES 1993; CHAN 1999).

Schließlich geraten die in weiten Teilen Asiens noch dominanten „Family-based Support Systems" auch durch die schon eingangs erwähnte drastische Fertilitätsreduktion zusätzlich noch demographisch unter Druck: Nicht nur das Voranschreiten des allgemeinen sozio-ökonomischen Entwicklungsprozesses mit dem Trend zur Kernfamilie führt zu Veränderungen in den asiatischen Familiensystemen, sondern zusätzlich unterminieren kontinuierlich sinkende Kinderzahlen die traditionellen „extended families", die vor allem in vielen Teilen Südostasiens noch weit verbreitet sind, und schmälern auf diese Weise weiter die personelle Basis für Unterstützungsleistungen innerhalb des Familienverbandes (vgl. HUSA und WOHLSCHLÄGL 2003b).

Ein in letzter Zeit gebräuchlicher Indikator, um in rasch alternden Gesellschaften das Ausmaß des Bedarfs an familialen Unterstützungsleistungen für die gemeinhin als „Oldest-Old" bezeichnete pflegeintensivste Gruppe der 85- und Mehrjährigen zu messen, ist die so genannte „intergenerationelle Unterstützungsrate" oder „Eltern-Unterstützungsrate" (PaSR = „Parent Support Ratio"). In dieser Maßzahl wird die Anzahl der 85- und Mehrjährigen auf die nachfolgende Generation – definiert durch die Altersgruppe der 50- bis 64-Jährigen (also deren potenzielle Nachkommen, die geboren wurden, als die Elterngeneration sich noch in der Altersgruppe der Zwanzig- bis Dreißigjährigen befand) – bezogen. Abbildung 8 zeigt drastisch das Hochschnellen der PaSR von Werten unter 10 in den meisten Staaten um das Jahr 2000 auf historisch beispiellose Höchstwerte von 50 und mehr 85- und Mehrjährigen, die um das Jahr 2050 in Staaten wie Japan, Südkorea oder Singapur auf hundert Personen im Alter von 50 bis 64 Jahren entfallen werden.

Eine zweite sehr gebräuchliche Maßzahl zur Charakterisierung der Relationen zwischen ökonomisch aktiven und nicht mehr aktiven (somit potenziell „abhängigen") älteren Menschen ist die „potenzielle Unterstützungsrate" („Potential Support Rate", PSR), in der die Anzahl der in der Regel ökonomisch aktiven 15- bis 64-Jährigen auf die eher nicht mehr erwerbstätige Altersgruppe der 65- und Mehrjährigen bezogen wird. Auch hier zeigt sich (vgl. Abb. 8), dass sich das Verhältnis zwischen erwerbs- und nicht mehr erwerbsfähiger Bevölkerung in den

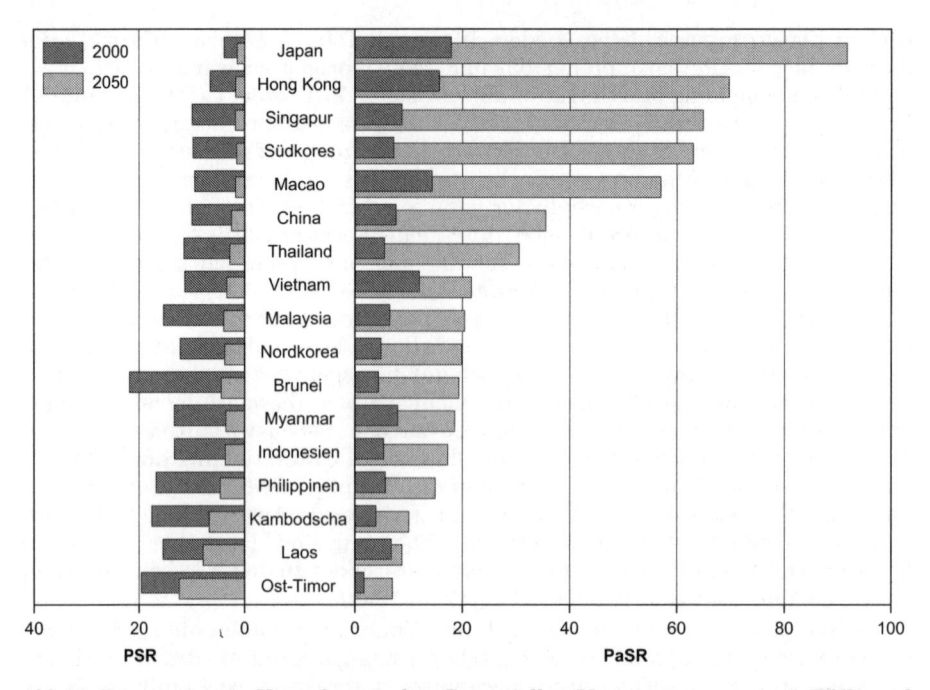

Abb. 8: Prognostizierte Veränderung der „Potenziellen Unterstützungsraten" (PSR) und der „Eltern-Unterstützungsraten" (PaSR) in Südost- und Ostasien 2000 bis 2050
Datengrundlage: United Nations (2005): World Population Prospects – The 2004 Revision, Comprehensive Tables. Eigene Berechnung.

nächsten Jahrzehnten in den meisten Staaten der Region deutlich in Richtung der letzteren Gruppe verschieben wird.

Abschließend lässt sich mit OGAWA (2003, S. 109) für die Mehrzahl der Staaten Südost- und Ostasiens folgendes idealtypisches soziodemographisches Profil der älteren Bevölkerung zeichnen:

- Die Mehrheit der älteren Menschen in der Region sind Frauen und davon der Großteil verwitwet.
- Der überwiegende Teil der älteren Menschen lebt im ländlichen Raum in einem gemeinsamen Haushalt mit einem oder mehreren erwachsenen Kindern.
- Ein beträchtlicher Teil der alten Menschen trägt noch durch eigene Erwerbstätigkeit zum Lebensunterhalt bei, wobei dies in wesentlich stärkerem Ausmaß auf Männer zutrifft. Ältere Frauen sind deutlich öfter von Armut bedroht und auf die wohlwollende Unterstützung durch die Familie angewiesen.
- Die Hauptquelle für die Unterstützung in finanzieller wie auch in pflegerischer Hinsicht ruht in einem Großteil der Staaten der Region nach wie vor noch auf intakten großfamiliären Strukturen.

In vielen Staaten geraten allerdings sowohl die traditionellen Familienstrukturen als auch die familialen Unterstützungsnetze durch voranschreitende Modernisierung und sozioökonomische Veränderungen zunehmend unter Druck und die Notwendigkeit einer tendenziellen Verlagerung der Zuständigkeit für die sozialen Sicherungssysteme älterer Menschen von der Familie in Richtung öffentlich-staatlicher Unterstützungsleistungen zeichnet sich immer deutlicher als ein zentrales sozialpolitisches Problem der näheren Zukunft am Horizont ab.

5 Staatliche Altersvorsorge und soziale Sicherungssysteme in Südost- und Ostasien

Trotz des zunehmenden Bewusstseins von Regierungskreisen, Öffentlichkeit und Medien für das künftige Kernproblem der demographischen Entwicklung Ost- und Südostasiens, die rasche Alterung der Bevölkerung, und obwohl viele Staaten in den letzten Dekaden einen starken Wirtschaftsaufschwung und teilweise erhebliche Steigerungen im Lebensstandard breiter Bevölkerungsgruppen zu verzeichnen hatten, hinkt die Institutionalisierung formeller, also vom Staat getragener sozialer Sicherungssysteme in den meisten Ländern deutlich hinterher (vgl. z. B. MÜLLER 2001; CHAN 2001). Nach wie vor ist ein Großteil der Menschen bei der Sicherung ihres Überlebens im Alter primär auf die schon kurz erwähnten informellen Solidarnetzwerke angewiesen. Die zentrale Rolle, die Großfamilien, Dorfgemeinschaften, religiöse Organisationen usw. in vielen Teilen der Region für die soziale Absicherung älterer Menschen immer noch spielen, kommt auch darin zum Ausdruck, dass viele Regierungen bei der Formulierung neuer oder neu adaptierter Sozialpläne oder Pensionssysteme explizit auf die Beibehaltung bzw. verstärkte Förderung von Unterstützungsleistungen durch Familien oder lokale Gemeinschaften abzielen (vgl. z.B. UN-ESCAP 2001, 2003).

Im Extremfall wird, wie in Singapur, sogar von staatlicher Seite versucht, Unterstützungsleistungen der Eltern durch ihre Kinder per Gesetz einzufordern, um so den Zusammenbruch der auf dem „Filial piety"-Prinzip beruhenden familialen Versorgungssysteme zu vermeiden. In diesem Sinne fand zum Beispiel die vom damaligen Gesundheitsminister Yeo Chow TONG 1997 auf einer Konferenz über Gesundheitsvorsorge und Alterssicherung in Singapur vorgetragene offizielle Grundsatzposition „... family is still the best approach – it provides the elderly with the warmth and companionship of family members and a level of emotional support that cannot be found elsewhere" schon 1996 ihren konkreten Niederschlag im so genannten „Maintainance of Parents Act", welcher Eltern, die sich von ihren Kindern im Alter vernachlässigt fühlen, die rechtliche Handhabe gibt, die gewünschte Unterstützungsleistung durch diese bei Gericht einzuklagen.

In den letzten Jahren ist jedoch – trotz aller Versuche von Seiten der Regierungen, die informellen Unterstützungssysteme weiterhin als Hauptpfeiler der Versorgung und Betreuung der Alten in Ost- und Südostasien beizubehalten – in allen Teilen der Region auch ein deutlicher Trend festzustellen, die traditionellen familialen Leistungen durch formelle soziale Sicherungssysteme zu ergänzen, wobei dies – vor dem Hintergrund der oben skizzierten demographischen Trends – insbesondere auf Programme zur finanziellen Absicherung der Menschen im Alter zutrifft (vgl. auch ILO 1997).

Die Nachfrage nach verstärktem Engagement des Staates in der wirtschaftlichen Absicherung älterer Menschen ist nicht zuletzt auch eine Konsequenz der dynamischen Wirtschaftsentwicklung der letzten Jahrzehnte, die zu bedeutsamen Verschiebungen in der Erwerbsstruktur der Bevölkerungen geführt hat. In den marktwirtschaftlich orientierten Staaten Ost- und Südostasiens hat die steigende Nachfrage nach Arbeitskräften im modernen Sektor zumindest bis zum Ausbruch der „Asienkrise" 1997 dazu geführt, dass eine kontinuierliche Umschichtung von Erwerbstätigen aus informellen in formelle Beschäftigungsverhältnisse bzw. von den überwiegend in der Landwirtschaft oder im informellen Sektor tätigen Selbstständigen zu Angestellten- oder Lohnarbeitsverhältnissen stattgefunden hat. Durch die auf diese Weise stark angestiegene Zahl von Anspruchsberechtigten sind formelle Pensionssysteme, die ehemals nur für eine kleine Gruppe von Beschäftigten von Belang waren, unter Druck und in das Zentrum öffentlicher Diskussionen geraten.

In diesem Zusammenhang erscheint es sinnvoll, die wichtigsten staatlichen Systeme zur Altersvorsorge, die gegenwärtig in den Ländern Südost- und Ostasiens implementiert sind, kurz zu charakterisieren und in Hinblick auf ihre Stärken und Schwächen zu diskutieren. Das Hauptaugenmerk gilt dabei weniger den Pensionssystemen der Staatsangestellten oder der Militärs, die – wie auch in den meisten anderen Teilen der Welt – meist großzügige Sonderregelungen genießen, sondern den von staatlicher Seite her angebotenen Möglichkeiten zur Alterssicherung für die breite Masse der im privaten Sektor beschäftigten Bevölkerung.

Generell lässt sich eine erhebliche Bandbreite der sowohl vom Staat als auch von privaten Finanzdienstleistern angebotenen Programme zur Alterssicherung innerhalb Südost- und Ostasiens feststellen, und zwar sowohl, was die Leistungen als auch, was den Erfassungs- bzw. Abdeckungsgrad der betreffenden gesellschaftlichen Gruppen angeht. Während zum Beispiel in Japan nahezu 100 Prozent der Bevölkerung und in den ebenfalls wohlhabenden Staaten Malaysia und Singapur immerhin noch zwischen 60 und 65 Prozent von einem der angebotenen Alterssicherungsprogramme erfasst sind, ist in Staaten wie Myanmar oder auch Laos eine staatliche Sozialpolitik so gut wie nicht existent, sieht man einmal von Sonderregelungen für Militär und Staatsbedienstete ab.

Der – mit wenigen Ausnahmen, wie Japan – nur mäßig hohe bis sehr geringe, große Bevölkerungsteile nicht erfassende Abdeckungsgrad ist in der gesamten Region ein gemeinsames charakteristisches Merkmal der sozialen Sicherungssysteme, besonders in Staaten mit einem hohen Anteil an in der Landwirtschaft und im informellen Sektor Erwerbstätigen. So schließen beitragsorientierte Programme in vielen Staaten Asiens sowohl die Selbstständigen (einschließlich der großen Zahl der Bauern) als auch viele Angestellte kleiner Firmen aus (GILLION et al. 2000). Letzteres trifft zum Beispiel auf Indonesien zu, wo sich die relativ geringe Abdeckungsquote von unter dreißig Prozent vor allem dadurch erklärt, dass Personen in Betrieben mit weniger als zehn Beschäftigten keine Teilnahme an formellen Programmen zur Altersvorsorge möglich ist (eine Beschäftigtenzahl von unter zehn wird häufig als Kriterium zur statistischen Erfassung von Betrieben des informellen Sektors verwendet). Der auffällig geringe Erfassungsgrad von weniger als zehn Prozent in Vietnam, das 1993 die gesetzlich verpflichtende Altersversicherung auch auf Beschäftigte des privaten Sektors ausgedehnt hat, erklärt sich hingegen primär aus der – meist aufgrund mangelnder finanzieller Kapazitäten – extrem schlechten Beitragsmoral der Betroffenen (TURNER 2002).

Die Erhöhung des Abdeckungsgrades der Altersvorsorgeprogramme genießt demgemäß in den meisten Staaten der Region hohe Priorität, wobei man auch schon auf erste ermutigende Beispiele zurückgreifen kann: So hat zum Beispiel Malaysia vor wenigen Jahren erfolgreich sein Sozialversicherungssystem auf alle im privaten Sektor beschäftigten Personen ausgedehnt, unabhängig von der Beschäftigtenzahl der Betriebe, und Südkorea bezieht seit 1995 auch die im Primärsektor tätigen Selbstständigen in das Pflichtversicherungssystem mit ein, indem die Betroffenen gesetzlich verpflichtet werden, drei Prozent ihrer Einkünfte in dieses einzuzahlen.

Ein zweites typisches Merkmal der Altersvorsorgeprogramme ist in nahezu allen Staaten Südost- und Ostasiens das relativ niedrig angesetzte gesetzliche

Pensions- bzw. Anspruchsalter, ab welchem auf deren finanzielle Leistungen zurückgegriffen werden kann (vgl. Tab. 4). Dieses liegt in allen Staaten der Region bei maximal 60 Jahren, meist sogar noch darunter, ausgenommen in Japan und in Hongkong, wo sowohl für Männer als auch Frauen die 65-Jahre-Altersgrenze gilt.

Tab. 4: Beitragsraten zu den Alterssicherungssystemen in Südost- und Ostasien (in Prozent des Bruttoeinkommens) und gesetzliches Pensionsalter 2004

Staat	Renten-, Arbeitsunfähigkeits- und Hinter-bliebenenversicherung			gesetzliches Pensionsalter	
	Versicherte	Arbeitgeber	insgesamt	Männer	Frauen
Kambodscha	–	–	–	–	–
Laos	4,5	5,0	9,5	60	60
Myanmar	–	–	–	–	–
Vietnam	5,0	10,0	15,0	60	55
Brunei a)	5,0	5,0	10,0	55	55
Malaysia	11,5	12,5	24,0	55	55
Thailand	3,0	3,0	6,0	55	55
Indonesien	2,0	4,0	6,0	55	55
Philippinen	3,3	6,1	9,4	60	60
Singapur	20,0	13,0	33,0	55	55
VR China	8,0	3,0	11,0	60	60
China Hongkong	5,0	5,0	10,0	65	65
Südkorea	4,5	4,5	9,0	60	60
Japan	6,8	6,8	13,6	65	65

a) Beiträge für die Pensions- und Berufsunfähigkeitsversicherung zahlt die Regierung.
– Kein staatliches Alterssicherungssystem vorhanden (außer Sonderregelungen für Militär und Staatsbedienstete).
Quelle: United States Social Security Administration 2005, Tab. 4.

Ein drittes charakteristisches Merkmal der Pensionssysteme in Südost- und Ostasien ist, dass – unabhängig davon, um welches Finanzierungsmodell es sich handelt – die daraus bezogenen Beträge bzw. Pensionen kaum ausreichen, um die minimalsten Grundbedürfnisse abzudecken, nicht einmal in Staaten wie Singapur oder Hongkong (vgl. OGAWA 2003). In Hongkong werden zum Beispiel die Gelder, die aus der staatlichen Pensionsversicherung bezogen werden, umgangssprachlich als „Fruit Money" bezeichnet, weil die geringe Höhe der Beträge zynisch betrachtet bestenfalls ausreicht, um den monatlichen Bedarf an Obst abzudecken (vgl. dazu auch PHILLIPS und CHAN 2002).

Grundsätzlich finden sich in Südost- und Ostasien folgende Typen von formellen Alterssicherungssystemen (vgl. MÜLLER 2001; CROISSANT 2004; HOLZMANN und HINZ 2005):

- Staatlich verwaltete Versorgungs- bzw. Rentenfonds („National Provident Funds").

- Sozialversicherungsprogramme zur Alterssicherung in marktwirtschaftlich ausgerichteten Ökonomien, zum Beispiel in Form von privaten Pensionsversicherungsmodellen.
- Alterssicherungsprogramme in Transformationsstaaten bzw. sozialistischen Staaten.
- Spezielle Alterssicherungsprogramme für Staatsbedienstete, Militärangehörige und ähnliche privilegierte Personengruppen (zum Beispiel Politiker etc.), für die der Staat die Hauptlast der Finanzierung übernimmt.
- Sozialhilfeprogramme für bedürftige ältere Menschen, die in einigen wenigen Staaten gewährt werden; diese sind in der Regel viel zu gering dotiert, trotzdem ist deren Bezug aber für die Empfänger oft überlebensnotwendig (vgl. ILO 1997).

Im Folgenden soll ein kurzer Überblick über die in den einzelnen Staaten Südost- und Ostasiens eingerichteten formellen Alterssicherungssysteme sowie deren Vor- und Nachteile gegeben werden (siehe dazu auch die Übersicht in Tab. 5).

Tab. 5: Verpflichtende Alterssicherungssysteme in Südost- und Ostasien zu Beginn des 21. Jahrhunderts

Staat	Sozialversicherungssystem		Sozialhilfe („Means-tested")	Volkspension („Flat-Rate universal")	Versorgungsfonds („Provident Fund")	Berufsbezogenes System	Individuelles Pensionskonto
	Pauschalsystem („Flat-Rate")	Verdienstbezogen („Earnings-related")					
Kambodscha							
Laos		X					
Myanmar							
Vietnam		X					
Brunei				X	X		
Malaysia					X		
Thailand		X					
Indonesien					X		
Philippinen	X						
Singapur					X		
VR China	X						X
China Hongkong			X	X		X	
Südkorea		X					
Japan	X	X					

Quelle: United States Social Security Administration 2005, Tab. 2.

5.1 Staatlich verwaltete Versorgungs- bzw. Rentenfonds ("National Provident Funds")

Im Gegensatz zu den in vielen Staaten der westlichen Welt vorherrschenden umlageorientierten Pensionsmodellen spielt der Aspekt des Einkommenstransfers bei den in Asien eingerichteten Alterssicherungssystemen nur eine geringe Rolle, wodurch die Verantwortung für eine ausreichende Alterssicherung primär den Individuen bzw. deren Familien zugeschoben wird. Auffällig ist auch die relativ große Anzahl an Ländern in der Region, die kein verpflichtendes umfassendes Sozialversicherungssystem aufweisen. Statt dessen bietet ein Großteil dieser Länder Rentenfonds, sog. „Provident Funds", an. Diese sind üblicherweise ein Vermächtnis aus der Kolonialzeit und in Asien ursprünglich typisch für ehemalige britische Kolonien. Nach Erlangung der Unabhängigkeit wurden diese Systeme, die eigentlich gar nicht als soziale Sicherungssysteme für breite Bevölkerungsgruppen, sondern als Sparmodelle für die in den Kolonien tätigen „Expatriats" gedacht waren, weitergeführt.

Sie bestehen in der Regel nur aus einem Fonds, der sich aus der Summe individueller Sparkonten zusammensetzt und staatlich verwaltet wird. Das angesparte Kapital wird schließlich bei Erreichen des festgelegten Anspruchsalters, das in der Regel sehr niedrig angesetzt ist und in der Mehrzahl der Staaten bei 55 Jahren für die Männer und 50 Jahren für die Frauen liegt, als Pauschalsumme ausbezahlt. Zusätzlich besteht die Möglichkeit, auch schon vor Erreichen des Alterslimits unter bestimmten Bedingungen (Tod, schwere Krankheit, strategische Investitionen u. Ä.) auf die angesparte Summe oder zumindest auf einen Teil davon zuzugreifen.

Kritiker dieses Systems argumentieren, dass durch diese Praxis keinesfalls eine Absicherung der Leistungsempfänger während des gesamten Rentenalters gewährleistet ist (vgl. MÜLLER 2001; ILO 1997):

- In den meisten Fällen reicht der aufgrund niedriger Beiträge und schlechter Verzinsung angesparte Kapitalstock nicht aus, sich gegen das „Risiko zunehmender Langlebigkeit" ausreichend zu versichern, oder, wie TURNER (2002, S. 11) diesbezüglich treffend formuliert: „Lump sum benefits typically provided by provident funds do not protect against the risk of a retired person outliving his or her income."

- Grundsätzlich bringt die Auszahlung des angesparten Kapitals in Form einer Gesamtsumme keine Garantie, dass das Kapital auch als Alterssicherung Verwendung findet: eine Auszahlung in Form von Annuitäten wäre sinnvoller, ist aber nur in wenigen Fällen üblich.

- Die Möglichkeit, einen beträchtlichen Teil der angesparten Summe aus dem Fonds auch schon vor Erreichen des Anspruchsalters zu ziehen – zum Beispiel für „strategische Investitionen" in Immobilien, in die Ausbildung der Kinder oder auch als Mitgift für Heiraten –, führt häufig dazu, dass bei Erreichen des Rentenalters viel zu wenig Kapital übrig bleibt, um eine längerfristige Absicherung im Alter zu gewährleisten.

Als die „Provident Funds" in den meisten Staaten eingeführt wurden, wurden sie als erster Schritt gesehen, möglichst viele Menschen im Alter zumindest mit einem Minimaleinkommen zu versorgen, und zwar für eine Übergangsphase, bis umfassendere Alterspensionssysteme etabliert würden. Einmal eingerichtet, erwiesen sich diese Fonds allerdings als höchst populäre gesetzlich vorgeschriebene Möglichkeit für Individuen, Kapital für Hochzeiten, Wohnungs- oder Grundstückskäufe usw. zu akkumulieren, so dass das eigentliche Ziel, soziale Sicherung im Alter zu gewährleisten, oft vernachlässigt wurde und wird. „Provident Funds" sind aber auch bei Regierungen populär, da durch sie Investitionskapital für große staatliche Entwicklungsprojekte zur Verfügung steht.

Von den weltweit 19 Staaten, die „National Provident Funds" betreiben, liegen 13 in der asiatisch-pazifischen Region und davon wiederum vier in Südostasien: Indonesien und Malaysia verfügen schon seit 1951 über einen solchen Fonds, Singapur seit 1955 und Brunei seit 1993, wobei nur Malaysia für die Angehörigen bestimmter Berufsgruppen (Lehrer, Militärangehörige, Selbstständige) einen freiwilligen Austritt aus dem System erlaubt (FERRARA et al. 1995).

In Indonesien existieren drei separate „Provident Funds", nämlich einer für Militärangehörige, einer für öffentlich Bedienstete und einer für im privaten Sektor Beschäftigte, wobei – wie auch charakteristisch für viele andere Staaten der Welt – die Altersunterstützung für Militärs und Staatsangestellte beträchtlich großzügiger ist als für im Privatsektor Tätige. Der Fonds für die in der Privatwirtschaft Beschäftigten („Jaminan Sosial Tenaga Kerja", in Kurzform JAMSOSTEK) ermöglicht die pauschale Auszahlung ab einem Alter von 55 Jahren bei einer Beitragsrate von sechs Prozent des Einkommens, wovon vier Prozent auf den Arbeitgeber und zwei Prozent auf den Erwerbstätigen entfallen. Die ausbezahlten Beträge sind gering, was unter anderem auf die hohen administrativen Kosten des Programms (einschließlich teurer Bürogebäude für die dort Beschäftigten) zurückgeführt wird. Weiters wird gemeinhin angenommen, dass ein Teil des Investitionskapitals von der Regierung für politische Zwecke missbraucht wird (TURNER 2002, S. 9). Das Hauptproblem des JAMSOSTEK ist jedoch, dass nur rund zehn Prozent aller im privaten Sektor Beschäftigten durch diesen Fonds erfasst werden, was vor allem auf die Größe des informellen Sektors in Indonesien zurückzuführen ist; allerdings decken auch die beiden anderen Fonds für Staatsangestellte und Militärs nur einen geringfügig höheren Prozentsatz ab (RAMESH und ASHER 2000).

Der „Central Provident Fund" (CPF) in Singapur wurde 1955 noch von der britischen Kolonialverwaltung eingerichtet und stellt bis heute den Hauptpfeiler des singapureanischen Sozial- und Alterssicherungssystems dar (ASHER und MAC ARTHUR 2000). Er unterscheidet sich jedoch insoferne deutlich von ähnlichen Systemen in der Region, als die Regierung seine Leistungen seit 1968 kontinuierlich auf eine breite Palette von sozialen Programmen ausgedehnt hat. Um dieses Ziel zu ermöglichen, wurde die Beitragsrate von ursprünglich zehn Prozent auf bis zu 50 Prozent des Einkommens im Jahr 1984 angehoben, ab 1999 allerdings – um die Auswirkungen der „Asienkrise" auf die Bevölkerung etwas abzufedern – wieder abgesenkt. Sie beträgt gegenwärtig 33 Prozent (davon 20 Prozent Arbeitnehmer, 13 Prozent Arbeitgeber). Die Teilnahme am CPF ist gesetzlich verpflichtend, ausgenommen sind nur ausländische Arbeitskräfte (also rund 20 Prozent der Erwerbsbevölkerung) und Teilzeitbeschäftigte. Seit 1996 erlaubt die Regierung allerdings auch die Entnahme eines gewissen Kapitalanteils aus dem System, um Geld in alternativen Investitionsformen anzulegen, wie zum Beispiel in den Kauf von CPF-approbierten Aktien usw. (vgl. TURNER 2002).

Die in den CPF eingezahlten Beiträge teilen sich auf drei individuelle Konten auf:

- Der sog. „ordinary account", auf den 75 Prozent der Gesamtsumme entfallen, kann für Wohnraumbeschaffung oder für andere Investitionszwecke verwendet werden,
- der „Medisave Account" ist für Krankenversicherung und medizinische Leistungen reserviert,

- und nur die dritte Säule, der „Special Account", ist speziell für die Alterssicherung vorgesehen.

Als Konsequenz muss die staatlich geregelte Altersvorsorge in Singapur, einem der reichsten Staaten der Welt, im Vergleich zu den Maßnahmen zur Alterssicherung in vielen Staaten des OECD-Raumes nur als minimal betrachtet werden, wobei allerdings der Abdeckungsgrad mit rund 65 Prozent der Erwerbsbevölkerung innerhalb der Region im Spitzenfeld liegt.

Malaysia verfügt ebenfalls über verschiedene Fonds für unterschiedliche Bevölkerungsgruppen, wobei der „Employees Provident Fund" (EPF) das wichtigste Programm darstellt. Die Beitragsrate ist mit insgesamt 24 Prozent des Einkommens nach Singapur die zweithöchste unter den Staaten der Region und auch der Erfassungsgrad der Bevölkerung liegt mit rund 60 Prozent nur unwesentlich niedriger als im benachbarten Stadtstaat. Relativ niedrige Verzinsung, wenig transparente Investitionsentscheidungen der Fondsmanager (so wurden zum Beispiel erhebliche Summen aus dem EPF zur Finanzierung des neuen Flughafens in Kuala Lumpur verwendet) und zu niedrige Rentenzahlungen sind typische Kennzeichen des malaysischen Systems (vgl. HOLZMANN und HINZ 2005).

Als letztes Land innerhalb der Region richtete Brunei im Jahr 1993 einen „National Provident Fund" ein, wobei der so genannte „Employee Trust Fund" (ETF) einen speziellen Altersvorsorgefonds darstellt. Die Teilnahme an diesem Programm ist auch für alle im privaten Sektor Beschäftigten verpflichtend und die Beitragsrate beträgt zehn Prozent. Unabhängig von den Leistungen des ETF gewährt das kleine, aber reiche Sultanat allen Einwohnern, die zumindest 30 Jahre in Brunei wohnhaft waren, eine „Volkspension" („Demogrant"), also einen Beitrag zur Alterssicherung ohne Rücksicht auf Einkommen oder Bedürftigkeit. Der reale Wert dieser Volkspension, die seit ihrer Einführung im Jahr 1984 mit monatlich 150 Brunei-Dollar (dieser Betrag entsprach im Dezember 2005 etwa 76 Euro) bis heute unverändert geblieben ist, wurde allerdings inflationsbedingt erheblich geschmälert.

5.2 Sozialversicherungsprogramme zur Alterssicherung in markwirtschaftlich ausgerichteten Staaten

In vielen Staaten, die während der Kolonialzeit außerhalb des britischen Einflussbereichs gelegen sind, haben sich private Pensions- und Altersvorsorgeprogramme durchgesetzt. Zu dieser Gruppe zählen Südkorea, die Philippinen, Thailand und auch Japan. Die Alterssicherung im Rahmen von solchen Sozialversicherungsprogrammen wird sowohl durch Beiträge der Versicherten als auch der Arbeitgeber finanziert.

Südkorea implementierte sein Sozialversicherungssystem – das „National Pension Scheme" (NPS) – erst 1988, so dass die ersten Auszahlungen erst 2008 erfolgen werden, wenn die ersten Jahrgänge nach 20 Beitragsjahren anspruchsberechtigt sind. In der Zwischenzeit konnte das Land beträchtliche finanzielle Reserven, die etwa zehn Prozent des Bruttosozialprodukts entsprechen (TURNER 2002), in einem Sozialversicherungsfonds akkumulieren, wobei die Regierung diese Gelder in quasi-staatliche Projekte wie den sozialen Wohnbau investiert.

Beim NPS handelt es sich um ein vom Staat gemanagtes leistungsorientiertes Pensionsmodell, das allen Staatsbürgern offen steht. Ursprünglich war die Teilnahme am Versicherungsprogramm nur für Personen in Betrieben mit fünf oder mehr Beschäftigten verpflichtend, 1999 weitete die Regierung die Teilnahmepflicht jedoch auch auf kleinere Firmen und Selbstständige im städtischen

Raum aus. Die Beitragsrate von insgesamt neun Prozent wird zu gleichen Teilen vom Arbeitgeber und vom Arbeitnehmer aufgebracht (vgl. SIN und MAC ARTHUR 2000). Wie in den meisten anderen Ländern mit ähnlichen Pensionssystemen ist auch in Südkorea die schlechte Beitragsmoral ein ernstes Problem, da sowohl Arbeitgeber als auch Arbeitnehmer versuchen, geringere Löhne und Gehälter anzugeben, als es der Realität entspricht, um auf diese Weise die Höhe der Pflichtbeiträge drücken zu können. Auch die Tendenz, schlicht und einfach gar keine Beiträge in das System einzubezahlen, hat seit der Asienkrise 1997/98 zugenommen (BAILEY und TURNER 2001). Ein gegenteiliges Problem mit der Angabe der Höhe von Löhnen und Gehältern hat übrigens Thailand. Dort beginnt der Anspruch auf Auszahlung einer Rente mit 15 Beitragsjahren, die Höhe des auszuzahlenden Betrages basiert jedoch nur auf den letzten fünf Jahren: Konsequenterweise hat sich diese Praxis in Thailand als starker Anreiz erwiesen, das Einkommen der letzten Jahre zu hoch, jenes aller anderen Jahre aber möglichst niedrig anzugeben.

Ergänzt wird die Alterspension in Südkorea noch durch gesetzlich verpflichtende Abfertigungszahlungen: Beim Übertritt in den Ruhestand ist der Arbeitgeber verpflichtet, dem scheidenden Arbeitnehmer eine Abfindung im Ausmaß von 30 durchschnittlichen Tageslöhnen für jedes Jahr, das der oder die Betreffende im Betrieb gearbeitet hat, auszuzahlen, wenn dieser mindestens ein Jahr in dem Betrieb beschäftigt war. Für den Fall, dass der Betrieb in Bankrott geht, übernimmt der Staat die ausständige Abfertigungszahlung, wozu ein eigens geschaffener „Wage Claim Guarantee Fund" zur Verfügung steht.

Das Pensionssystem auf den Philippinen wurde bereits 1957 eingerichtet und zeichnet sich durch eine relativ hohe Ersatzrate des vormals bezogenen – allerdings in der Regel sehr niedrigen – durchschnittlichen Gehalts im Ausmaß von über 70 Prozent aus. Anspruchsberechtigt sind Arbeitskräfte ab Erreichen des 60. Lebensjahres, sofern sie mindestens 120 Beitragsmonate aufweisen. Erfasst wird nur der formelle Sektor, aber nicht die große Zahl der informell Beschäftigten oder der Landbevölkerung. Auch auf den Philippinen existiert ein gesetzlich verankerter Anspruch auf eine Abfindungszahlung (hier im Ausmaß eines halben Monatslohns pro Arbeitsjahr), und ebenso zählen falsche Lohnangaben und eine schlechte Beitragsmoral zu den Hauptproblemen des Systems (vgl. RAMESH und ASHER 2000).

Thailand verfügt seit der Implementierung des „Social Security Act" und der Einrichtung des so genannten „Social Security Office" im Jahr 1990 über eines der umfassendsten Sozialversicherungssysteme der Region. Nach der Etablierung verschiedener Programme im Bereich der Krankenversicherung, Invalidität usw. verpflichtete die Regierung im Jahr 1999 die Inhaber aller an der Börse notierten Unternehmen, der staatlichen Betriebe und einer Reihe weiterer Firmen, „Provident Funds" für ihre Beschäftigten einzurichten. Das Alterspensionssystem, das erste Beitragszahlungen ab 1999 verzeichnete, garantiert ab 15 Beitragsjahren (also erst ab 2014) eine Lohnersatzrate von 15 Prozent, anspruchsberechtigt sind allerdings schon Personen ab 55 Jahren. Im Gegensatz zu anderen Staaten ist die Teilnahme am Altersversicherungsprogramm in Thailand freiwillig. Als eines der wenigen Länder der Region hat Thailand auch die Problematik armer älterer Menschen im ländlichen Raum im Sozialversicherungssystem zu berücksichtigen versucht. Seit 1993 gewährt der Staat mittellosen alten Personen in den Landgebieten monatliche Unterstützungszahlungen, wobei 1997 immerhin schon rund 318.000 Bedürftige erfasst wurden. Die ausbezahlten Zuschüsse sind allerdings im Vergleich zu den Rentenzahlungen aus dem Pensionsprogramm sehr niedrig (SIN und MAC ARTHUR 2000).

Auf den wohlhabenden Industriestaat Japan mit seinem komplexen Sozialversicherungssystem, das teilweise Ähnlichkeiten zum System in Großbritannien aufweist, soll hier nur kurz eingegangen werden. Wie auch in anderen Staaten der Region existieren in Japan verschiedene Versicherungsprogramme für unterschiedliche Personengruppen. Grundsätzlich verfügt das Land seit 1986 (das erste Pensionsversicherungsgesetz stammt bereits aus dem Jahr 1941) über ein Zwei-Säulen-Modell: Säule 1 besteht aus einer allgemeinen „Flat-Rate"-Grundpension aus dem „National Pension Plan" (NPP), wobei die Teilnahme für alle Bürger im Alter zwischen 20 und 59 Jahren (inklusive Studierende) verpflichtend ist. Die zweite Säule besteht aus fünf „Employees' Pension Plans" (EPPs) und ist ein einkommensbezogenes Pensionsprogramm für Beschäftigte im privaten Sektor. Das Besondere am japanischen Pensions- und Sozialversicherungsmodell ist das freiwillige „carve out", also die rechtlich abgesicherte Möglichkeit, einen Teil der Pflichtbeiträge nicht in das staatliche Pensionssystem einzubezahlen, sondern in alternative private Pensionsmodelle zu investieren. Außer in Japan gibt es in Ländern mit einem voll ausgebildeten, traditionellen Sozialversicherungssystem dieses Optionsmodell nur noch in Großbritannien.

5.3 Alterssicherungsprogramme in Transformationsstaaten bzw. sozialistischen Staaten

Jene Länder, in denen sich zur Zeit in Südost- und Ostasien die stärksten Umbrüche in den sozialen Sicherungsnetzen vollziehen bzw. wo umfassende Veränderungen unmittelbar bevorstehen, sind die so genannten Transformationsstaaten bzw. die nach wie vor kommunistisch regierten Staaten der Region, die sich langsam, aber kontinuierlich in Richtung marktwirtschaftlicher Ökonomien orientieren. Zu dieser Staatengruppe zählen die Volksrepublik China, die Demokratische Volksrepublik Laos und die Sozialistische Republik Vietnam sowie die Demokratische Volksrepublik Korea (Nordkorea), über die jedoch zu wenige Informationen vorliegen, um sie in diese Analyse einzubeziehen.

Zur Zeit besteht in diesen Ländern noch ein Großteil der gegenwärtigen, aus dem formellen Sektor kommenden Pensionisten aus Militärs und ehemaligen Angestellten in staatlichen Betrieben oder im öffentlichen Dienst, aber in nicht allzu ferner Zukunft wird sich die Mehrheit der älteren Bevölkerung aus ehemals in der Privatwirtschaft beschäftigten Personen zusammensetzen, was gravierende Umorientierungen der jetzigen Alterssicherungspraktiken nach sich ziehen wird. So sind in manchen sozialistischen Staaten der Region nach wie vor die Staatsbetriebe individuell für die Alterssicherung ihrer ehemaligen Beschäftigten verantwortlich. Diese Praxis ist allerdings mit marktwirtschaftlichen Prinzipien unvereinbar, da es dadurch aufgrund sozialpolitischer Überlegungen unmöglich wird, veraltete, unrentable Betriebe zu schließen oder bankrott gehen zu lassen (TURNER 2002). Sowohl in China, als auch in Laos und Vietnam ist derzeit noch der Großteil der im formellen Sektor Erwerbstätigen in Staatsbetrieben oder im öffentlichen Dienst beschäftigt; das erklärte wirtschaftspolitische Ziel ist jedoch in allen drei Staaten, die Beschäftigtenzahlen in diesen Bereichen drastisch zu reduzieren, die Zahl der Staatsbetriebe abzusenken und unrentable Unternehmen zu schließen.

Auf großes internationales Interesse stoßen vor allem die Maßnahmen im Bereich der Alterssicherung, die in China gesetzt werden: Die Volksrepublik ist ja nicht nur der einwohnerreichste Staat der Welt, sondern auch ein Staat, dem in nicht allzu ferner Zukunft aufgrund der schon skizzierten demographischen Entwicklung ein radikaler Umbruch in der Altersstruktur seiner Bevölkerung bevorsteht. Erste soziale Sicherungsprogramme wurden in China schon sehr bald nach der kommunistischen Machtübernahme in Leben gerufen: So betrieb zum Beispiel der gesamtchinesische Gewerkschaftsverband von den frühen 1950er-Jahren bis zum Beginn der Kulturrevolution 1966 ein nationales soziales Sicherungssystem, von dem alle Arbeiter in Staatsbetrieben und ähnlichen Unternehmen im städtischen Raum erfasst wurden. Da in dieser Periode fast alle im städtischen Raum Erwerbstätigen in solchen Betrieben arbeiteten, wurden demgemäß nahezu hundert Prozent der erwerbstätigen Stadtbevölkerung von diesem auch als *„eiserne Reisschüssel"* bezeichneten System erfasst (SIN und MAC ARTHUR 2000). Während der Wirren der Kulturrevolution brach das System zusammen und die Alterssicherung wurde in dieser Zeit von den einzelnen Betrieben für ihre Angestellten bestritten. Auffällig ist jedoch, dass vom Beginn der sozialen Sicherungsmaßnahmen in den 1950er-Jahren an nur der urbane Sektor abgedeckt wurde, nicht aber die Menschen im ländlichen Raum.

Die großen wirtschaftlichen Veränderungen in China in den 1990er-Jahren und im ersten Jahrfünft des 21. Jahrhunderts reduzierten den Abdeckungsgrad der von der Altersvorsorge und anderen sozialen Sicherungsmaßnahmen erfassten Bevölkerung erheblich, so dass zur Zeit deutlich weniger als der Hälfte der im städtischen Raum beschäftigten Personen vom sozialen Sicherungsnetz erfasst sein dürfte (TURNER 2002). Die Liberalisierung der Wirtschaft und eine enorme Welle von Arbeitsmigranten in die boomenden Küstenregionen und Wirtschaftszentren des Landes hat auch das urbane Arbeitskräftepotenzial erheblich verändert: Während noch vor rund zwei Jahrzehnten weit über 90 Prozent der Arbeitskräfte im städtischen Raum im staatlichen Sektor beschäftigt waren, lag der entsprechende Prozentsatz im Jahr 2000 bereits nur mehr bei rund 50 Prozent (LIU und MACKELLAR 2001). Im privaten Sektor der Wirtschaft Beschäftigte werden vom derzeitigen System jedoch überhaupt nicht erfasst, ebenso wie ältere Menschen im ländlichen Raum größtenteils ausschließlich von der Unterstützung durch ihre Familien abhängig sind.

Seit 1997 hat China allerdings erste Maßnahmen zu einer Ausdehnung bzw. Reformierung des alten Sozialversicherungssystems unternommen, durch die der Abdeckungsgrad der Bevölkerung vergrößert und die gewährten Leistungen vereinheitlicht werden sollen. China stieg – den Empfehlungen der Weltbank folgend – in den letzten Jahren schrittweise auf ein Drei-Säulen-Modell um. Dieses besteht aus einem grundlegenden leistungsbestimmten Pensionsplan, der Altersrenten in der Höhe von 20 Prozent des Durchschnittslohns der jeweiligen Provinz vorsieht, wobei allerdings enorme Unterschiede im Lohnniveau zwischen Chinas 31 Provinzen bestehen. Auch bei den Beitragsraten sind die Schwankungen erheblich: Während Arbeitnehmer in der Regel nirgendwo mehr als vier Prozent des Lohnes in das System einzahlen müssen, schwankt die Höhe des Arbeitgeberbeitrags je nach Provinz zwischen 15 und 30 Prozent. Unterschiedlich ist auch die Mindestdauer der Beitragspflicht (je nach Provinz zwischen fünf und 15 Jahren). Der zweite Pfeiler besteht aus einem individuellen Pensionskonto und das dritte Standbein stellt die Möglichkeit zu einer freiwilligen Altersvorsorge-Zusatzversicherung dar.

Im derzeit gültigen staatlichen Reformpapier, dem „State Council Document 26", wird die Zielrichtung der künftig vorgesehenen Reformen des Altersvorsorge- und Sozialversicherungssystems präzisiert. Überragendes Ziel ist die Schaffung eines landesweit einheitlichen, umfassenderen und gerechteren Pensionssystems, das – wie in China so oft der Fall – mit einer numerischen Etikette, nämlich den so genannten „vier Vereinheitlichungen" umschrieben wird: Vereinheitlichung des Systems, des Leistungsstandards, des Managements und der Verwendung der Gelder, gültig für alle Arten von Betrieben und Arbeitskräften.

Hongkong – heute „Special Administrative Region" (SAR) und formell ein Teil Chinas – verfügt über ein eigenes Sozialversicherungssystem, das sich von jenem des Festlandes grundsätzlich unterscheidet. In der Finanzmetropole mit ihrer boomenden Wirtschaft, dem hohen Lebensstandard und Wohlstand und mit traditionell stark ausgeprägten familialen Netzwerken genießen von der Regierung initiierte Altersvorsorgepläne keine hohe Priorität. Demgemäß beschränkt sich die Regierung der SAR auch auf die Einrichtung eines nicht beitrags-, sondern bedürftigkeitsorientierten Programms, des so genannten „Comprehensive Social Security Assistance Schemes" (CSSA), das an oder unter der Armutsgrenze lebenden älteren Menschen Sozialzuschüsse gewährt, deren Höhe allerdings sehr gering bemessen ist. Erst im Jahr 2000 erließ die Regierung ein Gesetz, das für jeden Bürger die verpflichtende Einrichtung eines individuellen Pensionskontos in Form eines Versorgungsfonds („Provident Fund" in britischer Tradition) mit einer Beitragsrate für Arbeitgeber und -nehmer von jeweils fünf Prozent vorsieht (SIN und MAC ARTHUR 2000; United States Social Security Administration 2005).

Das kommunistische Laos gehört zu jenen Staaten der Region, in denen – auf Grund der jungen Altersstruktur der Bevölkerung und der aktuellen demographischen Situation (vgl. dazu Kapitel 2) – Maßnahmen zur Altersvorsorge noch längere Zeit keine quantitative Herausforderung darstellen dürften. Dementsprechend rudimentär sind auch die bestehenden Regelungen. Die erste gesetzliche Grundlage für die Einführung der Altersvorsorge im Rahmen eines Sozialversicherungssystems stammt aus dem Jahr 1999, in Kraft getreten ist das Gesetz 2001. Erfasst werden Beschäftigte in staatlichen und privaten Betrieben ab einer Größe von zehn Arbeitskräften, wobei jedoch gegenwärtig eine Beteiligungsmöglichkeit erst in wenigen besser entwickelten Provinzen des Landes gegeben ist. Für die Beschäftigten in Kleinbetrieben mit fünf bis zehn Personen ist mittelfristig eine freiwillige Beteiligung am System vorgesehen.

In der Vergangenheit konnten neben Staatsbediensteten und Militärs, für die wie üblich Sonderbestimmungen gelten, nur noch Beschäftigte in Staatsbetrieben mit einer geregelten Altersversorgung im Rahmen des Pensionssystems für Staatsbedienstete rechnen. Nachdem in einem ersten Reformschritt 1993 die Gruppe der Arbeiter in staatlichen Betrieben aus dem Pensionssystem für Staatsangestellte ausgeschlossen wurde und mittlerweile auch in Laos die Privatisierung oder Schließung von unrentablen Staatsbetrieben an der Tagesordnung ist, stellt sich nun die Frage, wer für früher erworbene Pensionsansprüche zuständig ist. Die noch existenten Staatsbetriebe wurden verpflichtet, erworbene Pensionsrechte zu übernehmen, während pensionierte Beschäftigte aus geschlossenen Staatsbetrieben nur darauf hoffen können, ihre Pensionen von dem ehemals für ihren Betrieb zuständigen Ministerium bezahlt zu bekommen. So erhalten zum Beispiel die ehemaligen Angestellten der Staatsbrauerei „Lao Beer" heute ihre Pensionen vom vormals zuständigen Industrieministerium (TURNER 2002).

Bleibt schließlich noch Vietnam, dessen Sozialversicherungsmodell sowohl durch einige innovative Ansätze als auch durch eine – verglichen mit den meisten anderen Staaten der Region – relativ hohe Beitragsrate von 15 Prozent sowie eine hohe Lohnersatzrate von 69 Prozent (bei allerdings sehr niedrigem Lohnniveau) gekennzeichnet ist. Vietnam hat, was Überlegungen zu einer staatlich geregelten Altersvorsorge betrifft, schon eine längere Tradition: Das erste Gesetz für Angestellte im öffentlichen Sektor stammt aus dem Jahr 1961 (aus dem damaligen Nordvietnam), das aktuelle Pensionssystem nach dem Sozialversicherungsmodell wurde allerdings erst 2002 eingerichtet. Das Innovative am vietnamesischen Ansatz ist, dass nicht nur alle im öffentlichen und privaten Sektor Tätigen, sondern auch in der Landwirtschaft, der Fischerei und der Salzgewinnung beschäftigte Personen im System eingeschlossen sind, wobei versucht wird, die spezifischen Bedürfnisse der jeweiligen Gruppe zu berücksichtigen. So müssen Reisbauern einen „jährlichen Pensionsbeitrag" von 80 kg Reis „einzahlen", was sie zum Bezug von monatlich 6 kg Reis auf Lebenszeit nach Ausscheiden aus der landwirtschaftlichen Erwerbstätigkeit berechtigt (GILLION et al. 2000).

5.4 Staaten ohne geregelte Altersvorsorge

Kambodscha und Myanmar sind zur Zeit noch die einzigen Staaten Südostasiens, die über kein Sozialversicherungsprogramm oder Alterssicherungssystem verfügen. In Kambodscha sind ältere Menschen, die nicht von Familienangehörigen unterstützt werden, gezwungen, so lange wie möglich selbst erwerbstätig zu bleiben, und wenn beides nicht möglich ist, sind sie auf die mildtätige Unterstützung der Dorfgemeinschaft angewiesen (ZIMMER et al. 2005). Die zentrale Anlaufstelle für ältere Menschen in Kambodscha schlechthin ist der Wat, der oft die einzige Möglichkeit darstellt, irgendeine Art der Unterstützung erhalten zu können (HelpAge 2001).

6 *Ausblick*

Der demographische Alterungsprozess erfolgt in vielen ost- und südostasiatischen Staaten mit einer Geschwindigkeit, die eine umfassende und koordinierte Vorsorgeplanung von staatlicher Seite her unumgänglich macht. Die gegenwärtig in Kraft befindlichen Pläne zur Alterssicherung sind – sofern überhaupt existent – in vielen Staaten der Region durch den dynamischen sozio-ökonomischen und demographischen Wandel der letzten Jahrzehnte bereits erheblich unter Druck geraten. CROISSANT (2004) weist zum Beispiel zu Recht darauf hin, dass wohl kein anderer Akteur als der Staat in der Lage sein wird, die offensichtlich bestehenden großen Lücken abzudecken, weshalb in der Folge mit einem deutlichen Ansteigen der bislang noch meist niedrigen öffentlichen Sozialausgaben zu rechnen sein wird.

Vor diesem Hintergrund sind auch die umfassenden Anstrengungen sowohl auf nationalstaatlicher als auch auf internationaler Ebene zu sehen, dem Problem der raschen demographischen Veränderungen und ihren Folgen umfassend und koordiniert zu begegnen. Konkreter Ausdruck der hohen Priorität, die dieser Thematik im heutigen Ost- und Südostasien zugemessen wird, ist die Verabschiedung des so genannten „Macao Plan of Action on Ageing for Asia and the Pacific" und dessen Implementierung im Rahmen der „Shanghai Strategy". Der „Macao Plan of Action" spricht insgesamt sieben Themenbereiche an, die im Zusammenhang mit dem demographischen Alterungsprozess und der Lebenssituation älterer Menschen von Belang sind:

- Die soziale Stellung älterer Menschen innerhalb der Gesellschaft;
- Ältere Menschen und die Familie;
- Gesundheit und Ernährung;
- Wohnen, Verkehrsteilnahme und Wohnumfeld;
- Ältere Menschen, Markt und Konsum;
- Soziale Dienste und Leben in der Gemeinschaft,

- und schließlich Einkommenssicherung, Lebensunterhalt und Beschäftigungsmöglichkeiten.

Ein Blick auf diese Agenda macht deutlich, dass die Diskussion um adäquate Pensionssysteme nur eine – allerdings zugegebenermaßen für viele ältere Menschen überlebenswichtige – Facette der großen sozio-ökonomischen Veränderungen ist, mit denen die Staaten Südost- und Ostasiens entweder derzeit schon konfrontiert sind oder sich in näherer oder fernerer Zukunft befassen müssen. Der aktuelle Status der sozialen Sicherung im Alter ist – wie gezeigt wurde – im größten Teil der Region unbefriedigend, die bestehenden Sicherungssysteme erfassen nur Teile der Bevölkerung und bieten in der Regel nur sehr geringe finanzielle Unterstützung für den Einzelnen.

Für Millionen alter Menschen (und es werden durch den Geburtenrückgang und die steigende Lebenserwartung sehr rasch immer mehr) ist derzeit, abgesehen von den – durch den fortschreitenden Modernisierungsprozess und seine gesellschaftlichen Auswirkungen jedoch zunehmend aufbrechenden – familialen Unterstützungsnetzwerken und Pflegeleistungen, (noch) keine ausreichende Alterssicherung gewährleistet. *Asien „ergraut"* – das Thema der sozialen Sicherung im Alter ist in seiner Dringlichkeit zwar von den meisten Regierungen bereits erkannt worden, die Lösung dieses Problems stellt jedoch eine der großen sozialen und politischen Aufgaben der nächsten Jahrzehnte in Ost- und Südostasien dar, um zu verhindern, dass große Bevölkerungsgruppen letztlich in Altersarmut und unwürdigen Lebensbedingungen enden.

7 Literatur

ASHER, M. und I. W. MAC ARTHUR (2000): Annex B10: Country Profile for Singapore. In: HOLZMANN, R. et al.: Pension Systems in East Asia and the Pacific: Challenges and Opportunities. Washington D.C.: The World Bank (= Social Protection Discussion Paper 14).

BAILEY, C. und J. TURNER (2001): Strategy to Reduce Contribution Evasion in Social Security Financing. In: World Development 29, S. 385–393.

CALDWELL, J. C. (2002): The Contemporary Population Challenge. Arbeitspapier für das „Expert Group Meeting on Completing the Fertility Transition". New York: United Nations. Population Division, Dept. of Economic and Social Affairs.

CHAN, A. (1999): The Social and Economic Consequences of Ageing in Asia: An Introduction. In: Southeast Asian Journal of Social Sciences 27 (2), S. 1–8.

CHAN, R. (2001): The Welfare System in Southeast Asia. Development and Challenges. Hongkong: Southeast Asia Research Centre (= Working Paper Series 13).

CROISSANT, A. (2004): Wohlfahrtsregime in Ostasien: Strukturen, Leistungsprofile und Herausforderungen. In: BETZ, J. und W. HEIN (Hrsg.): Soziale Sicherung in Entwicklungsländern. Opladen, S. 119–142 (= Neues Jahrbuch Dritte Welt 2004).

FERRARA, P. J. et al. (1995): Private Alternatives to Social Security in Other Countries. Dallas: National Center for Policy Analysis, 38 S. (= National Center for Policy Analysis Report 200, October 1995).

GILLION, C. et al. (2000): Social Security Pensions: Development and Reform. Geneva: International Labour Organization.

HelpAge International und Ministry of Social Affairs, Labour and Veterans Affairs (MSALVA), Government of Cambodia (2001): Older Persons in Cambodia. In: Policies and Programmes for Older Persons in Asia and the Pacific: Selected Studies. Bangkok: UN-ESCAP, S. 53–103 (= Social Policy Paper 1).

HOLZMANN, R., MAC ARTHUR, I. W. und Y. SIN (2000): Pension Systems in East Asia and the Pacific: Challenges and Opportunities. Washington D.C.: The World Bank (= Social Protection Discussion Paper 14).

HOLZMANN, R. und R. HINZ (2005): Old Age Income Support in the 21st Century. An International Perspective on Pension Systems and Reform. Washington D.C.: The World Bank.

HUSA, K. und H. WOHLSCHLÄGL (1999): Vom „Emerging Market" zum „Emergency Market": Thailands Wirtschaftsentwicklung und die Asienkrise. In: PARNREITER, C. et al. (Hrsg.): Globalisierung und Peripherie – Umstrukturierung in Lateinamerika, Afrika und Asien. Frankfurt am Main und Wien: Brandes & Apsel / Südwind, S. 209–236 (= Historische Sozialkunde 12).

HUSA, K. und H. WOHLSCHLÄGL (2000): Internationale Arbeitsmigration im Zeitalter der Globalisierung: Das Beispiel Südostasien. In: Mitteilungen der Österreichischen Geographischen Gesellschaft 142, Wien, S. 269–314.

HUSA, K. und H. WOHLSCHLÄGL (2002): Vom Baby-Boom zum „Grey Boom"? Sozio-demographische Transformationsprozesse in Südostasien. In: Journal für Entwicklungspolitik 18 (4), Wien, S. 311–336.

HUSA, K. und H. WOHLSCHLÄGL (2003a): Wirtschaftsboom und ökonomische Krise: Thailands Wirtschaftsentwicklung in den achtziger und neunziger Jahren In: HOHNHOLZ, J. und K.-H. PFEFFER (Hrsg.): Thailand: Ressourcen – Strukturen – Entwicklungen eines tropischen Schwellenlandes. Tübingen, S. 79–120 (= Tübinger Geographische Studien 137).

HUSA, K. und H. WOHLSCHLÄGL (2003b): Südostasiens „demographischer Übergang": Bevölkerungsdynamik, Bevölkerungsverteilung und demographische Prozesse im 20. Jahrhundert. In: FELDBAUER, P., HUSA, K. und R. KORFF (Hrsg.): Südostasien: Gesellschaft, Räume und Entwicklung im 20. Jahrhundert. Wien: Promedia, S. 133–158 (= Edition Weltregionen 6).

HUSA, K. und H. WOHLSCHLÄGL (2005): „Gastarbeiter" oder Immigranten? Internationale Arbeitsmigration in Ost- und Südostasien im Umbruch. In: BINDER, S. et al. (Hrsg.): „HerausForderung Migration" – Beiträge zur Aktions- und Informationswoche der Universität Wien anlässlich des „UN International Migrant's Day". Wien, S. 71–104 (= Abhandlungen zur Geographie und Regionalforschung 7).

International Labour Organization (ILO) (1997): Ageing in Asia: The Growing Need for Social Protection. Bangkok: ILO – Regional Office for Asia and The Pacific.

JONES, G. W. (1993): Consequences of Rapid Fertility Decline for Old Age Security in Asia. In: LEETE, R. und ALAM, I. (Hrsg.): The Revolution in Asian Fertility: Dimensions, Causes and Implications. Oxford, S. 275–295.

KINSELLA, K. und V. A. VELKOFF (2001): An Aging World: 2001. Washington D.C.: U.S. Census Bureau (= U.S. Census Bureau Series P95/01-1).

KINSELLA, K. und D. R. PHILLIPS (2005): Global Aging: The Challenge of Success. Washington D.C.: Population Reference Bureau (= Population Bulletin 60/1).

KNODEL, J. (1999): The Demography of Asian Ageing: Past Accomplishments and Future Challenges. In: Asia-Pacific Population Journal 14 (4), S. 39–56.

LIU, S. und F. L. MACKELLAR (2001): Key Issues of Aging and Social Security in China. Laxenburg bei Wien: IIASA (= IIASA Interim Report IR-01-004).

MÜLLER, K. (2001): Altern in der Dritten Welt. In: BETZ, J. und S. BRÜNE (Hrsg.): Jahrbuch Dritte Welt 2001. Hamburg, S. 32–46.

NIZAMUDDIN, M. (1999): Population Ageing: Policy Responses to Population Ageing in Asia and the Pacific. In: CLIQUET, R. und M. NIZAMUDDIN (Hrsg.): Population Ageing: Challenges for Policies and Programmes in Developed and Developing Countries. Leuven: UN Population Fund and Population and Family Study Centre, S. 95–115.

OFSTEDAL, M. J., KNODEL, J. und N. CHAYOVAN, (1999): Intergenerational Support and Gender: A Comparison of Four Asian Countries. In: Southeast Asian Journal of Social Science 27, S. 21–42.

OGAWA, N. (2003): Ageing Trends and Policy Responses in the ESCAP Region. In: Population and Development: Selected Issues. Bangkok: UN-ESCAP, S. 89–127.

PHILLIPS, D. R. und A. C. M. CHAN (2002): Policies on Ageing and Long-term Care in Hong Kong. In: PHILLIPS, D. R. und A. C. M. CHAN (Hrsg.): Ageing and Long-term Care. National Policies in the Asia-Pacific. Singapur: Institute of Southeast Asian Studies und Ottawa: International Development Research Centre, S. 23–67.

Population Reference Bureau (2006): World Population Data Sheet 2006. Washington D.C.: Population Reference Bureau.

RAMESH, M. und M. ASHER (2000): Welfare Capitalism in Southeast Asia: Social Security, Health and Education Policies. New York.

SIN, Y. und I. W. MAC ARTHUR (2000): Annex B2: Country Profile for China, Hongkong, South Korea, Thailand. In: HOLZMANN, R. et al.: Pension Systems in East Asia and the Pacific: Challenges and Opportunities. Washington D.C.: The World Bank (= Social Protection Discussion Paper 14).

SKELDON, R. (2001): Ageing of Rural Populations in South-East and East Asia. In: The World Ageing Situation: Exploring a Society for All Ages. New York: United Nations, S. 38–54.

TURNER, J. A. (2002): Social Security Development and Reform in Asia and the Pacific. London: The Pension Institute, Birkbeck College, University of London (= Discussion Paper PI-0203).

United States Social Security Administration (SSA) (2005): Social Security Throughout the World: Asia and the Pacific 2004. Washington D.C.: SSA (= SSA Publication 13-11802).

United Nations (2002): World Population Ageing 1950–2050. New York.

United Nations (2006): Population Ageing 2006, Wallchart. New York.

United Nations. Economic and Social Commission for Asia and the Pacific Region (UN-ESCAP) (2001): Policies and Programmes for Older Persons in Asia and the Pacific: Selected Studies. Bangkok (= Social Policy Paper 1).

United Nations. Economic and Social Commission for Asia and the Pacific Region (UN-ESCAP) (2003): Population and Development: Selected Issues. Bangkok.

World Bank (1994): Averting the Old Age Crisis: Policies to Protect the Old and Promote Growth. New York: Oxford University Press.

ZIMMER, Z. et al. (2005): The Impact of Past Conflicts and Social Disruption in Cambodia on the Current Generation of Older Adults. Michigan (= University of Michigan, Population Studies Center, Report 05-582).

Der Kampf um Lebensraum in den Megastädten Indiens

HEINZ NISSEL, Wien*)

Inhalt   Seite

1   Indische Megastädte als „Globalizing Cities" 131
2   Der Kampf um Lebensraum – Visionen und Aktionen 136
3   Bangalore – Inseln der Postmoderne und der „Rest" 141
4   New Delhi – Gurgaon. Die Hyperrealität der „Shopping Malls" 144
5   Slums in Bombay – Kamala Nehru Nagar und Dharavi. Solidaritätsnetzwerke und Gefährdungspotenzial 146
6   „Bulldozing the slums" von Yamuna Pushta – eine neoliberale „Erfolgsstory" aus New Delhi 149
7   Fazit 153
8   Literatur 153

Further capital accumulation always has to negotiate, confront and if necessary revolutionize the regional structures it had earlier produced.
David HARVEY: Notes Towards a Theory of Uneven Geographical Development. 2005, S. 79.

Bombay verkörpert die Zukunft der urbanen Zivilisation auf der Erde.
Gott stehe uns bei.
Suketu MEHTA: Bombay Maximum City. 2006, S. 13.

1 Indische Megastädte als „Globalizing Cities"

Nach Einschätzung der Vereinten Nationen ist die Welt 2006 eine urbane geworden, weil erstmals über die Hälfte der Menschheit in Städten wohnt. Immer mehr findet eine Bevölkerungskonzentration in wenigen, überproportional wachsenden Megastädten statt, insbesondere in Staaten der „Dritten Welt" (einen Überblick über die wesentlichen Probleme bieten COY und KRAAS 2003). Unaufhaltsam wachsende städtische Armut bei gleichzeitiger Marginalisierung der großen Mehrheit der Bewohner von Mega- und Weltstädten ergeben jedoch düstere Szenarien der Zukunft (zur Einführung: BÄHR und MERTINS 2000). Die Kernproblematik der Weltstadtformierung wurde schon 1982 von FRIEDMANN und WOLFF durch die Metapher „Zitadelle und Getto" treffend umschrieben – Inseln mit Hochhäusern gehobenen Wohnens und moderne Büro- und Geschäftskomplexe symbolisieren die Zitadellen der Eliten, Zonen ökonomischer Macht, politischer Herrschaft und des demonstrativen Luxus, das Getto steht für die sozial

---

*) Ao. Univ.-Prof. Dr. HEINZ NISSEL, Institut für Geographie und Regionalforschung der Universität Wien, Universitätsstraße 7, A-1010 Wien. E-Mail: heinz.nissel@univie.ac.at

wie räumlich ungleich größeren Anteile der städtischen Armut und ihres räumlichen Ausdrucks in den marginalisierten Zonen der Slums.

So kontrovers die Globalisierungsdebatte immer noch geführt wird, bleibt doch zunächst einmal die überragende Rolle der *„Global Cities"* als wichtigste Knotenpunkte und Steuerungszentren der weltweiten Austauschbeziehungen, vor allem von Informationen und Kapital, unbestritten. Bis vor wenigen Jahren konzentrierte sich die interdisziplinäre Diskussion fast ausschließlich auf diese Weltstädte der höchstentwickelten Staaten unserer Erde. Inzwischen sehen wir jedoch auch die Metropolen und insbesondere die Megastädte der Entwicklungsländer nicht nur passiv in globale Aktivitäten eingebunden, sondern nachweisbar als *„Globalizing Cities"* an der Ausformung und Perpetuierung dieser weltweiten Netzwerke mitbeteiligt.[1])

Zugleich erleiden solche Riesenstädte der Dritten Welt durch die neuen transnationalen Varianten ökonomischer Abhängigkeit massive Eingriffe in allen Dimensionen städtischen Lebens: Zunehmende soziale, ökonomische und ökologische Polarisierung geht Hand in Hand mit verschärften Konflikten um immer knapper werdende Ressourcen, die sich auch in einer zunehmenden Fragmentierung urbaner Räume niederschlagen. Fragen nach gesellschaftlicher Partizipation von Randgruppen, „Globalisierungsgewinnern und -verlierern", Verteilungsgerechtigkeit und Umweltbelastungen rücken dabei immer mehr in den Fokus wissenschaftlicher Analysen. Der im Aufsatztitel gewählte Terminus „Kampf um Lebensraum", den Friedrich RATZEL 1901 prägte, soll hier keineswegs in einem geopolitischen, deterministischen Kontext Anwendung finden, sondern nur als Metapher diese vielfältigen Konflikte auf einen „einfachen" Nenner bringen.[2])

Metropolen, Millionenstädte und noch einmal verstärkt Megacities zeigen nicht nur die größtmöglichen Verdichtungen menschlichen Zusammenlebens in quantitativer Hinsicht, sondern sie sind in ihrer Komplexität, Dynamik und Innovationskraft von so außergewöhnlicher Wirkung, dass heute sämtliche darunter liegenden Ebenen städtischer, periurbaner und ländlicher Siedlungsräume zu verblassen scheinen. Die Megastädte Indiens fügen sich nicht nur in diesen Kontext, sondern können geradezu exemplarisch für die vielschichtigen Phänomene der Ansprüche, Krisen und Friktionen der urbanen Gesellschaft insgesamt wie auch ihrer unterschiedlichsten Bewohner und Bezugsgruppen stehen.

Verschiedene Definitionen setzen die Untergrenze für Megastädte bei fünf oder zehn Millionen Einwohnern an (in Indien überwiegend ersteres). Für die hier zu treffenden Aussagen ist dies jedoch unerheblich. Stimmen dürfte hingegen die Annahme, dass mit steigender Stadtgröße Quantität wie Komplexität urbaner Problemstellungen ebenfalls zunehmen (z. B. solche der Zuwanderung und Bevölkerungsverdichtung, der Infrastruktur, der Begrenztheit ökologischer Ressourcen und der Globalisierungsfolgen insgesamt). Nicht auszuschließen ist jedoch auch die gesteigerte „Attraktivität" von Megastädten für die wissenschaft-

---

[1]) Siehe zum aktuellen Stand der Megastadtforschung die Internetseite der „Mega-City Task Force" der „International Geographical Union" (IGU) und andere *Links* im Literaturanhang.

[2]) Der Autor erhielt vielfältige Anregungen für diesen Aufsatz während seiner Teilnahme an einer Konferenz anlässlich der Jubiläumsveranstaltungen „150 Jahre Universität Mumbai" am „Department of Geography" zum Thema „Accumulation, Dispossession, Claims and Counterclaims: Transformative Cities in the New Global Order" im Oktober 2006. Gedankt sei vor allem Swapna BANERJEE-GUHA, der Mentorin und Organisatorin, weiters für Gespräche David HARVEY, Neil SMITH, Saskia SASSEN, Smita GANDHI, Dunu ROY, P. K. DAS, Darryl D'MONTE und Nazrul ISLAM. Der Dank geht auch an die Universitäten Mumbai und Wien für finanzielle Unterstützung. Ein Tagungsband wird 2007 erscheinen.

liche Exploration oder die künstlerische Bewältigung (Film, Literatur, Musik)[3]), wodurch mehr Information, mehr Wissen generiert wird als für weniger spektakuläre Formen menschlichen Zusammenlebens. Indiens Megacities weisen für Bewohner und Beobachter diese ungeheure Variationsbreite von Hoffnung und Verzweiflung auf, von Überfluss und Überlebenskampf, kultureller Vitalität und plattem Kommerz, Modernismus und Leben in Armut, die in ökonomische Verteilungskämpfe wie soziale und politische Eruptionen münden. Das bloße alltägliche Überleben dieser Riesenstädte ist erstaunlich genug und widerspricht jeglicher (westlicher) Erfahrung und Logik.

Dennoch wachsen die Megastädte in atemberaubendem Tempo weiter, jede für sich genommen einzigartig in ihrer Entwicklung – und doch sind sie alle eingebunden als Puzzleteile in die Gesamtgesellschaft Indiens. Sicher wünschen die urbanen Eliten auf Inseln des Reichtums in „gated communities" gerade dieser Situation zu entkommen, unterstützt durch wechselnde Regierungen, die aber alle das neoliberale Credo von „India Shining"[4]) und „New Economic Policy" singen. So lassen sich die 350 Millionen Bewohner, die unter der indischen (!) Armutsgrenze leben müssen, leichter verdrängen, desgleichen das Fehlen einer gesicherten Grundversorgung für die Mehrheit der Bevölkerung oder die miserable Infrastruktur in weiten Teilen des Landes. Oder doch nicht? Auch nach jahrzehntelanger Verfolgung, massiven Zwangsräumungen und Zerstörungen ihrer Behelfsunterkünfte sind die Armen, Entrechteten, Marginalisierten nicht aus dem Blickfeld der Reichen und Mächtigen verschwunden. *Slums* überziehen die Megastädte zu Tausenden, und ohne die Tätigkeiten von Millionen Slumbewohnern wären die Standortvorteile für „business and commercial activities" obsolet. Der alltägliche Überlebenskampf von Millionen Einzelnen und ihre unüberschaubaren Vernetzungen nach Status, Einkommen, Kasten usw. findet seine räumliche Entsprechung im „Kampf um Lebensraum"; sozialökonomische Polarisierung und räumliche Fragmentierung führen letztendlich zu „different worlds in one place".

Je nach Definition können wir von drei „großen" und drei „kleineren" Megastädten in Indien sprechen. Bei der jüngsten Volkszählung 2001 wurden für die U.A. („urban agglomerations") folgende Einwohnerzahlen ermittelt (in Millionen): Bombay 16,4; Kalkutta 13,2; Delhi 12,8; Madras 6,4; Bangalore 5,7; Hyderabad 5,5. Für 2006 können die Schätzungen wie folgt angesetzt werden: Bombay 18, Delhi 15 und Kalkutta 14 Millionen. Kalkutta, Bombay, Madras und Delhi (in dieser Reihenfolge) bildeten auch die ersten Millionenstädte des Landes und dominierten die Großregionen Osten, Westen, Süden und Norden. Im Gefolge des Aufkommens rechtsnationalistischer Hinduparteien erfolgten seit 1995 etliche Umbenennungen. Bombay wurde zu Mumbai, Madras zu Chennai und Kalkutta zu Kolkata.[5])

Das Konfliktpotenzial dieser Megastädte existiert jedoch nicht erst seit dem neoliberalen Mainstream internationaler Politik- und Wirtschaftsbeziehungen. Es wurzelt zweifelsohne älter und tiefgründiger in den unaufgelösten Widersprüchen der indischen Gesellschaft insgesamt. Ihre Entstehung wie heutige Existenz

---

[3]) Vgl. dazu Christina OESTERHELD: Mumbai/Bombay: Literarische Bilder einer Großstadt. In: AHUJA und BROSIUS (2006), S. 81–98, und im gleichen Band Dorothee WENNER: Die Megastadt als Filmdorf: Bombay im Bollywood-Film, S. 113–124.

[4]) Wahlslogan der rechts gerichteten hindu-nationalistischen Volkspartei Bharatiya Janata Party (BJP) im Bundeswahlkampf 2004.

[5]) Die komplexe Rhetorik und Ideologie der Um- und Neubenennungen zeigt ECKERT (2006, S. 65ff) auf.

verdanken diese Zentren der von den britischen Kolonialherren induzierten ungleichen wirtschaftlichen und regionalen Entwicklung des Landes. Das Paradoxon der indischen Urbanisierung liegt darin, dass dieser Subkontinent drei der sieben größten Städte der Erde trägt, insgesamt 35 Millionenstädte, aber dass trotzdem mit einer Verstädterungsquote von gerade einmal 28 Prozent noch immer nahezu drei Viertel der Gesamtbevölkerung von mittlerweile mehr als einer Milliarde Menschen in den 550.000 Dörfern wohnen und arbeiten. Dieses Ungleichgewicht ist nur mit Kenntnis der historischen Perspektive zu begreifen. Von den sechs Megastädten spielten bloß das alte Delhi der Großmogule sowie Hyderabad in der Jahrtausende alten Geschichte eine wichtige Rolle, bezeichnenderweise beide in meerferner Lage. Alle übrigen (auch Neu-Delhi) sind britische Gründungen im Gefolge der Deurbanisierung Indiens im 17. Jahrhundert, als die Binnenorientierung des indischen Städtesystems unter Hindu- wie Moslemherrschern durch die kolonialwirtschaftliche Penetration des Subkontinents zerstört wurde, Britannien dem Land eine neue internationale Arbeitsteilung aufzwang (indische Rohstoffe gegen englische Fertigwaren) und damit eine neue Außenorientierung des Städtesystems einleitete.

Die großen, spät induzierten Hafenstandorte des *„British Empire"*, Bombay, Kalkutta und Madras, noch jüngeren Datums Karachi und Colombo erlebten vor allem in der zweiten Hälfte des 19. Jahrhunderts einen rasanten Aufstieg als wichtigste Knotenpunkte der britischen Herrschaft, Verwaltung und ihrer merkantilen Interessen. Sie waren die „Anker" fremdländischer Aneignung und Ausbeutung sowie Diffusionszentren der allmählichen Durchdringung und Beherrschung Indiens und weiter Teile Asiens (dazu ausführlich NISSEL 2004, S. 181–206). Als Spiegelbild und Wegbereiter zeigen sie bis heute die baulichen Symbole des Kolonialismus und multikulturelle Populationen, beides ein Dorn im Auge des „Hindutva"-Nationalismus.[6]) Die Umbenennungsmanie innerhalb der letzten zehn Jahre ist in diesem Kontext zu lesen.

Anders bei Delhi: Im Jahr 1911 verlegten die Briten ihre Hauptstadt aus dem politisch instabil gewordenen Kalkutta in den Raum des stillen, aus vormaliger Glanzzeit der Mogule zur Kleinstadt abgesunkenen Delhi. Erst die massiven Flüchtlingsströme nach der Teilung Indiens und Pakistans (1947) und die starke Konzentration von finanziellen Ressourcen, Beamtenapparat sowie später Industrieentwicklung ermöglichten Delhis raschen Aufbau zur Millionenstadt und zur heute am schnellsten wachsenden Megacity.

Im Süden des Subkontinents konnte Madras bis etwa 1960, 1970 seine Führungsposition verteidigen. Doch dann erfolgte der stetige Aufstieg von Bangalore, der Hauptstadt des Bundesstaates Karnataka, zunächst durch Standorte der Rüstungstechnologie, nachfolgend jedoch immer stärker über Computerproduktion und IT-Software-Entwicklung, zum *„Silicon Valley"* und zur *„Electronics Capital of India"*. Trotz mangelhafter Infrastrukturentwicklung und dem Aufkommen neuer Konkurrenten gehört die Technologieregion Bangalore noch immer zu den weltweit bevorzugten Standorten der IT-Branchen. In der Megacity Hyderabad, zugleich Hauptstadt von Andhra Pradesh, erwächst dieser allerdings in der jüngsten Dekade ein immer stärker aufkommender inländischer Konkurrent. So

---

[6]) *Hindutva* verkörpert die Programmatik des „reinen Hindutums", das die *bhumiputra* („Söhne der Erde") repräsentiert. Feinde dieses Reinigungsmythos der „Heiligen Erde Indiens" sind zunächst Südinder, Kommunisten, später *Dalits* (Angehörige der ehemals Unberührbaren) und ganz besonders Muslime, oft als „Bangladeshis" stigmatisiert, um ihre nicht zu duldende Fremdheit zu untermauern. Daraus entwickelten sich die Pogrome von Bombay im Winter 1992/93.

tragen zwar Madras, Bangalore und Hyderabad gemeinsam zum relativen Entwicklungsvorsprung des Südens insgesamt gegenüber den nördlichen Bundesstaaten bei, müssen aber gleichzeitig als Rivalen um die Führungsposition in Südindien gesehen werden.

Kalkutta war bis in die 1970er-Jahre hinein mit seinem Hinterland nicht nur die einwohnerstärkste Stadtregion Indiens, sondern auch jene mit dem größten Industriebesatz. Doch führten bittere politische Auseinandersetzungen zwischen Unternehmern und Investoren gegenüber linken Gewerkschaften und einer zumeist kommunistisch dominierten Landesregierung zum Exodus von Kapital und Köpfen, ein Manko, welches Kalkutta bis heute nicht wirklich ausgleichen konnte.

Die seit 1991 greifende neue indische Wirtschaftspolitik (NEP = *„New Economic Policy"*) führte zu einer radikalen Umkehr ökonomischer Richtlinien von der vier Jahrzehnte andauernden Orientierung an Prinzipien einer gelenkten Planwirtschaft nach dem Vorbild der Sowjetunion (1951 bis 1991) hin zu einer kapitalistischen Marktwirtschaft mit dem Primat des „freien Spiels der Kräfte". Folgerichtig benannte der Autor die „New Economic Policy" daher als nationales Subsystem der Globalisierung in Indien (vgl. NISSEL 2001, S. 67ff). Die Wirtschaftsliberalisierung wirkt zunehmend selektiv auf die Metropolen und vertieft bestehende Ungleichgewichte. In- wie ausländische Investitionen, sowohl staatlich als auch privat, bevorzugen bestimmte Megastädte, während sie alle übrigen städtischen Kategorien und ländlichen Räume vernachlässigen.

Die Kapitalzufuhr erfolgt erstens bevorzugt in die Megastädte Bombay, Delhi, Madras und Bangalore, zweitens in die sich entwickelnden urbanen Korridore: im Westen entlang der Achse Pune – Bombay – Raigad – Vadodara – Ahhmedabad, im Süden in das Megastädtedreieck Madras – Bangalore – Hyderabad, im Norden in die „Delhi National Capital Region" mit Gurgaon, Noida, Faridabad etc. Nicht mithalten können aus einer Reihe von Gründen die Megacity des östlichen Indien, Kalkutta, alle übrigen Landeshauptstädte und Millionenstädte der Bundesstaaten wie etwa Jaipur, Lucknow, Patna im Norden, Bhopal, Indore und Nagpur in Zentralindien oder Coimbatore, Madurai und Trivandrum im Süden und sämtliche darunter liegenden dörflichen und städtischen Strukturen. Um Fehlinterpretationen zu vermeiden, sei betont, dass die Strategien von NEP und Globalisierung nicht „schuld" sind an urban-ruralen Dichotomien oder an der Existenz von zentral-peripheren Entwicklungshemmnissen. Gleichwohl sind sie jedoch verantwortlich für die von Jahr zu Jahr sich ausweitenden Disparitäten.

Die Fünfjahrespläne als Eckpfeiler der Planwirtschaftphase enthielten immer neben der sektoralen Wirtschaftspolitik eine praktisch gleichwertige Regionalpolitik mit dem Schwerpunkt des Ausgleichs zwischen den Bundesstaaten und Territorien und der Förderung peripherer Räume. Die Spielregeln der globalen Neuorientierung erzwingen heute innovative Forschung und Entwicklung (F&E) sowie ihre rasche praxisrelevante Umsetzung auf verschiedensten Teilgebieten des Wirtschaftslebens mit einem entsprechenden Zuschnitt des Humankapitals. Das Credo der Wirtschaftspolitik lautet nun nicht mehr „sozialer Ausgleich verbunden mit regionaler Dezentralisierung", sondern ganz im Gegenteil „Konzentration von Entwicklungsimpulsen und Kapital auf die Anker der globalen Ökonomie", die Megastädte. Ist dies ein Gebot vernünftigen Wirtschaftens auch und gerade bei begrenzten staatlichen Investitionsmitteln eines Schwellenlandes oder die geforderte Anpassungsleistung an die transnationalen Spielregeln der ökonomischen Dimension der Globalisierung? Vieles deutet darauf hin, dass die neue Weltwirtschaftsordnung auf die *räumliche* Verankerung nicht nur in den *Global Cities*, sondern ebenso in den *Globalizing Cities* angewiesen ist.

Indiens Megastädte und übrige Metropolen sind so gesehen nicht mehr (nur) die zentralen Orte höchster Stufe ihrer räumlich umgrenzenden Regionen oder Hinterländer. Sie sind (auch) Orte, in denen weitgehend unabhängig vom „Rest" des Landes jene Voraussetzungen geschaffen werden, die für das perfekte Funktionieren der neuen internationalen Arbeitsteilung notwendig sind. Eine Schlüsselrolle kommt dabei den in diesen Städten lebenden und agierenden Eliten zu, die von diesen Zentren des globalen Netzwerks aus den Indischen Subkontinent für ihre Zwecke erschließen und aufbrechen. Vor 200 Jahren spendeten bereits indische Kaufleute in den Faktoreien der „East India Company" große Geldsummen für die Ausstattung und Bewaffnung britischer Truppen. Die Mittel wurden für „Campagnen" des Militärs verwendet, das heißt, für die gewaltsame Besetzung des Hinterlandes zur Ausweitung der Handelsmöglichkeiten. Später wurden die britischen Hafenstandorte zu den Knoten der Machtausübung am Subkontinent, und die von ihnen vorangetriebenen Bahnlinien bildeten das Netzwerk und Rückgrat kolonialer Herrschaft. Die aktuellen wie geplanten Netzwerke des Informationszeitalters sind visuell weniger greifbar, trotzdem keineswegs von geringerer Bedeutung. Dieser Typ einer globalisierenden „Möchtegern-Weltstadt" ist damit Täter und Opfer zugleich, transnationaler Befehlsempfänger und nationaler Befehlsgeber.

2 Der Kampf um Lebensraum – Visionen und Aktionen

Die vorangegangenen Ausführungen hatten die Aufgabe, die historische Formierung wie aktuelle globale Aufgabenstellung indischer Megastädte knapp zu skizzieren. Der Schwerpunkt der Arbeit liegt jedoch auf der Exploration aktueller sozio-ökonomischer wie städtebaulicher Zustände und Entwicklungen innerhalb der Agglomerationen selbst. Leithypothese ist dabei der verschärfte Kampf um die nicht vermehrbare Ressource Raum, eben um Lebensraum, der von unterschiedlichen gesellschaftlichen Gruppen beansprucht wird, wobei die kombinierten Effekte von Globalisierung, „New Economic Policy" (NEP) und neoliberaler Politik die „Armen" generell rechtlich und territorial immer weiter einschränken und zurückdrängen, während der Verwertung und Ausbreitung von Investitionskapital „der Reichen" von Seiten der Politik, Verwaltung und Stadtplanung immer mehr städtischer Raum eingeräumt wird.

Bis zur Aktivierung von NEP existierte ein klares Oben und Unten im gesellschaftlichen Status, das sich auch in einem deutlichen Abheben der Oberschichtwohnviertel von den übrigen Stadtteilen akzentuierte, zum Beispiel in Bombay in den Villenvierteln auf Malabar und Cumballa Hills, wo jedoch schon seit Jahrzehnten die kolonialzeitlichen Villen abgebrochen und ihre zugehörigen Parks mit luxuriösen Apartmenthochhäusern verbaut wurden. Die Mittelschichten verteilten sich recht diffus in Stadtteilen wie Byculla, Worli oder Dadar nördlich der City auf der Insel Bombay oder in den westlichen Vororten von Bandra bis Andheri. Die große Mehrheit von ca. 80 Prozent der Bevölkerung wohnte zumeist in den *„chawls"* der Arbeiterkolonien, in den Altstadtbereichen der Bazarzone oder in den Hunderten stetig wachsenden Slums. Heute greift eine stärker forcierte „Patchwork"-Differenzierung des öffentlichen Raums, die m. E. auf den weiter vermehrten Bevölkerungsdruck zurückzuführen ist, aber auch auf das Aufkommen einer *neuen Mittelschicht* bei gleichzeitigem Abbau der organisierten Fabrikarbeiterschaft durch den weit gehenden Zusammenbruch traditioneller Industrien (Textilindustrie, Maschinenbau, Werften) bei rasant wachsendem Bedarf an qualifizierten Arbeitnehmern in den neuen Dienstleistungsbranchen der Medienwelt und der Computertechnologien.

Diese neuen Mittelschichten versuchen zunehmend, den Lebensstil der *neuen Eliten* (Manager, Großaktionäre, Filmstars, Parteipolitiker, Gangsterbosse) zu kopieren,[7] vor allem im *Konsumerismus,* der schon die Bedeutung einer Ersatzreligion einnimmt. Es wächst der Druck auf Verwaltung und Planung, den „legitimen Rechten der Steuerzahler" zu entsprechen und die Armen und Fremden abzuriegeln, auszugrenzen und schlussendlich zu eliminieren. Ein seltsamer Widerspruch tut sich auf zwischen der abnehmenden Toleranz der Mittelschichten gegenüber illegaler Siedlungstätigkeit (Slumbildung) bei zugleich verstärkter Ausnutzung informeller Aktivitäten (von Taglöhnern bis hin zu Babysittern). Diese neuen Eliten und Mittelschichten träumen weiterhin vom „Leuchtenden Indien" verbunden mit einer Umstrukturierung der Megastädte zum Status von *World Cities* oder *Global Cities.* Statements wichtiger Offizieller der Stadtverwaltungen vom Bürgermeister abwärts ergehen sich in übersteigerten Visionen: machen wir aus Delhi das Paris des Ostens, aus Kalkutta ein verbessertes Bangkok und natürlich soll Bombay eines Tages Singapur übertrumpfen!

Die Vereinigung *„Bombay First"*[8]) veröffentlichte 2003 gemeinsam mit der transnationalen Unternehmensberatungsfirma McKinsey einen Report mit dem kennzeichnenden Titel *„Vision Mumbai",* in dem einerseits die überragende Bedeutung der Finanzmetropole für ganz Indien thematisiert wurde und gleichzeitig ihr Untergang, wenn nicht sofort drastische Maßnahmen zu ihrer Rettung veranlasst würden. Bis 2013 soll Bombay die anderen *„globalizing cities"* in Asien ein- oder sogar überholen. Ein wichtiger Schritt dabei sei „die Schaffung von Inseln der Exzellenz in Bezug auf Weltklassewohnen und kommerzielle Komplexe" (McKinsey 2003, S. 20).

Das Lebensgefühl dieser Globalisierungsgewinner charakterisiert Suketu Mehta (2006, S. 33):

„In der Bayview Bar des Hotels Oberoi kann man sich eine Flasche Dom Perignon bestellen für das Eineinhalbfache eines durchschnittlichen Jahreseinkommens; zugleich haben in dieser Stadt vierzig Prozent der Haushalte keine funktionierende Trinkwasserversorgung. [...] Bombay ist die größte, die schnellste und die reichste Stadt Indiens. Krishna könnte Bombay gemeint haben, als er im zehnten Gesang der Bhagavadgita von Gott sprach, der sich in all seiner Fülle offenbart:

Ich bin der Tod, der alles dahinrafft,

und der Ursprung von Allem, was entsteht ...

Ich bin das Würfelspiel unter den Betrügern,

und der Glanz von allem, was glänzt.

Es ist eine *maximum city.*"

Um diese ehrgeizigen Ziele zu erreichen, welche aus einem *„Third World country"* mit stolzer Kulturtradition eine neue Weltmacht mit dynamischer (Wirtschafts-)Entwicklung machen sollen, gilt es nun endlich, die Megastädte nach

---

[7]) Pavan K. Varma hat 1999 den Hauptgewinner der ökonomischen Liberalisierung, die sogenannte Neue Mittelschicht, gnadenlos seziert in: „The Great Indian Middle Class".

[8]) *Bombay First* ist eine Organisation wichtiger Unternehmer und Investoren mit engen Verbindungen zur obersten Führungsebene in Stadtverwaltung und Stadtplanungseinrichtungen, laut Eigendefinition „the concerned people".

neoliberalen Prinzipien zu führen und umzugestalten. In Bombay und Madras erfolgte in den letzten Jahren der Bau dutzender „Fly-over"-Brücken mittels Großkrediten der Weltbank, um den Individualverkehr flüssiger zu gestalten, obwohl nur ein Bruchteil der Einwohner überhaupt PKWs besitzt. Delhi und Hyderabad führen Großreinigungskampagnen durch, um gewünschte in- wie ausländische Investoren zu beeindrucken. Kalkutta gelang es weitgehend, Straßenhändler aus dem Stadtzentrum und von 20 Durchzugsachsen zu verbannen und trotz erbittertem Widerstand zehntausenden Rikschafahrern ihren kargen Lebensunterhalt zu entziehen. Delhi ist dabei, rund 40.000 Klein- und Mittelbetrieben mit ca. 700.000 Beschäftigten, den „non-conforming industries", die weitere Akzeptanz und Lizenzierung zu entziehen und sie zur Abwanderung zu zwingen.

Was ist diesen Aktivitäten gemeinsam? Mit dem *„Facelifting"* durch die Propagierung von Reinheit, Effizienz, Homogenität und vor allem Modernismus sollen weltweit die Akteure der Globalisierung angelockt werden. Staaten und Städte befinden sich dabei in immer schärferem weltweitem Wettbewerb. Ob am Yamuna Fluss in Delhi oder im alten Textilviertel *Girangaon* im Herzen der Insel Bombay – die frei werdenden Industriebrachen verheißen für Betriebseigner, Immobilienspekulanten und den Stadtsäckel ungleich höhere Profite und Steuereinnahmen als die Weiterführung veralteter, unterkapitalisierter Betriebe. Werden die Arbeitsstätten der un- wie angelernten Armen im formellen wie informellen Sektor zunehmend vernichtet, geht damit auch eine stärker werdende Verdrängung ihrer Wohnstandorte aus dem öffentlichen Blickfeld einher.

Mittel- wie Unterschichten erscheinen zunehmend sozial entkoppelt, gerade die Ärmsten immer massiver kriminalisiert. Ein Beispiel: überall auf den tausenden Großbaustellen schuften Bauarbeiter (häufig handelt es sich auch um die Arbeit besonders schlecht entlohnter weiblicher Arbeitskräfte sowie – illegitim, aber weit verbreitet – um Kinderarbeit). Sie hausen unter erbärmlichen Umständen in Hütten oder Zelten in der Nähe ihrer Baustellen. Am Nariman Point, der jüngsten Erweiterung des „Central Business Districts" (CBD) in Bombay, arbeiteten viele Bauarbeiter 15 bis zu 20 Jahre am neuen Regionalparlament, an Fünfsternhotels oder repräsentativen Firmenzentralen. Nach Fertigstellung der Prachtbauten der „Globalizing City" erfolgte das „Bulldozing" der illegalen Siedlungen ihrer Erbauer und die Zwangsvertreibung ohne jegliche finanzielle Abfindung.

Urbanes Facelifting und soziale Entkoppelung können als konstitutive Elemente des Kampfes um Lebensraum gelten. Eine Reihe anderer Indikatoren (vom Autor bereits in früheren Beiträgen beschrieben) belegt dies zusätzlich: Prozesse der *Gentrification* in den älteren „guten" Stadtvierteln und Wohnhäusern; zunehmende *Verknappung des öffentlichen Raums,* etwa die Überantwortung vormals öffentlicher Parkanlagen an Privatfirmen als finanzkräftigen Sponsoren bei radikaler Einschränkung des Besucherkreises und der Besuchszeiten; der Ausbau von *gated communities*; Sonderwirtschaftszonen; Produktionsverlagerungen industrieller Tätigkeit in den informellen Sektor und in die Heimarbeit. Insgesamt erfolgt eine stärker werdende Orientierung tonangebender Gruppen an „globalen" Werten. Indiens Megastädte entsprechen nicht mehr den alten Vorstellungen vom Städtischen im Land. Es sind hybride Gebilde voller Imitationen des Westlichen – etwa die Glitterwelt *Bollywoods,* der weltgrößten Traumfabrik; von College-Absolventen, die sich nicht zwischen „*Hingli*" (Englisch mit Hindiakzent) und eingeflochtenem US-Slang entscheiden können; von Reichen und Superreichen, die Partys für tausende Gäste ausrichten; von Menschen, die auf einer Wohlstandsinsel inmitten der anhaltenden Armut des Subkontinents schwimmen – die vermutlich gar nicht wissen, dass laut UNO-Statistik der Subkontinent wesentlich mehr Hungernde und Arme beheimatet als sämtliche 53 Staaten Afrikas zusammen.[9])

Wirtschaftswachstum, verbesserte Wohnumfeld- und generell Lebensqualität oder strengere ökologische Auflagen sind natürlich nicht per se negativ – aber es ist im Sinne der „welfare geography" von D. M. SMITH (1977, S. 6) zu hinterfragen, „who gets what, where and how?" Die vorgelegten Konzepte sind klassenspezifisch einseitig zugunsten der neuen Mittelschichten ausgerichtet, auf dem Rücken und zu Lasten der Modernisierungsverlierer. Die zur Umstrukturierung freigegebenen Flächen, seien es nun stillgelegte Fabrikareale oder illegal mit Slums überbaute „Frei-Flächen", geraten überwiegend in die Hände von Spekulanten. Dazu zählen Investmentfirmen, Broker, Fonds sowohl nationaler wie transnationaler Provenienz, häufig verbunden mit dem Agieren von *„Non-Resident-Indians"* (NRIs). Dabei handelt es sich um Auslandsinder (vornehmlich in den USA, Kanada, Großbritannien und Südafrika tätig), die bei Investitionen in Indien eine Reihe besonderer Vorrechte genießen. WAMSER (2004) schätzt ihre Direktinvestitionen zwischen 1990 und 2000 auf mindestens zwei Milliarden US-Dollar allein in Bombay und eine Milliarde in Delhi.

Diese Interessen greifen massiv in die Restrukturierung der Megastädte ein. Vilasrao DESHMUKH, Ministerpräsident des Bundesstaats Maharashtra, verinnerlichte die Vorgaben des McKinsey Reports und setzte sie brutal in ein Maßnahmenpaket um. Zwischen Herbst 2004 und Frühjahr 2005 ließ er mehr als 80.000 Slumhütten durch Bulldozer schleifen, das heißt, es verloren durch diese Aktionen innerhalb eines halben Jahres etwa 800.000 Menschen ihr Dach über dem Kopf (siehe dazu SRIDHAR 2006). „Gesäubert" wurden dabei (nur) etwa 400 Hektar, auf denen nun luxuriöse Wohnhochhäuser, Shopping Malls, Bürobauten mit modernsten Einrichtungen und – sogar – Grünflächen gestaltet werden sollen.

Die gewaltsame Vernichtung illegaler Siedlungen hat in Indiens Metropolen bereits eine jahrzehntelange Tradition. Schrittweise wurden jedoch früher die Neuankömmlinge im Lauf von Jahren akzeptiert und mit Grundrechten ausgestattet (Aufnahme in die Wählerlisten, Listen für verbilligte Grundnahrungsmittel etc.). Aber im neuen Jahrtausend greift eine neue Härte der Durchsetzungsmacht, die aufgrund besser abgestimmter Organisation wesentlich brutaler agiert als je zuvor. Die Unerwünschten werden in ihren Nischen aufgespürt und vertrieben, während davor oft eine „Laissez-faire-Politik" oder schlicht Korruption und Bestechung eine wirksame Umsetzung der gesetzlichen Vorgaben konterkarierten. Malini BHUPTA (2005, S. 25) beschreibt, wie mit einem in den frühen 1990er-Jahren in Kraft getretenen Ergänzungsgesetz zur Kontrolle der Stadtentwicklung von Bombay mehr als 750 Hektar für die Immobilienspekulation „frei gemacht" wurden, angeblich um Wohnraum für 110.000 Menschen und 372 Hochhäuser zu schaffen.

---

[9]) Die Frankfurter Buchmesse 2006 konzentrierte mit ihrem Länderfokus „Indien" die Augen der deutschsprachigen Öffentlichkeit auf die überaus reichhaltige und vielseitige Literaturproduktion des Subkontinents. Herausragend in der Wahrnehmung waren einige Titel über indische Megastädte, insbesondere Bombay, die sich sofort zu Bestsellern entwickelten. Neben dem hier bereits zitierten Suketu MEHTA seien genannt (alle 2006): Vikram CHANDRA: Der Gott von Bombay. Berlin: Aufbau-Verlag; Kiran NAGARKAR: Gottes kleiner Krieger. München: A1-Verlag; Shashi TAROOR: Bollywood. Frankfurt am Main und Leipzig: Insel-Verlag; Altaf TYREWALA: Kein Gott in Sicht. Frankfurt am Main: Suhrkamp.

Die massiven Zerstörungen der Slums und die Vertreibung der Slumbewohner werden immer wieder mit dem Argument begründet, dass es sich um illegale Zuwanderer handle, die den Städten wertvollen Lebensraum und ihren (rechtmäßigen) Bürgern kostbare Ressourcen wie etwa Wasser und elektrischen Strom widerrechtlich stehlen. Zusätzlich würden sie auf potenzielle Investoren und ausländische Touristen in Brennpunkten der städtischen Infrastruktur (z.B. Flughäfen, Verkehrsadern, Luxushotels) abstoßend wirken. So konnte der Ministerpräsident von Maharashtra, Vilasrao DESMUKH, verkünden, in „Mumbai sei kein Platz mehr für „Gäste", Slumbewohner seien nur eine Belastung der Steuerzahler.[10]) Außerdem stammten sie überwiegend aus dem Armenhaus Indiens, aus Bihar, sowie „aus Bangladesh" (einer bewusst falschen, diskriminierenden Umschreibung für moslemische Migranten). In Wirklichkeit kamen über 40 Prozent der Illegalen aus dem eigenen Bundesstaat Maharashtra. Dabei sind nach offiziellen Angaben der städtischen Entwicklungsbehörde in Bombay nicht mehr als sechs Prozent des gesamten Stadtkörpers von Slums bedeckt. In Delhi und den anderen Megastädten dürften die Anteile vielleicht noch niedriger liegen.

In Bombay, Delhi, Kalkutta und Bangalore, also in den für Investoren besonders interessanten Städten, werden die Maßnahmen der Stadtverwaltungen und der Polizei mit besonderer Brutalität umgesetzt. Natürlich geht es bei der „Reconquista" besetzter öffentlicher Territorien auch um Geld, um viel Geld und damit verbunden um Einfluss und Macht. Doch liegen die Begründungszusammenhänge tiefer. Die neue Infrastruktur der urbanen Eliten und Mittelschichten soll „sauber und sicher" sein. Schlagworte wie „city beautiful", „clean city", „ecological city" gehören zum Standardrepertoire der Planer und Macher. Wohnen, Arbeiten, Konsumieren wie in London und New York, oder, noch besser, wie in Singapur oder Shanghai. Die gewünschte Transformation ist deshalb unmoralisch, weil sie die große Bevölkerungsmehrheit systematisch ausschließen und verdrängen will. Partha CHATTERJEE (2003, S. 181) bringt es auf den Punkt: „Während die neue Metropole global verbunden sein mag, ist sie häufig lokal isoliert von großen Teilen der Bevölkerung, die als funktional unwichtig und sozial wie auch politisch störend verstanden werden."

In einem früheren Beitrag stellte der Autor die altindische und die globalisierte Stadtstruktur in Parenthese: War früher der Haupttempel die topographische wie spirituelle Mitte der Stadt und zugleich ein göttliches Symbol eines geordneten Universums, so entstehen heute *„enclaved" oder „gated communities"*, in denen das Klubhaus mit Swimming Pool und Tennisplätzen die neue Wertigkeit bestimmt. Eine solche streng abgeschirmte Sonderzone (Mauern, bewaffnetes Wachpersonal, Hundestaffeln, Videoüberwachung) bildet ihre eigene städtische Subkultur. Die Insider benützen ihre eigenen Restaurants, Kinos, Golfanlagen, haben ein spezifisches Kulturleben und ihren Hubschrauberlandeplatz. Wo öffentlich zugängliche *„Fun-Cities"* aus dem Boden schießen – beispielsweise auf dem ehemaligen Gelände der „Phoenix Mills" in Bombay – oder im brandneuen Sheraton Hotel, gerade erst in der alten Zigarettenfabrik des Tabakgiganten ITC errichtet, herrschen strenge Zugangsbestimmungen und *„Codes of Conduct"*, etwa absolutes Fotografierverbot, korrektes Benehmen, westlich orientierte Bekleidung. Hier werden die neuen Lebenswelten inszeniert, in denen die neuen Götter namens „Spaß" und „Konsum" die höchste Verehrung genießen. Der Kontakt zur Außenwelt und damit zum hässlichen Gesicht des Alltags der Megacity ist nicht mehr notwendig und schon gar nicht erwünscht. Virtuelle Gegen-

---

[10]) In einer der führenden Tageszeitungen Indiens, *The Hindu,* Ausgabe vom 11. Mai 2005, S. 10.

welten in lärmumtosten Spielhallen oder klimatisierten Showrooms global agierender Marken lassen das Draußen einfach versinken.

CHATTERJEE (2003) spricht bei diesem „verzonten" Raum von „Quasi-Hochsicherheitstrakten", die sich über ein Bedrohungsszenario legitimieren. Die Angst vor Übergriffen der „anderen" ist gleichwohl latent vorhanden und schafft so etwas wie eine eigene Atmosphäre der Enklaven-Gemeinschaft, ein stilles Einverständnis Gleichgesinnter. Megastadtentwicklung in Indien ist heute mit der Schaffung von „apartheid cities"[11]) verbunden. Die rassistische Segregation von rechtmäßigen und illegitimen Bevölkerungsgruppen wie in Zeiten des Apartheid-Regimes in Südafrika oder über Generationen im britischen Kolonialismus kann auf die aktuelle Stadtentwicklung Indiens umgelegt werden.

Über 2000 Jahre war die indische Gesellschaft streng nach Kasten segregiert, und dies schloss deren räumliche Trennung mit ein. Vom kleinsten Dorf bis zu den Metropolen griff diese kleinräumige, mosaikartige Sortierung religiös-gesellschaftlicher Differenz. In mancher Hinsicht wird die alte Kastenstruktur heute in den Megastädten aufgebrochen und in Frage gestellt. Die *postmoderne Apartheid* definiert sich über Besitz, Einkommen, Status, Bildung und Teilhabe an der *„Fun-Kultur"*.

Der Kampf um Lebensraum findet hier neue Entsprechung. Es geht ja um den Raum als Kampfzone und um die Ressource „Raum" bei der Beanspruchung öffentlicher Güter. Die Verknappung der Ressourcen führt zu immer härteren Verteilungskämpfen um Wohnraum, Wohnumfeld, Trink- und Brauchwasser, Energie, Ver- wie Entsorgung, Gesundheitsdienste, Freizeit- und Konsumräume.

3 Bangalore – Inseln der Postmoderne und der „Rest"

Karnataka gehört zu den Bundesstaaten, die das neue Selbstbewusstsein Indiens repräsentieren. Dies gilt vor allem für seine Landeshauptstadt Bangalore, das „Epizentrum des indischen IT-Booms" (ULTSCH 2005). Viele Namen von Weltgeltung hat die südindische Megastadt angelockt – IBM, Microsoft, Compaq, Oracle, Siemens und die „Eigenbau"-Giganten *Infosys* und *Wipro*, die an der New Yorker Technologiebörse „Nasdaq" notieren und Dollarmilliarden umsetzen. Call-Center und „Medical-Transcription"-Firmen betreuen von hier aus Millionen Kunden in den USA, in Asien und Europa, Fluglinien haben hierher ihre Buchhaltung, das Ticketing und die Kundenbetreuung ausgelagert. Die wichtigsten Gründe dafür: Zunächst der Kostenfaktor (vergleichbare Arbeit zu 10 bis 30 Prozent der Kosten in der Ersten Welt), zunehmend jedoch auch das unerschöpfliche Reservoir an begabten, hochmotivierten Studienabgängern mit exzellenten Englischkenntnissen.[12]) Aus bescheidenen Anfängen um 1990 sind Weltkonzerne entstanden.

Bernard IMHASLY berichtete 2006 in einem Artikel in einer österreichischen Zeitung über *„Infocity"*, das Hauptquartier der Firma *Infosys*:

„Ein Traumbild: Sanft gewellte Rasenflächen. Entlang der Blumenbeete bewegen sich lautlos Elektromobile. Zwischen den verstreut liegenden Kuben der Bürogebäude stehen die offenen „Food Courts", wo sich die 14.000 „Infociticens" verköstigen. Daneben liegen verglaste Fitnesszentren, 24 Stunden geöffnet, wie

---

[11]) Vgl.: Hazards Centre (2005): Blueprint for an Apartheid City. Draft Delhi Master Plan 2021.

[12]) So bewarben sich am Institut für „Management Studies" der Universität Bangalore etwa 90.000 Abiturienten in landesweiten Ausscheidungsrunden um 400 Studienplätze. Für 1700 Jobs bei Infosys gab es 193.000 Kandidaten (2003).

die Meditationsräume darunter. Am Rande der Kleinstadt ein Kraftwerk, dahinter Wasserversorgung und Kläranlage, und ein riesiges Parkhaus. Für die Gäste aus Übersee ein Fünf-Sterne-Hotel. Direkt daneben die Kirche im Dorf: eine Pyramide mit einem dunkelblauen Glasmantel. [...] Hier wird nicht die Kommunikation mit Gott zelebriert, sondern jene mit dem Markt. In dem Fernsehstudio werden die Quartalszahlen verkündet."

Konzernherr ist Narayana MURTHI, der es vom Sohn eines Dorfschullehrers zum „Messias der indischen Mittelklasse" (Hindustan Times) und Chef über 50.000 Mitarbeiter gebracht hat. Doch MURTHI ist sich dessen bewusst, dass sich der Gini-Koeffizient des Einkommensgefälles im Land ausgeweitet hat: „Indien hat die politische Freiheit erlangt, aber nicht die ökonomische. Denn es hat seine wichtigsten Ziele verfehlt – den universellen Zugang zu Grundrechten wie Nahrung, Wohnung, Gesundheit und Erziehung" (Anm.: Interview von MURTHI durch IMHASLY im gleichen Bericht).

Zusammen mit MURTHI hatten sich sechs weitere Partner von ihren Ehefrauen 1981 10.000 Rupien (entsprach damals 300 US-Dollar) geliehen, um die Firma Infosys zu gründen. Bis 1991 dümpelte die Firma vor sich hin, nachdem es davor drei Jahre und 25 Bittgänge nach Delhi bedurft hatte, um eine Importlizenz für einen Kleincomputer zu erhalten. Durch strenge Devisenbewirtschaftung waren damals Auslandsreisen indischer Geschäftsleute und Manager extrem limitiert. Die Öffnung des indischen Marktes für Auslandsfirmen und FDI („foreign direct investments") durch die „New Economic Policy" (NEP) rettete nicht nur Infosys, sondern veränderte den ganzen Subkontinent ökonomisch radikal. Innerhalb von 15 Jahren vervielfachte sich der Umsatz von Infosys von fünf Millionen auf zwei Milliarden US-Dollar.

Eine Reihe von Erfinderstories im Stil der Experimente von Bill Gates in der Garage könnte über Firmengründer in Bangalore und im indischen Silikon Valley erzählt werden. Tatsächlich kehren tausende IT-Spezialisten ursprünglicher Herkunft aus Indien, Pakistan oder Bangladesh in den letzten Jahren aus Kalifornien, Atlanta oder Toronto in ihre frühere Heimat zurück, um die Möglichkeiten von NEP zu nützen. Dem *„brain drain"* aus Indien steht somit bereits wieder eine Rückbewegung gegenüber. Soweit zur Sonnenseite der IT-Kapitale.

In krassem Widerspruch dazu fragen Geographen nach den Lebenschancen der großen Bevölkerungsmehrheit, der Globalisierungsverlierer.[13] Welche Bedeutung hat die Globalisierung in ihren lokalen Auswirkungen auf die gesellschaftliche und wirtschaftliche Teilhabe am Aufschwung, auf strukturelle und sozialräumliche Disparitäten? DITTRICH (2004b) erstellte für Bangalore eine Karte der fragmentierten Raumnutzungsmuster unter dem Einfluss der Globalisierung. Die Megacity „zerfällt" in ein Puzzle ganz unterschiedlich beanspruchter städtischer Teilräume:

Überwiegend *weltmarktorientierte* Wirtschaftsformationen bestehen aus dem modernen Geschäftszentrum mit hochrangigen Dienstleistern und IT-Unternehmen, teilweise in Hochhäusern angesiedelt. Weitere IT-Betriebe haben sich in wohlhabenden Wohnquartieren etabliert oder in eigenen Technologiezentren, die „auf der grünen Wiese" in städtischer Peripherlage entstanden. Ein anderes Segment stellen exportorientierte Textilbetriebe dar, die sich räumlich benachbart zu Slums befinden (Niedriglohnproduzenten im globalen Kreislauf).

Eine zweite Gruppe kann überwiegend *binnenmarktorientierten* Wirtschaftsformationen zugeordnet werden: dazu zählen staatliche wie private Großunter-

---

[13] Nach den *„social opportunities"* im Sinne des indischen Nobelpreisträgers für Nationalökonomie AMARTYA SEN.

nehmen sowie kleinere Industriebetriebe in Gewerbeparks mit einem vielseitigen Branchenmix. Es handelt sich räumlich zumeist um alte Industriestandorte an Ausfallstraßen und Bahnlinien.

Eine dritte Gruppe bilden schließlich überwiegend *lokal verankerte* Wirtschaftsformationen, die die größten Areale der Metropole einnehmen. Es sind dies Betriebe des Groß- und Einzelhandels sowie des Kleingewerbes und Heimindustrien im traditionellen Geschäftszentrum, weiters sekundäre Geschäftszentren, Kleingewerbe und Heimindustrien im Industriegürtel. Schließlich in enger räumlicher Verzahnung damit Slums mit einer Vielfalt informeller Tätigkeiten, etwa Recycling von Metallen, Chemikalien, Glas oder Papier.

Globalisierung greift dabei ganz unterschiedlich in die einzelnen städtischen Teilräume ein. Effekte der Gentrifizierung im und um den Central Business District funktionieren hier genauso wie in anderen Megastädten: Lebten 1981 noch 13 Prozent der Bevölkerung zentrumsnah, waren es 2001 nur mehr acht Prozent. Zwar stimulieren Globalisierungseinflüsse ein hohes Wachstum an Arbeitskräften im IT-Bereich und über den Kaufkraftanstieg der wachsenden Mittelschichten auch private Dienstleistungen. DITTRICH schätzt in diesen beiden Breichen jeweils 80.000 bis 100.000 Beschäftigte, desgleichen im Behörden- und Verwaltungsapparat.

Gleichzeitig weiten sich jedoch die informellen Tätigkeiten noch viel stärker aus, da der formelle Sektor nur eine geringe Absorptionsfähigkeit für neue Beschäftigte aufweist und außerdem immer mehr Arbeiten von Mittel- und Großunternehmen in den informellen Sektor verlagert werden (Baubranche, Transportwesen, Kleingewerbe, Kleinhandel, Heimarbeit, Haushaltstätigkeiten). Rechtlich ungeschützte, niedrig entlohnte und oft noch saisonal beschränkte Arbeit kennzeichnet diese Tätigkeiten, die überwiegend in der lokal verankerten Wirtschaft greifen und nicht weniger als 80 Prozent aller städtischen Erwerbstätigen umfassen – das heißt, wesentlich mehr als alle übrigen Wirtschaftsformationen zusammen.

DITTRICH (2004a, S. 276) deutet die Auswirkungen von Globalisierung und NEP in Übereinstimmung mit den Arbeiten zu Bombay, Delhi oder Kalkutta:

„Die Einbindung Bangalores in das asymmetrische Beziehungsnetz weltwirtschaftlicher Aktivitäten und in den global entgrenzten Wettbewerb um Investitionen, Kompetenzen und Märkte geht mit einem tiefgreifenden räumlich-gesellschaftlichen Strukturwandel einher. Dabei werden bisher gültige raumstrukturelle Muster sowie der Gesamtkontext gesellschaftlicher Beziehungen dynamisiert und gleichzeitig von neuen Ordnungsprinzipien überlagert. Außerdem kommt es unter den Bedingungen der Globalisierung und des rasanten Bevölkerungszuwachses zu einer heillosen Überforderung der öffentlichen Infrastruktur. Damit erlangen auch die Umweltbelastungen eine neue Dimension."

Auch in Bangalore werden nicht mehr als sechs bis sieben Prozent der kommunalen Ausgaben für wohlfahrtsstaatliche Projekte, Bildung und Slumentwicklung ausgegeben. Auch hier existiert die enge Interessengemeinschaft städtischer Eliten und Institutionen der Stadtplanung. Lobbies der Bauunternehmer, Immobilienmakler und Bodenspekulanten profitieren von den neoliberal geprägten Deregulierungsmaßnahmen der Stadt- und Landespolitik, etwa der Freigabe der Wohnungspreise, der Lockerung restriktiver Landvergabe- und Baurichtlinien.

Die Deregulierung des Bodenmarktes und der weitgehende Rückzug der Kommunen und Länder aus dem sozialen Wohnungsbau führen zur Verknappung und damit Verteuerung des Wohnens. Die extrem gestiegenen Miet- und Immobilienpreise überfordern zunehmend auch die untere städtische Mittelschicht und verdrängen sie aus dem innerstädtischen Wohnraum. Wenn sie dann in die Slums der Peripherie übersiedeln müssen, werten sie einerseits diese Marginalviertel sozial und baulich auf; andererseits verdrängen sie damit viele der ärmeren Gruppen in noch entlegenere Slums an der Peripherie. Es tritt also innerstädtisch sukzessive eine wellenförmige zentral-periphere Verdrängung jeweils sozial und ökonomisch Schwächerer ein, ausgelöst durch den gehobenen Bedarf globaler Netzwerke an Lebens- und Arbeitsraum im CBD und in Oberschichtwohnvierteln.

In der Megastadt Bangalore dürften an die 1000 Slums mit 1,5 bis 1,7 Millionen Bewohnern existieren sowie zusätzlich 200.000 *„pavement dwellers"* (Obdachlose). Nur ein Drittel der Slumbewohner verfügt über einen legalen Status, zwei Drittel sind mit verschiedenen Formen befristeter Nutzungsrechte ausgestattet (*„Registered Slums"* versus *„Illegal Slums"*). Auch in Bangalore beherrschen *„Slumlords"* aus der Unterwelt Organisation, Ordnung und Außenrepräsentation der Slumstrukturen und ihrer Bewohner. Sie dienen als verlängerter Arm der politischen Eliten und der *„big bosses"* der Drogen- und Alkoholmafia. Reguläre Polizei wird ersetzt durch *„goondas"*, berüchtigte Schlägertruppen. Ohne den Sanktus dieser Leute ist kein Projekt zur Slumverbesserung denkbar, dafür organisieren sie die *„vote banks"* (das „Stimmvieh") für die kleinen Politgrößen. Die informelle Dienstleistungs- und Produktionsökonomie dieser Stadtviertel alimentiert den formellen Sektor weiter, auch wenn dieser jetzt durch postfordistische Hochtechnologie geprägt ist.

Die alte dependenztheoretische Konzeption der *strukturellen Heterogenität* verliert auch in der globalisierten Welt nicht an Erklärungskraft. *Abhängigkeit* zeigt sich heute vielleicht in neuen Erscheinungsformen und Anforderungen, doch wurde sie damit weder zum Verschwinden gebracht noch verkleinert. Nach David HARVEY ist die *Erzeugung* von ungleicher zeitlicher und geographischer Entwicklung zugleich eine Voraussetzung wie ein notwendiges Ergebnis spätkapitalistischer Wirtschaftsentwicklung. Ein Teil der Globalisierungsgewinner, die untere Mittelschicht, etwa 20 Prozent der Einwohner, muss mit Fred SCHOLZ (2000) eher als Scheingewinner apostrophiert werden, da sie als letztes Glied in der globalen Wertschöpfungskette ständig um ihre neu errungene Position bangen müssen (Prinzip des *„hire and fire"* ohne Solidarnetze). Drei Viertel der Stadtbewohner, die „Armen", haben kaum oder gar nicht von der *„New Economy"* und ihren lokalen Auswirkungen profitiert, ganz im Gegenteil, sie sind die Globalisierungsopfer. Sie erleiden eine kontinuierliche Intensivierung der Risiken auf dem Wohn- und Arbeitsmarkt und eine sich noch schärfer ausformende Destabilisierung ihrer ohnehin prekären Überlebensbedingungen.[14]

4 New Delhi – Gurgaon. Die Hyperrealität der „Shopping Malls"

Neben Bangalore verkörpert keine andere Stadt Indiens die neoliberale Neuausrichtung mehr als Gurgaon. Innerhalb der letzten Dekade mauserte sie sich von einer verschlafenen Provinzstadt im Bundesstaat Haryana zu einer Trabantenstadt Delhis, die heute schon über eine Million Einwohner aufweist und zu einem neuen Fixstern der Hochtechnologieentwicklung aufgestiegen ist. Gurgaon liegt etwa 30 km südwestlich der Stadtmitte New Delhis, aber nur 10 km vom „Indira Gandhi International Airport" entfernt. Dies dürfte wesentlich zum Auf-

---

[14] DITTRICH (2004a, S. 313ff) zeigt dies mit seinen empirischen Untersuchungen zur Existenzsicherung am Beispiel eines extrem fragmentierten Slums (*Koramangala*), einer legalisierten Marginalsiedlung (*Ambedkarnagar*) und des sozialen Wohnungsbaus (*Bangalore City Corporation Quarters*).

stieg der neuen Großstadt beigetragen haben, desgleichen die Tatsache einer unternehmerfreundlichen Politik Haryanas hinsichtlich Landerwerb, Bauauflagen, Steuerlasten etc. Die sechsspurige Schnellstraße *M.G.-Road* [15]) zieht als Teil der Fernstraße Delhi – Jaipur kilometerlang als Hauptachse durch die neue Agglomeration. Gesäumt wird sie von den 20- bis 30-stöckigen Apartmenthochhäusern der (Oberen) Mittelschicht mit Tennisplätzen, Swimmingpools und anderen Insignien typischer *„gated communities"*. Ein öffentliches Nahverkehrssystem existiert so gut wie nicht. Aber die Arbeitsstätten in den postmodernen Fabriken und Dienstleistungszentren der *„multinational corporations"* liegen ja ebenfalls um die Ecke: Coca-Cola, Nokia, Hewlett Packard, General Motors, Nestlé, American Express, Citibank, Ericsson (nach KLAS 2006, S. 6ff). Zusätzlich zieht diese „Stadt der Zukunft" Schaulustige und Kaufinteressenten aus der Megastadt Delhi selbst an.

Die Freizeit- und Einkaufsmeile Gurgaons ist einzigartig in Indien. Von angekündigten 60 Malls im Großraum Delhi sind alleine 25 in dieser Zone geplant und etliche bereits fertiggestellt. Keine andere Stadt im Umfeld der *„Delhi National Urban Region"* lukrierte einen größeren Anteil von Wohnstandorten der neuen Mittelschicht und sogenannten BPO´s (*„Business-Process-Outsourcing Units"*, das sind Betriebe, die aus der Auslagerung bestimmter Geschäftsbereiche etwa von multinationalen Firmen entstehen). Sollte die Entwicklungsdynamik wie bisher anhalten, werden für die Agglomeration im Jahr 2021 3,7 Millionen Einwohner prognostiziert (Gurgaon Master Plan Juli 2006). Nichts symbolisiert die Widersprüche des städtischen Indien gegenwärtig schärfer. Ein brillantes Porträt der schönen neuen Welt der „Shopping Malls" liefert Harini NARAYANAN (in AHUJA und BROSIUS 2006, S. 157ff) am Beispiel der „Mall Mile" in Gurgaon.

Für die Zielgruppe der Mittelschichtverbraucher verbindet sich die Kenntnis von Einkaufszentren in anderen Teilen der Welt (real oder über Medien wie Fernsehen, Großanzeigen in Zeitungen oder Prospektmaterial vermittelt) mit Vorstellungen einer raschen Integration Indiens in postmoderne Lebenswelten der Globalisierung. Die amerikanisch-futuristischen Anlagen der Malls (architektonisch oft geschmacklos, vollklimatisiert, mit musikalischer Dauerberieselung und aufdringlichen Leuchtreklamen) bilden – wie NARAYANAN (2006, S. 161) formuliert – einen „absurden, vielleicht sogar obszönen Gegensatz zu Slums, die sie oft umgeben und die das andere Gesicht der Urbanisierung in einem Entwicklungsland verkörpern". Die „vollkommene Lifestyle-Erfahrung" (Zeitungsannonce) verwischt die Grenzen zwischen Wunsch und Realität und führt zu einer Art „Hyperrealität" wie in einem Bollywood-Film, an welcher der Besucher teilhaben kann.

Shows verquicken Pseudoelemente altindischer Kultur mit Figuren, die aus Disney-Filmen oder amerikanischen Cartoons stammen könnten. Aber die Betonung liegt auf Größe, Internationalität und anglo-amerikanischen Versatzstücken, wie schon die Namensgebung der Malls assoziiert: *Metropolis, Imperial, Grand Central Regent Square, Regent Plaza* usw. Im Vergleich dazu in Bombay die Malls *Crossroads* oder *Westside,* Freizeitzentren wie *Superdrome* und *Bowling Co.* oder hippe Musikläden wie *Groove* und *Planet M.* Der Kampf um Kundenanteile führt auch schon zu Spezialisierungen: ein Gold- und Schmuckmarkt in Gurgaon nennt sich *Gold Souk Market* – offenbar um das Original in Dubai zu überholen; noch absurder die *Fort Knox* benannte Schmuckmall in Kalkutta.

Die Benennungen zeigen überdeutlich die begeisterte Annahme von Globalisierungssymbolen im neuen Konsumerismus. Das Kaufen der Konsumgüter ist

---

[15]) Nicht wie überall sonst in Indien die Abkürzung für „Mahatma Gandhi Road", sondern für „Mehrauli – Gurgaon Road".

vermutlich für die Mehrzahl der Besucher zweitrangig. Es geht um die Teilhabe an einem bestimmten *Lifestyle* der *„Insider"*. Der Gang durch die Mall ergibt die einzigartige Megacity-Erfahrung. Die bombastischen Reklamen und Kaufanreize spiegeln die Wunschvorstellungen der begüterten neuen Eliten und der (Oberen) Mittelschichten. So wie die Malls wirken, so wünschen sich urbane Inder mit sozialen Aufstiegsambitionen ihre Städte. Widerspruchsfrei, schön, ja glamourös – wunderbare Orte der *„New Economy"*. Das Warenangebot hält solchen Fantasien nicht stand. Würden nicht auch Geschäfte für den Verkauf *indischer* Stoffe, Saris, Damenschuhe oder Juweliere existieren, gäbe es keinen gravierenden Unterschied zum Einheitsbrei der Einkaufszentren weltweit – die ewig gleiche ermüdende Abfolge von Adidas, Benetton, Reebok, Nike, McDonald´s und KFC (natürlich mit *„VegBurger")*.

Schön an den Malls ist auch ihre luftdicht versiegelte Abschottung von der realen Welt voll gleißender Hitze, Staub, Gestank und den real existierenden armen Leuten. Ideal wären überhaupt durchgehende Verbindungen zwischen Shopping Malls, Gated Communities und bewachten Apartmenthäusern, ohne mit dem Tageslicht konfrontiert zu werden. Michel FOUCAULT beschreibt in seiner Studie über das Panoptikum-Gefängnis (1994) eine „totale" Institution, die eine lückenlose Beobachtung, Überwachung und Disziplinierung von Menschen ermöglicht. Nach diesen Prinzipien (vollständige Überwachung des gesamten Raums von einem zentralen Beobachtungsort aus) funktionieren eben die „Panoptikum-Malls". Auch in dieser *„Brave New World"* existiert noch immer ein Gefährdungspotenzial – bestehend aus den Sklaven des Systems. Nennen wir sie in Indien die *„Parias"*. Es sind die Haushaltshilfen, Kindermädchen, Fahrer, Gärtner, Wächter, die sich vielleicht nicht „auf ewig" mit dem Zusehen und Leiden begnügen werden.

Inzwischen wird auch deutlich, dass die öffentliche Hand oft kurzsichtig als einmaligen Zugewinn Flächen zur Errichtung von Malls an die Bauherrenlobby verkauft. Spezifische Finanzierungsmodelle erleichtern zwar den Bau von Malls, haben aber gleichzeitig bereits zu einer Übersättigung des Marktes geführt. Überhöhte Mieten zur Gewinnmaximierung der Anleger erweisen sich auch als kontraproduktiv. Nur zehn bis 15 Prozent der Besucher entwickeln sich zu echten Käufern, der Rest besteht aus Gaffern, die das Ambiente und vor allem die Aircondition genießen. Auf die Belastung der städtischen Infrastruktur (Zufahrten, Strom, Wasser, Brandschutz) wird selten geachtet, obwohl die Versorgung meist aus den unmittelbaren lokalen Ressourcen gespeist wird und „draußen" vorhandene Bevölkerungsgruppen noch stärker benachteiligt.

Einkaufszentren stellen im heutigen städtischen Umfeld Indiens spektakuläre Räume des Reichtums, Überflusses und der Imagination menschlicher Trugbilder dar. Sie sind Symbole des *„India Shining"* der Aufsteiger. Umgeben werden sie in der Regel von Räumen real existierender Armut, Verzweiflung und Hoffnungslosigkeit.

5 Slums in Bombay – Kamala Nehru Nagar und Dharavi. Solidaritätsnetzwerke und Gefährdungspotenzial

Zu den wichtigsten Legendenbildungen und Rechtfertigungsmustern städtischer Eliten und Mittelschichten bei der Abdrängung und Vertreibung von Slumbewohnern gehört der gebetsmühlenartige Hinweis, Slums seien permanente Bedrohungen für die rechtmäßigen Bürger der Städte, sowohl in sozialer Hinsicht als Brutstätten unmoralischer Verhaltensweisen wie auch ökologisch als „Verschmutzer" der natürlichen Ressourcen Luft und Wasser sowie als „Diebe" öffentlicher Versorgung (Strom, Gas, Wasser). Inzwischen beweist eine große Anzahl von Untersuchungen die Unhaltbarkeit solcher Unterstellungen. „Die Konflikte der Megastädte spiegeln sich jedoch zwangsläufig aus den ungelösten Widersprüchen der ganzen indischen Gesellschaft und erhalten durch sie ihre Schärfe" (AHUJA 2006, S. 8). Auch nach Jahrzehnten der Repression und der Zwangsräumungen sind die *„have nots"* nicht aus dem Blickfeld der *„haves"* verschwunden. Denn gerade die unbegrenzte Zahl, ständige Verfügbarkeit und räumliche Nähe billigster Arbeitskräfte im informellen Sektor ist einer der wesentlichen Standortvorteile indischer Megastädte gegenüber anderen globalen Mitbewerbern.

Bombay hält den traurigen Rekord an Anzahl, Größe und Bevölkerung städtischer Slums. Eine seriöse, eher unterschätzende Quelle ist die groß angelegte Untersuchung der Stadtverwaltung von 2001 („Slum Sanitation Scheme" der Brihanmumbai Municipal Corporation). Gezählt wurden 1959 Slums mit einer Gesamtbevölkerung von 6,25 Millionen Menschen; dies entsprach 54 Prozent der Gesamtbevölkerung. In den nicht offiziell registrierten 137 Slums alleine lebte über eine halbe Million Menschen, 209 Marginalsiedlungen hatten weder private noch öffentliche Toiletten.

Mit ihrer Fallstudie des „Railwayslums" von *Kamala Nehru Nagar* in Bombay ist es Elke NEUDERT (2001, Zitat S. 211) gelungen, deutlich zu machen, dass *„housing poverty*, städtische Armut und die Situation auf dem städtischen Arbeitsmarkt in engem Zusammenhang stehen, sich jedoch nicht unbedingt wechselseitig bedingen. Die Ursachen dieser Phänomene sind in den politischen und ökonomischen Rahmenbedingungen zu suchen – sowohl auf lokaler und nationaler als auch auf globaler Ebene. Die Potenziale der städtischen Armen, ihre Wohn- und Lebenssituation zu verbessern, sind erheblich durch ihre Armut und durch die äußeren politischen und ökonomischen Konditionen eingeschränkt."

Dies soll wiederum nicht bedeuten, die Slumbewohner würden nicht im alltäglichen Überlebenskampf eine Vielzahl von Aktivitäten zur Verbesserung ihrer Lebens- und Arbeitssituation wahrnehmen, insbesondere durch eine Vielfalt von sozialen Netzwerken, oft mit Hilfe von NGO´s. NEUDERT zeigt dies anhand von Beispielen von Frauensolidarität trotz Mehrfachbelastung als Hausfrau, Mutter und informell Arbeitende, trotz eingeschränkter Aktionsräume und häufig sehr traditioneller Geschlechterverhältnisse und Rollenbilder.

Martin FUCHS liefert mit seinen präzisen Analysen von *Dharavi* (zuletzt 2006) – häufig und noch immer in der Fachliteratur als „größter Slum der Welt" apostrophiert – eine insgesamt entmutigende Prognose zukünftiger Überlebenschancen städtischer Armer. Er beschreibt die Geschichte eines „konsolidierten" städtischen Umfelds, das gerade wegen stetiger Verbesserungen an seiner Infrastruktur durch die engagierten „Slum"-Bewohner erneut in das Blickfeld sozialer Aufsteiger der neuen Mittelschicht gerät, damit zum Spekulationsterrain wird und letztendlich die Vertreibung der Unterprivilegierten einleitet.[16]

Im Bewusstsein einer breiteren indischen Öffentlichkeit steht *Dharavi* gleichsam paradigmatisch für tausende Slums in den Städten des Landes und verkörpert „alles Übel". Doch müssen wir FUCHS (2006, S. 47) zustimmen: „[...] so sind Slums in Größe, Geschichte, Bevölkerungszusammensetzung, wirtschaftlicher Rolle, kultureller Artikulation und dem Grad sozialer Mobilisierung, aber

---

[16]) Der Autor dankt der „Arbeitsgruppe Kritische Stadtplanung" am Institut für Geographie der Universität Mumbai (Leitung Frau Prof. BANERJEE-GUHA) für gemeinsame Begehungen und Befahrungen in *Dharavi*, *Parel* und *Sewri* im Oktober 2006.

eben auch in der Rolle, die sie in der öffentlichen Imagination spielen, doch zu unterschiedlich. [...] Slums bilden keinen einheitlichen sozialen Typus."

Lange Zeit war *Dharavi* am Mahim Creek an der Nordspitze der Insel Bombay ein Synonym für Armut und Kriminalität, der große Müllhaufen am Ende der Stadt, als deren Mülldeponie das Gebiet noch bis in die 1990er-Jahre fungierte. Auf einer Fläche von nur etwa zwei Quadratkilometern sollen 2001 noch kaum vorstellbare 900.000 Einwohner registriert worden sein. Die Mehrheit besteht aus den *„Dalits"* (Unberührbaren, ehemals *Parias*), den in der Verfassung festgeschriebenen *„Scheduled Castes and Tribes"* (in der britischen Kolonialzeit auch als *„ex-criminal"* und *„denotified tribes"* bezeichneten Gruppen) sowie Subkasten der untersten Kategorien. Der Anteil der Muslime dürfte über dem Stadtmittel (20 Prozent) bei 25 bis 30 Prozent liegen.

Ab 1887 entwickelte sich dieser sumpfige, mangrovenbedeckte Küstenabschnitt, der für die Polizei kaum zu kontrollieren war, zum Rückzugsgebiet der Asozialen und Verbrecher. Bis in die 1970er-Jahre hinein fehlte so gut wie jegliche städtische Infrastruktur. Dann wurde *Dharavi* von nationalen und internationalen Organisationen (vom „Rajiv Gandhi Fund" bis zur Weltbank) „entdeckt" und Maßnahmen zur Verbesserung von *„sites and services"* eingeleitet.[17] Heute können die Lebensbedingungen mit denen einer durchschnittlichen indischen Kleinstadt oder eines anonymen Dorfes nicht nur mithalten, sondern liegen sogar deutlich darüber. Das Gebiet ist damit für die innerstädtische Zuwanderung besser gestellter sozio-ökonomischer Gruppen geradezu attraktiv geworden.

Diese Entwicklung ist aber überwiegend dem Kampf der Bewohner *Dharavis* selbst zu verdanken. Ende der 1970er-Jahre begannen sie sich in Aktionskomitees, Selbsthilfegruppen und anderen basisdemokratischen Einrichtungen zu organisieren, um ihr Los zu verbessern, dabei unterstützt von in- und ausländischen Nichtregierungsorganisationen und Menschenrechtsgruppen. Ihre „natürlichen Feinde" waren die Landesregierung, die städtische Verwaltung und die lokalen Polizeidienststellen. 1983 erkämpften die Bewohner das *Wohnrecht* (gegen geringe Monatsgebühr) für zunächst 30 Jahre – der wichtigste Schritt zur langfristigen Aufenthaltssicherung. Deshalb konnten sich im Lauf der Jahre weite Teile von *Dharavi* zu konsolidierten Zonen entwickeln, von Zeltunterkünften aus Bambus und Plastik über Einraum-Hütten aus Wellblech, Pappe etc. bis hin zu mehrstöckigen Bauten aus Ziegeln oder Zement. Jüngste Baumaßnahmen setzt der finanziell sonst so schwachbrüstige soziale Wohnungsbau – mehrstöckige Blocks mit Normwohnungen von 20 m² pro Familie.

Ökonomisch ist *Dharavi* vielfältig in Wirtschaftskreisläufe eingebunden, von der städtischen Wirtschaft bis zur Weltökonomie, etwa bei Lederwaren aller Art, Bekleidung, Produkten der Lebensmittelindustrie, Recycling von Plastikmaterial. Obwohl eine Teerfabrik und Gerbereien um 1990 wegen der extremen Umweltbelastung ausgelagert werden mussten, florieren hier die gefährlichen Gewerbe des informellen Sektors, nicht selten verbunden mit Kinderarbeit (Aufbereitung von Altölen, Abwrackdienste, Gießereien usw.). Viele arbeiten als angelernte Arbeiter im Hafen, bei den Eisenbahnen und in hoher Zahl bei der Stadtreinigung.

---

[17] WERLIN (1999) konnte nachweisen, dass die *„Sites and Services*-Programme" der Weltbank in Kalkutta, Jakarta und Manila trotz Anfangserfolgen nicht ausreichten, die Lebensbedingungen der Slumbewohner nachhaltig zu verbessern. Entscheidender Faktor ist die Rechtssicherheit der Eigentumstitel über Land und/oder Hütte/Haus. Für SHARMA und BHIDE (2005) ist die Partizipation der Betroffenen der wichtigste Faktor.

Die soziale Alltagswelt ist von Religion und Kastenzugehörigkeit geprägt. Kasten-Assoziationen vertreten ihre Mitglieder nach außen, bilden aber auch die wichtigste Grundlage der sozialen Netzwerke, zum Beispiel für die Adaptation der neuen Zuwanderer, für Verbindungen zu örtlichen Organisationen politischer Parteien oder die Schlichtung von Streitfällen. Diese Subkastengruppierungen weisen eine große Vielfalt an Umfang, Formen und Bindungsintensitäten auf.

Bis heute fällt die geringe Dichte und Größe staatlicher Einrichtungen vor Ort auf. Polizeiposten, First-Aid-Zentren, Einrichtungen des *„slum improvement"* tauchen nur inselhaft aus diesem Häuser- und Menschenmeer. Für Meldezettel, Lebensmittelkarten oder Einsetzung in die Wählerverzeichnisse sind sie jedoch von großer Bedeutung. Erstaunlich, wie ungenau und lückenhaft die Verzeichnisse der Behörden jeweils bleiben. Besser organisiert sind die vielen Selbsthilfegruppen. Ihnen fehlt dafür wiederum eine gemeinsame Führungsstruktur oder repräsentative Körperschaft, was sie durchaus anfällig macht für die Basisarbeit radikaler oder fundamentalistischer Parteien.

Gerade die Entwicklungsanstrengungen und Leistungen der Bewohner *Dharavis* könnten letztendlich alles Erreichte gefährden. Mit dieser Art von Konsolidierung und *„slum gentrification"* tritt jetzt auch eine Abnahme der Einwohnersolidarität ein. Schritt um Schritt gelingt es Behörden, Investoren und Bauunternehmern, Schneisen in die vorhandene Bausubstanz der „Festung Dharavi" zu schlagen. Vorkämpfer der gemeinsamen Sache verlassen den Stadtteil mit ihrem persönlichen Aufstieg oder sterben aus, Mitspracherechte der Bewohner werden eingeschränkt. Seit 2004 soll ein Zustrom von Neuzuzüglern der unteren Mittelschicht von außen in die nun errichteten Wohnblocks im Ausmaß von 20 Prozent erlaubt sein. Viele „alte Bewohner", das heißt, vor 1995 Zugezogene, die berechtigt wären, in diese Neubauwohnungen einzuziehen, können den gesetzlich vorgeschriebenen persönlichen Anteil an den Baukosten nicht tragen. Sie sind deshalb gezwungen, in jüngere, nichtkonsolidierte, rechtlose Slums umzusiedeln. Damit treten sie erneut ein in einen hoffnungslosen Kreislauf der Marginalisierung.

6 „Bulldozing the slums" von Yamuna Pushta – eine neoliberale „Erfolgsstory" aus New Delhi

Im Jänner 2004 lebten noch 150.000 Bewohner in *Yamuna Pushta,* der größten Slumsiedlung von Delhi, einem unbeachteten Uferstreifen am Fluss, der seit 25 Jahren von mittellosen Zuzüglern okkupiert war. Migranten aus dem ländlichen Milieu hatten das zumeist ausgetrocknete Flussbett kultiviert, andere arbeiteten in unterschiedlichsten Branchen in der Hauptstadt. Nach kaum mehr als drei Monaten zeugten im Mai 2004 nur noch Schuttberge von dieser „Großstadt" innerhalb der Metropole. Mit der Milleniumswende hatte sich auch die Planungspolitik Delhis radikal geändert. Innerhalb der letzten fünf Jahre sind insgesamt über 400.000 Bewohner von Slumsiedlungen aus ihren Unterkünften in der Nähe der Stadtmitte vertrieben worden. Nur eine Minderheit von diesen erhielt neue Wohnplätze – dutzende Kilometer entfernt und ohne alle Versorgungseinrichtungen – zugewiesen.

Zwangsumsiedlungen und Vertreibungen beweisen die permanente Instabilität solcher ursprünglich provisorischer Unterkünfte, selbst wenn sie schon Jahrzehnte alt und längst in die Megastadt integriert sind (einige „ausgereifte" Slums besitzen zum Beispiel Straßennamen, Hausnummern, zahlen für Strom, Wasser und Müllabfuhr). Illegale Siedlungen der Wohlhabenden (mit Landsitzen, *farm houses*) rund um Delhi, Bombay oder Bangalore werden (mit entsprechenden Schmiergeldern) von den Behörden zumeist geduldet, bis „Gras über die Sache wächst". Der soziale Wohnungsbau hingegen ist seit Jahrzehnten finanziell ausgehungert, und die PPP („public private partnership") läuft nur in Bereichen, die gute Renditen versprechen.

Was hingegen ständig in Medien und innerhalb städtischer Eliten propagiert wird, ist die Unrechtmäßigkeit und (angebliche) Amoralität der Squattersiedlungen ebenso wie der „pavement dweller", die als Bodensatz der Gesellschaft und permanente Gefahr für alle dargestellt werden. MEHRA und BATRA (2006, S. 173): „Slums werden als Indikatoren dafür gesehen, dass weder ‚ausreichender' Fortschritt noch genügend Entwicklung stattgefunden habe. Die Slum-Bewohner selbst werden als Zeichen für eine beständige Unterentwicklung betrachtet, die beseitigt werden muss, um Platz für einen ‚angemessenen' urbanen Raum zu schaffen."

Schon in der britischen Kolonialzeit hatten die städtischen Behörden versucht, europäische Maßstäbe bei der Ordnung und Planung indischer Städte anzulegen, auch als Beweis für die überlegenen Neuerungen der Briten im Imperialismus. Dies ermöglichte auch eine verstärkte Kontrolle städtischer Immobilienmärkte, das heißt, eine Durchsetzung der Anliegen des Privateigentums bei gleichzeitiger Verhinderung illegaler Landnahme, so genannter „*encroachments*". Im unabhängigen Indien entstanden in den 1960er-Jahren ehrgeizige „*master plans*", die das erfolgreiche Wirken der britischen „*improvement trusts*" in der Zwischenkriegszeit bis zur großen Wirtschaftsdepression weiterführen sollten. Aber während die Siedlungen dieser Trusts noch heute in ihrer Anlage als mustergültig gelten (zum Beispiel in Bombay in den Stadtteilen Byculla, Dadar und Mahim) und Wohnstandorte der Mittelschichten darstellen, sind die späteren Planungsstandards in der Praxis nie umgesetzt worden.

Galt in den 1960er-Jahren noch „*slum removal*" als Oberziel, so waren während der Verhängung des Ausnahmezustands durch Indira GANDHI in den 1970er-Jahren Massenvertreibungen angesagt. Nach der Rückkehr zur parlamentarischen Demokratie galten einige Jahre Zwangsregelungen als verpönt und die Vertreibungen wurden durch „*slum improvement*", vor allem mittels „*Site and Services*-Programmen", ersetzt. Mitte der 1980er-Jahre wendete sich das Blatt erneut und Repressionen gegenüber Illegalen wurden wieder gesellschaftsfähig. Nur eine einzige Zentralregierung – jene unter V.P. SINGH in den Jahren 1989 bis 1990 – hat jemals ernsthaft versucht, den Slumbewohnern so etwas wie rechtliche Sicherheit oder Besitzrechte einzuräumen. Eine Unzahl von nationalstaatlichen, bundesstaatlichen und städtischen Behörden, von Trusts, in- und ausländischen NGO´s hat vielleicht im Detail manch gutes Projekt oder wenigstens die Verhinderung des Schlimmsten gebracht, aber insgesamt hat die völlig chaotische „Hilfsstruktur" nur Netzwerke politischer Patronage geschaffen.

In den Slums rekrutieren rechtsgerichtete Parteien ihre Anhänger.[18] Die stetige Abbruchbedrohung der Einwohner durch den Verweis auf ihre Rechtlosigkeit schuf auch eine regelmäßig sprudelnde Einnahmequelle für lokale Beamte, Polizisten und besonders für „*slumlords*", ohne deren Einverständnis und Duldung, ja „amtliche" Genehmigung keine einzige Hütte entstehen würde. Unterweltgangs beherrschen die Slums über den „Verkauf" von Parzellen (die eigentlich öffentliches Land darstellen), die Bereitstellung von Baumaterialien, von Essens-

---

[18] Ausführlich untersucht am Aufstieg der Parteien *Shiv Sena* in Bombay (etwa durch Julia ECKERT 2004 und 2006) und *Sangh Parivar* in New Delhi (durch Sujata RAMACHANDRAN 2002).

marken etc. Gegenleistungen sind monatliche „Renten" (illegale Mieten für Wohnung und „Schutz"), Wählerstimmen und Wohlverhalten gegenüber den benevolenten Sponsoren.

Anfang 2004 wirkten im *Yamuna Pushta*-Gebiet noch 27 NGO´s in verschiedenen Bereichen der Bildung, der Ausbildung und des Gesundheitswesens. Vielleicht trug dies zu einem trügerischen Sicherheitsgefühl bei, zu einer Art Grauzone der Semi-Legalität. Typische Kennzeichen eines ausgereiften Slums sind Märkte und Ladenzeilen, feste Häuser aus Zement, Obergeschosse u.a.m. Die Vorboten der Globalisierung wurden lange nicht wahrgenommen: Slumbewohner, auch solche, die schon 20 Jahre und mehr vor Ort lebten, waren auf einmal wieder Immigranten, die den Einheimischen Luft und Wasser raubten, ihre Wohnplätze Umweltverschmutzer und Brutstätten sozialer Anomalien und unmoralischer Existenz (Prostitution, Drogenhandel, Glücksspiel, Alkoholismus etc.).

Die „New Economic Policy" und die Globalisierung benötigen *Lebensraum* im städtischen Umfeld, um wirksam werden zu können. Ältere Industrien wie etwa die Textilmühlen Bombays oder die Jutefabriken Kalkuttas verschwanden und mit ihnen Gewerkschaften und der organisierte Widerstand der Arbeiterschaft.[19]) Große Industrieareale innerhalb der Städte wurden entweder von ihren Eignern verkauft oder weit in das Hinterland verschoben oder die Tätigkeiten, wo möglich, in den informellen Sektor (Heimindustrie inklusive illegaler Kinderarbeit) verlagert. Ähnlich erging es tausenden Gewerbebetrieben und niedrigrangigen Dienstleistungen. Plötzlich wurden in den Megastädten hunderttausende *„hawker"* („fliegende Händler") zur persona non grata erklärt, die verbleibenden räumlich streng fixiert und limitiert.

Dabei geht es immer darum, das umkämpfte Gut, den *städtischen Lebensraum,* „frei" zu bekommen für die *„New Economy",* für kapitalintensive, wertsteigernde, Steuern zahlende Unternehmen. Solche Betriebe investieren nur in Stadtregionen, deren politisch Verantwortliche die kostspieligen Investitionen langfristig absichern. Neben der Bereitstellung des Raums hat die Stadt auch für die anspruchsvolle Infrastruktur zu sorgen und die ästhetischen Bedürfnisse der neuen Mittel- und Oberschichten zu berücksichtigen. Der Flächenverbrauch hat viele Namen: U-Bahn- wie S-Bahnsysteme, städtische Schnellstraßen und „flyovers", Shopping Malls und moderne Tempelanlagen, Apartmenthochhäuser und *„gated communities",* Parkanlagen und Freizeitzentren. Praktisch ist jeder Quadratmeter freigemachten Landes Gold wert.

Es wurden bereits früher die „Weltstadtambitionen" der indischen Megastädte vorgestellt. Am stärksten greift der Druck zur Umformung des städtischen Raums dort, wo sich die Interessen globaler Finanzierungseinrichtungen, etwa von multinationalen Firmenkonsortien, mit jenen nationaler und lokaler Akteure vor Ort treffen. Diese neuen städtischen Eliten und ihre Helfer in den Mittelschichten werden zur treibenden Kraft der Umformung, sie sind die *„anchor tenants",* die Steigbügelhalter der Globalisierung, die den Indischen Subkontinent für die transnationalen Kapitalinteressen aufbereiten sollen. In den Augen dieser Leute bedeuten Maßnahmen zur Förderung der Lebensbedingungen und damit zu mehr sozialer Gerechtigkeit für die Slumbewohner nur, dass man damit die Marginalisierten zum Bleiben ermutigen würde. Bei der Durchführung von

---

[19]) So konstatiert BANERJEE-GUHA (2002, S. 123) eine Abnahme der Industriearbeiter in Bombay zwischen 1990 und 1998 um 32 Prozent; zwischen 1980 und 1998 ging die Bevölkerungszahl typischer Arbeiterviertel dramatisch zuück: in Parel von 34.900 auf 10.400, in Worli von 62.000 auf 24.000, in Mazgaon von 16.500 auf 4.900 und in Chinchpokli von 51.000 auf 18.000.

Maßnahmen, die nicht *die Armut,* sondern *die Armen* bekämpfen, erweisen sich die Gerichte und richterlichen Urteile und Anordnungen immer mehr als „nützliche Idioten", die nicht praxisnah, sondern *legalistisch* Recht sprechen. Die verfassungsmäßig verbrieften Rechte kommen so den Bürgern der Zivilgesellschaft zugute, jenen, die über Macht, Geld und Einfluss verfügen. Die Armen besitzen weder das Knowhow noch die Mittel, den Rechtsweg erfolgreich zu beschreiten.

Im März 2003 verfügte der *„Delhi High Court"* den Abbruch des Großslums *Yamuna Pushta* (Begründung: ökologische Gefährdung des Yamuna-Flusses). Bevorstehende Parlamentswahlen und die Angst der politischen Parteien vor Stimmenverlusten verhinderten jedoch bis Jahresende 2003 jegliche Tätigkeiten. Gegeninitiativen der Slumbewohner wie Protestmärsche vor den Residenzen prominenter Politiker wurden von der Polizei gewaltsam unterdrückt. Trotz aller (leeren) Versprechungen wurden von den 27.000 betroffenen Familien nur 6.000 mit Neuland kompensiert, mit Parzellen zwischen 12 und 18 Quadratmetern in weit entfernten Arealen (zwischen 20 und 35 km) ohne Infrastruktur. Selbst dafür wurden Gebühren zwischen 5.000 und 20.000 Rupien verlangt (etwa 100 bis 500 Euro) – für die Mehrzahl der Betroffenen einfach unerschwinglich. Ein Anrecht auf Kompensation hatten auch nur jene Personen, die nachweislich schon vor 1998 in dem Gebiet gelebt hatten. Durch die Zwangsübersiedlungen verloren viele ihre Arbeitsplätze und ihre sozialen Netzwerke. Familien werden zerrissen, Kinder gehen nicht mehr zur Schule und die Alteingesessenen in den Umsiedlungsräumen bedrohen „die Neuen" mit offener Feindschaft. Arbeitswillige, aufstiegsbereite Newcomer werden auf die Wildbeuterstufe zurückgeworfen. MEHRA und BATRA (2006, S. 185): „Nachdem sie viele Jahre gearbeitet haben, um durch gesicherten Lebensunterhalt die ersehnte wirtschaftliche Stabilität zu erreichen, sehen die Pushta-Bewohner sich wieder auf der Straße und unter Gras- und Strohdächern, auf der Jagd nach Brennholz und beim Kochen unter freiem Himmel."

Während der Abrissaktionen beschuldigten die Bewohner von besonders widerspenstigen, mehrheitlich moslemischen Bereichen die Polizei, absichtlich Großfeuer gelegt zu haben.[20] Komischerweise blieben zwei Siedlungsbereiche, in denen überwiegend Anhänger der hindunationalistischen Partei BJP *(„Bharatia Janata Party")* wohnten, völlig unbehelligt. Der dieser Partei zugehörige Minister für Kultur und Tourismus, JAGMOHAN, fungierte als treibende Kraft bei diesen Ereignissen. In der wichtigen Tageszeitung „The Hindu" (vom 10. 01. 2004) schwärmte er von einem 90 Hektar umfassenden Tourismus- und Kulturkomplex an den Ufern des Yamuna, der zu einem Schmuckstück des indischen Kulturtourismus werden und Hunderttausende in- wie ausländische Touristen anziehen könne. JAGMOHAN ist kein Unbekannter. Als Vizepräsident der *„Delhi Development Authority"* war er federführend an ähnlichen Großoperationen während der autoritären Phase der Notstandsregierung 1975 bis 1977 beteiligt.

Die Visionen der Städteplaner vergleichen bereits die künftige Aufwertung der Yamuna-Ufer mit Paris. Was die Seine für Paris, soll der Yamuna für Delhi leisten, das unverwechselbare Flair einer Weltstadt vermitteln. Das kulturelle Jahrhundertprojekt steht aber nicht konkurrenzlos da. Andere Pläne sehen für die „frei" gewordenen Flächen ganz andere Nutzungen vor – etwa für den Bau von U-Bahndepots der neuen Metro, für einen riesigen Tempelbezirk oder für die Quartiere der *„Commonwealth Games"* 2010.

„The city, or what remains of it or what it will become, is better suited than it has ever been for the accumulation of capital; that is, the accumulation, realiza-

---

[20] Bei Stadtplanern unter dem zynischen Term „warme Sanierung" geläufig.

tion, and distribution of surplus value." (Henry LEFEBVRE: The Urban Revolution. 2003).[21])

7 Fazit

Indiens Megastädte befinden sich in einer kritischen Transformationsphase, die sich sowohl aus Globalisierungswirkungen wie aus nationalen und lokalen Einflüssen und Widerständen speist. Sozio-ökonomische Polarisierung und räumliche, innerstädtische Fragmentierung zeigen Auswirkungen, die in unterschiedlichen Teilräumen sehr verschieden greifen. Gegenläufige Prozesse der Integration und Segmentierung sind typische Kennzeichen des *„global city space"* der Postmoderne. Innerhalb der *„globalizing cities"* entwickelt sich eine neue Geographie urbaner Zentralität und Marginalität. Eliten, neue Mittelschichten und Stadtplaner sind entschlossen, Indiens Platz in der Welt im dritten Millenium neu zu positionieren, – wie es einer zukünftigen Welt(?)-Macht zukommt.

Als Kernelement dieses neuen Selbstbewusstseins gilt es prioritär, die Megastädte möglichst rasch auf „Weltniveau" zu bringen. Bei der Umsetzung dieser ehrgeizigen Ziele stören die vorhandenen Armen – die große Mehrheit der Bewohner – durch ihre Existenz, ihren Platzbedarf und ihre Gegenwehr. Die „Neue Politik" kämpft nicht dafür, die *Obdachlosigkeit* und *Arbeitslosigkeit* zu eliminieren, sondern die *Obdachlosen* und *Arbeitslosen*. Globalisierung formt, verändert, fragmentiert und fräst spezifische räumliche Konfigurationen, bei denen Flexibilität wenig Wert auf Vorhandenes legt. Die bekannten raumstrukturellen Muster und die bisher gültigen Austauschbeziehungen der städtischen Gesellschaft insgesamt werden durch neue, postmoderne Verhaltensprinzipien abgelöst. Die Dynamik der Entwicklung erhöht vor allem die Verwundbarkeit der Marginalisierten. Sie erleiden eine kontinuierliche Intensivierung der Risiken auf dem Wohn- und Arbeitsmarkt und eine sich noch schärfer ausformende Destabilisierung ihrer ohnehin prekären Überlebensbedingungen. Rasanter Bevölkerungszuwachs, eine völlig überforderte Infrastruktur und gravierende Umweltbelastungen treffen hingegen alle Bewohner. Die urbanen Visionen der Globalisierungsgewinner zerbrechen an der Realität.

8 Literatur

AHUJA, R. (2006): Das Dickicht indischer Megastädte. Eine Annäherung. In: AHUJA, R. und C. BROSIUS (Hrsg.): Mumbai – Delhi – Kolkata. Annäherungen an die Megastädte Indiens. Heidelberg: Draupadi Verlag, S. 7–15.

ASHA, Hrsg. (2006): Delhi Slums – the Reality. Internet: www.asha-india.org.

BÄHR, J. und G. MERTINS (2000): Marginalviertel in Großstädten der Dritten Welt. In: Geographische Rundschau 52 (7/8), Braunschweig, S. 19–26.

BANERJEE-GUHA, S. (2002a): Shifting Cities. Urban Restructuring in Mumbai. In: Economic and Political Weekly, Ausgabe vom 12. Jänner 2002, S. 121–128.

BANERJEE-GUHA, S. (2002b): Critical Geographical Praxis. Globalisation and Socio-Spatial Disorder. In: Economic and Political Weekly, EPW Perspectives, Ausgabe vom 2. November 2002, 10 S.

BATRA, L. (2004): Vanishing Livelihoods in a "Global" Metropolis. In: BATRA, L. (Hrsg.): Blueprint for an Apartheid City. New Delhi: Hazards Centre.

---

[21]) Zitiert nach Hazards Centre, New Delhi: Blueprint for an Apartheid City. 2005, S. 22.

BROSIUS, C. (2006): Ikarus oder Tiger auf dem Sprung? Epilog zur indischen Megastadt. In: AHUJA, R. und C. BROSIUS (Hrsg.): Mumbai – Delhi – Kolkata. Annäherungen an die Megastädte Indiens. Heidelberg: Draupadi Verlag, S. 299–308.
CHATTERJEE, P. (2003): Are Indian Cities Becoming Bourgeois at Last? In: CHANDRASEKHAR, I. und P. SEEL (Hrsg.): Body. City – Siting Contemporary Culture in India. New Delhi: Tulika Books.
COY, M. und F. KRAAS (2003): Probleme der Urbanisierung in den Entwicklungsländern. In: Petermanns Geographische Mitteilungen 147 (1), Gotha, S. 32–41.
D´MONTE, D. (2002, ²2005): Ripping the Fabric. The Decline of Bombay and its Mills. New Delhi: Oxford University Press.
DITTRICH, C. (2004a): Bangalore. Globalisierung und Überlebenssicherung in Indiens Hightech-Kapitale. Saarbrücken: Verlag für Entwicklungspolitik (= Studien zur geographischen Entwicklungsforschung 25).
DITTRICH, C. (2004b): Mythos Bangalore. In: Geographie heute 221/222, Seelze, S. 50–53.
ECKERT, J. (2004): Partizipation und die Politik der Gewalt. Hindunationalismus und Demokratie in Indien. Baden-Baden: Verlag Nomos.
ECKERT, J. (2006): Als Bombay zu Mumbai wurde: Hindunationalismus in der Metropole. In: AHUJA, R. und C. BROSIUS (Hrsg.): Mumbai – Delhi – Kolkata. Annäherungen an die Megastädte Indiens. Heidelberg: Draupadi Verlag, S. 65–79.
FOUCAULT, M. (1994): Überwachen und Strafen. Frankfurt am Main: Suhrkamp.
FUCHS, M. (2005): Slum as Achievement: Governmentality and the Agency of Slum Dwellers. In: HUST, E. und M. MANN (Hrsg.): Urbanization and Governance in India. New Delhi: Manohar Publications, S. 103 – 123.
FUCHS, M. (2006): Slum als Projekt: Dharavi und die Falle der Marginalisierung. In: AHUJA, R. und C. BROSIUS (Hrsg.): Mumbai – Delhi – Kolkata. Annäherungen an die Megastädte Indiens. Heidelberg: Draupadi Verlag, S. 47–63.
HANSEN, T. B. (2001): Violence in Urban India. Identity Politics, „Mumbai" and the Postcolonial City. Delhi: Permanent Black.
HARVEY, D. (2005): Notes Towards a Theory of Uneven Geographical Development. In: HARVEY, D.: Spaces of Neoliberalization: Towards a Theory of Uneven Geographical Development. Wiesbaden: Franz Steiner Verlag, S. 55–89 (= Hettner-Lectures 8).
Hazards Centre, Hrsg. (2005): Blueprint for an Apartheid City. Draft Delhi Master Plan 2021. New Delhi: Laxmi Sadan & Printers.
IMHASLY, B. (2006): Gandhi & IT. In: Die Presse, Wien, Ausgabe vom 26. August 2006, Beilage Spectrum, S. VI.
McKinsey Report (2003): Vision Mumbai. Transforming Mumbai into a World-Class City. A Summary of Recommendations. A Bombay First – McKinsey Report. Mumbai.
KLAS, G. (2006): Zwischen Verzweiflung und Widerstand. Indische Stimmen gegen die Globalisierung. Hamburg: Edition Nautilus.
KUMAR, A. (2005): Mumbai´s Expendable Poor. In: Economic and Political Weekly, Mumbai, Ausgabe vom 5. Februar 2005, 8 S.
MAHADEVIA, D. (2006): NURM and the Poor in Globalising Mega Cities. In: Economic and Political Weekly, Mumbai, 5. August 2006, S. 3399–3403.
MEHRA, D. und L. BATRA (2006): Das neoliberale Delhi: Der Blick vom Trümmerfeld eines planierten Slums. In: AHUJA, R. und C. BROSIUS (Hrsg.): Mumbai – Delhi – Kolkata. Annäherungen an die Megastädte Indiens. Heidelberg: Draupadi Verlag, S. 173–189.
MEHTA, S. (2006): Bombay Maximum City. Frankfurt am Main: Verlag Suhrkamp, 782 S.
MMRDA (1995): Draft Regional Plan for Bombay Metropolitan Region 1996–2011. Mumbai, Oktober 1995.
MUKHIJA, V. (2003): Squatters as Developers? Slum Redevelopment in Mumbai. Aldershot (Hampshire): Ashgate.
NARAYANAN, H. (2006): Der Schein Delhis. Die luftdicht verpackte Welt der „Shopping Malls". In: AHUJA, R. und C. BROSIUS (Hrsg.): Mumbai – Delhi – Kolkata. Annäherungen an die Megastädte Indiens. Heidelberg: Draupadi Verlag, S. 157–172.
NEUDERT, E. (2001): Armut und Marginalität in Städten der „Dritten Welt" – Sozioökonomische Analyse eines Railwayslums in Bombay unter besonderer Berücksichtigung

von Gender-Aspekten. Diplomarbeit in Geographie, Fachrichtung Entwicklungsländer. Universität Tübingen.
NISSEL, H. (2001): Auswirkungen von Globalisierung und New Economic Policy im urbanen System Indiens. In: Mitteilungen der Österreichischen Geographischen Gesellschaft 143, Wien, S. 63–90.
NISSEL, H. (2004a): Hafenstädte im Netzwerk britischer Weltherrschaft. In: ROTHERMUND, D. und S. WEIGELIN-SCHWIEDRZIK (Hrsg.): Der Indische Ozean. Das afro-asiatische Mittelmeer als Kultur- und Wirtschaftsraum. Wien: Promedia-Verlag, S. 181–206 (= Edition Weltregionen 9).
NISSEL, H. (2004b): Mumbai – Megacity im Spannungsfeld globaler, nationaler und lokaler Interessen. In: Geographische Rundschau 56 (4), Braunschweig, S. 55–60.
NISSEL, H. (2006): Bombay/Mumbai: Stadterweiterung und Stadtumbau einer „Globalizing City". In: AHUJA, R. und C. BROSIUS (Hrsg.): Mumbai – Delhi – Kolkata. Annäherungen an die Megastädte Indiens. Heidelberg: Draupadi Verlag, S.19–34.
PATEL, S. und J. MASSELOS, Hrsg. (2003): Bombay and Mumbai. The City in Transition. New Delhi: Oxford University Press.
RAMACHANDRAN, S. (2002): Operation Pushback: Sangh Parivar, State, Slums, and Surreptitious Bangladeshis in New Delhi. In: Singapore Journal of Tropical Geography 22 (3), Singapore, S. 311–332.
RANDHAWA, R. V. (2005): New Delhi Private ltd. Film des Hazards Centre, New Delhi.
SCHOLZ, F. (2000): Perspektiven des „Südens" im Zeitalter der Globalisierung. In: Geographische Zeitschrift 88 (1), Stuttgart, S. 1–20.
SCHOLZ, F. (2003): Globalisierung und „neue Armut". In: Geographische Rundschau 55 (10), Braunschweig, S. 4–10.
SHARMA, R. N. und A. BHIDE (2005): World Bank Funded Slum Sanitation Programme in Mumbai. Participatory Approach and Lessons Learnt. In: Economic and Political Weekly, 23. April 2005. 13 S. (EPW Special Articles) (Internetabfrage)
SMITH, D. M. (1977): Human Geography. A Welfare Approach. London: Edward Arnold.
SRIDHAR, C. R. (2006): Sky Above, Mud Below. Slum Demolition and Urban Cleansing. In: Economic and Political Weekly, 24. Juni 2006, S. 2529–2531.
TAYLOR, P. (2000): World Cities and Territorial States under Conditions of Contemporary Globalisation. In: Political Geography 19, Amsterdam, S. 5–32.
THOMAS, F. C. (1999): Calcutta. The Human Face of Poverty. New Delhi: Penguin Books:
ULTSCH, C. (2005): Bis kein Platz mehr war. Bombay, Neu Delhi, Bangalore: Indien zwischen Wirtschaftswunder und Elend. In: Die Presse, Wien, Ausgabe vom 12. Februar 2005, S. 3.
VARMA, P. K. (1999): The Great Indian Middle Class. New Delhi: Penguin Books.
WAMSER, J. I. (2002): Mumbai – Standort für deutsche Firmen? Analyse und Bewertung der indischen Megastadt Bombay als „globales" Investitionsziel deutscher Unternehmer. Universität Bochum (= Materialien zur Raumordnung 60).
WERLIN, H. (1999): The Slum Upgrading Myth. In: Urban Studies 36 (9), Glasgow, S. 1523–1534.

Aktuelle Internet-Links zur laufenden internationalen Forschung an und in Megastädten:

MegaCity Task Force of the International Geographical Union (IGU): www.megacities.uni-koeln.de
Globalization and World Cities Study Group & Network, University of Loughborough: www.lboro.ac.uk/gawc
International Human Dimensions Programme, Urbanisation and Global Environmental Change (UGEC): www.ugec.org
Schwerpunktprogramm der Deutschen Forschungsgemeinschaft (DFG) 1233: Megastädte: Informelle Dynamik Globalen Wandels: www.geographie.uni-koeln.de/megacities-spp
Förderschwerpunkt des Bundesministeriums für Bildung und Forschung (BMBF) der Bundesrepublik Deutschland: Forschung für die nachhaltige Entwicklung der Megastädte von morgen: www.emerging-megacities.org

„New Towns & Old Kampungs" –
Metro-Jakarta zwischen Macht und Marginalität

Günter Spreitzhofer, Wien*)

Mit 2 Abb. und 2 Tab. im Text

Inhalt   Seite

1   Konfliktpotenziale im metropolitanen Raum – eine Einführung.   157
2   Regionalentwicklung und Landnutzung in Metro-Jakarta:Viele Konzepte, wenig
    Koordination   160
    2.1   Koloniale Stadtplanung und Sukarnos „Gelenkte Demokratie"
          (1954 bis 1965)   160
    2.2   Suhartos „Neue Ordnung" (1965 bis 1998): Privatisierung und
          Deregulierung.   161
3   Urbane Lebensformen: Monas, Malls und Marginalität.   165
    3.1   Brennpunkt Wohnungsmarkt: Zwischen Staat und Privat   165
    3.2   Brennpunkt Lebensraum: Zwischen Kampung und Kondominium   168
4   Zwischen suburbaner Macht und zentraler Marginalisierung: Ein Ausblick   178
5   Literatur   180

> „When all the development was going on, they couldn't build golf courses and
> housing developments fast enough; they were just stripping down the hillsides.
> It made me think the whole thing was turning into a monumental
> urban nightmare."
> (Ken Pattern, in: The Jakarta Post, 25.4.2005)

1 Konfliktpotenziale im metropolitanen Raum – eine Einführung

Das rasante Stadtwachstum der letzten Jahrzehnte hat – so wie in anderen Weltregionen – auch in Südostasien historisch definierte Gebietseinheiten gesprengt (siehe dazu u.a. Bronger 2004, Crane und Daniere 1997, Husa und Wohlschlägl 1999, McGee 1995) und Fragen der Zuwanderung, Neubesiedlung und ökonomischen Erschließung sind längst nicht mehr nur auf die eigentlichen Kernstadtbereiche reduzierbar (Nas 2002). Der Urbanisierungsgrad Südostasiens ist mit 37,2 Prozent (2000) sehr gering ausgeprägt (Jones 2002), kulminiert jedoch in einzelnen Ballungsräumen, die meist hafennahe Hauptstadtregionen darstellen: „Mega-Urban Regions" dringen definitionsgemäß oft 50 km und mehr vom Kernstadtbereich in das peri-urbane Hinterland (McGee und Robinson 1995). In Indonesien, dem größten Staat Südostasiens, bestimmen sie vor allem auf Java, Heimat von über der Hälfte der Gesamtbevölkerung auf nur sieben

---

*) Univ.-Lektor Mag. Dr. Günter Spreitzhofer, c/o Institut für Geographie und Regionalforschung der Universität Wien, Universitätsstraße 7, A-1010 Wien. E-Mail: guenter.spreitzhofer@univie.ac.at

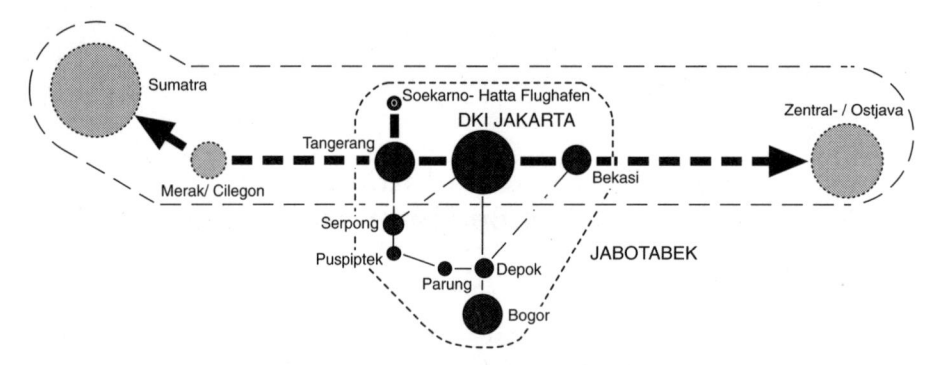

Abbildung 1: Großraum Jabotabek – das ökonomische Wachstumszentrum in Nordjava
Quelle: SPREITZHOFER und HEINTEL 1997, modifiziert.

Prozent der Fläche des Inselstaats, die Bevölkerungsdynamik (SILAS 2002, S. 1ff), die vor allem im nordjavanischen Städteband kulminiert (vgl. Abb. 1).

Metro-Jakarta, auch als „Jakarta Metropolitan Area" (HAN und BASUKI 2001), „Jakarta Extended Metropolitan Region" (JONES 2002) oder kurz – dem nationalen Planungskonstrukt entsprechend – „Jabotabek" (bzw. „Jabodetabek") bezeichnet, gilt als die größte Stadtagglomeration Südostasiens, deren Attraktivität als Zielraum für Migrationsströme – nach kurzzeitiger rückläufiger Entwicklung Ende der 1990er-Jahre – wieder ungebrochen scheint: *Jabotabek*,[1]) mit einer Fläche von 6.160 km² etwa sieben Mal größer als Berlin, steht als Akronym für die aus *Ja*karta sowie aus den im Süden, Westen und Osten an den Kernstadtbereich angrenzenden Städten *Bo*gor, *Ta*ngerang und *Bek*asi bestehende Stadtagglomeration. Jüngere Publikationen erweitern den Begriff auf *Jabodetabek*, um dem Bevölkerungsboom in der neuen Millionenstadt *De*pok, im Südteil des Ballungsraumes zwischen Jakarta und Bogor gelegen, gerecht zu werden und diese auch terminologisch einzubinden (vgl. u.a. SOEGIJOKO und KUSBIANTORO 2001, YULINAWATI 2005).

Der Großraum beherbergte 2001 elf Prozent der indonesischen Gesamtbevölkerung (1961: 6,1 Prozent), wobei der Großteil der Zunahme in *Botabek* erfolgt (RUSTIADI 2002). Doch auch der bebaute Kernraum von DKIJ[2]) ist seit den 1960er-Jahren (180 km²) bis 2001 (590 km²) deutlich gewachsen, weist derzeit annähernd elf Millionen Einwohner auf, könnte diese Zahl bis 2015 auf 21,2 Millionen verdoppeln und wäre damit die fünftgrößte Stadt der Welt – fünfzehn Mal größer als 1955, wenige Jahre nach der Erlangung der Unabhängigkeit des südostasiatischen Archipelstaates (PERESTHU 2004).

Der Übergang zwischen dem Kernstadtbereich DKIJ und den angrenzenden Städten kann – zumindest Tangerang und Bekasi betreffend – als fließend betrachtet werden. Industrielle Ansiedlungen (zum Beispiel der Hafen Tanjung Priok) oder prestigeträchtige Neubauprojekte kommerzieller und siedlungsbezo-

---

[1]) *Jabotabek* ist administrativ dreigeteilt, koordinative Maßnahmen sind deshalb traditionell schwierig zu setzen: Die Kernstadt Jakarta (DKIJ) ist direkt der Regierung unterstellt; Bogor, Depok und Bekasi sind Teil der Provinz West-Java, während Tangerang zur Provinz Banten gehörig ist.

[2]) DKI ist eine Abkürzung für *Daerah Khusus Ibukota* (= Hauptstadtsonderdistrikt). Der Begriff *Botabek* bezeichnet den metropolitanen Raum außerhalb des Kernstadtbereiches DKIJ(akarta).

gener Art („Villa 2000", „Concord 2000", „Waterfront"[3]), Kemayoran, u. a.) und bedeutende Verkehrsachsen (beispielsweise zum International Airport Sukarno Hatta) sind für diese Entwicklung mitverantwortlich. „Uncontrolled urban expansion and chaotic land use", laut RUSTIADI (2002) symptomatisch für die südostasiatische Urbanisierung, machen auch vor *Jabotabek* nicht halt, das durch einen Mix aus landwirtschaftlichen und nicht-landwirtschaftlichten Nutzungsformen bis in die Kernstadt gekennzeichnet ist, der als „*desa-kota*-Ansatz" definierbar ist: Nach MCGEE (1995) handelt es sich dabei um semiperiphere Stadtrandgebiete, deren Nutzung durch Besiedlung, Industrialisierung und subsistenzorientierte Landwirtschaft geprägt ist.

Die Marginalisierung großer urbaner Bevölkerungsgruppen greift weltweit um sich (BRONGER 2005): In Metro-Jakarta handelt es sich um eine direkte Folge der regionalen Wirtschaftskrise der späten 1990er-Jahre, die latente Disparitäten verschärfte und die Kluft zwischen (urbanen) Armen und (suburbanen) Reichen weiter vorantrieb. Die rigiden Maßnahmen der gegenwärtigen Stadtregierung gegen sämtliche Bereiche des informellen Sektors (vgl. u.a. JELLINEK 2003) dokumentieren die Gratwanderung zwischen versuchter (westorientierter) Modernisierung und (postautokratischer) Konzeptlosigkeit im Umgang mit stetig zunehmenden Bevölkerungsgruppen, die sich ihrerseits zunehmend emanzipieren und in zahlreichen Printmedien und Internet-Plattfomen[4]) Artikulationsmöglichkeiten nützen, die – nicht zuletzt aufgrund der autokratischen Regime der letzten Jahrzehnte – früheren Generationen von marginalisierten Gruppen nicht offen standen.

Der folgende Beitrag spart Aspekte von urbaner Umweltbelastung und des Investitionshypes ebenso wie das parteipolitische Umfeld und Fragen der globalisierten Transformation gezielt aus, denen in früheren Arbeiten das Hauptaugenmerk galt (SPREITZHOFER und HEINTEL 1997 bis 2003). Versucht wird vielmehr ein Überblick über Genese und Konfliktfelder der metropolitanen Planung innerhalb der Agglomeration Metro-Jakarta, deren gegenwärtige Entwicklung eine kontinuierliche Verstärkung latenter Disparitäten erkennen lässt, die bestehende Marginalisierungstendenzen geradezu fördert.

Im komplexen Spannungsfeld von rural-urbanem Nutzungswandel, gezielter Industrialisierung, rapider Bevölkerungszunahme und visionären Planungskonzepten[5]) stehend, ist die Wohnungs- und Siedlungsdiskussion längst nicht mehr ausschließlich auf die Kernstadt begrenzt zu führen; diese „Lebensfrage" *Jabotabeks* ist zunehmend an die Bereitstellung und Anbindung von Infrastrukturleistungen (suburbane Stadtneugründungen; öffentlicher und privater Verkehr, u. a.) in der städtischen Peripherie gekoppelt, wo unkoordinierte Neustadtgründungen und willkürliche Flächenwidmung die (jahrzehntelange) Ausgrenzung breiter urbaner Bevölkerungsmehrheiten in Zentraljakarta begleiten, die seit 1998 – dem Ende der Suharto-Ära – eine neue (systematische) Qualität erfährt: Marginalisierung versus Moderne scheint das entscheidende urbane Konfliktpotenzial der indonesischen Gegenwart.

---

[3]) Die visionäre „Waterfront City" (auch *WFC* oder *Pantura* genannt*)* galt in den 1990er-Jahren als Prototyp futuristischer Landnutzungsprojekte: Dieses öffentlich-private Großvorhaben erstreckte sich über die gesamte Jakarta Bay (ca. 32 km, im Nordteil von DKI Jakarta), basierend auf 2.700 ha (künstlich gewonnenem, 1,5 km ins Meer reichendem) Küstenland sowie 2.500 ha Revitalisierungsland und war, bei Bereitstellung von 500.000 Arbeitsplätzen, für 1–1,5 Millionen Einwohner konzipiert. Aus Kostengründen wurde das Projekt jedoch storniert (CALJOUW et al. 2004, S. 5).

[4]) Vgl. dazu Kapitel 3.1.1.3.

[5]) Vgl. www.portmanusa.com/master_plan/bsd.html; Zugriff: 20.5.2006

2 Regionalentwicklung und Landnutzung in Metro-Jakarta: Viele Konzepte, wenig Koordination

2.1 Koloniale Stadtplanung und Sukarnos „Gelenkte Demokratie" (1954 bis 1965)

Die ersten raumplanerischen Ansätze im Bereich der Stadtentwicklung in Java fallen in die letzte Phase der niederländischen Kolonialherrschaft in den 1940er-Jahren, als die Migrationsströme in die Städte ständig zunahmen und Handlungsbedarf entstand.[6] Noch kurz vor der Unabhängigkeit, am 23. Juli 1948, trat ein Stadtplanungsakt[7] in Kraft, gefolgt von einer nationalen Verordnung[8] zur Stadtplanung. Exekutiert wurden die erforderlichen Maßnahmen im neugegründeten Raumplanungsbüro („Centraal Planologisch Bureau") des damaligen Batavia, das dem „Department of Reconstruction and Public Works" (später: „Ministry of Public Works and Energy") zugeordnet war.

Kebayoran, die erste Neustadtgründung südlich von Jakarta, die für eine Einwohnerzahl von 100.000 Personen konzipiert war, geht planungstechnisch noch auf eine niederländische Konzeption zurück und kann als erster Schritt in Richtung einer integrativen Regionalentwicklung im Umfeld der neuen Nationalmetropole Jakarta betrachtet werden – auch wenn die Wirren der Unabhängigkeit (1949) eine gezielte Fortführung der planerischen Leitideen zur Migrationskontrolle zunächst vereitelten. Rurale Migranten siedelten sich in den Dörfern rund um die Agglomeration an, die ihren ruralen Charakter verloren und sich seither stetig zu urbanen *Kampungs*[9] wandelten: „Because Indonesia did not formalise a housing policy until the 1970s [...] migrants still have no choice but to settle in these kampungs" (REERINK 2006).

Nichtsdestoweniger entwickelte ein holländisch-indonesisches Planungskomitee zur metropolitanen Grenzfestlegung der neuen Hauptstadt 1950 das Konzept „Jakarta Raya", das in wesentlichen Zügen dem Jabotabek-Ansatz der Gegenwart entspricht. Auch der *„Jagorawi-*Highway", die Hauptverkehrsachse zwischen Jakarta und Bogor, geht auf die unmittelbare Nachkriegszeit zurück, die allerdings – aufgrund der politisch labilen Situation und nach der Demission der niederländischen Raumplanungsexperten – außer Absichtserklärungen wenige konkrete planerische Umsetzungen bieten konnte. Die Administration der „Gelenkten Demokratie" des Präsidenten SUKARNO war insgesamt zu schwach und in der Frage der überfälligen Landreform zum Scheitern verurteilt (GIEBELS 1986, S. 3f).

---

[6] Parallel zum heutigen Verwaltungssystem wurde auch im kolonialen Indonesien zwischen drei Ebenen, der National-, der Provinzial- und der zweigeteilten Lokal-/Regionaladministration unterschieden. Bei letzterer standen bzw. stehen *„kotamadya"* (städtischer Raum) und *„kabupaten"* (Distrikt) – gleichwertig nebeneinander.
[7] Stadsvormingsordonnantie, Staatsblad 1948, No. 18.
[8] Stadsvormingsverordening, Staatsblad 1949, No. 40.
[9] Zur Definition und Diskussion des Begriffes „Kampung", vgl. Kapitel 3.3.

2.2 Suhartos „Neue Ordnung" (1965 bis 1998): Privatisierung und Deregulierung

"We shall not be able to build a complete Indonesian being, we shall not be able to enjoy spiritual and material well-being, we shall not be able to improve the quality of life, unless the problem of human settlement and shelter can be fundamentally overcome."

(SUHARTO, zit. nach National Committee for Habitat II 1996, S. 1)

Es blieb dem Konzept der „Neuen Ordnung" des nächsten Präsidenten, SUHARTO, vorbehalten, die anstehenden Fragen der metropolitanen Stadterweiterung erneut, diesmal jedoch unter massivem Bevölkerungsdruck, weiter zu entwickeln. Auch wenn der Anteil der urbanen Bevölkerung 1971 indonesienweit nur bei 17 Prozent lag, erforderte das disproportionale Wachstum der Hauptstadt Jakarta, des Symbols der Einheit der jungen Nation, das Hauptaugenmerk auf die kulminierenden Migrationsströme in die Hauptstadt, die ihre Bevölkerungszahl seit 1930 auf 4,6 Millionen verzehnfacht hatte, zu legen.

Der „Entwicklungsplan West-Java", von niederländischen Raumplanern[10] mitgestaltet, stellt ein Konstrukt hierarchischer Zentren im Umland der Kernstadt Jakarta dar. Die Politik der Zentralisierung hatte die gesamte wirtschaftliche, infrastrukturelle, soziale und kulturelle Entwicklung auf die Metropole fokussiert, für die bis in die frühen 1970er-Jahre 50 Prozent des Nationalbudgets aufgewendet wurden – die unumgängliche Schaffung wirtschaftlicher Gegenpole wurde im „Jabotabek-Report" 1973 erstmals formuliert.

Irreale Szenarien und Planungskonzepte leiteten die Stadtplanung ein: Der erste „Jakarta Master Plan" war für den Zeitraum 1965 bis 1985 konzipiert und sah den Ausbau Jakartas rund um das neu errichtete Nationaldenkmal *„Monumen Nasional"* (Monas) vor, um das sich in einem Umkreis von 15 Kilometern punktuelle Entwicklungszentren gruppieren sollten: Ziel war ein gelenktes Wachstum in konzentrischen Kreisen.

2.2.1 Entwicklungsstrategien und Planungskonzepte

"Here there are many people who are more powerful than our governor. That makes Jakarta a very difficult city to manage."

(BIANPOEN 1991, S. 71)

Anhaltende Migration, sich verschlechternde Umweltbedingungen und ein schrumpfender Arbeitsmarkt verlangten nach verstärkter überregionaler Koordination: Die Planungsregion *Jabotabek* wurde mit Beginn des zweiten Fünfjahresplanes (*Repelita II*) als Planungskonzept[11] etabliert. Ziel war die Koordinierung infrastruktureller Maßnahmen im Großraum Jakarta, da bis dato Maßnahmen der Wasserver- und -entsorgung sowie des Straßen- und Schienenausbaus ohne Rahmenkonzeption erfolgt waren.

---

[10] Die Region West-Java (Provinzen West-Java und DKI Jakarta) entspricht, bei weit höherer Einwohnerzahl, der Fläche der Niederlande und wurde somit zum Experimentierfeld niederländischer Raumplaner.

[11] Zur Operationalisierbarkeit des Entwicklungsmodells wurde 1976 ein Koordinationsgremium geschaffen (BKSP – „Jabotabek Development Planning Board"): Die „Jabotabek Metropolitan Development Study", 1977 mit Unterstützung der Weltbank initiiert, war mit Kosten von 224 Millionen US-Dollar veranschlagt (CERNEA 1993, S. 35).

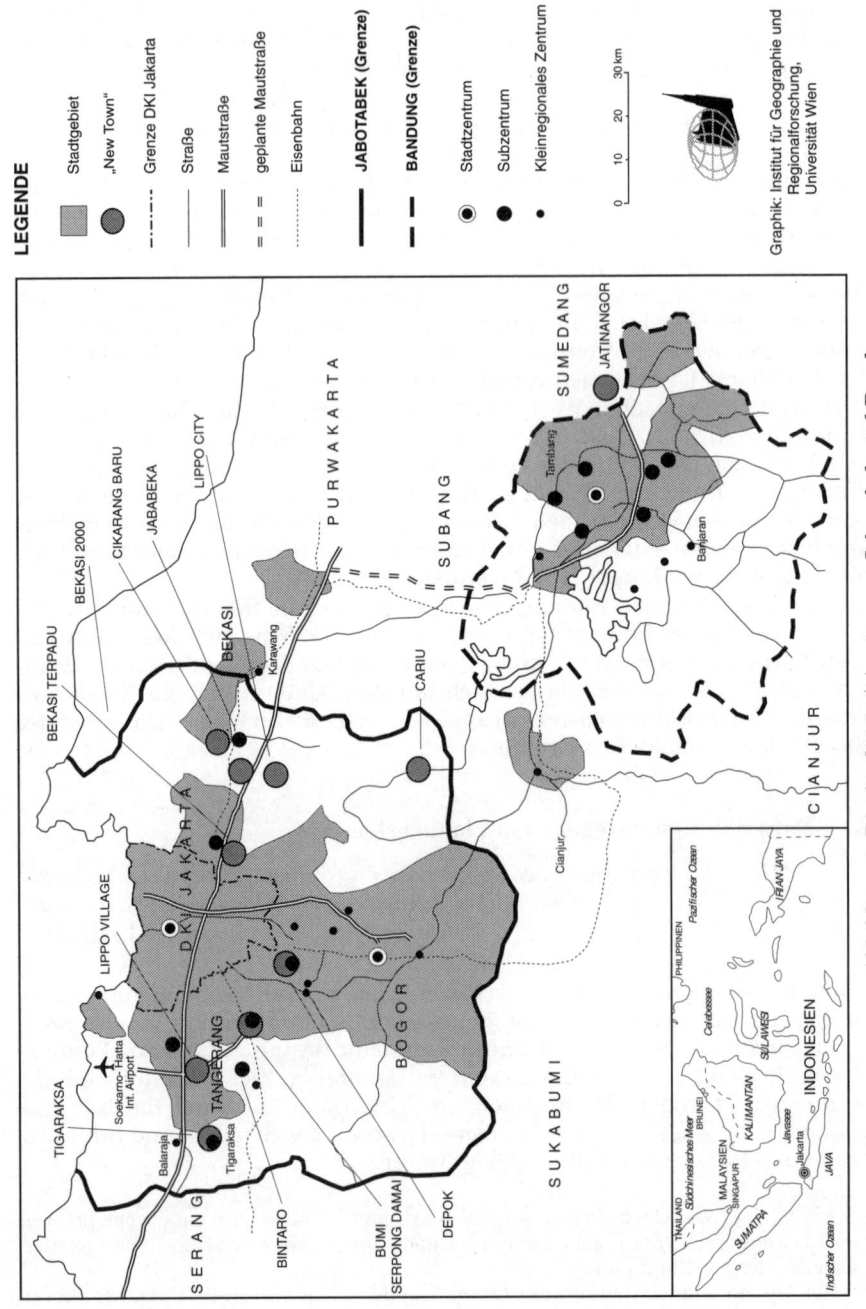

Abbildung 2: Die Agglomerationsräume Jabotabek und Bandung
Quelle: SPREITZHOFER und HEINTEL 1997, modifiziert.

Der „Jabotabek Strategic Plan 1978–81" sollte ergänzend die Entwicklung des metropolitanen Umlandes steuern und war auf die Bereitstellung von Trinkwasser, auf Überschwemmungskontrollen sowie die Schaffung von Wohn- und Industriegebieten ausgerichtet (CCJ 1994, S. 40).

Die jährlichen Wachstumsraten der drei Nachbardistrikte Jakartas (= *Botabek*) betrugen nach Beginn der Industrialisierungs-Offensive SUHARTOS zwischen 3,6 und 4,6 Prozent und schufen infrastrukturellen Handlungsbedarf über die engen Grenzen der Kernstadt DKIJ hinaus: Neben Begleiterscheinungen wie Bevölkerungsentflechtung und Armutsverminderung stand die gezielte Ansiedlung internationaler Industrien um Tangerang (Westen) und Bekasi (Osten) im Mittelpunkt (PERESTHU 2004), während die Region Bogor (Süden) vorwiegend als Trinkwasserspeicher und Wohnraum reserviert bleiben sollte (DONNER 1987, S. 298).

Konzeptionell zur Anwendung kam das Modell der „bundled concentration", das – dem niederländischen „Randstad-Modell" entsprechend – die Förderung punktueller Wachstumszentren im Großraum Jakarta vorsah, um eine weitere unkontrollierte Suburbanisierung zu verhindern; die lineare Wachstumsstrategie („ribbon development"), die den geringsten infrastrukturellen Kostenaufwand und auch Freiflächen zwischen den Wachstumspolen erwarten ließ, setzte sich hierbei letztendlich durch (GIEBELS 1986, S. 113f). Die Achsenbildung kulminiert heute in zwei Hauptachsen: ein 120 km langer Ost-West-Korridor verbindet Bekasi mit Jakarta und Tangerang, eine 200 km lange Nord-Süd-Achse reicht längst über die südliche Distriktsgrenze hinaus bis in den Bereich der zweitgrößten Agglomeration Javas, Bandung (vgl. Abb. 2).

Als integrierender Teil des nationalen „Long-Term Regional Development Pattern 1985–2005" wurde 1985 das Konzept „Jakarta General Spatial Planning 2005" (= „Jakarta Structure Plan") formuliert: Ziel war eine optimierte Landnutzung, die Erhaltung historisch wertvoller Bausubstanz und die kontrollierte Ausweitung der Verbauung in das metropolitane Umland. Zur Erleichterung der effektiven Umsetzbarkeit der abstrahierten Zielsetzungen wurden „Urban Partial Plans" (Detailplanungen für Stadtteile) und „District Plans" (für Subdistrikte) etabliert: Im Gegensatz zum „Jakarta Master Plan 1965–1985", der der physiognomischen Entwicklung eindeutige Priorität einräumte, beruhte der „Jakarta Master Plan 1985–2005" auf „umfassender integraler Kombination von urbaner Funktion, Programmatik und Struktur", wie die Stadtregierung formuliert (vgl. Jakarta Metropolitan City Government 1995, S. 75). Dennoch wurde keine verbindliche rechtliche Grundlage geschaffen, koordinative Maßnahmen wurden damit kaum möglich. Erst die Erklärung des gesamten Planungsraumes *Jabotabek* als „Megastadt" (vgl. Indonesian Observer, 16.04.1999) scheint die Zusammenarbeit in sensiblen Bereichen wie Hochwasserschutz, Wasserressourcen, Wohnungspolitik oder Verkehrskonzeption mittelfristig zu verbessern (siehe dazu LEISCH 2000, S. 22).

Die ursprüngliche Strategie, bestehende Siedlungseinheiten zu hierarchisch strukturierten Wachstumszentren auszubauen und auf Stadtneugründungen zu verzichten, um keine Umsiedlungsmaßnahmen zu forcieren, erwies sich als irreal. Die Nukleus-Idee der Autonomie der Subzentren hinsichtlich Arbeitsplatz- und Dienstleistungsangebot ist zwar nach wie vor aktuell, zur Umsetzung der Planungsstrategien bedarf es jedoch mehr als bloßer Absichtserklärungen oder auch (teils) fundierter Zielsetzungen; solange die Umsetzung an demographischen (Migrationsvolumen) und gesellschaftspolitischen (urbane Raumplanung versus private Erschließungspläne) Fehleinschätzungen scheitert, ist das postulierte Ziel der De-Marginalisierung und Einbindung der „Urban Poor" in weiter Ferne.

„Für den Abbau der Marginalität ist [...] der Wille des Einzelnen wie auch der politisch Verantwortlichen entscheidend," konstatiert BRONGER (2005, S. 9), der die Problematik der internationalen Vergleichbarkeit von Marginalfaktoren hervorstreicht: Urbane Armut hat andere Gesichter als rurale (vgl. u.a. DAVIS 2004).

2.2.2 Dezentralisierung und Entwurzelung: Der demographische Hintergrund

Die Entwicklung von 1980 bis 1990 zeigt die absolute Notwendigkeit koordinierter Urbanisierung in der Botabek-Region: Innerhalb dieses Jahrzehntes stieg die Bevölkerungszahl um 3,5 Millionen, was einer Zunahme von 336 Prozent, bei etwa 16 Prozent durchschnittlichem jährlichem Wachstum, entspricht – eine Reflexion des wirtschaftlichen Höhenfluges im Zuge gezielter Deregulierung (PERESTHU 2004). Die Urbanisierungsrate der Region lag 1990 bereits weit über 50 Prozent, gegenüber lediglich 20 Prozent im Jahr 1980. Räumlich disparitäre Entwicklung ist offenkundig: Galt in den frühen 1980er-Jahren die (südliche) Region Bogor als Zuwanderungsmagnet, so explodierten die westlichen (Tangerang) und östlichen (Bekasi) urbanen Pole zeitverzögert von jeweils rund einer Viertelmillion Einwohner (1980) auf über eine Million (1990).

Während sich die Bevölkerung der Kernstadt (DKIJ) von 1961 (2,9 Millionen) bis 1981 (6,5 Millionen) mehr als verdoppelt und mittlerweile die 10-Millionen-Schallmauer durchbrochen hat (MARSHALL 2005, S. 312), wurde für die Umlandgebiete zumindest eine Verdreifachung der Bevölkerungszahl (CERNEA 1993, S. 34) erwartet; für die gesamte Region Jabotabek ist ein Bevölkerungsanstieg von 17,1 Millionen (1990) – davon sind 13,1 Millionen dem urbanen Sektor zuzuordnen – auf 30 Millionen 2010 (WEBSTER 1995, S. 28) bzw. 40 Millionen 2020 (HAN und BASUKI 2001, S. 1841) prognostiziert. Massive Binnenmigration scheint vorprogrammiert, da „the pool of population remaining in rural and regional areas [...] is still large enough to generate high rates of net in-migration and [...] mega-urban growth" (JONES 2002): Die Migranten nach DKIJ sind weitgehend jung, oft alleinstehend und immer besser ausgebildet, während Familienzuwanderung eher in den Randbereichen der Metropole zu konstatieren ist (JONES und MAMAS 1996; JONES 2002).

Tabelle 1: Die Entwicklung der Bevölkerungszahl in *Jabotabek* 1960 bis 2000 und Prognose für 2010

	1960		1970		1980		1990		2000		*2010*	
	in Mio.	in %	in Mio.	in %	in Mio.	in %	in Mio.	in %	in Mio.	in %	in Mio.	in %
DKI Jakarta	2,97	51	4,57	55	6,49	54	8,22	48	8,38	40	*11,18*	*37*
Bogor	1,31	23	1,86	22	2,74	24	4,01	23	5,38	25	*7,41*	*25*
Bekasi und Tangerang	1,54	26	1,90	23	2,67	22	4,87	29	7,37	35	*11,30*	*38*
Jabotabek (Gesamt)	5,83	100	8,33	100	11,89	100	17,01	100	21,13	100	*29,91*	*100*

Quellen: Biro Pusat Statistik (2000); MCGEE 1995, S. 12 (1960 bis 1990); KUSBIANTORO 1996, S. 61 (Prognose 2010).

Das Wachstum der Kernstadt (DKIJ) lag in den 1990er-Jahren bei vergleichsweise geringen 2,4 Prozent jährlich und ist zwischen 1995 und 2000 – verglichen mit jährlich durchschnittlich 3,8 Prozent in den frühen 1970er-Jahren – mit +0,2 Prozent p.a. nahezu gänzlich zum Stillstand gekommen (JONES 2001). Eine Reihe von innerstädtischen Bezirken zeigt seit zwei Jahrzehnten einen Bevölkerungsrückgang, etwa Zentraljakarta mit -1,4 Prozent (1980 bis 1990) und -3,0 Prozent (1990 bis 2000) (RUSTIADI 2002, S. 68f), dessen Ursache jedoch umstritten ist: Zum einen trägt die Umwandlung weiter Flächen in Industriegebiete das ihre zu dieser Entwicklung bei, zum anderen gilt die Politik der De-Konzentrierung von dicht besiedelten Wohngebieten als verantwortlich.

Insgesamt ist der Bevölkerungsanteil der Kernstadt DKIJ an der Gesamtbevölkerung von Jabotabek von 55 Prozent (1980) auf 48 Prozent (1990) bzw. 40 Prozent (2000) gesunken (Tab. 1), wofür die rege Bautätigkeit in den Randregionen verantwortlich gemacht wird: sechs Prozent (38.000 ha) der Fläche Botabeks, dessen Bevölkerung derzeit jährlich um 3,7 Prozent wächst (JONES 2002), wurden von der „National Housing Agency" mit Nutzungspermits versehen, von denen 86 Prozent für Wohnzwecke und 14 Prozent für Industrieprojekte vergeben wurden.

3 Urbane Lebensformen: Monas, Malls und Marginalität

Der folgende Diskurs wird zweigeteilt geführt: Nach einer Analyse von Rahmenbedingungen, Entwicklungstendenzen und -hemmnissen im metropolitanen Wohnungsmarkt folgt eine Betrachtung zu Genese, Entstehung und gegenwärtigem Stellenwert von (traditionellen) *Kampungs* und (modernen) *New Towns*, die Planungsszenarien zu *Jabotabek* reflektieren und die gesellschaftliche Polarisierung einer inhomogenen Stadtbevölkerung dokumentieren.

3.1 Brennpunkt Wohnungsmarkt: Zwischen Staat und Privat

3.1.1 Der legistische Hintergrund

Um den Anforderungen eines adäquaten Wohnungsmarktes gerecht zu werden, war von staatlicher Seite eine Anpassung der legistischen und administrativen Voraussetzungen notwendig. Die Zusammenlegung des „Ministry of Housing" mit dem „Ministry of Population and Environment" zum „State Ministry for the Environment and State Housing of Population" belegt die enge Verknüpfung von bevölkerungspolitischen und umwelttechnischen Fragestellungen; die zunehmende Dezentralisierung von planungsrelevanten Schritten in Sachen Finanzierung und Infrastrukturgestaltung gilt als weiteres Indiz für gezielte Interventionsmaßnahmen in den Wohnungsbereich, dessen enge Bindung an den Wohlstand einer Gesellschaft mittlerweile unbestritten ist.

Zur Optimierung der staatlichen Investitionen und der Einbindung lokaler Gelder existiert seit 1985 das „Integrated Urban Infrastructure Development Programme" (IUIDP), das mittlerweile von einem ganzheitlich strukturierten „Integrated Urban Development Programme" (IUDP) abgelöst wurde. Seit 2001, im Zuge wachsender Regionalautonomie, hat die staatliche „National Land Agency" (NLA) nicht mehr die Alleinverfügung über die Landnutzung im Umfeld von DKIJ (REERINK 2006). Die Entwicklungsstrategien werden Stadt für Stadt speziell ausgearbeitet, wobei die Einbeziehung des „Ministry of Public Works", der „National Development Planning Agency", des „Ministry of Finance" und des

„Ministry of Home Affairs" eine konsistente wie auch pragmatisch fundierte Basis gewährleisten soll, um die Dezentralisierung, Koordinierung und Finanzierung urbaner Landnutzung wie -schaffung zu regeln. Das IUDP gilt asienweit als Musterbeispiel gremienübergreifender Zusammenarbeit (vgl. dazu United Nations Centre for Human Settlements 1996, S. 302).

Neben dem noch näher zu erläuternden Konzept des *„Kampung* Improvement Programme" (KIP)[12] begann parallel dazu ein weiteres, vom nationalen „Ministry of Social Affairs" 1991 implementiertes Programm der „Social Rehabilitation of Poor Areas" (*„Rehabilitasi Sosial Daerah Kumuh"*), von dem national bislang über drei Millionen Slumbewohner profitiert haben, allmählich Wirkung zu zeigen. Die Schwerpunktsetzung auf nachhaltige Siedlungsentwicklung („Urban Policy Action Plan" – UPAP) im zweiten Langzeit-Entwicklungsplan Indonesiens (1993–2018) verdeutlicht das Bewusstsein, dass ökonomische Zuwachsraten allein auf Dauer die gesellschaftliche Stabilität nicht tragen werden können (National Committee for Habitat II 1996).

3.1.2 Die Entwicklungsstrategien

Die Reduzierung der Armut ist das offizielle Hauptanliegen der indonesischen Regierung, die dieses Ziel mittels massivem Wirtschaftswachstum und rapider Erhöhung der Produktivität erreichen will. Verfügbarkeit von Land, hohe Baukosten und komplizierte Kreditvergabe sind die Hauptverursacher für die steigende Zahl von Substandard-Wohnungen: Indonesienweit lebt ein Viertel der Bevölkerung unter der Armutsgrenze (www.habitatindonesia.org; Zugriff 30.04.2006).

WARDHANA (1996, S. 454) betonte bereits vor einem Jahrzehnt die Notwendigkeit spezifischer Maßnahmenbündel, um der Bevölkerung unter der Armutsgrenze den Zugang zu Transportmitteln und Wohnungen erschwinglich zu machen – ohne aktive Eingriffe der Stadtpolitik ist die Etablierung eines Niedrigpreis-Wohnungsmarktes illusorisch (NURBIANTO 2006). Auf präsidiale Verordnung wurde seit 1995 die Fertigstellung von 240.000 „Very Low-Cost Housing"-Einheiten (Kosten: 2.200–3.000 US-Dollar) und „Low-Cost Housing"-Einheiten (Kosten: 4.000–5.000 US-Dollar) eingeleitet, was latente Spannungsfelder in Fragen der Landnutzung und Landrechte intensivierte.

Analog zu Entwicklungstendenzen am urbanen Arbeitsmarkt ist auch der Wohnungsmarkt durch zunehmende Informalisierung gekennzeichnet. Der formelle Sektor, bestehend aus der nationalen Wohnbaugesellschaft *Perum Perumnas* und zahlreichen Privaterschließungsgesellschaften, kann auf nationaler Ebene gerade 15 Prozent der städtischen Wohnungsnachfrage decken (National Committee for Habitat II 1996, S. 9), in Jakarta etwa 25 Prozent. Im Gegensatz zur ursprünglichen Konzeption waren die Anlagen von *Perum Perumnas* nicht in der Lage, der Nachfrage nach Wohnraum auch nur annähernd gerecht zu werden: Zum einen übersteigen die verlangten Preise der Gebäude (Durchschnittsfläche: 12 m²) zumeist die finanzielle Kapazität der abgesiedelten *Kampung*-Bewohner und auch der neu migrierten Bevölkerungsgruppen, zum anderen ist die Lage in den urbanen Randzonen zudem für einen adäquaten Lebensunterhalt denkbar ungeeignet; Wohnblocks wiederum verhindern die Beibehaltung etablierter Beschäftigungsmuster vor allem im informellen Sektor. Wäscherinnen im dritten Stock sind so deplatziert wie eine Umsiedlung von fahrenden Garküchen in ein Dachgeschoß – „flats are only suitable for those with formal professions,

---

[12] Vgl. Kapitel 3.2.2.1.

like civil servants, labourers or other professions prosecuted out of the house", bringt BIANPOEN (1991, S. 69) die Kluft zwischen arbeitspolitischer Realität und wohnungspolitischer Vision auf den Punkt.

Der informelle Wohnungsmarkt *Jabotabeks* funktioniert vergleichsweise zufriedenstellend, vorwiegend aufgrund einer ausgeprägten „Laissez-faire"-Haltung der Planungsbehörden, die auf Preisvorschreibungen und restriktive Reglementierungen verzichten, solange keine ökonomischen Interessen dagegen sprechen. Wesentliche Hürden im Zugang zu „low-cost housing" bilden jedoch einerseits das Fehlen klarer Besitzverhältnisse, zum anderen die derzeit geringe Verfügbarkeit von Wohnbaukrediten, wobei das neu etablierte KUPEDES-Programm der „Bank Rakyat Indonesia" zumindest bis 1997 Abhilfe schaffen konnte; für Beamte wurde das TAPERUM-Schema, eine Art obligatorische Bausparkasse, initiiert.

Um den – speziell für Privatbaugenossenschaften unattraktiven – Billigwohnungsmarkt zu beleben, kam es zur Etablierung einer verpflichtenden Hausentwicklungsquote, um den finanziell lukrativen, doch vergleichsweise wenig nachgefragten Hochpreissektor zugunsten des Niedrigpreissektors zu entlasten: Der Schlüssel 1 (Luxus) : 3 (Mittel) : 6 (Billig) zwingt Privatfirmen zwar in der Theorie zu verstärkter Konzentration auf „low-cost-housing", aufgrund der explodierenden Landpreise bleibt allerdings auch dieser Bereich außerhalb der finanziellen Kapazität[13]) der Mehrheit der Bevölkerung (DOUGLASS 1996a, S. 17). Der suburbane Spekulationsraum, mit boomenden Grundstückspreisen außerhalb des zentralen, dicht besiedelten, verkehrsintensiven Stadtbereiches, gewinnt zunehmend an Attraktivität (HAN und BASUKI 2001, S. 1843).

Die im „Housing and Human Settlements Law" (1992) festgelegte Rolle der Regierung als Regulator der Landpreisentwicklung scheint damit – analog zu zahlreichen Aspekten der nationalen und regionalen Wirtschaftsentwicklung – von der Realität überholt. Lebensraumschaffung ist mehr als die Bereitstellung von Wohneinheiten ohne infrastrukturelle Koordination, die nach Aufschließung von einstigem Agrarland strukturlos – ohne adäquate Wasser- oder Elektrizitätsversorgung sowie Müllentsorgung – zwangsläufig weiteren Umweltdruck durch Zersiedelung bewirken.

Hochrechnungen zufolge betrug die Nachfrage nach Wohnraum 1995 500.000 Häuser; unter Zugrundelegung des gegenwärtigen Bevölkerungswachstums für *Jabotabek* von jährlich 2,1 Prozent (JONES 2002) wären – nach Sättigung des bisherigen Bedarfs – immer noch jährlich 70.000 bis 100.000 Wohnungen (DOUGLASS 1996b, S. 54) erforderlich, die Hälfte davon für Bevölkerungsgruppen unter der Armutsgrenze.

Der anhaltende Zustrom an Migranten, deren Dunkelziffer die offiziellen Zahlen bei weitem übersteigen dürfte, sorgt für derart massiven Druck auf den urbanen Wohnungsmarkt, dass das (geplante) Angebot – ganz abgesehen von der überhöhten Preisgestaltung – mit der effektiven Nachfrage nicht Schritt halten kann. Solange latente innerstaatliche Disparitäten, politische Unruhen und aktuelle Naturkatastrophen[14]) die rurale Bevölkerung vor allem Javas, wenn auch

---

[13]) Eine Studie der Baulandpreise im Raum *Jabotabek* Ende der 1980er-Jahre ergibt folgendes Bild: Zwischen 1987 und 1989 stieg der Preis für Parzellen zehn Kilometer außerhalb des CBD um jährlich rund 11 Prozent, im unmittelbaren Zentrum um fünf Prozent und 20 Kilometer außerhalb um durchschnittlich 18 Prozent (CRANE et al. 1997, S. 1498)

[14]) Vgl. Tsunami (Sumatra 2004); Erdbeben (Yogyakarta/Java, 2006), Vulkanausbrüche (Merapi/Java), u. a.

vielfach nur temporär, nach *Jabotabek* treiben, ist eine Entspannung der Siedlungssituation wohl ferne Vision.

3.2 Brennpunkt Lebensraum: Zwischen Kampung und Kondominium

Der Anstieg der Wohnungskosten im legal-autorisierten Bereich betrug zwischen 1980 und 1990 153 Prozent und lag damit selbst in der ökonomischen Boomphase der frühen 1990er-Jahre über der Inflationsrate von 133 Prozent (State Ministry for People's Housing 1995). Die Divergenz zwischen der Stadtplanung der regierenden Elite und den Bedürfnissen der Masse der urbanen Bevölkerung, die durch staatspolitisch motivierte Maßnahmen wie „Street Clearance", „*Kampung* Clearance" und „Land Clearance" die Internationalisierung hautnah erfährt, dokumentiert sich nicht zuletzt in einem mehrheitlich unerschwinglichen Wohnungsmarkt: „The ever increasing land prices in urban areas are a result of the increased need for commercial space and increased land speculation, and have led to the growth of more slum housing, particular on public land and marginal areas [...]" (TJIPTOHERIJANTO 1996, S. 9).

„Those in possessory rights cannot sell their land (since they have no title) and can only exercise their rights and realise some value to their land by continuing to reside on it, thus inhibiting changes in land use patterns", bringen HENDERSON et al. (1996, S. 80) die Interessenkollision auf den Punkt. DOUGLASS (1996a, S. 15ff) betont die Illusion einer Entwicklungskonzentration auf die infrastrukturell völlig überlastete Kernstadt. Ziel der Planungsstrategien sollte eine integrierte Schaffung von „Site and Services"-Einrichtungen sein: Ohne die Bereitstellung von Verkehrswegen, Trinkwasser, Müllentsorgung oder Elektrizität würde die Konzeptlosigkeit der Ära der frühen „Neuen Ordnung" prolongiert und eine weitere Verschärfung der prekären Umwelt- und Transportbedingungen vorweggenommen (IEDA et al. 2003).

Die Erschließung von „Serviced Land", teils in Form von Neustadtgründungen, genießt mittlerweile längst den Vorrang vor der nachträglichen Verbesserung der Lebensqualität in *„Old Kampungs"* (PERESTHU 2004), was – durch die Tertiärisierung der Kernstadt – ohnedies eine Relozierung etablierter zentraler Siedlungsräume mit sich bringt. Langfristig scheint die Kernstadt Jakarta als Wohnraum nur mehr gehobenen Einkommensgruppen zugänglich, die – der Vision der Weltstadt entsprechend – ihren Lebensbereich in zentral gelegene Apartments und Kondominien von privat errichteten vielstöckigen Wohntürmen („Towers") verlegen.

3.2.1 Superblocks und New Towns: Leben in der Moderne?

Die „Superblock"-Konzeption der Stadterweiterung liegt sämtlichen Szenarien für *Jabotabek* zugrunde und beruht auf der Verordnung 678/1994 des Gouverneurs von Jakarta:[15] Als Superblocks gelten multifunktionale und integriert entwickelte Gebiete mit einer Mindestgröße von 20.000 m^2, die von mindestens zwei Hochkapazitätsstraßen erschlossen werden und in urbanen Stadterneue-

---

[15] Die verwaltungstechnische Operationalisierung der erforderlichen Planungsstrategien obliegt seit 1976 einem koordinativen Gremium aus Zentralregierung, Stadtregierung und Provinzregierung (Provinz West-Java).

rungsgebieten oder Niedrigdichteregionen liegen sollen (Jakarta Metropolitan City Government 1995, S. 83).

Für das suburbane Umland erscheinen die potenziellen Konfliktfelder noch ausgeprägter. Die Raumplanungskonzepte der Provinz West-Java für *Botabek* lassen eine Interessenkollision zwischen agrarischem Versorgungsraum und der dezidierten Ansiedlung von industriellen Groß- und Mittelbetrieben erkennen. Im Rahmen eines konzentrischen Wachstums der Wohnzonen soll dem Pendlerproblem begegnet werden, das seinerseits die prekäre innerstädtische Transportsituation[16]) ursächlich bedingt: In einem inneren Kreis, der maximal 15 bis 20 Kilometer von der Distriktgrenze DKI Jakartas entfernt ist, sollen 75 Prozent der potenziellen Arbeitspendler lokalisiert sein, in einem äußeren Kreis (Entfernung zur Kernstadtgrenze: 30 bis 40 Kilometer) 25 Prozent. Die Praxis zeigt jedoch die De-facto-Unkontrollierbarkeit jedweder Entwicklung im unmittelbaren Umfeld der Kernstadt. Als Folge der Deregulierungsmaßnahmen der 1990er-Jahre sind oftmals ungeplante Wachstumspole entstanden, die wieder ihrerseits das Verkehrskonzept veraltet erscheinen lassen.

Die Spillover-Effekte zunehmender Landnutzung im Umland der Kernstadt manifestieren sich in massiver Verbauung, die – von der Stadtgrenze ausgehend – zunächst die angrenzenden Teile *Botabeks* erfasste. Eine Betrachtung der verbauten Fläche innerhalb von DKI Jakarta verdeutlicht den enormen Siedlungsdruck in Richtung *Botabek*: 1971 waren 31,4 Prozent, 1980 58 Prozent, 1994 bereits 82 Prozent des administrativen Stadtgebiets von Jakarta verbaut, was einer jährlichen Steigerung der bebauten Fläche von derzeit 4,3 Prozent entspricht; 95 Prozent sämtlicher 1993 in *Jabotabek* neu errichteter Häuser – insgesamt 246.000 – entstanden in *Botabek*, lediglich 5 Prozent in Jakarta selbst, wo noch 1981 48 Prozent der Neubauten lokalisiert waren (SOEGIJOKO 1995, S. 20f).

3.2.1.1 Investoren kontra Raumplanung: Der Influx der „Developer"

Die Strategie der Forcierung von Gegenpolen zu DKI Jakarta innerhalb *Botabeks* – sogenannten „Countermagnets" – ist ein Produkt des letzten Jahrzehnts; die Schaffung von semi-autarken „New Towns" wurde zum prägenden Merkmal der gegenwärtigen Planungsintention, um der starken Zuwanderung und dem ausufernden Pendlerwesen zielgerecht zu begegnen. Mitte der 1990er-Jahre agierten über 30 private Landerschließungsgesellschaften, die auf Flächen von 500 bis 10.000 ha Neustadtgründungen planten, die allerdings nur teilweise realisiert wurden. Sämtliche dieser designierten Wachstumspole sind innerhalb eines Umkreises von 60 Kilometern zu Jakarta gelegen und umfassen eine Gesamtfläche von über 43.000 ha (KUSBIANTORO 1996, S. 61).

Die Neustadtgründungen mögen zwar architektonische Bewährungsproben sein und auch kurzfristige Erfolge in der Entlastung des angespannten Wohnungsmarktes (für Mittelschichtpublikum) bringen; Hochrechnungen für das Ende der Erschließungsphase lassen jedoch eine bloße Verlagerung der Transportproblematik befürchten. Die Rolle der Neugründungen als Gegenmagnet wird – bei Fortschreibung der gegenwärtigen Entwicklungstendenzen – weitere transregionale Verkehrsströme bedingen. Die Szenarien für *Bumi Serpong Damai*[17]), eine „New Town" im Distrikt Tangerang, deren Fertigstellung für 2015 mit einer Zahl von rund 800.000 Einwohnern projektiert ist, prophezeien eine Ver-

---

[16]) Die geplante Metro-Verbindung durch Zentraljakarta ist aus technischen und finanziellen Gründen auf unbestimmte Zeit ausgesetzt.

[17]) Vgl. Kapitel 3.2.1.2.

kehrslawine ersten Ranges: Ausgehend von der bis dahin bloß zwölfprozentigen Erschließung (1989 bis 1995) sprechen die Prognosen von einer 30-fachen Steigerung des Verkehrs auf Regionalstraßen und einer 20-fachen Erhöhung auf den bemauteten Hauptachsen. Studien für *Lippo Cikarang* (Distrikt Bekasi) sind annähernd deckungsgleich – die Hochrechnungen geben keinen Anlass zu Optimismus, das Siedlungsproblem mit Neustadtgründungen kontrollieren zu können: „Given that all new towns and industrial estates developed along the toll road corridor are expected as the one that BSD and LC have, the impact of this rapid development will be devastating." (KUSBIANTORO 1996, S. 63).

HENDERSON et al. (1996, S. 78ff) unterstreichen die inhärente Konzeptlosigkeit, die zahlreichen derartigen Erschließungsprojekten zu eigen ist. Die Entwicklung findet vielfach in „Pockets", als transportkostenschonendes Anhängsel, entlang der Mautstraßenkorridore statt. Auf den Bau eigener Verkehrswege wird aus Kostengründen häufig verzichtet. Die fehlende Koordination der einzelnen Betreiber untereinander bewirkt eine mangelhafte Infrastruktur und eine scheinbar konzeptlose Aneinanderreihung von Bauprojekten. Die (durchaus vorhandenen) örtlichen Raumplanungsmaßnahmen wären sehr wohl exekutierbar – doch Plan und Realität erwiesen sich als keineswegs konsistent, was das populäre (wie populistische) Motto des „dynamic planning" (LEAF 1994, S. 65) erleichterte.

Parallel dazu erzeugten – politisch forciert – die wesentlich verbesserten Transportbedingungen auf Java neue räumliche Mobilität: Der (Aus)Bau von Straßen und das Aufkommen von Minibussen rückten auch bislang schwer erreichbare Siedlungen zunehmend in die Nähe der Hauptstadt – der Zeitfaktor der Anreise war kein Hindernisgrund mehr für saisonale oder temporäre Beschäftigung(ssuche) im Umfeld von Metro-Jakarta, was die räumliche Entwicklung Westjavas entscheidend mit beeinflussen sollte.

Umgekehrt eröffnete der Ausbau des Verkehrswesens auch die Möglichkeit der Penetration ruraler Märkte mit Gütern, die in (sub)urbanen Mittel- und Großproduktionsbetrieben erzeugt wurden. Ob Lebensmittel oder Kleidung, der Preis- und Qualitätsdruck der Waren bewirkte vielfach eine berufliche Umorientierung der Erwerbstätigkeit (Schneider werden Kleiderhändler, u. a.) wie auch ländliche Arbeitslosigkeit und einen weiteren „Push" in Richtung informeller Tätigkeiten im städtischen Raum – gemeinsam mit definitiv besseren Bildungsmöglichkeiten in *Jabotabek*, die als Impetus nicht zu vernachlässigen sind (MARSHALL 2005, S. 312f). Der private Konsum ist zwar weiterhin der Motor des 4,1-prozentigen nationalen Wachstums (2003), doch zumindest das Doppelte wäre notwendig gewesen, um die aufgrund der Bevölkerungszunahme steigende Arbeitslosenquote stabil zu halten, in der sich auch die sinkende Nachfrage nach indonesischen Textilien reflektiert (HOFMANN 2004).

3.2.1.2 Projekte und Projektoren: Ciputra, Bumi Serpong Damai (BSD) und Jababeka

„Im Werbevideo erscheinen die Bilder einer besseren Welt: Prachtvolle Wohnhäuser, Villen, Schulen, gepflegtes Grün. Dazu schmettert ein Kinderchor den Refrain „Bumi Serpong Damai", der nach Glücksversprechen und heiler Welt klingt, ohne dass man zunächst versteht, was das heißt: Ruhiges Land Serpong, … der alte Name des Stadtteils am Rand des Molochs Jakarta, der keine Ränder mehr hat." (NOVY 2005, S. 1)

Visionen brauchen Visionäre, um Realität zu werden: Einer der ersten Privatiers, die noch vor der Wirtschaftskrise 1997/98, der sog. „Asienkrise", die planerischen Akzente für das Jakarta der Jahrtausendwende setzten, hieß CIPUTRA, ein chinesisch-indonesischer Unternehmer, dessen Beziehungen bis zu höchsten politischen Kreisen legendär waren. „Ciputra has had a greater influence on the formation of Jakarta's landscape than any other single individual, including Sukarno", stellt LEAF (1994, S. 65) die Effizienz administrativer Planungsebenen (öffentliche Infrastrukturinvestitionen, Landnutzungregulative) in Frage.

Tabelle 2: Stadtneugründungen in *Botabek* (Projekte vor der Wirtschaftskrise)

Name	Fläche (ha)	Lage (Distrikt)	Finanzierung
Bumi Serpong Damai	6.000	Tangerang	privat
Tigaraksa	3.000	Tangerang	privat
Cariu	---	Bogor	privat
Bekasi 2000	2.000	Bekasi	privat
Bekasi Terpadu	1.500	Bekasi	privat/öffentlich
Cikarang Baru	2.000	Bekasi	privat
Lippo City	450	Bekasi	privat
Depok	---	Bogor	öffentlich
Lippo Village	500	Tangerang	privat

Quellen: DHARMAPATNI et al. 1995; LEAF 1994.

Weitere (meist privat finanzierte) Stadtgründungen entlang der West-Ost-Achse von Metro-Jakarta – eine Stadtgründung bei Tangerang (3.000 ha), vier bei Bekasi (gesamt 7.000 ha) – waren für die finanzkräftige Mittelschicht geplant.

Die meisten Landentwickler agieren als Wohnbaugesellschaften, ohne ein Gesamtkonzept für die umliegende Infrastruktur vorzulegen. Im Gegensatz dazu zeichnen sich private Satellitenstädte wie *Bintaro*, *Bumi Serpong Damai* (BSD; www.bsdcity.com) und *Lippo Karawaci* (www.lippokarawaci.co.id), die allesamt im Distrikt Tangerang (Jabotabek West) liegen, durch ihre Konzeption als selbstständige Städte („*kota mandiri*") aus (LEISCH 2000, S. 25). Die Daseinsgrundfunktionen sind zumeist auf höchstem (westlichem) Niveau gewährleistet: Modernste klimatisierte Großraumkinos, Fitness-Studios, Golfklubs und Franchise-Unternehmen internationaler Fastfoodketten (Dunkin Donuts, McDonalds's, Pizza Hut u. a.) sowie Gesundheits- und Bildungseinrichtungen („Deutsche Internationale Schule"; „Swiss-German-University" u. a.) machen derartige synthetische Stadtgebilde attraktiv und ermöglichen kapitalkräftigen Investoren eine urbane Gegenwelt mit direktem Autobahnanschluss (seit 2005) zum internationalen Flughafen Soekarno-Hatta – ein Wachstumsimpuls mehr für die Bevölkerungsentwicklung im suburbanen Raum, die den Stadtkern marginalisierten Gruppen überlässt und sich in eigene Welten, zumeist „gated communities" zurückzieht: Lebten 1999 in BSD (Ausbauziel 2015: 800.000 Einwohner) erst 40.000, in Lippo Karawaci (Ausbauziel 2015: 84.000 Einwohner) 10.000 Menschen (LEISCH 2000, S. 25), so stieg die Bevölkerungzahl in BSD bis 2003 bereits auf 60.000 an.

Was kann die Disparitäten zwischen den sozialen Gruppen *Jabotabeks* besser belegen als das Kaufverhalten? Traditionelle Straßenmärkte in DKI Jakarta werden durch überdachte Malls in den Satellitenstädten rundum, wie *Plaza In-*

donesia oder *Plaza Senayan* kontrastiert: Eigentlich Platznamen, „die Öffentlichkeit suggerieren [...], den Ursprungsort entfalteter Urbanität. Aber solche Orte gibt es in Jakarta noch weniger als Fußwege, sie wurden durch die *Plaza* ersetzt: den kommerzialisierten, von Security überwachten Raum unter dem kühlenden Dach des Konsumtempels. Wer da nicht hineingehört – und das sind die allermeisten – lebt draußen: in Hitze, Smog und Lärm, tief unten zwischen den Hochhäusern, die der asiatische Boom in riesigen Clustern über die Stadt gestreut hat" (NOVY 2005, S. 3). Mit 67 Shopping Centers (1995) hat sich die Zahl der Malls in Jakarta seit 1990 mehr als verdreifacht (SOEGIJOKO und KUSBIANTORO 2001), ihre Gesamtfläche liegt bei über drei Millionen Quadratmetern bei einer Auslastung von mittlerweile wieder 75 bis 90 Prozent (Colliers International Indonesia News 2003).

Die *Lippo Supermall* etwa, die im Zuge der Unruhen 1998 weitgehend zerstört wurde, ist renoviert und längst mehr als ein (mit Wachleuten gesichertes) Versorgungszentrum (LEISCH 2000, S. 24ff): An Wochenenden flanieren wieder an die 100.000 Menschen durch die schicken Freizeiteinrichtungen vor Ort, die nur durch private Investitionen möglich gemacht wurden – Lebensbedingungen, die viele Indonesier aus dem Fernsehen kennen, die aber für das Gros unerschwinglich scheinen. „Since many outdoor spaces have been made unpleasant due to parked cars and traffic jams, a walk in a mall has become the new Indonesian recreational activity", betont PRATIWO (2003), der Direktor des „Research Institute for Constructive Habitat" in Jakarta. Genutzt werden diese Einrichtungen allerdings von wesentlich weniger Menschen – meist der Mittel- und Oberschicht.

Die Wohnraumschaffung für die Industriearbeiterschaft, quasi im Paket mit der Gründung von Industrieparks, hat dagegen eine etwas längere Tradition: *Cikarang Baru* (im Gelände des „Cikarang Industrial Estate") oder *Lippo City* (im Umfeld des „Bekasi Terpadu Industrial Estate") gelten als erste Beispiele für Reißbrett-Stadtgründungen für finanzschwache Sozialgruppen, was die latente Strukturlosigkeit an der urbanen Peripherie weiter verstärkt. 13 von 15 der gesamten urbanen Neustadt-Projekte Indonesiens lagen in *Jabotabek*, wo sich Ende der 1990er-Jahre auch 50 Prozent aller Industrieparks des Landes befanden (YULINAWATI 2005, S. 9).

Noch einen Entwicklungsschritt weiter gehen kombinierte Arbeits-Wohn-Städte: *Jababeka* etwa gilt als Musterbeispiel für Industriestadtgründungen, die auch nach der Wirtschaftskrise 1997/98 florieren: Im Jahr 1989 40 km östlich der Stadtgrenze Jakartas bei Bekasi gegründet (im Bereich von Jabotabek Ost), beherbergt *Jababeka* heute 150.000 Menschen und 1.100 Unternehmen aus 24 Ländern, darunter multinationale Konzerne wie Unilever, Samsung oder Mattel. Die Stadt ist mittlerweile autark, mit eigenen Kraftwerken, Wasseraufbereitungsanlagen, Universitäten (etwa einem geplanten nationalen „Center of Excellence") und Freizeiteinrichtungen für die multiethnische Bevölkerung, die sich aus Migranten aus dem ruralen Umland zusammensetzt. Setyono Djuandi DARMONO, Präsident von *Jababeka*, beziffert den Umsatz der Konzerne seiner Urbanzone mit 10 Prozent des nationalen Exportaufkommens und strebt mittlerweile auch einen administrativen Autonomiestatus in Form eines legal eingesetzten Stadtrates aus Industriellen und Bürgern an (KHALIK 2005).

Die ausbleibenden Investitionen gelten als Hauptproblem für die schleppende Fertigstellung oder die Aufgabe vieler Neustadtgründungen. Das prognostizierte Wirtschaftswachstum von jährlich fünf bis sechs Prozent für Südostasien droht zu stagnieren, was auf politische Instabilität, mangelnde Rechtssicherheit, Korruption und Bürokratismus zurückzuführen ist (HOFMANN 2004).

3.2.2 Leben im Kampung: Traditioneller Lebensraum am Ende?

Die oftmals synonyme Verwendung der Termini „Slum" und „*Kampung*" mag gebräuchlich sein, ist jedoch inhaltlich nicht korrekt. Letzterer Begriff ist mit dörflichen Strukturen assoziierbar, wobei die korporative Einheit sowohl durch räumliche als auch durch soziale Merkmale gekennzeichnet ist. Außer Zweifel steht jedoch die mangelnde Versorgung mit öffentlichen Infrastrukturleistungen wie Strom, Wasser oder adäquaten allwettertauglichen Zufahrtswegen (HAN und BASUKI 2001, S. 1842).

SULLIVAN (1992, S. 71) erachtet den hohen Grad an Zusammengehörigkeitsgefühl und „Nachbarschaft" als grundlegendes Charakteristikum: „[...] there are strong pressures on *kampung* people to be good neighbours. Good neighbourship or ‚neighbourliness' is quite precisely defined in the *kampung* and powerful sanctions function to make community members behave in conformity with the conventions". *Kampungs* seien weiters gekennzeichnet durch „communal harmony, a situation in which people live together peacefully and compatibly" (ebd., S. 106). Das Prinzip des „*gotong royong*" (Nachbarschaftshilfe) spielt eine große Rolle, wie es überhaupt die traditionelle Lebensform des Archipelstaates darstellte.

MURRAY (1991, S. 61) klammert dagegen in seiner Definition das Konzept der Gemeinsamkeit weitgehend aus und betont das System der Zweckgemeinschaft: „[...] *kampung* is not an entity capable of devising a ‚strategy' but a community of individuals adapting to their urban situation and the arrival of more and more people with a balance of co-operation and competition." Insgesamt scheint die Zusammengehörigkeit auf die unmittelbaren Nachbarn beschränkt, da der gesamte Bereich des *Kampungs* aufgrund seiner Ausdehnung und Bevölkerungszahl intensivere Kontakte nahezu unmöglich macht: „Inhabitants identified less with the *kampung* than with clusters of houses along several paths", erkennt JELLINEK (1991, S. 26) in ihren Erhebungen über das Leben in javanischen *Kampungs*. Die kommerziellen Aktivitäten des informellen Sektors, dessen Wurzeln in den dörflichen Strukturen der urbanen *Kampungs* liegen, sind mit Informationsaustausch verknüpft und kausal gekoppelt (JELLINEK 2003, S. 172ff).

Die soziale Realität des Zusammenlebens auf engstem Raum und der erforderlichen Solidarität innerhalb der Bevölkerung bedeutet jedoch nicht zwangsläufig Homogenität; die soziale und räumliche Stratifizierung ist ausgeprägt, etwa zwischen Haushalten im Zentrum und solchen an den äußeren Übergangszonen, im Grenzbereich zu semipermanenten Slum-Distrikten. Doch auch innerhalb der *Kampung*-Struktur sind Disparitäten unverkennbar: „[...] the better-off regarded themselves and were regarded by the rest of the neighbourhood as outsiders", wie MURRAY (1991, S. 41f) feststellen konnte. Je höher Bildungsgrad, Einkommen und Mobilität, desto eher sind schichtspezifische Identifikationsmuster bemerkbar. SULLIVAN (1992, S. 75) ortet darin ein wesentliches Charakteristikum im *Kampung*-Leben der 1990er-Jahre: „[...] the reality of inequality – the existence of a rather broad social mis – is just as essential to *kampung* order as the *kampung*'s subtle ideologically shaped conception of equality."

Die Intensität sozialer Kontakte ist somit einer hierarchisch-institutionellen Basis unterworfen, die intern fungiert, aber auch über den eigentlichen *Kampung* hinausgeht. Die administrative Koppelung bewirkt soziale und ökonomische Streuung unter divergierender Führerschaft. KORFF (1996, S. 303) vergleicht dieses Organisationsmuster mit einer Pyramide, deren horizontale Verknüpfungen auf die unmittelbare Umgebung (Familie, Nachbarschaft) beschränkt bleiben, während die vertikalen Konnexe über den individuellen Einflussbereich hinausgehen – dieses Konzept verringert die Möglichkeiten organisierter kommunaler Aktivitäten außerhalb formalisierter Kanäle beträchtlich.

3.2.2.1 „Kampung Improvement Programme" (KIP): Verordneter Mindeststandard?

> „Like the Dutch, the Jakarta administration chose the cheapest means of assisting the poor, so as not to jeopardize their concentration on building up the more visible parts of the city as a modern, international capital"
> (ABEYASEKERE 1987, S. 226)

LOWRY und DHARMAPATNI (1994, S. 3) definieren urbane *Kampungs* als eine Ansammlung von Kleinhäusern (Minimum: 30 m^2), die von engen, vierraduntauglichen Gassen durchzogen sind, hohe Bevölkerungsdichten ebenso wie sanitäre Mängel aufweisen und – trotz vielfach unklarer Grundbesitzverhältnisse – der ansässigen Bevölkerung weitgehend stabile, nur von Großprojekten gefährdete Sicherheit boten. Dem nationalen „Housing Survey" von 1969 zufolge waren 60 Prozent der Stadtfläche von Slums mit insgesamt 75 Prozent der Stadtbevölkerung belegt, 80 Prozent der *Kampung*-Häuser hatten zu Beginn der „Neuen Ordnung" keine Toiletten, 80 Prozent keinen Elektrizitätsanschluss und 90 Prozent kein Fließwasser.

Das „*Kampung* Improvement Programme" (*KIP*), 1969 auf Provinzebene initiiert, 1974 als nationale Zielstellung formuliert und von der Weltbank zunächst als beispielloser sozio-ökonomischer Erfolg gefeiert, wurde nach dem kolonialen Vorbild der niederländischen Wohnraumverbesserung etabliert. 1970 waren geschätzte 80 Prozent, 1986 rund 70 Prozent, 2002 etwa 60 Prozent der Bevölkerung Jakartas Bewohner von *Kampung*s, dörflichen Strukturen im urbanen Umfeld, die Pak DARRUNDONO, der frühere Direktor des KIP, als „densely populated, largely illegal, threatened, unserviced, low-income settlements" bezeichnet (DARRUNDONO 2005, S. 15).

Das Konzept des Programms fußt auf vier Entwicklungsphasen, die – aus nationaler Sichtweise – zu einem „integrated and internationally respected community-based slum upgrading and poverty reduction programme", das gesicherte Besitzverhältnisse und Infrastrukturzugang für alle ermöglicht, hochstilisiert werden (DARRUNDONO 2005, S. 15): Während in Phase 1 (1969–1974) selektive Infrastrukturmaßnahmen (vor allem Entwässerung, Verbesserung des Zugangs) für 1,2 Millionen Menschen für einen durchschnittlichen Pro-Kopf-Aufwand von lediglich 13 US-Dollar gesetzt wurden, eröffnete die Weltbank (1974–1982) die Option von Darlehen für Überdachung, Belüftung und Beleuchtung – in dieser Phase 2, in der das KIP zur „national policy" des „Ministry of Public Works" avancierte, verbesserten sich die Lebensbedingungen von 15 Millionen städtischen Armen in Indonesien. Phase 3 (1982–1994) brachte neue Verantwortlichkeiten – seit 1993 ist das „Housing Department" zuständig – und die Einsicht, dass verordnete Pauschallösungen jeder Nachhaltigkeit entbehren: „Community-Based Action Planning" wurde zum neuen Credo, das in Phase 4 (ab 1995) zum „Sub-District Society Empowering Programme" (PPMK) transformiert wurde: Aus ausschließlich physisch-städtebaulichen Maßnahmen wurde, zumindest theoretisch, ein Ansatz zur gezielten Armutsreduzierung unter Einbindung lokaler Entscheidungsträger und betroffener Kampungbewohner.

Die Realität sah weniger rosig aus: Die oftmals dubiosen Besitzrechte reduzierten die Bereitschaft der Bevölkerung, am Aufbau kleinräumiger Lokal-Infrastruktur (Kanalisierung, Straßenbefestigung, u. a.) aktiv mitzuwirken; SISWANTOS (1996) Vision der „Community Participation" scheiterte somit an legistischen Rahmenbedingungen. Ebenso ambivalent ist die Haltung der Stadtregierung, die einerseits eine De-facto-Legitimierung der Squatter-Settlements befürchten muss, andererseits allerdings deutliche Kostenersparnisse bei Involvierung der Lokalbevölkerung erzielen würde (DOUGLASS 1996b, S. 54f).

Das KIP beruht insgesamt auf drei Säulen: Neben Umsiedlungsprogrammen der armen Bevölkerungsgruppen in öffentlich subventionierte Wohnanlagen sowie der Schaffung von Basisinfrastruktur rund um diese (meist suburbanen) Wohnanlagen („site and services") bildet die Verbesserung der Lebensqualität in situ durch die Bereitstellung adäquater Infrastruktur einen wesentlichen Schwerpunkt („slum-upgrading"). LOWRY und DHARMAPATNI (1994, S. 2) sprechen hierbei von „brown agenda", handelt es sich doch vorwiegend um eine (beabsichtigte) Verbesserung der Sanitärbedingungen: „The density of poor settlements, uncertain or disputed land tenure, poor site conditions, low-capacity sewer and water lines, prohibitive costs and uncertain cost recovery are among the many reasons offered for not providing the urban services to the poor that are provided to the ‚planned' city".

Scheiterte die angestrebte Umsiedlung in „Site and Services"-Satellitenwohnanlagen am Stadtrand großteils aufgrund überhöhter Mietforderungen der nationalen Wohnbaubehörde „Perum Perumnas"[18]) – etwa in Klender (Ostjakarta) –, weil die Mieten lediglich für eine Minderheit von 15 bis 20 Prozent erschwinglich waren (JELLINEK 1991, S. 128f), so erwies sich die versuchte Verbesserung des Wohnumfeldes als erfolgreicher und effektiver für den einzelnen.

So positiv die Schaffung von Moscheen, Verwaltungsgebäuden, Kanalsystemen und der Ausbau des Wegenetzes wahrgenommen wurde, so sehr stieß jedoch die autoritäre Prioritätensetzung der Stadtregierung, die ohne Information und Rücksprache mit den Betroffenen erfolgte, auf Kritik: Durch fehlende Beteiligung lokaler Entscheidungsträger ist die Erhaltung etwa von neuen Straßenzügen keineswegs gesichert. Die Forcierung von PKW-tauglichen Straßen war für unmotorisierte *Kampung*-Bewohner ebenso unverständlich wie die „Laissez-faire"-Haltung in der Trinkwasserfrage; 70 Prozent des finanziellen Aufwands gingen in die Verbesserung der Verkehrsinfrastruktur, lediglich ein Prozent kam der Verbesserung der sanitären Verhältnisse zugute (MURRAY 1991, S. 22).

Nicht die sanitär bedenklichsten, sondern die westlichen Beobachtern am besten zugänglichen *Kampungs* wurden eher saniert. Die Ersatzhäuser wurden generell kleiner, billiger und an der Peripherie errichtet, so dass die Aufrechterhaltung etablierter sozialer *Kampung*-Bindungen erschwert wurden (ISA 1993). Angelpunkt sämtlicher Bestrebungen war die optische Modernisierung der Stadt, die der physischen Erneuerung Priorität vor gesellschaftlicher Adaption und Schaffung adäquater Arbeitsplätze einräumte.

Der „Jakarta Master Plan", das (geheimnisumwitterte und unveröffentlichte) Raumordnungs-Szenario der Metropole, sah die Schleifung von etablierten *Kampungs* ebenso wie von illegalen Squatter-Settlements vor, sofern der öffentliche Bedarf für Straßen- und Industrieflächenerschließung gegeben war. Den Betroffenen wurden günstigstenfalls Umzugskosten ersetzt, jedoch war keine generelle Entschädigung für den verlorenen Wohnraum vorgesehen, und Kompensationskosten im Ausmaß von mehreren Jahreseinkommen blieben die Ausnahme (ISA 1993). Je größer der erreichte Grad der öffentlichen Anteilnahme, desto höher wurde die Entschädigung.

---

[18]) *Perum Perumnas* wurde 1974 gegründet, um neue Siedlungsgebiete im metropolitanen Jakarta zu erschließen; Zielgruppe waren „low- und moderate-income households", deren Einkommen zwischen 20 und 80 Prozent des indonesischen Durchschnittseinkommens liegen sollte. Seit *„Repelita II"* wurden rund 303.000 Häuser in 131 Städten errichtet (National Committee for Habitat II 1996, S. 15).

SOMANTRI (1995, S. 221) betont die Gelassenheit, mit der Umsiedlungen in der Regel hingenommen werden, und ortet vielfach Lethargie und das Bewusstsein der Chancenlosigkeit jedweder Protestaktion: „For *kampung* dwellers, to get a fair amount of compensation money and move elsewhere is more attractive than to continue to suffer severe repression by security officers in the urban areas, and to preserve their communities." Das Recht auf Kompensation scheint mittlerweile außer Zweifel, doch die Grundproblematik bleibt ungelöst: „As long as there is uncertainty about the legal position of kampung dwellers, the once useful flexibility in the system of land law will harm any form of urban development" (REERINK 2006).

Noch 1970 hatte nur 35 Prozent der Stadtfläche einen offiziellen Besitzer, 1986 waren 43 Prozent der Wohnfläche Jakartas illegal besetzt (DONNER 1987, S. 288). Die akribisch geplanten, meist militärisch unterstützten Räumaktionen machten keinerlei Unterschied zwischen öffentlichem Interesse an urbaner Infrastrukturverbesserung und privatem Interesse teilweise ausländischer Investoren – als Paradebeispiel gilt der *Kampung Pondok Indah*, der einem privaten Shopping-Komplex mit Luxuswohnungen und Golfanlagen weichen musste.

Direkte staatliche Investitionen in den Wohnungsbau sind indonesienweit gering. In urbanen Bereichen ist die Dominanz privater und kommunaler Bauträger noch stärker ausgeprägt und beträgt geschätzte 85 Prozent für den städtischen Wohnungsmarkt, der jedoch systematisch de-privatisiert werden soll (DBI 2004). Die Gewinnorientierung der Bauträger, deren Bautätigkeit auf die finanzielle Kapazität der schmalen Mittelschicht ausgelegt ist, führt zur verstärkten Ausprägung illegaler Squattersiedlungen, die die Absorptionsfunktion für die stetig wachsende Bevölkerung zu tragen haben.

Nimmt man das verwendete (provisorisch-semipermanente) Baumaterial dieser „shanty towns" als Definitionskriterium (DAVIS 2004), so lebte Anfang der 1990er-Jahre – je nach Berechnungsgrundlage – noch ein Drittel der Bevölkerung Jakartas (1970: 60 Prozent) in Slums (JELLINEK 2003). Die Schätzungen der Stadtregierung sind optimistischer; diesen zufolge sind rund 4,8 Prozent der Stadtfläche Jakartas (2.855 ha) von Slums belegt, in denen knapp zehn Prozent der Gesamtbevölkerung der Metropole leben – bei der überwiegenden Mehrheit handelt es sich um saisonale Migranten.

Die ursprüngliche Vision eines slum-freien Jakarta bis 2005 (CCJ 1994) erweist sich angesichts der restriktiven Vorgangsweise des (ehemaligen) Suharto-Regimes und seiner Nachfolger in zahlreichen gesellschafts- und wirtschaftspolitischen Belangen nicht unbedingt als völlig unrealistische Illusion. Die Schleifung traditioneller *Kampungs* und die darauf folgende Ersetzung durch Wohnblock-Siedlungen mag technisch durchaus bewerkstelligbar sein, stellt jedoch lediglich eine Problemverlagerung in das Umland Jakartas und – langfristig – nach West-Java dar. Die Beschleunigung des regionalen Wirtschaftswachstums und die gezielte (physische) Modernisierung haben auch soziale und ökologische Kosten, die sich im Verschwinden von Grünflächen deutlich äußern, die in Wohn-, Verkehrs- und Industrieflächen transferiert wurden: Von 1972 bis 1997 sank der Anteil nicht kommerziell genutzter Flächen um 23 Prozent (ZAIN 2001), während die Bevölkerungsdichte in der Kernstadt DKIJ auf 13.787 Einwohner/km^2 stieg (JONES 2002).

Das „Urban Housing Renewal Programme", eine Weiterentwicklung des „*Kampung* Improvement Programme" (*KIP*), führt weiterhin zu „*kampung* clearance" und damit verbundener Umsiedlung der Bevölkerung sowie zu einer Ersetzung der gewachsenen Bausubstanz durch vielstöckige Bauwerke mit internationalisierter Architektur. HUGO (1994, S. 35) fordert explizit die Aufgabe der

Versteifung auf „minimim housing standards" und „aesthetic niceties", die als Rechtfertigung für Schleifungsaktionen im Zentrum der Kernstadt angeführt werden, ohne jedoch adäquaten und finanziell erschwinglichen Ersatz-Wohnraum in den „New Towns" *Jabotabeks*, die durch zunehmende internationale Investitionstätigkeit und dadurch neu geschaffene Erwerbsmöglichkeiten stetig attraktiver werden, anzubieten.

Die Hebung des allgemeinen Bildungsniveaus mag mittelfristig die Zahl potenziell interessierter Angehöriger der Mittelschicht an Wohnraum in den neuen Wohnblock-Siedlungen – auch in „*Kampung* clearance"-Gebieten" – erhöhen, deren finanzieller Hintergrund ist jedoch selbst noch nicht sehr groß und oftmals nicht ausreichend, diese Wohnungen auch zu erhalten. In deutlichem Gegensatz dazu stehen die opulenten und luxuriösen „neo-decadent dwellings" einer zunehmenden Oberschicht, die bereits vor zwei Jahrzehnten Thema einschlägiger Publikationen waren (vgl. CLARKE 1985, S. 39).

3.2.2.2 Post-Suharto-Jabotabek: Die Marginalisierung schreitet voran

> *„Slums [...] werden als illegal angesehen und häufig werden hier öffentliche Leistungen und grundlegende Dienste verweigert. [...] Aber Vertreibung und Abriss sind keine Lösung für die Probleme der raschen Verstädterung. Wir müssen eine Entwicklung fördern, die sich um die Armen kümmert [...] und in der Entwicklung mit Respekt vor den Menschenrechten und dem Völkerrecht erreicht wird."*
> (UNO-Generalsekretär Kofi Annan[19])

Der alljährlich im Oktober stattfindende „World Habitat Day" wurde 2005, im Gedenken an die Tsunami-Opfer 2004, an Jakarta vergeben: Über 1000 geladenen Gästen wurde von höchsten politischen Stellen ein Muster-Apartment-Komplex in *Cenkareng* (Westjakarta) präsentiert und Bürgermeister SUTIYOSO erhielt eine Auszeichnung der UNO für seine Leistungen in „slums improving and building new infrastructure to create an exclusive cosmopolitan city".

Jakarta sei eine sicherere, besser versorgte, grünere und lebenswertere Stadt geworden, verlautet aus offiziellen Kommentaren. Blanker Zynismus, wie Wardah HAFIDZ, Koordinator der indonesischen NGO „Urban Poor Linkage Indonesia" (UPLINK) betont, der die Schattenseite der Anti-Marginalisierungskampagnen der Stadtregierung aufzeigt (siehe www.habitants.org, Zugriff: 01.10.2005): Zwischen 2000 und 2005 wurden in Jakarta 63.676 Personen vertrieben, weiteren 1,6 Millionen Menschen droht nach der Realisierung bereits vereinbarter privater bzw. öffentlicher Nutzungstransformationen der Stadtfläche ein ähnliches Los; 23.205 Fahrradrikschas („becaks"), die durch Zweischichtbetrieb etwa 46.000 Arbeitsplätze stellen, und 62.263 mobile Stände von Straßenhändlern wurden konfisziert und vernichtet, allein 2003 550 Straßenmusiker verhaftet (www.achr.net; Zugriff: 30.04.2006).

Der informelle Sektor leiste keinen Beitrag zur urbanen Wirtschaftsentwicklung und störe daher das nationale Wachstum, wird Bürgermeister SUTIYOSO zitiert (Tageszeitung Kompas, 3.12.2003), Kommentare orten ein „increased risk of eviction for kampung dwellers" (REERINK 2006). Die Slumbewohner haben zumeist keinen Anspruch auf Infrastrukturleistungen (Gesundheit, Nahrung, Bildung), da die wenigsten einen Meldeausweis für Jakarta haben, obwohl sie teil-

---

[19]) Erklärung zum Welt-Habitat-Tag, 3.10.2005; in: www.runic-europe.org/german/presse/2005/runic86.htm.

weise schon seit Jahrzehnten hier leben. Kompensation – etwa im Ausmaß des Mietpreises eines kleinen Zimmers für zwei Monate – steht nur denjenigen zu, die ihre Häuser freiwillig in Eigenregie abbauten, um zumindest einige Materialien sicherzustellen, wie etwa in *Pedongkelan* (Ostjakarta) geschehen (siehe: www.achr.net; Zugriff: 28.04.2006).

Fragen des Landbesitzes[20] sind weiterhin ungelöst, trotz physischer, sozialer und wirtschaftlicher Besserstellung der *Kampungs*: Im Zuge zunehmender Industrialisierung und Siedlungstätigkeit an der urbanen Peripherie behielt es sich die Regierung vor, freie Hand über Spekulationsland zu behalten, um potenziellen Investoren attraktive Flächen wie Immobilien zu bieten. „The lack of land registration contributed to the emergence of legal pluralism in Indonesia's land sector", konstatiert REERINK (2006), der die Bedeutung „semi-formaler" Besitzverhältnisse hervorstreicht – „not on any legal basis, but on the basis of daily practice, including the daily practice of corruption". Aus traditionellen „old kampungs" werden zunehmend „squatter-kampongs", die sich nach der Zerschlagung vormaliger Sozial- und Baustrukturen ergeben (PERESTHU 2004).

Die öffentliche Perzeption[21] der De-Marginalisierungswelle ist keineswegs so rosig, wie die Aussagen von Djoko KIRMANTO (Minister of Public Works) und M. AYSARI (Minister of Housing) vermuten lassen, die bis 2010 200 indonesische Städte völlig slumfrei sehen und 12.000 Wohnungseinheiten allein für Jakartas Mittel- und Unterschicht einplanen (UN-Habitat 2005, S. 1). „The award will encourage the city to be more intensive in evicting the poor and confiscating the livelihoods now that it has received international support for its development policies", betont HAFIDZ (2005, S. 2). Es besteht aber auch die Gefahr der „negativen Vorreiterfunktion" der Preisverleihung an den Bürgermeister Jakartas für seine Leistungen in „slum improving and building new infrastructure" – sowohl für die Hauptstadt als auch für andere indonesische Städte: Enteignung, Konfiszierung und Vertreibung werden durch eine neue Präsidentenverordnung erleichtert, die die Planung von „für die Öffentlichkeit wichtigen Bauvorhaben" beschleunigen soll – Schätzungen des „Urban Poor Consortium" zufolge könnten davon mittelfristig allein in der Hauptstadt 1,5 Millionen Menschen betroffen sein (www.detik.com, Liputan6 (SCTV), 5.6.2005).

4 Zwischen suburbaner Macht und zentraler Marginalisierung: Ein Ausblick

Die Marginalisierung der Mehrheit der urbanen Bevölkerung schreitet stetig voran und stellt mittelfristig einen potenziellen Sprengkopf für die metropolitane Entwicklung der indonesischen Hauptstadtregion dar: Sowohl soziale Ausgrenzung als auch erzwungene räumliche Dislokation kennzeichnen die gesellschaftliche Entwicklung des Ballungsraumes, dessen Marginalsiedlungen – BRONGERS Definitionsansatz folgend (2005, S. 10f) – sowohl Squattersiedlungen als auch infrastrukturell degradierte Kampung-Viertel darstellen. Synthetische Reißbrettstädte, die von Investorenkonsortien für sozial besser gestellte Zielgruppen

---

[20] In Indonesien bestehen zwei Sichtweisen zu Landbesitzverhältnissen: Das traditionelle „*adat*", unregistriertes Land, konkurriert mit den statutorischen Landrechten, die seit 1960 im „Basic Agrarian Law" (BAL) formuliert sind (REERINK 2006).

[21] Einer Umfrage der Tageszeitung „Kompas" zufolge betrachten 52,8 Prozent der Befragten die Transportsituation allgemein als zunehmend schlechter, für 47,4 Prozent sinkt die Qualität der Straßen und 49,3 Prozent betonen die abnehmende Sicherheit auf öffentlichen Plätzen (Kompas, 18.6.2005)

errichtet werden, sind als Ersatz für die traditionellen Kampungstrukturen genauso wenig geeignet wie öffentliche Wohnanlagen im suburbanen Raum, die weder etablierte Sozialnetze aufrecht erhalten noch informelle Beschäftigungsmöglichkeiten gewährleisten können: Eine weitere Polarisierung der Gesellschaft scheint unvermeidlich, solange die metropolitane Modernisierung unsensibel und autoritär die Marginalisierung vorantreibt.

Die Transformation der Landnutzung geschieht im Kernstadtbereich zumeist auf öffentlichen oder privaten Druck hin, Grundstücke bzw. Parzellen kommerziell zu attraktivieren – zumeist ohne konsistente Infrastrukturplanung bzw. -einbindung, was die prekäre Umweltsituation zahlreicher Bereiche von DKI Jakarta verschärft und die Lebensbedingungen marginalisierter Gruppen erschwert (YULINAWATI 2005, S. 9). Nutzungswandel ist mit Entwaldung, Bodenerosion, Sedimentation und erhöhter Überschwemmungsgefahr gekoppelt, die vor allem in Nordjakarta verstärkt zu verzeichnen ist (CALJOUW et al. 2004, S. 1ff).

Der öffentliche Raum wird zunehmend politisiert, eine Folge der Emanzipation der städtischen Armen,[22] deren Leben und Arbeiten öffentlich geworden ist. Die wachsende Demokratisierung, die seit Präsident SUHARTOS Rücktritt 1998 unverkennbar ist, bewirkt auch vermehrte Opposition zu infrastrukturellen Entscheidungen, die durch das Fehlen entsprechender Interessengruppierungen über Jahrzehnte hingenommen werden mussten. Marco KUSUMAWIJAYA, Architekt und Sprachrohr betroffener Bevölkerungsgruppen, betont die Konfliktpotenziale und Transformationsoptionen zentraler öffentlicher Flächen, die als zunehmend unsicher empfunden werden (MURWISAH 2003, S. 2ff).

Segregation ist unübersehbar: Die (wohlhabende) Mittel- und Oberschicht drängt – dem latenten Trend zur räumlichen Verlagerung des Lebensbereiches in den suburbanen Raum folgend – weiter in die Satellitensiedlungen am urbanen Außenrand, in klimatisierte „Malls" und „Gated Communities", da die Straßen in DKI Jakarta als „Reich der Armen" gesehen werden. Jakartas Mittelschichten scheinen ein Ziel konsequent zu verfolgen: „[...] to create a ‚safe' suburban environment, removed from the marginally-employed lower classes crowded into both inner city and other urban kampung areas" (JONES 2002), die sowohl durch ihr kriminelles Gewaltpotenzial als auch durch ihre prekäre Umweltsituation nicht als attraktiver Lebensraum erachtet werden. Luft- und Wasserverschmutzung *Jabotabeks* – vor allem im zentralen DKIJ, vermehrt auch im suburbanen *Botabek* (WIRAHADIKUSUMAH 2002) – sind trotz steigendem Problembewusstsein seitens der Planungsinstanzen stetig im Ansteigen. Aufgrund der Interdependenz soziokultureller und ökonomischer Faktorenbündel (konsumorientierter Wertewandel – Industrialisierung und internationale Arbeitsteilung) scheint eine rasante Verbesserung unwahrscheinlich.

„The Western model of so-called democracy and consumerism is thrown at them in a very unfair way. Everybody wants to buy into the MTV thought pattern", kritisiert Ken PATTERN, bekannt für seine Kampung-Stillleben, den Modernisierungsschub der 1990er-Jahre, der nach der Wirtschaftskrise 1997/98 skurrile Formen annahm: Zurück in die Vergangenheit? Rund um verrostende Kräne auf ehemaligem Kampunggelände, das für nie mehr realisierbare Kondominien vorgesehen war, bilden sich längst wieder Marginalsiedlungen, die Baustellen der Reichen wurden vom Lebensraum der Armen überrollt – „almost as if we give the developing world McDonald's and golf courses as if that's going to help people" (The Jakarta Post, 25.04.2005).

---

[22] Vgl. Jaringan Rakyat Miskin Kota (Netzwerk der Becakfahrer); JELLINEK 2003; Urban Poor Consortium; u.a.

Die großteils unkoordinierte Errichtung und Planung von punktuellen Industriezonen oder Satellitenstädten ist weiters nicht dazu angetan, die Zeitbombe Umwelt kurzfristig zu entschärfen. Das Potenzial für Landnutzungskonflikte scheint insbesondere in *Süd-Jabotabek* (Raum Bogor) massiv, wo aus Wasserschutzgründen weitere Bebauung unterbleiben sollte, nichtsdestoweniger aber von privater Seite auf vormals landwirtschaftlich genutzten Flächen massive Landaufschließung betrieben wird (DOUGLASS 1996a).

Soziale Disparitäten, Umweltverschmutzung und unzureichende Lösungen in Wohnungs- und Arbeitsfragen fördern massive Marginalisierung: Ohne verstärkte Einbeziehung lokaler Raumplanung und die Schaffung von praktikablen Landnutzungskonzepten, auch gegen die Intentionen lokaler und internationaler Investoren und Landaufschließungsgesellschaften, scheint auch eine mittelfristige Lösung nicht in Sicht und die Attraktivität *Jabotabeks* als internationaler Produktionsstandort gravierend gefährdet.

Dass islamistische Heilslehren im größten Moslemstaat der Welt angesichts dieses Umfeldes aus politisch-methodischer Marginalisierung künftig auf starken Zustrom stoßen könnten, scheint unbestritten: Wachsendes Unbehagen und Opposition gegen den westlichen Lebensstil von internationalen Investoren und – viel mehr noch – der wachsenden Mittelschicht des 220-Millionen-Staates, der sich in den „Gated-Communities" und „Shopping-Malls" der (vorwiegend) suburbanen Neustadtgründungen manifestiert, bewirkte neben ersten Attacken auf internationale Luxushotels auch Demonstrationen gegen die Stadtregierung, die zur Zeit außer gewaltsamen Auflösungen keine Lösungsmodelle für die disparitäre Gesellschafts- und Siedlungsentwicklung anzubieten in der Lage ist. Quo vadis, *Jabotabek*?

5 Literatur

ABEYASEKERE, S. (1987): Jakarta. A History. Oxford: Oxford University Press.

BIANPOEN (1991): Managing the Megalopolis. In: The Indonesian Indicator, Bd. 51, Jakarta, S. 67–71.

Biro Pusat Statistik (2000): Penduduk Indonesia, Hasi Sesus Penduduk 2000 seri RBL1.2. Jakarta.

BRONGER, D. (2004): Metropolen, Megastädte, Global Cities. Die Metropolisierung der Erde. Darmstadt: Wissenschaftliche Buchgesellschaft.

BRONGER, D. (2005): Marginalsiedlungen in Metropolen: „Erste" Welt – „Fünfte" Welt. Begriffliche und methodische Erfassungsprobleme für einen weltweiten Vergleich. In: Geographie und Schule, 27. Jg, Heft 157, S. 2–13.

CALJOUW, M., NAS, P.J.M und PRATIWO (2004): Flooding in Jakarta. Paper presented at „The 1st International Conference on Urban History", Surabaya, 23. bis 25.08.2004.

Capital City of Jakarta (CCJ) (1994): Jakarta. A Dynamic World City at the Threshold of the 21st Century. Jakarta: City Planning Department.

CERNEA, M. M. (1993): The Urban Environment and Population Relocation. New York: International Bank for Reconstruction and Development.

CLARKE, G. (1985): Jakarta, Indonesia: Planning to Solve Urban Conflicts. In: LEA, J. P. und J. M. COURTNEY (Hrsg.): Cities in Conflict. Studies in the Planning and Management of Asian Cities. A World Bank Symposium. Washington: The World Bank, S. 35–60.

Colliers International Indonesia News (2003, October 1–15). In: www.colliers.com/contenst/reopositories/base/markets/indonesia/english/market_report/pdfs/oct03_1st.pdf; Zugriff: 02.04.2006).

CRANE, R. und A. DANIERE (1997): The Contribution of Environmental Amenities to Low-Income Housing: A Comparative Study of Bangkok and Jakarta. In: Urban Studies, Jg. 34, Nr. 9, S. 1495–1512.

DARRUNDONO, P. (2005): The First Large-scale Upgrading Programme: An Indonesian Success Story. In: Habitat Debate, Nr. 9/05, S. 15.
DAVIS, M. (2004): Planet of Slums. Zit. nach: Wildcat, Nr. 71, Herbst 2004, S. 47–50. In: www.wildcat-www.de/wildcat/71/w71_davis.htm.
Deutsche Bank Indonesia (DBI) Newsletter, 30.01.2004, Jakarta.
DHARMAPATNI, I. und T. FIRMAN (1995): Problems and Challenges of Mega-Urban Regions in Indonesia: The Case of Jabotabek and the Bandung Metropolitan Area. In: MCGEE, T.G. und I.M. ROBINSON (Hrsg.): The Mega-Urban Regions of Southeast Asia. Vancouver: University of British Columbia Press, S. 297–314.
DONNER, W. (1987): Land Use and Environment in Indonesia. London: Hurst.
DOUGLASS, M. (1996a): Land-Use Planning and Management Strategies For A Sustainable Greater Jabotabek. Bappenas – D.G. Cipta Karya – the World Bank Seminar on Strategies for a Sustainable Greater Jabotabek. Jakarta, July 8–10, 1996, The Regent Hotel. Jakarta: Bappenas – Ministry of Public Works – World Bank.
DOUGLASS, M. (1996b): Land-Use Planning and Management Strategies For A Sustainable Greater Jabotabek. In: Jurnal Perencanaan Wilayah dan Kota, 21. Jg., S. 46–59.
GIEBELS, L. J. (1986): Jabotabek – An Indonesian-Dutch Concept on Metropolitan Planning of the Jakarta-region. In: The Indonesian City, Bd. 117, Dordrecht, S. 101–116.
HAFIDZ, W. (2005): World Habitat Day 2005. In: www.habitants.org/article/articleview/1502/1/395; Zugriff: 02.06.2006
HAN, S.S und A. BASUKI (2001): The Spatial Pattern of Land Values in Jakarta. In: Urban Studies, Jg. 38, Nr. 10, S. 1841–1857.
HEINTEL, M. und G. SPREITZHOFER (1998): Jakarta: Megastadt im Spannungsfeld nationaler Verhaftung und globaler Integration. In: Asien, Deutsche Zeitschrift für Politik, Wirtschaft und Kultur, Nr. 66, S. 23-42.
HEINTEL, M. und G. SPREITZHOFER (1999): Megastadtentwicklung, Globalisierung und Migration – Fallstudie Jakarta. In: HUSA, K. und H. WOHLSCHLÄGL (Hrsg.): Megastädte der Dritten Welt im Globalisierungsprozess. Wien: Institut für Geographie und Regionalforschung, S. 199–346 (= Abhandlungen zur Geographie und Regionalforschung, Bd. 6).
HEINTEL, M. und G. SPREITZHOFER (2001): Jakarta. In: BECKEL, L. (Hrsg.): Megacities. Salzburg: Geospace Verlag, S. 138–143.
HENDERSON, J.V., KUNCORO, A. und D. NASUTION (1996): The Dynamics of Jabotabek Development. In: Bulletin of Indonesian Economic Studies, 32. Jg., Nr. 1, S. 71–95.
HOFMANN, N. von (2004): Südostasien auf dem Weg aus der wirtschaftlichen Krise? Unveröffentlichtes Arbeitspapier. Friedrich Ebert Stiftung, Singapur.
HUGO, G. (1994): International Labour Migration and the Family: Some Observations from Indonesia. Paper prepared for the Symposium on „Work and Family Life of International Migrant Workers", Nihon University, Tokyo, 5–7 December 1994.
HUSA, K. und H. WOHLSCHLÄGL, Hrsg. (1999): Megastädte der Dritten Welt im Globalisierungsprozess. Wien: Institut für Geographie und Regionalforschung (= Abhandlungen zur Geographie und Regionalforschung, Bd. 6).
IEDA, H., MIZOKAMI, S., KIDOKORO, T. und IWAKURA, S. (2003): Impact Study on Transportation Projects in Jabotabek. Jakarta.
International Alliance of Inhabitants (2005): World Habitat Day 2005. In: www.habitants.org (Zugriff: 30.04.2006).
ISA, I.T. (1993): An Evaluation of Low Cost Housing Program (KPR-BTN): A Case Study in Jabotabek, Indonesia. Thesis, Atlantic Planners Institute.
Jakarta Metropolitan City Government (1995): Jakarta: 50 Tahun Dalam Pengembangan Dan Penataan Kota (Jakarta Insight: 50 Years of City Planning and Development). Jakarta.
JELLINEK, L. (1991): The Wheel of Fortune: The History of a Poor Community in Jakarta. Honolulu: University of Hawaii Press.
JELLINEK, L. (2003): Collapsing Under the Weight of Success: an NGO in Jakarta. In: Environment and Urbanization, Jg. 15, Nr. 1, S. 171–180.
The Jakarta Post (The Journal of Indonesia Today), diverse Ausgaben 1996–2005.

Jones, G.W. (2001): Population Growth and Decline in Indonesian Cities. In: Bulletin of Indonesian Economic Studies, 37. Jg., Nr. 1, S. 37.

Jones, G.W. (2002): Southeast Asian Urbanization and the Growth of Mega-urban Regions. In: Journal of Population Research, 19. Jg., Nr. 2, S. 119–136

Jones, G.W. und M. Mamas (1996): The Changing Employment Structure of the Extended Jakarta Metropolitan Region, In: Bulletin of Indonesian Economic Studies, 32. Jg., Nr. 1, S. 51–70.

Khalik, A. (2005): Jababeka. In: Jakarta Post, Ausgabe vom 3.08.2005, Jakarta.

Korff, R. (1996): Global and Local Spheres: The Diversity of Southeast Asian Urbanism. In: Sojourn. Journal of Social Issues in Southeast Asia, 11. Jg., Nr. 1, S. 288–313.

Kusbiantoro, B.S. (1996): Transportation Problem in Rapidly New Town Development Area. In: Jurnal Perencanaan Wilayah dan Kota, Nr. 21, S. 60–65.

Leaf, M. L., Hrsg. (1994): Urbanisation in Southeast Asia: Public Policy and Private Initiative. Vancouver: University of British Columbia, Centre for Southeast Asian Research.

Leisch, H. (2000): Entwicklungsprobleme der Megastadt Jakarta. In: Geographische Rundschau, 52. Jg., Heft 4, S. 21–27.

Lowry, K. und I. Dharmapatni (1994): Evaluating Jakarta´s Kampung Improvement Program. In: Douglass, M. (Hrsg.): Urban Environmental Management at the Grassroots (Third International Workshop on Community-Based Environmental Management. Institute of Technology Bandung, Indonesia. October 3–6, 1994). University of Hawaii: Department of Urban and Regional Planning.

Marshall, J. (2005): Megacity, mega mess ... In: Nature, Nr. 437, 15.9.2005, S. 312–314.

McGee, T.G. (1995): Metrofitting the Emerging Mega-Urban Regions of ASEAN: An Overview. In: McGee, T.G. und I.M. Robinson (Hrsg.): The Mega-Urban Regions of Southeast Asia. Vancouver: University of British Columbia Press, S. 3–26.

Murray, A. J. (1991): No Money, No Honey: A Study of Street Traders and Prostitutes in Jakarta. Singapore: Oxford University Press.

Murwisah, R. (2003): Jakarta Rising. In: http://spacing.ca/outerspace03-jakarta.htm (Zugriff: 2.06. 2006).

Nas, P.J.M., Hrsg. (2002): The Indonesian Town Revisited. Singapore: Institute of Southeast Asian Studies.

Novy, B. (2005): Häuser wie Stilmöbel. Nachrichten aus einer Megacity. In: www.freitag.de (Zugriff: 27.05.2005).

Nurbianto, B. (2006): Jakarta's Rail System to be Developed. In: www.planetmole.org/06-01 (Zugriff: 29.04.2006)

Peresthu, A. (2004): Jakarta's „Exurbia" Kampongs. Barcelona (ETSAV Research Reports, Escuela Tecnica Superior d'Arquitectura de Barcelona). In: www.etsav.upc.es/personals/iphs2004/urbper/ num01/inf01-1.htm (Zugriff: 31.05.2006)

Pratiwo (2003): Markets and Malls in Jakarta. In: IIAS Newsletter, Nr. 31, Juli 2003, S. 12.

Reerink, G. (2006): The Price of Uncertainty: Kampung Land Politics in Post-Suharto Bandung. In: IIAS Newsletter, Nr. 40, Frühling 2006, S. 14.

Rustiadi, E. (2002): Suburbanization Process, Land Use Cover Change and Environmental Changes in Jabotabek Region. Bonn: IHDW Workshop Paper. In: www.ihdp.uni-bonn.de/ihdw02/summaries (Zugriff: 29.04.2006)

Silas, J. (2002): Mega-Urbanization: New Town and City Setting. Paper presented at the Mega Urbanization Seminar at University of Leiden, 12.–15.12.2002.

Siswanto, A. (1996): Inner City Neighbourhood Development and Community Participation. The World Bank seminar. July 8–10, 1996, The Regent Hotel, Jakarta. Jakarta: Bappenas – Ministry of Public Works – World Bank.

Soegijoko, B.T.S. (1995): Evolution of Urban Spatial Form in Jabotabek Region: Characteristics and its Policy Implications for Regional Development Planning. Paper presented to the Cambridge Conference on Global City Regions: Their Evolution and Management 17–19 September 1995, Cambridge, MA.

Soegijoko, B.T.S. und B.S. Kusbiantoro (2001): Globalization and the Sustainability of Jabodetabek, Indonesia. In: Lo, F. und E. Marcotullio (Hrsg.): Globalization and Sustai-

nability of Cities in the Asia Pacific Region. Tokyo: United Nations Unversity Press, S. 311–363.
SOMANTRI, G. R. (1995): Migration within Cities: A Study of Socioeconomic Processes, Intra-City Migration and Grassroots Politics in Jakarta. Dissertation, Universität Bielefeld.
SPREITZHOFER, G. (1999): Gesellschaftliche Liberalisierung in Indonesien? Aktuelle Aspekte in Partei und Politik. In: asien, afrika, lateinamerika, 27. Jg., Nr. 3, S. 227–244.
SPREITZHOFER, G. (2000a): Jakarta. Megacity im Spannungsfeld globaler Interessen und sozialer Disparitäten. In: BLOTEVOGEL, H.H. et al. (Hrsg.): Lokal verankert – weltweit vernetzt. Tagungsbericht und wissenschaftliche Abhandlungen (52. Deutscher Geographentag in Hamburg). Stuttgart: Steiner Verlag, S. 273–278.
SPREITZHOFER, G. (2000b): Metropolization in Suharto's Western Java. Three Decades of Megacity Management in Jabotabek Region. In: asien, afrika, lateinamerika, 28. Jg., Nr. 4, S. 609–630.
SPREITZHOFER, G. (2000c): Globalizing Urbanization in Western Java. Paper presented at the „Global Conference on Economic Geography" (5.–9. Dec. 2000), National University of Singapore, Singapore.
SPREITZHOFER, G. (2001a): Post-Suharto's Jabotabek Region: New Issues of Demographic and Socio-Economic Change in Western Java. Paper presented at „SEAGA 6", 2001 International Conference: Southeast Asia's Quality of Life in the New Millenium' (12.–15. Nov. 2001), Universiti Kebangsaan Malaysia, Bangi, Malaysia.
SPREITZHOFER, G. (2001b): Jakarta. In: PILZ, B. (Hrsg.): Zum Beispiel Mega-Städte. Göttingen: Lamuv-Verlag, S. 30–35 (= Lamuv, Nr. 303, Nord-Süd).
SPREITZHOFER, G. (2002): Metro-Jakarta: Post-crisis Investment Opportunities and Risks in a Mega-urban Region. In: IFAS Forum (Interdisciplinary Research Institute for Asian Studies), Nr. 1-2/2002, S. 28–35.
SPREITZHOFER, G. (2003): From Farming to Franchising: Current Aspects of Transformation in Post-crisis Metro-Jakarta. In: Asien, Deutsche Zeitschrift für Politik, Wirtschaft und Kultur, Nr. 87, S. 52–64.
SPREITZHOFER, G. und M. HEINTEL (1997): Jakarta: Der „Big Apple" Südostasiens? In: FELDBAUER, P., HUSA, K., PILZ, E. and I. STACHER (Hrsg.): Mega-Cities: Die Metropolen des Südens zwischen Globalisierung und Fragmentierung. Frankfurt am Main / Wien: Brandes & Apsel / Südwind, S. 151–175.
SPREITZHOFER, G. und M. HEINTEL (1998): Urbanization in West Java in the „New Order Era": Demographic and Socio-economic Trends in Jabotabek region. In: Journal of Population, Manila, 4. Jg., Heft 1, S. 89–111.
SPREITZHOFER, G. und M. HEINTEL (1999): Aktuelle Aspekte der Urbanisierung in Jabotabek: Räumlicher und sektoraler Wandel in Metro-Jakarta. In: Internationales Asienforum, 30. Jg., Heft 1-2, S. 131–152.
SPREITZHOFER, G. und M. HEINTEL (2000): Metro-Jakarta: Zwischen Nasi und Nike. Suhartos „Neue Ordnung" als Motor der Regionalentwicklung in Westjava? Frankfurt/M.: Peter Lang Verlag.
SPREITZHOFER, G. und M. HEINTEL (2001): Die Infrastruktur der Megastadt: Zeitbombe Jabotabek? Metro-Jakarta im Spannungsfeld von internationaler Investition, ökologischem Desaster und politischer Labilisierung. In: Asien, Deutsche Zeitschrift für Politik, Wirtschaft und Kultur, Nr. 78, S. 50–69.
SULLIVAN, J. (1992): Local Government and Community in Java: An Urban Case Study. Oxford: Oxford University Press.
TJIPTOHERIJANTO, P. (1996): Urbanisation and Urban Development in Indonesia. In: The Indonesian Quarterly, Jg. 24, Nr. 1, Jakarta: Centre for Strategic and International Studies.
UN-Habitat (2005): International Seminar on the Millenium Development Goals and the City, Bandung, 30.09.2005. In: www.unhabitat.org/whd/2005/whd_jakarta.asp
United Nations Centre for Human Settlements (1996): An Urbanizing World: Global Report on Human Settlements 1996. Oxford: Oxford University Press.
WARDHANA, A. (1996): Economic Reform in Indonesia: The Transition from Resource Dependence to International Competitiveness. In: The Indonesian Quarterly, Jg. 24, Nr. 3, S. 257–272.

Websites: http://www.achr.net/jakarta_achr.htm; http://www.germancentre.co.id; http://www.habitatindonesia.org; http://www.portmanusa.com/master_plan/bsd.html.

WEBSTER, D. (1995): Mega-Urbanization in ASEAN: New Phenomenon or Transitional Phase to the „Los Angeles World City"? In: McGEE, T.G. und I.M. ROBINSON (Hrsg.): The Mega-Urban Regions of Southeast Asia. Vancouver: University of British Columbia Press, S. 27–41.

WIRAHADIKUSUMAH, K. (2002): Jakarta Air Quality Management: Trends and Policies. Paper Presented at the „Regional Workshop on Better Air Quality in Asian and Pacific Rim Cities", Hongkong, 16.12.2002.

YULINAWATI, H. (2005): Jakarta Mega Urban Region. How Livable is its Environment? Paper presented at the 8th International Conference of the Asian Planning Schools Association, 11.–14.09.2005. In: www.apsa2005.net/Fullpapers/Pdf (Zugriff: 29.04.2006)

ZAIN, A.M. (2001): Distribution, Structure and Function of Urban Green Space in Southeast Asian Megacities with Special Reference to Jakarta Metropolitan Region. Thesis, University of Tokyo.

Ethnotourismus in Nordthailand: Perspektiven der Akha und Karen, dargestellt am Beispiel zweier touristisch unterschiedlich entwickelter Hilltribedörfer

ALEXANDER TRUPP, Wien*)

Mit 2 Abb., 1 Tab. und 6 Fotos im Text

Inhalt   Seite

1 Einführung und Ausgangsproblematik 185
   1.1 Zielsetzungen der Studie 186
   1.2 Die Hilltribes und ihre Einbeziehung in (inter)nationale Kontexte:
       Folgen und Probleme 187
2 Ethnotourismus in Nordthailand – Entwicklung und Akteure 189
3 Theoretischer Rahmen der Untersuchung 191
4 Methodische Vorgehensweise und Probleme 194
5 Die untersuchten Hilltribedörfer – eine Kurzcharakteristik 196
   5.1 Das Akha-Dorf Jorpakha 196
   5.2 Das Karen-Dorf Muang Pham 200
6 Tourismus aus der Perspektive der Akha und Karen 201
   6.1 Handlungen 201
   6.2 Wahrnehmungen und Bewertungen 205
7 Abschließende Bemerkungen 211
8 Literatur 212

1 Einführung und Ausgangsproblematik[1])

Thailand ist mit jährlich nahezu zwölf Millionen internationalen Tourismusankünften und Deviseneinnahmen von rund zehn Milliarden US-Dollar eine der wichtigsten Fremdenverkehrsdestinationen in Asien. Neben der Hauptstadt Bangkok und den „SSS-Gebieten" („sun, sea, sex") im Süden des Landes zählt das nördliche Bergland mit den Provinzen Chiang Mai, Chiang Rai und Mae Hong Son zu den bedeutendsten touristischen Zielgebieten. Das Berg- und Hügelland Nordthailands ist das Siedlungsgebiet von neun offiziell anerkannten ethnischen Minderheiten (Bergstämmen), die auf Thai „chao khao" und im englischen Sprachgebrauch „Hilltribes" genannt werden (siehe Tabelle 1). Da sich die Hill-

---

*) Mag. ALEXANDER TRUPP, c/o Institut für Geographie und Regionalforschung der Universität Wien, Universitätsstraße 7, A-1010 Wien. E-Mail: alexander.trupp@univie.ac.at

[1]) Der vorliegende Beitrag präsentiert erste Ergebnisse eines Feldforschungsaufenthaltes in Nordthailand, der im Rahmen einer am Institut für Geographie und Regionalforschung unter Betreuung von Ao. Univ.-Prof. Mag. Dr. Karl HUSA verfassten Diplomarbeit von Jänner bis Mai 2006 stattfand.

tribes in ethnischer, sprachlicher und kultureller Hinsicht von der thailändischen „Mainstream"-Gesellschaft deutlich unterscheiden, wurde ihre Attraktivität schnell von Individualtouristen („Travellern") und etwas später auch von der Tourismusindustrie entdeckt. Eine Reiseform, deren Ziel der Aufenthalt bei einer „fremden ethnischen Gruppe, speziell einer politisch und ökonomisch marginalen – oft tribalen – Gruppe ist" (KIEVELITZ 1989, S. 29), wird *Ethnotourismus* genannt. Im Ethnotourismus geht es letztlich um den Konsum von attraktiven Objekten oder Darbietungen: Der Ethnotourist besucht die „Stämme", um die exotisch anmutenden Bräuche als attraktives Erlebnis zu konsumieren (FRIEDL 2001, S. 50). Der Ethnotourismus im Bergland Südostasiens wird auch Hilltribetourismus genannt.

1.1 Zielsetzungen der Studie

In diesem Beitrag geht es primär darum, das Phänomen Ethnotourismus aus der Sicht zweier ausgewählter Hilltribegruppen zu beleuchten. Am Beispiel Nordthailands kann man bei näherer Betrachtung verschiedene Stadien des Kontaktes zwischen den so genannten Hilltribes und den Touristen beobachten, die sich in den letzten Jahrzehnten entwickelt haben. Deshalb wurden für die empirische Analyse zwei Dörfer mit unterschiedlicher touristischer Intensität ausgewählt:[2])

1.) Das Akha-Dorf *Jorpakha*: Dieses Dorf wird von ca. 100 Touristen pro Tag im Zuge einer Rundreise oder einer Package-Tour für ca. 20 Minuten besucht. Das Dorf weist somit massentouristische Erscheinungen auf.

2.) Das Karen-Dorf *Muang Pham*: Auch dieses Dorf ist bereits touristisch gut erschlossen, jedoch erreichen die Touristen das Dorf entweder im Zuge einer organisierten Trekkingtour oder als Individualtouristen auf eigene Faust. 90 Prozent der Touristen bleiben im Dorf über Nacht.

Primäres Forschungsziel war es, diese beiden Dörfer mit unterschiedlicher touristischer Entwicklung zu untersuchen und zu vergleichen, wobei vor allem die in der geographischen Tourismusforschung bisher wenig beachtete emische Perspektive, also jene der Bereisten, in den Vordergrund gestellt werden soll. Dabei wird ein handlungsorientierter Ansatz verfolgt, der die Wahrnehmungen und Handlungen der Hilltribes im Hinblick auf das Phänomen Tourismus ins Zentrum der Betrachtungen stellt (siehe Kapitel 3).

Folgende Forschungsfragen stehen im Zentrum der empirischen Analyse:
- Was sind die Wahrnehmungen und Images der Hilltribes gegenüber Tourismus und Touristen?
- Wie sehen die Einstellungen der Hilltribe-Bevölkerung und ihre Bewertungen zum Tourismus aus?
- Wie handeln die Hilltribes im touristischen Feld?
- Welcher Sinn, welche Intentionen und Interessen stehen hinter den Handlungen?
- In welchem sozio-kulturellen und sozio-ökonomischen Kontext finden diese Handlungen und Wahrnehmungen statt?
- Welche Unterschiede lassen sich zwischen den beiden touristisch unterschiedlich entwickelten Dörfern feststellen?

---

[2]) Eine genauere Beschreibung der Dörfer sowie eine Charakterisierung der dort auftretenden Tourismusformen ist in Kapitel 5 vorzufinden.

Bevor die theoretische Einordnung, die methodische Herangehensweise und schließlich die Ergebnisse der vorliegenden Studie präsentiert werden, soll im Folgenden etwas näher auf die Hilltribes sowie auf die Entwicklung des Ethnotourismus in Nordthailand eingegangen werden.

1.2 Die Hilltribes und ihre Einbeziehung in (inter)nationale Kontexte: Folgen und Probleme

Die gesamte Hilltribe-Bevölkerung Thailands wird gegenwärtig auf über 920.000 Personen geschätzt, was bei einer Gesamtbevölkerung von rund 65 Millionen einen Anteil von ca. 1,4 Prozent ausmacht. Zum Vergleich, 1960 wurde die Anzahl der Hilltribes in Thailand auf 222.000 Menschen geschätzt (KUNSTSTADTER 1967), 1974/77 auf ca. 331.000 (HUSA und WOHLSCHLÄGL 1985) und 1996 auf ca. 793.000 (KAMPE 1997). Dieses enorme Wachstum ist einerseits auf die natürliche Bevölkerungszunahme und andererseits auf Immigrations- und Flüchtlingsbewegungen vorwiegend aus Burma und Laos zurückzuführen.

Der Begriff „Hilltribes" ist keine Selbstbezeichnung, sondern wurde 1959 von behördlicher Seite offiziell eingeführt. Der Terminus „Hilltribe", zu deutsch „Bergstamm", wird jedoch oft als problematisch angesehen, denn zum einen handelt es sich nicht um einen Stamm im ethnologischen Sinn, da diese Volksgruppen weder über ein geschlossenes Siedlungsgebiet noch über eine übergreifende Stammesorganisation verfügen, und zum zweiten ist der Begriff negativ besetzt, weil „Bergstamm" mit wild, primitiv und unzivilisiert assoziiert wird (vgl. KORFF 2003, S. 122). In dieser Arbeit wird – im Bewusstsein der Problematik dieses Begriffes – aus Mangel an Alternativen weiterhin den Begriff „Hilltribes" verwendet.

Tabelle 1: Die Hilltribe-Bevölkerung in Thailand 2003

Ethnie	Anzahl der Dörfer	Zahl der Haushalte	Bevölkerungszahl	Anteil in Prozent
Karen (Kariang, Yang)	1.912	87.628	438.131	47,47
Hmong (Meo, Miao)	253	19.287	153.955	16,68
Lahu (Mussur)	385	18.057	102.876	11,15
Akha (Hani)	271	11.178	68.653	7,44
Mien (Yao)	178	6.758	45.571	4,94
H'tin	159	8.496	42.657	4,62
Lisu (Lisaw)	155	6.556	38.299	4,15
Lua (Lawa)	69	4.361	22.260	2,41
Khamu	38	2.256	10.573	1,14
gesamt	3.420	164.574	922.957	100,00

Quelle: Tribal Museum Chiang Mai 2004.

Die Siedlungsgebiete dieser Gruppen erstrecken sich über weite Gebiete des nordthailändischen Berglandes und sind von häufigen Migrationsvorgängen begleitet. Man nimmt an, dass einige der Bergstämme wie die H'tin oder die Lua bereits vor der Ankunft der thai-sprechenden Bevölkerung zu Beginn des zweiten Jahrtausends auf dem heutigen Staatsgebiet in Thailand siedelten. Siedlungen der Karen sind mindestens seit über 300 Jahren nachzuweisen, während die Hmong und Yao seit der Mitte des 19. Jahrhunderts und die tibeto-burmanischen Ethnien wie Lisu, Lahu und Akha seit Beginn des 20. Jahrhunderts in das heutige Nordthailand eingewandert sind (KUNSTSTÄDTER 1983, S. 28)

Vor der Bildung des thailändischen Nationalstaates standen die verschiedenen ethnischen Gruppen der Berggebiete in zum Teil sehr unterschiedlichen Verhältnissen zur benachbarten Mehrheitsbevölkerung. Diese Beziehungen reichten von weitgehender Autonomie über Handels- und Nachbarschaftsbeziehungen bis hin zu Tribut- und Gefolgschaftsverhältnissen (BUERGIN 2000, S. 8). Von einer völligen Isolierung der „Hilltribes" zu sprechen ist daher falsch, denn es gab seit jeher Einflüsse und Kontakte zu den in Thailand, Burma oder Yünnan dominanten Ethnien der Thai, Burmesen oder Chinesen (vgl. PLATZ 1995, S. 105).

Erst ab den 1950er-Jahren begann sich die Situation, wonach der Staat kein großes Interesse hatte, sich in Angelegenheiten der Hilltribes einzumischen, drastisch zu ändern. Für diesen Wandel bzw. den Beginn einer „Hilltribe-Politik" gibt es mehrere Gründe:

- Auf politischer Ebene erregten die Hilltribes vor allem Aufmerksamkeit aufgrund ihrer angeblichen Anfälligkeit für kommunistische und andere ideologische Einflüsse. Thailand fürchtete ähnliche Entwicklungen wie in seinen Nachbarländern. Während es in Burma starken Widerstand der Karen und Shan gab, waren es in China, Laos und Vietnam die stärker werdenden kommunistischen Einflüsse, die dem westlich orientierten Thailand Sorge bereiteten.
- Aus strategischen Gründen kam den Hilltribes eine große Bedeutung zu, da sie in den schwer zu verteidigenden und unüberschaubaren gebirgigen Grenzregionen siedeln. Wegen ihres Nomadenlebens zwischen den Grenzen wurden und werden sie von Behörden als Sicherheitsrisiko betrachtet.
- Auf ökonomischer Ebene gerieten sie (vor allem ab den 1980er-Jahren) aufgrund ihres Brandrodungsfeldbaus („shifting cultivation" und „rotational cultivation"), der die natürlichen Ressourcen des Landes zerstöre, ins Rampenlicht. Diese seit Jahrhunderten bewährte und nachhaltige Anbaumethode ist in den letzten Jahrzehnten aufgrund sich verändernder Rahmenbedingungen immer stärker in Kritik geraten, da ihre Anwendung einen großen Flächenbedarf bei extensiver Landnutzung erfordert.
- Zuletzt ist das Drogenproblem zu nennen. Das „Goldene Dreieck" im Grenzgebiet von Burma, Thailand und China (Yünnan) stieg nach dem Zweiten Weltkrieg zum wichtigsten Anbaugebiet für Opium auf. Das Siedlungsgebiet der Hilltribes erwies sich aufgrund natürlicher Faktoren und aufgrund seiner isolierten bzw. nicht kontrollierten Lage als ideales Anbaugebiet. Zunächst wurde nur Opium hergestellt, danach das auf Opium basierende Heroin und später synthetisch hergestellte Metaamphetamine, die in Thailand als „Yaba" bezeichnet werden.

Aufgrund dieser Entwicklungen, die hier nur sehr marginal behandelt werden können, wurde den Hilltribes seitens der thailändischen Behörden und der öffentlichen Meinung der Stempel unruhestiftender und waldzerstörender Drogenhändler aufgedrückt. Vor diesem Hintergrund müssen auch die Maßnahmen der thailändischen Regierung zur „Entwicklung" der Bergstämme sowie die Schaffung einer Reihe von Institutionen, die sich auf verschiedenen Ebenen mit der Thematik und (produzierten) Problematik der Hilltribes beschäftigen, gesehen werden (vgl. HUSA und WOHLSCHLÄGL 1985, S. 19).

Zunächst wurde auf Initiative der US-Special Forces die sogenannte *„Border Patrol Police"* (BPP) gegründet (siehe dazu KUNSTSTADTER 1967, S. 381). 1959 wurde das *„Central Hilltribe Committee"* errichtet, die erste Organisation, die auf nationaler Ebene für eine koordinierte Hilltribe-Politik verantwortlich war. Im Zuge dieser Entwicklung beschloss der thailändische Ministerrat, geplante Umsiedlungsprojekte, sogenannte „nikhoms", durchzuführen. Das Ziel war es, den verschiedenen Ethnien dauerhafte Siedlungen zu schaffen und sie somit in die thailändische Verwaltung zu integrieren bzw. sie dadurch besser kontrollieren zu können. In den Jahren 1961 und 1962 wurde unter Einbeziehung des österreichischen Ethnologen Hans MANNDORFF der erste offizielle „Socio-Economic Survey of the Hill Tribes" durchgeführt, mit dem Ziel, verlässliche Informationen für weitere Entwicklungspläne und -projekte zu erhalten. Die Errichtung des „Tribal Research Centers" (TRC) in Chiang Mai im Jahr 1964 wurde in einem Bericht des „Socio-Economic Survey" empfohlen (GEDDES 1967). Aufgabe des TRC war bis 2003 die Durchführung wissenschaftlicher Untersuchungen und die Sammlung von statistischem Datenmaterial. Heute ist das „Social Research Institute" (SRI) der „Chiang Mai University" die wichtigste Institution, die sich wissenschaftlich mit dem Thema „Hilltribes" auseinandersetzt.

Nach wie vor besitzen viele Angehörige der Hilltribes keine thailändische Staatsbürgerschaft. Ohne diese ist es ihnen nicht erlaubt, ihren Distrikt zu verlassen, sie dürfen nicht wählen, nicht arbeiten, können kein Land kaufen, sind vom Versicherungs- und Gesundheitssystem ausgeschlossen und haben keinen Zugang zu höheren Ausbildungswegen.

An dieser Stelle soll noch kurz auf jenes Gesetz eingegangen werden, das die Hilltribes nach eigenen Aussagen am stärksten betroffen hat: Der „Logging Ban" von 1989 bewirkte ein allgemeines Holzschlagverbot, das sowohl für die kommerzielle Holzindustrie Gültigkeit besitzt als auch für „einfache" Bauern wie die Hilltribes, denen dadurch ein integraler Bestandteil ihrer Lebensgrundlage entzogen wurde, denn durch dieses Gesetz wurde der Brandrodungsfeldbau als wichtigste landwirtschaftliche Methode – zumindest theoretisch – strafbar (vgl. MCKINNON 1997, S. 131). Fehlende Landrechte und das Verbot der „shifting cultivation" sind die wichtigsten Faktoren für die steigende Migration der Bergstammbevölkerung in die Städte.

2 Ethnotourismus in Nordthailand – Entwicklung und Akteure

Die ersten Touristen im Bergland Thailands in den späten 1960er- und frühen 1970er-Jahren waren Abenteurer, Tramper und junge Alternativtouristen, die durch Mundpropaganda und später durch nicht-konventionelle Reiseführer und Reiseagenturen von den Hilltribes und den Trekkingmöglichkeiten erfuhren (vgl. MEYER 1988, S. 411). Zu dieser Zeit waren die nordthailändischen Städte Chiang Mai und Chiang Rai die einzigen im gesamten Bergland Südostasiens, die leicht und vor allem sicher erreicht werden konnten.

So entstand mit steigender Touristenzahl Anfang der 1970er-Jahre in Chiang Mai und in geringerem Maß in Chiang Rai ein „low cost tourist establishment" (COHEN 2001b, S. 37), sozusagen eine kleine „traveller-community" für die „cheap charlies", die sich von der ebenfalls bereits zunehmenden Zahl der Massentouristen in Chiang Mai abgrenzen wollten. Dieses neue Tourismussegment bestand aus billigen „guesthouses", Essensständen und „coffeshops", die alle den Bedürfnissen dieser Art von Reisenden angepasst waren. Diesem Publikum wurden zunächst von unabhängigen lokalen Führern und etwas später von kleinen Agenturen („jungle companies") authentische Erlebnisse und echtes Erleben fernab der Zivilisation angeboten. Diesen Touristen, die sich gerne als die besseren Reisenden betrachteten, war damit allerdings nicht bewusst, dass sie nur die Vorreiter des sich rasch entwickelnden Massentourismus waren.

Bereits Ende der 1970er-Jahre wurde der sich für die exotischen Hilltribes interessierende Touristenkreis immer größer, was auch sehr schnell von der Tourismusindustrie erkannt wurde. Während große Reiseveranstalter damit begannen, „Hilltribe-Besuche" in ihre Programme aufzunehmen, sprossen gleichzeitig viele neue Reiseagenturen in Chiang Mai hervor, die im Konkurrenzkampf die Preise niedrig halten mussten (COHEN 2001b, S. 39). Aufgrund wachsender touristischer Nachfrage nach „unverdorbenen" und „echten" Regionen wurden immer neue „Hilltribegebiete" erschlossen. Wiesen die Bergdörfer nicht mehr den gewünschten Grad an Authentizität auf, wurden sie aus dem Tourprogramm gestrichen und durch neue „back regions" ersetzt (vgl. DEARDEN und HARRON 1994, S. 88). Diese touristische Erschließung ging zeitgleich mit den nationalen und internationalen „Entwicklungsprogrammen" einher, wobei die Annahme, dass die Tourismusentwicklung im Bergland ebenfalls als politisches Instrument zur Integrierung bzw. Assimilierung der Hilltribes in die thailändische Gesellschaft verwendet werde, durchaus plausibel erscheint (vgl. MICHAUD 1997, S. 131). DEARDEN und HARRON (1994, S. 85) gehen von jährlich 100.000 Trekkern mit einer mittleren Trekkdauer von vier Tagen und drei Nächten aus.

In den letzten 20 Jahren haben sich folgende Haupttrekkingrouten bzw. Exkursionstourismusziele und -zentren etabliert:

- Chiang Mai – Mae Taeng Route
- Chiang Mai – Mae Wang Route (einschließlich Besteigung des Doi Inthanon, des höchsten Berges Thailands)
- Chiang Mai – Mae Hong Son Route
- Chiang Mai – Chiang Rai Route

Weitere Trekking-Gebiete bzw. Ausgangspunkte für Trekking im Norden Thailands sind: Chiang Dao, Pai, Soppong, Mae Chaem, Mae Chan, Phrao, Fang und Lampang.

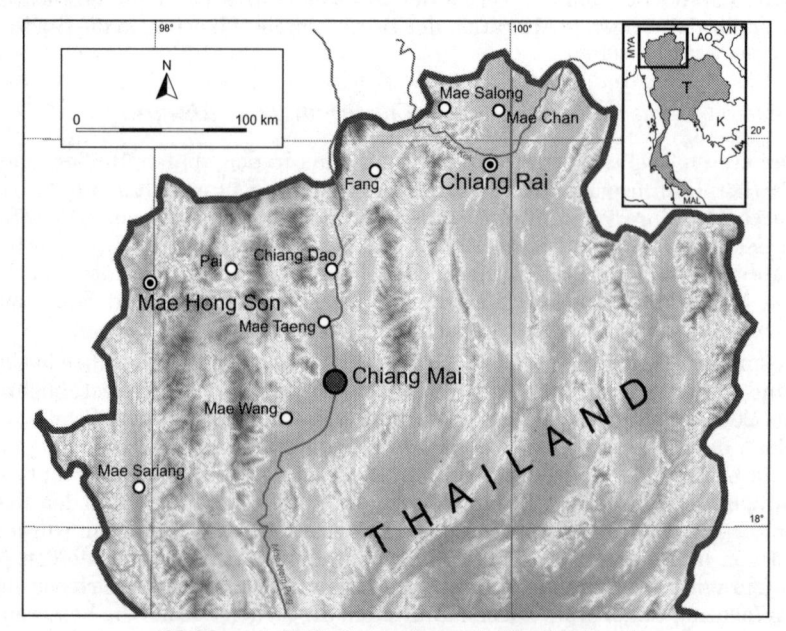

Abbildung 1: Hilltribetourismus in Nordthailand
Entwurf: A. TRUPP, Kartographie: W. LANG.

Foto 1: Werbeplakat für eine Trekkingtour
Foto: A. TRUPP 2006.

Hilltribetourismus kann grundsätzlich als Ethnotourismus zu den Bergstämmen bezeichnet werden, wobei die Hilltribes allerdings nicht mehr das einzige Objekt des touristischen Interesses darstellen. COHEN (2001a, S. 27) spricht in diesem Zusammenhang von einer „variety of 'site-seeing' tourism" und auch DEARDEN (1997, S. 211) bestätigt: „In such tourism, ethnic people are no longer the prime focus of interest, but constitute just one item of interest within a broader landscape." Diese Tatsache wird offensichtlich, wenn man die aktuellen Plakate und Werbebroschüren der Reiseagenturen betrachtet. Es gibt kaum mehr organisierte Ausflüge oder Trekkingtouren, die ausschließlich den Besuch der Hilltribes propagieren. Diese sind eine von vielen Attraktionen, die zwischen Mittagessen und Wasserfall konsumiert werden.

Grundsätzlich kann zwischen organisiertem und individuellem Hilltribetourismus unterschieden werden. In der Kategorie des organisierten Tourismus gibt es zwei Hauptgruppen, die COHEN (2001b, S. 69ff) „Tribal Village Tour" (Exkursionstourismus) bzw. „Jungle Tour" (Trekkingtourismus) nennt. Am Beispiel der beiden Fallstudien in Jorpakha und Muang Pham werden diese zwei Typen noch näher vorgestellt (Kapitel 5).

3 Theoretischer Rahmen der Untersuchung

Im Zentrum der Forschungsfragen der vorliegenden Untersuchung stehen ganz klar die Handlungen, Wahrnehmungen und Interessen von Menschen. Daher bietet sich für die theoretische Konzeption der Arbeit das handlungsorientierte Modell von Paul REUBER (2001) an. Dabei werden die Handlungen eines

Foto 2: Werbeplakat für eine eintägige Exkursionstour
Foto: A. TRUPP 2006.

Akteurs als „Produkt individueller Präferenzen, gesellschaftlicher Spielregeln und räumlicher Rahmenbedingungen" verstanden (ebd., S. 81). Hierbei ist jedoch darauf zu achten, dass es nicht die strukturellen Rahmenbedingungen sind, die das menschliche Handeln determinieren, sondern dass diese vielmehr von Individuen geschaffen wurden, um ihre Handlungen zu realisieren oder zu unterstützen (vgl. WEICHHART 2004, S. 47). Mit strukturellen Rahmenbedingungen ist hier der sozio-kulturelle und sozio-ökonomische Kontext gemeint, in dem die bereisten Akha und Karen handeln. Denn „alles was Subjekte tun, verweist gleichzeitig und immer auf sozial-kulturelle und materielle Kontexte des Tuns, ohne von diesem im kausalistischen Sinne determiniert zu werden" (WERLEN 1998, S. 10).

Zum Begriff Handlung

Für den Begriff des „Handelns" im handlungsorientierten Ansatz sind vor allem der Aspekt der Reflexivität sowie das Element der Intentionalität von Bedeutung. Dabei greifen REUBER und WERLEN auf das „soziale Handeln" Max WEBERS zurück. Die Annahme, dass handelnde Personen einen Sinn hinter ihren Handlungen sehen, ist zentral. WEBER (hier zitiert nach WEBER 1984, S. 44ff) unterscheidet vier Handlungstypen, die unterschiedlichen Bestimmungsgründen folgen können: Zweckrationales Handeln (1) orientiert sich primär am Zweck, den Mitteln und Nebenfolgen, während wertrationales Handeln (2) unabhängig vom Erfolg ist und durch kulturelle und gesellschaftliche Werte und Normen, also den Glauben an einen ethischen oder religiösen Eigenwert eines speziellen Sachverhaltes bestimmt ist. Affektuelles oder emotionales Handeln (3) wie beispielsweise das hemmungslose Reagieren auf einen außeralltäglichen Reiz sowie traditionelles Handeln (4), orientiert an eingelebten, oft alltäglichen Gewohnheiten, stehen an der Grenze und oft jenseits dessen, was als soziales Handeln aufgefasst werden kann.

Zu Wahrnehmung und Image

Wahrnehmung und Image sind weitere zentrale Begriffe, denen in den theoretischen Überlegungen eine wichtige Bedeutung zukommt. Denn „durch Wahrnehmung entsteht die subjektive Realität jedes einzelnen Menschen und damit ein wesentlicher Teil der Grundlage seines Handelns" (MAYRHOFER 2004, S. 31). Vor allem im Ethnotourismus finden wir exotische oder befremdende Bilder („Images") über die Bereisten, die im Extremfall von exotischen (und erotischen) Schönheiten und edlen Wilden bis hin zu blutrünstigen Barbaren reichen. Aber umgekehrt sind auch die Bilder, die Bereiste über Reisende haben, begrenzt und pauschalisiert (siehe Kapitel 6.2).

Individuen nehmen eine Vielzahl von vorhandenen Reizen (visuelle Reize, Gerüche, Geräusche) auf, wobei jedoch nicht alle Reize wahrgenommen werden. Wahrnehmung ist also ein selektiver Prozess, wobei die Auswahl der Reize durch einen so genannten Wahrnehmungsfilter erfolgt. Was sozusagen gefiltert wird und was nicht, hängt von den persönlichen Variablen der Individuen wie Motivation, Bedürfnisse, Einstellungen und Werte ab (TZSCHACHEL 1989, S. 24). Somit existieren Reize für die Praxis „nicht in ihrer objektiven Wahrheit als bedingte und konventionelle Auslöser, da sie nur wirken, wenn sie auf Handelnde treffen, die darauf konditioniert sind, sie zu erkennen" (BOURDIEU 1987, S. 99).

Macht und Kapitalformen

Ein weiterer wichtiger Aspekt ist jener der Macht der Akteure, „vor allem die Erforschung der Zugangsmöglichkeiten zu materiellen Artefakten, ihrer räumlichen Anordnung und Verfügbarkeit zur Handlungsverwirklichung" (WERLEN 1997b, S. 64). REUBER (2001) greift für sein Verständnis von Macht GIDDENS' (1997, S. 45) Unterteilung in „autoritative und allokative Ressourcen" auf. Allokative Ressourcen werden als „an der Generierung von Macht beteiligte Ressourcen einschließlich der natürlichen Umwelt und physischer Artefakte" bezeichnet und autoritative als „an der Generierung von Macht beteiligte nichtmaterielle Ressourcen, die sich aus dem Vermögen, die Aktivitäten menschlicher Wesen verfügbar zu machen, herleiten" (ebd., 429). So ist Macht an sich keine Ressource, aber Ressourcen sind Mittel, die sich Akteure zur Machtausübung zunutze machen. Dieser Konzeption von GIDDENS wird noch eine dritte, stark individuelle Komponente hinzugefügt, womit u.a. das persönliche Charisma, Führungsqualitäten und Verhandlungsgeschick gemeint sind. Dieses „Dreisäulen-Konzept der Macht" versucht „strukturelle und individuelle Merkmale gleichermaßen zu berücksichtigen" (REUBER 2001, S. 86).

Zur Erklärung des Umgangs mit diesen Ressourcen bieten sich Pierre BOURDIEUS Formen des Kapitals an, wobei zwischen ökonomischem, kulturellem, sozialem und symbolischem Kapital unterschieden wird:

– Das ökonomische Kapital umfasst alle Formen des materiellen Besitzes, die mittels Geld getauscht werden können.
– Das kulturelle Kapital tritt in drei verschiedenen Zustandsformen auf – in seiner inkorporierten, objektivierten und institutionalisierten Form. In verinnerlichtem, inkorporiertem Zustand besteht das kulturelle Kapital aus den kulturellen Kenntnissen, Fähigkeiten und Fertigkeiten eines Individuums. Die Akkumulation von inkorporiertem kulturellem Kapital, also dem, das im Allgemeinen „Bildung" genannt wird, ist mit einem hohen Maß an persönlichem Einsatz und Zeit verbunden (vgl. BOURDIEU 1997, S. 55). Diese Form des kulturellen Kapitals kann also nur von einer/m selbst und niemand anderem verinnerlicht werden und kann deshalb nicht, wie etwa Geld oder materielle Kulturartefakte, weitergegeben werden. In seinem objektivierten Zustand tritt das kulturelle Kapital in Form von Büchern, Bildern, Lexika, Instrumenten, Maschinen und anderen kulturellen Gütern auf, die uns sicht- und (wörtlich

genommen) greifbar erscheinen. Institutionalisiert tritt das kulturelle Kapital in Form von Titeln und Abschlüssen auf.
- Das Sozialkapital kann als die „Gesamtheit der aktuellen und potenziellen Ressourcen, die mit dem Besitz eines dauerhaften Netzes von mehr oder weniger institutionalisierten Beziehungen gegenseitigen Kennens oder Anerkennens verbunden sind" (ebd., S. 63) definiert werden. Damit ist also ein soziales Netzwerk von Freunden und Bekannten gemeint, die man um Hilfe, Rat und Informationen bitten kann.
- Das symbolische Kapital „besteht aus den Chancen, soziale Anerkennung und soziales Prestige zu gewinnen und zu erhalten" (FUCHS und HEINRITZ 2005, S. 169).

Die hier vorgestellten Kapitalformen stehen in enger Beziehung zueinander und bedingen sich gegenseitig. Eine Kapitalform kann auch von den Handelnden in eine andere transformiert werden. In Kapitel 6 wird dargestellt, wie die Akha und Karen in den beiden untersuchten Dörfern ihr kulturelles Kapital nutzen und dieses in ökonomisches umwandeln.

Durch die Entwicklung der Handlungstheorie ist es gelungen, das Individuum aus seiner passiven Rolle – wie in den verhaltensgeographischen Ansätzen durch einen Reiz-Reaktions-Mechanismus dargestellt – zu lösen. Die Menschen werden als selbstbestimmte und zielorientierte Akteure verstanden, die die Wahl haben, sich für oder gegen eine bestimmte Handlung zu entscheiden. Durch Einbettung der strukturellen Ebene wird versucht, die Kluft zwischen Individuum bzw. Praxis und Struktur etwas zu überbrücken. Mit dem Schwenk von einer „raumzentrierten" zu einer „handlungsorientierten" Geographie ist „in methodologischer Hinsicht auch die Forderung verbunden, den Kategorien des Handelns gegenüber denen des Raumes Vorrang einzuräumen und die kategorielle Ordnung der traditionellen Forschungslogik auf den Kopf zu stellen" (WERLEN 1998, S. 310). Dies impliziert, sich einer qualitativen Sozialforschung und ihren Methoden zuzuwenden.

4 Methodische Vorgehensweise und Probleme

„Qualitative Forschung hat den Anspruch, Lebenswelten ‚von innen heraus' aus der Sicht der handelnden Menschen zu beschreiben" (FLICK et al. 2004, S. 14). Dies war auch der Anspruch meiner Untersuchung, nämlich die Handlungen, Wahrnehmungen, Interessen und Bewertungen der bereisten Akha und Karen im touristischen Kontext zu verstehen und offen legen zu können. Methodologisch gelten die Prinzipien von Offenheit, Flexibilität, Kommunikativität und Explikation (vgl. LAMNEK 2005).

Mein Forschungsaufenthalt in Nordthailand erstreckte sich von Anfang Jänner bis Anfang Mai 2006. Die Unterstützung des „Social Research Institute" (SRI) der „Chiang Mai University" sowie die Betreuung durch Prof. Prasit LEEPREECHA war für mich in vielen Belangen von großem Vorteil. Von diesen vier Monaten habe ich ca. ein Drittel der Zeit in den Dörfern verbracht. Die restliche Zeit benötigte ich für den Zugang zu den Dörfern und zur Kontaktaufnahme mit den Bewohnern, zur Vorbereitung der Interviews und Beobachtungen, zu deren Transkription und für erste Auswertungen, für Gespräche und Diskussionen am SRI sowie mit Vertretern diverser NGOs und anderer Institutionen und schließlich für eine intensive Literaturrecherche in den unterschiedlichen Bibliotheken in Chiang Mai.

Als zentrale Methoden zur Erreichung der Forschungsziele wurde dabei vor allem auf die qualitative Interviewführung sowie auf teilnehmende Beobachtung zurückgegriffen.

Ein Problem, das mich während der Gesamtheit meines Aufenthaltes begleitete, war die Sprachbarriere. Da meine Thai-Kenntnisse noch begrenzt sind und meine Fähigkeiten in Akha und Sgaw-Karen auf wenige Phrasen limitiert sind, wurde ich in beiden Dörfern von Dolmetschern begleitet. Meine Begleiter und Übersetzer, *Mai* in Jorpakha bzw. *Prassert* und *Wisoot* in Muang Pham, engagierten sich sehr für eine exakte Übersetzung ins Englische. Ich habe durch häufiges Nachfragen und Überprüfen der Übersetzungen versucht, etwaigen Missverständnissen entgegenzutreten. Durch jede Übersetzung kann Information verloren und verzerrt werden, doch die Nachteile eines solchen Sprachfilters waren aufgrund mangelnder eigener Sprachkenntnisse unvermeidlich.

Bei qualitativen Interviews handelt es sich um nicht standardisierte Interviews, was vorformulierte Fragen und eine feste Reihenfolge der Fragen weitgehend ausschließt. Solche Interviews versuchen, den Charakter eines Alltagsgesprächs zu realisieren und den Befragten zu Wort zu kommen lassen. Das Bestreben, den Inhalt des Gesprächs mittels eines Tonbandgeräts aufnehmen zu dürfen, stieß allerdings von Seiten der Befragten auf Widerstand bzw. schuf eine zu künstliche und gezwungene Gesprächssituation, worauf diese Maßnahme fallen gelassen werden musste. Zwar hätte man die Möglichkeit einer verdeckten Aufzeichnung ergreifen können, doch eine solche wurde aus Gründen der Fairness gegenüber meinen Informanten ausgeschlossen. So war ich gezwungen, jedes Gespräch bzw. die Parallelübersetzung durch meine Begleiter sofort schriftlich zu protokollieren. Ich habe somit dem Versuch, dem Gespräch einen Charakter vertrauter Alltagssituation zu verleihen gegenüber jenem, jedes Wort genau zu erfassen, Vorrang eingeräumt. Insgesamt wurden in den beiden Dörfern 28 qualitative Interviews mit 23 unterschiedlichen Gesprächspartnern geführt. Schlüsselinformanten wie beispielsweise der „Headman" oder auch andere Personen, die einfach gerne erzählten, wurden zweimal interviewt.

Während die qualitativen Interviews vor allem dazu dienten, Meinungen, Einstellungen, Erwartungen und Intentionen zu ermitteln, erschien die teilnehmende Beobachtung vor allem für die Erfassung von Handlungen und Verhaltensweisen angemessen, denn „die Beobachtung als Methode der Sozialwissenschaft hat als Gegenstand soziales Handeln, wie auch immer dieses definiert wird" (LAMNEK 2005, S. 549). Als teilnehmender Beobachter habe ich versucht, an der natürlichen Lebenswelt innerhalb und außerhalb des touristischen Feldes der Akha und Karen teilzuhaben und die Situation in Form eines Beobachtungsprotokolls niederzuschreiben. LÜDERS (2004, S. 396) weist darauf hin, dass Beobachtungsprotokolle als das gesehen werden müssen, „was sie sind: Texte von Autoren, die mit den ihnen jeweils zur Verfügung stehenden sprachlichen Mitteln ihre Beobachtungen und Erinnerungen nachträglich sinnhaft verdichten, in Zusammenhänge einordnen und textförmig in nachvollziehbare Protokolle gießen".

Das Gesamtmaterial kann somit als Text im weitesten Sinn verstanden werden, wobei im vorliegenden Fall die transkribierten Interviews, Beobachtungsprotokolle, Essays und Zeichnungen von den Dorfbewohnern zum Thema „Tourismus in meinem Dorf", Feldnotizen und Photos dazu zu zählen sind.

Das Vorgehen bei der Auswertung des umfangreichen Datenmaterials orientiert sich vor allem am benutzerfreundlichen Werk von STRAUSS und CORBIN (1996). Die Datenanalyse erfolgt aber in einer verkürzten und modifizierten Weise, da die Generierung einer vollständigen Theorie wohl für eine Diplomarbeit ein zu hochgestecktes Ziel darstellen würde. Ziel der vorliegenden Analyse ist es, das breite, aus den eben kurz vorgestellten Methoden gewonnene Datenmaterial sinnvoll aufzuschlüsseln und Kategorien zu bilden, die das Phänomen Ethnotourismus aus der Perspektive der Hilltribes beleuchten.

5 Die untersuchten Hilltribedörfer – eine Kurzcharakteristik

Die beiden ausgewählten Dörfer, das Akha-Dorf *Jorpakha* und das Karen-Dorf *Muang Pham*, weisen sehr unterschiedliche Charakteristika auf: Sie unterscheiden sich sowohl hinsichtlich ihrer Lage, Erreichbarkeit, Ethnizität, wirtschaftlichen Ausgangsposition als auch in Hinblick auf Tourismusform, -intensität und Infrastruktur.

5.1 Das Akha-Dorf Jorpakha

Jorpakha befindet sich in ca. 800 m Seehöhe in der Provinz Chiang Rai und ist vom „Main Highway No. 1" auf einer asphaltierten Straße schnell und einfach zu erreichen. Derzeit leben im Dorf 108 Haushalte bzw. ca. 650 Bewohner, die alle der ethnischen Subgruppe Akha-Ulo zuzuordnen sind. Seit 1997 sind das Dorf bzw. Teile davon an das Stromnetz angeschlossen. Rund 10 Prozent der Bewohner besitzen keine thailändische Staatsbürgerschaft. Das politische System im Dorf ist ähnlich wie jenes in Muang Pham eine Mischung aus traditionellen und modernen Autoritäten, wobei der gewählte und ernannte „Headman" für administrative und offizielle Aufgaben zuständig ist und die traditionellen Autoritäten wie Dorfpriester, Schamane und Schmied die Bereiche der Akha-Kultur regeln. Etwa zwei Drittel der Dorfbewohner sind bereits zu den verschiedenen Glaubensrichtungen des Christentums übergetreten und haben neue religiöse Führer. Im Dorf stehen derzeit drei Kirchen, eine evangelische, eine katholische und eine baptistische. Die Ausbreitung des Christentums, aber auch andere Entwicklungen wie verstärkte Migration in die Städte, die thailändische Gesetzgebung usw. tragen zum Schwinden des „Akhazang",[3] des traditionellen Lebenswegs der Akha, bei. Das Hauptproblem der Bewohner ist, dass sie kaum über ökonomische Verdienstmöglichkeiten verfügen, denn die umlegenden Felder und Wälder sind entweder im Besitz von Thais oder stehen unter Kontrolle des „Royal Forest Department", das die natürlichen Ressourcen des Landes kontrolliert. So sind viele Bewohner gezwungen, als Lohnarbeiter für 100 Baht pro Tag entweder auf Feldern oder in der Stadt an Tankstellen, Baustellen, Restaurants oder Bars zu arbeiten.

Touristische Gegebenheiten

Die wohl auffälligsten Manifestationen des Tourismus sind die über 20 vorhandenen Souvenirstände, die nahezu wie Perlen einer Kette aneinandergereiht sind. Taschen, Polster und Kopfbedeckungen werden selbst gemacht, doch der große Teil wird bei Betrieben in Chiang Rai, Chiang Mai oder in Tachilek (Burma) bestellt. Die Hauptattraktion aber sind die exotisch anmutenden Akha selbst, vor allem die Frauen mit ihrem imposanten Kopfschmuck (Foto 3). Als objektiviertes

---

[3] Der „Akhazang" ist mehr als eine Religion, er ist ein Lebensweg, eine Philosophie, die alle Ebenen des Akha-Lebens regelt. Er beinhaltet das Wissen um alle Akha-Traditionen und Zeremonien, um den Anbau der Felder, die Tierhaltung, die Jagd, Krankheitsursachen und Therapien und das Handeln und Verhalten innerhalb der eigenen Gruppe sowie gegenüber Fremden (ALTING VON GEUSAU 1983, S. 249f).

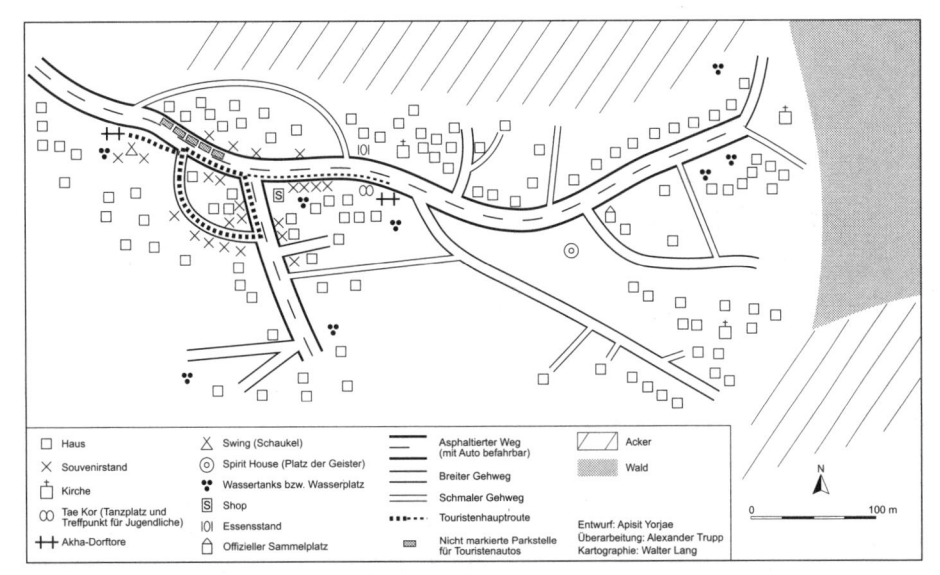

Symbol	Legende	Symbol	Legende
☐ Haus	X Swing (Schaukel)	Asphaltierter Weg (mit Auto befahrbar)	▨ Acker
X Souvenirstand	⊙ Spirit House (Platz der Geister)	Breiter Gehweg	▓ Wald
⌂ Kirche	⁙ Wassertanks bzw. Wasserplatz	Schmaler Gehweg	
∞ Tae Kor (Tanzplatz und Treffpunkt für Jugendliche)	Ⓢ Shop	Touristenhauptroute	
┼┼ Akha-Dorftore	|Ο| Essensstand	Nicht markierte Parkstelle für Touristenautos	
	⌂ Offizieller Sammelplatz		

Abbildung 2: Strukturplan des Akha-Dorfes Jorpakha

kulturelles Kapital (BOURDIEU) oder allokative Ressourcen (GIDDENS 1997) sind die akhaspezifischen „Kulturgüter" und Touristenattraktionen wie die Dorftore[4]) inklusive der dazugehörenden Wächterfiguren (Foto 4) am Beginn des Dorfes oder die daneben stehende Schaukel,[5]) deren Verwendung nur zur „Swing Ceremony" erlaubt ist, zu verstehen. Neben diesen Attraktionen sind Informationsschilder in thailändischer und englischer Sprache angebracht, die deren Funktionen kurz erklären.

An den Akha-Dorftoren beginnen alle Touristen die Dorfbesichtigung. Wie im Ausschnitt der Karte (Abbildung 2) dargestellt ist, folgen die meisten Touristen im Schlepptau ihrer Führer dem eingezeichneten Weg entlang den vorgestellten Attraktionen und Souvenirständen. Die touristischen Gegebenheiten sowie die darin stattfindenden Handlungen sind auf einen sehr begrenzten Raum beschränkt, eine sogenannte Vorderbühne („front stage") im Sinne GOFFMANS, weshalb eine starke Segregation zwischen touristischen und nicht touristischen Aktivitäten festzustellen ist.

---

[4]) Die *Akha-Dorftore*, die am unteren und oberen Eingang eines Akha-Dorfes errichtet werden, ziehen eine klare Trennung zwischen dem Bereich der Menschen und jenem der Geister („place of spirits") (vgl. LEWIS und LEWIS 1984, S. 224). Die Tore bestehen aus hölzernen Pfosten, wobei am Querbalken Schutzsymbole wie Gewehre und Vögel sowie Tabusymbole aus Bambus aufgesetzt werden, die das Eindringen von Unheil wie Krankheiten, Seuchen, Wildtieren usw. verhindern sollen.

[5]) Die aus sechs bis neun Meter hohen Holzpfosten zusammengesetzte Schaukel ist ein Blickfang und Charakteristikum eines jeden Akhadorfes. Sie wird nur an wenigen Tagen im Jahr, nämlich während der *„Swinging Ceremony"* Ende August oder Anfang September verwendet.

Foto 3: Verkaufssituation in Jorpakha
Foto: A. Trupp 2006.

Foto 4: Touristen bei der Besichtigung des Akha-Dorfes
Foto: A. Trupp 2006.

Foto 5: Touristenankunft in Jorpakha
Foto: A. TRUPP 2006.

Tourismusform

Die in Jorpakha auftretende Form des Hilltribetourismus ist als Exkursionstourismus oder *„Tribal Village Tour"* im Sinne von COHEN (2001b) aufzufassen. Das Dorf wird überwiegend von Touristengruppen besucht, die sich auf einer Thailand-Rundreise befinden und nahezu ausschließlich aus dem Ausland kommen. Meist handelt es sich um Gruppen von 15 bis 25 Personen sowie um Kleingruppen aus bis zu neun Personen, die eine Eintagestour in Chiang Mai oder Chiang Rai buchen. Große Reisegruppen sind zumeist in Begleitung eines Reiseleiters aus ihrem Heimatland sowie eines thailändischen Führers. Kleingruppen werden ebenfalls von einem „Tourist Guide" geführt. Der Preis für eine Eintagestour von Chiang Mai aus beträgt ca. 1200 Baht, wovon die Bewohner allerdings keinen Anteil erhalten.

Die Touristen werden in Minivans und Kleinbussen in das infrastrukturell gut zu erreichende Dorf kutschiert, wobei der Aufenthalt im Dorf zwischen zehn und maximal 40 Minuten dauert. Im Hilltribedorf besteht während der Besichtigung die Möglichkeit zu photographieren sowie Souvenirs einzukaufen. Den Großteil des Tages verbringen die Touristen im klimatisierten Auto, da es vielfach darum geht, in kurzer Zeit viel zu sehen. Der Besuch der Hilltribes ist nur ein Programmpunkt unter vielen anderen. Im Durchschnitt erreichen ca. 100 Besucher pro Tag das Dorf, wobei die Schwankungen der Touristenankünfte gering sind, da das Dorf auch in der Regenzeit problemlos erreicht werden kann. Die organisierte Tour ist auf einen Kurzbesuch, der je nach Zeitplanung der durchführenden Agentur zwischen 8 Uhr und 18 Uhr erfolgt, zugeschnitten und bietet so nicht einmal die theoretische Möglichkeit, über interkulturelle Kurzkontakte hinauszugehen.

5.2 Das Karen-Dorf Muang Pham

Muang Pham befindet sich in der Provinz Mae Hong Son im Distrikt Pang Ma Pha und liegt somit in einem Gebiet, das teilweise bis in die 1980er-Jahre nicht unter Einfluss des thailändischen Staates, sondern von Opiumkönig KHUN SA und seiner „Shan United Army" (SUA) stand, die damals den Drogenhandel entlang der burmesisch-thailändischen Grenze kontrollierte. Aus diesem Grund wurden in diesem Gebiet zahlreiche Entwicklungsprogramme lanciert, um die Bewohner der Region stärker in die thailändische Gesellschaft zu integrieren.

Muang Pham ist vom sieben Kilometer entfernten Shan-Dorf Tamlod auf einer Erdstraße zu erreichen. Von dort führt eine asphaltierte Straße nach Soppong (Pang Ma Pha), das am Highway 1095 liegt und nur ca. eine Autostunde vom Alternativtourismuszentrum Pai[6] entfernt ist. Das Dorf, welches bereits 1961 gegründet wurde, besteht aus ca. 100 Haushalten mit knapp 500 Bewohnern. Der Großteil der Bewohner gehört der Gruppe der Sgaw-Karen an und ist im Besitz der thailändischen Staatsbürgerschaft. Neun Familien haben sich der christlich-baptistischen Religion zugewandt, die auch mit einer Kirche im Dorf vertreten ist. Die große Mehrheit sind offiziell Buddhisten, aber auch hier gilt, dass sich die buddhistischen Vorstellungen mit jenen der Karen vereinbaren lassen. Seit einem Jahr (2005) verfügt jeder Haushalt über Solarenergie, eine Entwicklung, die für die Bewohner große Veränderungen brachte.

Im Gegensatz zum Akha-Dorf Jorpakha besitzt hier mehr als die Hälfte der Bewohner Landnutzungsrechte für Nassreisfelder bzw. für Nassreis- und Bergreisfelder. Einige Haushalte bauen darüber hinaus Cash Crops wie Knoblauch, Chili, Ingwer oder Mais an. Tierhaltung ist eine weitere wichtige ökonomische Grundlage des Dorfes. Die meisten Haushalte verfügen über Hühner und Schweine. Einige Familien verfügen über Büffel und Kühe, eine Familie besitzt Pferde und eine weitere besitzt zwei Elefanten, die für touristische Zwecke verwendet werden.

Touristische Gegebenheiten

Wer das Dorf von Tamlod oder Soppong kommend besucht, wird am Ortseingang von einer „Welcome-Tafel" sowie einer Informationstafel zu den touristischen Attraktionen begrüßt. Die Attraktionen des Dorfes sind zum einen die Naturlandschaft und kulturellen Plätze in unmittelbarer Umgebung und zum anderen die angebotenen touristischen Aktivitäten wie „Elephant Riding" und „Bamboo-Rafting". Eine zentrale Rolle des Tourismus in Muang Pham nehmen die Karen-Frauen ein, die im Dorf während ihrer Webarbeiten, die sie auch an Touristen verkaufen, „besichtigt" werden können. Ebenso im Preis der Trekking-Tour inbegriffen ist die Übernachtung im Dorf sowie das Essen, das vom Guide mitgebracht und gekocht wird. Die Bewohner von Muang Pham stellen nur den Reis und Softdrinks inklusive Bier bereit, da die Touristen die Karen-Küche erfahrungsgemäß schlecht vertragen.

Muang Pham verfügt somit über ein differenzierteres touristisches Angebot, das sich nicht wie in Jorpakha auf einige Quadratmeter beschränkt. Trotzdem ist auch in Muang Pham eine starke Segregation von Touristen und einheimischen Karen festzustellen. So laufen die touristischen Hauptaktivitäten wie „Elephant Riding", „Bamboo Rafting" und der Besuch der Höhlen außerhalb des Dorfes ab.

---

[6] Pai wird zwar noch als „laid back spot für backpackers" beschrieben, doch ist es mittlerweile unübersehbar, dass sich dort zur Zeit ein neues Tourismussegment für die mittlere und obere Preisklasse entwickelt.

Die Führung des Guides durch das Dorf, wo es zu interkulturellen Kontakten kommt, dauert in der Regel 30 bis 60 Minuten. Im „Homestay" selbst sind die Touristen in einem eigenen von den Bewohnern bzw. Betreibern abgegrenzten Bereich untergebracht.

Tourismusform

Die im Karen-Dorf Muang Pham auftretende Form des Hilltribetourismus kann als Trekking-Tourismus oder *„Jungle Tour"* (COHEN 2001b) bezeichnet werden. Ein- bis mehrtägige Trekkingtouren inklusive Guide werden von den „Guesthouses" in den nahe gelegenen Orten Tamlod und Soppong sowie von den zahlreichen Agenturen in Pai, Mae Hong Son oder Chiang Mai angeboten. Darüber hinaus wird Muang Pham von Touristen besucht, die in ihrer Heimat eine mehrwöchige Fernreise mit einem gehobenen Erlebnis- und Kulturanspruch buchen und im Zuge Reise einen mehrtägigen Trekk zu den „Bergvölkern" unternehmen.

Mindestens 90 Prozent der Touristen bleiben in einem der neun unklar definierten „Homestays" über Nacht. Im Gegensatz zu Jorpakha ist der Trekking-Tourismus in Muang Pham von einer hohen Saisonalität gekennzeichnet. So kommen in der Hauptsaison und Trockenzeit (Dezember bis Februar), aber auch in der Regenzeit, der Haupturlaubszeit der meisten Reisenden (Juli bis September), nahezu täglich Touristengruppen ins Dorf. Wenn sich mehrere Gruppen gleichzeitig im Dorf befinden, versuchen die jeweiligen Guides, dass es nicht zu einem gegenseitigen Aufeinandertreffen kommt.

6 Tourismus aus der Perspektive der Akha und Karen

Nach der Kurzcharakteristik der beiden Dörfer im Untersuchungsgebiet und der dort sichtbaren touristischen Manifestationen sollen nun schwerpunkthaft die Sichtweisen der Akha und Karen zur Sprache kommen. Dabei stehen die Handlungen, Wahrnehmungen und Bewertungen der touristischen Aktivitäten durch die Hilltribe-Bevölkerung sowie die auftretenden Chancen und Probleme im Zentrum des Interesses.

6.1 Handlungen

Selbstpräsentation im Tourismus: Inszenierung oder „echter" Lebensstil

Die Akha und Karen selbst sind die Hauptattraktion im Ethno- bzw. Hilltribetourismus und sollen jenen Hauch von Exotik und Fremde repräsentieren, den Touristen, auf ihrer Suche nach Authentizität oder der Bestätigung ihrer imaginierten Bilder, suchen. In beiden Dörfern erwecken vor allem die Frauen großes Interesse, da überwiegend sie es sind, die die traditionelle Tracht und den imposanten Schmuck tragen, wobei vor allem die Akha-Frauen von Jorpakha mit ihrem prachtvollen Silberkopfschmuck hervorstechen (Foto 3).

Hier stellt sich nun die Frage, ob sich die Dorfbewohner nur für touristische Zwecke in traditionelle Akha und Karen zurückverwandeln und somit eine bewusste künstliche Inszenierung schaffen. ROTHFUSS (2004, S. 133) stellte bei seiner Untersuchung zu Ethnotourismus in Namibia fest, dass eine solche Verwandlung der Himba für den Tourismus viel zu aufwändig und kompliziert wäre und dass diese überdies die Ablehnung der Reisenden hervorrufen würde. Die Himba präsentieren demnach, einer eher unterbewussten Logik folgend, ihren Habitus (ebd.). Im Falle der Akha und Karen der vorliegenden Untersuchung lassen sich jedoch bewusste Strategien der Selbstpräsentation und Inszenierung im Tourismus feststellen, die deutlich am Tragen der traditionellen Tracht aufgezeigt werden können.

„I only wear the traditional dress for tourists. When I come home to my house I change my clothes. Then I wear Thai or European clothes, trousers, T-shirts, just like you." (I/11/J)

Ein Teil der Akha und Karen trägt die traditionelle Tracht nur für Touristen. Kulturelles Kapital wird in diesem Fall nur als wirtschaftliche Ressource verwendet bzw. in solch eine umgewandelt.

"Older women are wearing the traditional dress every day. We, the young people, only wear it when we have to. The weaving women also wear it every day. Some of them would wear it anyway and others just wear it to make a better sell." (I/17/M)

Hier wurde klar angesprochen, was sich auch in all meinen Beobachtungen bestätigt. Es ist vor allem die ältere Generation, die das traditionelle Gewand auch fernab des Tourismus trägt und somit unbewusst den „way of being Akha or Karen" praktiziert. Während also ein Teil der Bewohner, vor allem die ältere Generation, auch im touristischen Kontext im Sinne von ROTHFUSS einer unbewussten Logik folgend seinen Habitus präsentiert, stellen andere den Touristen einen Teil ihrer Kultur vor, der sonst für sie von keiner oder nur mehr von sehr geringer Relevanz ist.

Posieren vor der Kamera

Die Situation, dass sich Dorfbewohner gegen Geld fotografieren lassen, ist nur im Akha-Dorf Jorpakha vorzufinden. Touristen erfahren im Normalfall von ihrem Guide, dass sie 10 Baht[7] für ein Photo bezahlen sollen. Die Fotomodelle sind zum Großteil weiblich, was sich vor allem auf die höhere Attraktivität ihres Schmucks und ihrer Kleidung zurückführen lässt. Während meiner Aufenthalte im Dorf konnte ich nur zwei Männer beobachten, die mit einer alten Bambuspfeife bzw. einem alten Hut posierten. Posierende Frauen und Männer fordern die Touristen oft mit den Worten „photo, photo" auf, ein Abbild von ihnen zu machen.

Für die Touristen sind die Fotomodelle Repräsentanten einer fremden Kultur, deren Andersartigkeit fotografisch festgehalten werden soll, unabhängig davon, ob die Situation inszeniert wurde oder nicht. Dass sie für ein Foto bezahlen müssen, ist vielen Touristen unangenehm und sie möchten diese Interaktion schnell hinter sich bringen. Für die Akha ist das Posieren vor der Fotokamera ein Geschäft, das sich finanziell durchaus lohnen kann.

„If somebody wants to take a picture of me he/she has to pay 10 Baht. But sometimes I get more, 20 Baht or 100 Baht. One time I even got 1000 Baht. I need that money for my familiy." (I/10/J)

---

[7] 10 Baht entsprechen zum Zeitpunkt der Abfassung dieses Beitrages in etwa 20 Eurocent. Für einen Tag Lohnarbeit am Feld oder Bau verdient man im Distrikt Mae Chan zwischen 100 und 150 Baht.

Verkauf von Souvenirs oder Kunsthandwerk

Der Verkauf von Souvenirs oder Kunsthandwerk ist die naheliegendste Strategie, um ökonomisches Kapital zu erreichen. Diese Strategie wird sowohl von den Bewohnern Jorpakhas als auch Muang Phams angewandt, wobei sich jedoch grundlegende Unterschiede in Herstellung, Beschaffung und Material der Objekte feststellen lassen. Eine weitere Frage ist auch, ob die Verkaufsobjekte ausschließlich einem externen Publikum, nämlich den Touristen dienen, oder ob diese auch für die eigene Dorfgemeinschaft produziert oder beschafft werden. Allgemein in Bezug auf die Hilltribes in Nordthailand kann noch festgehalten werden, dass die Kommerzialisierung der Kulturgüter kein spontaner endogener Prozess ist, der von den Dorfbewohnern initiiert wurde, sondern ein exogener Prozess, eingeleitet von Agenturen und privaten Firmen (vgl. COHEN 1983, S. 8).

In Jorpakha darf primär von Souvenirverkauf gesprochen werden, denn wenn profitorientierte Motive und der ökonomische Druck, Geld zu verdienen, die ästhetischen Standards übertreffen, wenn es wichtiger ist, den Kunden (Touristen) als den Künstler selbst zu befriedigen, spricht man von Souvenir-, Tourist- oder *Airport-Art* (GRABURN 1976, S. 6). Nur wenige Objekte wie etwa Armbänder, Kissen oder Decken werden selbst hergestellt. Der Großteil der angebotenen Souvenirs wird bereits als Fertigprodukt bei Betrieben in Chiang Mai, Chiang Rai oder Tachilek (Burma) gekauft. Die Verkäuferinnen gaben immer wieder dieselbe, (rational) leicht nachvollziehbare Erklärung dafür:

„*It is easier to buy the products than to produce them by ourselves.*" (I/2, 10, 11/J)

Die Beschaffung des Rohmaterials und der seriell hergestellten Souvenirs ist keine leichte Aufgabe. So müssen für den Verkauf der in Tachilek (Burma) gekauften Souvenirs die Fahrt- und Transportkosten sowie die Visa- und Zollgebühren miteinberechnet werden. Obwohl den Akha oft ein niedriger sozialer Status zugeschrieben wird, gelten sie doch als geschickte Akteure im Handel, die in der Lage sind, Möglichkeiten für sich nützen zu können (KORFF 2003, S. 122). Die Involvierung im Souvenirhandel ist zwar durch externe Einflüsse initiiert worden, doch die Tatsache, dass sich Akha auch im Handel behaupten, ist keine neue Entwicklung. Diese kommt ihnen zwar ökonomisch zugute, doch gleichzeitig ist damit eine Abhängigkeit vom Markt und der touristischen Entwicklung verbunden. Der ökonomische Gewinn durch den Verkauf von Souvenirs variiert stark und ist abhängig von der Zahl der ankommenden Touristen, von den Ratschlägen des Guides, der Kauflust der Touristen und vom Verkaufstalent der Akha.

In Muang Pham werden ausschließlich Karen-Webprodukte wie Schals, Taschen, Decken und Sarongs, deren Preis sich zwischen 100 und 1.000 Baht bewegt, verkauft. Produziert wird überwiegend für Touristen, wobei sich diese Webereien in Bezug auf Herstellung und Design nur geringfügig von jenen für den Eigengebrauch unterscheiden. Für die eigenverwendeten Produkte werden oft komplizierte Muster gewebt während die touristischen Produkte fast immer in einem einfachen Design gehalten werden. Darüber hinaus gibt es immer wieder Auftragsarbeiten von privaten Firmen, die zum Beispiel 100 Schals und Taschen bestellen. In diesem Fall wird das Design von der Firma vorgegeben und von den Frauen umgesetzt.

Die Webprodukte der Karen von Muang Pham sind nicht nur bei in- und ausländischen Touristen beliebt. So kommen auch Bewohner aus dem benachbarten Lahu-Dorf, um diese zu erwerben. Für die Produktion der Webereien existiert eine Webgruppe, die sich aus über 30 Frauen zusammensetzt. Die Weberei ist ein

Foto 6: Für die Herstellung der Webprodukte sind ausschließlich Frauen verantwortlich
Foto: A. TRUPP 2006.

zentrales Element der Karen-Kultur. „Der Name Karen wurde nahezu synonym mit dem Begriff ‚Weber', so herausragend sind ihre Webarbeiten" (LEWIS und LEWIS 1984, S. 72). Die Weberei ist eine Aktivität, die seit jeher den Frauen zugeschrieben ist (Foto 6). Mit dem Aufkommen des Tourismus kann diese Fähigkeit, welche als inkorporiertes kulturelles Kapital aufgefasst werden kann, nun in ökonomischen Profit transformiert werden.

> „I am selling weaving products for 11 years. Before I used to weave as well but I never thought about selling it. Tourists then often asked me if they can buy this or that product. So everything started." (I/18/M)

Zusammenarbeit und Aufbau sozialer Netzwerke

In beiden Dörfern wurden soziale Netzwerke aufgebaut, die für den Tourismus genutzt werden können. Dabei gibt es unterschiedliche Akteure, mit denen die Akha und Karen zusammenarbeiten. Die wichtigsten Protagonisten sind die Guides (siehe Kapitel 6.2.3), die die Touristen durch die Dörfer führen. Die Bewohner von Muang Pham pflegen auch Kontakte zu den Reiseagenturen in Chiang Mai und Pai, um ihr touristisches Angebot „Elephant Riding", „Bamboo Rafting" sowie die Übernachtungsmöglichkeiten im „Homestay" zu präsentieren. Ein weiterer wichtiger Kooperationspartner ist das „Guesthouse Cave Lodge" im nahe gelegenen Tamlod.

„I went to the city to travel agencies in order to make arrangements for bamboo rafting and elephant riding. Also Mr. John[8]) asked if I want to start elephant riding for tourists. John asked me because he does not have enough place at his guesthouse. At the beginning John came with a group once a week."
(I/19/M)

Diese Kooperationen mit anderen „Playern" der Fremdenverkehrsindustrie stellen eine wichtige ökonomische Ressource für die Karen und Akha dar. Auch hier bestätigt sich, dass es nicht die Hilltribes selbst waren, die mit dem Tourismus begonnen haben, sondern vielmehr die Trekking-Agenturen und „Guesthouses" (vgl. DEARDEN 1996; COHEN 2001). Es muss an dieser Stelle aber auch betont werden, dass die Hilltribes, wie eben dargelegte Beispiele zeigen, keineswegs ahnungslose „Player" in einem für sie undurchschaubaren System sind.

6.2 Wahrnehmungen und Bewertungen

Wie wird nun das Phänomen Ethnotourismus aus der Perspektive der Akha und Karen von Jorpakha und Muang Pham wahrgenommen? Bei der Analyse des Erhebungsmaterials drängte sich dabei folgende Gliederung auf:
- Wahrnehmung und Bewertung des Ethnotourismus
- Wahrnehmung und Bewertung der Touristen
- Wahrnehmung und Bewertungen der Guides

6.2.1 Wahrnehmung und Bewertung von Ethnotourismus

Relativierung von Tourismus als Faktor des Kulturwandels

Ein zentrales Ergebnis dieser Studie ist, dass Tourismus als Agent des Kultur- und Sozialwandels, vor allem im Kontext anderer Prozesse und Entwicklungen, aus eurozentrischer Perspektive oft überbewertet wurde. LÜEMS (1985) wertet in seinem Modell den Tourismus in Entwicklungsländern als typischen Akkulturationsprozess, indem Touristen den Bereisten ihre westliche Kultur vorführen. Auf diesen Demonstrationseffekt folgen auf Seiten der Gastgeberkultur Identifikations-, Imitations- und Akkulturationseffekte.

Betrachtet man die Situation in Thailand, lässt sich feststellen, dass außer dem Tourismus noch andere, zum Teil viel bedeutendere Prozesse in Bezug auf Kulturwandel vorzufinden sind. So bezeichnen die nicht christianisierten Akha von Jorpakha das Christentum als die gefährlichste Bedrohung für ihre eigene Kultur. Als weiterer Faktor ist die thailändische Gesetzgebung (vgl. „logging ban", Staatsbürgerschaftsfrage) zu nennen, die starken Einfluss auf die Lebensweise und Kultur der Akha ausübt. Weiters ist der Einfluss der thailändischen „mainstream society" entscheidend, der in beiden Dörfern stark wahrgenommen wird. Durch Beschäftigungslosigkeit und Mangel an Bildungseinrichtungen in den Dörfern sind viele Bewohner gezwungen, temporär in die Stadt zu migrieren, um dort eine Arbeit zu finden. Zuletzt ist noch auf den Einfluss der Massenmedien aufmerksam zu machen, der spätestens seit dem Anschluss der Dörfer an das Stromnetz an Bedeutung gewonnen hat.

Es soll hier nicht behauptet werden, dass der Tourismus keine Auswirkungen auf die Hilltribes hat, jedoch müssen diese immer im Kontext anderer Wand-

---

[8]) John, ein Australier, ist der Leiter des etablierten Guesthouses „Cave Lodge" im benachbarten Schan-Dorf Tamlod.

lungsprozesse beleuchtet werden und im Vergleich dazu spielt der Tourismus eine eher untergeordnete Rolle. Für die Lisu in Nordthailand kommt PLATZ (1995) zu einem ähnlichen Schluss: „Das Selbstbewusstsein ethnischer Minderheiten wurde oft unterschätzt, und die Übernahme westlicher Kulturmuster muss nicht in direktem Zusammenhang mit Touristen stehen."

Wahrnehmung von Kulturwandel und dessen Bedeutung für den Tourismus

Die Akha und Karen sind sich ihres kulturellen Kapitals, das sie auch im Tourismus für sich nützen, bewusst. Gleichzeitig befinden sich ihre Dörfer aber im Wandel, wobei dieser von Touristen und Hilltribes sehr unterschiedlich wahrgenommen wird. Äußerlich und für die meisten Touristen auch schnell erkennbar manifestiert er sich in der Änderung des Baumaterials von Bambus und Gräsern hin zu Zement, Ziegeln und Wellblech und in der Änderung der Kleidung von traditionellen Trachten hin zu Hosen und Hemden. Durch den Ausbau der Infrastruktur haben die Bewohner teilweise Zugang zu asphaltierten Straßen, durch den Ausbau des Stromnetzes hallen Radio- und Fernsehstimmen aus den Häusern. Diese offensichtlichen Beobachtungen veranlassen die „erfahrenen" Touristen dazu, das Dorf als unauthentisch oder gar verdorben zu bezeichnen.

„The tourists don't want development in our village. For example they don't want to see modern roofs but modern roofs are better for us in the rainy season. Tourists always want to see the old style. They complain about modernisation but don't understand the problems." (I/12/J)

Unterschiedliche Handlungskontexte, Interessen, Motive und Einstellungen machen hier die Differenz zwischen Selbst- und Fremdwahrnehmung deutlich.

Tourismus als Motor zur Aufrechterhaltung der Kultur

Die Diskussion, ob Tourismus die Kultur der Bereisten kommerzialisiert, zerstört oder gar rettet, kann zu keinen allgemein gültigen Aussagen führen. Dies ist von einem Bündel von Faktoren wie der Tourismusform, der Intensität des Tourismus, der wirtschaftlichen Ausgangslage im Zielgebiet usw. abhängig. Wie sind nun die Einstellungen und Wahrnehmungen zu den komplexen und vielschichtigen Auswirkungen des Tourismus?

„No, tourists cannot help at all. It is up to us Akha People to keep our Akha culture." (I/1/J)

Von Teilen der Bevölkerung wird dem Tourismus also weder eine zerstörerische noch eine – abgesehen vom ökonomischen Gewinn – konstruktive Bedeutung zugemessen. Bezieht man sich nun weiters konsequent auf die Wahrnehmungen und Aussagen der Dorfbewohner, muss festgestellt werden, dass die Frage von Tourismus als Kulturzerstörer oder Kulturbesinner nicht einmal für ein Dorf generalisierend beantwortet werden kann. So betonen andere Bewohner immer wieder, sie seien froh und stolz, dass sich andere Menschen für ihre Kultur interessieren, womit schließlich auch das Selbstvertrauen, Akha oder Karen zu sein, gestärkt werde.

„I'm proud that there are tourists who travel to my village and pay attention in nature and local wisdom. These things are worthy and I will protect them forever." (E/8/M)

Nicht-ökonomische Interessen: Sprachen und Kulturaustausch

Die dominierenden Interessen und Intentionen hinter den touristischen Handlungen der Bereisten für die Touristen sind zweifelsohne ökonomischer Natur. Darüber hinaus besteht ein signifikantes Interesse der jungen Generation, Bildungskapital in Form von Sprachen zu akkumulieren.

> *„I like to learn language very much, I like to learn many languages. Now I learn English and French language in high school, this is a last year for me too. So I am very happy and so glad to see tourists coming to visit our village."* (E/4/J)

Des Weiteren ist ein Interesse an Informations- und Kulturaustausch festzustellen, wobei sowohl die Intention besteht, sich selbst mitzuteilen, als auch etwas von den Gästen und über diese zu erfahren.

Im Sinne Max WEBERS kann zweckrationales Handeln, wozu vor allem die bereits vorgestellten Verkaufsstrategien zählen, von wertrationalem Handeln unterschieden werden. Ate, ein Bewohner von Jorpakha, erklärt bei Bedarf Akha-Traditionen, führt traditionelle Jagdgeräte und Musikinstrumente vor und beantwortet gerne Fragen der Touristen. Sein primäres Interesse ist aber nicht ökonomischer Natur, sondern kann in dem Sinne als wertrational bezeichnet werden, da für ihn nicht der finanzielle Wert, sondern eher ein kulturell-religiöser Wert entscheidend ist.

> *„For me it is alright even I get no money because it is good what I am doing and the spirits will bless me for my actions."* (I/J/14)

6.2.2 Wahrnehmung und Bewertung von Ethnotouristen

Generalisierende Images – begrenzte Wahrnehmungsmöglichkeiten

Der Grund, warum sowohl auf Seiten der Reisenden als auch auf Seiten der Bereisten pauschalisierte Images überwiegen, liegt in der Kürze der interkulturellen Begegnung sowie in der räumlichen und sozialen Segregation der beiden Gruppen. Verweilen die Tagestouristen in Jorpakha im Durchschnitt 15 Minuten, so sind es in Muang Pham zwar mehrere Stunden, allerdings in räumlicher und sozialer Segregation von den Dorfbewohnern. Um diese Kluft zu überbrücken, fehlt vor allem die verbale Ausdrucksmöglichkeit, da ausländische Touristen im Normalfall weder über Thai-Kenntnisse noch über Akha- oder Karenkenntnisse verfügen. Diese Sprachbarriere kann nur mit Hilfe des Guides überwunden werden.

> *„As I do not speak English my only way in communicating with tourists is the sign language. I would often like to talk to tourists but we do not understand each other. So we usually look at each other and smile."* (I/18/M)

Sobald in Jorpakha rote oder grüne „Pick-Ups" (die lokal üblichen Transportmittel, auch für viele Touristen) oder klimatisierte Kleinbusse, vereinzelt auch verschiedene Arten von Mietautos, die Straße hochfahren, wird davon ausgegangen, dass sich Touristen darin befinden, denen bestimmte Attribute und Eigenschaften zugeschrieben werden. Touristen sind natürlich nicht nur durch ihr Transportmittel, sondern auch durch ihre Sprache, ihr äußerliches Aussehen

(Hautfarbe, Frisur, Kleidung), ihre Kameras, ihr Verhalten und ihren Guide zu erkennen.

Die Touristen, die allerspätestens beim Aussteigen aus den Autos als solche identifiziert werden, weisen für die Hilltribes bereits spezifische Bedeutungen auf. WERLEN (1998, S. 332) spricht von einem „relationalen Orientierungskriterium", das dazu dient, „physische Situationselemente für bestimmte Handlungen und in Bezug auf bestimmte Normen und kulturelle Werte mit spezifischen Bedeutungen zu belegen. Derart stellt das Subjekt eine Bedeutungsrelation zwischen Handlungsziel und physischen Objekten der Situation her."

Wie bereits erläutert, werden die Handlungen im touristischen Kontext vor allem von ökonomischen Determinanten geleitet, weshalb auch das Image „Touristen haben Geld" persistent bleibt. Dass Touristen Einkommen und somit Geld bedeuten, wird in nahezu jedem Gespräch bekräftigt. So wurde auch ich des öfteren nach meinem Einkommen, dem Preis meines Flugtickets sowie meiner Digitalkamera gefragt. „Touristen haben Kameras" ist ein weiteres Charakteristikum, das den Reisenden zugeschrieben wird. Wie die Akha daraus ökonomisches Kapital erlangen, ist in Kapitel 6.1 erläutert. Es entsteht ein Image vom „goldenen Westen", das durch den „zur Schau getragenen Reichtum, verbunden mit der scheinbar fehlenden Notwendigkeit der Arbeit", vermittelt wird (FRIEDL 2001, S. 75).

Touristen haben Unterhaltungswert und bieten Abwechslung

Die Touristen haben in beiden Dörfern ihren Status als spannende, neue Erscheinung und Attraktion verloren. Zu alltäglich und gewöhnlich ist ihr Auftreten geworden, als dass man bei den Einheimischen generelle Neugier und Entdeckungsdrang feststellen könnte. Das wichtigste an den Touristen ist und bleibt zwar das ökonomische Kapital, aber sie sorgen auch für Abwechslung und Unterhaltung. Im Akha-Dorf spielt sich das touristische Geschehen von 8 Uhr bis spätestens 18 Uhr ab. Nach Abreise der letzten Touristen verlassen die Frauen ihre Souvenirstände und kehren in ihre Häuser zurück. In den Gesprächen wurde immer wieder betont, dass das Dorf in der Zeit, in der keine Touristen anwesend sind, anders, vor allem sehr ruhig sei. Dass diese Ruhe von Touristen gestört wird, ist eine Tatsache, die auch als positiv empfunden wird.

> „And it is exciting and interesting to meet different people every day. They have different skin, different language, and different hairstyles. That's exciting. When the tourists leave the village it is very quiet." (I/11/J)

Spezialfall „Thai Tourist"

In den klassischen Provinzen für den Ethnotourismus, Chiang Mai, Chaing Rai und Mae Hong Son, sind mehr inländische als ausländische Touristen zu verzeichnen. Gleichzeitig mit dem thailändischen Wirtschaftsboom in den 1980er-Jahren stieg auch die Zahl thailändischer Touristen weiter an. Die meisten Inlandstouristen stammen aus der urbanen Ober- und Mittelklasse und reisen in den Norden, um natürliche, religiöse und historische Attraktionen zu besuchen (BEZIC et al. 2001). Ethnotourismus spielt dabei eine vergleichsweise untergeordnete Rolle. Mit einer klassischen Eintagesexkursion von Chiang Mai aus können alle diese Wünsche, inklusive dem Besuch eines Hilltribedorfes, zumindest oberflächlich befriedigt werden.

Wie thailändische Touristen aus urbanen Zentren die Hilltribes der Bergregion wahrnehmen und wie sie selbst von den Akha und Karen bewertet werden, muss in Hinblick auf die in Kapitel 1.2 dargestellten Entwicklungen und die Herausbildung von Negativstereotypen betrachtet werden. Dass den Hilltribekulturen von der urbanen Thaigesellschaft einen niedriger Status zugemessen wird, ist deren Angehörigen bewusst. Wer sich in der Stadt als Akha oder Karen durch das Tragen der traditionellen Kleidung outet, ist bereits oft mit Negativzuschreibungen konfrontiert. Dies bestätigen auch meine Beobachtungen in Bangkok, wo selbst in Akademikerkreisen das Bild von sicherheitsbedrohenden und drogenverseuchten Hilltribes präsent ist.

„Many people have to move to the city. There they don't learn the Karen culture. If they wear the traditional clothing there people of the city look down at them." (I/27/M)

Während ausländische Touristen sich besonders für das vermeintlich Traditionelle und Authentische wie die typische Kleidung der Hilltribes interessieren, äußern thailändische Touristen eher Verwunderung gegenüber solchen Besonderheiten.

„Thai Tourists often wonder and ask me why I do wear this burdensome clothing. They say that it would be much more comfortable without that. Foreigners on the other hand encourage me to wear it. They say it is so beautiful and special." (I/10/J)

Neben einem gewissen Desinteresse thailändischer Touristen an der Kultur der Hilltribes, kommt auch hier wieder die ökonomische Determinante zum Vorschein. Thai-Touristen geben weniger Geld aus und verhandeln härter. Dafür wird insofern Verständnis gezeigt, als bei den Dorfbewohnern die Wahrnehmung herrscht, ausländische Touristen hätten grundsätzlich mehr Geld als thailändische.

Negativperzeptionen

„Many people have already been asking me about tourism. I always answered good, good and so on but I am not 100 per cent sure about that."
Diese Aussage eines Dorfbewohners zeigt einerseits, wie schwierig es ist, kritische Statements zum Tourismus, von dem ja viele Bewohner abhängig sind, zu erhalten und andererseits, dass eine gewisse Unsicherheit über die Effekte der Tourismusentwicklung herrscht. Tourismus und Touristen sind Phänomene, die überwiegend positiv aufgenommen werden, vor allem deshalb, weil viele Bewohner dadurch ihren Lebensstandard erhöhen konnten. Zu Beginn wurde behauptet, dass die Auswirkungen des Tourismus im Kontext anderer Entwicklungen und Prozesse zu relativieren seien. Trotzdem existieren negative Erscheinungen, die auch von den Akha und Karen, die ich untersucht habe, kritisiert werden.
So werden vor allem von der jungen Bevölkerung negative ökologische Auswirkungen kritisiert, da sich bei den Tourismusattraktionen in den Dörfern überdurchschnittlich viel Müll sammle. In Hinsicht auf den Kleidungsstil der Touristen nehmen die Hilltribes eine gewisse Sittenlosigkeit und Verletzung der sozialen Normen wahr.

„Some of the tourists arrive in shorts and tank tops or crop tops. And once they went swimming in our river without permission. Something like that should not happen." (I/15/M)

Darüber hinaus treten manche Touristen den Hilltribes gegenüber mit mangelndem Respekt und fehlender Achtung auf, die Dorfbewohner sind in wenigen

Fällen Touristenbeschimpfungen ausgesetzt und werden manchmal sogar Opfer von Souvenirdiebstählen. Die Touristen können sich im Dorf Fehlverhalten und sogar Diebstahl erlauben, ohne dass sie gerichtliche Konsequenzen zu fürchten haben. Ein solcher Fall ereignete sich zum Beispiel während eines meiner Aufenthalte in Jorpakha, als nach Angaben der Akha-Frauen eines der Souvenirstücke von Touristen gestohlen wurde. Zwischen den Touristen und den Akha-Frauen entfachte ein Streit um umgerechnet zwei Euro, wobei sich beide Gruppen gegenseitig beschuldigten, zu betrügen.

Irgendwann kehrte die betroffene Souvenirverkäuferin den Touristen den Rücken, kehrte schimpfend zu ihrem Stand zurück und der „Pick-Up" mit den Besuchern fuhr weiter zur nächsten Attraktion. Während diese Konfliktsituation für die Touristen einmalig war und diese das Dorf und das Problem schnell vergessen können, sind die Hilltribes immer wieder mit solchen Konfliktsituationen, in denen sie der schwächere Akteur sind, konfrontiert. Der mögliche Weg zu den Behörden wird vermieden, da der Aufwand zu groß wäre und außerdem wohl zu befürchten ist, dass eher den Touristen als den Hilltribes geglaubt würde. Die dadurch produzierten Negativimages werden jedoch nicht generalisiert und auf andere Touristen übertragen.

„We don't blame these people. There are good and bad people all over the world." (I/12/J)

6.2.3 Wahrnehmung und Bewertung von „Tourist Guides"

Die „Tourist Guides" (zu einer detaillierten Unterscheidung von „Trekking Guides" und „Town Guides" siehe COHEN 2001b) nehmen als Vermittler zwischen Touristen und Hilltribes eine wichtige Rolle ein. Diese zentrale Stellung der Guides wurde in der Literatur über den Hilltribetourismus bereits vielfach behandelt (vgl. MEYER 1988; TOYOTA 1993; COHEN 2001b) und wird auch in meinen Ergebnissen bekräftigt. Dem Tourist Guide wird eine Machtrolle zugeschrieben, weil er es ist, der auch über das Handeln der Touristen entscheidet. Er legt fest, was besichtigt wird, und hat Einfluss darauf, wo und bei wem die Touristen Souvenirs oder Handarbeitsprodukte kaufen. Bei einem Besuch im Dorf nehmen die Guides oft mehrere Rollen wie jene des Übersetzers, des Kulturvermittlers, des Einkaufsberaters und des Wegweisers ein.

Die Touristen stehen nach Meinung der Akha und Karen, wie die dieser Studie zugrunde liegende Befragung ergab, unter der Verantwortung der Guides. Darum wird Fehlverhalten wie die Missachtung sozialer und kultureller Normen weniger auf die Touristen, sondern viel mehr auf die Guides abgewälzt. Dies ist auch der Grund dafür, warum die Rolle der Guides kritischer wahrgenommen wird als jene der Touristen.

„The guides tell the tourists the rules: about the toilets, walks through villages, about taking photos and so on. So tourists with guides should know what is good and what is not good. If there is a problem with tourists we blame the guide. Tourists are under his responsibility." (I/27/M)

Für die Touristen in Jorpakha und Muang Pham ist der Guide die erste Informationsstelle bezüglich der Akha und Karen, ihrer Lebensweise und Kultur. Jede ankommende Touristengruppe unternimmt einen Dorfrundgang, indem der Guide ein paar allgemeine Informationen zu den Dörfern und ihren Bewohnern gibt. Die „Jungle Guides" im Muang Pham haben in der Regel ein persönlicheres Verhältnis zu den Dorfbewohnern und verfügen über ein fundierteres Wissen über die Hilltribes als die „Town Guides" in Jorpakha.

„Our culture is complex and our ceremonies are not explained in a few sentences. The guides have a superficial knowledge about us. So they are producing many misunderstandings." (I/4/J)

Da die meisten Touristen weder Thai noch Akha beziehungsweise Karen sprechen, ist es eine der wichtigsten Aufgaben der Guides, die Kommunikation zwischen Hilltribes und Touristen zu führen und vor allem das Erzählte zu übersetzen. Manchmal stellen interessierte Touristen viele Fragen über die Kultur und Lebensweise der Akha und fragen nach Mythen und alten Geschichten.

„If I explain a ceremony in a few minutes and the guide is translating it in a few sentences I know without understanding his language that the translation is incomplete or wrong." (I/4/J)

Der Guide hat also nicht nur eine wichtige Funktion als Sprachrohr und Übersetzer, großes Gewicht kommt auch seinen Erklärungen und Interpretationen zu, die dann das Grundverständnis der Touristen sowie das Image über die Akha und Karen prägen. Auch TOYOTA (1993, S. 52) stellt in ihren Untersuchungen fest, dass es der Guide ist, „who directly constructs and exposes the image of the hill tribe people to the wider outside world. Thus it is essential to realize the importance of the role of the guides in order to demonstrate the mechanism of the image production system in the tourism setting".

7 Abschließende Bemerkungen

Das Ergebnis, dass das Phänomen Ethnotourismus in den Köpfen der Akha und Karen eine geringere Bedeutung spielt als vielleicht erwartet, ist zentral. Denn obwohl der Tourismus in beiden Dörfern eine nahezu alltägliche Erscheinung ist, werden andere Prozesse und Ereignisse, wie die Probleme mit der Landwirtschaft, der Staatsbürgerschaft, der Migration, der Missionierung usw., stärker wahrgenommen.

Für das Handeln im touristischen Kontext nützen die Akha und Karen ihr objektiviertes und inkorporiertes kulturelles Kapital, das sie in ökonomischen Gewinn transformieren können. Während der Tourismus im Akha-Dorf Jorpakha für ca. 100 Personen die einzige finanzielle Einnahmequelle darstellt, dient er im Karen-Dorf eher als zusätzliche finanzielle Ressource. Jorpakha ist aufgrund seiner schlechteren wirtschaftlichen Ausgangsposition, die vor allem auf die fehlenden Landrechte zurückzuführen ist, sehr stark von den Ausgaben der Touristen abhängig. Daher sind auch im Akha-Dorf stärkere Negativperzeptionen gegenüber Tourismus und Touristen festzustellen.

Touristen haben aber in beiden Dörfern, generell gesehen, ein sehr positives, wenn auch begrenztes Image. Der von den Touristen vorgeführte materielle Besitz wird wahrgenommen, wodurch den Reisenden die Verfügung über viel Geld zugeschrieben wird. Die Hauptintention für die Handlung im touristischen Kontext ist ganz klar eine ökonomische, wenn auch vor allem die junge Generation ein Interesse an der Akkumulation von kulturellem Kapital in Form von Sprachen zeigt. Die Wahrnehmungs- und Einstellungsschemata der bereisten Akha und Karen sind unterschiedlich, vor allem zwischen der älteren und der mehr und mehr von der „Mainstream"-Gesellschaft beeinflussten jungen Generation.

Während der interkulturellen Begegnung nimmt der „Tourist Guide" die mächtigste Rolle ein. Er ist für den Imageexport der Hilltribes hauptverantwortlich. Genauso wirken sich seine Tipps und Ratschläge auf das Verhalten der Touristen im Dorf (einschließlich des Kaufverhaltens) aus, wodurch er von den Hilltribes kritischer wahrgenommen und bewertet wird als die Touristen.

8 Literatur

ALTING VON GEUSAU, L. (1983): Dialects of Akhazang: The Interiorizations of a Perennial Minority Group. In: MCKINNON, J. und W. BHRUKASRI (Hrsg.): Highlanders of Thailand. Oxford – New York – Melbourne: Oxford University Press, S. 243–277.

BEZIC, D., KAOSA-ARD, M. und S. WHITE (2001): Domestic Tourism in Thailand: Supply and Demand. In: GHIMIRE, B. (Hrsg.): The Native Tourist. London: Earthscan, S. 109–141.

BOURDIEU, P. (1987): Sozialer Sinn. Kritik der theoretischen Vernunft. Frankfurt am Main: Suhrkamp.

BOURDIEU, P. (^{2}1997): Die verborgenen Mechanismen der Macht. Hamburg: VSA-Verlag (= Schriften zu Politik und Kultur, Bd. 1).

BUERGIN, R. (2000): „Hilltribes" und Wälder: Minderheitenpolitik und Ressourcenkonflikte in Thailand. Freiburg: Albert Ludwigs-Universität (= SEFUT Working Paper Nr. 7).

COHEN, E. (1983): The Dynamics of Commercialized Arts: The Meo and Yao of Northern Thailand. Jerusalem: The Hebrew University, Department of Sociology and Social Anthropology.

COHEN, E. (2001a): Ethnic Tourism in Southeast Asia. In: CHEE-BENG, T., CHEUNG, S. und Y. HUI (Hrsg.): Tourism, Anthropology and China. Bangkok: White Lotus, S. 27–52.

COHEN, E. (2001b): Thai Tourism. Hill Tribes, Islands and Open-ended Prostitution. Bangkok: White Lotus.

DEARDEN, Ph. (1997): Trekking in Northern Thailand: Impact Distribution and Evolution Over Time. In: PARNWALL, M. J. G. (Hrsg.): Uneven Development in Thailand. Avebury: Aldershot, S. 204–225

DEARDEN, Ph. und S. HARRON (1994): Alternative Tourism and Adaptive Change. In: Annals of Tourism Research, vol. 21, S. 81–102.

FLICK, U., KARDOFF, E. und I. STEINKE (^{3}2004): Was ist qualitative Forschung? Einleitung und Überblick. In: FLICK, U., KARDOFF, E. und I. STEINKE (Hrsg.): Qualitative Forschung. Ein Handbuch. Hamburg: Rowohlt, S. 13–29.

FRIEDL, H. (2001): Praktische Ethik für Reisen in aride Gebiete der Dritten Welt. Diplomarbeit am Institut für Philosophie, Universität Graz.

FUCHS-HEINRITZ, W. und A. KÖNIG (2005): Pierre Bourdieu. Eine Einführung.

GEDDES, W. R. (1967): The Tribal Research Centre, Thailand: An Account of Plans and Activities. In: KUNSTADTER, P. (Hrsg.): Southeast Asian Tribes, Minorities and Nations. Princeton: Princeton University Press, S. 553–581.

GIDDENS, A. (^{3}1997): Die Konstitution der Gesellschaft. Frankfurt am Main – New York: Campus-Verlag.

GRABURN, N. (1976): Ethnic and Tourist Arts. Cultural Expressions from the Fourth World. Berkeley – Los Angeles – London: University of California Press.

HUSA, K. und H. WOHLSCHLÄGL (1985): Thailands Bergstämme als nationales Entwicklungsproblem. Demographische und sozioökonomische Wandlungsprozesse am Beispiel der Hill Tribes in der Provinz Chiang Mai. In: Geographischer Jahresbericht aus Österreich, Bd. XLIV, Wien, S. 17–69.

KAMPE, K. (1997): Introduction. Indigenous Peoples of Southeast Asia. In: MCCASKILL, D. und K. KAMPE (Hrsg.): Development or Domestication? Indigenous Peoples of Southeast Asia. Chiang Mai: Silkworm Books, S. 1–25.

KIEVELITZ, U. (1989): Ethnotourismus: Ursachen, Formen und Wirkungen interkultureller Kurzkontakte. In: EULER, C. (Hrsg.): „Eingeborene" – ausgebucht. Ökologische Zerstörung durch den Tourismus. Gießen: Focus Verlag, S. 29–39 (= Ökozid, Bd. 5).

KORFF, R. (2003): Kulturen der Randbereiche. Moderne und Ethnizität im Bergland Südostasiens. In: FELDBAUER, P., HUSA, K. und R. KORFF (Hrsg.): Südostasien. Gesellschaften, Räume und Entwicklung im 20. Jahrhundert. Wien: Promedia Verlag, S. 114–132 (Edition Weltregionen).

KUNSTADTER, P. (1967): Thailand: Introduction. In: KUNSTADTER, P. (Hrsg.): Southeast Asian Tribes, Minorities and Nations. Princeton: Princeton University Press, S. 369–400.

KUNSTADTER, P. (1983): Highland Populations in Northern Thailand. In: MCKINNON, J. und W. BHRUKASRI (Hrsg.): Highlanders of Thailand. Oxford – New York – Melbourne: Oxford University Press, S. 15–45

LAMNEK, S. (^{4}2005): Qualitative Sozialforschung. Lehrbuch. Weinheim – Basel: Beltz Verlag.

LEWIS, P. und E. LEWIS (1984): Völker im goldenen Dreieck. Stuttgart – London: Edition Hansjörg Mayer.

LÜDERS, Ch. (^{3}2004): Beobachten im Feld und Ethnographie. In: FLICK, U., KARDOFF, E. und I. STEINKE (Hrsg.): Qualitative Forschung. Ein Handbuch. Hamburg: Rowohlt, S. 384–401.

LÜEM, Th. (1985): Sozio-kulturelle Auswirkungen des Tourismus in Entwicklungsländern. Ein Beitrag zur Problematik des Vergleiches von touristischen Implikationen auf verschiedenartige Kulturräume der Dritten Welt. Diss. phil., Universität Zürich.

MAYRHOFER, M. (2004): UrlauberInnen in einem Land der sogenannten Dritten Welt: Verhalten und Handeln, Wahrnehmungs- und Deutungsmuster, subjektives Urlaubserleben. Eine empirische Studie in Goa, Indien. Diss. phil., Universität Wien (publiziert 2007 als Bd. 11 der Reihe „Abhandlungen zur Geographie und Regionalforschung", Wien).

MCKINNON, J. (1997): The Forests of Thailand: Strike Up the Ban? In: MCCASKILL, D. und K. KAMPE (Hrsg.): Development or Domestication? Indigenous Peoples of Southeast Asia. Chiang Mai: Silkworm Books, S. 117–131.

MEYER, W. (1988): Beyond the Mask. Saarbrücken: Verlag Breitenbach.

MICHAUD, J. (1997): A Portrait of Cultural Resistance: The Confinement of Tourism in a Hmong Village in Thailand. In: PICARD, M. und R. E. WOOD (Hrsg.): Tourism, Ethnicity and the State in Asian and Pacific Societies. Honolulu: University of Hawaii Press, S. 128–154.

PLATZ, R. (1995): Tourismus als Faktor des Kulturwandels bei den Lisu in Nordthailand. Bonn: Holos Verlag (= Mundus Reihe Ethnologie, Bd. 85).

REUBER, P. (2001): Möglichkeiten und Grenzen einer handlungsorientierten politischen Geographie. In: REUBER, P. und G. WOLKERSDORFER (Hrsg): Politische Geographie – Handlungsorientierte Ansätze und Critical Politics. Heidelberg, S. 77–93.

ROTHFUSS, E. (2004): Ethnotourismus – Wahrnehmungen und Handlungsstrategien der pastoralnomadischen Himba (Namibia). Passau: Selbstverlag Fach Geographie der Universität Passau.

STRAUSS, A. und J. CORBIN (1996): Grounded Theory: Grundlagen Qualitativer Sozialforschung. Weinheim: Beltz Verlag (Beltz Psychologie).

Tribal Museum Chiang Mai, Technical Service Club (^{5}2004): The Hill Tribes of Thailand. Chiang Mai.

TOYOTA, M. (1993): Tourism, Continuity and Change within an Akha Community: Image and Reality. Thesis, University of Hull.

TZSCHASCHEL, S. (1986): Geographische Forschung auf der Individualebene. Kallmünz – Regensburg (= Münchner Geographische Hefte Nr. 53).

WEBER, M. (^{6}1984): Soziologische Grundbegriffe. Tübingen: Uni-Taschenbücher (UTB).

WEICHHART, P. (2004): Action Setting – ein „unmögliches" Forschungsprojekt. In: Raum, Zeitschrift des Österreichischen Instituts für Raumplanung, Nr. 54, S 44–49.

WERLEN, B. (1997): Sozialgeographie alltäglicher Regionalisierungen. Band 2: Globalisierung, Region und Regionalisierung. Stuttgart: Steiner Verlag.

WERLEN, B. (1998): Sozialgeographie. Bern – Stuttgart – Wien: Verlag Paul Haupt (Uni-Taschenbücher, UTB).

Proaktives Katastrophenmanagement und die Rolle der NGOs – am Beispiel von Überschwemmungen im ländlichen Bangladesch

Erste Ergebnisse eines Forschungsaufenthalts im Sommer 2006 in Bangladesch

Tibor Assheuer, Wien*)

Mit 3 Tab. im Text

Inhalt   Seite

1   Einleitung 215
    1.1   Armut in Bangladesch: eine Kurzcharakteristik der sozioökonomischen Situation 216
    1.2   Aktuelle Anforderungen an ein modernes Katastrophenmanagement 218
    1.3   Arbeitsmethodik 218
2   Die Rolle der NGOs in Bangladesch 219
    2.1   Arbeitsweisen und Einsatzgebiete der NGOs 219
    2.2   NGOs und Katastrophenmanagement 220
3   Überschwemmungen in Bangladesch 221
    3.1   Auswirkungen von Überschwemmungen 221
    3.2   Typen von Überschwemmungen in Bangladesch und charakteristische Merkmale 224
4   Ursachen für die besondere Anfälligkeit von Bangladesch für Überschwemmungskatastrophen 225
    4.1   Physiogeographische Grundlagen 225
    4.2   Sozioökonomische Probleme 227
5   Der Umgang mit Überschwemmungen – die Akteure 228
    5.1   Staat und Bevölkerung als Akteure im Katastrophenfall 228
    5.2   Die Rolle der NGOs bei der Bewältigung von Katastrophen 229
6   Literatur 232

1 Einleitung

In den meisten Gebieten Bangladeschs – ob in der Stadt oder auf dem Land – begegnen Besucher aus Europa oft wochenlang keinen anderen Ausländern. Bangladesch ist kein Reiseziel im internationalen Tourismus, eher besitzt der Staat ein negatives Image bezüglich Armut, Überschwemmungen und enormem Bevölkerungsdruck. Tatsächlich bedeutet die außerordentlich hohe Bevölkerungsdichte von durchschnittlich über 1000 Einwohnern pro Quadratkilometer eine kaum zu meisternde Herausforderung auf allen Ebenen der Landesentwick-

---

*) Mag. Tibor Assheuer, c/o Institut für Geographie und Regionalforschung der Universität Wien, Universitätsstraße 7, A-1010 Wien. E-Mail: tibor.assheuer@gmx.at

lung. Armut und Überschwemmungen sind deshalb zentrale Themen in der Politik und den Medien wie auch in der breiten Öffentlichkeit und stellen große Herausforderungen an das Katastrophenmanagement dar. Wie aber kann in solch einem Land Katastrophenmanagement erfolgreich betrieben werden?

Sehr schnell drängt sich der Schluss auf, dass ein rein *reaktives* Handeln die Anzahl der regelmäßig in den europäischen Ländern stattfindenden Spendenaufrufe keineswegs verringern dürfte, sondern dass man dringend beginnen muss, für die Bewältigung von Überschwemmungskatastrophen gewappnet zu sein, also zu *agieren*, wie auch eine der Hauptforderungen des aktuellen Katastrophenmanagements lautet. Wie aber könnte solch ein Strategiewechsel konkret aussehen? Wie kann ein *proaktives* Katastrophenmanagement erfolgen? Dieser Frage soll zunächst im Rahmen einer Diplomarbeit und daran anschließend einer Dissertation am Institut für Geographie und Regionalforschung am Beispiel der Entwicklungsarbeit von Nicht-Regierungsorganisationen, sog. NGOs, im ländlichen Bangladesch nachgegangen werden. Der vorliegende Beitrag versteht sich als Kurzbericht, in dem erste Ergebnisse eines dreimonatigen Forschungsaufenthalts im Sommer und Frühherbst 2006 präsentiert werden sollen.

1.1 Armut in Bangladesch: eine Kurzcharakteristik der sozioökonomischen Situation

Während Bengalen noch um die Mitte des 19. Jahrhunderts als einer der reichsten Landesteile Indiens galt, ist Bangladesch heute ein sehr armes und vom Gesichtspunkt des sozioökonomischen Entwicklungsstandes her gesehen problematisches Land. Nach Angaben der Vereinten Nationen und den „Population Reference Bureau" betrug die Bevölkerungszahl um die Jahresmitte 2006 rund 147 Millionen Menschen. Bei einer Fläche des Staatsgebietes von 144.000 km^2, wovon aber 10.000 km^2 Wasserfläche sind, ergibt sich eine durchschnittliche Bevölkerungsdichte – für das *gesamte* Land – von über 1.000 Einwohnern pro km^2. Sieht man einmal von einzelnen Stadtstaaten ab, so ist dies weltweit die höchste Bevölkerungsdichte eines Flächenstaats überhaupt. Trotz der hohen Fruchtbarkeit der Böden und des für die Landwirtschaft sehr vorteilhaften Klimas gelingt es Bangladesch nicht, alle Bewohner ausreichend zu ernähren, wie folgende Armutsindikatoren andeuten: Zieht man den „Human-Development Index" (HDI) heran, so belegt Bangladesch von 177 Ländern Platz 139, befindet sich also deutlich im letzten Viertel weltweit. Im Vergleich mit den restlichen südasiatischen Ländern erweist sich der HDI-Wert von Bangladesch als der niedrigste (UNDP 2005).

Auch bei der Betrachtung anderer statistischer Indikatoren zeigt sich die schwache Position des Landes. Das Bruttoinlandprodukt pro Kopf (nach Kaufkraftparitäten) betrug 2005 – nach Angaben der Weltbank – 2.090 US-Dollar, wodurch Bangladesch ebenfalls weltweit in das letzte Viertel (Platz 138 von 177) gereiht wird. Die mittlere Lebenserwartung ist für Frauen und Männer etwa gleich niedrig und beträgt 62 bzw. 61 Jahre (2006) (zum Vergleich Österreich: Frauen: 82 Jahre, Männer: 76 Jahre). Die Alphabetisierungsquote[1]) liegt bei den Männern bei 54 Prozent und bei den Frauen bei 32 Prozent, wobei die geschlechtsspezifische Differenz auf die untergeordnete Stellung der Frauen in dem stark muslimisch geprägten Land zurückzuführen ist.

---

[1]) In Bangladesch ist dies der Anteil der über 15-jährigen, die lesen und schreiben können.

Das Bevölkerungswachstum konnte durch staatliche Familienplanungsprogramme und entsprechende Projekte der NGOs zwar deutlich verringert werden, ist mit einer durchschnittlichen jährlichen natürlichen Zuwachsrate von 1,9 Prozent (nach PRB 2006) aber noch immer auf relativ hohem Niveau. Die Gesamtfertilitätsrate (TFR) beträgt rund drei Kinder pro Frau (liegt also – bei sinkender Tendenz – noch immer um rund 50 Prozent über dem Bestandserhaltungsniveau („replacement level") – und Prognosen sagen für das Jahr 2025 eine Bevölkerungszahl von rund 190 Millionen Menschen voraus (PRB 2006).

Bangladesch ist nach wie vor stark agrarisch geprägt, wie folgende Daten zeigen: 63 Prozent der Beschäftigten arbeiten in der Landwirtschaft, dieser Sektor trägt aber nur 20 Prozent zum Bruttoinlandsprodukt bei und ist damit ebenso hoch wie der Anteil des industriellen Sektors. Alle diese Zahlen deuten auf eine sehr schwache wirtschaftliche und soziale Situation des Landes hin und eine ausgeprägte Armut ist die logische Konsequenz: 48 Prozent der Kinder unter fünf Jahren sind unterernährt, 36 Prozent der Bevölkerung haben weniger als einen US-Dollar und 82 Prozent weniger als zwei US-Dollar pro Tag zur Verfügung (2006), und rund die Hälfte der Bevölkerung lebt unter der nationalen Armutsgrenze („Poverty Line").

Die Wohnungssituation ist ein weiterer Indikator für die Dominanz ärmlicher Verhältnisse. Die Volkszählung 2001 ergab, dass rund neun Prozent der Hütten[2] in ländlichen Regionen nur aus losen Materialien wie Plastik, Jutebündeln oder Blättern von Bäumen errichtet waren. Der größte Teil der Hütten (83 Prozent) besteht aus halb-dauerhaften Materialien wie Lehm, Bambus und Stroh (Bangladesh Bureau of Statistics 2003). Es ist zu beachten, dass Lehm durch seine wasserabweisende Eigenschaft zwar kurzfristig recht gut vor Überschwemmungen schützt, dabei aber feucht wird und dann beginnt, sich von innen her aufzulösen. Wie eine Dorfstudie von Studierenden der Kunstuniversität Linz (HAGLEITNER 2003) zeigte, stehen Lehmbauten im Allgemeinen 12 bis 15 Jahre lang, bei guter Pflege und Schutz vor Hochwasser sogar 25 bis 30 Jahre. Nur 8,6 Prozent der Gebäude im ländlichen Raum Bangladeschs sind ganz oder teilweise aus Ziegelsteinen und Zement gebaut.

Auch die politische Situation ist prekär, obwohl das Land grundsätzlich als parlamentarische Demokratie regiert wird. Durch Verbote von Demonstrationen, vielfältigen Druck[3] auf die Opposition und den häufigen Einsatz des sog. „Rapid Action Battalion" (RAB) seit 2002 als Antwort auf den internationalen Terrorismus erscheint es wohl gerechtfertigt, die Demokratie im Land in Gefahr zu sehen.[4] Korruption ist ein sehr großes Problem und immer wieder erreicht Bangladesch im internationalen Ranking das zweifelhafte Prädikat des korruptesten Land weltweit (Innovationsreport 2004 der Universität Passau).

Vor dem Hintergrund der hier nur knapp skizzierten generell schwierigen sozioökonomischen Situation des Landes ist es umso wichtiger, die mehr oder weniger regelmäßig auftretenden großen Überschwemmungskatastrophen durch ein möglichst effektives Katastrophenmanagement besser in den Griff zu bekom-

---

[2] Im ländlichen Bangladesch gibt es nur sehr wenige Gebäude, die in der westlichen Welt als Häuser bezeichnet würden. Mehrstöckige Gebäude sind selten und gehören, wenn vorhanden, der Regierung, NGOs oder sind Bürogebäude. Der Begriff Hütte darf hier also nicht abwertend verstanden werden.

[3] Anschläge auf die Opposition werden zwar angeblich von terroristischen Organisationen verübt, aber es ist nicht auszuschließen, dass die Regierungsparteien dahinter stehen.

[4] Aus westlicher Sicht ist auch die Existenz von islamistischen Parteien in der Regierungskoalition kritikwürdig.

men, als dies bislang der Fall war. Gelingt dies nicht, werden alle Anstrengungen zur Verbesserung der Lebenssituation vor allem der ärmeren Bevölkerung durch große Überschwemmungen und Sturmfluten immer wieder zunichte gemacht.

1.2 Aktuelle Anforderungen an ein modernes Katastrophenmanagement

Wie Saedur RAHMAN richtig folgert, sollte ein modernes „Disaster Management" die Initiative ergreifen, anstatt bloß überrascht auf ein Ereignis zu reagieren: *„An effective flood disaster management package primarily requires a ranking of water resources development programmes, with a shift from posterity to priority."*[5]) (RAHMAN 2006a). Grundlage dafür ist eine Herangehensweise, die WISNER et al. (2004, S. 10) folgendermaßen beschreiben: „Eine Katastrophe darf nicht nur auf die natürlichen Elemente des Naturereignisses hin untersucht werden, sondern es muss der soziale Rahmen und die sog. *Vulnerabilität* der entsprechenden Gesellschaft mitbeinbezogen werden." Vor diesem Hintergrund sollten dann vorausblickende, vorbeugende Maßnahmen ergriffen werden, die es ermöglichen, mit einem Naturereignis so umzugehen, dass der Mensch und sein Besitz keinen (oder nur einen möglichst geringen) Schaden nehmen. In diesem Sinne findet die Bezeichnung *proaktiv*[6]) auch in diesem Bericht Verwendung.

1.3 Arbeitsmethodik

Die Literatur über „Disaster Management" im Allgemeinen und über den Umgang mit Überschwemmungen im Besonderen in Bangladesch ist bereits relativ umfangreich. Vor allem im Rahmen des „Flood Action Plan" wurden zahlreiche Publikationen zu diesem Thema veröffentlicht. Allerdings ist dem Verfasser dieser Zeilen keine Arbeit bekannt, die sich explizit mit der Verknüpfung der Entwicklungsarbeit der NGOs und der Bewältigung von Überschwemmungskatastrophen beschäftigt. Manche Autoren greifen dieses Thema zwar auf (z.B. SHOEB 2002), beschreiben aber dann nur kurz das „Flood-Management" der NGOs. Was können bzw. sollen NGOs in solchen Fällen überhaupt tun?

Um diese Frage zu beantworten, erfolgte zum einen ein Rückgriff auf die verfügbare Literatur und zum anderen wurden Experteninterviews vor Ort durchgeführt. In den NGOs wurden sowohl die zuständigen Programmleiter auf Management-Ebene als auch Experten aus einigen „Branch-Offices" kontaktiert. Die Interviews in verschiedenen ländlichen Gebieten wurden mit Hilfe eines Übersetzers durchgeführt und erstreckten sich über insgesamt zehn Tage.

Interviewt wurden nicht nur Mitarbeiterinnen und Mitarbeiter von NGOs, sondern auch zuständige Beamte der staatlichen Stellen und Wissenschaftler, die sich mit dem Themenbereich Überschwemmungen und Katastrophenmanagement beschäftigen. Insgesamt wurden 20 verschiedene (internationale, nationale und lokale) NGOs kontaktiert und Expertengespräche mit Vertretern dreier staatlicher Ämter und sechs wissenschaftlicher Institute geführt. Während des Aufenthalts in den drei Untersuchungsgebieten wurden auch Bewohner zu ihren Problemen mit Überschwemmungen und zu ihren Erfahrungen mit der Hilfe der NGOs befragt.

---

[5]) „Priority" hier verstanden im Sinne von vorbeugend.

[6]) In einem ähnlichen Sinn wurde der Begriff auch bereits im Jahresbericht 2004/05 der Caritas, Bangladesch, verwendet.

2 Die Rolle der NGOs in Bangladesch

Die genaue Anzahl von „*Non Governmental Organisations*" (NGOs)[7] in Bangladesch ist nicht bekannt. RITZ (in WEISS 2002, S. 60) gibt an, dass 1999 21.419 NGOs beim „*Directorate of Social Welfare*" und 1.370 größere NGOs beim „*NGO Affairs Bureau*" registriert waren.[8] Fünf davon sind sogenannte „BINGOs" („big NGOs"): *BRAC, Proshikha, ASA, Caritas* und *RDRS*. Die Vereinigung der Entwicklungsorganisationen in Bangladesch (ADAB) listet ca. 800 NGOs auf (ADAB 2004). Wie RITZ ausführt, gibt es manche Bereiche, die praktisch komplett von NGOs übernommen und betreut werden. So ist beispielsweise eine staatliche Hilfe für pränatale und postnatale Betreuung von Frauen kaum existent und wird vor allem von NGOs durchgeführt. Ebenso wird das gesamte Mikrokreditwesen von NGOs geleitet. Durch Mohammad YUNUS – den Begründer der „Grameen Bank" – berühmt geworden, aber durchaus auch schon vor YUNUS von anderen NGOs implementiert, ist das Mikrokreditwesen sicherlich ein wichtiges Instrument für die Entwicklungsarbeit.

Die Anzahl der Mitglieder („Beneficiaries") der NGOs ist ebenso schwer abzuschätzen wie deren Anzahl selbst. Außerdem muss ja auch berücksichtigt werden, dass nicht nur die Mitglieder von der Arbeit der NGOs „profitieren", sondern teilweise auch deren Familienangehörige. Auf den Homepages der NGOs findet man folgende Angaben über die Anzahl ihrer Mitglieder: *ASA*: sechs Millionen, *BRAC*: 100 Millionen,[9] *CARE Bangladesh*: acht Millionen, *Proshikha*: 2,7 Millionen.

Wenngleich diese Angaben nur mit Vorsicht zu genießen sind, so lässt sich doch deutlich erkennen, dass viele Bevölkerungsgruppen – vor allem die ärmere Bevölkerung – auf eine Kooperation mit NGOs angewiesen sind und eine Vielzahl an NGOs im Land arbeitet. Es kann somit durchaus behauptet werden, dass diese Organisationen eine bedeutende Kraft in der Landesentwicklung von Bangladesch darstellen.

2.1 Arbeitsweisen und Einsatzgebiete der NGOs

Grundsätzlich existieren zwei verschiedene Arbeitsweisen von NGOs. Manche beschäftigen sich mit nur einem Programm – so konzentriert zum Beispiel die „Association for Social Advancement" (ASA) ihre Aktivitäten gänzlich auf das Kreditwesen. Andere (die meisten) setzen mehrere Programme ein. Sie sehen die problematischen Lebensbedingungen in den Dörfern als ein komplexes Konstrukt aus mehreren Faktoren, wie mangelhafte Infrastruktur, unzureichende Bildung, schlechte hygienische Voraussetzungen und mangelnde Arbeitsmöglichkeiten, weshalb ihre Entwicklungsarbeit Projekte umfasst, die auf mehreren der genannten Ebenen ansetzen. Welche Projekte dann schwerpunktmäßig zur Anwendung kommen, hängt von der jeweiligen Region und der dort existierenden spezi-

---

[7] Unter NGOs werden in diesem Bericht Organisationen verstanden, die nicht vom Staat gelenkt werden, nicht profitorientiert sind und sich durch Entwicklungsarbeit für eine Verbesserung der Lebenssituation der armen Bevölkerung einsetzen.

[8] Hierbei sind aber auch NGOs angesprochen, die nicht in der Entwicklungsarbeit tätig sind. Das „NGO Affairs Bureau" ist die staatliche Stelle, die für die NGOs zuständig ist, wenn die Hilfsgelder aus dem Ausland kommen.

[9] Diese Zahl erscheint zu hoch. Als ich Nasima AKTER, wissenschaftliche Mitarbeiterin bei BRAC, dazu befragte, antwortete sie mir: „10 Millionen, 100 Millionen – ich weiß es nicht."

fischen Problemlage ab. Das Verteilen von Mikrokrediten zählt zum fixen Bestandteil nahezu jeder NGO, denn nur auf diese Weise bietet sich die Möglichkeit, dass die Bevölkerung in einem Projektgebiet nach einigen Jahren finanziell selbstständig arbeiten kann.

Allgemein wird die Arbeit mit Gruppen bevorzugt. Ein Mitarbeiter der NGO fährt einmal pro Woche zu den Gruppen in seinem Betreuungsbereich, die im Regelfall aus 15 bis 40 Mitgliedern bestehen. Während früher die Arbeit mit Frauen überwog, werden nun auch immer mehr Männergruppen gegründet. Ein Mitarbeiter kann im Regelfall ca. 20 Gruppen betreuen.

Die Projekte der NGOs decken im Allgemeinen folgendes Spektrum ab:

Mikrokreditwesen:

Anlegen von Ersparnissen (ca. fünf Taka[10]) pro Woche), Verteilen der Kredite (zu einer Bearbeitungsgebühr von 10 bis 20 Prozent), Ausbildung zur Schaffung von einkommensgenerierenden Maßnahmen („Income Generating Activities" = IGAs), Bereitstellung wesentlicher Grundlagen für solche Aktivitäten, wöchentliches Einsammeln der Rückzahlungen bei gleichzeitiger Erfolgskontrolle der IGAs. Typische einkommensgenerierende Maßnahmen sind zum Beispiel: Viehhaltung (Hühner, Kühe, Enten, Ziegen), Kauf eines Lastfahrrads (bzw. eines Minivan) oder einer Nähmaschine.

Bildung:

Bau und Betrieb von Grundschulen, Diskussionen mit den Eltern über die Bedeutung der Ausbildung ihrer Kinder, Erwachsenenbildung sowie Umschulungen für neue Berufe.

Gesundheit:

Bau von Latrinen, Brunnen, Informationen über hygienische Grundlagen, prä- und postnatale Betreuung, Familienplanung.

Landwirtschaftliche Beratung:

Hilfestellung zur Maximierung der Erträge, Bereitstellen von Samen

Erhöhung des Humankapitals:

Gründung von Gruppen, Diskussionen über kritische Themen.

Rechtlicher Beistand:

Hilfestellungen bei Problemen mit Gesetzen, meist im Zusammenhang mit Ausbeutung.

Hilfe bei Katastrophenereignissen:

Verteilung von Hilfsgütern, Wiederaufbaumaßnahmen.

2.2 NGOs und Katastrophenmanagement

Aus einer Auflistung der Projektbereiche (ADAB 2004), in denen die in Bangladesch ansässigen NGOs arbeiten, lässt sich erkennen, dass von ca. 800 NGOs 381 NGOs Projekte im Bereich *„Disaster Preparedness and Management"* betreiben. 162 NGOs arbeiten dabei in ländlichen Gebieten, sieben in städtischen

---

[10]) Fünf Taka entsprachen zum Zeitpunkt der Abfassung des Beitrags zwar nur sechs Eurocent, allerdings auch 400 Gramm Reis.

und 212 sowohl im ländlichen als auch im städtischen Raum. Auch im Zuge der Interviews mit Vertretern verschiedener NGOs, die sich bei diesem Forschungsaufenthalt ergaben, wurde die Bedeutung eines soliden Katastrophenmanagements betont. Aufgrund eigener Erfahrungen mit der Katastrophenhilfe von *Dipshikha* – einer NGO, bei der der Autor dieses Beitrages 1998 bis 1999 einen einjährigen Zivildiensteinsatz absolvierte –, sowie aus Zeitungsberichten und durch persönliche Gespräche mit Mitarbeitern in Branch-Offices verschiedener NGOs entstand der Eindruck, dass in den Bereichen Soforthilfe und Wiederaufbau zwar einiges getan wird, dass aber aufgrund der nach wie vor auftretenden enormen Schadenshöhen (vgl. Tabelle 1) vor allem präventive Maßnahmen verstärkt werden sollten, was auch in zahlreichen Gesprächen mit der betroffenen Bevölkerung deutlich zum Ausdruck kam.

An dieser Stelle soll aber noch auf die besondere Rolle der NGOs im Katastrophenmanagement hingewiesen werden: Da die NGOs direkt vor Ort mit den Menschen arbeiten, die Mitarbeiter die Situation deshalb genau kennen und auch die Kapazitäten der Bevölkerung zur Selbsthilfe abschätzen können, verfügen sie über die besten Voraussetzungen, um schnell und effektiv zu helfen (SHOEB 2002). Aufgrund der Tatsache, dass Armut und Überschwemmungen einander wechselseitig verstärken, sollten sich NGOs ohnehin sowohl mit Entwicklungsarbeit als auch Katastrophenmanagement auseinandersetzen.

3 Überschwemmungen in Bangladesch

3.1 Auswirkungen von Überschwemmungen

Es steht außer Frage, dass Überschwemmungen eine enorme Belastung für die Menschen darstellen und erhebliche Verwüstungen anrichten, wie die in Tabelle 1 angeführten Schäden in Bangladesch während der Überschwemmungen 1998 und 2004 eindrucksvoll aufzeigen (BRAUN und SHOEB 2006). Unter Überschwemmung wird generell die Flutung von mehr als 20 Prozent der Staatsfläche

Tabelle 1: Schäden durch Überschwemmungskatastrophen in Bangladesch 1998 und 2004

Art der Schäden	Überschwemmung 2004	Überschwemmung 1998
Überflutete Fläche (km^2)	55.000	102.250
Anteil der überfluteten Fläche an der Landesfläche (in %)	38	68
Dauer der Überschwemmung (in Tagen)	21	72
Direkt betroffene Personen (Millionen)	30,3	31,9
Todesfälle	750	900–1600
Zerstörte Gebäude	894.956	980.571
Zerstörte Straßen (km)	14.271	15.927
Zerstörte landwirtschaftliche Flächen (km^2)	6.500	5.760
Finanzielle Schäden (in Milliarden US-$)	2,2 bis 3,0	2,8 bis 4,3
Finanzielle Schäden (in % des BIP)	4 bis 6	6 bis 10

Quelle: BRAUN und SHOEB 2006.

von Bangladesch verstanden. Solche „großen" Überschwemmungen werden „Bonna" genannt. Mit „Barsha" bezeichnet man die kleineren Überschwemmungen, die fast jedes Jahr auftreten. Bleiben diese aus, haben weite Landesteile unter Dürreerscheinungen zu leiden (vgl. auch Kapitel 3.2.2).

In Tabelle 1 sind allerdings nur jene Schäden angeführt, die die Bevölkerung und ihren Lebensraum unmittelbar betreffen, und positive Auswirkungen der Überflutungen werden nicht berücksichtigt. Nach BRAMMER (2004) und SHOEB (2002) lassen sich folgende negative und positive Auswirkungen von Überschwemmungen erkennen:

3.1.1 Negative Auswirkungen

Folgen für die Bevölkerung:

Nahrung:

Die schlimmsten Auswirkungen, da direkt und sofort spürbar, haben Überschwemmungen auf die Nahrungsgrundlage der Menschen. Sauberes Trinkwasser steht meist sofort nach Auftreten der Flut nicht mehr zur Verfügung und muss von weit entfernten Stellen geholt werden. Das Einkommen der Tagelöhner wird knapp, da sie auf den überschwemmten Feldern nicht arbeiten können und auch Transportgeschäfte aller Art wegfallen, weil die Wege nicht mehr passierbar sind. Während einer Überschwemmung gibt es oft noch genügend Nahrungsmittel zu kaufen, aber die Dorfbevölkerung hat im Allgemeinen keine Einkünfte mehr, um die Waren auch erwerben zu können. Das Saatgut wird ebenfalls zerstört, was die auf eine Überschwemmung folgende Ernte stark reduziert. Nach einer Überschwemmung kann es dann also tatsächlich zu einem Mangel an Nahrungsmitteln kommen, wobei häufig durch die Überflutung der Teiche die Fische weggespült und auch die eigenen Lebensmittelvorräte beschädigt werden.

Gesundheit:

Die meisten Todesfälle, die während Überschwemmungen auftreten, sind auf Krankheiten (z.B. Durchfall) zurückzuführen; Ertrinken und Schlangenbisse stellen ebenfalls eine große Gefahr dar. Die mangelhaften hygienischen Bedingungen während eines Hochwassers lassen Seuchen wie Cholera ausbrechen. Frauen sind besonders benachteiligt, da sie einerseits für die Ernährung der Familie zuständig sind und aufgrund der Bangladeschi-Kultur selbst nicht die notwendige Körperpflege auf dem engen noch zur Verfügung stehenden Raum durchführen können, was sie umso anfälliger für Erkrankungen macht (AKTER 2004; BRAMMER 2004).

Infrastruktur:

Das Ausmaß der Beschädigung der Infrastruktur durch die Wassermassen lässt sich aus den Angaben in Tabelle 1 gut nachvollziehen. Straßen, Brücken, Häuser, aber auch Schulen und Industrie werden in großem Maße beschädigt.

Folgen für die Arbeit der NGOs:

Für die NGOs haben Überschwemmungen schon alleine dadurch indirekte Auswirkungen, dass ihre Mitglieder persönlich betroffen sind. Aber auch die Projekte selbst werden häufig direkt in Mitleidenschaft gezogen und langjährige Aufbauarbeiten zerstört.

Organisationsprobleme:

Während einer Überschwemmung ist es nicht möglich, mit der alltäglichen Arbeit fortzufahren und auch die Büroräume und andere Einrichtungen von NGOs sind unter Umständen überschwemmt.

Projekte:

Die Übersicht über die einzelnen Projektbereiche von NGOs (vgl. Kapitel 2.2) zeigt deutlich auf, in welcher Weise die Projekte durch Hochwasser beeinträchtig werden können. Einkommensschaffende Maßnahmen (IGAs) zum Beispiel können vom Hochwasser betroffen sein, indem zum Beispiel Kleinvieh wegen Überflutung der Ställe freigelassen werden muss, wodurch allfällige Kredite kaum mehr zurückgezahlt werden können. Schulprojekte müssen unterbrochen und Schulgebäude eventuell wieder in Stand gesetzt werden. Auch landwirtschaftliche Test- und Samengut-Felder können betroffen sein, um nur einige Auswirkungen zu nennen. Bemerkenswert ist auch, dass manche Teile der armen Bevölkerung erst durch die Arbeit der NGOs überhaupt so weit gekommen sind, dass sie etwas zu verlieren haben.[11]

3.1.2 Positive Auswirkungen

Überschwemmungen haben allerdings nicht nur negative, sondern durchaus auch positive Auswirkungen.

Zusatzeinkommen:

Überflutungen bewirken oft auch eine großflächige räumliche Verteilung des Fischbestandes, die dann entscheidend zur Ernährung der Bevölkerung beiträgt. Auch auf Bootsverleihe und Fährdienste wirken sich Hochwasserereignisse positiv aus und die nicht-betroffenen Regionen profitieren von einer höheren Nachfrage nach Lebensmitteln.

Es ist auch kritisch anzumerken, dass Katastrophenereignisse oft auch medial ausgenützt werden, um zusätzliche Spendengelder aus wohlhabenden Ländern zu lukrieren. Sie sind weiters oft der Startschuss für die Gründung einer Reihe neuer NGOs (Gespräch mit Korshed ALAM), und immer wieder wird das allgemeine Chaos von Offiziellen dazu genützt, sich persönlich zu bereichern. Auch den im Katastrophengebiet tätigen NGOs wird durch solche Ereignisse verstärkt Beachtung geschenkt und es ist anzunehmen, dass dadurch auch ihre Einkünfte aus Spendengeldern steigen.

Vorteile für die Landwirtschaft:

Jener positive Aspekt, der meist als erster genannt wird, ist, dass das Land durch Überschwemmungen fruchtbar wird. Wie BRAMMER (2004) aber aufzeigt, ist gerade dies nicht notwendigerweise der Fall.[12] Auffällig ist allerdings dennoch, dass Ernten nach Überschwemmungen meist sog. „bumper harvests" sind, da durch das Hochwasser die Wasserspeicher des bebauten Landes gefüllt werden.

---

[11] Es ist ja zu berücksichtigen, dass die Betroffenheit durch Überschwemmungen zwar mit der Armut zunimmt, aber nur bis zu einem gewissen Grad. Die ganz Armen (von manchen „hard core poor" genannt) besitzen so wenig, dass sie dies während einer Überschwemmung leicht transportieren können und auf diese Weise kaum etwas verlieren

[12] Nur in unmittelbarer Nähe zum Fluss, in der „active flood plain", wird das Gebiet von Flusswasser überschwemmt. Der größte Teil wird von Regenwasser und steigendem Grundwasserspiegel geflutet, also von wenig sedimenthaltigem Wasser.

3.2 Typen von Überschwemmungen in Bangladesch und charakteristische Merkmale

3.2.1 Typen von Überschwemmungen

Überschwemmungen treten in Bangladesch in der Tat fast jedes Jahr auf. Selbst im ersten Halbjahr 2006 (Stand Ende August), in dem bisher durchschnittlich 25 Prozent weniger Niederschlag fiel als normal (The Daily Star, 26.08.2006), gab es im Juli Überschwemmungen (*„Flashfloods"*) in Sylhet (The Daily Star, 2.07.2006) und im August bei Chittagong. Entscheidend für die Auswirkungen sind vor allem deren Dauer und flächenmäßige Ausdehnung, der Zeitpunkt des Einsetzens der Überschwemmung und die relative Höhe des Wasserpegels. Von diesen Faktoren hängt auch die Art der Überschwemmung ab. In Bangladesch treten fünf verschiedene Typen auf: Schichtfluten („Flashfloods"), Flussüberschwemmungen, Regen-Überschwemmungen, Sturmfluten und menschlich verursachte Überschwemmungen (BRAMMER 2004).

3.2.2 Häufigkeiten der Überschwemmungen

Das Besondere an Bangladesch ist, dass eine Überflutung von bis zu 20 Prozent der Staatsfläche (also bis zu einer Fläche von ca. 28.000 km^2) als „normal" angesehen wird. Eine solche beeinflusst auch kaum das Leben der Bevölkerung und ereignet sich durchschnittlich alle zwei Jahre. Tabelle 2 zeigt die Häufigkeit der Überschwemmungen nach der Größe der überschwemmten Flächen (RAHMAN 2006b). Demnach war das Hochwasser von 1998 ein 100-jähriges und das von 2004 ein 10-jähriges Hochwasser.

Tabelle 2: Periodizität der Überschwemmungen nach dem Anteil der überschwemmten Landesfläche

Wiederkehr-Intervall (Jahre)	2	5	10	20	50	100	500	Durchschnitt: 22 %
Überschwemmte Fläche (in %)	20	30	37	43	52	60	70	

Quelle: RAHMAN 2006b.

Von 1950 bis 2000 gab es laut BRAMMER (2004) 16 größere Überschwemmungen. „Größere Überschwemmung" wird hier so verstanden, dass das Leben zahlreicher Menschen erheblich beeinträchtigt wird. Rein statistisch ereignet sich dies durchschnittlich alle drei Jahre. Eine Erhöhung der Frequenz in jüngster Zeit ist zwar nicht auszuschließen,[13] aber auch nicht nachweisbar. Prognosen der künftigen Niederschlagsentwicklung über dem Staatsgebiet lassen allerdings in den nächsten Jahrzehnten eine deutliche Erhöhung des Niederschlags während der Monsunzeit erwarten. Die Prognosen besagen, dass im Jahr 2030 um 28 Prozent mehr Niederschlag fallen könnte als 1990 (World Bank 2000). Ein solcher Anstieg würde die Überschwemmungshäufigkeit sicherlich beeinflussen.

---

[13] Sorge bereitet den Menschen vor allem, dass populär-wissenschaftlich ein klares Zeichen des „Klimawandels" darin gesehen wird, dass sich 1987/88, 1998 und 2004 – also in sehr rascher Folge – sehr starke Überschwemmungen ereigneten. (Wenn auch die Überschwemmung 2004 nicht sehr großflächig war, so traf sie doch die Bevölkerung empfindlich, da sie überraschend früh einsetzte.)

4 Ursachen für die besondere Anfälligkeit von Bangladesch für Überschwemmungskatastrophen

Die Ursachen für die besonders häufigen Überschwemmungen liegen in zwei grundsätzlichen Gegebenheiten des Landes: in der natürlichen (geographischen) Lage und in den sozio-ökonomischen Schwierigkeiten, in denen sich Bangladesch befindet.

4.1 Physiogeographische Grundlagen

Bangladesch ist von einem dichten Netz von Flüssen durchzogen[14]) und besteht zum größten Teil aus deren Schwemmland. Laut REIMANN (1993) beträgt die Gesamtlänge aller Flüsse, Bäche und Kanäle rund 24.000 km. Schwemmflächen machen 80 Prozent der Staatsfläche aus, die Terassenebenen ca. 8 Prozent und die Hügelregionen 12 Prozent. Das Schwemmland wurde während tausenden von Jahren aufgeschüttet, wobei nun über der Gesteinsschicht viele hundert Meter Ton, Sand und Schluff lagern. Nur ca. 9.800 km^2 dieser Schwemmlandebenen sind heute noch aktiv, werden also weiterhin vom Flusswasser überschwemmt und unterliegen einem ständigen Wandel. Die anderen Ebenen sind stabil, werden aber dennoch manchmal durch Regenwasser bzw. Meereswasser überschwemmt. Auf diesen alten Schwemmflächen lassen sich die so genannten „Kämme" finden. Dies sind ehemalige Flussbänke und die höchste Erhebungen in der Ebene. Sie dienen oft als Siedlungsbereich für die Bewohner der Schwemmebene.

Unter der Vielzahl der Flüsse sind drei besonders zu erwähnen, da sie die größte Bedeutung für das Land haben: *Ganges*, *Brahmaputra* und *Meghna*. Diese fließen innerhalb des Staatsgebiets von Bangladesch zusammen und münden als *Meghna* in den Golf von Bengalen. Der *Ganges* und der *Brahmaputra* entspringen im *Himalaja*, der *Meghna* im *Shillong Plateau*. Das Einzugsgebiet der drei Flüsse (in der Abkürzung „GBM-Einzugsgebiet" genannt) beträgt 1,76 Millionen km^2, wovon nur 130.000 km^2 auf Bangladesch entfallen. In Bangladesch wird der *Ganges* „*Padma*"[15]) und der *Brahmaputra* „*Jamuna*" genannt. Die enorme Größe des Einzugsgebietes bleibt nicht ohne Auswirkungen:

Erstens sind die Wassermassen, die die Flüsse bewältigen müssen, sehr mächtig. Tabelle 3 zeigt die durchschnittlichen sowie die maximalen bzw. minimalen Durchflussraten der drei Flüsse Ganges, Brahmaputra und Meghna. Es

Tabelle 3: Abflussraten der drei großen Flüsse Ganges, Brahmaputra und Meghna

Parameter	Ganges (km^3/s)	Brahmaputra (km^3/s)	Meghna (km^3/s)
„Mean low flow"	790	37.550	1.332
„Mean peak flow"	51.625	65.491	14.047
„Highest peak flow"	76.000	98.600	19.800
„Mean annual flow"	8.544	19.557	6.748

Quelle: BRAMMER (2004).

---

[14]) Siehe z.B. Fig. 1.5 in BRAMMER 2004.
[15]) Wobei das m bei der Aussprache durch ein h ersetzt werden muss.

fällt auf, dass die Spitzenabflüsse ein Vielfaches der durchschnittlichen Abflüsse betragen. Obwohl die drei Flüsse sehr breit sind, können sie diese Spitzenabflüsse nicht immer bewältigen, da sie nicht sehr tief sind. Oberhalb von Dhaka ist keiner der Flüsse mehr schiffbar.

Zweitens haben die Flüsse eine hohe Sedimentfracht. Pro Jahr transportiert der Brahmaputra zwischen 387 und 650 Millionen Tonnen Sediment (BRAMMER 2004). Diese Sedimente füllen das Flussbett und treten an vielen Stellen als Flussinseln (in Bangladesch „*Chars*" genannt) sichtbar zu Tage. Diese *Chars* sind Siedlungsräume vieler Menschen (vgl. SCHMUCK-WIDMANN 1996), die es gewohnt sind, ihr Leben an das Wasser anzupassen. Die Sedimente stammen aus den Bergregionen des Himalaya bzw. im Falle des Meghna aus dem *Shillong-Gebiet*. Die steilen Wände dieses Berg- und Hügellandes begünstigen Hangrutschungen, die dann wieder das Material für die enorme Sedimentfracht liefern.

Drittens sind Ganges und Brahmaputra aufgrund der Größe ihrer Einzugsgebiete auch schon für Indien Lebensader und Gefahr zu gleich. Indien versucht deshalb, mit Hilfe von Staudämmen die Flüsse zu regulieren. Dies hat für Bangladesch auch direkte Folgen und ist Gegenstand binationaler Spannungen (vgl. dazu die Berichterstattung in den Tageszeitungen in Bangladesch, zum Beispiel in „The Daily Star" vom 1.07.2006).

Eine weitere Ursache für die hohe natürliche Anfälligkeit Bangladeschs für Überschwemmungen liegt in der Tatsache, dass die Flüsse sehr dynamisch sind, oft mäandrierend verlaufen und teilweise das Flussbett verlegen. Diese Dynamik ist auf das „weiche" Flussbett zurückzuführen (Sand, Ton und Schluff können leicht verfrachtet werden), aber auch auf die häufigen Überschwemmungen, die durch die Wassermassen viel bewegen können, und auf den tektonisch unruhigen Untergrund, auf dem sich Bangladesch befindet (vgl. REIMANN 1993; BRAMMER 2004).

Besonders berücksichtigt werden muss aber auch, dass die Wassermassen zeitlich ungleich verteilt sind:[16]) Das Staatsgebiet von Bangladesch befindet sich zwischen 20° und 26° nördlicher Breite und zwischen 88° und 92° östlicher Länge. Die Hauptstadt Dhaka liegt auf dem nördlichen Wendekreis. Dadurch kommt Bangladesch in den Wirkungsbereich des Monsuns – und in der Tat sind die Winter in Bangladesch relativ kühl und trocken (die Durchschnittswerte für Temperatur und Niederschlag im Jänner liegen bei 19° C und 10 mm; vgl. JUSTYAK 1997). Die Sommer dagegen sind warm, schwül und feucht. Die Durchschnittswerte für Temperatur und Niederschlag betragen im August ca. 29° C bzw. 380 mm, die Luftfeuchtigkeit liegt im Mittel bei 75 Prozent. Die Summe des Jahresniederschlags beläuft sich in Bangladesch auf etwa 2000 mm. 80 Prozent des Jahresniederschlages fallen jedoch während des Sommermonsuns. Für die Abflussraten der Flüsse ist allerdings nicht nur die Niederschlagsmenge in Bangladesch entscheidend, sondern auch die Niederschlagsverteilung über dem gesamten Einzugsgebiet. Fällt der Sommermonsun etwas stärker aus, so kann diese Tatsache durch das große Einzugsgebiet verstärkt werden. Im Einzugsgebiet befindet sich übrigens auch die niederschlagsreichste Messstelle der Erde, *Cherapunjii* in Indien, mit einem langjährigen Jahresniederschlagsmittel von 11.777 mm (sowie einem Maximum von 23.000 mm).

Ein weiteres, für das häufige Auftreten von Überschwemmungen entscheidendes Merkmal des Landes ist, dass sich die Schwemmebene, wie oben kurz er-

---

[16]) Wahrscheinlich ist diese Tatsache sogar die entscheidende natürliche Ursache – ebenso, wie die soziale Ungleichverteilung die entscheidende Ursache für die sozialen Probleme des Landes ist.

wähnt, durch flache, ebene Landschaftsformen auszeichnet, die auf Meeresniveau oder nur wenig darüber liegen. 90 Prozent der Landesfläche befinden sich weniger als 10 m über NN. Bangladesch ist zum Großteil von Indien umgeben – nur im Südosten hat es für 280 km eine gemeinsame Grenze mit *Myanmar* und im Süden wird es durch den Golf von Bengalen begrenzt. Diese Tatsachen haben für Bangladesch drei Folgen: Erstens verteilt sich das Hochwasser auf einer großen Fläche. Zweitens kommt es durch das Meer im Süden teilweise zu Aufstauungen – entweder durch starke Druckunterschiede und dadurch bewirkte Winde (z.B. Zyklone), die das Meerwasser „in das Land hineindrücken" oder durch die starken Regenfälle, wodurch das Überschwemmungswasser nicht abfließen kann. Drittens zeigt es die oben angesprochene Abhängigkeit Bangladeschs von der indischen Wasserpolitik (aufgrund der Dämme entlang der Grenze zwischen den beiden Staaten).

Eine weitere häufig genannte Ursache für die Zunahme der Überschwemmungen diskutiert schließlich BRAMMER (2004) in seinem Buch in Kapitel 3 über „Mythen und Missverständnisse". So gibt es zum Beispiel eine gängige Meinung, dass die Abholzungsvorgänge in Nepal für die Überschwemmungen in Bangladesch mit verantwortlich sind, was allerdings mittlerweile eindeutig widerlegt wurde (vgl. HOFER 1998).

4.2 Sozioökonomische Probleme

Ausgangspunkt der neuen Ansätze der *Vulnerability*-Forschung (SHOEB 2002; WISNER et al. 2004) ist, dass das natürliche Ereignis (z.B. eine Überschwemmung, ein Erdbeben, Vulkanausbruch u. Ä.) auf vom Menschen geschaffene Strukturen trifft und erst dadurch eine Katastrophe entsteht. Um also die Gründe für die Überschwemmungsproblematik zu verstehen, ist es notwendig, auch die vom Menschen geschaffenen Strukturen analysieren. Diese sind in Bangladesch leider besonders anfällig für Überschwemmungen, wobei folgende Faktoren besonders zum Tragen kommen:

Problembereich Bevölkerungsdruck:

Mit der höchsten Bevölkerungsdichte weltweit herrscht in Bangladesch ein enormer Bevölkerungsdruck, der eine intensive Landwirtschaft auf so gut wie jedem nutzbaren Quadratmeter des Landes zur Folge hat (BRAMMER 2004). Ebenso sind die Menschen gezwungen, ihren Siedlungsraum in gefährdete Bereiche auszuweiten. Dabei kommt es oft zu Schädigungen von Schutzbauten (z.B. durch Siedlungen auf Dämmen) und der Natur (die Waldfläche beträgt in Bangladesch nur mehr 16 Prozent der Staatsfläche). Dadurch wird dem Wasser nicht der nötige Raum gegeben und es sind schnell sehr viele Menschen betroffen, wobei es dann schwierig ist, so vielen gleichzeitig zu helfen. Wie SHOEB (2002) zusätzlich feststellt, sind die Haushalte groß, was eine Evakuierung erschwert.

Mangel an finanziellen Möglichkeiten:

Wie Kapitel 1.2 zeigte, herrscht in Bangladesch bei einer großen Anzahl an Menschen ein akuter Mangel an Kapital. Dies hat zur Folge, dass die Bevölkerung nicht in der Lage ist, sich selbst vor dem Wasser zu schützen, da die Wohnungssituation schlecht ist, die Menschen in gefährdeten Gebieten leben müssen und die Schutzbauten teilweise beschädigt sind. Es ist kaum jemand möglich, Vorräte anzulegen oder Geld für den Notfall zu sparen. Es gibt keine Versicherungen. Dadurch, dass vor allem viele Angehörige der armen Bevölkerung als Tagelöhner auf den Feldern arbeiten, sind sie auch am ehesten von Überschwemmungen betroffen.[17]) Aufgrund der niedrigen Alphabetisierungsquote sind viele Menschen auch nicht in der Lage, die ausgeteilten Informationszettel der NGOs und der Regierung zu lesen.

Korruption:

Aufgrund der in Bangladesch herrschenden weit verbreiteten Korruption (siehe Innovations- Report 2004 der Universität Passau) werden Schutzbauten oft mangelhaft fertig gestellt und dann schlecht gewartet (The Daily Star, 15.06.2006), weiters gehen im allgemeinen Chaos häufig Hilfsgelder „verloren" (Gespräch mit Korshed ALAM).

Die traditionell untergeordnete Stellung der Frau (80 Prozent der Bevölkerung sind muslimisch) ist während der Dauer der Überschwemmungen ebenfalls ein Nachteil. Frauen wagen sich nicht in die Schutzbauten (AKTER 2004), sie sind aber für die Ernährung und für die gesundheitliche Situation der Familie verantwortlich. Auch eine Evakuierung von Frauen ist ein schwieriges Problem, da sie nicht ohne Weiteres an fremden Orten übernachten können (SHOEB 2002).

5 Der Umgang mit Überschwemmungen – die Akteure

5.1 Staat und Bevölkerung als Akteure im Katastrophenfall

Wie Kapitel 4 aufzeigt, sind die Voraussetzungen des Landes für Überschwemmungskatastrophen geradezu „optimal" und es verwundert nicht, dass man mit Bangladesch in Europa vor allem Überschwemmungen assoziiert. Weniger bekannt ist aber, dass es in Bangladesch eine Vielzahl an Untersuchungen, Studien und Projekten zu dieser Problematik gibt.

Das theoretische Verständnis für die Zusammenhänge und integrierte Einblicke in die Mechanik von Überschwemmungskatastrophen wurden vor allem durch die zahlreichen Forschungsarbeiten im Rahmen des *„Bangladesch Flood Action Plan"* (BFAP) erlangt. Dieser war eine Antwort auf die schweren Überschwemmungen von 1987/1988. Mit breiter internationaler Hilfe wurde unter dem Vorsitz der Weltbank ein umfangreiches Projektpaket im Zeitraum von 1992 bis 1996 durchgeführt. Vorrangige Zielsetzung waren Studien, die die Gründe wie Ursachen hinter den Überschwemmungen beleuchten sollten. Es existierten auch konkrete Bauvorhaben, die aber aufgrund von massivem Widerstand seitens mancher Wissenschaftler und Umweltgruppierungen nicht durchgesetzt werden konnten (BRAMMER 2004).

Die oberste Verantwortung für den Umgang mit Überschwemmungen hat das *„Ministry of Food and Disaster Management"* (MFDM). Grundsätzlich lassen sich die staatlichen Maßnahmen in strukturelle und nicht-strukturelle Maßnahmen einteilen. Strukturelle Maßnahmen greifen dabei in die Struktur des Flussbettes ein, zum Beispiel durch den Bau von Dämmen. Nicht-strukturelle Maßnahmen hingegen sind eher angepasste Maßnahmen, wie das Höherlegen von Straßen oder die Weiterentwicklung der Prognosemöglichkeiten des Wasserpegels (WOHL 2000). Von Seiten des Staates werden zwar diesbezüglich eine Reihe

---

[17]) Nabiul ISLAM vom „Bangladesh Institute for Development Studies" (BIDS) meinte in einem Gespräch am 27.07.2006 zu diesem Punkt allerdings, dass gerade die Landwirtschaft zwar rasch, aber nicht so nachhaltig von Überschwemmungen betroffen sei, da sie sehr flexibel reagiert und sich schnell erholt. Diesbezüglich würde der urbane Raum stärker in Mitleidenschaft gezogen.

von Anstrengungen unternommen, allerdings haben die verantwortlichen Behörden den Ruf, ineffektiv, zu langsam und korrupt zu sein (Gespräche mit NGOs und Dorfbewohnern).

Während der Dauer einer Überschwemmung leistet der Staat Soforthilfe und führt danach Wiederaufbauprogramme durch, wobei besonders das *„Food for Work"*-Programm zu nennen ist. Wie erwähnt, ist das fehlende Einkommen während eines Hochwassers ein Hauptproblem, deshalb werden die Dorfbewohner für ihre Arbeit beim Wiederaufbau mit Nahrungsmitteln bezahlt.

Auch die Bevölkerung selbst hat verschiedene Möglichkeiten, mit dem Phänomen Hochwasser umzugehen. Da der Großteil des menschlichen Lebensraumes in Bangladesch schon seit jeher in einer Deltaregion gelegen ist, haben sich im Laufe der Zeit viele traditionelle Methoden entwickelt, die ein „Leben mit der Flut" (SCHMUCK-WIDMANN 1996) ermöglichen. Es gibt dabei zwei Ansätze. Einerseits kann man sich selbst entsprechend verhalten: Man schüttet Erde auf und baut das Haus erhöht, bindet das Bett und andere wichtige Dinge unter das Dach, baut eine tragbare Kochstelle, verkauft wertvolle Güter, wie zum Beispiel das Vieh, schon bevor der Monsun einsetzt usw. Andererseits kann auch die Landwirtschaft besser angepasst an die latente Überschwemmungsgefahr betrieben werden (BRAMMER 2004). Entscheidend ist, dass eine gewisse Flexibilität der Lebensführung besteht, zum Beispiel was die Wahl des Wohnortes bzw. des Aufenthaltsortes zur Krisenzeit betrifft, oder bezüglich der Arbeit, der man nachgeht (z.B. durch einen Wechsel in eine andere Branche, wenn landwirtschaftliche Arbeit nicht möglich sein sollte).

5.2 Die Rolle der NGOs bei der Bewältigung von Katastrophen

Ein wichtiges Anliegen der vorliegenden Arbeit war es herauszufinden, auf welche Art und Weise die NGOs Katastrophenmanagement betreiben, inwiefern sie „proaktiv" handeln können und die alltägliche Entwicklungsarbeit mit einem solchen Katastrophenmanagement verbunden werden kann. Aus den geführten Expertengesprächen und der Analyse einschlägiger Publikationen lassen sich folgende Schlüsse ziehen:

Während einer Überschwemmung gibt es NGOs, die „nichts" tun (z.B. *ARCHES*[18]), manche, die sich unter die Führung anderer NGOs oder des Staates stellen (*NDP*[19]) unter *CARE Bangladesh*[20]) und andere, die ein eigenes „reliefprogramme" starten (z.B. *BRAC*,[21] *ASA*, *Dipshikha*). Dieses beinhaltet dann zunächst eine Evaluierung der Situation in den Projektgebieten durch die Mitarbeiter der NGO und die entsprechende Rückmeldung an das Hauptbüro. Das Management entscheidet dann über Art und Umfang der Hilfslieferungen und verteilt diese über ihre „Zweigstellen„ auf Dorfebene. Die NGO *Proshikha* verfolgt dabei das Konzept, dass Mitarbeiter aus nicht betroffenen Regionen bei der Verteilung der Hilfslieferungen helfen. Die Hilfslieferungen bestehen im Regelfall aus *Chira* (getrocknetem Reis), *Muri* (geröstetem Reis), *Ghur* (Melasse), Keksen, Reis, Kerzen, Streichhölzern und Öl. Manche NGOs verteilen auch Geld, entweder in Form von Krediten zu günstigen Konditionen oder sogar als Spende.

---

[18]) „Association for Renovation of Community Health Education Services".
[19]) „National Development Project".
[20]) „Care and Relief for Everywhere, Bangladesh".
[21]) „Bangladesh Rural Advancement Committee".

Normalerweise erhalten in den Projektgebieten auch Nicht-Mitglieder der jeweiligen NGOs diese Hilfslieferungen.

Es gibt auch NGOs, die nicht nur während einer Überschwemmung inaktiv bleiben, sondern auch danach. Grund dafür ist meist entweder der Mangel an finanziellen Mitteln oder die Ansicht, dass Wiederaufbauhilfe primär Aufgabe des Staates sei. Die meisten NGOs aber engagieren sich beim Wiederaufbau der Infrastruktur. Straßen, Brücken und Häuser werden repariert, wobei auch hier „Food for Work"-Projekte zum Einsatz kommen, Saatgut wird verteilt und meist werden auch Kredite vergeben. Vertreter der NGO *NDP* haben im Interview darauf hingewiesen, dass sie nunmehr auch verstärkt dazu übergegangen sind, die Mittelschicht auf die Probleme der armen Bevölkerung hinzuweisen und sie zu finanziellen und strukturellen Hilfestellungen aufzufordern.

Was die Aktivitäten zum Schutz der Bevölkerung vor Überschwemmungen betrifft, kann in letzter Zeit (den Forderungen entsprechend, die in zahlreichen aktuellen Studien erhoben wurden) ein Strategiewandel ausgemacht werden. Wie in Kapitel 2.3 erwähnt, führen 162 NGOs Katastrophenvorsorge- und -management-Projekte durch. Die konventionellen Vorsorgeprogramme bestehen aus Informationsveranstaltungen für die Bevölkerung, der Ausbildung der Mitarbeiter und der Aufstellung von Freiwilligengruppen. Diese Freiwilligen werden ebenfalls ausgebildet und sollen die Bevölkerung informieren und im Ernstfall helfen, die zugewiesenen Schutzräume aufzusuchen. In den Informationsveranstaltungen, die oft im Zuge der gewöhnlichen Gruppentreffen abgehalten werden, werden den Mitgliedern die Gefahren und Auswirkungen von Überschwemmungen, die Bedeutung von Nahrungsvorräten und Ersparnissen, die Standorte der nächstgelegenen *„Flood Shelters"* und die positive Wirkung von Baumpflanzungen deutlich gemacht. *Proshikha* unterhält derzeit – auch mit logistischer Unterstützung durch lokale Politiker – ein Impfprogramm für Tiere gegen Krankheiten, die durch das Hochwasser verbreitet werden.

Solche konventionellen Vorsorgeprogramme werden zusätzlich zur Entwicklungsarbeit durchgeführt, ihre Wirksamkeit ist allerdings sehr begrenzt. Das Grundproblem ist die ausgeprägte Armut der Menschen, die meist nicht einmal das ökonomische Potenzial haben, Nahrungsmittelvorräte für Krisenfälle anzulegen.[22] Die finanziellen Ersparnisse sind auch zu gering, um auftretende Schäden aufzufangen. Das Hauptproblem besteht aber darin, dass Katastrophenmanagement von den meisten NGOs als zusätzliches Projekt angesehen und nicht mit anderen Entwicklungsvorhaben verknüpft wird. Katastrophen betreffen viele Projekt- und Lebensbereiche der Menschen, also sollten sie auch in allen Bereichen der Entwicklungsarbeit eine Rolle spielen. Außerdem sind die Ressourcen der Menschen und auch jene der NGOs sehr gering, so dass das Katastrophenmanagement erfolgreicher durchgeführt werden kann, wenn es als Bestandteil von umfassenderen Projekten betrieben wird, da dann weniger Ressourcen benötigt werden.

Aus den Gesprächen mit *Caritas*, *Bastop* und *Practical Action* ging hervor, dass diese NGOs zur Zeit einen neuen Ansatz verfolgen, der tiefgreifendere Vorsorgeprogramme mit sich bringen könnte. Die Grundidee ist dabei, ein sogenanntes *„Participative Rural Appraisal"* (PRA) für die gesamte Situation eines Dorfes durchzuführen. PRAs werden schon seit geraumer Zeit von NGOs am Anfang ihrer Projektarbeit in einer neuen Region abgewickelt. Dabei wird die Situation der Region erörtert, indem die Dorfbevölkerung Probleme mit der natürlichen

---

[22] Ersparnisse von ca. 2000 Taka (ca. 25 Euro) reichen nicht, um das Haus zu reparieren oder Samengut in ausreichendem Maß zu kaufen.

Umwelt sowie ihre sozioökonomische Situation darstellt und analysiert. Im neuen Konzept wird in diesen PRAs nun auch die Bedrohung durch Überschwemmungen explizit berücksichtigt. Außerdem wird das PRA nun nicht mehr nur als Grundlage für die Entwicklung neuer Projekte verstanden, sondern man lässt die Dorfbevölkerung selbst Lösungsmöglichkeiten erarbeiten. Während also früher die NGO aufgrund der Ergebnisse des PRA entschied, welche Projektarbeit die Region benötigt (*Top-Down-Ansatz*), bestimmen nun die Betroffenen selbst, welche Maßnahmen am sinnvollsten sind und welche Art von Unterstützung erforderlich ist (*Bottom-Up-Ansatz*). In Bangladesch scheint sich also künftig ein Strategiewechsel in der Entwicklungsarbeit abzuzeichnen – wobei auch das Überschwemmungsmanagement gravierende Veränderungen erfahren könnte. Da dieser für Bangladesh neue Ansatz gerade zum Zeitpunkt der Abfassung dieses Beitrages (Stand August 2006) eingeführt wurde,[23] lagen leider noch keine konkreten Ergebnisse aus den Dörfern vor.

Der Ablauf eines typischen PRA ist folgender: Vertreter der Dorfbevölkerung erörtern zunächst in Kleingruppen unter Leitung von ausgebildeten NGO-Mitarbeitern ihre Probleme, indem sie diese aufzeichnen (da manche nicht lesen können). Es folgt eine Festlegung der Priorität der genannten Probleme und danach überlegen die Teilnehmer, was sie benötigen oder was sie selbst tun können, um diese zu lösen. Diese Forderungen werden dann dem Management der NGOs vorgelegt. Vertreter der NGO *Practical Action* erwähnten im Interview, dass sie statt PRAs so genannte PAPDs („participatory action plan developments") durchführen.

Der Unterschied besteht darin, dass *Practical Action* versucht, die Dorfbewohner mit den Dienstleistungsanbietern vor Ort in Verbindung zu bringen, so dass die Hilfestellung nicht nur extern von der NGO organisiert wird, sondern dass auch lokale Stärken und Ressourcen besser genutzt werden können. So kann zum Beispiel versucht werden, die lokalen Behörden gemeinsam von der Notwendigkeit einer neuen Straße zu überzeugen, oder es werden mit Transportunternehmen spezielle Preise für Krisenzeiten vereinbart, Abkommen mit Bootsunternehmen geschlossen usw. Entscheidend ist also, dass *Practical Action* versucht, die Kräfte der Gemeinschaft zu bündeln und die betroffene Bevölkerung in Verbindung mit lokalen Dienstleistungsanbietern zu bringen und dabei den (nicht zu vernachlässigenden) Einfluss der NGO geltend macht.

Ein solcher Ansatz ist meines Erachtens tatsächlich in einem hohen Maß „proaktiv". Die wesentlichen Aktivitäten finden statt, bevor eine Überschwemmung eintritt, sind also vorbeugend und bauen auf der Analyse der vorhandenen Probleme auf. Großes Potenzial hat dieser Ansatz, da die Kräfte gebündelt und die geringen Ressourcen bedacht sowie die Lösungen von den Betroffenen selbst, die schon viel Erfahrung mit Überschwemmungen aufweisen, erarbeitet werden. Eine Verknüpfung von Überschwemmungsmanagement und Entwicklungsarbeit ist eine logische Folge dieser Herangehensweise, da beide Dimensionen bereits in die Problemdiagnose eingehen. Es überrascht allerdings, dass diese „neuen" Ansätze erst jetzt aufgegriffen werden, wo doch der große Boom von Studien zum „Bangladesh Flood Action Plan" schon rund zehn Jahre vorbei ist.

---

[23] Caritas-Vetreter berichteten zum Beispiel im Interview, dass bis Ende August 2006 die Mitarbeiter in PRA geschult und dann ab September bei den PRAs in den Dörfern eingesetzt werden sollten.

6 Literatur

ADAB (Association of Development Agencies in Bangladesh) (2004): NGO-Directory Ready Reference 2003–2004. Dhaka.
AKTER, N. (2004): BRAC's Experience in Flood. In: Working Paper of National Workshop on Options for Flood Risk and Damage Reduction in Bangladesh. Dhaka, S. 181–189.
Bangladesh Bureau of Statistics (2003). Population Census 2001. Dhaka.
BRAMMER, H. (2004): Can Bangladesh Be Protected From Floods? Dhaka: The University Press Limited.
BRAUN, B. (2005): Die sozial-ökonomischen Ursachen und Folgen von Naturkatastrophen. Das Beispiel Bangladesch. In: Zeitschrift für Wirtschaftsgeographie, 48. Jg., S. 251–268.
BRAUN, B. und A.Z.M. SHOEB (2006): Natural Hazards and Social Disasters in Bangladesh: Cyclones and Floods.
FLICK, U. (2005): Qualitative Sozialforschung. Eine Einführung. Reinbek: Rowohlt Taschenbuch.
HAGLEITNER, T., HERINGER, A., RAGER, P. und G. WILHELM (2003): Ort, Beziehung, Funktion: eine Dorfstudie in Bangladesch-Rudrapur. Linz: Kunstuniversität Linz.
HOFER, Th. (1998): Floods in Bangladesh: A Highland-Lowland Interaction? Bern: Institut für Geographie.
JUSTYAK, J. (1997): Azsia eghajlata. Debrecen: Kossuth Egyetemi Kiado.
Population Reference Bureau (PRB) (2006): World Population Data Sheet 2006. Washington.
RAHMAN, S. (2006a): Flood Disaster Management and Risk Reduction in Bangladesh. In: SIDDIQUI, K. U. (Hrsg.): Options for Flood Risk and Damage Reduction in Bangladesh, No. 2, Dhaka: University Press Limited, S. 71–80.
RAHMAN, S. (2006b): Flood Disaster Management in the Affected Area. In: SIDDIQUI, K. U. (Hrsg.): Options for Flood Risk and Damage Reduction in Bangladesh, No. 8, Dhaka: University Press Limited, S. 131–138.
REIMANN, K.-U. (1993): Geology of Bangladesh. Stuttgart: Borntraeger (= Beiträge zur regionalen Geologie der Erde, Bd. 20).
SCHMUCK-WIDMANN, H. (1996). Leben mit der Flut. Überlebensstrategien von Char-Bewohnern in Bangladesh. Berlin: Hilbert & Pösger.
SHOEB, A.Z.M. (2002): Flood in Bangladesh: Disaster Management and Reduction of Vulnerability –A Geographical Approach. Dhaka: Institute of Bangladesh Studies, University of Rajshahi.
UNDP (2005): Human Development Report 2005. New York: United Nations Development Program.
WEISS, Ch. und H.-M. KUNZ (2002). Goldenes Bengalen? Essays zur Geschichte, sozialen Entwicklung und Kultur Bangladeschs und des indischen Bundesstaates Westbengalen. Bonn (Siva Series).
WISNER, B., BLAIKIE, P., CANNON, T. und I. DAVIS (2004): At Risk. Natural hazards, People's Vulnerability and Disasters. London: Routledge. Second Edition.
WOHL, E. E. (2000): Inland Food Hazards. Cambridge: Cambridge University Press.
World Bank (2000): Bangladesh: Climate Change and Sustainable Development. Washington (= Document of World Bank. Report No. 21104-BD).

Arbeitsberichte der Institute für Geographie in Österreich 2003

I. Institut für Geographie und Regionalforschung der Universität Wien*)

1845 Dozentur für Physische Geographie und Kristallographie, 1851 o. Professur für Geographie, 1853 „Geographisches Cabinet", 1885 Umbenennung in Geographisches Institut, zwei o. Professuren „Physische Geographie" und „Historische" bzw. „Kulturgeographie" bis 1965 („Geographie I" und „Geographie II"). – Danach Erweiterung: 1965 ao. Professur, ab 1968 o. Professur für „Geographie mit besonderer Berücksichtigung der Kartographie", ab 1971 umbenannt in „Geographie und Kartographie", ab 2002 „Professur für Kartographie und Geoinformation"; – 1966 ao. Professur, ab 1971 o. Professur für „Länderkunde und Allgemeine Geographie", 1991 umgewandelt in ao. Professur für „Regionalgeographie", 2000 umgewandelt in „Professur für Regionalgeographie"; – 1972 o. Professur „Geographie III", 1975 umbenannt in „Geographie, Raumforschung und Raumordnung", 1995 umbenannt in „Angewandte Geographie, Raumforschung und Raumordnung", ab 2000 „Professur für Angewandte Geographie, Raumforschung und Raumordnung"; – 1978 ao. Professur für „Klima-, Hydrogeographie und Landschaftsökologie", 2000 umgewandelt in „Professur für Klima-, Hydrogeographie und Landschaftsökologie"; – 1993 Umbenennung der o. Professur für Kulturgeographie in „Humangeographie", ab 2000 „Professur für Humangeographie".

Das Institut (1978 bis 1999 offizielle Bezeichnung: Institut für Geographie, seit 2000 neuer Name: Institut für Geographie und Regionalforschung) war von 1975 bis 1999 zur Grund- und Integrativwissenschaftlichen Fakultät zugeordnet. Nach der Umbenennung der Fakultät in Fakultät für Human- und Sozialwissenschaften gehörte es dieser von 2000 bis 2004 an. Seit Oktober 2004 Zugehörigkeit zur Fakultät für Geowissenschaften, Geographie und Astronomie.

Lehrkörper 2003: 5 Univ.-Professoren, 3 emer. o. Professor/inn/en, 1 vakante Professur; ferner 7 Gastprofessoren, 8 ao. Univ.-Professor/inn/en (Universitätsdozent/inn/en), 6 Assistenzprofessor/inn/en, 1 Univ.-Assistent, 2 Vertr.-Assistent/inn/en, 1 wiss. Beamtin, 8 Studienassistent/inn/en, 54 externe Lektor/inn/en und Dozent/inn/en.

Spezielle Einrichtungen: Fachbibliothek und Kartensammlung, hysiogeographisch-landschaftsökologisches Labor, Computerkartographie, GIS-Labor und Multimedia-Labor, Grafik-, Foto- und Reprolabor, Modellversuch Pädagogikum – Fachdidaktik Geographie und Wirtschaftskunde.

---

*) http://www.univie.ac.at/geographie

A. Habilitationen, Dissertationen und Diplomarbeiten

Habilitationen

2003. REICHERT, Mag. DR. DAGMAR M.A. (Zürich / Wien): Habilitation an der Fakultät für Human- und Sozialwissenschaften der Universität Wien. Lehrbefugnis (*venia legendi*) für Humangeographie.

Öffentlicher Habilitationsvortrag am Institut für Geographie und Regionalforschung am 28. Juni 2002.

Habilitationsschrift: Wissenschaft als Erfahrungswissen. Grundlagen für eine verbesserte Kommunikation zwischen Wissenschaft und Praxis im Zusammenhang mit humangeographischen Fragestellungen. Wien 2001, 174 Seiten (in wesentlichen Teilen publiziert in dem Buch „Wissenschaft als Erfahrungswissen", Wiesbaden: Deutscher Universitätsverlag, 2000, gem. mit P. FRY, U. STEINEMANN und C. HEID).

Vorsitzender der Habilitationskommission: Univ.-Prof. Mag. Dr. HELMUT WOHLSCHLÄGL (Universität Wien).

Hauptgutachter (über die Habilitationsschrift und das gesamte wissenschaftliche Werk): Univ.-Prof. Dr. JÜRGEN HASSE (Institut für Didaktik der Geographie der Universität Frankfurt), Univ.-Prof. Dr. PETER WEICHHART (Institut für Geographie und Regionalforschung der Universität Wien, Professur für Humangeographie); Teilgutachter: Univ.-Prof. Dr. ERHARD OESER (Institut für Wissenschaftstheorie und Wissenschaftsforschung der Universität Wien, nur über die Habilitationsschrift aus der Sicht der Wissenschaftstheorie), Univ.-Prof. Dr. HANS ELSASSER, Geographisches Institut der Universität Zürich, Lehrstuhl für Wirtschaftsgeographie, über alle wissenschaftlichen Arbeiten außer der Habilitationsschrift); Gutachter über die didaktische Qualifikation und pädagogische Eignung des Habilitationswerbers: Ao. Univ.-Prof. Dr. FRANZ MARTIN WIMMER (Institut für Philosophie der Universität Wien), IRENE INDRA (Vertretung der Studierenden).

Dissertationen

2003. BENKE, Mag. KARLHEINZ: Geographie(n) der Kinder. Von Räumen und Grenzen (in) der Postmoderne. Wien 2003, 427 Seiten, 20 Abb.

Die Postmoderne hat neben anderen Wissenschaften auch der Humangeographie einen Paradigmenpluralismus gebracht, der sich vor allem in Bezug auf die disziplinären Fragestellungen als äußerst fruchtbar erwiesen hat. Bestimmend für die Position des Forschers im Rahmen seiner Annäherung an „eine Wirklichkeit", was auch immer darunter verstanden sein mag, ist seine, wie Peter WEICHHART es ausdrückt, „Hineinsozialisierung" in ein bestimmtes Paradigma. Normalerweise findet dieser Prozess der persönlichen erkenntnistheoretischen Positionierung im Verlauf des Studiums bzw. im Rahmen späterer wissenschaftlicher Auseinandersetzungen mit als relevant erachteten Problemstellungen statt.

Bei KARL-HEINZ BENKE war die Situation eine andere: Nach Abschluss seines Lehramtsstudiums wandte er sich der Arbeit mit Kindern zu, wobei Milieus und Klientel von Zeit zu Zeit wechselten. Er erlebte Kinder in Horten und Heimen, in Wohngemeinschaften und gesellschaftlichen Normzuständen. Er arbeitete mit Kindern, die soziale Handicaps zu bewältigen hatten, ebenso wie mit solchen, die körperliche oder geistige Abweichungen vom „Mainstream" aufwiesen. Dabei wurde für ihn zunehmend deutlich, dass die Phänomenbereiche „Kindheit" und „Jugend" als sozial konstruiert angesehen werden müssen und daraus spezifische Wirklichkeitssichten abgeleitet werden können. Dass der geographische Raum als konstitutives Merkmal der Wirklichkeit anzusehen ist, dem ein allgemeingültiger eigenständiger Erklärungswert beigemessen werden kann, dieser Perspektive einer raumwissenschaftlichen Orientierung konnte K. BENKE nichts abgewinnen. Nach seiner Erfahrung bedarf es der Akzeptanz subjektbezogener Annäherungen, wenn es darum geht, Ursachen für Handlungen, die Strukturen bestimmen und verändern, aufzuspüren. Selbstverständlich gilt diese grundsätzliche Überlegung auch bei Kindern und Jugendlichen und er baute deshalb die Konzeption seiner Dissertation auf einem handlungstheoretischen Fundament auf.

Wie bereits oben angedeutet, wurde er in permanenter Arbeit mit Kindern und Jugendlichen gleichsam sozialisiert, eine Interpretation des Räumlichen von kindlichen Bewusstseinsorientierungen her zu denken. Diese Fähigkeit zur Empathie führte K. BENKE vor Augen, dass der nach funktionalen Kriterien geordnete und gegliederte Raum der Erwachsenenwelt bei Kindern und Jugendlichen Anlass für völlig andere Assoziationen bietet. Diese wirken nach seinen Beobachtungen handlungssteuernd und führen letztlich zu Verhaltensäußerungen, die den Erwachsenen in ihrer Logik zumeist nicht zugänglich sind.

Das darauf zurückgehende Spannungsfeld, das sich zwischen dem funktional gedachten Raum der Erwachsenen und den darauf abgestellten Verhaltensmustern sowie den in denselben territorialen Kontext hineinprojizierten kindlichen bzw. jugendlichen Lebenswelten aufbaut, entwickelte sich zum zentralen Objekt wissenschaftlichen Erkenntnisinteresses. Dazu kam, dass aus dem angloamerikanischen Raum deutliche (Literatur)Signale zu verspüren waren, dass der Kindheits- und Jugendforschung ein neuer und weit höherer Stellenwert als bisher zugemessen werden muss, wenn es darum geht, die weitreichenden Konsequenzen der gegenwärtig ablaufenden Fragmentierung von Lebenswelten auch nur annähernd abschätzen zu können. Diese Fragmentierungen schaffen nicht nur verinselte Lebenswelten, sondern fordern vom Individuum konsequenterweise ein immer wieder neues Adaptieren seines individuellen Verhaltens im Rahmen situativer Kontexte. Daher kann es nach Meinung von K. BENKE auch niemals unveränderliche Räume geben, da es ja durch den gleichsam erzwungenen Prozess wiederholter Raumaneignung zu immer wieder neuer Erkenntnis kommt. Diese Erkenntnis wirkt dynamisch in dem Sinn, dass mit jeder neuen Erkenntnis Neues vom Erkennenden aufgenommen wird, was in einem zirkulären, rekursiven Prozess wieder zu einer Veränderung des Erkennens und des Erkennenden selbst führt (BENKE, S. 9).

Am Ende der hier kurz skizzierten Reflexionskette stand die Überzeugung, dass nur mit einer grundsätzlichen und umfassenden Konzeption der Weg aufbereitet werden kann, um die – vor allem im deutschen Sprachraum – bisher vernachlässigten Fragestellungen im Zusammenhang mit aktuellen lebensweltlichen Orientierungen von Kindern und Jugendlichen in den Blickwinkel einer breiteren wissenschaftlichen Öffentlichkeit zu rücken. Diese grundsätzliche und umfassende Konzeption, wie sie hier im Rahmen der Dissertation: „Geographie(n) der Kinder" vorgelegt wird, nimmt Kindheit und auch den Status von Kindern in einer ganz spezifischen Weise wahr und eine der Zielsetzungen ist es wohl auch, mittels dieser Wahrnehmung das heute gängige gesellschaftliche Verständnis von Kindern und Kindheit in ein neues kindbezogeneres Licht zu rücken.

Wenn man BENKES Argumentations- und Begründungsweisen sowie seine Schlussfolgerungen bewertet, dann wird rasch klar, auf welche paradigmatischen Pfeiler er sich stützt. Da sind zum einen die französischen Philosophen, die vielfach als Grundsteinleger der Postmoderne angesehen werden, und zum anderen jene Sozialgeographen des deutschsprachigen Raumes, die sich im Rahmen ihrer Denkansätze diesen Grundlegungen zumindest nicht verschlossen haben. BENKE selbst gibt keine konkreten Hinweise auf jene Autoren, die sein Denken nachhaltig geprägt haben. Diesbezüglich bleibt er unkonkret und es finden sich auch keine systematischen Erörterungen. Etwas schwammig wird formuliert, dass eben die „Postmoderne" als eine Art „Reflexionshilfe" Verwendung findet, wenn es darum geht, gegenwärtige Prozesse mit kindlichen Akteuren zu erörtern (BENKE, S. 6). Das

Literaturverzeichnis selbst spricht hingegen eine deutliche Sprache: BAUDRILLARD und LYOTARD führen die Phalanx der wichtigsten grundsätzlichen Bezugsquellen an, ergänzt durch RAULET, FOUCAULT u. a. m. Ein Blick auf die meistzitierten deutschen Autoren weist nach, dass mit HASSE, DAUM, RHODE-JÜCHTERN und REICHERT jene Namen genannt werden, die sich zumindest mit den Gedanken postmoderner Dekonstruktion und ihrer Auswirkung auf sozialgeographische Fragestellungen nachhaltig auseinandergesetzt haben. Vielfach genannt sind auch Arbeiten von Benno WERLEN und Peter WEICHHART.

Das ist deshalb bemerkenswert, weil gerade diese beiden Wissenschaftler die Diskussion über den Raumbegriff in der Sozialgeographie in den letzten Jahren an prominenter Stelle angeführt haben. Für die Argumentationsweise von BENKE, der ja den Kindern ein handlungsleitendes Rauminterpretationsvermögen zubilligt, waren die grundsätzlichen Überlegungen von WERLEN und WEICHHART mit Sicherheit vorbildhaft, auch wenn er nie explizit auf deren zentrale Gedankengänge eingeht bzw. auf sie verweist, sondern beide Autoren eher in die Funktion begleitender Unterstützer seiner eigenen Vorstellungen drängt. Fazit: Es wird nicht ganz klar, ob nun der Sozialgeographie eines WERLEN jetzt wirklich ein konzeptioneller Stellenwert für diese Dissertation zugewiesen werden kann oder nicht bzw. ob WEICHHARTS Überlegungen zur Entwicklung einer raumbezogenen Identität eine Grundlegungsfunktion übernommen haben oder nicht. Wichtig waren beide Autoren für die Entwicklung eines Rahmenkonzepts aber allemal.

Interessant scheint auch, dass insbesondere einzelne Autoren einen hohen Einfluss auf die Arbeit geltend machen können, auch wenn sie nur mit einem Zitat in Erscheinung treten. Das gilt insbesondere für die Arbeit von AUGE über Orte und Nichtorte, die Publikation von BÖHNISCH und MÜNCHMEIER über den Jugendraum und die Veröffentlichung von LÖW über Raumsoziologie. Alles in allem hat sich BENKE ein ungeheuer breites Wissensspektrum verschafft, wobei allerdings einzelne Arbeiten nur als kumulative Ergänzungen Berücksichtigung gefunden haben und der tatsächliche Einfluss der Autoren unbestimmt bleibt, da sich diesbezüglich in der vorliegenden Dissertation nur wenige Aussagen nachweisen lassen.

BENKE steht der analytischen Wissenschaftstheorie äußerst kritisch gegenüber und stützt sich konsequenterweise auf einen anderen, einen doppelperspektivischen Zugang: den hermeneutischen und den phänomenologischen. „Die Welt ist von Zeichen bedeckt, die man entziffern muss." Mit diesem Satz (BENKE, S. 2), der durchaus im Sinne beider Zugänge interpretiert werden kann, legt der Verfasser gleichsam ein theoretisches Glaubensbekenntnis ab.

Die Interpretation von Aufzeichnungen und Gesprächen, Hörprotokolle, das Mit(er)leben, die möglichst authentische Dokumentation, die Expansion des Emotionalen, Individualität und Identität eingepackt in Alltagshandeln und Alltagskontexte – all das sind in der Arbeit immer wiederkehrende „Hinweistafeln", die offenbar keinen Zweifel an der grundsätzlichen Orientierung zulassen sollen. Interessanterweise finden sich in späteren Kapiteln der Arbeit auch Thesenformulierungen, die ihre Ähnlichkeit mit der hinlänglich bekannten Hypothesenbildung im Rahmen der deduktiven Theorieerstellung nicht verleugnen können, ohne dass diese allerdings mit entsprechender Konsequenz einer Überprüfung zugeleitet würden. Man kann daher nicht unbedingt von einem Erkenntnismehrwert sprechen, der dadurch gewonnen würde. Allerdings stellt BENKE dadurch eine gewisse Mehrperspektivität der Sichtweisen zur Diskussion und verbreitert dadurch auf jeden Fall das Spektrum der Problemwahrnehmung.

Die inhaltliche Schwerpunktsetzung der Dissertation von BENKE ist von einer zentralen Ausgangsüberlegung geprägt: In jeder Phase der Entwicklung konstruiert das Kind bzw. der/die Jugendliche seine/ihre spezifische Geographie, wobei für eine gedeihliche Entwicklung in jeder Phase ein spezifischer Territorialitäts- sowie ein sozialer Kontextanspruch eingelöst werden muss. Wird dem Kind bzw. dem/der Jugendlichen diese Konstruktionsmöglichkeit von der Gesellschaft verwehrt, muss mit entsprechenden Reaktionen gerechnet werden. Als äußerst interessante Variante bei der Konstruktion kindlicher Geographien entwickelt BENKE ein Substitutionsmodell, das besagt, dass bei nicht ausreichend gesichertem Territorium die dadurch entstehenden Defizite durch die Bereitstellung virtueller Räume substituiert werden können.

Im Klartext heißt das, dass negative Reaktionen des Kindes als Antwort auf unzureichend verfügbare Aktionsräume, die genutzt werden dürfen, unterbleiben, wenn die Möglichkeit geboten wird, auf virtuelle Räume auszuweichen. Dies ist in geringem Maß durch die Bilderwelten des Fernsehens möglich, die allerdings das Kind zu einem bloß rezeptiven Verhalten degradieren. Aktive Erschließung virtueller Welten versprechen in immer aufregenderen Bilderfolgen die jüngsten Generationen von Computerspielen, die dem jungen Menschen vortäuschen, Zeit und Raum gleichsam zu beherrschen, ohne dabei den eigenen Standort verändern zu müssen. BENKE weist aber bei der Entfaltung dieses Szenarios gleichzeitig darauf hin, dass die völlig unzureichende Realitätssimulation dem/der Jugendlichen nur einen eingeschränkten Zugang zur realen Welt ermöglicht, da durch die vorgegebene Trivialisierung ein Wahrnehmen mit allen Sinnen verunmöglicht wird. Dadurch werden negative Konsequenzen, die sich vor allem im sozialen Beziehungsbereich und im Segment regionaler Identitätsbildung ergeben, letztlich unabdingbar sein.

Die hier kurz angedeutete Quasi-Kompensierung von Realraum durch den virtuellen Raum und der damit verbundene Zugang zu neuen Handlungsoptionen, der den Kindern und Jugendlichen im Gegenzug zu den Verlusten an sinnlicher Erfahrung und Wahrnehmung eröffnet wird, bildet einen zentralen Kern von BENKEs inhaltlichen Überlegungen. Ergänzt werden die zwei bereits angesprochenen Raumdimensionen durch das, was der Autor „irreal-fiktive Räume" nennt. Darunter sind alle jene emotionalen Landschaften zu verstehen, die als Produkte von Befindlichkeiten, von Träumen, Vorstellungen und Ängsten subjektbezogen generiert werden und in direkter Rückkoppelung mit veränderten Realerfahrungen immer wieder neuen Transformationen unterworfen sind.

Die oben angedeutete Pluralität von Kinderräumen findet in der Arbeit noch eine weitere Differenzierung, wobei jeweils die Problematik der Raumaneignung in den verschiedenen Kontexten und verschiedenen Lebensphasen behandelt wird.

Eine völlig neue Qualität gewinnt die Arbeit mit der Darstellung unterschiedlicher Sequenzen, die – bezogen auf unterschiedliche Kategorien real-konkreter Räume – die Ursachen veränderter Raumaneignung und -bewertung verdeutlichen. Diese Kategorien werden in Hinblick auf ihre sozialräumliche Wertigkeit (Familie – Schule – Freizeit) gesondert behandelt. Eine Vielzahl von Fallbeispielen aus dem beruflichen Umfeld des Dissertanten gibt einerseits wertvolle Hinweise auf gegenwärtig laufende Transformationsprozesse in Bezug auf Raumaneignung und territoriale Bedeutungszuweisungen und untermauert andererseits das Konzept plural organisierter Kinderräume, die sich in für Kinder relevante Geographien bündeln. Dabei geht es auch immer wieder um die Vernetzungen mit den Lebenswelten Erwachsener, die beispielsweise als Kontrollorgane zur Risikominimierung oder als Agenten der Durchsetzung persönlicher Ansprüche eine immanente Einflussgröße im Kinder- und Jugendalltag darstellen.

Ein besonderes Augenmerk wird im Rahmen der ausdifferenzierten Raumkategorien jenen Defiziten geschenkt, die sich quasi als dialektische Konsequenzen einer zunehmenden Auflösung ganzheitlicher Raumnutzungsmöglichkeiten interpretieren lassen. Hier weist die Arbeit mit Sicherheit ihre im Sinn einer modernen Sozialgeographie stärksten Momente auf, wird doch gezeigt, wie sich junge Menschen, denen die Unmittelbarkeit der Auseinandersetzung mit wesentlichen Elementen natürlicher und sozial konstruierter Umfelder entzogen wurde, neu positionieren und zwar in einem für sie in vielen Fällen nicht durchschaubaren Kanon unterschiedlichster Mensch-Umwelt-Bezüge.

Der alte Vorwurf an die Sozialgeographie, dass sie erst dann „tätig" wird, wenn es etwas gibt, das sich raumwirksam festmachen lässt, ist damit vom Tisch: Ganz konsequent verwendet BENKE die Methode der Beobachtung individuellen Alltagshandelns, um abseits der reinen Beschreibung über die potenziellen Folgen, die sich im Rahmen geänderter raumstruktureller Verfügbarkeiten und Grenzziehungen bei Kindern und Jugendlichen nachweisen lassen, aufzuklären. Neben einer eindrucksvollen Dokumentation einer beachtlichen Zahl von transkribierten Interviews zu konkreten Fragestellungen, die sich auf Grund der gegenwärtigen bzw. jüngsten Brüche und Verwerfungen in Hinblick auf räumliche Nutzungsoptionen für Kinder und Jugendliche ergeben haben, sind vor allem die in den 20 Abbildungen vorgestellten modellhaften Umsetzungen positiv hervorzuheben. Sie tragen durch ihre Formalisierung wesentlich mit dazu bei, das grundsätzliche Verständnis von BENKES „Geographie(n) der Kinder" zu verdeutlichen.

Meiner Meinung nach hat KARLHEINZ BENKE mit dieser Arbeit einen wichtigen gesellschaftlichen Beitrag verfasst und damit den Nachweis angetreten, dass die moderne Sozialgeographie – gerade in einer Zeit, in der sozialpolitische Konturen unscharf werden – auch politisch relevante Fragestellungen adäquat diskutieren kann. Die begrenzten Ressourcen Zeit und Raum wurden vor dem Hintergrund postmoderner Auflösungstendenzen kritisch analysiert und zwar in Hinblick auf die bisher kaum jemals wissenschaftlich artikulierten Bedürfnisse von Kindern und Jugendlichen. Die Legitimation dieser Bedürfnisse unterstützt BENKE durch seinen Bezug auf die Handlungstheorie im Sinne der Sozialgeographie WERLENS – und er geht sogar noch weiter: Individuelle Lebenswelten, die u. a. durch Intention und Handlung strukturiert werden, müssen sich der Fremdbestimmung verweigern, um den Rang subjektiv konstruierter Geographien erreichen zu können. Bei Kindern und Jugendlichen, die ihre Interessen noch nicht machtvoll vertreten können, geht es darum, deren legitime Ansprüche an erfahrbarer und sinnlich erlebbarer „Räumlichkeit" durchzusetzen, um zu verhindern, dass Wirklichkeitsdistanzen entstehen, die letztlich ein völlig unzureichendes Weltverständnis zur Folge haben.

Gewisse Schwächen zeigt die Arbeit, wenn es darum geht, die erkenntnistheoretischen Grundlegungen zu konkretisieren. BENKE stützt sich diesbezüglich zu sehr auf Einzelaussagen einer Vielfalt von Autoren, die häufig in textlichen Kurzversionen aufscheinen, aber kaum kritisch reflektiert werden.

Die im Rahmen der Arbeit eingesetzten Methoden qualitativer Sozialforschung lassen eine teilweise bemerkenswerte Tiefe bei der Analyse kindlichen Handelns vor dem Hintergrund raumstruktureller Veränderungen zu. Gleichzeitig ist das aber – klarerweise ist man fast genötigt zu sagen – auch eine Schwäche dieser Arbeit. Die wichtigsten jugendlichen Auskunftspersonen stammen im Wesentlichen aus dem direkten Bekanntheitsmilieu des Dissertanten, sodass potenzielle Einflusseffekte, die nicht entsprechend reflektiert wurden, wohl auch Eingang in so manche verallgemeinernde Schlussfolgerungen gefunden haben.

In Summe allerdings liegt mit dieser Dissertation eine Arbeit vor, die schon deshalb Anerkennung verdient, weil sich der Kandidat der Mühe unterzogen hat, die Erkenntnis, dass Kinder und Jugendliche über eine subjektive handlungssteuernde Raumwahrnehmung verfügen, die zudem in bestimmten Lebensphasen an psychologisch begründbare Territorialansprüche gekoppelt ist, in ein Gesamtkonzept überzuführen.

C. VIELHABER

2003. CESNIK, Ing. Mag. HERMANN-STEFAN: Methodische Probleme beim Forschungsdesign empirischer Studien, dargestellt am Beispiel einer Longitudinalstudie. Wien 2003, 460 Seiten, 27 Abb., 38 Tab.

Ausführliche Besprechung dieser Dissertation im Arbeitsbericht des Instituts für Wirtschaftsgeographie, Regionalentwicklung und Umweltwirtschaft der Wirtschaftsuniversität Wien für 2003 in diesem Buch.

M. M. FISCHER
(Wirtschaftsuniversität Wien)

2003. CHEN, HONGYAN, M.Sc., B.Sc.: Spatial Interaction Modeling in a GIS Environment: Visualization of Flow Data. Wien 2003, 116 Seiten, 65 Abb., 7 Tab.

Ausführliche Besprechung dieser Dissertation im Arbeitsbericht des Instituts für Wirtschaftsgeographie, Regionalentwicklung und Umweltwirtschaft der Wirtschaftsuniversität Wien für 2002 in Band 60/61 des Geographischen Jahresberichts, Wien 2004, S. 409–410.

M. M. FISCHER
(Wirtschaftsuniversität Wien)

Diplomarbeiten

2003. BARTL, PIA: Tourismus im Naturpark Ötscher-Tormäuer. Impulse für eine nachhaltige Regionalentwicklung. Wien 2003, 198 Seiten, 31 Abb., 21 Tab.

H. BAUMHACKL

2003. BRANDSTETTER, DANIEL: Die Inwertsetzung der Mostkultur im niederösterreichischen Mostviertel durch die Initiative Moststraße. Wien 2003, 196 Seiten, 51 Abb. (davon 12 Karten), 5 Tab.

Die Arbeit beschäftigt sich mit dem niederösterreichischen Mostviertel, das auch „Viertel ober dem Wienerwald" genannt wird. Diese Region ist gekennzeichnet von der Mostkultur, den damit verbundenen landschaftsprägenden Streuobstbäumen und den vielen kleinstrukturierten bäuerlichen Betrieben, die Obstprodukte (vor allem Most) produzieren. Diese Kultur hat sich über viele Jahrhunderte entwickelt, schien aber nach dem Zweiten Weltkrieg zu verschwinden. Besonders der Strukturwandel in der Landwirtschaft und gesellschaftliche Veränderungen wirkten sich negativ auf das „bäuerliche Getränk Most" bzw. auf die Bedeutung der Obstbäume für die Bevölkerung aus. Gegen Ende der 1980er-Jahre bzw. Anfang der 1990er-Jahre setzte ein Umdenkprozess ein, es begann die sog. „Mostrenaissance", die in der Errichtung der Moststraße ihren Höhepunkt fand.

Im Rahmen der Regionalentwicklung – vor allem durch die Installierung des „Regionalmanagements NÖ-Mitte-West" in Amstetten bzw. der „Mostviertel Tourismus GmbH" in Wieselburg – erkannte man das landschaftliche Potenzial, das in der Streuobstlandschaft steckt. Nicht nur für die Obstverarbeitung, sondern auch für den (Kultur)Tourismus und insbesondere für eine endogene Regionalentwicklung wurden die Besonderheiten der Region wiederentdeckt und man begann mit der Inwertsetzung dieses Potenzials. Es folgten zahlreiche Maßnahmen und Initiativen zur Rettung der Mostkultur, von denen die „Moststraße" eine zentrale Rolle einnimmt: Durch die Verknüpfung der vielen kleinen touristischen Anbieter und Obstverarbeiter, durch einen gemeinsamen Marktauftritt, durch qualitätssichernde Maßnahmen, Produktinnovationen, Etablierung regionaler Marken, regionale Kooperationen, Öffentlichkeitsarbeit und Bewusstseinsbildung soll die regionale Streuobstkulturlandschaft erhalten bzw. im Sinne einer nachhaltigen regionalen Entwicklungs-, Wirtschafts- und Tourismuspolitik (basierend auf den Säulen Natur – Kultur – Gastronomie) intensiver genutzt werden.

Durch die Erhaltung des Streuobstbaumbestandes soll die Grundlage für einen regionsspezifischen Tourismus bzw. für das obstverarbeitende Gewerbe und für die Mostbauern erhalten werden. Der Tourismus wiederum gibt Impulse für die Erhaltung der Kulturlandschaft bzw. bringt den „Most-Betrieben" in der Moststraßenregion eine höhere Wertschöpfung, wodurch ihre Existenz gesichert wird. Besonders der Natur-, Kultur-, Event- und Gastronomietourismus wird an der Moststraße ausgebaut. Da die Region kein klassisches Tourismusgebiet ist, wird verstärkt auf den Tages- und Ausflugstourismus gesetzt.

Durch die verstärkte Verarbeitung des Streuobstes erhalten die Bäume wieder ihre Funktion, die sie nach dem Zweiten Weltkrieg zunehmend verloren haben, bzw. steigt die Wertschätzung in der Bevölkerung für die Mostobstbäume als *das* landschaftsprägende Element des Mostviertels. Ein gezieltes Regionalmarketing unterstützt diese Entwicklungsstrategie und schafft durch die Etablierung regionaler Marken („Mostviertel. Ursprung Österreichs", „Daheim im Mostviertel", „Die Mostgalerie") ein tieferes Vertrauen in die Produkte der Region.

Die Moststraße hat sich in den letzten Jahren zur zentralen Leiteinrichtung der Region rund um das Thema Most entwickelt. Die Stärkung der regionalen Identität (vor allem durch das regionale Symbol „Mostbirne") und die regionale Integration verschiedenster Leistungsträger bzw. regionaler Kooperationen (zwischen Landwirtschaft, Gastgewerbe, Tourismus und Dienstleistungsbereich) werden besonders forciert. Durch die Aufnahme des Projektes „Moststraße" in die niederösterreichische „LEADER+"-Förderkulisse ergeben sich weitere (finanzielle) Möglichkeiten.

N. WEIXLBAUMER

2003. CSIDA, SASCHA: Kartographische Anforderungen an eine 4D-Animation zur Visualisierung postglazialer Ereignisse, gezeigt anhand des Beispiels GLOF – Glacial Lake Outburst Flood. Wien 2003, 171 Seiten, 64 Abb., 1 CD.

Animationen erlangen auch in der Kartographie eine zunehmende Bedeutung zur Visualisierung von Sachverhalten. Die vorliegende Diplomarbeit widmet sich dem Thema der kartographischen Anforderungen an eine Animation zur Darstellung der Ereignisse nach einem Gletscherseeausbruch.

Herr CSIDA gliedert seine Arbeit in sieben Kapitel. Nach einer Einleitung und Beschreibung der Aufgabenstellung und des gewählten Ansatzes erläutert er im Kapitel 3 die Grundlagen der Animation zur Wiedergabe dynamische Phänomene mit besonderer Berücksichtigung der Anwendungen in der Kartographie. Kapitel 4 behandelt die Thematik der Datenfusion, die sich bei der Verwendung von unterschiedlichen Quellen zur Erstellung einer Animation zwangsläufig ergibt. Dabei werden sowohl Bild- als auch Vektordaten miteinander verschmolzen.

Das folgende Kapitel 5 geht dann auf die Rahmenbedingungen für die Animation des konkreten Anwendungsbeispiels ein und entwickelt die Konzeption für die spätere Implementierung, welche in Kapitel 6 beschrieben wird. Hier beschreibt der Autor detailliert die softwaretechnische Umsetzung des Konzepts mit den zur Verfügung stehenden Softwareprodukten. Dabei werden auch die Probleme der unterschiedlichen Datenqualität der Ausgangsdaten diskutiert. Das Endergebnis ist ein Film in hoher Auflösung und Qualität, der aus Platzgründen der Diplomarbeit als CD im „QuickTime"-Format beigelegt ist. Herr CSIDA hat mit seiner Arbeit bewiesen, dass er das während seines Studiums erworbene Wissen fachmännisch umsetzen und anwenden kann und in der Lage ist, im Dialog mit Kollegen von der Geologie ein hochwertiges Produkt, das sowohl aus kartographischer Sicht als auch aus der Sicht der Geowissenschaften nützlich ist, zu erstellen.

W. KAINZ

2003. ENICHLMAIR, CHRISTINA: Mobile Geoinformationssysteme: Marktrelevante Inhalte für standortbasierte Dienste. Wien 2003, 104 Seiten, 19 Abb., 19 Tab.

Ausführliche Besprechung dieser Diplomarbeit im Arbeitsbericht des Instituts für Wirtschaftsgeographie, Regionalentwicklung und Umweltwirtschaft der Wirtschaftsuniversität Wien für 2003 in diesem Buch.

M. M. FISCHER
(Wirtschaftsuniversität Wien)

2003. FINK, DORIS: Jugendliche und Regionalentwicklung im ländlichen Raum. Eine Untersuchung am Beispiel des Klostertals. Wien 2003, 146 Seiten, 12 Tab., 15 Diagr., 5 Abb.

N. WEIXLBAUMER

2003. FLOTZINGER-AIGNER, SILVIA: Das Institut für Geographie und Regionalforschung als Segment studentischer Lebenswelten. Eine sozialräumliche Analyse. Wien 2003, 138 Seiten, 60 Tab.

C. VIELHABER

2003. GEMEINBÖCK, INGRID: Evaluierung der Lehrer/innen-Fortbildung am Pädagogischen Institut des Bundes in Wien – aus der Sicht der relevanten Umwelten. Wien 2003, 120 Seiten, 14 Diagr., 21 Tab.

Fortbildung für Lehrer/innen setzt an den Ebenen „Unterrichtstätigkeit der Lehrer/innen", „Lehrerverhalten" und „Wirkungen auf die Schule" an und beinhaltet alle Maßnahmen, die der Erhaltung, Vertiefung und Weiterentwicklung beruflich relevanter Kompetenzen der Lehrer/innen dienen. Das Pädagogische Institut des Bundes in Wien (PIB) hat die Aufgabe, Lehrer/innen an berufsbildenden Schulen in Wien fortzubilden. Es steht dabei mit unterschiedlichen Personen und Institutionen in Kontakt und wechselseitigem Austausch. Die relevanten Umwelten „Lehrer/innen" und „Schulaufsicht" sind in die vorliegende Evaluierung einbezogen.

Als Methode der Datenerhebung wurde die Befragung gewählt, welche sowohl quantitativ als auch qualitativ erfolgte. Die Meinungen der Lehrer/innen wurden mit Hilfe eines schriftlichen Fragebogens erhoben, wobei 200 Fragebögen in die quantitative Auswertung mittels SPSS einbezogen werden konnten. Ziel der schriftlichen Befragung war es, zu zeigen, wie qualitätsvoll die Leistungen und Veranstaltungen des PIB von den Lehrerinnen und Lehrern an berufsbildenen Schulen in Wien wahrgenommen werden. Um die Sicht der Schulaufsichtsbehörde zu ermitteln, wurden problemzentrierte Interviews durchgeführt, die einer qualitativen Analyse unterzogen wurden. Hier richtete sich der Schwerpunkt der Untersuchung auf die Zusammenarbeit zwischen dem PIB Wien und der Schulaufsicht sowie auf die Planungs- und Durchführungskompetenz des PIB Wien.

H. FASSMANN

2003. GOLJA, MARTIN: Die ökologischen Auswirkungen eines medialen Großereignisses am Beispiel der alpinen Skiweltmeisterschaften 2001 in St. Anton am Arlberg. Wien 2003, 124 Seiten, 54 Abb.

H. NAGL

2003. Grill, Roland: Geomorphologie der Niederösterreichischen Voralpen zwischen der Traisen und dem Alpenostrand. Wien 2003, 127 Seiten, 30 Abb., 10 Tab.

H. Fischer

2003. Hartmann, Katrin: „Austria" – Eine sozialgeographische Analyse zum Problem der Klischee- und Stereotypenbildung australischer Jugendlicher zwischen 12 und 18 Jahren. Wien 2003, 124 Seiten, 17 Abb., 18 Tab., 13 Diagr.

C. Vielhaber

2003. Haslinger, Johannes: Globalisierungskritik durch ATTAC – eine politischgeographische Analyse. Wien 2003, 169 Seiten, 15 Abb., 3 Tab.

ATTAC ist es gelungen, Themen in die Öffentlichkeit zu bringen, die zuvor nur einer kleinen Elite vorbehalten waren. Offenbar bedarf es neuer flexibler Organisationsformen abseits der etablierten Politik, um eine Repolitisierung der Bevölkerung, vor allem der Jugend, einzuleiten.

Auch wenn die Globalisierung weitreichende gesellschaftliche Transformationsprozesse in die Wege leitet und der damit einhergehende Bedeutungsverlust des Nationalstaats immer wieder beschworen wird, ist dieser dennoch der Hauptreferenzpunkt für die globalisierungskritische Bewegung. Die Aktivitäten von ATTAC reichen über alle Maßstabsebenen von lokaler Ortsgruppenbildung über regionale, nationale bis hin zu globalen Weltsozialforen. Die Vernetzung über Internet erweist sich dabei als Voraussetzung und Motor der Aktivitäten. Komplex und mühsam bleiben die Aushandlungsprozesse der Akteure in Bezug auf Zielorientierung, Schwerpunkte, Organisationsstruktur, Verhältnis zur etablierten Politik, einzuschlagende Strategien usw.

Die in Frankreich 1998 gegründete Bewegung ATTAC zählt mittlerweile rund 80.000 Mitglieder in über 40 Ländern, seit 6. November 2000 existiert auch ATTAC-Österreich mit etwa 2000 Mitgliedern. Leithypothese der Arbeit: Die Handlungsmacht dieses transnationalen Netzwerkes erwächst vor allem aus der Fähigkeit zur Integration von Akteuren unterschiedlichster Herkunft auf Basis einer mehrheitsfähigen Globalisierungskritik. Im Sinne von Soyez gilt es, der „Glokalisierung" von Transnationalen Bewegungen und der Produktion neuer „Raumtypen" und ihrer Raumwirksamkeit nachzuspüren. Die Untersuchung zeigt die weltweite Verlaufsgeschichte der Bewegung sowie ihre wichtigsten Forderungen und Strategien auf. Besonderes Augenmerk gilt der Entwicklung von ATTAC in Österreich und Strukturdebatten mit führenden Exponenten, auch im Vergleich zur Entwicklung in Deutschland. Weitere Kapitel behandeln die globale Ausbreitung, internationale Vernetzung und Beispiele für Kampagnen, Aktionismus und Selbstreflexion. Diese Diplomarbeit greift nicht nur ein neues, hochinteressantes Forschungsfeld postmoderner Gesellschaftsanalyse auf, sondern ist theoretisch wie methodisch hervorragend gelungen. Eine Veröffentlichung für einen größeren Leserkreis wäre wünschenswert.

H. Nissel

2003. Hemetsberger, Markus: Evaluierung „Das System der Raumordnung in den USA – Theorie und Praxis der Raumordnung am Beispiel Louisiana". Wien 2003, 142 Seiten, 6 Abb.

Die vorliegende Diplomarbeit widmet sich der Raumordnung und Raumplanung in den USA. Der oberflächliche Besucher der USA gewinnt oft den Eindruck, dass die räumliche Nutzung weitgehend ohne Einhaltung von Ordnungsprinzipien gestaltet wird. Der Markt regelt – so das gängige Vorurteil – die räumliche Ordnung und die öffentliche Hand hält sich dabei weitgehend zurück. Dass diese Sichtweise nicht der Realität entspricht, weiß der Kenner und belegt auch diese Diplomarbeit. Raumordnung ist in den Vereinigten Staaten existent, rechtlich klar verankert und mit Instrumenten ausgestattet, die jenen des österreichischen Systems gar nicht unähnlich sind.

Mit Sachverstand und viel Verständnis für die linguistischen und inhaltlichen Unterschiede beschreibt MARKUS HEMETSBERGER die Instrumente der Raumordnung sowie ihre konkreten Einsatzmöglichkeiten. An konkreten Beispielen, die Louisiana sowie Baton Rouge betreffen, wird auch etwas von der Alltagswirklichkeit der Raumordnung widergespiegelt. Die Diplomarbeit zeichnet sich durch ein umfangreiches und selbstständig gewonnenes Quellenmaterial aus und offeriert eine Darstellung, die aus dem Blickwinkel der österreichischen Raumordnung formuliert worden ist.

H. FASSMANN

2003. HOFER, ANDREA: „... wenn alles in Scherben bricht ..." Österreichische Geografen in der Zeit des Nationalsozialismus zwischen Vollzug und Anpassung. Eine disziplingeschichtliche Analyse. Wien 2003, 251 Seiten, 6 Abb.

C. VIELHABER

2003. Huber, Katja: Untersuchung der von einem Menschen empfangenen Lichtintensität in Abhängigkeit vom geographischen Standort, den Wetterbedingungen, der Umgebung und der Beschäftigung. Wien 2003, 124 Seiten, div. Abb.

P. WEIHS
(Universität für Bodenkultur)

2003. HUTTER, MARTIN: Die Niederösterreichische Dorferneuerung – Eine Standortbestimmung. Mehrperspektivische Untersuchung zu Entwicklungspfaden, Betätigungsfeldern und Aussichten der Landesinitiative. Wien 2003, 170 Seiten, 29 Abb.

Die vorliegende Arbeit über Dorferneuerung in Niederösterreich stellt vier zentrale Fragen in den Mittelpunkt der Analyse: Warum wurde Dorferneuerung als politische Maßnahme implementiert? Wie hat sich die Dorferneuerung entwickelt? Wie wird sie von unterschiedlichen Akteuren gesehen? Und schließlich: Wie sieht die Zukunft der Dorferneuerung aus? Hutter betont bei der Beantwortung der ersten Frage die Bedeutung der Gemeindezusammenlegung und die Rolle der Dorferneuerung als eine kompensatorische Maßnahme. Dazu kommen die Vorbildwirkung Bayerns mit seiner langen Tradition der Dorferneuerung, der wachsende Einfluss der Ortsbildpflege als Folge der Kritik an der modernen Architektur sowie eine generelle Veränderung der Raumordnungspolitik, die auch zu einer stärkeren Betonung endogener Entwicklungsstrategien führte.

Bei der Beantwortung der zweiten und dritten Frage stützt sich Hutter auf methodisch sehr sorgfältig durchgeführte, teil-standardisierte mündliche Befragungen von insgesamt 84 Experten, Kommunalpolitikern und Bürgern in insgesamt zwölf Gemeinden. Dabei wird die Entwicklung der Dorferneuerung nachgezeichnet und der hohe bauliche und soziale Wert von einschlägigen Maßnahmen bestätigt. Es werden aber auch Konflikte zwischen den Interessen der lokalen „Dorferneuerer" und den politischen Entscheidungsträgern in der Gemeinde herausgearbeitet, die im Rahmen der allgemeinen Wertschätzung der Dorferneuerung oft übersehen werden. Schließlich endet Hutter mit einer analytischen Einschätzung der Zukunft der Dorferneuerung vor dem Hintergrund einer erkennbaren „Alterung" einer ehemals „jungen" Bewegung. Er bleibt dabei optimistisch und sieht insbesondere in der Integration der „Lokalen Agenda 21" und damit einer verstärkten ökologisch ausgerichteten Erneuerung der Dörfer einen neuen und wesentlichen Stimulus.

H. FASSMANN

2003. KATZLBERGER, GERNOT: Interoperable Webmapserver zur Visualisierung von Geodaten – am Beispiel der Datenbestände des Instituts für Geographie und Regionalforschung (IfGR). Wien 2003. 115 Seiten, 31 Abb.

Interoperabilität ist ein wichtiger Aspekt moderner Geodatenverarbeitung. Insbesondere die weitreichende Vernetzung und das komponentenbasierte Arbeiten mit Geodaten erfordern weitreichende Normierungen und Vereinheitlichungen. Herr KATZLBERGER widmet sich in seiner Diplomarbeit der Thematik eines interoperablen Webmapservers, wobei er die Funktionalität anhand der Daten des Institutes für Geographie und Regionalforschung demonstriert.

Nach der Einleitung in die Problemstellung der Arbeit widmet sich Herr KATZLBERGER im zweiten Kapitel dem Thema Interoperabilität und den Entwicklungen im Lauf der Zeit. Im folgenden Kapitel werden grundlegende Datenmodelle und Metadaten besprochen. Die Arbeiten des „OpenGIS"-Konsortiums werden im vierten Kapitel ausführlich dargestellt.

Das fünfte Kapitel kann neben der praktischen Implementierung als der Kern der Arbeit angesehen werden. Hier werden die theoretischen Spezifikationen des „OpenGIS-Konsortiums", welche in der Folge für die praktische Umsetzung benötigt werden, dargelegt. Das sechste Kapitel beschreibt die praktische Implementierung eines Webmapservers sowie die verfügbaren Datenformate und Schnittstellen.

Herr KATZLBERGER hat in seiner Arbeit, deren Schwerpunkt auf der praktischen Umsetzung vorhandener Spezifikationen zur Interoperabilität beruht, einen schönen Beitrag zu einer an Bedeutung zunehmenden Thematik im Web-GIS-Bereich geliefert.

W. KAINZ

2003. KINBERGER, MICHAELA: Automationsgestützte kartographische Visualisierung im Internet – Ein Hilfsmittel für den Lawinenwarndienst. 88 Seiten, 31 Abb.

W. KAINZ

2003. KRENN, MARKUS: Dorferneuerung im europäischen Kontext. Wien 2003, 119 Seiten, 13 Abb.

Dorferneuerung in Europa stellt so etwas wie eine Erfolgsgeschichte dar. Ausgehend von den ersten Ansätzen, die in Bayern und Baden-Württemberg realisiert worden sind, hat sich die Dorferneuerung in fast allen Staaten Europas verbreitet. War es anfänglich eine Aktion zur Verbesserung der baulichen Situation in den Dörfern, so wandelte sie sich zunehmend zu einer umfassenden integrativen Maßnahme, um die Lebensbedingungen für die Menschen in den Dörfern der ländlichen Räume zu verbessern. Die vorliegende Diplomarbeit setzt sich damit auseinander, sie stellt die Dorferneuerung in Deutschland, Österreich, der Tschechischen Republik, der Slowakei und in Spanien und Portugal vor. Es wird eine Typisierung der Dorferneuerungsmaßnahmen erarbeitet sowie die Verankerung der Dorferneuerung in der europäischen Union analysiert.

H. FASSMANN

2003. MANDELIK, BIRGIT: Der Einfluss didaktischer Theorien in ausgewählten Geographie- und Wirtschaftskunde-Schulbüchern der Sekundarstufe I. Eine fachdidaktische Analyse. Wien 2003, 191 Seiten, div. Abb.

C. VIELHABER

2003. MATZINGER, KARL: Mobile Topogramme. Erstellung von Topogrammen für kleinformatige Displays auf Mobiltelefonen. Wien 2003, 127 Seiten, 43 Abb., 7 Tab.

Location Based Services zählen zu den neuen Bereichen der Telekommunikation, die auch an kartographische Visualisierungen neue Anforderungen stellen. Die Annäherung an diesen Themenbereich ergab sich für den Kandidaten durch mehrere Jahre Berufstätigkeit bei der Telekommunikationsfirma „tele.ring Telekom Service GmbH", die im GIS-Team der Firma auch die Durchführung von Analysen in diesem Bereich einschloss. Weiteres intensives Interesse für die Mobilfunkbranche führten zur Übernahme dieser Diplomarbeit, in deren Rahmen folgenden Fragen nachgegangen wird: 1) Aktueller Stand der „Telekartographie" und Art der gebotenen und geplanten Anwendungen für Handy-User; 2) Umfeld kartographischer Visualisierungen auf dem Mobiltelefon; 3) Gestaltung mobiler Topogramme für kleinformatige Displays.

Folgerichtig setzt sich der Kandidat nach der Einleitung in einem zweiten Kapitel mit den Arten kartographischer Ausdrucksformen und deren generellen Lagemerkmalen auseinander, wobei die Literatur korrekt zusammengefasst wird. Die Sonderform der Topogramme beansprucht das dritte Kapitel, da sie nach Definition und Entwicklung betrachtet wird. Ihr Einsatz im Verkehr und Fremdenverkehr anlässlich von Innovationen im Bereich der Verkehrsmittel lässt die lange Existenz dieser Sonderform kartographischer Ausdrucksmittel verständlich erscheinen und ihre Eignung für Neuanwendungen erkennen.

Das vierte Kapitel setzt sich mit Entwicklungen und Anwendungen des Mobilfunks auseinander, insbesondere mit „Location Based Services" und weiteren mobilen Anwendungen. Schließlich werden Kartengestaltung und Kartengraphik für Bildschirme im Allgemeinen und die Eigenschaften kleinformatiger Displays im Besonderen zusammengefasst.

Im empirischen Teil der Diplomarbeit kommen die Erfahrungen des Autors aus seiner Berufstätigkeit zum Tragen. Nach Vorstellung der für diese Anwendung nötigen Kartengraphik entwirft der Autor für das Gerät NOKIA 6100 mit einem Display von 122 x 96 Pixel Auflösung Topogramme von U-Bahn-Netzen von neun Großstädten der Erde, wobei unterschiedliche Netztypen untersucht werden. Ausgehend von Wien entsteht „Entwurf 1" mit horizontalen, vertikalen und diagonalen Linien in fünf Varianten zunehmender graphischer Dichte. „Entwurf 2" (ohne diagonale Linien) wird als wenig geeignet verworfen. In dem geeigneten Modus folgen Vorschläge für Topogramme für die U-Bahn-Netze von Berlin, London, Moskau, München, New York, Paris, Prag und Seoul, wobei Netztyp und Netzdichte die vom Autor empfohlene graphische Dichte der Topogramme bestimmen.

Abschließend hält der Kandidat fest, dass sich durch die sich abzeichnende Weiterentwicklung der Technologie im Mobilfunk für kleinformatige Displays entsprechend gestaltete Topogramme für die Orientierung besonders eignen werden.

Die Diplomarbeit ist professionell durchgeführt und darf als wertvoller Baustein zur Telekartographie betrachtet werden.

I. KRETSCHMER

2003. MOLLNER, SILKE: Die Raumwirksamkeit von „Factory Outlet Centers" in Hinblick auf den innerstädtischen Einzelhandel. Empirische Untersuchung des „Designer Outlet Centers Parndorf" und der Bezirksvororte Neusiedl am See und Bruck an der Leitha. Wien 2003, 97 Seiten, 21 Tab., 39 Abb.

K. HUSA

2003. NIEDERER, SIBYLLE: Kartographische und konzeptionelle Gestaltung für WebGIS. Am Beispiel eines GIS-Portals für den Katastrophenschutz. Wien 2003, 100 Seiten, 33 Abb., 2 Tab.

W. KAINZ

2003. PAUKNER, MICHAELA: Die hydrologischen und geologischen Verhältnisse im politischen Bezirk Gmünd westlich der Mitteleuropäischen Hauptwasserscheide: Perspektiven für die Hochwasserprävention unter dem Blickwinkel von landwirtschaftswirksamen Pflegemaßnahmen im Naturschutzgebiet „Lainsitzniederung". Wien 2003, 210 Seiten, 77 Abb., 19 Tab., 1 CD-Rom.

B. BAUER

2003. PRIESTER, ANDREAS: Impulse von Fußballgroßveranstaltungen auf die sozio-ökonomische Entwicklung von Regionen unter besonderer Berücksichtigung der Fußball-Europameisterschaft 2008. Wien 2003, 145 Seiten, 6 Abb., 20 Tab.

Sportgroßveranstaltungen avancieren immer mehr zu einer Mischung aus Sport, Show, Konsum, Spannung und Unterhaltung. Die Auswirkungen auf die regionale Entwicklung sind vielfältig und reichen vom Infrastrukturausbau (Verkehrseinrichtungen, Sportstätten) bis zum Image- und Werbewert für die Städte oder Regionen. Neben direkten Effekten (Bauwirtschaft, Tourismus etc.) bestehen auch indirekte (Anstieg der regionalen Lebensqualität, Werbung). Häufig ergeben sich auch negative Effekte (Fehlplanungen, ökologische Schädigungen). Szenarien möglicher Wertschöpfung durch die Fußball-EM 2008 werden einbezogen.

H. NISSEL

2003. RAUSCHER, GEORG: Ein standortbasiertes Immobilien-Informationssystem für das mobile Internet. Wien 2003, 86 Seiten, 16 Abb., Anhang.

Ausführliche Besprechung dieser Diplomarbeit im Arbeitsbericht des Instituts für Wirtschaftsgeographie, Regionalentwicklung und Umweltwirtschaft der Wirtschaftsuniversität Wien für 2003 in diesem Buch.

M. M. FISCHER
(Wirtschaftsuniversität Wien)

2003. RIEDL, ANGELIKA: „Educate a Women – and you Educate a Nation." Eine bevölkerungsgeographische Analyse der Bildungssituation von Mädchen und Frauen in Entwicklungsländern unter besonderer Berücksichtigung der Möglichkeiten der Institution Schule. Wien 2003, 111 Seiten.

K. HUSA

2003. RÜCKLINGER, GEORG: Darstellung von Wirtschaftsdaten in einem elektronischen Atlas. Wien 2003, 117 Seiten, 33 Abb., 2 Tab., 1 CD-Rom.

Bereits 2001 bot die Firma „Geosolution" Studierenden das Projekt „multimediale Darstellung wirtschaftlicher Sachverhalte in Österreich" zur Mitarbeit an, das Herr RÜCKLINGER als Diplomarbeit vorschlug. Die Kombination von wissenschaftlicher Befassung und Ausarbeitung eines Prototyps konnte akzeptiert werden. Hierbei stellte die Firma bestimmte Software-Produkte zur Verfügung und unterstützte dadurch die Realisierung.

Die Diplomarbeit gliedert sich in zwei Teile: Im theoretischen Teil wird der Begriff „Wirtschaft" ebenso beleuchtet wie die Rolle der Kartographie und die allgemeine Entwicklung wirtschaftskartographischer Darstellungen. Genau werden Wirtschaftsdaten analysiert und zur Datenqualität Stellung bezogen. Anschließend stellt der Kandidat relevante kartographische Ausdrucksformen zusammen. Printmedien werden nach thematischen Karten im engeren Sinn, Kartogrammen und Informationsgrafiken differenziert, elektronische Medien nach Vor- und Nachteilen für die Visualisierung von Wirtschaftsdaten durchleuchtet.

Der zweite Teil beschäftigt sich mit der praktischen Umsetzung des Projektes. Beginnend mit einer Zielformulierung und Nennung des angestrebten Zielpublikums folgt die Darstellung des eigentlichen Arbeitsablaufs: Themen- und Datenwahl, kartographische Gestaltung und technische Umsetzung (Konzipierung der Benutzeroberfläche, Beschreibung der thematischen Informationselemente, Gestaltung der Kartenelemente, Rahmenbedingungen durch die vorgegebenen Arbeitsmittel für die Erstellung). Die praktischen Beispiele führen deutlich die Schwierigkeiten der Datenaufbereitung vor Augen. Die der Diplomarbeit angeschlossene CD ist ein vorläufiges Ergebnis und enthält noch nicht alle geplanten Themen.

Dieses elektronische Beispiel, das zu einem „elektronischen Fachatlas" erweitert werden könnte, wendet sich sowohl an ein wirtschaftsinteressiertes breites Publikum als auch an Schüler. Es bietet auch für den Anwendungsbereich „Wirtschaft" neue Möglichkeiten der Datenvisualisierung (z.B. Einbindung von Animationen). Auffällig ist deshalb besonders, dass der Umbruch im Nutzerzugang bei elektronischen Medien einer „neuen Einfachheit" Platz macht. Elektronische Medien geraten auch in Konkurrenz zu Massenmedien (z.B. farbige Zeitungskarten).

I. KRETSCHMER

2003. SCHARFENORT, NADINE: Dubai. Projekte und Visionen der urbanen Entwicklung und Diversifizierung der Wirtschaft. Wien 2003, 167+V Seiten, 10 Abb., 12 Tab.

Die Erklärung der Stadtentwicklung und -planung Dubais ist zunächst eingebettet in die Geschichte der Golfregion, der Schaffung der Vereinigten Arabischen Emirate und die Deutung ihrer sozioökonomischen Struktur. Im ersten Hauptteil der Arbeit werden Stadtentwicklungsprojekte seit der Mitte des 20. Jahrhunderts vorgestellt, die von bescheidenen Anfängen zu immer kühneren Projekten fortschreiten. Ein weiteres wichtiges Kapitel widmet sich den Plänen und Visionen für das 21. Jahrhundert. Jedes Projekt wäre schon alleine für sich spektakulär, in ihrer Gesamtheit stellen sie städtebaulich ein weltweit singuläres Ereignis dar. Interessant bleiben Fragestellungen wie: Finden sich noch Strukturen und Funktionen einer „orientalischen" Stadt und ist Dubai auf dem Weg zur „Global City"?

Die Bedeutung und Qualität dieser Diplomarbeit zeigt sich nicht zuletzt in der Tatsache, dass sie in erweiterter Form 2004 vom „Deutschen Orient-Institut" in Hamburg gedruckt und damit einer breiteren Öffentlichkeit zugänglich gemacht wurde. Darüber hinaus wurde Frau SCHARFENORT im November 2005 für ihre Diplomarbeit der Förderungspreis der „Österreichischen Geographischen Gesellschaft" mit folgender Begründung zuerkannt: „[...] in Würdigung einer weit über dem Niveau einer Diplomarbeit liegenden Studie, die theoretisch gut fundiert und methodisch souverän die Urbanisierungsprozesse und kühnen Visionen in Dubai stadtgeographisch analysiert." (Zitat: Mitteilungen der Österreichischen Geographischen Gesellschaft, 147. Jg., Wien 2005, S. 376).

H. NISSEL

2003. SCHERNGELL, THOMAS: Foresight-Techniken als Instrumentarium zur Gestaltung der österreichischen Technologie- und Innovationspolitik. Wien 2003, 151 Seiten, 25 Abb., 26 Tab.

Ausführliche Besprechung dieser Diplomarbeit im Arbeitsbericht des Instituts für Wirtschaftsgeographie, Regionalentwicklung und Umweltwirtschaft der Wirtschaftsuniversität Wien für 2003 in diesem Buch.

M. M. FISCHER
(Wirtschaftsuniversität Wien)

2003. SCHLEGL, HERBERT: Anwendung der objektorientierten Programmierung bei der Herstellung und dem Einsatz kartographischer Lehrmittel. Wien 2003, 109 Seiten, 22 Abb.

Die Themenwahl des Kandidaten ergab sich aus der Tatsache, dass ein Teil des Studiums an der Technischen Universität mit Spezialisierung auf Programmierung und Datenverarbeitung absolviert worden war. Diese Prüfungsteile konnten im Studienzweig „Kartographie" angerechnet und für die Ausarbeitung der Diplomarbeit nutzbar gemacht werden. Gegenstand der Diplomarbeit war die Fragestellung, inwieweit die objektorientierte Programmierung bei der Herstellung kartographischer Lehrmittel einen Beitrag leisten kann und soll.

Einleitend zeigt der Kandidat die Entwicklung dieser Lehrmittel kurz auf und erläutert anhand eines Vergleichs mit dem Lehrplan, warum kartographische Lehrmittel einer quantitativen Veränderung von physischen zu komplexen thematischen Karten unterlagen. Kapitel drei befasst sich mit der aktuellen Situation in Österreichs Schulen und kommt zu dem Ergebnis, dass die Notwendigkeit des Einsatzes elektronischer Medien im Unterricht in den meisten Bereichen akzeptiert wurde. Vorhandene Infrastruktur und Lehrpläne schaffen die Rahmenmöglichkeiten, auch im GW-Unterricht kartographische Lehrmittel in elektronischer Form einzusetzen. Die bisher verwendeten Materialien bauen allerdings großteils auf Eigenentwicklungen einzelner Lehrer auf, da aufgrund geringer Nachfrage spezielle Software für den GW-Unterricht noch kaum angeboten wird. Demgegenüber steht die Tatsache, dass mit Einführung des neuen Lehrplans spezielles Wissen in Erweiterungsbereichen vermittelt werden soll und bisherige Schulatlanten aufgrund ihres Umfanges nicht in der Lage sind, alle Vertiefungen abzudecken. Eine Analyse der an Schulen eingesetzten elektronischen Medien folgt in Kapitel vier, wobei sowohl Produkte für den primären Gebrauch im GW-Unterricht als auch allgemein verfügbare elektronische Atlanten beispielhaft untersucht werden.

Nachdem in Notwendigkeiten und Produkte elektronischer Medien eingeführt wurde, wendet sich der Kandidat der eigentlichen Fragestellung zu. Er erklärt Grundbegriffe der objektorientierten Programmierung und vergleicht einige Programmiersprachen, um die Brauchbarkeit für die Herstellung kartographischer Lehrmittel in elektronischer Form zu untersuchen.

Im praktischen Teil der Diplomarbeit wird schließlich eine Software entwickelt, die die Untersuchung der Bevölkerungsentwicklung Österreichs seit 1869 durch Tabellen und Kartogramme unterstützt. Die genauen Überlegungen zu den gewählten Darstellungsweisen und den zusätzlichen interaktiven Möglichkeiten bietet Kapitel sechs. Eine Vollversion der Software liegt der Diplomarbeit als CD bei.

Die wissenschaftliche Fragestellung, ob die Technik der objektorientierten Programmierung für die Herstellung kartographischer Lehrmittel in elektronischer Form geeignet ist, kann schließlich nur in speziellen Fällen positiv beantwortet werden. Der praktische Teil der Diplomarbeit sollte dies verdeutlichen. Nach ersten Präsentationen der Ergebnisse bei Schülern in Wien zeigte sich aber besonders die Problematik der entstehenden Informationsfülle. Auch die geortete schwierige Verständlichkeit von Kartogrammen macht den Einsatz dieses Softwareproduktes eher in dem Bereich der universitären Lehre als im schulischen GW-Unterricht brauchbar.

I. KRETSCHMER

2003. SCHMID, REINHARD KARL: Die indigene Bevölkerung des „Northern Territory" in Australien – eine soziodemographische Analyse anhand der Volkszählungsdaten des Zensus 2001. Wien 2003, 140 Seiten, 24 Abb., 10 Tab.

K. HUSA

2003. SCHNEIDER, FRIEDRICH: **Qualitätsanalyse und Qualitätskontrolle von Autokarten im Maßstab 1:200 000.** Wien 2003, 122 Seiten, 126 Abb., 7 Tab.

Die bereits mehrjährige Beschäftigung bei der Firma „Teleatlas" lenkte das besondere Interesse des Kandidaten auf Konzeption und Gestaltung von Autokarten als besonderer Typ von Straßenkarten. Seine Tagesarbeit als Projektleiter für lokale Datenerfassung schärfte seinen Blick für die Qualitätsunterschiede in Autokarten 1:200 000 (Autotourenkarten). Deshalb wurde die Qualitätsanalyse und Qualitätskontrolle dieses Kartentyps zur Fragestellung seiner Diplomarbeit.

Die Geländearbeiten (Verifikationen vor Ort) im Testgebiet liefen parallel zur Tagesarbeit bereits im Sommer 2002, während die allgemeine Einarbeitung in diese Produktgruppe als besonderes Aufgabengebiet der Verlagskartographie erst im Jahr 2003 vollendet werden konnte. Demgemäß weist die Diplomarbeit leider gerade im Einleitungsteil beträchtliche Schwächen und Unschärfen auf, die den engagiert und fachgerecht ausgeführten empirischen Teil beeinträchtigen.

Das bis zum Unterkapitel 1.4 mangelhafte Kapitel „Einführung" widmet sich neben den üblichen Abklärungen von Definitionen und Begriffsabgrenzungen vor allem den Maßstabsfragen von Autokarten und deren charakteristischen Inhalten. Korrekt werden Autokarten in vier Gruppen unterschieden: Autowanderkarten, Autotourenkarten, Autoübersichtskarten und Routenkarten. Anschließend setzt sich der Autor mit Qualitätsbegriffen und der Anforderung der Kundenzufriedenheit auseinander, um weitere Analysen von Autotourenkarten nach formalen und inhaltlichen Aspekten einzuleiten. Benötigten Daten ist ebenfalls ein schmales Kapitel gewidmet.

Kapitel zwei wendet sich Formalelementen von Autotourenkarten zu. Kapitel drei behandelt ausführlich die üblichen inhaltlichen Elemente dieses Kartentyps, gegliedert nach topographischen Informationen (Gewässer und Gelände, Verkehrs- und Siedlungsnetz, administrative Grenzen, Namengut, Bodenbedeckung) und thematischen Informationen (Zusatzinformationen zum Straßennetz, touristische Informationen).

Kapitel vier beinhaltet den empirischen Teil der Arbeit, nämlich das Aufspüren von Fehlertypen bezüglich der Wiedergabe des Straßennetzes in Autotourenkarten, die in der Regel als Qualitätsdefizit merkbar sind. Der Kandidat bedient sich hierbei folgender Vorgangsweisen: Vergleich von Autotourenkarten mit amtlichen Karten, Produktvergleich unterschiedlicher Hersteller, Verifikation vor Ort. Als Testgebiet diente Ostösterreich, wo der Kandidat durch seine Tagesarbeit über ausgezeichnete Lokalkenntnisse verfügt.

Dieser praktische Teil förderte zahlreiche Fehler auch in aktuellsten Autotourenkarten unterschiedlicher Hersteller zutage, die auf folgenden Ursachen beruhen: unaktuelle Daten, falsche Datenübernahme, falsche Dateninterpretation, Fehlerübernahme oder Generalisierungsprobleme. Die aufgefundenen Konzeptions- oder Gestaltungsfehler lassen sich in mehrere Gruppen zusammenfassen, die sich vor allem auf Straßenverläufe, Straßenklassifikationen und unkorrekte Gesamtinformationen beziehen. Die einzelnen Produkte zeigten verschiedene Stärken und Schwächen, wobei sich die inhaltliche Qualität von Autotourenkarten erst nach längerem Gebrauch offenbart.

Für eine Qualitätsverbesserung schlägt der Kandidat einerseits Einzelkorrekturen (z.B. nach Kundenfeedback), andererseits flächenhafte Korrekturen durch Zukauf neuester digitaler Daten (z.B. Daten aus der Straßendatenbank von „Teleatlas") sowie durch fortlaufende Kontrolle der Datengrundlagen und Produktvergleiche vor.

Die aufgezeigten Fehlertypen dürften für alle Firmen der Verlagskartographie, die sich mit der Produktion von Autokarten befassen, von grundsätzlichem Interesse sein.

I. KRETSCHMER

2003. SCHNELL, EWALD: Entwicklungstendenzen ländlicher Räume am Beispiel des Waldviertels – Probleme und Chancen vor dem Hintergrund der Regionalpolitik sowie der EU-Osterweiterung. Wien 2003, 202 Seiten.

Diese Diplomarbeit wurde mit dem Ziel verfasst, eine Überblicksarbeit über das Waldviertel (Bezirke Gmünd, Horn, Zwettl, Waidhofen/Thaya) zu erstellen, die sowohl auf die geschichtliche Entwicklung und die gegenwärtigen Probleme als auch auf die zukünftigen Chancen eingeht. Nach einer ausführlichen Darlegung des Geschichts- und Problembildes der Untersuchungsregion gelangt Herr SCHNELL zu den Reaktionen seitens der Regionalentwicklung sowie zu den Hoffnungsträgern:

In den späten 1960er- und 1970er-Jahren versuchte man mit groß angelegten Investitions- und Betriebsansiedlungsprogrammen die Region zu unterstützen. Diese brachten allerdings nur kurzfristig den erhofften Nutzen. Spätestens mit Beginn der 1980er-Jahre musste man von Seiten der Politik erkennen, dass diese Regionalpolitik nicht zielführend war. Deshalb begann man in den folgenden Jahren verstärkt die endogene Regionalentwicklung zu fördern, zu dessen Zweck Regionalmanagements wie das „Waldviertelmanagement", Gründer- und Innovationszentren oder aber auch Betriebsansiedlungsgesellschaften gefördert wurden. Dies führte in einigen Bereichen, wie etwa der Landwirtschaft, zu durchaus positiven Entwicklungen.

Seit 1995 nimmt das Waldviertel auch an der EU-Regionalförderung teil. Im Zeitraum 1995 bis 1999 war es als „Ziel 5b-Gebiet" klassifiziert und auch an den Gemeinschaftsinitiativen „Interreg II" und „Leader II" beteiligt. Seit dem Jahr 2000 gilt das Waldviertel als „Ziel 2-Gebiet" und ist mit verschiedenen Projekten an den Gemeinschaftsinitiativen „Interreg III" und „Leader+" beteiligt.

Neben der Vielzahl von Problemen, mit denen das Waldviertel zu kämpfen hat, bietet sich auch eine Reihe von Chancen für die Region:

Ein Hoffnungsträger ist zunächst einmal der Tourismus. Seit 1971 konnten die Nächtigungszahlen um das 2,4-fache angehoben werden, womit der Tourismus ein bedeutender Wirtschaftsfaktor geworden ist, den man in den nächsten Jahren weiter ausbauen will. Die Angebote reichen hierbei vom Gesundheits-, Sport- und Aktivtourismus bis hin zum Kultur- und Seminartourismus.

Eine weitere Hoffnung der Region liegt darin, das Waldviertel als Ökoregion zu etablieren, wovon speziell die Landwirtschaft profitieren könnte. Dabei soll die ökologische Qualitätsproduktion bzw. die effektivere Vermarktung der Produkte gefördert werden, um den Landwirten neue Perspektiven geben zu können.

Als weitere Hoffnungsträger gelten die Etablierung des Waldviertels im Bereich der Telekommunikation sowie die verstärkte wirtschaftliche Kooperation innerhalb der Region, durch die Synergieeffekte entstehen könnten.

Die größte gegenwärtige Chance dürfte allerdings in der EU-Osterweiterung liegen. Dadurch werden sich vor allem mittel- und langfristig neue Expansionsmöglichkeiten für die lokale Wirtschaft ergeben, womit diese dringend benötigte Impulse erhalten könnte. Natürlich werden sich durch die Erweiterung auch Probleme für das Waldviertel einstellen, trotzdem sollten die Vorteile überwiegen. Ob die Region diese historische Chance nützen wird können, bleibt allerdings abzuwarten.

Zusammengefasst kommt der Autor zu folgenden Erkenntnissen: Das Waldviertel war und ist eine Krisenregion, die mit einer Vielzahl von Problemen zu kämpfen hat, die aber gleichzeitig auch über enorme Entwicklungspotenziale verfügt. Die Zukunft der Region wird sehr stark davon abhängen, ob es der Regionalpolitik gelingt, diese Potenziale gemeinsam mit der lokalen Bevölkerung zu aktivieren. Dazu wird es allerdings notwendig sein, dass sich die Waldviertler noch stärker als in der Vergangenheit engagieren. Es bleibt zu hoffen, dass die vorhandenen Chancen erkannt und genützt werden, ansonsten könnte dem Waldviertel eine schwierige Zukunft bevorstehen.

N. WEIXLBAUMER

2003. SCHRITTWIESER, MARTIN: Politische Ökologie: Umweltkonflikte und Gewaltmärkte am Beispiel afrikanischer Bürgerkriege – eine politisch-geographische Betrachtung. Wien 2003, 159 Seiten, 27 Abb., 2 Fotos.

Die vorliegende Untersuchung beschäftigt sich zuerst mit der theoretischen Einbettung der Politischen Ökologie in die postmoderne Politische Geographie. Die „Third World Political Ecology" ist vor allem eine der Kämpfe um natürliche Ressourcen und daraus resultierende lokale wie regionale bewaffnete Konflikte. Die „neuen Kriege" vernetzen innergesellschaftliche Auseinandersetzungen mit globalen Wirtschaftsinteressen und dem internationalen Terrorismus.

Insbesondere im subsaharischen Afrika treten vielfältige Gewaltökonomien, „Failed States" und ihre Ersetzung durch die lokale Herrschaft von „Warlords" in Erscheinung. Die Arbeit analysiert drei Fallbeispiele – die Bürgerkriegsökonomie auf Basis von Erdöl und Diamantenabbau in Angola, die Bürgerkriege und ihre Ursachen im Sudan und drittens den Ogoni-Konflikt in Nigeria, eine Auseinandersetzung um Lebensraum und Selbstbestimmung eines kleinen Volkes gegen die Staatsmacht und ökologische Zerstörung der Lebensgrundlagen.

Abschließend werden die drei Beispielregionen in einer Mehrebenenanalyse noch einmal bewertet und miteinander verglichen. Deutlich erscheint dabei vor allem die Einbettung lokaler/regionaler Konflikte in Schwarzafrika in globale Verwertungszusammenhänge, etwa durch die Interessen multinationaler Konzerne. Dieses gleichermaßen aktuelle wie brisante Thema ist in der vorliegenden Diplomarbeit mustergültig erarbeitet worden.

H. NISSEL

2003. SEIRINGER, WALTER: Der mögliche Einfluss von räumlicher Nähe auf „Innovation durch Kooperation" am Beispiel der Cluster-Initiativen der TMG OÖ. Wien 2003, 151 Seiten, 22 Abb., 12 Karten, 4 Tab.

H. BAUMHACKL

2003. THALER PETER: Konzeption und Realisierung einer Sportstättenkarte am Beispiel Wien. Wien 2003, 107 Seiten, 19 Abb., 13 Tab., Anhang (Kartenausschnitt 1:12 500 mit Legende).

Der Kandidat des Studienzweiges „Kartographie" wählte das Thema aus Interesse an den Möglichkeiten der Sportausübung in Wien, deren Visualisierung in einer thematischen Karte großen Maßstabes bisher fehlte. Sportstättenlisten sind für den Nutzer eine nachteilige Informationsaufbereitung, die ohne Stadtplan keinen räumlichen Überblick vermittelt.

Folgerichtig bemüht sich Herr THALER zunächst um eine Begriffsabklärung, die in Lexika der Kartographie auch heute nicht zu finden ist. Nachdem er sich auf eine groß- bis mittelmaßstäbige Standortekarte festgelegt hat, wird deren zweifache Funktion festgehalten: nämlich die Informationsfunktion für den Freizeitsportler und die Dokumentationsfunktion für die öffentliche Verwaltung bezüglich Bestand, Bedarfsermittlung und Planung. Die Konzipierung und ausschnittweise Realisierung einer diesbezüglichen Standortkarte für Freizeitsportler wird schließlich als erklärtes Ziel der Diplomarbeit definiert.

Als Rahmeninformation werden einführend Bedeutung und Funktionen des Sports dargelegt, die geschichtliche Entwicklung ausgeführt und die Freizeit als Bedingung sportlichen Handelns erklärt. Kapitel vier wendet sich dem Nutzerkreis zu, gibt einen Überblick über den Stellenwert des Sports im Alltag der Wiener Bevölkerung und analysiert die Sportbeteiligung als Voraussetzung für die allgemeine Nutzung einer Sportstättenkarte. Im folgenden Kapitel werden die Sportstätten Wiens sowie deren Dichte und Flächenbedarf näher betrachtet.

Mit dem sechsten Kapitel wendet sich die Diplomarbeit dem empirischen und damit selbstständigen Teil zu, indem die Datengrundlagen – getrennt nach topographischen Daten und Fachdaten – untersucht werden. Darauf aufbauend folgt gemäß der Zielsetzung einer Standortekarte eine methodische Befassung mit Kartenzeichen im Allgemeinen und mit Piktogrammen im Besonderen, da deren Einsatz als kartographische Gestaltungsmittel für den angestrebten Kartentyp geplant wird. Standardisierungsfragen werden randlich angesprochen.

Der Konzeption der eigentlichen Sportstättenkarte Wiens geht eine Produktanalyse voraus, wobei die geringe Verfügbarkeit dieses Kartentyps sowohl als Printmedium als auch im Internet leider nur heterogene und kaum vergleichbare Beispiele zulässt. Umso größer ist die Verantwortung des Kandidaten bei der Auswahl geeigneter Geometriedaten wie Fachdaten für die Erstellung der Sportstättenkarte Wiens. Nachdem sich Herr THALER die Genehmigung der Benützung der Stadtplandaten der Firma „Freytag-Berndt" gesichert hat, konzentrierten sich seine Bemühungen der Erfassung geeigneter Fachdaten neben eigenen Erhebungen auf Daten amtlicher Herkunft (Sportstättenstatistik, Sportstättenverzeichnis der MA 51), auf Vereinsdaten und Daten der Dachverbände. Leider erfolgt die Datenaufbereitung aber nicht in Form einer Fachdatenbank in Verbindung mit einem GIS, da dem Kandidaten für die praktische Realisierung nur Desktop-Mapping bzw. ein Grafikprogramm zur Verfügung standen.

Nach Abklärung der Rahmenbedingungen, wie Format, Maßstab und Zusatzausstattung, konzentriert sich Herr THALER auf eine Typisierung der Sportstätten zwecks Erstellung des Zeichenschlüssels. Die Wahl der Piktogramme erfolgt in Anlehnung an jene der Olympischen Spiele 1972 und an die ÖNORM-Symbole für die Öffentlichkeitsinformation. Die Gestaltung des Kartenausschnittes wird mit Hilfe des vektor-orientierten Graphikprogrammes „FreeHand" bewältigt. Für Zusatzinformationen wird ein Register in Verbindung mit Index und Suchgitter vorgesehen. Auch der Hinweis auf die gegenüber dem Printmedium erweiterten Funktionalitäten eines diesbezüglichen elektronischen Produktes für den Informationsbedarf der Zukunft fehlt nicht.

Der vorgelegte Kartenausschnitt 1:12 500 ist zwar der erste diesbezügliche Versuch der Visualisierung dieser Fachdaten, sicher aber noch kein Prototyp für eine Produktion. Systematik und Typisierung lassen mehrere Ansätze zu. Dennoch kann dem Kandidaten ehrliches Bemühen bescheinigt werden, eine erste Lösung der Fragestellung mit wissenschaftlichem Ansatz und mit Sorgfalt versucht zu haben.

I. KRETSCHMER

2003. THALER, SABINA: Klima – Mensch – Metropole. Welche Auswirkungen hat das Klima einer Großstadt auf die Gesundheit des Menschen? Wien 2003.

E. MURSCH-RADLGRUBER
(Universität für Bodenkultur)

2003. VOGL, CHRISTOPH: Lawinen in den Ostalpen. Wien 2003, 89 Seiten, 15 Abb., 3 Fotos.

H. FISCHER

2003. WANDALLER, BARBARA ANITA: Geomorphologisches Inventar des Nationalparks Nockberge mit einem Vorschlag für einen geomorphologischen Lehrpfad. Wien 2003, 110 Seiten, 38 Abb., 5 Tab.

C. EMBLETON-HAMANN

2003. WANDL, CHRISTOPH: Von der Langzeit-Peripherie ins Zentrum Europas? Entwicklungsperspektiven der EU-Erweiterung für den Bezirk Gmünd im nördlichen Waldviertel. Eine Analyse. Wien 2003, 252 Seiten, 51 Abb., 41 Tab.

H. BAUMHACKL

2003. WINNA, THOMAS: Wandertourismus. Der Wanderführer „Historischer Wanderweg im Land um Laa" als Beitrag zur nachhaltigen Regionalentwicklung im „Land um Laa". Wien 2003, 195 Seiten, 48 Abb., 13 Tab.

H. BAUMHACKL

2003. WOLKERSTORFER, GABRIELE: Vergleich zweier Bodenerosionsmodelle – Morgan, Morgan, Finney (MMF) und SWAT – anhand des Einzugsgebietes der Ybbs. Wien 2002, 132 Seiten, 49 Abb., 27 Tab.

B. BAUER

2003. ZACHARIAS, ELISABETH: Die Bedeutung der alpinen Infrastruktur für den österreichischen Tourismus – Eine Inhaltsanalyse regionaler Werbeprospekte der österreichischen Tourismusorganisationen. Wien 2003, 144 Seiten, 30 Abb., 19 Tab.

Ausgehend von der Hypothese, dass österreichische Tourismusorganisationen zu einem Großteil Infrastruktur in Form von Wanderwegen und Hütten vermarkten, welche durch die ehrenamtliche Tätigkeit der Mitarbeiterinnen und Mitarbeiter der alpinen Vereine Österreichs instandgehalten und bewirtschaftet werden, wird im Rahmen der Diplomarbeit durch eine Inhaltsanalyse aktueller regionaler Werbeprospekte das quantitative Vermarktungsausmaß dieser Infrastruktureinrichtungen untersucht.

Auftraggeber dieser Studie ist der Verband der alpinen Vereine Österreichs, der sich, falls keine Sicherstellung der Fördermittel seitens der öffentlichen Hand zugesagt wird, nicht mehr in der Lage sieht, die alpine Infrastruktur auch zukünftig im bestehenden Ausmaß sicherzustellen.

Zur theoretischen Untermauerung werden Aspekte zur Wahrnehmung von Landschaft und den daraus resultierenden Vorstellungen und Bewertungen über Landschaft angeführt. Auch auf Erkenntnisse aus der Werbepsychologie, welche sich auf die Wirkung von Werbebildern beziehen, wird eingegangen.

Das Untersuchungsmaterial für die Inhaltsanalyse setzt sich aus Prospekten, Wanderführern und Wanderkarten aus 71 Tourismusregionen Österreichs zusammen. Die Auswertung der Analyseergebnisse erfolgt quantitativ. Durch das angewandte Kategoriensystem können auch Aussagen über den Stellenwert, den der Wander- und Bergtourismus für die jeweilige Region hat, gemacht werden. So ergab die Analyse, dass dieses Tourismusangebot für die Österreichischen Tourismusregionen, mit Ausnahme der Bundeshauptstadt Wien, einen sehr hohen Stellenwert für das Tourismusmarketing einnimmt. Was den Anteil der beworbenen Wanderwege und Hütten der alpinen Vereine an den gesamten vermarkteten Infrastruktureinrichtungen in den Prospekten betrifft, müssen die Ergebnisse differenziert betrachtet werden. Zusammenfassend zeigt sich aber durchwegs ein sehr hoher Anteil, der in manchen Regionen sogar über 80 Prozent ausmacht.

Die Ergebnisse der Inhaltsanalyse der Werbeprospekte werden durch eine Analyse der Homepages der Bundesländer ergänzt, wobei hier besonders auf die Vermarktung des Wander- und Bergtourismus durch Werbebilder eingegangen wird. Durch eine Besucherbefragung auf einer Berghütte wird der Frage nachgegangen, welche Bedeutung ein funktionierendes Wanderwege- und Hüttennetz oder die weitgehend unberührte Landschaft für die Besucher haben. Die Ergebnisse der Befragung unterstreichen die große Bedeutung der alpinen Infrastruktur für die Urlaubsplanung der Besucher.

Schließlich wird auf die Bedeutung des Wander- und Bergtourismus für Österreich eingegangen. Zunächst wird herausgearbeitet, dass durch die Erhaltung von Wanderwegen und Hütten wichtige Entwicklungsimpulse für periphere Regionen geschaffen werden können. Auf die Bedeutung der Wertschöpfung aus dem Tourismus wird speziell eingegangen. Schließlich werden noch jüngste Tourismusdaten aus Österreich angeführt, welche die Bedeutung des Tourismus, unter anderem auch des Wander- und Bergtourismus für die Österreichische Wirtschaft, untermauern.

N. Weixlbaumer

B. Wissenschaftliche Veröffentlichungen
(Schriftenreihen des Instituts; Veröffentlichungen der Mitglieder
des Instituts für Geographie und Regionalforschung der Universität Wien)

1. Schriftenreihen des Instituts

a) Geographischer Jahresbericht aus Österreich:

2003. –

b) Wiener Schriften zur Geographie und Kartographie:

2003. –

c) Abhandlungen zur Geographie und Regionalforschung:

2003. –

d) Materialien zur Didaktik der Geographie und Wirtschaftskunde:

2003. Band 10 (3. aktualisierte Auflage): Schmidt-Wulffen, Wulf-Dieter: Wer allein isst, stirbt allein. Afrikanische Entwicklungsbeispiele zwischen Marktzwängen und Solidarität. Eine unterrichtspraktische Erschließung von drei Entwicklungsbeispielen aus Ägypten, Burkina Faso und Ghana für die Sekundarstufe II. Wien 2003 (1. Auflage 1993). 212 Seiten, viele Abbildungen und Grafiken, mit Unterlagen für Lehrer und Schüler. ISBN: 978-3-900830-15-1.

e) Beiträge zur Bevölkerungs- und Sozialgeographie:

2003. –

2. Publikationen der Institutsmitglieder

Univ.-Prof. Dr. HEINZ FASSMANN:

2003. gem. mit I. STACHER (Hrsg.): Österreichischer Migrations- und Integrationsbericht. Klagenfurt: Drava Verlag, 2003, 447 Seiten.

(Im)migration und Fremdenfeindlichkeit. In: Pro Scientia Jahresbericht 2002/03, S. 18–19.

Transnationale Mobilität. Konzeption und Fallbeispiel. In: SWS-Rundschau 43, 4/2003, S. 429–449.

Transnationale Pendelwanderung. Polen in Wien. In: K. ACHAM und K. SCHERKE (Hrsg.): Kontinuitäten und Brüche in der Mitte Europas. Wien: Passagen Verlag, 2003, S. 57–77.

Demografie und Raumordnung – zum Verhältnis zweier benachbarter Disziplinen. In: ÖROK Schriftenreihe, Sonderserie Raum und Region 1/2002, S. 60–65.

gem. mit R. MÜNZ: Population Trends in Central and Eastern Europe – an Overview. In: I. E. KOTOWSKA und J. JOZWIAK (Hrsg.): Population of Central and Eastern Europe: Challenges and Opportunities. European Population Conference 2003, Warsaw, Poland. Statistical Publishing Establishment, Warschau 2003, S. 25–33.

gem. mit H.-M. FENZL: Asyl und Flucht. In: H. FASSMANN und I. STACHER (Hrsg.): Österreichischer Migrations- und Integrationsbericht. Klagenfurt: Drava Verlag, 2003, S. 284–304.

gem. mit K. VORAUER: „One Europe". Die politische und geographische Dimension der EU-Erweiterung. In: Informationen zur Politischen Bildung, Heft 19/2003, S. 5–19.

gem. mit R. MÜNZ: Auswirkungen der EU-Erweiterung auf die Ost-West-Wanderung. In: WSI Mitteilungen, Heft 1/2003, S. 25–32.

Raumordnung: Herausforderungen für das Raumentwicklungskonzept. In: FORUM Raumplanung, Heft 1/2003, S 63–65.

Die Universitätsreform und mögliche räumliche Konsequenzen. In: Österreichische Zeitschrift für Raumplanung und Regionalpolitik, Nr. 49/2003, S 24–25.

Univ.-Prof. Dipl.-Ing. Dr. WOLFGANG KAINZ:

2003. Book review [P. RIGAUX, M. SCHOLL und A. VOISARD (Hrsg.): Spatial Databases with Application to GIS. San Francisco, Morgan Kaufmann, 2002. xxix+410 p.]. In: International Journal of Geographical Information Science, Vol. 17, No. 5, S. 493–494.

Univ.-Prof. Dr. PETER WEICHHART:

2003. Physische Geographie und Humangeographie – eine schwierige Beziehung: Skeptische Anmerkungen zu einer Grundfrage der Geographie und zum Münchner Projekt einer „Integrativen Umweltwissenschaft". In: G. HEINRITZ (Hrsg.): Integrative Ansätze in der Geographie – Vorbild oder Trugbild? Münchner Symposium zur Zukunft der Geographie, 28. April 2003. Eine Dokumentation. Passau, S. 17–34, 3 Abb. (= Münchener Geographische Hefte, Heft 85).

Gesellschaftlicher Metabolismus und Action Settings. Die Verknüpfung von Sach- und Sozialstrukturen im alltagsweltlichen Handeln. In: P. MEUSBURGER und T. SCHWAN

(Hrsg.): Humanökologie. Ansätze zur Überwindung der Natur-Kultur-Dichotomie. Stuttgart: Verlag Steiner, S. 15–44, 1 Abb. (= Erdkundliches Wissen, Band 135).

Zukunftsaufgabe Regionalentwicklung – sind wir dabei, die letzten Chancen endgültig zu verspielen? In: Forum Raumplanung, Heft 1/2003, S. 14–19.

„Europaregion Salzburg" – Grenzüberschreitende Kooperation als Chance für die Positionierung im Wettbewerb der Regionen. In: After Shopping. Situation Salzburg – Strategien für den Speckgürtel. Meisterklasse für Architektur und Stadtplanung an der Internationalen Sommerakademie für Bildende Kunst, Salzburg, S. 41–44.

Univ.-Prof. Mag. Dr. HELMUT WOHLSCHLÄGL:

2003. gem. mit K. HUSA: Südostasiens „demographischer Übergang": Bevölkerungsdynamik, Bevölkerungsverteilung und demographische Prozesse im 20. Jahrhundert. In: P. FELDBAUER, K. HUSA und R. KORFF (Hrsg.): Südostasien: Gesellschaften, Räume und Entwicklung im 20. Jahrhundert. Wien: Verlag Promedia, 2003, S. 133–158 (= Edition Weltregionen, Band 6).

gem. mit K. HUSA: Südostasien: Ein neuer „Global Player" im System der Internationalen Arbeitsmigration. In: Mitteilungen der Anthropologischen Gesellschaft in Wien, 133. Jg., Wien 2003, S. 139–158.

gem. mit K. HUSA: Wirtschaftsboom und ökonomische Krise: Thailands Wirtschaftsentwicklung in den achtziger und neunziger Jahren In: HOHNHOLZ, J. und K.-H. PFEFFER (Hrsg.): Thailand: Ressourcen – Strukturen – Entwicklungen eines tropischen Schwellenlandes. Tübingen 2003, S. 79–120 (= Tübinger Geographische Studien, Bd. 137).

gem. mit A. BERAN, F. FORSTER, F. GRAF und M. HOFMANN-SCHNELLER: Durchblick 4 – Geographie und Wirtschaftskunde für die 8. Schulstufe. Schulbuch für die 4. Klasse der Hauptschule und der allgemeinbildenden höheren Schule. Wien: Verlag Westermann Wien, 2003, 136 Seiten, viele Abb. und Grafiken.

gem. mit A. BERAN, F. FORSTER, F. GRAF und M. HOFMANN-SCHNELLER: Durchblick 4 – Geographie und Wirtschaftskunde. Lehrerband. Wien: Verlag Westermann Wien, 2003, 120 Seiten, viele Abb. und Grafiken.

gem. mit Ch. VIELHABER: Herausgeber und Schriftleiter der Reihe „Materialien zur Didaktik der Geographie und Wirtschaftskunde", Wien 1988ff. Im Jahr 2003 erschien Band 10 (3. aktualisierte Auflage), 212 Seiten, viele Abbildungen und Grafiken, mit Unterlagen für Lehrer und Schüler.

Hohe Auszeichnung für Ao. Univ.-Prof. Dr. Heinz Nissel. In: Mitteilungen der Österreichischen Geographischen Gesellschaft, Band 145, Wien 2003, S. 317–318.

Ao. Univ.-Prof. Mag. Dr. CHRISTINE EMBLETON-HAMANN:

2003. gem. mit O. SLAYMAKER: The Origins of Sediment Budgeting in Drainage Basin Geomorphology. In: IAG Regional Geomorphology Conference, Mexico 2003, Abstracts. Anhang S. 1.

Bericht der Österreichischen Geomorphologischen Kommission. In: Mitteilungen der Österreichischen Geographischen Gesellschaft, Bd. 145, Wien 2003, S. 377–378.

Ao. Univ.-Prof. Mag. Dr. KARL HUSA:

2003. gem. mit P. FELDBAUER und R. KORFF (Hrsg.): Südostasien: Gesellschaften, Räume und Entwicklung im 20. Jahrhundert. Wien: Promedia (= Edition Weltregionen, Band 6).

gem. mit P. FELDBAUER und R. KORFF (Hrsg.): Einleitung. In: P. FELDBAUER, K. HUSA und R. KORFF (Hrsg.): Südostasien: Gesellschaften, Räume und Entwicklung im 20. Jahrhundert. Wien: Promedia, S. 9–12 (= Edition Weltregionen, Band 6).

gem. mit H. WOHLSCHLÄGL: Südostasiens „demographischer Übergang": Bevölkerungsdynamik, Bevölkerungsverteilung und demographische Prozesse im 20. Jahrhundert. In: P. FELDBAUER, K. HUSA und R. KORFF (Hrsg.): Südostasien: Gesellschaft, Räume und Entwicklung im 20. Jahrhundert. Wien: Promedia, S. 133–158 (= Edition Weltregionen, Band 6).

gem. mit H. WOHLSCHLÄGL: Südostasien: Ein neuer „Global Player" im System der Internationalen Arbeitsmigration. In: Mitteilungen der Anthropologischen Gesellschaft in Wien, 133. Jg., S. 139–158.

gem. mit H. WOHLSCHLÄGL: Wirtschaftsboom und ökonomische Krise: Thailands Wirtschaftsentwicklung in den achtziger und neunziger Jahren In: J. HOHNHOLZ und K.-H. PFEFFER (Hrsg.): Thailand: Ressourcen – Strukturen – Entwicklungen eines tropischen Schwellenlandes. Tübingen, S. 79–120 (= Tübinger Geographische Studien, Bd. 137).

gem. mit W. KAINRATH: Österreich-Bibliographie 2002/2003. In: Mitteilungen der Österreichischen Geographischen Gesellschaft, Bd. 145, Wien, S. 319–342.

Ao. Univ.-Prof. Dr. INGRID KRETSCHMER:

2003. Das Jahr 2002 – Aktivitäten in Österreich. In: Kartographische Nachrichten, 53. Jg., 2003, Heft 2, S. 87–93.

Österreichische Expeditionskartographie in Südamerika. In: Cartographica Helvetica, 28, 2003, S. 13–23, 7 Abb.

Wolfgang Scharfe 1942–2003. In: Kartographische Nachrichten, 53. Jg., 2003, Heft 6, S. 289–290, 1 Abb.

Ao. Univ.-Prof. Dr. HEINZ NISSEL:

2003. Indiens Fortschritte beim Kampf gegen den Analphabetismus – gesamtstaatliche und regionsspezifische Ergebnisse des Census 2001. In: Österreichische Gesellschaft für Literatur und Institut für Ethnologie der Universität Wien (Hrsg.): Symposion Literatur und Migration: Indien. Wien, 5.–8.November 2001. Wien 2003, S. 46–58.

gem. mit M. SEGER (Hrsg.): Exkursionsführer Iran zur Auslandsexkursion der Österreichischen Geographischen Gesellschaft vom 12.04.-26.04.2003. Wien 2003, 275 Seiten, unveröff.

Geopolitik, Globalisierung und Geostrategien: Zur Verfügbarkeit und Kontrolle von Macht aus der Sicht der Politischen Geographie. In: P. FILZMAIER und E. FUCHS (Hrsg.): Supermächte. Zentrale Akteure der Weltpolitik. Innsbruck, Wien, München, Bozen: Studienverlag, 2003, S. 33–49.

Ao. Univ.-Prof. Mag. Dr. CHRISTIAN VIELHABER:

2003. Schulprojekte auf dem Prüfstand: Wann ist ein „Projekt" ein Projekt" – 12 Fragen zur Absicherung. In: GW-Unterricht, Nr. 90, Wien 2003, S. 57–63.

Räumliche Nähe ist keine Kategorie, wenn es um Wahrnehmung und Verständnis geht. In: GW-Unterricht, Nr. 91, Wien 2003, S. 2–12.

Gedanken über die Wurzeln der Gewalt in der Erziehung. In: Kinderschutz aktiv 15. Jg., Heft 59, S. 11–14.

Ao. Univ.-Prof. Ing. Dr. NORBERT WEIXLBAUMER:

2003. gem. mit I. MOSE: Großschutzgebiete als Motoren einer nachhaltigen Regionalentwicklung? Erfahrungen mit ausgewählten Schutzgebieten in Europa. In: T. HAMMER (Hrsg.): Großschutzgebiete – Instrumente nachhaltiger Entwicklung. München, S. 35–95.

gem. mit I. MOSE: Großschutzgebiete als Motoren einer nachhaltigen Regionalentwicklung? Beispielhafte Erfahrungen aus dem Naturpark Ötscher Tormäuer. In: Verband der Naturparke Österreichs (Hrsg.): Wer machts, wer zahlts, was bringts? Naturparke und Regionalentwicklung. Graz, S. 9–12.

gem. mit S. KÖHLER und D. SIEGRIST: Der Beitrag der Nichtregierungsorganisationen für die nachhaltige Entwicklung der Alpen – Am Beispiel der Alpenschutzkommission CIPRA. In: Berichte zur deutschen Landeskunde, 77. Bd, Heft 2/3, S. 151–167.

Ass.-Prof. Mag. Dr. ELISABETH AUFHAUSER:

2003. gem. mit S. HAFNER: Feminism and the New Multiscaling in Employment Policy. In: GeoJournal, vol. 56, S. 253–260.

gem. mit S. HERZOG, V. HINTERLEITNER, E. REISINGER und T. OEDL-WIESER: Grundlagen für eine Gleichstellungsorientierte Regionalentwicklung. Endbericht. Studie im Auftrag des Österreichischen Bundeskanzleramts, Abteilung IV/4. Wien: Institut für Geographie und Regionalforschung und Bundesanstalt für Bergbauernfragen. 250 Seiten.

gem. mit S. HERZOG, V. HINTERLEITNER, E. REISINGER und T. OEDL-WIESER: Grundlagen für eine Gleichstellungsorientierte Regionalentwicklung. Kartenteil. Wien: Institut für Geographie und Regionalforschung und Bundesanstalt für Bergbauernfragen. 33 Farbkarten.

gem. mit S. HERZOG, V. HINTERLEITNER, E. REISINGER und T. OEDL-WIESER: Grundlagen für eine Gleichstellungsorientierte Regionalentwicklung. Kurzfassung. Wien: Institut für Geographie und Regionalforschung und Bundesanstalt für Bergbauernfragen. 19 Seiten.

gem. mit S. HERZOG, V. HINTERLEITNER, E. REISINGER und T. OEDL-WIESER: Principles for a „Gender-Sensitive Regional Development". Summary. Wien: Institut für Geographie und Regionalforschung und Bundesanstalt für Bergbauernfragen. 18 Seiten.

Bevölkerungspolitik: Zwischen Menschenökonomie und Menschenrechten. In: MGWU – Materialien zu Gesellschaft, Wirtschaft und Umwelt im Unterricht, Heft 1/2003. Wien: Kritische Geographie, 33 Seiten.

„Weibsbilder" und „Mannsbilder" in der Entwicklung des ländlichen Raumes. In: Club Niederösterreich (Hrsg.): Frau sein im ländlichen Raum ... entsage, ertrage und du wirst gesegnet sein? Wien: Club Niederösterreich, S. 12–27.

gem. mit T. OEDL-WIESER: Gleichstellungsorientierte Regionalentwicklung. Strategische Herausforderungen für die Verankerung von Gender Mainstreaming im regionalpolitischen Kontext. In: LEADER Magazin Österreich, Nr. 2/2003, S. 1–3.

gem. mit V. HINTERLEITNER: Zur ärztlichen Versorgung von Frauen und Männern in Stadt und Land. Geschlechterkonstruktionen in der Geographie und Regionalforschung. In: Arbeitsgruppe für Öffentlichkeitsarbeit der Geistes- und Kulturwissenschaftlichen Fakultät und Projektzentrum Genderforschung der Universität Wien (Hrsg.): Gender? Gender! Geschlechterforschung an der Universität Wien. Wien: Projektzentrum Genderforschung der Universität Wien, S. 20–21.

Gender Mainstreaming – Impulse für Regionen? Statement zum Diskussionsforum. In: Dokumentation der GeM-Tagung „Gender Mainstreaming im ESF – von der Theorie in die Praxis. Zwischenbilanz und Perspektiven der Umsetzung in der österreichischen Arbeitsmarktpolitk" vom 16. September 2003. Wien: GeM-Koordinationsstelle des ESF.

Univ.-Ass. Mag. Dr. ROBERT PETICZKA:

2003. gem. mit K. KRIZ: Topographische Übersichtskarte (Kartentafel). In: BMLFUW (Hrsg.): Hydrologischer Atlas Österreichs. 1. Lieferung. Kartentafel 1.1. Wien: Bundesministerium für Land- und Forstwirtschaft, Umwelt und Wasserwirtschaft.

gem. mit K. KRIZ: Österreich: Topographische Übersichtskarte – Austria: Topographic Overview Map (Texttafel). In: BMLFUW (Hrsg.): Hydrologischer Atlas Österreichs. 1. Lieferung. Texttafel 1.1. Wien: Bundesministerium für Land- und Forstwirtschaft, Umwelt und Wasserwirtschaft. 3 Seiten, 3 Abb.

Die Lösswand von Stiefern. In: H. HUNDSBICHLER (Hrsg.): Andere Zeiten. Stiefern, S. 44–45.

Univ.-Ass. Mag. Dr. ANDREAS RIEDL:

2003. gem. mit A. SCHRATT: Das Potential rasterbasierter Virtual Reality-Systeme zur Landschaftsvisualisierung. In: M. SCHRENK (Hrsg.): CORP2003 – GeoMultimedia03: Beiträge zum 8. Symposion zur Rolle der Informationstechnologie in der und für die Raumplanung, Wien 2003, S. 399–405.

gem. mit S. CSIDA und D. RIEGLER: Kartografische Anforderungen an eine 4D-Animation zur Visualisierung postglazialer Ereignisse, gezeigt anhand des Beispiels GLOF – Glacial Lake Outburst Flood. In: J. STROBL, T. BLASCHKE und G. GRIESEBNER (Hrsg.): Angewandte Geographische Informationsverarbeitung, Bd. XV: Beiträge zum AGIT-Symposium Salzburg 2003. Heidelberg: Wichmann, S. 53–58.

gem. mit A. SCHRATT: Rahmenbedingungen rasterbasierter Web3D-Systeme zur kartografiegerechten Geovisualisierung – gezeigt am Beispiel Naturpark Blockheide. In: J. STROBL, T. BLASCHKE UND G. GRIESEBNER (Hrsg.): Angewandte Geographische Informationsverarbeitung, Bd. XV: Beiträge zum AGIT-Symposium Salzburg 2003. Heidelberg: Wichmann, S. 474–480.

Vertr.-Ass. Mag. Dr. MARTIN HEINTEL:

2003. Regionalmanagement: ein neues Aufgabenfeld. In: Raum, Österreichische Zeitschrift für Raumplanung und Regionalpolitik, Nr. 52, Wien: Österreichisches Institut für Raumplanung (ÖIR), S. 30–31.

„Cross-Border-Cooperation". Anregungen zur Erweiterung der Europäischen Union aus regionalwissenschaftlicher Perspektive. In: Österreich in Geschichte und Literatur (ÖGL), 47. Jg., Heft 5, Wien: Braumüller, S. 311–320.

Entlang des Wiener Wassers – Symbol der Verbindung von ländlicher Peripherie und urbanem Zentrum. In: Raum, Österreichische Zeitschrift für Raumplanung und Regionalpolitik, Nr. 50, Wien: Österreichisches Institut für Raumplanung (ÖIR), S. 18–19.

„Professionalize.it": Trends der Professionalisierung als Überlebensstrategie in der Regionalentwicklung? In: Conference Proceedings des 8. Internationalen Symposions CORP 2003 & GeoMultimedia zum Thema „Glocalize.it & 4D-Stadt- und Landschaftsmodelle" an der Technischen Universität in Wien. Wien: Multimediaplan, S. 355–358.

gem. mit J. KNIELING, D. FÜRST und R. DANIELZYK: Kooperative Handlungsformen in der Regionalplanung. Zur Praxis der Regionalplanung in Deutschland. Dortmund: Dortmunder Betrieb für Bau- und Planungsliteratur (= REGIO spezial 1). Besprochen in: Akademie für Raumforschung und Landesplanung und Bundesamt für Bauwesen und Raumordnung (Hrsg.) (2003): Raumforschung und Raumordnung, 61. Jg., Heft 5, Hannover – Bonn – Köln: Carl Heymanns Verlag, S. 411–412.

gem. mit M. FROMHOLD-EISEBITH, P. WEICHHART und F. ZIMMERMANN: Postergestaltung zum Thema „Regional Development and Regional Policies" zur Präsentation der österreichischen GeographInnen im Rahmen des „30th Congress of the International Geographical Union IGC-UK Glasgow" vom 15.-20.08.2004.

Vertr.-Ass. Mag. Dr. KARIN VORAUER-MISCHER:

2003. gem. mit H. FASSMANN: „One Europe". Die politische und geographische Dimension der Erweiterung. In: Forum Politische Bildung (Hrsg.): EU 25 – Die Erweiterung der Europäischen Union. Wien, S. 5–19 (= Informationen zur Politischen Bildung, Nr. 19).

Pro & Kontra: Verkehrsproblematik im erweiterten Europa. In: Forum Politische Bildung (Hrsg.): EU 25 – Die Erweiterung der Europäischen Union. Wien, S. 20 (= Informationen zur Politischen Bildung, Nr. 19).

gem. mit K. WIEST: Wer wohnt wo – ein sozialräumlicher Überblick. In: G. HEINRITZ, C. WIEGANDT und D. WIKTORIN (Hrsg.): Der Münchenatlas. Die Metropole im Spiegel faszinierender Karten. Köln/Hamburg, S. 176–177.

gem. mit W. SCHWARZ: Die Regionalentwicklung in der EU-15 – räumliche Heterogenität, zeitliche Diskontinuität, regionalpolitische Optionalität. Ergebnisse einer empirischen Analyse. In: Mitteilungen der Österreichischen Geographischen Gesellschaft, Band 145, Wien, S. 7–34.

Lektor Ao. Univ.-Prof. (der TU Wien) Dr. WOLFGANG BLAAS:

2003. gem. mit G. OPPOLZER, K. PUCHINGER, M. ROSENBERGER und R. ZUCKERSTÄTTER: Büromarkt und Stadtentwicklung. Stadtstrukturelle Wirkungen der Wiener Wirtschaftsentwicklung. In: Reihe „Dokumentation – Erarbeitung STEP WIEN 2005", Nr. 54, Wien.

Eastern Enlargement as an All European Development Project. Conference Reader, Part 2. Special Issue of: Der Öffentliche Sektor – Forschungsmemoranden, 29. Jg., Heft 2–3.

gem. mit G. OPPOLZER: Socioeconomic Dynamics and Property Rights Regulation as Driving Forces of Urban Spatial Development: the Case of Vienna. Paper presented at the EAEPE 2003 Conference, Maastricht, November 2003 (= IFIP Working Paper, Nr. 2/2003).

gem. mit K. PUCHINGER, A. RESCH, A. HERGOVICH und S. WEIGLOVA: Analyse stadtstruktureller Entwicklungsprobleme der Wiener City und Cityrandgebiete. Studie im Auftrag der Stadt Wien. Wien 2003.

Lektorin Mag. Dr. CAROLINE GERSCHLAGER:

2003. Adam Smith's Social Deception, Individual Deception and Institutions. In: EAEPE-Conference Proceedings at: http://eaepe.infonomics.nl/papers.htm (Maastricht, November 2003).

Lektor Mag. Dr. CHRISTOF PARNREITER:

2003. gem. mit A. BORSDORF (Hrsg.): International Research on Metropolises. Milestones and Frontiers. Wien 2003 (= ISR-Forschungsberichte, Nr. 29).

Entwicklungstendenzen lateinamerikanischer Metropolen im Zeitalter der Globalisierung. In: Mitteilungen der Österreichischen Geographischen Gesellschaft, Bd. 145, Wien, S. 63–94.

Polarización económica y fragmentación espacial. El caso de México. In: Actas Latinoamericanas de Varsovia, Bd. 26, S. 173–189.

Global City Formation in Latin America: Socioeconomic and Spatial Transformations in Mexico City and Santiago de Chile (= Globalization and World Cities Study Group and Network, Research Bulletin, Nr. 103).

gem. mit K. FISCHER und J. JÄGER: Transformación económica, políticas y producción de la segregación social en Chile y México. In: Scripta Nova, Revista electrónica de geografía y ciencias sociales. Barcelona: Universidad de Barcelona, 2003, vol. VII, núm. 146 (127).

gem. mit A. BORSDORF: Preface: International Research on Metropolises – Milestones and Frontiers. In: A. BORSDORF und C. PARNREITER (Hrsg.): International Research on Metropolises. Milestones and Frontiers. Wien 2003, S. 5–7 (= ISR-Forschungsberichte, Nr. 29).

gem. mit K. FISCHER, J. JÄGER und P. KOHLER: Transformation and Urban Processes in Latin America. In: A. BORSDORF und C. PARNREITER (Hrsg.): International Research on Metropolises. Milestones and Frontiers. Wien 2003, S. 115–125 (= ISR-Forschungsberichte, Nr. 29).

Lektorin Mag. ELISABETH RATHMANNER:

2003. Bewerbung – Werbung in eigener Sache. Ein interessantes Thema im Berufsorientierungsunterricht in der AHS-Oberstufe. In: AK Wien, „Berufsorientierung", Heft 2, 38 Seiten.

Lektor Mag. Dr. CHRISTIAN SITTE:

2003. Zeitschriftenspiegel (und www-Adressen). In: GW-Unterricht, Nr. 89, 90, 91 und 92. Wien, insgesamt 36 Seiten.

Mitherausgeberschaft und redaktionelle Betreuung des Heftabschnitts „Wirtschafts- und Sozialgeographie, Wirtschaftsinformationen". In: Wissenschaftliche Nachrichten, Hefte 121–123, Wien.

E-Learning in der Schule unter dem Blickwinkel des Einsatzes einer „Angepassten Technologie" (= Ansätze zum Einsatz des WWW in Geographie und Wirtschaftskunde, 3. Teil). In: GW-Unterricht, Nr. 89, Wien, S. 57–62.

E-Learning: Anmerkungen zu einem Umgang damit in GW und GS und zu möglichen Perspektiven. In: Erziehung und Unterricht, Österreichische Pädagogische Zeitschrift, Heft 9/10-2003, Wien: Österreichischer Bundesverlag, S. 1129–1139.

Portfoliobeurteilung in Realienfächern an der Oberstufe. Beispiel Geographie und Wirtschaftskunde – ein möglicher Weg, sich dem Maturitätsanspruch der AHS stärker zuzuwenden und eine Form der direkten Leistungsvorlage zu verwenden. In: GW-Unterricht, Nr. 91, Wien, S. 23–30.

Zur Fertigstellung des Lehrplanentwurfs für die AHS (Gymnasium-) Oberstufe (und zur dazu von Christian Sitte erstellten „LP-Diskussionswebseite" + Entwurfstext des zukünftigen Lehrplans für die AHS 2004. In: GW-Unterricht, Nr. 90, Wien, S. 94–100.

gem. mit C. VIELHABER: Bericht über die Aktivitäten im Bereich Fachdidaktik am Institut für Geographie und Regionalforschung der Universität Wien – erstellt für die Projektgruppe Fachdidaktik an der Universität Wien. URL: http://homepage. univie. ac.at/Christian.Sitte/berichtFD2002.htm.

Website zur Betreuungslehrer/innen-Ausbildung: Modul Fachdidaktik GWK, im WS 2002 an der Universität Wien (Konzeption, Gestaltung und Content des Teiles e-learning). URL: http://homepage.univie.ac.at/Christian.Sitte/FD/Betreuungslehrerseminar2002/index.htm.

Ergänzung des Artikels VON E. LICHTENBERGER (Stadträume in den USA) durch eine Zusammenstellung und Kommentierung virtuellen Materials. In: Wissenschaftliche Nachrichten, Nr. 121, Wien, S. 50–51.

Lektor Mag. ROMAN STANI-FERTL:

2003. Braunschweiger, Dalmatiner, Hong Kong-Grippe – Das kommt mir doch spanisch vor! In: GW-Unterricht, Nr. 92, Wien, S. 57–60, 1 Tab.

Flurnamenerhebung – Versuch einer Systematisierung der Vorgangsweise. In: Österreichische Namenforschung, Jg. 31, Heft 1–3, Klagenfurt: Institut für Sprachwissenschaft, S. 73–78.

Beschriftung von Objekten in großmaßstäbigen Karten unter namenkundlichen Aspekten am Beispiel der Großglocknergruppe. In: Österreichische Namenforschung, Jg. 31, Heft 1–3, Klagenfurt: Institut für Sprachwissenschaft, S. 79–95, 5 Abb., 1 Tab.

C. *Veranstaltungen des Instituts für Geographie und
Regionalforschung der Universität Wien*

Kolloquium aus Geographie und Regionalforschung

Wintersemester 2002/03:

30. Jänner:	Arch. ROMI KHOSLA (Principle Consultant to the United Nations and The Department for International Development, UK): The City – Visions and Conflicts

Sommersemester 2003:

7. Mai:	Ing. Mag. CHRISTIAN MASLO (Univ.-Lektor am Institut für Geographie und Regionalforschung der Universität Wien): Die Wiener Wasserversorgung in der Vergangenheit, Gegenwart und Zukunft
8. Mai:	Univ.-Prof. Dr. DIETER LÄPPLE (Technische Universität Hamburg-Harburg, Arbeitsbereich für Stadt- und Regionalökonomie): Räume der Globalisierung
14. Mai:	Mag. CHRISTOPH BERGER (Univ.-Lektor am Institut für Geographie und Regionalforschung der Universität Wien): Projektmanagement: Projekte werden komplexer – eine Differenzierung zur Bewältigung der Herausforderungen
26. Mai:	Dr. WOLFGANG ZIERHOFER (Universität Basel, Programm „Mensch, Gesellschaft, Umwelt"): „Ihren Pass bitte!" – Staat, Raum und Globalisierung
2. Juni:	Univ.-Prof. Dr. KARLHEINZ WÖHLER (Universität Lüneburg, Professor für Empirische und Angewandte Tourismuswissenschaft) Räume des Tourismus – Vom Verschwinden und Entstehen von Landschaften
3. Juni:	Ao. Univ.-Prof. Dr. HERMANN HÄUSLER (Universität Wien, Institut für Geologische Wissenschaften): Risikobeurteilung von Gletscherseeausbrüchen im Bhutan-Himalaya
5. Juni:	Prof. OLAV SLAYMAKER Ph.D. (Full Professor, Department of Geography, University of British Columbia, Vancouver; im SS 2003 Gastprofessor am Institut für Geographie und Regionalforschung der Universität Wien) The Sediment Budget as Conceptual Framework and Management Tool
18. Juni:	Univ.-Prof. Dr. BODO FREUND (Geographisches Institut der Humboldt-Universität Berlin; im SS 2003 Gastprofessor im Rahmen des „Sokrates"-Professorenaustausches am Institut für Geographie und Regionalforschung der Universität Wien):

Das Hochhaus – ein umstrittener Bautyp in der europäischen Stadt

Wintersemester 2003/04:

15. Oktober: Wiss. Ass. Dr. GÜNTER WOLKERSDORFER
(Institut für Geographie der Universität Münster, Arbeitsbereich Politische Geographie / Sozialgeographie; im WS 2003/04 Gastdozent im Rahmen des „Sokrates"-Professorenaustausches am Institut für Geographie und Regionalforschung der Universität Wien):
Auf der Suche nach einer neuen Weltordnung – Geopolitische Leitbilder nach dem Ende des Kalten Krieges

22. Oktober: Prof. Dipl.-Ing. Dr. ANDREAS FALUDI
(Professor of Spatial Policy Systems in Europe, University of Nijmegen; im WS 2003/04 Gastprofessor am Institut für Geographie und Regionalforschung der Universität Wien):
Raumplanungstraditionen in Europa: Ihre Rolle im EUREK-Prozess

5. November: Prof. YU FANG Ph.D.
(Institute of Remote Sensing and GIS, Beijing University, China):
GIS in China – Development and Applications

Themenblock „Raum"

im Rahmen des Kolloquiums aus Geographie und Regionalforschung
(Koordination: PETER WEICHHART)

In den letzten Jahren ist in den Sozialwissenschaften ein ausdrückliches Interesse an der Kategorie des Raumes und der räumlichen Strukturiertheit sozialer Phänomene und Prozesse zu beobachten. Dieser Diskurs wurde besonders durch die „Ökologisierung" vieler Sozialwissenschaften, andererseits durch die Globalisierung angestoßen. In der Sozialgeographie, die mit dem Anspruch angetreten war, die Zusammenhänge zwischen „Raum" und „Gesellschaft" besonders kompetent erforschen zu können, sind gegenwärtig hingegen Tendenzen zu einem ausgeprägten „Raumexorzismus" zu beobachten.

Zur Aufarbeitung dieser Diskussion und zu einer Positionsbestimmung der Sozialgeographie wurde in den Jahren 2002 und 2003 eine Vortragsreihe veranstaltet, in der namhafte Sozialwissenschaftler/innen Ansätze aktueller sozialwissenschaftlicher Theorien des Raumes referierten.

Sommersemester 2002:

22. April: Prof. Dr. MARTINA LÖW
(Professur für Soziologie an der Technischen Universität Darmstadt):
Von der Blindheit zur Euphorie. Raumtheorien in der Soziologie

29. Mai: Emer. Univ.-Prof. Dr. GERHARD KAMINSKI
(Psychologisches Institut der Universität Tübingen):
Raumkonzepte in der Psychologie

12. Juni: O. Univ.-Prof. Mag. Dr. JENS DANGSCHAT
(Institut der Soziologie für Raumplanung und Architektur der Technischen Universität Wien):
Konstruktion und Rekonstruktion des Sozialen Raumes – Die Herausforderung der sozialwissenschaftlichen Stadt- und Regionalforschung

Wintersemester 2002/03:

25. November: Prof. Dr. SIGRID WEIGEL
(Technische Universität Berlin, Direktorin des Zentrums für Literaturforschung und Vorstandsvorsitzende der Geisteswissenschaftlichen Zentren Berlin):
Text und Topographie der Stadt. Symbole, religiöse Rituale und Kulturtechniken in der euopäischen Stadtgeschichte

Sommersemester 2003:

8. Mai: Univ.-Prof. Dr. DIETER LÄPPLE
(Technische Universität Hamburg-Harburg, Arbeitsbereich für Stadt- und Regionalökonomie):
Räume der Globalisierung

2. Juni: Univ.-Prof. Dr. KARLHEINZ WÖHLER
(Universität Lüneburg, Professur für Empirische und Angewandte Tourismuswissenschaft):
Räume des Tourismus – Vom Verschwinden und Entstehen von Landschaften

D. Gastprofessuren 2003

Prof. Dr. WILLIAM CARTWRIGHT, Associate Professor, Department of Land Information, Royal Melbourne Institute of Technology (RMIT), University of Melbourne, Australien – Gastprofessur für Kartographie und Geoinformation (SS 2003).
Lehrveranstaltungen: Australia and its Place in the South Pacific – An Appreciation of History and Current Situation through Geographical Information, Vorlesung, 2-stündig; Operating Mapping Programs in the Asian and South Pacific Region: An Overview of Information Resources, Existing Mapping Programs, Data Collection and Visualisation Strategies and Collaborative Data Assembly and Publishing, Proseminar, 3-stündig; Issues Related to the Use of New Media by the Geospatial Sciences, Konversatorium, 1-stündig.

Prof. Dr. BODO FREUND, Univ.-Prof., Geographisches Institut der Humboldt-Universität Berlin, Professor für Kulturgeographie an der Abteilung Humangeographie – „Sokrates"-Gastprofessur für Humangeographie (im Rahmen des Professorenaustausches Deutschland – Österreich) (SS 2003).
Lehrveranstaltung: Aktuelle Forschungsthemen der Stadtgeographie, Vorlesung, 2-stündig.

Univ.-Prof. CHRISTOPHER KILBURN Ph.D., Benfield Greig Hazard Research Center, Department of Earth Sciences, University College, London – Gastprofessur für Physische Geographie (SS 2003).

Lehrveranstaltungen: Collapsing Hills and Mountains: The Dynamics of Landslides, Vorlesung, 2-stündig; Living with Volcanoes: Forecasting and Planning for Volcanic Hazards, Arbeitsgemeinschaft, 2-stündig; Fachexkursion Ausland: Kuba (Schwerpunkt Physische Geographie, Geoökologie) (gem. m. B. BAUER), 3-stündig.

Prof. OLAV SLAYMAKER, Ph.D., Full Professor, Department of Geography, University of British Columbia, Vancouver, Canada – Gastprofessur für Physische Geographie (SS 2003).
Lehrveranstaltungen: Progress in Physical Geography, Vorlesung, 2-stündig; Principles of Hydrogeomorphology, Vorlesung, 1-stündig; Global Environmental Change, Konversatorium, 1-stündig; Physiogeographisches Geländepraktikum, Teile I und II: Physical Geography Field Work in the Scandinavian Mountains, Praktikum, 4-stündig (gem. m. Ch. EMBLETON-HAMANN).

Prof. Dipl.-Ing. Dr. ANDREAS FALUDI, Professor für Räumliche Politiksysteme in Europa, Nijmegen School of Management, Universität Nijmegen, Niederlande – Gastprofessur für Raumforschung und Raumordnung (WS 2003/04).
Lehrveranstaltungen: European Spatial Planning, Vorlesung, 2-stündig; Seminar aus Angewandter Geographie, Raumforschung und Raumordnung: European Spatial Planning, 2-stündig.

Dr. GÜNTER WOLKERSDORFER, Wissenschaftlicher Assistent amLehrstuhl für Politische Geographie / Sozialgeographie, Institut für Geographie der Universität Münster / Westfalen – „Sokrates"-Gastdozentur für Humangeographie (im Rahmen des Professoren- und Dozentenaustausches Deutschland – Österreich) (WS 2003/04).
Lehrveranstaltung: Seminar aus Humangeographie: Aktuelle Formen der Geopolitik und ihre Dekonstruktion, 3-stündig (gem. m. H. NISSEL).

Tit. ao. Univ.-Prof. Dr. FRANZ ZWITTKOVITS, Universitätsdozent – Gastprofessur für Humangeographie und Regionalgeographie (WS 2003/04).
Lehrveranstaltungen: Der Ostalpenraum – eine regionalgeographische Analyse, Vorlesung, 2-stündig; Der Karst in verschiedenen Klimazonen (Tropen, Trockenräume, Mediterranraum), Vorlesung, 2-stündig; Physiogeographische Exkursion – Inland: Morphologie des südlichen Wiener Beckens, 1,5-stündig; Physiogeographische Exkursion – Inland: Höhenprofil Puchberger Becken – Schneeberg, 0,5-stündig; Physiogeographische Exkursion – Inland: Stuhleck – Semmering, 0,5-stündig.

II. Institut für Geographie und Raumforschung der Universität Graz*)

1871 o. Professur, 1878 Geographisches Institut, 1967 2. o. Professur, 1983 ao. Professur, 1999 umbenannt in Geographie und Raumforschung.
Lehrkörper: 2 o. Professoren, 1 Univ.-Professor, 4 ao. Univ.-Professoren, 2 Ass.-Professoren, 3 Vertr.-Assistenten, 1 wiss. Beamter, 24 externe Lektor/inn/en und Dozent/inn/en.
Spezielle Einrichtungen: Geomorphologisches Labor, Kartographie-Werkstatt, Werkstatt für GIS und Fernerkundung, Fotolabor, Fachdidaktik Geographie und Wirtschaftskunde, Umweltsystemwissenschaften.

A. Habilitationen, Dissertationen und Diplomarbeiten

Dissertationen

2003. SCHREYER, CHRISTIAN: Die gegenwärtige Abfallproblematik in Kleinstädten Nordostbrasiliens und Strategien zur Minimierung des ökologischen Schadens, 241 S., 56 Abb., 31 Tab.

Die Arbeit befasst sich zunächst ausführlich mit den geologischen und bodenkundlichen Aspekten in Nordostbrasilien, wobei auch die klimatischen Rahmenbedingungen, insbesondere die für die Deponierung so wichtigen Niederschlagsverhältnisse erörtert werden. Im weiteren Verlauf geht der Autor auf die Deponieformen in den Kleinstädten näher ein, wobei er im Rahmen von Feldarbeiten vor Ort mehrere Standorte hinsichtlich der gesetzlichen Regelungen überprüft und die tatsächliche Umweltverträglichkeit beurteilt hat. In Zusammenarbeit mit örtlichen Abfallentsorgungsunternehmen werden gemäß der klimatischen und bodenkundlichen Grundlagen geeignete Standorte ermittelt und den Kommunen vorgeschlagen. Desgleichen wird auch eine gemeinsame Grundlage für Öffentlichkeitsarbeit, speziell in den Schulen, erarbeitet. Die Arbeit schließt mit einer kritischen Auseinandersetzung der Chancen auf eine gute Umsetzung der Maßnahmen zur Verbesserung der gegenwärtigen Umweltproblematik – insbesondere infolge des hohen Fungizid- und Herbizidverbrauches bei den Monokulturen. Der Autor hat die gestellte Aufgabe nicht nur fachlich sondern auch formal und unter Berücksichtigung der tatsächlichen Verhältnisse in der Praxis sehr gut bewältigt.

R. LAZAR

2003. EDLER, BETTINA: Die Interaktionen von Relief, Nutzung und Nutzungswandel im Sausal (Natura 2000 Region), 128 S., 61 Abb., 10 Tab., 2 Karten im Anhang.

Die Arbeit untersucht die Beziehungen zwischen Oberflächenformen und Nutzung in einem vielgestaltigen Beispielsgebiet aus dem Steirischen Vorland. Dabei kommt ein breites Methodeninstrumentarium zum Einsatz, in dessen Mittelpunkt ein GIS-basierter Ansatz steht. Trotz der hiermit gegebenen stark quantitativen Ausrichtung kommen qualitative Aspekte von der Reliefgenese bis hin zu den agrarpolitischen Rahmenbedingungen der jüngsten Nutzungsänderungen nicht zu kurz. Die Arbeit schließt mit einer Potenzialanalyse der Region und daraus abgeleiteten Maßnahmenempfehlungen für die Regionalentwicklung unter den Anforderungen von Natura 2000.

G. K. LIEB

---

*) http://www.kfunigraz.ac.at/geowww

2003. MANDL, CHRISTINA: Systemisches Projektmanagement anhand kommunaler Entwicklungsprozesse, 230 S., 21 Abb., Anhang, Literaturverzeichnis.

Ziel der Arbeit ist
(1) die systemtheoretischen Grundlagen sowie die Voraussetzungen für Projektmanagement in einem Literaturvergleich darzustellen,
(2) diese in ein systemisches Projektmanagement überzuführen und
(3) anhand der Bereiche
   a. Gemeinden,
   b. Dorferneuerung,
   c. Partizipation,
   d. Konfliktmanagement,
   e. Lokale Agenda 21,
   f. Zukunftskonferenz

zu versuchen, die Umsetzung des systemischen Projektmanagements in einer zeitlichen und in einer inhaltlichen Achse zu beleuchten.

Die Dissertation beschäftigt sich zunächst mit den systemischen Grundlagen für eine Arbeit im Bereich der kommunalen und regionalen Entwicklungsprozesse und geht auf unterschiedliche Dimensionen lernender Organisationen ebenso ein wie auf systemische Interventionen.

Darauf baut sich der Teil mit den Grundlagen zum Projektmanagement auf, der über Projektdefinitionen, Rollenverteilungen, Projektplanung, Projektmarketing bis hin zur Kommunikation und dem Teammanagement zeigt, welche Voraussetzungen für professionelle regionale und kommunale Projekte zu erfüllen sind.

Aus den beiden o.a. Teilen wird als Synthese das systemische Projektmanagement abgeleitet und entsprechend als Voraussetzung für regionales Handeln dargestellt.

Die folgenden Kapitel beschäftigen sich mit Anwendungsmöglichkeiten, wobei die Auswahl und teils auch die Darstellung ein wenig unreflektiert erscheinen. Die Thematik Gemeinde mit dem Unterkapitel „Aktuelle Situation" sei hier nur beispielhaft genannt, ebenso die ausschließlich methodisch argumentierten Kapitel „Konfliktmanagement" und „Zukunftskonferenz". Die übrigen Kapitel, insbesondere „Dorferneuerung" und „Lokale Agenda 21" lassen die Intentionen der Autorin wesentlich besser erkennen und erreichen ihre Zielsetzung.

F.M. ZIMMERMANN

2003. WEBER, WOLFGANG: EU-Erweiterung: Chancen und Potentiale für die südliche Steiermark, 232 S., 41 Abb., 34 Tab., Literaturverzeichnis.

Herr Mag. WEBER hat sich neben seiner umfangreichen Tätigkeit als privater Unternehmer mit einem Technischen Büro für Angewandte Geographie die Aufgabe gestellt, eine Dissertation zu einem hochaktuellen Thema europäischer Raumentwicklung zu verfassen. Das Anspruchsniveau der vorliegenden wissenschaftlichen Arbeit spiegelt den umfangreichen Erfahrungsschatz sowie das persönliche Engagement des Kandidaten wider.

Ziel der Arbeit ist es,
- eine ganzheitliche Darstellung der (über)regionalen Rahmenbedingungen für die ökonomische Entwicklung der südlichen Steiermark als Basis für Entscheidungsträger zu erarbeiten und
- die Auswirkungen der EU-Erweiterung auf das Untersuchungsgebiet vernetzt und systemorientiert darzustellen.

Die Umsetzung dieser Zielsetzungen erfolgt in 5 Schritten:
(1) In einem theoretisch-methodischen Zugang werden die wesentlichen nationalen und internationalen Arbeiten diskutiert und der aktuelle Forschungsstand kommentiert.

(2) In der Folge werden die Auswirkungen der EU-Erweiterung auf unterschiedlichen räumlichen und sektoralen Ebenen dargestellt, als Basis

(3) für die Bewertung der regionalwirtschaftlichen Funktionalität der Region. Dabei wird insbesondere auf das breite Spektrum moderner Standortfaktoren für erfolgreiche Wirtschaftsregionen eingegangen, insbesondere auf Humankapital und Qualifikation, Kooperationspotentiale und Netzwerkstrukturen sowie F&E bzw. Innovationsansätze.

(4) Den Hauptteil der Arbeit bildet die Anwendung des Sensitivitätsmodells von VESTER, mit dessen systemischen Ansätzen Wirkungsnetze ganzheitlich und in dynamischer Sicht analysiert und dargestellt werden, um darauf aufbauend integrativ-basierte Handlungsanweisungen mit Steuerungseffekten zu erzielen. Für die Bereiche „Landwirtschaft und Ländlicher Raum" sowie „Technologie und Innovation" wurden in mehreren partizipativen Prozessen mit ExpertInnen die Systemabgrenzung und -beschreibung, die Indikatorenauswahl und deren Bewertung in einer Wirkungsmatrix sowie die Auswertung anhand einer Konsensmatrix durchgeführt, um die Einflüsse der EU-Erweiterung auf die Region abzuschätzen.

(5) In einem abschließenden Kapitel werden mögliche Aktions- und Reaktionsmuster für die Grenzregion dargestellt.

F. M. ZIMMERMANN

Diplomarbeiten
bei F. BRUNNER

2003. SOMMER, GERNOT: Bausteine zur „Bildungsinitiative Nachhaltige Steiermark": Nachhaltige Entwicklung – Regionalentwicklung. 136 S., 13 Abb.

Diplomarbeiten
bei P. ČEDE

2003. HIRSCHMUGL, ROBERT: Die Megalopolis Los Angeles. 129 S. mit 59 Abb., 31 Tab.

JERNEJ, CAROLINE: Die Verbreitung der evangelikalen und Pfingstkirchen in Guatemala. 88 S. mit 49 Abb., 1 Tab.

MATHY, SANDRA: Maisanbau und Kulturlandschaftsdynamik in der mittleren Weststeiermark. 141 S. mit 64 Abb., 27 Tab.

MAXL, WALTRAUD: Entwicklung und Strukturen des Intensivapfelanbaues in den Gemeinden der Steirischen Apfelstraße. 113 S. mit 29 Abb., 21 Tab.

MOSER, IRIS: Die Region „Hemmaland" als Entwicklungsimpuls für Mittelkärnten. 245 S. mit 57 Abb. und 43 Tab.

WALTER, SIEGFRIED: Entwicklung und Struktur der Biologischen Landwirtschaft in der Steiermark. 119 S. mit 44 Abb., 27 Tab.

Diplomarbeiten
bei W. FISCHER

2003. ORASCHE, DANIEL: Innovatives Abwassermanagement im Bezirk Leibnitz im Hinblick auf physiogeographische Voraussetzungen. Projektmanagement: Dr. FISCHER. Inhalt: Zustandsanalyse der Abwasserentsorgung. Probleme und kommunalpolitische Entscheidungsanalysen und Darstellung innovativer Möglichkeiten der Erhöhung des Entsorgungsgrades gemäß Gesetz und Stand der Technik, 94 S.

Diplomarbeiten
bei R. Lazar

2003. BRAUN, NORBERT: Klimaeignung und Luftschadstoffbelastung im Raum Leoben, 74 S., 38 Abb. 15 Tab.

GÖLLES, CHRISTIAN: Die ökologischen Rahmenbedingungen des Weinbaues im Raum Kapfenstein, 83 S., 40 Abb., 22 Tab.

GUHSL, RICHARD: Gewässerverschmutzung und Gewässerschutz in Bolivien, 112 S., 42 Abb., 23 Tab.

HIRSCHBERGER, NIKOLA: Die Entwicklung der Luftgüte Kärntens in den letzten Jahren, 95 S., 29 Abb., 17 Tab.

PLESCHOUNIG, PETER: Landschaftsökologische Aspekte des Naturparks Südsteirisches Weinland, 91 S., 27 Abb., 22 Tab.

REDL, PETER: Landschaftsökologische Gliederung des Beckens von Windischgarsten, 94 S., 34 Abb., 12 Tab.

REITER, MARTIN: Die Entwicklung des Hochwasserschutzes seit 1960 im Raum Leoben, 89 S., 37 Abb., 15 Tab.

SAWCZAK, EVA: Ökonomische und ökologische Aspekte der Marktgemeinde Griffen in den letzten Jahrzehnten, 156 S., 54 Abb.

SEIFTER, HORST: Klimaeignungskarte Lungau, 145 S., 53 Abb., 31 Tab.

Diplomarbeiten
bei G. K. Lieb

2003. EDER, WOLFGANG: Klimageographie. Ein aktueller Bereich des Geographie- und Wirtschaftskundeunterrichts. – 80 S., 18. Abb., 6 Tab.

HINTEREGGER, GERLINDE: Das Teigitschtal – Eine Analyse der abiotischen Geofaktoren. – 88 S., 43 Abb., 7 Tab., 1 geomorph. Karte als Beilage.

PFUNDNER, MICHAEL: Regionalgeographie der Mežiška dolina (Mießtal) in Slowenien. – 154 S., 153 Abb. u. Tab.

Diplomarbeiten
bei W. Sulzer

2003. EICHBERGER, STEFAN: Stadtentwicklung Graz – Eine Zeitreihenanalyse mit historischen Luftbilddaten. 47 S.

Diplomarbeiten
bei F. Zimmermann

2003. FEND, MICHAEL: Lehr- und Erlebnispfade am Beispiel von Geo-Trails für die Region Bad Gleichenberg, 98 S.

GOLLOWITSCH-SIEGL, THOMAS GERHARD: Die Steirischen Gemeinden im Internet. 103 S.

KLUG, SUSANNE: GIS unterstütztes Modell zur Beurteilung der Wohnstandortqualität im Bundesland Steiermark: mit Schwerpunkt Erreichbarkeit mit öffentlichem Verkehr, 112 S.

KRAHULETZ, MARTIN: Saalbach Hinterglemm – kann eine Tourismusgemeinde nachhaltig sein? 110 S.

KRATOCHVIL, ANNA: Touristische (Detail) Planung und Aufbau kartographischer Informationssysteme und -medien unter Berücksichtigung kognitiver Modelle am Beispiel der Tourismusregion südsteirisches Rebenland, 92 S.

MÖRTH, DAVID: Formen und Effekte Sozialer Nachhaltigkeit, 185 S.

OSEBIK, JUDITH: Das Produkt „Sonnentourismus" am Beispiel der Dachstein-Tauern-Region, 131 S.

PIETSCH, UTE: Die Bedeutung des Flughafens Graz-Thalerhof für den steirischen Incoming Tourismus, 85 S.

Diplomarbeiten

bei W. ZSILINCSAR

2003. MÜLLER, CHRISTA: Physiognomische Struktur der Dachlandschaft der Grazer Altstadt, 123 S.

STEINBAUER, SILKE: Die Wasserwirtschaft der Gemeinde Trahütten in der Weststeiermark: eine ökologische und ökonomische Abwasserentsorgung für die Gemeinde, 90 S.

B. Wissenschaftliche Veröffentlichungen der Mitglieder des Instituts für Geographie und Raumforschung der Karl-Franzens-Universität Graz

O. Univ.-Prof. Dr. HERWIG WAKONIGG:

2003. La Rèunion. Portrait einer tropischen Hochgebirgsinsel. Mitt. aus d. Inst. f. Geographie u. Raumforschung der Karl-Franzens-Univ. Graz 33, S. 3–10.

Das touristische Potenzial der Kapverden: Mitt. Österr. Gesellschaft 145, S. 263–278.

O. Univ.-Prof. Dr. FRIEDRICH ZIMMERMANN:

2003. gem. mit KUBIK, K.: Grenzüberschreitende Kooperationen: Der Raum Graz – Maribor: Ländlicher Raum, 3/2003.

gem. mit JANSCHITZ, S. (eds.): Regional Policies in Europe – The Knowledge Age: Managing Global, Regional and Local Inderdependencies: Leykam, Graz, 129 p.

Ao. Univ.-Prof. Dr. WALTER ZSILINCSAR:

2003. The Slovene minority in the border region of Styria (Austria). In: Region and Regionalism. Nr. 6, Vol. 1. Lodz-Opole, pp. 117–127.

Future perspectives for small urban centers in Austria. Geografický Casopis. Slovak Academy of Sciences. Vol. 55/4. Bratislava, pp 309–324.

The Rural-Urban Fringe: Actual Problems and Future Perspectives. In: Geografski Vestnik. Vol. 75/1. Ljubljana, pp. 41–58.

Sprejem Slovenije v Evropsko unijo kat priloznost za Avstrijo. In: Signal, Winter 2003/04, Graz, S. 95–103.

Regionale Abfall- und Stoffflusswirtschaft in der Steiermark. In: Online- Fachzeitschrift „Ländlicher Raum", Nr. 4 BMf. Land- und Forstwirtschaft, Umwelt und Wasserwirtschaft. Wien, 15 S.

Alternative Sewage Disposal in Rural Areas. In: Proceed. from the Int. Symposium „Settlement Dynamics and its Spatial Impacts" in Szombathely (H). 11. Int. Geographentagung d. Univ. Bayreuth, Graz, Maribor, Pècs, Plzen und Bratislava. Pècs, p. 7–22.

Ao. Univ.-Prof. Dr. PETER ČEDE:

2003. Die barocke Gestaltung der österreichischen Kulturlandschaft unter dem Einfluss der katholischen Restauration, In: Siedlungsforschung, Archäologie, Geschichte, Geographie, 20, Bonn, S. 157–168.

Ao. Univ.-Prof. Dr. HARALD EICHER:

2003. Stand der geomorphologischen Forschung im Leithagebirge. Berichte der Geologischen Bundesanstalt, BA12 (= Aerogeohydrologische Prospektion Leithagebirge), Wien, S. 18–27.

Ao. Univ.-Prof. Dr. REINHOLD LAZAR:

2003. gem. mit ZABALLA ROMERO, M., STABENTHEINER, E., KOSMUS, W. & GRILL, D.: Air pollution by dust deposition in the city of cochabamba, Bolivia. A comparison between Bergerhoff and biommonitoring methods.

Bioklimatische Aspekte bei der Höhenakklimatisation. Alpinmedizinischer Rundbrief 29, Aug. 2003.

Bioklimatische Aspekte beim Höhentrekking am Beispiel des Khumbutales/Nepal. Jahresbericht der Österr. Ges. f. Alpin- und Höhenmedizin. S 19–30.

gem. mit PODESSER, A.: Neue Erkenntnisse in einem Frischluftzubringer im Osten von Graz. Tagungsband METOLLS V, Essen, S 157–160.

gem. mit PODESSER, A.: Windenergiepotential in Gebirgslagen der Steiermark. Tagungsband Arbeitskreis Klima, Gladenbach, S 66–67.

Ao. Univ.-Prof. Mag. Dr. GERHARD K. LIEB:

2003. Das Gesäuse – der erste steirische Nationalpark. – Alpenverein Graz, Nachrichten 55/2, 10–13.

Ass.-Prof. Dr. PAUL EDER:

2003. Thermalbäder als regionale Wirtschaftsfaktoren – das Beispiel des Steirischen Thermenlandes. BECKER, Chr./HOPFINGER, H./STEINECKE, A. (Hrsg.): Geographie der Freizeit und des Tourismus: Bilanz und Ausblick, R. Oldenbourg Verlag, München, S. 827–840.

Vertr.-Ass. Mag. Dr. WOLFGANG FISCHER:

2003. gem. mit H. SCHWARZ: Wie kinderfreundlich ist Graz? „Kinderfreundlichkeit" als innovativer Bestandteil moderner Stadtplanung. In: Österreichische Geographische Gesellschaft, Zweigstelle Graz. Heft 32, März 2003. S. 15–10.

Vertr.-Ass. Mag. Dr. JOSEF GSPURNING:

2003. GIS lehren. Erfahrungen aus einer Multi-level-Unterrichtspraxis. Proceedings of the 1st EEEU Conference 2003, Innsbruck, on CD.

Mag. Dr. SUSANNE JANSCHITZ:

2003. Die Erzherzog Johann Fallstudie – Ein interdisziplinäres Praktikum. Grazer Mitteilungen der Geographie und Raumforschung, Heft 33, Oktober 2003, S. 1–3.

Vertr.-Ass. Mag. Dr. WOLFGANG SULZER:

2003. Kirgistan. In: Grazer Mitteilungen der Geographie und Raumforschung, Österr. Geographische Gesellschaft, Zweigstelle, Heft 33, Graz, 11–16.
gem. mit M. KROBATH, G.K. LIEB: Gletscherbeobachtungen und -messungen in der Schobergruppe 2002. In: Wuppertal Alpin – Aktuelles der Sektionen Barmen und Elberfeld des Deutschen Alpenvereins e.V. Wuppertal, S. 50.
Die naturräumlichen Grundlagen der Gemeinde Selzthal. In: Chronik Selzthal (MARTIN BARTH, Hrsg.,). Selzthal, 13–23.

C. Veranstaltungen des Geographischen Kolloquiums am Institut für Geographie und Raumforschung der Karl-Franzens Universität Graz

20. März 2003:	Univ. Doz. Dr. JOHANN FANK (Graz) Landwirtschaft und Grundwasserschutz – eine regionale Konfliktsituation im Murtal von Graz bis Bad Radkersburg
10. April 2003:	DI Dr. FRANZ RICHTER (Graz) Abfälle – wohin? Woher?
8. Mai 2003:	Mag. Dr. WOLFGANG FISCHER, Mag. ALEXANDRA MORAK, Mag. HEIKE SCHWARZ, Mag. BERNHARD SEIDLER (Graz) Wie kinderfreundlich ist Graz? „Kinderfreundlichkeit" als innovativer Bestandteil moderner Stadtplanung
22. Mai 2003:	MMag. Andreas KELLERER-PIRKLBAUER (Graz) Die Hekla auf Island – geographisch-geologisches Portrait eines der gefährlichsten Vulkane der Welt

12. Juni 2003:	DI Dr. Peter Gspaltl (Graz) Lokale Agenda Graz
16. und 17. Oktober 2003:	Institut für Geographie und Raumforschung Tag der offenen Tür zum Thema „Nachhaltigkeit lernen, lehren, leben" mit Workshop
27. November 2003:	Mag. Michael Krobath (Graz) Die Dachstein-Gletscher und ihre Entwicklung im 20. Jahrhundert
11. Dezember 2003:	Ao. Univ.-Prof. Dr. Reinhold Lazar (Graz) Kilimanjaro – Elbrus – Sojama – drei Hochgebirgsvulkane im Vergleich

III. Institut für Geographie der Universität Innsbruck*)

1877 ao. Professur, 1880 o. Professur, 1883 Geographisches Institut als „Geographisches Cabinet" gegründet, seit 1955 „Geographisches Institut und Institut für Alpengeographie", 1978 Institut für Geographie; 1964 zweite ao. Professur, seit 1967 o. Professur, 1978–1999 Abteilung für Landeskunde.

A. Habilitationen, Dissertationen und Diplomarbeiten

Dissertationen

2003. MÖLG, Mag. THOMAS: Glacier recession on Kilimanjaro in the context of modern climate change. A hypothesis and first evaluation based on micrometeorological modeling. 154 Bl., Ill., graph. Darst., Kt.

Glaciers and their behavior are of undisputable value for detecting changes in the climate system, since they provide proxy data that exclusively follow physical laws. Tropical glaciers represent a particular component of the climatic environment, as they are located in an atmosphere that is thermally homogenous in both space and time. Glacier recession on Kilimanjaro, East Africa, has been documented since the late 1880s, but the associated climatological interpretation has remained speculative. Recent reports attribute this recession to general global warming solely, an overly simplistic view, disregarding the peculiar climatic and environmental settings of this free-standing, high mountain. The thesis presented here investigates the climatological basis of modern glacier retreat on Kilimanjaro from a more complex perspective, based on the current understanding of physical processes at the glacier-atmosphere interface. It is organized in three main parts.

Part 1: From a synopsis of (a) proxy data indicating changes in East African climate since ca. 1850, (b) 20th century instrumental data, and (c) the observations and interpretations made during two periods of fieldwork (June 2001 and July 2002), a scenario of modern glacier retreat on Kilimanjaro is reconstructed in the fundamental part. This scenario offers the working hypothesis for the study. It implies that a strong reduction in precipitation at the end of the 19th century, i.e. a strong reduction in accumulation, and the ensuing drier climatic conditions are the main reasons for glacier recession on Kilimanjaro. Further, investigating this recession demands the definition of several glacier regimes that differ in exchange of energy and mass at the glacier-atmosphere interface, and the climatic controls behind.

Part 2: In the first evaluation part, the glacier regime of the summit vertical ice walls is addressed. A model combining ice-radiation geometry is especially designed for Kilimanjaro's glacier-climate environment and run for chosen climatic scenarios, incorporating data from the automatic weather station (AWS) at 5,794 m a.s.l. The results strongly indicate that solar radiation prevails in governing retreat of the ice walls – a direct consequence of the dry East African climate with a lack of accumulation on glaciers.

Part 3: The second evaluation part comprises the quantification of energy and mass fluxes at the AWS, a location representative for the glacier regime of the summit horizontal glacier surfaces. Verified models were utilized in order to compute the energy balance from the AWS data recorded through the first two years of measurements. This analysis shows that the marked interannual difference in ablation is primarily controlled by the change in surface albedo that, in turn, depends on the amount but also on the frequency of precipita-

---

*) http://geowww.uibk.ac.at

tion. Sublimation is the energetically dominant ablation mechanism on the horizontal glacier surface, consuming the majority of available energy.

Both evaluation parts confirm the addressed aspects of the working hypothesis and exhibit an extreme sensitivity of Kilimanjaro's glaciers to precipitation variability and associated climate variables. Hence, this study provides a clear indication that modern glacier retreat on Kilimanjaro is much more complex than simply attributable to general global warming only. This finding conforms with other detailed analysis of glacier retreat in East Africa (Mount Kenya and Rwenzori) and, moreover, with the general knowledge of glacier recession in the global tropics: a process driven by a complex combination of changes in several different climatic parameters, with humidity-related parameters dominating this combination.

Nonetheless, this study also emphasizes the need for additional field measurements in order to understand the glacier-climate relationship on Kilimanjaro more completely and more precisely. The designed working hypothesis and the results of the evaluation parts provide an overall important, decisive input for future research addressing the mechanisms of glacier-climate interaction on this exceptional mountain. Such research has been proposed to the Austrian Science Foundation, based on this PhD study. The intended project will be able to expand investigations to the mesoscale for the first time, and reach for conclusions that are applicable to climate research on a global scale.

NOTE

Research and results of this thesis are presented as three papers for publication in peer-review journals. The papers were submitted to, or are already accepted for publication in two established international journals of the atmospheric and climate sciences: the *International Journal of Climatology*, and the *Journal of Geophysical Research*.

G. KASER

Diplomarbeiten

2003. BAUMGARTNER, KLAUS: Siedlungsentwicklung der Gemeinde Kematen in Tirol. Strukturanalyse und Freiflächenverbrauch im Vergleich mit Axams.

G. PATZELT

CARA, HAMDI: Dispositionsmodell für Lawinenabrissgebiet. Untersuchungen im Südtiroler Einzugsgebiet der Drau.

J. STÖTTER

DEL NEGRO, MLADENKA: Siedlungsentwicklung im slowenischen Alpenraum nach dem Zweiten Weltkrieg.

A. BORSDORF

FREY, GERALD: Saalbach-Hinterglemm: Vom Bauerndorf zur Top-Tourismusgemeinde. GIS-unterstützte Analyse der Siedlungsentwicklung und -dynamik einer Salzburger Berggemeinde im Spannungsdreieck Siedlung-Tourismus-Naturgefahren.

A. BORSDORF

FUCHS, LIEBGARD: Straßengütertransit auf der Brennerachse A12 / A13.

E. STEINICKE

GREUSSING, ANDREA: Zwischen Pensionierung und Pflegebedürftigkeit. Wohnen im Alter. Eine Untersuchung zu Fragen des Seniorenwohnens in Vorarlberg.

A. BORSDORF

HUNDERTPFUND, ALEXANDER: GIS-unterstützte Analyse der Siedlungsgenese der RAUMALP – Fallstudiengemeinde Virgen in Osttirol.

A. BORSDORF

HOHLRIEDER, CHRISTIAN: Die Gemeinde Reith im Alpbachtal im Wandel der Zeit.

H. PENZ

JURGEIT, FLORIAN: Rauminformationssystem mit PostgresSQL und SVG am Beispiel des Prototypen „UniRIS".

A. HELLER

KAUFMANN, MATTHIAS: Dendrochronologische Untersuchungen der rezenten Waldgrenzentwicklung in den Ostalpen anhand der Untersuchungsgebiete im Kaunertal und Schnalstal.

K. NICOLUSSI

KLEBINDER, KLAUS: Sensitivität des Lawinensimulationsmodells SAMOS bezüglich der Eingabeparameter Anbruchdichte, Fließdichte und Partikeldurchmesser.

J. STÖTTER

LÖFFLER, ROLAND: Das Rafting in Haiming – Wirtschaftsräumliche Auswirkungen von Trendsportarten.

E. STEINICKE

LUTZ, ERIC: Investigations of Airborne Laser Scanning Signal Intensity on glacial surfaces.

J. STÖTTER

MORAN, ANDREW: Natural Hazard Potential in the Ólafsfjördur Region, Northern Iceland. Adaptation of a Concept Developed on the Alps.

J. STÖTTER

MÜLLER, STEFAN: Die Schulgeographie in Frankreich und Österreich. Eine vergleichende Studie unter Berücksichtigung fachdidaktischer Aspekte.

A. ERHARD

PARTEL, WOLFGANG: Handlungsorientierte Raumstrategien bei den Verkehrsinfrastrukturdebatten im Tiroler Oberland und Außerfern.

E. STEINICKE

PAWLATA, GEORG: Extreme Natursportarten im Alpenraum – Verbreitung und Auswirkungen.

E. STEINICKE

PORCHAM, JULIA: Anwendung der adaptiven Image Fusion zur Erstellung einer Waldmaske und daraus resultierende forstliche Einsatzmöglichkeiten für Österreich.

A. HELLER

PFISTERER, HARTWIG: Die Gemeinde Grins. Der sozioökonomische Strukturwandel einer Gemeinde im Tiroler Oberland.

H. PENZ

RABENSTEINER, SIEGLINDE: Kooperationen im Südtiroler Tourismus.

E. STEINICKE

SANDHOLZER, MARION: Die islamische Stadt: Persistenz arabischer Strukturen am Beispiel Sevillas.

K. FRANTZ

SCHMIDT, RONALD: Untersuchung verschiedener digitaler Geländemodelle hinsichtlich ihrer Eignung für die dynamische Lawinensimulation mit dem dreidimensionalen zweihphasigen Simulationsprogramm SAMOS.

A. HELLER

STAMPFER-ALISSOULTANOV, CAROLINE: Nachhaltige Entwicklung in EU und OECD. Konsequenzen für den physischen Geographieunterricht.

J. STÖTTER

TUSCH, MARKUS: Die Auswirkungen von Freizeitwohnsitzen auf die Entwicklung der Boden- und Immobilienpreise. Das Beispiel Martha's Vineyard, Massachusetts.

K. FRANTZ

TRAGWÖGER, ELISABETH: Mögliche Folgen eines Klimawandels für den Skitourismus – Vergleichende Untersuchungen in den Bezirken Landeck und Kitzbühel.

J. STÖTTER

WEBER, ALEXANDRA: Geomorphologische Untersuchungen im Raum Kundl. Eine chronologische Darstellung der spät- und nacheiszeitlichen Schwemmkegel- und Talentwicklung unter Einbeziehung der prähistorischen Funde aus der Schottergrube Wimpissinger.

G. PATZELT

ZLÖBL, SONJA: „Sinkendes Schiff Physische Geographie – Gibt es Überlebende?" Die Stellung der Physischen Geographie in der Schule.

A. ERHARD

B. Wissenschaftliche Veröffentlichungen der Mitglieder des Instituts für Geographie der Universität Innsbruck

1. Schriftenreihe des Instituts

Innsbrucker Geographische Studien:

2003. Band 33/3: Geographischer Exkursionsführer Europaregion Tirol – Südtirol – Trentino. Spezialexkursionen in Südtirol. Hg. v. ERNST STEINICKE 352 S.

2003. Band 34: GÜNTER HAGEN: Hall in Tirol. Stadtentwicklung im Spannungsfeld von Altstadterneuerung und Ausländersituation, 228 S.

2. Publikationen der Institutsmitglieder

O.Univ.-Prof. Dr. AXEL BORSDORF:

2003. gem. m. C. ELLGER: Herausgeber und Schriftleiter der Zeitschrift der Gesellschaft für Erdkunde zu Berlin DIE ERDE und ihrer Vorgängerzeitschriften. Die Erde. Sonderheft 1: 67–78.

gem. m. C. PARNREITER: International Research on Metropolises. Milestones and Frontiers. ISR Forschungsberichte 29, Wien.

gem. H. HOFFERT: Naturräume Lateinamerikas. Von Feuerland bis in die Karibik. LAS-Online, Modul Natur. Wien: Österreichisches Lateinamerika-Institut.

gem. m. H. LESER: Herbert Wilhelmy. Die Erde 134/1: 114–115.

gem. m. V. MAYER: Observations on Commercial Areas in the Outskirts of European Cities. In: BORSDORF, A. & C. PARNREITER (eds.): International Research on Metropolises. Milestones and Frontiers. ISR Forschungsberichte 29, Wien: 101–114.

Settlements in the Alps. Objectives and methods of the WG settlement in the RAUMALP project. In: Psenner, R., A. BORSDORF & G. GRABHERR (Hg.) (2003): Forum Alpinum 2002. The Nature of the Alps. Wien: 114.

700 Jahre Stadt Hall in Tirol. Eine Stadt mit Vergangenheit stellt sich den Herausforderungen der Zukunft. Innsbrucker Geographische Studien 34, Innsbruck: 3–5.

Alpen und Anden. Konvergenzen und Divergenzen. In: PSENNER, R., A. BORSDORF & G. GRABHERR (Hg.) (2003): Forum Alpinum 2002. The Nature of the Alps. Wien: 72–77.

Alpine Information Systems. In: PSENNER, R., A. BORSDORF & G. GRABHERR (Hg.) (2003): Forum Alpinum 2002. The Nature of the Alps. Wien: 113.

Cómo modelar el desarrollo y la dinámica de la ciudad latinoamericana. EURE Revista Latinoamericana de Estudios Urbano Regionales 29/86: 37–49.

Hacia la ciudad fragmentada. Tempranas estructuras segregadas en la ciudad latinoamericana. In: Scripta Nova. Revista electrónica de geografía y ciencias sociales. Barcelona: Universidad de Barcelona, 1 de agosto de 2003, vol. VII, núm. 146(122).

Herbert Wilhelmy. Nachruf. Almanach der Österreichischen Akademie der Wissenschaften 153, Wien: 455–462.

La segregación socio-espacial en ciudades latinoamericanas: el fenómeno, los motivos y las conscuencias para un modelo del desarrollo urbano en America Latina. In: LUZÓN, J.L., C. STADEL & C. BORGES (eds.): Transformaciones regionales y urbanas en Europa y América Latina. Barcelona, S. 129–142.

Motor des Erkenntnisfortschritts und Dokument der Disziplingeschichte. Ein Rückblick auf 146 Jahrgänge der Zeitschrift der Gesellschaft für Erdkunde zu Berlin – und ein Ausblick auf die Zukunft. Die Erde. Sonderheft 1: 39–66.

Preface: International research on metropolises-milestones and frontiers. In: BORSDORF, A. & C. PARNREITER (eds.): International Research on Metropolises. Milestones and Frontiers. ISR Forschungsberichte 29, Wien: 3–5.

Prólogo. Desde la dicotomía a la unión ciudad-campo. In: LUZÓN, J.L.,VILA, J. & F. RUBIO (eds.) La delimitación del Área Metropolitana de Barcelona applicando el método NUREC. Barcelona: 11–14.

The state of nature: The Alps in comparison with other mountain ranges. In: PSENNER, R., A. BORSDORF & G. GRABHERR (Hg.) (2003): Forum Alpinum 2002. The Nature of the Alps. Wien: 71–72.

O. Univ.-Prof. Dr. JOHANN STÖTTER:

2003. gem. m. TH. GEIST: Airborne Laser Scanning Technology and its Potential for Applications in Glaciology. Proceedings. ISPRS Workshop on 3-D Reconstruction from Airborne Laserscanner and INSAR Data, Dresden.

gem. m. TH. GEIST: First results of airborne laser scanning technology as a tool for the quantification of glacier mass balance. EARSeL workshop on Observing our Cryosphere from Space: techniques and methods for monitoring snow and ice with regard to climate change. Bern.

gem. m. TH. GEIST, E. LUTZ: Airborne laser scanning technology and its potential for applications in glaciology. – In: International Archives of Photogrammetry and Remote Sensing, 34(3/W 13), Dresden, 101–106.

gem. m. H. KERSCHNER: Alpine Naturgefahren-Ursachen, Bedrohung und Gegenmaßnahmen. – Berichte zur deutschen Landeskunde, Flensburg, 77, 2/3, 231–247.

gem. m. E. LUTZ, TH. GEIST: Investigations of airborne laser scanning signal intensity on glacial surfaces-utilizing comprehensive laser geometry modelling and orthophoto surface modelling (a case study: Svartisheibreen, Norway). – In: International Archives of Photogrammetry and Remote Sensing, 34(3/W 13), Dresden, 143–148.

gem. m. G. MEISSL, M. KEILER, S. FUCHS, TH. GEIST, A. ZISCHG: Alpen: Naturgefahrenprozesse. – Petermanns Geographische Mitteilungen Band 147 (1): 42–47.

gem. m. A. MORAN, C. GEITNER, M. WASTL: Natural hazards assessment in the community of Ólafsfjörður, Iceland. A regional-scale risk analysis. Die Erde, 134, 2, 2003, 147–162.

gem. m. A. MORAN, WASTL, M., C. GEITNER: Natural hazards in the community of Ólafsfjörður, Iceland. Norden, 15, 163–173.

gem. m. A. MORAN, M. WASTL, A. PLONER, T. SÖNSER: Natural Hazards in Ólafsfjörður, Iceland. A conceptual study. Geophysical Research Abstracts EGS-AGU-EUG Joint Assembly, Nice, France 2003. Vol. 5, Nr. 12105.

gem. m. M. WASTL, J.-F. VENZKE: Neue Beiträge zur spätglazialen und holozänen Gletschergeschichte in Nordisland. Norden, 15, 137–150.

gem. m. M. KEILER: Die Rolle des Menschen bei der Sicherung des alpinen Lebensraums. In: VAROTTO, M. und R. PSENNER (Hrsg.): Entvölkerung im Berggebiet: Ursachen und Auswirkungen. Belluno, 2003, 217–230.

gem. m. S. FUCHS, M. KEILER, A. ZISCHG: Oberes Suldental. Eine Hochgebirgsregion im Zeichen des Klimawandels. – In: E. STEINICKE (ed.): Geographischer Exkursionsführer Europaregion Tirol, Südtirol, Trentino. Spezialexkursionen in Südtirol. Innsbruck. Innsbrucker Geographische Studien Band 33/3: 239–281.

gem. m. C. GEITNER, M. GRIESSER, A. MORAN, E. WALTLE, C. GEITNER, M. WASTL: Lichenometrische Erhebungen an aufgelassenen Höfen sowie erste Anwendung der Ergebnisse auf gletschergeschichtliche Fragestellungen in Nordisland. Norden, 15, 151–162.

Univ.-Prof. Dr. MARTIN COY:

2003. Aktuelle Tendenzen der Stadtentwicklung und Stadterneuerung in São Paulo. – In: SEVILLA, R.; COSTA, S.; COY, M. (Hrsg.): Brasilien in der postnationalen Konstellation. Brasilianisten-Gruppe in der ADLAF: Beiträge zur Brasilien-Forschung, Bd. 1, S. 132–147. Tübingen.

Brasilien. – In: Böhn, D. (Hrsg.): Entwicklungsräume. Handbuch des Geographieunterrichts, Bd. 8. Köln.

Die Stadt Meran. Alte Landeshauptstadt – Modekurort – Touristenzentrum. – In: Steinicke, E. (Hrsg.): Geographischer Exkursionsführer Europaregion Tirol, Südtirol, Trentino, Bd. 3: Spezialexkursionen in Südtirol. Innsbrucker Geographische Studien, Bd. 33/3, S. 293–318. Innsbruck.

Geographische Entwicklungsländerforschung. – In: Schenk, W.; Schliephake, K. (Hrsg.): Geographie des Menschen. Gotha.

Nachhaltige Stadtentwicklung in Brasilien. – In: Struck, E. (Hrsg.): Ökologische und sozioökonomische Probleme in Lateinamerika. Passauer Kontaktstudium Erdkunde 7, S. 71–86. Passau.

Paris – aktuelle Entwicklungstendenzen und Ansätze der Stadterneuerung in einer europäischen Megastadt. – Petermanns Geographische Mitteilungen, 147, 4: 60–69.

Regionalentwicklung im südwestlichen Amazonien. Sozial- und wirtschaftsräumlicher Wandel an der brasilianischen Peripherie zwischen Globalisierung und Nachhaltigkeit. – In: Kohlhepp, G. (Hrsg.): Brasilien. Entwicklungsland oder tropische Großmacht des 21. Jahrhunderts?, S. 215–238. Tübingen.

Tendências atuais de fragmentação nas cidades latino-americanas e desafios para a política urbana. – Iberoamericana, 3, 11: 111–128.

gem. m. F, Kraas: Kann man Entwicklung messen? – Petermanns Geographische Mitteilungen, 147, 1: 56–57.

gem. m. F. Kraas: Literaturempfehlungen Entwicklungsforschung. – Petermanns Geographische Mitteilungen, 147, 1: 70–73.

gem. m. F. Kraas: Probleme der Urbanisierung in den Entwicklungsländern. – Petermanns Geographische Mitteilungen, 147, 1: 32–41.

gem. m. R. Sevilla, S, Costa: Brasilien in der postnationalen Konstellation. – Brasilianisten-Gruppe in der ADLAF: Beiträge zur Brasilien-Forschung, Bd. 1. Tübingen.

Ao. Univ.-Prof. Mag. Dr. Andreas Erhard:

2003. Golden Nanyuki oder wie man sich ein Überleben schnitzt und mit der Erddrehung Geld macht. In: GW-Unterricht 92, S. 12–21.

Tourismus und sozioökonomischer Wandel: das Beispiel der Insel Lamu (Kenia). In: Geographische Rundschau, Jg. 55, H. 7/8, S. 18–24.

Wie schwer ist aller Anfang? Das Unterrichtspraktikum – ein Evaluierungsversuch. In: GW-Unterricht 90. S. 27–34.

Wirtschaft und Politik – ein zentrales Aufgabenfeld von Geographie und Wirtschaftskunde. In: GW-Unterricht 89, S. 1–9.

gem. m. S. Innerbichler: Das Ahrntal – ein hochalpiner Peripherraum. In: Steinicke, E. (Hg): Geographischer Exkursionsführer Europaregion Tirol, Südtirol, Trentino. Band 3: Spezialexkursionen in Südtirol (= Innsbrucker Geographische Studien Bd. 33/3), Innsbruck, S. 105–139.

Ao. Univ.-Prof. Mag. Dr. KLAUS FRANTZ:

2003. gem. m. P. STOYANOV und CH. GANEV: Privatization of Public Space as a New Trend in Urban Development. In: ALEXIEV, G. (ed.): Problems in Geography, Sofia, Bulgarian Academy of Sciences, pp. 103–115.

Ao. Univ.-Prof. Dr. GEORG KASER:

2003. gem. m. I. JUEN, C. GEORGES, J. GOMEZ and W. TAMAYO: The impact of glaciers on the runoff and the reconstruction of mass balance history from hydrological data in the tropical Cordillera Blanca, Perú. Journal of Hydrology, 282, 130–144.

gem. m. TH. MÖLG, C. GEORGES: The contribution of increased incoming shortwave radiation to the retreat of the Rwenzori Glaciers, East Africa, during the 20th century. International Journal of Climatology, 23, 291–303, doi: 10.1002/joc.877.

gem. m. TH. MÖLG, D.R. HARDY: Solar-radiation-maintained glacier recession on Kilimanjaro drawn from combined ice-radiation geometry modeling. Journal of Geophysical Research, 108(D23), 4731, doi:10.1029/2003JD003546.

Ao. Univ.-Prof. Dr. HANNS KERSCHNER:

2003. gem. m. S. IVY-OCHS, P. W. KUBIK, CH. SCHLÜCHTER: Timing and structure of the late glacial Gschnitz and Egesen glacier advances in the European Alps. Geological Society of America, 2003 Seattle Annual Meeting (November 2–5, 2003), Abstract 62599, Abstract Book, 350.

gem. m. J. STÖTTER: Alpine Naturgefahren-Ursachen, Bedrohung und Gegenmaßnahmen. – Berichte zur deutschen Landeskunde, Flensburg, 77, 2/3, 231–247.

gem. m. S. IVY-OCHS, CH. SCHLÜCHTER: Die Moräne von Trins im Gschnitztal. In: Geologische Bundesanstalt, Arbeitstagung 2003: Blatt 148 Brenner, 185–192.

gem. m. R. SAILER, A. HERTL, M. SCHUH: Glacier equilibrium line altitudes as palaeoclimatic information sources-examples from the Alpine Younger Dryas. Geophysical Research Abstracts 5, 2003, EAE03-A-06554.

gem. m. S. IVY-OCHS, A. HERTL, R. SAILER. P. KUBIK: Glacier activity in the central Alps during the early Holocene: insights from 10Be exposure dating. Geophysical Research Abstracts 5, EAE03-A-13917.

Ao. Univ.-Prof. Mag. Dr. NICOLUSSI:

2003. Holocene Alpine tree-ring chronologies as a base for the establishment of environmental records in the Alps. ESF-HOLIVAR WORKSHOP "Holocene dating, chronologies, and age modelling", Utrecht, 24.–27. 4. 2003, Abstracts.

gem. m. G. LUMASSEGGER, G. PATZELT, P. SCHIESSLING: Gletscherentwicklung und Sommertemperatur-Schwankungen während der letzten 2000 Jahre in den Ostalpen – Anwendungsaspekte einer mehrtausendjährigen Hochlagenchronologie. 54. Deutscher Geographentag - Bern, 28.9.–4.10. 2003. Abstracts.

gem. m. C. WALDE, P. PINDUR, R. LUZIAN, J.N. HAAS: Schwarzenstein-Bog in the Alpine Ziller Valley (Tyrol, Austria): A key site for the palynological detection of major avalanche events in mountainous areas. In: C. RAVAZZI et al. (eds.): Penninic and Insubrian Alps - Excursion Guide 28th Moor-Excursion of the Institute of Plant Sciences, University of Bern, 55–59.

Ao. Univ.-Prof. Dr. HUGO PENZ:

2003. Altrei-Truden. Wanderungen im Gebiet des Naturparks Trudener Horn. In: E. STEINICKE (Hrsg.), Geographischer Exkursionsführer Europaregion Tirol, Südtirol, Trentino. Band 3: Spezialexkursionen in Südtirol. (= Innsbrucker Geogr. Studien 33/3), Innsbruck, S. 327–352.

Bevölkerungsbewegungen in den Alpen: Probleme der Entvölkerung in Tirol-Südtirol-Trentino. In: M. VAROTTO u. R. PSENNER (Hrsg.), Spopolamento mantano: Cause ed effette/ Entvölkerung im Berggebiet: Ursachen und Auswirkungen. Schriften der Tagung in Belluno 13. 10. 2001) und der Tagung in Innsbruck (14.–16.11. 2002). Innsbruck, S. 83–100.

Bozen. Entwicklung und räumliche Differenzierung der Südtiroler Landeshauptstadt. In: E. STEINICKE (Hrsg.), Geographischer Exkursionsführer Europaregion Tirol, Südtirol, Trentino Bd. 3: Spezialexkursionen in Südtirol. (= Innsbrucker Geogr. Studien 33/3), Innsbruck, S. 69–104.

Die Festung Franzensfeste. In: Bund Tiroler Schützenkompagnien (Hrsg.), Tiroler Schützenkalender 2004, Innsbruck, Blatt März und Juli.

Die Stadt Brixen und ihr Umland. Persistente Raumstrukturen und moderne Veränderungen in einer durch den Bischofssitz geprägten Kulturlandschaft. In: E. STEINICKE (Hrsg.), Geographischer Exkursionsführer Europaregion Tirol, Südtirol, Trentino. Band 3: Spezialexkursionen in Südtirol. (= Innsbrucker Geogr. Studien Bd. 33/3), Innsbruck, S. 141–170.

Veränderungen von Umwelt, Wirtschaft und Gesellschaft im Alpenraum. In: Bundesanstalt für Alpenländische Landwirtschaft Gumpenstein. Bericht über das 9. Alpenländische Expertenforum am 27. und 28. März 2003. Gumpenstein, S. 1–7.

Ao. Univ.-Prof. Dr. ERNST STEINICKE:

2003. Potenziale di conflitto etnico nelle Alpi: Le isole linguistiche tedesche di Timau e Gressoney tra conservazione ed estinzione. – In: G. ANDREOTTI (ed.): Le Alpi, un balcone sull'Europa (= Atti del Convegno Nazionale di Dobbiaco, 7–10 settembre 2001) – Trento, p. 121–137.

Vorwort. – In: E. STEINICKE (Hg.): Geographischer Exkursionsführer Europaregion Tirol, Südtirol, Trentino. Band 3: Spezialexkursionen in Südtirol. (= Innsbrucker Geographische Studien 33/3) – Innsbruck, S. 5–8.

Geographischer Exkursionsführer Europaregion Tirol, Südtirol, Trentino. Band 3: Spezialexkursionen in Südtirol. (= Innsbrucker Geographische Studien 33/3) – Innsbruck.

gem. m. E. PIOK: Die deutschen Sprachinseln im Süden der Alpen. Problematik und Konsequenzen der besonderen ethnischen Identifikationen am Beispiel von Gressoney und Tischelwang (Italien). – In: Berichte zur deutschen Landeskunde 77, H. 4, S. 301–327.

gem. m. E. PIOK: Le isole linguistiche di lingua tedesca a sud delle Alpi. Problematiche e conseguenze dell'identificazione etnica sull'esempio di Gressoney e di Timau. – In: Istituto di Cultura Timavese (ed.): Tischlbongara piachlan. Quaderni di cultura timavese 6. – Paluzza, p.301–330.

gem. m. G. ANDREOTTI: Das Pustertal. Geographische Profile im Raum von Innichen und Bruneck. – In: E. STEINICKE (Hg.): Geographischer Exkursionsführer Europaregion Tirol, Südtirol, Trentino. Band 3: Spezialexkursionen in Südtirol. (= Innsbrucker Geographische Studien 33/3) – Innsbruck, S. 9–68.

Ao. Univ.-Prof. Dr. FRITZ SCHÖBERL:

2003. gem. m. H. SCHÖNLAUB: Efforts for an improved management of floods and natural hazards by linked research cooperation in Innsbruck, 30th IAHR Congress Saloniki, Greece.

Trial and Error im alpinen Flussbau, Entvölkerung im Berggebiet: Ursachen und Auswirkungen, Schriften der Tagungen Belluno-Innsbruck, Rete Montagna-Universität Innsbruck, 237–244.

gem. m. R. FRITZER, H. MATHIS: Kraftwerk Hochwuhr – ein Beispiel für integrative Lösungsansätze in der Wasserkraftnutzung, Wasserwirtschaft, Heft 6.

Univ.-Ass. Mag. Dr. ARMIN HELLER:

2003. gem. m. J. RÜDISSER, A. WINTER, K. FÖRSTER, A. DITTFURTH, B. GSTREIN: Tirol Atlas: Ein datenbankgestütztes und vektorbasiertes Atlas Informationssystem im Internet. In: STROBL, J., BLASCHKE, T., GRIESEBNER, G. (Hrsg.): Angewandte Geographische Informationsverarbeitung XV, Beiträge zum AGIT-Symposium 2003, Salzburg, S. 411–419.

gem. m. R. SCHMIDT, R. SAILER: Die Eignung verschiedener digitaler Geländemodelle für die dynamische Lawinensimulation mit SAMOS. In: STROBL, J., BLASCHKE, T., GRIESEBNER, G. (Hrsg.): Angewandte Geographische Informationsverarbeitung XV, Beiträge zum AGIT-Symposium 2003, Salzburg, S. 455–464.

Univ.-Ass. Dr. CLEMENS GEITNER:

2003. gem. m. TH. GEIST: Der Ritten. Die Erdpyramiden und andere landschaftliche Besonderheiten nordöstlich von Bozen.-In: E. Steinicke (Hrsg.): Geographischer Exkursionsführer Europaregion Tirol, Südtirol, Trentino. Spezialexkursionen Südtirol. Innsbruck. Innsbrucker Geographische Studien Band 3, 217–238.

gem. m. A. GERIK, J. LAMMELL, A. MORAN, C.OBERPARLEITER: Berücksichtigung von Systemzuständen und Unschärfen bei der Bemessung von Hochwasserereignissen in kleinen alpinen Einzugsgebieten. Konzeptionelle Überlegungen zum Aufbau eines Expertensystems. Geoforum Umhausen 2003, Vol. 4.

gem. m. M. GRIESSER, A. MORAN, J. STÖTTER, E. WALTLE, M. WASTL: Lichenometrische Erhebungen an aufgelassenen Höfen sowie erste Anwendung der Ergebnisse auf gletschergeschichtliche Fragestellungen in Nordisland. Norden, 15, 151–162.

Univ.-Ass. Dr. MARIA WASTL:

2003. gem. m. J. STÖTTER, J.-F. VENZKE: Neue Beiträge zur spätglazialen und holozänen Gletschergeschichte in Nordisland. Norden, 15, 137–150.

gem. m. M. GRIESSER, A. MORAN, J. STÖTTER, E. WALTLE, C. GEITNER: Lichenometrische Erhebungen an aufgelassenen Höfen sowie erste Anwendung der Ergebnisse auf gletschergeschichtliche Fragestellungen in Nordisland. Norden, 15, 151–162.

C. Veranstaltungen des Instituts für Geographie der Universität Innsbruck

Vorträge im Jahre 2003

23. Jänner: Prof. Dr. GÜNTER MEYER (Univ. Mainz):
Der Assuan-Staudamm – Klischee und Realität eines gigantischen Entwicklungsprojektes.

29. April: Prof. Dr. ULRICH SCHOLZ (Univ. Gießen):
Indonesien – Kontraste einer tropischen Inselwelt.

27. Mai: Prof. Dr. GERD KOHLHEPP (Univ. Tübingen):
Das brasilianische Amazonasgebiet – Konflikte zwischen Regionalentwicklung und Naturschutz.

4. November: Dr. MARCUS NÜSSER (Univ. Bonn):
Nanga Parbat – Alpinismus, Landnutzung und Landschaftsveränderungen.

9. Dezember: Prof. Dr. ERNST STEINICKE (Univ. Innsbruck):
Das kalifornische Hochgebirge im Wandel. Konsequenzen der Counterurbanisierung in der Sierra Nevada.

Geographische Kolloquien im Jahre 2003

20. März: Dipl.Geogr. VOLKER WICHMANN:
Modellierung geomorphologischer Prozesse in alpinen Einzugsgebieten.

26. März: Dr. JOACHIM GURTZ:
Zur Abflussmodellierung in unterschiedlich stark vergletscherten alpinen Gebieten.

26. März: Dr. HEIDI ESCHER-VETTER:
Schmelzwasserproduktion und Abflussprozesse auf Gletschern am Beispiel des Vernagtferners, Ötztal, Tirol.

IV. Institut für Geographie und angewandte Geoinformatik der Universität Salzburg*)

Erste o. Professur für Geographie und Errichtung des „Geographischen Instituts" 1963. Zweite ordentliche Professur 1968, ao. Professuren 1975, 1980. 1978 Umbenennung in „Institut für Geographie"; 1998 Umbenennung in „Institut für Geographie und angewandte Geoinformatik". 4 Professuren, 6 Assistenzprofessuren, 2 halbe L1-Posten, 9 externe Institutsangehörige (Dozenten und Honorarprofessoren), 15 MitarbeiterInnen im Projektbereich sowie im Bereich Z-GIS und UNIGIS-Universitätslehrgänge.

Außenstellen: Alpine Forschungsstation Samer Alm; Hochgebirgsforschungsstation Rudolfshütte. Arbeitsgruppen: Arbeitsgruppe Angewandte Geographie; Arbeitsgruppe für Entwicklungsforschung und Entwicklungszusammenarbeit; Arbeitsgruppe für Medien und Mediendidaktik; Arbeitsgruppe Landschaftsökologie; Zentrum für Geographische Informationsverarbeitung.

A. Habilitationen, Dissertationen und Diplomarbeiten

Diplomarbeiten

2003. AIGNER, ELISABETH JOHANNA: Zum Stand der „Zentrale-Orte-Theorie" in der heutigen wissenschaftlichen und raumplanerischen Praxis. 97 + XXIII S., 9 Abb., 7 Tabellen

FRANZ DOLLINGER

ANDRAE, CHRISTINE: OpenGIS für die Wasserwirtschaft in Nordrhein-Westfalen, 116 S. Ill., graph. Darst., Karten

JOSEF STROBL

BRAUN, HUBERT: Fairer Handel und ProduzentInnen des Südens. Erfahrungen und Perspektiven auf „Fair Trade-Teeplantagen" in Sri Lanka, 180 S. graph. Darst., Karten

CHRISTOPH STADEL

CONRAD, RETO: Multirepräsentative Datenbasis mit automatischer Generalisierung als Chance für Basisdaten, 97 S. Ill., graph. Darst., Karten

JOSEF STROBL

FRIES, IRIS: Die Neuschneegrenze im Stubachtal (Hohe Tauern) aufgrund der Beobachtungen an der Wetterstation Rudolfshütte zwischen 1985 und 2003: Bearbeitung und erste Ergebnisse. 71 S.

Die Aufgabenstellung dieser Diplomarbeit war, die Beobachtungen der Höhenlage der Neuschneegrenze an der Station Rudolfshütte, 2304 m (Forschungsstation der Universität Salzburg) im Stubachtal, Pinzgau, für die Zeit 1985 bis 2002 aufzuarbeiten, eine digitale Datenbank zu erstellen und erste Auswertungen durchzuführen. Im Jahr 1985 wurde von H. SLUPETZKY die Beobachtung der Neuschneegrenze an der Station Rudolfshütte angeregt und ein Formular entworfen. Seitdem wird nach Niederschlägen die Höhenlage der Neuschneegrenze von den (ehrenamtlichen) Wetterbeobachtern festgehalten. Neuschneegrenze heißt, wo die Untergrenze der Schneebedeckung im Gelände nach einem Schneefall liegt, d.h. wo der Neuschnee

---

*) http://www.geo.sbg.ac.at

liegengeblieben ist (und nicht Schneefallgrenze, bis wohin der Niederschlag als Schnee fällt). In der Arbeit wird zunächst nach einem Einleitungsabschnitt auf die Wetterstation Rudolfshütte, die Art und Weise der Beobachtung der Neuschneegrenze, die Datenbearbeitung und die Datenauswertung eingegangen.

Der Hauptteil beschäftigt sich mit ersten Auswertungen, Ergebnissen und Schlussfolgerungen. Ein Ziel war die Beziehung zwischen der Höhenlage der Neuschneegrenze (bis unter 2.300 m) sowie der mittleren Höhenlage der Neuschneegrenze in einzelnen Jahren und der Massenbilanz des Stubacher Sonnblickkeeses zu prüfen. Es sind durchaus Zusammenhänge da, wie dies zu erwarten ist, die (sommerlichen) Neuschneefälle sind jedoch nur ein Parameter innerhalb des komplexen Faktorenbündels Klima – Gletscherzusammenhang. Ein zweites Ziel war die Berechnung und der Vergleich von Pentadenmittelwerten, um u.a. einen möglichen Anstieg der mittleren Neuschneegrenze nachzuweisen, sowie die Abweichungen in Einzeljahren vom langjährigen Mittel darzustellen. Weiters wurde versucht, beispielhaft Monate mit bestimmten Strömungslagen zu untersuchen. Erwartungsgemäß sind Zusammenhänge zwischen den Wetterlagen bzw. Kaltlufteinbrüchen/kühlen Witterungsphasen und der Höhenlage der Neuschneegrenze vorhanden. Eine Witterungsklimatologie der Neuschneegrenze/-fälle hätte aber die Aufgabenstellung bei weitem überschritten. Eine andere Aufgabe war es, erste Tests über Korrelationen zur Temperatur durchzuführen, wobei die Tagesminimum-Temperatur herangezogen wurde. Auch hier ist aufgrund der relativ einfachen Annahme kein (statistisch-mathematisch) wirklich gutes Ergebnis zu erzielen, für einen ersten Überblick bieten die „Punktwolken" der Monatsdiagramme aber einen guten Einblick in die möglichen (systematischen) Zusammenhänge.

Den Abschluss der „Tests" bildet der Ansatz: Einfluss des Neuschnees auf den Gletscher. Auch hier sind einerseits erwartete Beziehungen zwischen dem Neuschnee und der Massenbilanz zu erkennen, jedoch nicht so einfach, dass zahlreiche (sommerliche) Schneefälle eine positive, wenige dagegen eine negative Massenbilanz des Stubacher Sonnblickkeeses nach sich ziehen. Ein Ausblick und Erfahrungsbericht schließen die Arbeit ab. Das große Verdienst dieser Diplomarbeit liegt in der Erstellung einer digitalen Datenbank, womit die Beobachtungen der Neuschneegrenz-Höhen zugänglich wurden und der erste Schritt zu Auswertungen und Schlussfolgerungen möglich wurde. Es ist ein schönes Beispiel dafür, wie ein Projekt von der Idee, der Organisation, der Durchführung der Beobachtungen bis hin zur Auswertung durchgeführt wurde. Der wissenschaftliche Gewinn und die Anwendungsorientierung sind aber erst durch eines möglich geworden: Durch die Langzeitbeobachtungen. Dies ist im Hinblick auf die Klimaerwärmung ein unschätzbares Datenmaterial.

HEINZ SLUPETZKY

GEBHARD, MANFRED: Die Massenbewegungen am Haunsberg (Salzburg). 77 S., 30 Abb., 6 Karten im Text, geomorphologische Karte im Format DIN A1 und 1 CD mit GIS-Daten in der Beilage.

FRANZ DOLLINGER

GRIEBEL, SUSANNE: Landschaftsökologisches Monitoring „Almwirtschaftszone Werfenweng" (Südliches Tennengebirge, Salzburg). Konzept und Basisdaten. 112 Seiten o. Anhang, 55 Abbildungen, 27 Tab., 10 Karten

HERBERT WEINGARTNER

HÖPPNER, KATHRIN: Erstellung einer Klimatologie periodischer Schwingungen der Mesopausentemperatur im Bereich von 3 bis 20 Tagen, 83 S. Ill., graph. Darst., Karten

JOSEF STROBL

JUNGHANNS, SEBASTIAN: Design and implementation of a web application and a database for distribution of geographic raster datasets, 144 S. Ill., graph. Darst., Karten

JOSEF STROBL

KLAMBAUER, TANJA MICHAELA: Der oberösterreichische Böhmerwald – eine geomorphologische Analyse. 101 S., 35 Abb., 8 Karten

ERICH STOCKER

KREUZBERGER, GABRIELE: Eine physiogeographische Betrachtung des Gebietes Hochkönig-Hochkeil. 110 S., 54 Abb., 20 Karten

ERICH STOCKER

KUGLER, ZSÓFIA: Flood disaster management with geographic information systems and remote sensing in Mozambique. 76 S., 33 Karten

JOSEF STROBL

LECHNER, MARGIT: Das Cluster-Konzept als Ansatz im Stadtmarketing? Das Beispiel des Kulinarik-Clusters Salzburg, 95 S., 9 Abb. u. 5 Karten

MARTINA FROMHOLD-EISEBITH

LEHMANN, GERD: Interaktive und webbasierte 3D-Geovisualisierung aus terrestrischen Laserscanner-Daten, 104 S. Ill., graph. Darst., Karten

JOSEF STROBL

LOBENDANZ, PETER H.: Nutzungskonflikte der Städtischen Landwirtschaft mit der Naherholung am Beispiel der Stadt Salzburg. 121 S., 24 Abb., 21 Tab., 1 Fragebogen im Anhang

FRANZ DOLLINGER

MARBACH, MATTHIAS: Bodenerosion im Kalk (Höllengebirge, OÖ). Eine landschaftsökologische Untersuchung über das Ausmaß an quantitativer Bodenerosion mit Hilfe von Testplots auf ausgewählten Standorten innerhalb forstwirtschaftlich genutzter montaner Wälder. 81 S., 22 Abbildungen, 16 Tab., 9 Fotos

HERBERT WEINGARTNER

PRINSTINGER, KARIN: Funktionale Verflechtungen im Grenzbereich der Inn-Salzach-Euregio (Österreich/Deutschland), 155 S., graph. Darst., Karten

CHRISTOPH STADEL

REITBERGER, VALERIE: Der Blue Ridge Parkway als Wirtschaftsfaktor und Informationsquelle, 97 S. Ill., graph. Darst., Karten

WOLFGANG KERN

SIX, EVA: *El Casco Antiguo* von Sevilla: Stadtentwicklung, Stadtplanung und Altstadtsanierung, 131 S., graph. Darst., Karten

CHRISTOPH STADEL

STÖTTNER, MICHAELA: Buschfeuer in Australien. Ursachen und ökologische Auswirkungen unter Berücksichtigung aktueller Ereignisse. 118 S., 43 Abbildungen, 9 Tab.

HERBERT WEINGARTNER

THIMM, ALEXANDER: Enhanced GIS modelling for soil loss – accumulation prediction based on RUSLE1 and MUSLE87: ERUSLE1, 93 S. Ill., graph. Darst., Karten

JOSEF STROBL

WITZMANN, URSULA: Jahrhundertprojekt Kapuzinerbergtunnel: eine GIS-basierte Analyse der Auswirkungen des geplanten Tunnels auf die Erreichbarkeit; aufgezeigt an exemplarisch ausgewählten Objekten in der Stadt Salzburg, 106 S. Ill., graph. Darst., Karten

JOSEF STROBL

WRYCZA, PHILIPP DANIEL: Die Runsensysteme in der Osterhorngruppe mit spezieller Berücksichtigung der Gemeinde Hintersee. 190 S., 151 Abb., 4 Tab., 5 Pläne

ERICH STOCKER

B. Wissenschaftliche Veröffentlichungen der Mitarbeiter des Instituts für Geographie und angewandte Geoinformatik der Universität Salzburg

A.o. Univ.-Prof. Dr. THOMAS BLASCHKE:

2003. gem. mit KLUG, H.: Erfassung und Beurteilung von Seen und deren Einzugsgebiet mit Methoden der Fernerkundung und Geoinformatik. In: Bayerische Akademie für Naturschutz und Landschaftspflege (Hrsg.): Laufener Seminarberichte 2/03, 85–99.

gem. mit LANG, S., LANGANKE, T., KIAS, U., DEMEL, W.: Objektbasierte Ansätze zur halbautomatisierten Fortschreibung von CIR-Luftbild-Kartierungen – ein Verfahrensvergleich. GIS – Zeitschrift für Geoinformationssysteme (9), 17–25.

gem. mit MITTLBÖCK, M., GRIESEBNER, G.: Development of settlement fragmentation indices for energy infrastructure cost assessment in Austria. International Archives of Photogrammetry, Remote Sensing and spatial information sciences, Vol. No. XXXIV-7/W9, 24–28.

gem. mit LANG, S., SCHÖPFER, E.: Object-specific change detection using an assisted features extraction approach: a case study in an expending suburban area. International Archives of Photogrammetry, Remote Sensing and spatial information sciences, Vol. No. XXXIV-7/W9, 93–98.

gem. mit LANG, S.: Hierarchical object representation – Comparative multi-scale mapping of anthropogenic and natural features. International Archives of Photogrammetry, Remote Sensing and spatial information sciences, Vol. No. XXXIV-3/W8, 181–186.

Geographische Informationssysteme: Vom Werkzeug zur Methode. Geographische Zeitschrift Heft 2, 95–114.

gem. mit BURNETT, C., AAVIKSOO, K., LANG, S., LANGANKE, T.: An Object-based Methodology for Mapping Mires Using High Resolution Imagery. In: JÄRVET, A. and LODE, E. (eds.). Ecohydrological Processes in Northern Wetlands, Tallinn, 239–244.

gem. mit STROBL, J.: Defining landscape units through integrated morphometric characteristics. In: BUHMANN, E., ERVIN, S. (eds.): Landscape Modelling: Digital Techniques for Landscape Architecture, Wichmann-Verlag, Heidelberg, 104–113.

gem. mit BURNETT, C.: A multi-scale segmentation/object relationship modelling methodology for landscape analysis. In: Ecological Modelling 168(3), 233–249.

gem. mit TIEDE, D.: Bridging GIS-based landscape analysis/modelling and 3D-simulation. Is this already 4D? In: SCHRENK, M. (ed.): CORP 2003 Geo Multimedia 03, Vienna, 217–222.

gem. mit HAY, G., MARCEAU, D., BOUCHARD, A.: A comparison of three image-object methods for the multiscale analysis of landscape structure. In: International Journal of Photogrammetry and Remote Sensing (57): 327–345.

Continuity, complexity and change: A hierarchical Geoinformation-based approach to exploring patterns of change in a cultural landscape. In: MANDER, Ü. and ANTROP, M. (eds.): Multifunctional Landscapes Vol III: Continuity and Change. Advances in Ecological Sciences 16, WIT press, Southampton, Boston, 33–54.

Object-based contextual image classification built on image segmentation. IEEE proceedings, Washington DC, CD-ROM.

gem. mit BURNETT, C., AAVIKSOO, K., LANG, S., LANGANKE, T.: Mapping mire forests as hierarchy of objects. IUFRO conference „decision support for multiple purpose forestry" 23.–25.4. 2003, CD-ROM, Vienna.

Landschaftsstruktur: Analysieren, verstehen, modellieren. In: Proceedings IALE Workshop Landschaftsstruktur 16.–18.4.2003, Salzburg, CD-ROM.

gem. mit DRAGUT, L.: Integration of GIS and object-based image analysis to model and visualize landscapes. ISPRS Commission IV Joint Workshop Challenges in Geospatial Analysis, Integration and Visualization II, Stuttgart, 18–23.

Sustainable landscapes, natural capital and Geoinformation: spatial configuration matters! In: HOBBS, R. (ed.): Landscape ecology down under. Proc. of the IALE world congress on landscape ecology 2003, Darwin (ext. abstract).

gem. mit LANG, S., LANGANKE, T., AAVIKSOO, K., BURNETT, C.: An Object-based Monitoring Methodology for Transition Mires: Examples from Austria and Estonia. In: Proceed. US-IALE 2003 conference, Banff.

gem. mit IVITS, E., KOCH, B.: Landscape connectivity studies based on segmentation based classification and manual interpretation of remote sensing data. In: Proceedings Ecognition User Conference, Munich, CD ROM.

Univ.-Prof. Dr. JÜRGEN BREUSTE:

2003. gem. mit BREUSTE, IRIS: Aprovechamiento de recursos naturales y entornos paisajísticos en la ciudad de Halle (Saale) – Investigaciones en dos sectores urbanos (Nutzung von Natur und Landschaftsangeboten in der Stadt Halle (Saale, Alemania) – Untersuchungen in zwei Stadtteilen. In: BREUSTE, J./HERNANDEZ, J.R./KASPERIDUS, H.D./ PRIEGO, C. (Hrsg.): Utilización y Maneja de la Naturaleza y del Pajsaje en Aglomeraciones Urbanas (Nutzung und Management von Natur und Landschaft in Stadtregionen). UFZ-Bericht 17/2003, Stadtökologische Forschungen Nr. 36. Leipzig, S. 7–42, 171–190.

gem. mit WERNER, J. und KASPERIDUS, H.D.: Der Park ‚Perdo del Río Zanartu' in Hualpén – ein naturnahes Schutz- und Erholungsgebiet im Ballungsraum Concepción/ Tacahuano (Chile). In: BREUSTE, J./HERNANDEZ, J.R./KASPERIDUS, H.D./PRIEGO, C. (Hrsg.): Utilización y Maneja de la Naturaleza y del Pajsaje en Aglomeraciones Urbanas (Nutzung und Management von Natur und Landschaft in Stadtregionen). UFZ-Bericht 17/2003, Stadtökologische Forschungen Nr. 36. Leipzig, S. 149–170.

Grundlagen der Modellierung der urbanen Landschaftsstruktur – Anwendung von Methoden der Landschaftsökologie in der stadtökologischen Analyse. In: SCHMITT, T. (Hrsg.): Themen, Trends und Thesen der Stadt- und Landschaftsökologie. Festschrift für Hans-Jürgen Klink. Bochum, S. 1–14.

gem. mit MOSER, P. und THIELE, K.: Kulturlandschaftstransformation in Schkeuditz: Konflikte und Zielsetzungen. In: MOSER, P./THIELE, K./BREUSTE, J.: Kulturlandschaftliche Perspektiven der Stadtregion. UFZ-Bericht 17/2003, Stadtökologische Forschungen Nr. 36. Leipzig, S. 39–47.

Schutz und Nutzung von Natur in urbanen Landschaften. In: LÖBF-Mitteilungen, 1/2003. Recklinghausen, S. 47–54.

Zustand der Schkeuditzer Kulturlandschaft. In: MOSER, P./THIELE, K./BREUSTE, J.: Kulturlandschaftliche Perspektiven der Stadtregion. UFZ-Bericht 1/2003, Stadtökologische Forschungen Nr. 34. Leipzig, S. 48–53.

gem. mit MOSER, P. und THIELE, K.: Kulturlandschaftliche Perspektiven der Stadtregion. In: UFZ-Bericht 1/2003. Stadtökologische Forschungen Nr. 34. Leipzig.

Univ.-Doz. Dr. FRANZ DOLLINGER:

2003. Planungssysteme und Rechtsvorschriften in Österreich. – In: H. BARSCH, H.-R. BORK und R. SÖLLNER, Hrsg.: Landschaftsplanung – Umweltverträglichkeitsprüfung – Eingriffsregelung. Gotha und Stuttgart (= Perthes Geographie Kolleg), S. 44–59.

Geoökologische Raumgliederungen als Grundlage für die Regionalplanung. – In: Österreich in Geschichte und Literatur (mit Geographie), Zeitschrift des Instituts für Österreichkunde, 46. Jg., H. 3, S. 188–200.

Das Homogenitätsprinzip der Raumplanung und die heterogene Struktur des Landschaftsökosystems – eine Chance für das holistische Paradigma? – In: Mitteilungen der Österreichischen Geographischen Gesellschaft, 144. Jg., S. 159–176.

Kulturlandschaft – ein Begriff zwischen Kunst und Wissenschaft. – In: C. WITTWER, Hrsg.: Europäische Kulturlandschaften. Ein künstlerisches Forschungsprojekt. Zürich: Extension Verlag, S. 21–56.

Das Salzburger Landesentwicklungsprogramm mit Modellcharakter. – In: Die Alpenkonvention. Fragen – Antworten – Perspektiven, Nr. 34, S. 8.

Univ.-Prof. Dr. MARTINA FROMHOLD-EISEBITH:

2003. Wissenschaft als kreatives Milieu. In: WIERLACHER, A. UND BOGNER, A. (Hrsg.): Handbuch interkulturelle Germanistik. J.B. Metzeler Verlag, Stuttgart u. Weimar, S. 115–121.

gem. mit EISEBITH, G.: Globale Krise – regionale Gewinner? Entwicklungstrends des IT-Outsourcing zu Schwellenländern am Beispiel des indischen Bangalore. In: Zeitschrift für Wirtschaftsgeographie, 47. Jg., H. 2, S. 82–96.

gem. mit EISEBITH, G.: Wie wird ein Industrieunternehmen zum multinationalen Konzern? Das Beispiel DaimlerChrysler. In: Praxis Geographie, H. 2, 15–20.

gem. mit JEKEL, T.: Identität und regionalwirtschaftliche Innovativität. Diskussion eines hypothetischen Zusammenhangs. In: Geographische Zeitschrift, 91. Jg., H. 2, S. 115–129.

Mag. Dr. THOMAS JEKEL:

2003. Fremde Länder, unsere Sitten. Indien-Konstruktionen in österreichischen Unterrichtsmaterialien. In: GW-Unterricht, 90, S. 18–26.

Institutionalisation of Regions and Regional Identity: The EuRegio Salzburg, in: PLUNTZ, R. et al., After Shopping. Situation Salzburg. Strategien für den Speckgürtel. – Salzburg: Pustet, S. 45–48.

Em. O. Univ.-Prof. Dr. HELMUT RIEDL:

2003. gem. mit PAPADOPOULOU-VRINIOTI, K.: Pseudokarst und karstähnliche Phänomene auf der Insel Tinos (Kykladen). In: Die Höhle, 3. 54. Jg., Wien, S. 66–78.

gem. mit HEJL, E., SOULAKELLIS, N., VAN DEN HAUTE P. und WEINGARTNER, H.: Young Neogene tectonics and relief development on the Aegean islands of Naxos, Paros and Ios (Cyclades, Greece). Mitteilungen der Österreichischen Geologischen Gesellschaft, 93, Wien, S. 105–127.

Univ.-Prof. Dr. HEINZ SLUPETZKY:

2003 gem. mit G. EHGARTNER: Programm „Wasser- und Eishaushaltsmessungen im Stubachtal" (Massenbilanzmessreihe vom Stubacher Sonnblickkees). Ergebnisbericht 2001.

Do we need long term terrestrial glacier mass balance monitoring for the future? EGS – AGU – EUG Joint Assembly, Nice, France, 6.–11.April 2003, Proceedings p. 239.

gem. m. WIESENEGGER, H.: Forschungsprojekt mit der Universität Salzburg. Land Salzburg am höchstgelegenen Pegel des Hydrographischen Dienstes. OTT Hydro-News 1/03, 2004, S. 6.

Gletschersterben – Rekordverdächtige Obersulzbachkees 2002. Salzburger Alpenvereinsnachrichten Jg. 49, H. 190, S. 5–6.

Und wieder ... Der ABS-Rucksack DAS Rettungsgerät! Salzburger Alpenvereinsnachrichten Jg. 49, H. 189, S. 4–5.

Eine tödliche Falle – Analyse der Naturprozesse bei einem Alpinunfall. Jahresbericht 2002/03 (Ausgabe Pinzgau), Österreichischer Bergrettungsdienst Land Salzburg, 2003, S. 59–61.

O. Univ.-Prof. Dr. CHRISTOPH STADEL:

2003. gem. mit LUZÓN, J. L. und BORGES, C. (eds.): Transformaciones regionales y urbanas en Europa y America Latina. Barcelona: Publicacions de la Universitat de Barcelona.

L'Agriculture Andine: traditions et mutations. In: CERAMAC (Ed.): Crises et mutations des agricultures de montagne. Clermont-Ferrand: Presses Universitaires Blaise Pascal, pp. 193–207.

Prólogo. Tribute to a Geographer, Professor Dr. Guenter Mertins. In: LUZÓN, J. L., STADEL C. and BORGES, C. (eds.): Transformaciones regionales y urbanas en Europa y America Latina. Barcelona: Publicacions de la Universitat de Barcelona, p. 5–6.

Aspectos dinámicos en la periferia de las ciudades europeas. El ejemplo de la ciudad de Salzburgo, Austria. In: LUZON, J. L., STADEL C. and BORGES, C. (eds.): Transformaciones regionales y urbanas en Europa y America Latina. Barcelona: Publicacions de la Universitat de Barcelona, pp. 57–70.

Indigene Gemeinschaften im Andenraum, Heidelberger Geographische Gesellschaft, HGG-Journal, Vol. 18, pp. 75–88.

Verwundbarkeit, Marginalisierung, Livelihoods, Working Papers facing Poverty. Armutsforschung in Österreich (Salzburg: University of Salzburg, Poverty Research Group), pp. 96–101.

Empowerment – Schlüsselkonzept für eine nachhaltige Entwicklung, Solitat (Intersol, Salzburg), No. 41, pp. 2–5.

Ao. Univ.-Prof. Dr. ERICH STOCKER:

2003. Conditions of Alpine Gully Development as examplified by the Austrian Alps. In: Studia Geomorphologica Carpatho-Balcanica. In: Landform evolution in mountain areas Vol. XXXVII. Krakow, 5–27.

Ao. Univ.-Prof. Dr. JOSEF STROBL:

2003. gem. mit BLASCHKE, T.: Defining landscape units through integrated morphometric characteristics. In: BUHMANN, E., ERVIN, S. (eds.): Landscape Modelling: Digital Techniques for Landscape Architecture: Wichmann-Verlag, Heidelberg, 104–113.

gem. mit BLASCHKE, T. und GRIESEBNER G. (Hrsg.): Angewandte Geographische Informationsverarbeitung. XV. Beiträge zum AGIT-Symposium Salzburg 2003: H. Wichmann Verlag, Heidelberg, 588 pp.

Ao. Univ.-Prof. Dr. HERBERT WEINGARTNER:

2003. gem. mit HEJL E., RIEDL H., SOULAKELLIS N. und VAN DEN HAUTE P.: Young Neogene tectonics and relief development on the Aegean islands of Naxos. Mitteilungen der Österreichischen Geologischen Gesellschaft, Band 93, S. 105–127.

gem. mit HARLANDER, T. und MÜHLBERGER, J.: Der Wandertourismus und seine ökologischen Konsequenzen. Beispiele aus der Dachsteinregion (Oberösterreich). In: Geoöko, Festschrift für O. Seuffert zum 70. Geburtstag 24, 1–2, 49–60.

gem. mit STEYRER, H.P. (Hrsg): Schottland. Exkursionsführer. Salzburg.

gem. mit W. MAHRINGER (als Hrsg.): Umweltklimatologische Studie Salzburg. – Salzburg, 278 S.

C. Veranstaltungen des Instituts für Geographie und angewandte Geoinformatik der Universität Salzburg

Salzburger Geographische Gesellschaft
Zweigverein der Österreichischen Geographischen Gesellschaft

12.03.2003 Univ. Prof. Dr. GERNOT PATZELT (Universität Innsbruck): Natur und Mensch im Tiroler Gebirgsraum von den nacheiszeitlichen Anfängen bis zur Gegenwart (in honorem em. Univ. Prof. Dr. Helmut Heuberger)

07.05.2003 Prof. SCOTT A. BOLLENS (University of California at Irvine): Cities of Conflict: Urban Policy and Peace-Building

18.06.2003 Univ.-Prof. Dr. D. FÜRNKRANZ (Universität Salzburg): Woher stammt die mediterrane Pflanzenwelt? (In honorem em. Univ. Prof. Dr. Helmut Riedl)

22.10.2003 Mag. Dr. MOHAMMED ABDEL AATI (Wels): Das New Valley Projekt in Ägypten

Café International
Arbeitsgruppe Entwicklungsforschung und Entwicklungszusammenarbeit

08.04.2003 EVA SIX (Salzburg): Sevilla, Andalusien: Städtische Strukturen und Altstadtplanung

06.05.2003 Prof. Dr. IAN WALLACE (Carleton University, Ottawa, Canada): Economy-environment relations: aspects and challenges

24.06.2003 Prof. Dr. MARTINA FROMHOLD-EISEBITH (Salzburg): Silicon Valley in Indien: Von Bangalore und anderen IT-Regionen

Tagungen/Veranstaltungen

AGIT 2003 Symposium für Angewandte Geoinformatik (Gesamtleitung: J. STROBL)

3. Juli 2003 AGIT-Special: E-Government

2. bis 4. Juli 2003 AGIT-EXPO 2003: Fachmesse für Geoinformatik

19.11.2003 GEOGRAPHY DAY: Tag der offenen Tür. Präsentationen, um die Bedeutung der Geographie und Geographischer Information für Wirtschaft, Verwaltung und Alltag zu demonstrieren

V. Institut für Geographie und Regionalforschung an der Universität Klagenfurt*)

1975/76 Lehraufträge für Physische Geographie, Humangeographie und Kartographie. 1976 1. o. Professur der Geographie mit bes. Berücksichtigung der Didaktik, 1977 2. o. Professur der Geographie mit bes. Berücksichtigung der Didaktik, 1978 Institut für Geographie, 1997 Institut für Geographie und Regionalforschung.

A. Habilitationen, Dissertationen und Diplomarbeiten

Dissertationen

2003. Mag. HÖSSL, PETRA: Perspektiven und Strategien einer Europäischen Raumentwicklung. Ein systematischer Vergleich der EU-Regionalpolitik in Österreich und Finnland im europäischen Kontext. 366 Seiten.

Die sehr umfangreiche Dissertation hat eine sehr ehrgeizige Zielsetzung. Es sollen die Regionalpolitik sowie die Raumentwicklungspolitik von Österreich und Finnland miteinander verglichen werden, wobei der Zusammenhang zur europäischen Regionalpolitik und Raumentwicklung im Vordergrund steht. Den Zielsetzungen der EU entsprechend werden in Zukunft derartige vergleichende Arbeiten von großer Bedeutung sein und tragen zum analogen Lernen in der Regionalpolitik bei, wobei große Synergieeffekte erwartet werden.

Das gewählte Thema kann, da es sich teilweise um komplett neue Fragestellungen handelt, in einer noch so umfangreichen Dissertation natürlich nicht vollständig und endgültig behandelt werden. Dieser Gesichtspunkt ist sehr wichtig für die Bewertung der Arbeit.

Die Arbeit geht von den historisch-genetischen, geopolitischen und ökonomischen Rahmenbedingungen in Finnland und Österreich aus. Es folgt eine Darstellung der Situation in beiden Staaten vor dem EU-Beitritt. Den größten Teil der Arbeit ist der Raumentwicklungs- und Regionalpolitik im Zuge des Beitrittes zur EU gewidmet, wobei verschiedenen Konzepten der europäischen Union, z.B. EUREK großer Raum eingeräumt wird.

Die Dissertation ist schon allein durch die umfassenden, zum Teil sehr aktuellen Materialien, die verarbeitet wurden, sehr wertvoll und eine wichtige Hilfe für weiterführende Arbeiten.

Dennoch müssen einige kritische Punkte angemerkt werden:

1. Die Arbeit hat in der verwendeten Terminologie gewisse Schwächen. So wird der englische Ausdruck „spatial planning" mit Planung übersetzt (Raumentwicklung wäre nach den jüngsten Festlegungen richtig). Auch müsste der Begriff Einwohner konsistent durch Wohnbevölkerung ersetzt werden (Seite 106). Es muss betont werden, dass gerade im europäischen Einigungsprozess der Terminologiefrage große Bedeutung zukommt (es könnten auch andere Beispiele von Fehlinterpretationen genannt werden).
2. Selektion des Materials und der ausgewählten inhaltlichen Aspekte: Bei den historischen Rahmenbedingungen fällt auf, dass die große Benachteiligung Ostösterreichs durch die unter sowjetischer Militäradministration stehenden Großbetriebe (ehemaliges deutsches Eigentum, USIA-Betriebe) als entscheidendes Hemmnis der Entwicklung in Ostösterreich nicht genannt werden. Bei der Entwicklung der Raumordnung in Österreich hätte auf kompetenteres Quellenmaterial zurückgegriffen werden können (z. B. die Pionierarbeit des österreichischen Instituts für Raumplanung Ende der 1960iger-Jahre

---

*) http://www.uni-kln.ac.at/groups/geo/

„Raumordnung in Österreich"). Was die aktuelle Entwicklung betrifft, sollte das Nord-Süd-Gefälle in Österreich stärker thematisiert werden. Was die Angaben über Finnland betrifft, fällt auf, dass die Autorin mit den konkreten Verhältnissen in Finnland naturgemäß nicht so stark vertraut ist. Zum Beispiel kann die große Bedeutung der Gemeinden für die Regionalpolitik nicht genug hervorgehoben werden. Auch die Diskussion um die Øland-Inseln sollte erwähnt werden.

3. Flüchtigkeitsfehler: Vermutlich aus Zeitgründen konnte die Arbeit nicht nochmals redaktionell durchgearbeitet werden. Wäre dies geschehen, so würden die offensichtlichen Flüchtigkeitsfehler eliminiert worden. So wird z.B. auf Seite 33 behauptet, dass Südkärnten nach dem 1. Weltkrieg von der „slowenischen Armee" besetzt wurde. Selbstverständlich handelt es sich bei dieser Besetzung um die Armee des neuen südslawischen Königreiches (späteres Jugoslawien). Mit dem Begriff Nachhaltigkeit wird ebenfalls sehr flüchtig umgegangen.

4. Zu korrigierende Aussagen: Die Kompetenzfeststellung für die Raumordnung in Österreich aufgrund des Urteiles des Verfassungsgerichtshofes (der sich auf die Generalklausel berufen hat), ist nicht ganz authentisch wiedergegeben. Hinsichtlich der aktuelleren Einschätzungen der Raumentwicklung fällt auf, dass oft nur auf eine Literaturangabe Bezug genommen wird, wenngleich es zum gleichen Thema auch eine Reihe anderer widersprüchlicher Aussagen gibt. Dies gilt z.B. für die Entwicklung der Megaregion Wien-Bratislava, die offensichtlich unterbewertet wird. Die Bedeutung der künftigen Raumentwicklungspolitik wird zuwenig in Abhängigkeit vom Wissen über raumrelevante Zusammenhänge gebracht. ESPON sollte in erster Linie hiezu aktuelle Beiträge liefern und ist nur in zweiter Linie als Handlungsempfehlung der Raumentwicklung zu sehen.

Grundsätzlich hätten die Forschungsleitfragen, die am Beginn sehr konsistent dargestellt werden, einen nachhaltigeren Widerhall in den späteren Ausführungen finden sollen.

M. SAUBERER

2003. Mag. JERNE, GERALD: Regionalentwicklungspotential von kooperativ vernetzten Klein- und Mittelunternehmen (KMU) in Land Kärnten. 176 Seiten.

M. SAUBERER

2003. Mag. SCHERIAU, HELENE: Eventtourismus und/oder landwirtschaftliche Attraktionen. Hat die Natur noch eine Chance? 356 Seiten.

Es ist eine wissenschaftliche Arbeit der angewandten, problembezogenen und damit gesellschaftlich relevanten geographischen Forschung, die hier im Umfang von 356 Seiten und versehen mit zahlreichen Abb., Tab., Diagrammen und Karten vorgelegt wird. Die Arbeit stützt sich auf etwa 270 Zitate. Die Kandidatin, die sich in ihrer Diplomarbeit mit Fragen der landschaftlichen Attraktivität und mit Landschaftsbildbewertungen befasst hatte, befasst sich in ihrer Dissertation mit der allgegenwärtigen Frage im Tourismusgeschehen und in der Tourismuswerbung, ob und inwiefern es tatsächlich noch die landschaftlichen Attraktivitäten sind, mit denen im Fremdenverkehrsgeschehen noch um Gäste geworben werden kann. Oder ob es nicht schon längst Events unterschiedlicher Art sind, die über den „Erfolg einer Saison" entscheiden. Bei dieser immanent tourismusorientierten Zielsetzung möchte ich die Strukturierung der Arbeit maßgeblich beeinflussende Mitwirkung meines Kollegen Prof. F. ZIMMERMANN, Graz, ausdrücklich betonen.

Es sind sieben Kapitel, über die sich die Kandidatin dem Thema nähert, welches tatsächlich zu den grundsätzlichen Basisfragen des Tourismus als Wirtschaftssegment und damit der Tourismuswerbung/des tatsächlichen Fremdenverkehrsgeschehens als Wirtschafts-förderungsinstrument zählt. Denn nicht zu übersehen ist die Tatsache, dass mit herkömmlichen Klischees von Alpen- und Badeseebildern dem internationalen Konkurrenzdruck, der über diverse Segmente der Attraktivität evident ist, nicht standgehalten werden kann. Darüber hinaus hinterfragt das Thema die landläufige Meinung, dass tradierte Kulturlandschaft und die Bemühungen zu deren nachhaltigem Weiterbestand in der Lage seinen, den Tourismus in Österreich quasi zu retten. Nachhaltigkeit beinhaltet aber leider mehr als nur dies.

Einleitend und nach einer ausführlichen Erläuterung der Problemstellung und der zugehörigen theoretischen Ansätze, werden (Kap. 1) die rezenten Tourismustrends vorgestellt: Wertewandel, Urlaub der Zukunft, Inszenierung und Paradiese. Es folgt (Kap. 2) der Zusammenhang zwischen (Natur-)Landschaft und Tourismus, Voraussetzung lange Zeit im Fremdenverkehrsgeschehen der Alpenregion. Natur erleben, auch ein Bedürfnis des modernen Menschen, und gerade von diesem? Da folgt logisch (Kap. 3) die Diskussion um den Öko-Tourismus (weltweit?) und um den nachhaltigen FV im alpinen Bereich: Gegenüberstellung der „Umweltsünden" des „harten" Tourismus mit den Zielen einer sanften touristischen Vermarktung. Dazu ein Statement: einmal habe ich den LH Kärntens sagen gehört: sanfter Tourismus bringt auch sanfte Gewinne. Wenn nur alle seine Aussagen so zweifelsfrei wahr wären. Grundsätze und Ziele eines alternativen, nämlich Event-Tourismus folgen (Kap. 4), bevor auf die Tourismusstrategien im Staat und im Lande (Kap. 5) eingegangen wird. Es folgen eine Analyse, Zusammenstellung und Bewertung der Potentiale und Chancen der Tourismusregionen in Kärnten (Kap. 6), mit fast 100 Seiten im Spiegelbild der Tourismusaktivitäten in Kärnten. Daraus wird (Kap. 7) das Fazit gezogen: Globaler Rahmen/Neubewertung der Natur/Events als Alternative/regionale Perspektiven. Umfangreiche Recherchen, keine Zauberformeln für ein kritisch zu beurteilendes Wirtschaftssegment der inneralpinen Berg- und Seenregion. Ein realistisches Bild.

M. SEGER

Diplomarbeiten

2003. FRIEDRICH, NATASCHA: Eine Systemtechnologie erobert den Raum. Mobilfunk-Analyse einer neuen Infrastruktur. 164 Seiten, 34 Abb., 12 Tab., 18 Diagramme, 26 Karten, Lit.-verz.

Wird im Untertitel von Infrastruktur gesprochen, so soll damit von Anfang an auf das vielfältige Netz der Sende- und Empfangsanlagen aufmerksam gemacht werden, welches eine Voraussetzung darstellt sowohl für einen neuen Wirtschaftszweig als auch auf dessen Basis, das Kommunikationsbedürfnis per „Handy" (Mobilfunkstationen in Österreich 2003: 18.000). Abhängig vom Ausbaustand dieser Funkstationen war das Netz zunächst lückig, und es wurde im Verlaufe der 1990er-Jahre zunehmend engmaschiger: ein Beispiel für die räumliche Diffusion einer neuen Technologie, die von den großen Städten und den Verbindungslinien zwischen diesen ausgeht. Diesen Sachverhalten widmet sich die gegenständliche Arbeit, wobei die Konkurrenzsituation unter den Netzbetreibern den Zugang zu wichtigen Informationen sehr erschwert hat. Auf 175 S. und mit zahlreichen Karten (auch Mobilfunk-Standorts-Karten) und Abbildungen versehen, liefert Frau FRIEDRICH einen Überblick über die technisch-rechtlichen Grundlagen und die ökonomische Entwicklung dieser Sparte der Telekommunikation, bevor sie die Netzausbreitung und Netzverdichtung anhand von Mobilfunk-Arealen aus verschiedenen Zeitständen vergleichend darlegt. Im abschließenden Kapitel „Zukunftsvision" wird auf die sich abzeichnenden technischen Entwicklungen, das Problem der Standortlokalisation jedes Handy-Benützers und auf allfällige gesundheitliche Risiken eingegangen.

M. SEGER

2003. GRABER, JOHANNES: Aktuelle Probleme der Innenstadt Münchens unter besonderer Berücksichtigung der Innenstadt. 155 Seiten, 10 Abb., Lit.-verz.

M. SAUBERER

2003. KUBEC, ALBERT: Grundlagen und Entwurf eines Beschreibungsschemas für digitale Karten gezeigt für einen Atlas von Kärnten. 156 Seiten, 39 Abb., Lit.-verz.

Das Ziel der Diplomarbeit war die Erstellung eines Beschreibungsschemas für digitale Karten (Kapitel 5). Das Schema dient der Analyse und vor allem der strukturierten Planung von digitalen Karten und ist eine Spezifikation deren Charakteristika, gegliedert nach Daten, Graphik und vor allem Funktion. Die Anwendung des Schemas wird anhand des Entwurfes für einen digitalen Kärnten Atlas (Kapitel 6) dadurch gezeigt, dass alle vorgeschlagenen Karten mit dem Schema beschrieben und damit konzeptiv spezifiziert wurden. Im Schema werden Konzepte der herkömmlichen Kartographie (Graphische Semiologie von JACQUES BERTIN) durch interaktive bzw. multimediale Funktionalitäten, die in der digitalen Kartographie möglich sind, erweitert. Das Schema kann als Entwurfsgrundlage für weitere digitale Atlanten herangezogen werden.

In den ersten Kapiteln der Diplomarbeit werden die methodischen und technischen Grundlagen für das oben charakterisierte Beschreibungsschema abgehandelt. In Kapitel 2 sind Rahmenbedingungen der modernen digitalen Kartographie (Farbdarstellung am Bildschirm, Bildschirmauflösung, Animation und Benutzerschnittstellen zu digitalen Karten im Internet) zusammengestellt, in Kapitel 3 werden technische Grundlagen (Programmiersprachen zur Kartendarstellung, digitale Graphikformate und Kartentechnik im Internet) für die Internetkartographie beschrieben und im 4. Kapitel werden zwei bestehende Internetlösungen für digitale Karten vorgestellt und aufgrund der vorangegangenen Betrachtungen beurteilt.

Die Arbeit ist gut recherchiert und mit vielen Abbildungen graphisch sehr gut unterstützt. Sie fasst den Stand der Technik zusammen und ist ein ausgezeichnetes Beispiel für den Entwurf und die Verwendung einer konzeptiven Spezifikation in der digitalen Kartographie, die Vorbild für Spezifikationen in anderen Bereichen der Geographie, z.B. für geographische Modelle, Daten in einem Anwendungsbereich oder Fragestellungen in einem Arbeitsgebiet, sein kann.

P. MANDL

2003. LEITNER, JÜRGEN: Großprojekte in Klagenfurt und ihre Auswirkungen im Städtewettbewerb. 139 Seiten, 12 Abb., Lit.-Verz.

In der Arbeit werden die Auswirkungen von geplanten Großprojekten in Klagenfurt an einigen konkreten Beispielen dargestellt (Projekt Koralmbahn, Projekt City-Arkaden, Projekt Wohnpark 2000, Wohnanlage Mittergradneggerstraße). Einleitend werden grundsätzliche Fragen vor allem zum Thema externe Effekte dargelegt.

Der Autor hat sein inhaltliches und methodisches Wissen vor allem im Rahmen einer Raumplanerausbildung an der TU Wien erworben. Nun erfordert aber die moderne Geographie zusätzlich die Berücksichtigung anderer Aspekte, vor allem aufgrund der international anerkannten neuen Literatur. Durch die Vernachlässigung dieses Aspektes entsteht eine Lücke der ansonsten sehr gut recherchierten und übersichtlich dargestellten Arbeit.

M. SAUBERER

2003. LIEBHART, WALTHER THOMAS: Visualisierungsmöglichkeiten mit aktuellen Datensätzen am Beispiel Kärnten. 104 Seiten, Lit.-verz., 51 Abb. u. 17 Karten im Anhang.

In einer visuell orientierten Zeit leben wir, wird behauptet. Bilder ersetzen Texte, und bildhafte Wahrnehmungen beherrschen den Alltag. Die wissenschaftliche Welt folgt diesem Trend, doch sind dafür eigens gebildete Spezialisten notwendig – Personen, die, von einer fachbezogenen Ausbildung ausgehend, das entsprechende Know-how auf dem Gebiet der digitalen Datenverarbeitung besitzen. Sie sind in der Lage, komplexe Programme und Betriebssysteme zu nutzen und gegebenenfalls für spezielle Zwecke zu adaptieren. Eben dies zeigt LIEBHART in der vorliegenden Arbeit. Dabei werden in 51 Abbildungen und 17 Karten sowohl Anwendungen von Visualisierungsprogrammen (Arc View, World Constructions Set, Animationen) als auch eigene Datenbearbeitungen vorgestellt. Wie es bei technisch orientierten Arbeiten üblich ist, liegt die wissenschaftliche Leistung in der komplizierten Datenverarbeitung, und das Visualisierungsbeispiel im Text ist nur das Resultat einer umfangreichen Vorarbeit. Ein umfangreiches Kapitel „Visualisierungsfragen" zeigt, dass LIEBHART nicht nur das Datenhandling beherrscht, sondern auch Aspekte der thematischen Kartographie. Der EDV-Part dieser dualen Spezialisierung wird im Kapitel „Arbeitsmittel und Grundlagen" behandelt, und diesen zwei theoretischen Abschnitten folgen die eingangs erwähnten Visualisierungsbeispiele.

M. SEGER

2003. MÜLLER, UTA: Die Dynamik des Umlandes von München unter neuen Rahmenbedingungen. 139 Seiten, Abb., Lit.-verz.

Die Arbeit besteht aus einer guten Zusammenfassung des aktuellen Raumentwicklungskonzeptes der Planungsregion München. Besondere Problemschwerpunkte wurden hervorgehoben (z.B. Flughafen München). Die neueste Abgrenzung der Metropolenregion München, die über die Planungsregion weit hinausgeht, wird ebenfalls angeschnitten. Kritisch ist anzumerken, dass sich die Arbeit im Wesentlichen nur auf offizielle Konzepte bezieht. Die zahlreiche – teilweise kontroversielle – Literatur zur Frage des Umlandes, verfasst von Universitätsinstituten und anderen Institutionen, wird nur randlich erwähnt.

M. SAUBERER

2003. OBERLERCHNER, PATRICIA: INTERREG III A Projekt in Kärnten-Slowenien-Friaul (Italien) im Rahmen dewr EU-Regionalpolitik. 156 Seiten.

M. SEGER

2003. OSCHMAUTZ, FRIEDRICH: Grenzüberschreitender Naturpark Ostkarawanken – Steiner Alpen – konzeptive Gedanken. 225 Seiten, 28 Tab., Abb., Skizzen, Karten, Fotos, Lit.-verz. im Anhang.

Aus dem Grenzland für das Grenzland. Nach einem in Bleiburg/Unterkärnten verbrachten Berufsleben und einem daran anschließenden Studium der Geographie in Klagenfurt legt FRIEDRICH OSCHMAUTZ eine Diplomarbeit vor, die sich mit der „Inwertsetzung" des aus mehrfacher touristischer Sicht reizvollen Grenzlandes zwischen Ostkärnten und Slowenien befasst, und zwar durch die Einrichtung eines Naturparkes. Bald wird jeder Hügel mit einem schmückenden Attribut versehen sein, und die Attraktivität von Gegenden hervorhebenden Begriffe werden sich wechselseitig entwerten. Doch darum geht es nicht: Naturparke sind Mode in Kärnten, und wer zuerst kommt, kann sich für „seine" Region verdienstvollerweise diesen Begriff heute leichter sichern als in einigen Jahren. Darin auch liegt das besondere Verdienst dieser Arbeit für die endogene Regionalentwicklung des Grenzlandes. Und im Brückenschlag: OSCHMAUTZ hat sich im Gebrauch der slowenischen Sprache wieder eingeübt, und die Hälfte seiner Recherchen über Gemeindestrukturen und Befragungen von lokalen Eliten stammen von jenseits der Grenze. Ein Beispiel angewandter Geographie gleichermaßen wie angewandter nachhaltiger liberaler Kontakte und Kommunikation. Dass der Weg zu einem Naturpark dennoch weit ist, versteht sich von selbst. Im Umfang von über 200 Seiten gliedert sich die Arbeit in drei Hauptteile: (1) Voraussetzungen der Region/in der Region für einen Naturpark, (2) Kennzeichen und Befragung von Meinungsbildnern, (3) Konzept eines Naturparkes, Eignungs- und Abgrenzungsfragen, Angebotspotentiale. Hervorzuheben ist, dass im Gegensatz zu vielen Arbeiten, die im Analytischen stehen bleiben, ein in die Zukunft gerichteter Aspekt in der vorliegenden Diplomarbeit stark betont wird.

M. SEGER

2003. SCHEIBER-RONACH, MARTINA: Entwicklung in der humangeographischen mathematischen Modellbildung. Eine Analyse anhand räumlicher Interaktionsmodelle. 118 Seiten, Literaturverzeichnis.

Diese Arbeit befasst sich in exakter mathematisch genau dargestellter Form mit der Entwicklung der räumlichen Interaktionsmodelle, wobei eine Würdigung und nähere Aufbereitung der Arbeiten von A. C. WILSON im Vordergrund steht.

Die Arbeit ist wohl eine der besten, die zur Modellentwicklung in der Humangeographie in Österreich je geschrieben wurde. Hervorragend ist die exakte mathematische Darstellung, v.a. wird der fundamentale Beitrag von A. C. WILSON besonders herausgearbeitet. Es ist dies der mathematische Beweis, dass das formal nur als physikalisches Analogiemodell betrachtete Gravitationsmodell mittels mikroanalytischer kombinatorischer Verhaltensdarstellung und Verwendung eines Optimierungsansatzes elegant weiterentwickelt werden kann.

Die Autorin befasst sich selbstverständlich in ebenso präziser Art und Weise auch mit anderen Aspekten der neuesten Interaktionsmodelle unter Verwendung der aktuellen Literatur (M. M. FISCHER, HAMNETT (2003!) und OPENSHAW et al.).

M. SAUBERER

2003. TRIPOLT, GOTTFRIED: Landschaftsbildanalyse. Eine qualitative Methode zur Ergründung der Erlebnis- und Erholungsqualität der traditionell agrarisch geprägten Kulturlandschaft. Fallbeispiel „Kulturlandschaft Radsberg/Sattnitz". 228 Seiten, Graphiken, Tab., Abb., Karten, Lit.-Verz., Anhang.

Mit dem Untertitel „Eine qualitative Methode zur Ergründung der Erlebnis- und Erholungsqualität der traditionell agrarisch geprägten Kulturlandschaft" wird zum einen der empirisch-analytische Aspekt der Arbeit (Fallbeispiel: Kulturlandschaft Radsberg/Sattnitz (im Süden von Klagenfurt) angesprochen, zum anderen der Zweck einer solchen Landschaftsanalyse an sich (das Nachvollziehen der visuellen Wirkung von Landschaftsausschnitten), und schließlich wird der individuelle Zugang einer solchen Wirkungsanalyse betont (qualitative Methode, „Ergründung"). Das Thema an sich ist weder neu noch auch nur annähernd endgültig gelöst, und die analytischen Ansätze der Arbeit gehen von einer gründlichen Literaturrecherche aus. Nach einem Vorwort als „Zusammenfassende Einleitung" folgen fünf Themen und Kapitel:

1. Festlegung, Erläuterung und Zusammenfassung des Themas (Theorie und Anwendung)
2. Inhaltliche Ansätze zur Analyse des Landschaftsbildes
3. Emotionale Erlebniswerte (nach Riccabona)
4. Das Konzept der Landschaftsbildanalyse als Methode zur Ergründung der Kulturlandschaft (Methoden und Methodik)
5. Das Fallbeispiel „Kulturlandschaft Radsberg/Sattnitz

Zahlreiche eigene Ansätze und Entwürfe zur Landschaftsbild- und Sichtfeldanalyse kennzeichnen Kap. 4, und in Kap. 5 werden Bildszenen vorgestellt und nach einer Vielzahl von Kriterien nachvollziehbar bewertet, zumeist nach einem Nominalkriterium (vorhanden – nicht vorhanden), zusammenfassend erfolgen charakterisierende (stichwortartige) Beschreibungen von Sichtfeldern, und keine Qualitätsbewertungen. Es geht beim vorliegenden Thema auch nicht um Attraktivitätsreihungen, sondern darum, warum und weshalb bestimmten Szenen der Kulturlandschaft konkrete Erlebnisqualitäten zugeschrieben werden können. Die Arbeit übersteigt das übliche Maß einer Diplomarbeit nicht nur nach dem Umfang.

M. SEGER

2003. ZENKL, PETER: Das Geographische Informationssystem des Verkehrsverbundes Kärnten (GIV) – Situationsanalyse, Konzept und exemplarische Umsetzung. 118 Seiten, 22 Abb., 8 Karten, 12 Tab., Lit.-verz.

Wie bereits aus dem Titel der Arbeit hervorgeht, handelt es sich (a) um ein Thema der angewandten, d.h. einen praktischen Zweck verfolgenden Geographie, und (b) um jenen relativ jungen Bereich des Faches, der sich mit der digitalen Verarbeitung von Geodaten befasst. Die Geoinformationsverarbeitung, die in einem eigenen Kapitel im Überblick dargestellt wird (21 Seiten), dient dabei neuen Zielen und Aufgaben im regionalen (landesweiten) Verkehrsverbund. Dieser gesellschaftlich-raumbezogene Aspekt der Arbeit wird im Zusammenhang mit dem Einsatz der Geoinformations-Systeme (Software, Hardware, Basisdaten) erläutert (19 Seiten). Anschließend wird ein in sich schlüssiges und in langer praktischer Arbeit entwickeltes Konzept eines GI-Systems für den Kärntner Verkehrsverbund vorgestellt (20 Seiten), und eine nach Modulen (Verkehrsplanung, Tarifsystem, Marketing, Kundendienst) gegliederte Umsetzungsstrategie wird erläutert (35 Seiten). Zahlreiche Abbildungen aus dem Primärdatensatz (Netze, Haltestellen) und aus abgeleiteten Daten (Tarifregionen, Datenverschnitt mit Siedlungseinheiten) belegen den Stand der Arbeiten zur GI-Nutzung in der Verkehrsverbundplanung.

M. SEGER

B. Wissenschaftliche Veröffentlichungen der Mitglieder des Institutes für Geographie und Regionalforschung der Universität Klagenfurt

O. Univ.-Prof. Dr. MARTIN SEGER:

2003. gem. m. P. PALENCSAR: Istanbul – der Weg zurück zur Weltstadt. In: Petermanns Geogr. Mitt. 147, Heft 4, S. 74–83.

Karte der Landbedeckung/Landnutzung Österreichs. In: Wirtschaftsatlas Österreich (Gewinn extra), S. 124/125.

Geographische Einführung „Nockberge". In: Die Nockberge. Ein Naturführer, S. 11–18. Verlag des Naturwiss. Vereines für Kärnten.

Landschaftswert-Landschaftsbewertung. In: Carinthia I, 193. Jg., S. 589–603 (Symposium 100 Jahre Tourismus in Kärnten).

Buchbesprechung: Tirol-Atlas. Eine Landeskunde in Karten. In: Carinthia I, 193. Jg., S. 709.

(Hrsg. u. Schriftleiter): MÖGG (Mitteilungen d. Österr. Geographischen Gesellschaft), Bd. 143, Wien, 393 Seiten.

Bevölkerungsbewegungen und Landnutzung im asymmetrischen Alpenraum Österreichs. In: VAROTTO, M. u. R. PSENNER (Hrsg.): Entvölkerung im Berggebiet. Ursachen und Auswirkungen (Spopolamento montano: cause ed effetti), S. 119–133.

O. Univ.-Prof. Dr. MICHAEL SAUBERER:

2003. Entfaltung im Dialog: Nachhaltigkeit als offener sozio-kultureller Prozess im Bezirk Kirchdorf an der Krems. In: G. DORNINGER, K. PANGERL (Hrsg.): Klagenfurt: Universität Klagenfurt, Inst. für Geographie und Regionalforschung 2003 (Beiträge zur Angewandten Geographie und Regionalforschung, 2), S. 1–9.

Ass.-Prof. Dr. JÜRGEN ADLMANNSEDER:

2003. Lufthygienestudie Klagenfurt, Band 16. Teil 1: Interpretation, Teil 2: Dokumentation. Klagenfurt: Universität Klagenfurt, Institut für Geographie und Regionalforschung. 2003, 58 S. u. 157 S.

Univ.-Ass. Mag. Dr. PETRA HÖSSL:

2003. Perspektiven und Strategien einer Europäischen Raumentwicklung. Ein systematischer Vergleich der EU-Regionalpolitik in Österreich und Finnland im europäischen Kontext. Dissertation, Univ. Klagenfurt, 346 S.

Ass.-Prof. Mag. Dr. PETER MANDL:

2003. gem. m. A. KOCH, (Hrsg.): Multi-Agenten-Systeme in der Geographie. Klagenfurt: Inst. für Geographie und Regionalforschung d. Univ. Klagenfurt. 2003 (Klagenfurter Geographische Schriften, 23), S. 5–34.

gem. m. KOCH A.: In: A. KOCH, P. MANDL (Hrsg.): Multi-Agenten-Systeme in der Geographie. Klagenfurt: Inst. für Geographie und Regionalforschung der Univ. Klagenfurt. 2003 (Klagenfurter Geographische Schriften, 23), S. 1–4.

Freiflächenermittlung für potenzielle Industriestandorte im Kärntner Zentralraum. Bericht über das Studienprojekt 2003, 15 S.

Prof. L1 Dr. FRIEDRICH PALENCSAR:

2003. gem m. SEGER M.: In: Istanbul – der Weg zurück zur Weltstadt. Petermanns Geographische Mitteilungen., 147, 4, S. 74–83.

gem m. ALTZIEBLER H.: Cooperation in teacher education between university and schools – the first five years. Proceeding: Conference in Szeged, 3 S.

Lektor HR Univ.-Doz. Dr. WOLFGANG SCHWARZ:

2002. Das niederösterreichische Industrieviertel – Entstehung und Transformation eines alten Industrieraumes. In: H. HITZ und W. SITTE (Hrsg.): Das östliche Österreich und benachbarte Regionen. Ein geographischer Exkursionsführer. Ed. Hölzel, Wien, S 51–67.

Die Grenzregionen Niederösterreichs und die EU-Erweiterung. In: Praxis Geographie, 32, Jg., 9/2002, S. 24–30.

Neuer Wandschmuck für das Sitzungszimmer der ÖGG. In: Mitteilungen der Österreichischen Geographischen Gesellschaft, 143. Jg., S. 311–312.

gem. mit F. SCHINDEGGER: MICHAEL SAUBERER – 60 Jahre. In: Mitteilungen der Österreichischen Geographischen Gesellschaft, 144. Jg., S. 271–282.

2003. Regionalpolitik im Wandel: Von zentralistischer Planung zu partnerschaftlichen Netzwerken – das Modell Niederösterreich. In: Raumordnung im Umbruch – Herausforderungen, Konflikte, Veränderungen – Festschrift für Eduard Kunze. Wien 2003, S. 74–89 (= ÖROK-Schriftenreihe – Sonderserie Raum und Region, Heft 1).

gem. m. M. KAVALEK und F.-E. PAILLERON: Veränderte Strukturen – gestärkte Nachbarn. EU-Programme in Niederösterreich nach der Erweiterung. In: Raum & Ordnung 2/2003, S. 6–8.

gem. m. K. VORAUER-MISCHER: Die Regionalentwicklung in der EU-15 – räumliche Heterogenität, zeitliche Diskontinuität, regionalpolitische Optionalität. Ergebnisse einer empirischen Analyse. In: Mitteilungen der Österreichischen Geographischen Gesellschaft, Bd. 145/2003, S. 7–34.

Univ.-Ass. Dr. KAREN ZIENER:

2003. Das Konfliktfeld Erholungsnutzung – Naturschutz in Nationalparken und Biosphärenreservaten. Aachen: Shaker Verlag 2003, 460 S. Habilitationsschrift.

C. Veranstaltungen des Geographischen Kolloquiums und Gastvorträge am Institut für Geographie und Regionalforschung der Universität Klagenfurt

10.4.2003 Dr. ARNOLD KERN, Klagenfurt: Regionale Kommunikation. Theorien, Konzepte und Beispiele aus der Regionalentwicklung

24.4.2003 DI Dr. UTE URBAN (Hochschule Harz) und DI BERNHARD SCHNEIDER (Waldviertel): Neue Aufgabenfelder im Bereich „Nachhaltige Regionalwirtschaft" – Trends in der Nachfrage nach regionalen Nachhaltigkeits-Dienstleistungen und Erfahrungsbericht vom Aufbau eines regionalen Innovationszentrums"

6.5.2003 Univ.-Prof. Dr. VASILE SURD, Klausenburg: Territorial and Economic Development of the North-Western Region in Romania

9.10.2003 HR Dipl. Ing. HANS PETER JESCHKE, Wien: Kulturlandschaft-Inventarisation, Schutz und Entwicklung. Arbeitsschritte für ein Kulturlandschaftsinventar Österreich

VI. Institut für Wirtschaftsgeographie*), Regionalentwicklung und Umweltwirtschaft**) der Wirtschaftsuniversität Wien

Mit Wintersemester 1999/2000 wurde das Großinstitut für Wirtschaftsgeographie, Regionalentwicklung und Umweltwirtschaft mit vier Abteilungen errichtet. Das Institut vereinigt die raumwissenschaftlich orientierten akademischen Einheiten der WU unter einem Dach, das Institut für Wirtschafts- und Sozialgeographie (1898 gegründet als Seminar für Handelsgeographie, 1905 umbenannt in Geographisches Institut und Seminar für Wirtschaftsgeographie), das Institut für Raumplanung und Regionalentwicklung (1975 gegründet als Institut für Raumordnung) und das Interdisziplinäre Institut für Umwelt und Wirtschaft (gegründet 1991). Das neue Institut besteht aus folgenden vier Abteilungen: *Abteilung für Wirtschaftsgeographie und Geoinformatik (WGI), Abteilung für Stadt- und Regionalentwicklung (SRE), Abteilung für Wirtschaft und Umwelt (IUW), Abteilung für Angewandte Regional- und Wirtschaftsgeographie (ArWI).*

A. Habilitationen, Dissertationen und Diplomarbeiten

a) Abteilung für Wirtschaftsgeographie und Geoinformatik

Dissertationen

2003. CESNIK, Ing. Mag. HERMANN-STEFAN: Methodische Probleme beim Forschungsdesign empirischer Studien, dargestellt am Fallbeispiel einer Longitudinalstudie. Universität Wien, 460 Seiten, 27 Abb., 38 Tab.

Die vorliegende Dissertationsschrift ist aus der Mitarbeit an einer empirischen Langzeituntersuchung hervorgegangen, die in Teamarbeit für das Arbeitsmarktservice und das Bundesministerium für Arbeit und Soziales in den Jahren 1992 bis 1999 durchgeführt wurde. Die Auftragsstudie war als eine synchron angelegte Längsschnittparallelstudie mit Kohortendesign konzipiert. Die Dissertationsschrift versteht sich als Vorhaben, „die in der Projektphase gesammelten Erfahrungen und Erkenntnisse zusätzlich zu den ausschließlich auf Ergebnisse zugeschnittenen Berichten für die Auftraggeber auch wissenschaftlich aufzubereiten".

Der Verfasser gliedert seine Arbeit in neun Kapitel. Im ersten Kapitel wird die Problemstellung der Arbeit kurz vorgestellt. In den Mittelpunkt des Erkenntnisinteresses rückt der Autor methodische Probleme, wie sie bei der praktischen Durchführung mehrjähriger Längsschnittstudien größeren Umfangs in der Regel auftreten.

Das zweite Kapitel bringt eine Einführung in den empirischen Forschungsprozess. Das dritte Kapitel, das den Titel „Longitudinalstudien: Ein Überblick" hat, führt in die Stärken und Schwächen von Trend-, Kohorten- und Paneldesigns ein, das vierte Kapitel in ausgewählte messtheoretische Aspekte [Fragen der Validität, Reliabilität und Repräsentativität empirischer Messungen, Skalierungsverfahren und Skalenkonstruktion], das fünfte Kapitel in die Datenerhebung mittels Fragebogen und das sechste Kapitel in Fehlerpotentiale in der Umfrageforschung.

Kapitel 7 und Kapitel 8 stellen den Kern der Arbeit dar. Das siebte Kapitel hat den Titel „Fallbeispiel: Operative Arbeitsmarktbeteiligung des AMS". Zielsetzung dieses Kapitels ist es, die im Rahmen der Auftragsstudie verwendete Methodik zu beschreiben: die Definition der Zielpopulation [alle Arbeitsmarktteilnehmer – d.h. ArbeitnehmerInnen und ArbeitgeberInnen –, die während des Untersuchungszeitraumes zumindest einen sozial-

---

*) http://www.wigeoweb.wu-wien.ac.at, http://wu-wien.ac.at/arwi/
**) http//www.wu-wien.ac.at/iuw

versicherungspflichtigen Arbeitsmarkttransfer aufweisen], die unbereinigte Auswahlpopulation, die im Zuge der Datenbereinigung erstellte Auswahlpopulation, der Stichprobenauswahlrahmen, das Stichprobenauswahlverfahren, die Datenerhebung mittels standardisierter computergestützter Telefoninterviews inklusive Pretest, der Hochrechnungsansatz und das Kennzahlendesign. Durch das spezielle Untersuchungsdesign – eine Paralleluntersuchung von ArbeitgeberInnen und ArbeitnehmerInnen – kann der Autor die Validität der erzielten empirischen Ergebnisse recht gut einschätzen.

Das achte Kapitel ist der eigentliche Kern der Arbeit. Im Mittelpunkt steht die Auseinandersetzung mit einer Reihe projektspezifischer Probleme wie sie in der Auftragsstudie [vgl. Kap. 7] aufgetreten sind, aber auch in vielen anderen empirischen Studien auftauchen können. Im Einzelnen geht es um folgende Probleme. In welcher Form wirken sich Erfassungsfehler und Erhebungsausfälle aus? Wie sollte man mit diesen Fehlerpotenzialen umgehen? Wie wirkt sich die Methode standardisierter computergestützter Telefoninterviews auf die Güte der Erhebungsdaten aus? Wie lässt sich die Anonymisierung der Daten zuverlässig realisieren? Wie wirken sich räumliche Arbeitsmarktverflechtungen auf die Ergebnisse aus? Welche Probleme verursachen administrative Zuordnungen über postalische Areale? Wie kann das sog. Problem von Mehrbetriebsunternehmen gelöst werden? Wie wird die Wiederholbarkeitsgüte von Longitudinalstudienergebnissen garantiert? Zu einzelnen dieser Problematiken präsentiert der Autor gewisse Lösungsstrategien, die generell weniger methodologisch getrieben als vielmehr pragmatisch orientiert sind.

Kapitel 9 schließt die Arbeit mit einer kurzen Zusammenfassung ab. Im Anhang findet sich eine Auflistung der Kennzahlen und Strukturmerkmale, ausgewählte Sourcecodes für SPSS zu deren Generierung und Fragebögen, die im Rahmen der Auftragsstudie verwendet wurden.

M. M. Fischer

2003. Schuch, Mag. Klaus: Central Europe and the European Framework Programmes for RTD. Universität Wien, 219 Seiten, 32 Abb., 48 Tab.

Bereits im September 1991 schlossen die Visegradstaaten – Polen, Tschechoslowakei und Ungarn – die ersten Europa-Abkommen mit der Europäischen Gemeinschaft, die konkrete Beitrittsperspektiven enthielten. 1993 folgten Europa-Abkommen mit Rumänien, Bulgarien sowie der Tschechischen und der Slowakischen Republik, in die sich die Tschechoslowakei 1992 geteilt hatte. Die baltischen Staaten Estland, Lettland und Litauen unterzeichneten 1995 und Slowenien 1996 Assoziierungsabkommen. Die Europa-Abkommen zielten auf die Schaffung einer Freihandelszone zwischen der Gemeinschaft und den Beitrittsländern, wobei die EG ihre Handelsschranken früher und umfassender abbaute als das jeweilige Partnerland. Ferner wurde in diesen Abkommen die Intensivierung der wirtschaftlichen, technologischen und wissenschaftlichen Zusammenarbeit vereinbart, die den Anpassungsprozess an die EU unterstützen sollte.

Die vorliegende Arbeit rückt die wissenschaftliche und technologische Kooperation zwischen der Europäischen Union und den mittel- und osteuropäischen Ländern [MOEL], illustriert am Beispiel der Europäischen Rahmenprogramme für Forschung, Technologie und Entwicklung [FTE], in den Mittelpunkt der Betrachtung.

Die Arbeit gliedert sich in eine Einleitung, vier Hauptkapitel und Schlussbemerkungen. Im einleitenden Kapitel führt der Autor in die Fragestellung ein, expliziert die Zielsetzung wie die erkenntnisleitenden Forschungsfragen und begründet den Aufbau der Arbeit. Das zweite Kapitel liefert einen guten Überblick über den Stand der Integration der MOEL in das europäische Wissenschaftssystem einerseits und die wichtigsten Integrationsinstrumente andererseits. Die Diskussion basiert auf offiziellen und informellen Dokumenten der Europäischen Kommission, aber auch auf einer postalischen Befragung von ausgewählten mittel- und osteuropäischen Experten.

Kapitel 3 beschreibt die Teilnahme der mittel- und osteuropäischen Kandidatenländer an den Rahmenprogrammen für FTE und versucht Erklärungsmomente dafür zu finden, warum manche Länder erfolgreicher als andere sind. Erfolg wird als Rate der genehmigten in Relation zu den eingereichten Projekten gemessen [5. Rahmenprogramm 1999-2002]. Die Erklärungsmomente versucht der Autor mit Hilfe des Instrumentariums der univariaten Regressionsanalyse zu identifizieren, ein Instrumentarium, das in diesem Kontext als erster Schritt einer Datenanalyse wichtige Einblicke vermitteln kann. Multikollinearitätsprobleme bleiben allerdings unbeachtet.

Die Analyse wird in den folgenden beiden Kapiteln vertieft und durch eine Reihe statistischer Tabellen und Abbildungen untermauert. In Kapitel 4 werden mit Hilfe der Portfoliotechnik länderspezifische Stärken und Schwächen in verschiedenen FTE-Sektoren herausgearbeitet, in Kapitel 5 die regionale Dimension der Kooperationsmuster. Man gewinnt durch eine sehr detaillierte Analyse ein abgerundetes Bild der verschiedensten FTE-Aktivitäten der mittel- und osteuropäischen Kandidatenländer einerseits und deren Positionierung in der europäischen Forschungslandschaft andererseits. Kapitel 6 fasst die wichtigsten Ergebnisse der Arbeit zusammen und zeigt weiteren Forschungsbedarf auf.

M. M. FISCHER

2003. URBANEK, Mag. DAGMAR: Der Transaktionskostenansatz in der Kreditwirtschaft: Eine instrumentelle Anwendung anhand der Gegenüberstellung der Governance Strukturen Filial- und Internetvertrieb. Wirtschaftsuniversität Wien, 396 Seiten, 87 Abb., 23 Tab.

Das Internet und die fortschreitende Entwicklung der I&K-Technologien ermöglichen die Realisierung von Marktpotentialen, die bisher noch nicht oder nur rudimentär möglich waren. Die Entstehung einer neuen digitalen Infrastruktur führt einerseits zur Veränderung der bisherigen Vertriebs- und Handelsstrukturen und unterwirft andererseits auch die Kostenstrukturen, Erlöstypen und Wertschöpfungsstrukturen einem radikalen Wandel.

Die vorliegende Arbeit geht der Frage nach, welche Bedeutung BankkundInnen dem Filialvertrieb im Vergleich zum Internetvertrieb beimessen. Zur Behandlung dieser Fragestellung versucht die Autorin den Transaktionskostenansatz nutzbar einzusetzen und mit dessen Hilfe den Wertbeitrag der Filiale bzw. der stationären Niederlassung einer Bank im Finanzvertrieb aus Nutzersicht zu klären.

Die Dissertation besteht aus sieben Kapiteln. Im ersten Kapitel führt die Autorin in die Fragestellung ein, expliziert die Zielsetzung der Arbeit und begründet den Aufbau der Arbeit. Kapitel 2 bis Kapitel 4 haben einführenden Charakter. Das zweite Kapitel versucht die Fragestellung im Wissenschaftsgefüge zu positionieren und den wissenschaftstheoretischen Kontext zu beschreiben, im Rahmen dessen der Diskurs stattfinden soll. In Kapitel drei werden die begrifflichen Grundlagen und Konstrukte der Kreditwirtschaft dargelegt, denen zentraler Charakter im Rahmen der vorliegenden Arbeit zukommt. Kapitel vier bereitet – ausgehend von den konzeptionellen Schwächen des neoklassischen Denkens – schließlich den Weg für eine institutionenökonomische Sicht der vorliegenden Themenstellung.

Kapitel fünf rückt den klassischen Transaktionskostenansatz in den Mittelpunkt der Diskussion und schafft so die Grundlagen für das Hauptkapitel der Arbeit, nämlich Kapitel sechs, das den Titel „Transaktionskostenansatz in der Kreditwirtschaft" trägt. Der Autorin gelingt es, den Ansatz auf kreditwirtschaftliche Belange im Allgemeinen und auf die Vertriebsproblematik der Universalbanken im besonderen zu übertragen. Das Augenmerk wird auf jene Transaktionskosten gelenkt, die das Nutzungsverhalten der KundInnen bestimmen. Dementsprechend werden unternehmensinterne Transaktionskosten ausgeblendet. Kapitel sieben fasst die wichtigsten Ergebnisse der Arbeit zusammen und zeigt weiteren Forschungsbedarf auf.

M. M. FISCHER

Diplomarbeiten

2003. BISCHOF, ROBERT: Die Entwicklung des chinesischen Energiesektors bis 2050 unter besonderer Berücksichtigung erneuerbarer Energieträger. WU Wien, 131 Seiten, 26 Abb., 29 Tab.

In dieser Arbeit wird versucht, den Beitrag von erneuerbaren Energieträgern zur Stromproduktion und zur Reduktion von CO_2-Emissionen in China bis 2050 abzuschätzen. Ein Schwerpunkt liegt in der Betrachtung von Wind- und Solarenergie, da diesen beiden Energieträgern das größte Potential unter den erneuerbaren Energieträgern zugedacht wird. Eine Darstellung des Energieangebots (besonders Kohle-, Erdöl- und Erdgasangebot), der Energienachfrage und des Stromsektors (besonders Wasserkraft und Atomenergie) gibt einen Einblick in die Ausgangslage des chinesischen Energiesektors. Die Bedeutung der Nutzung von Win-Win Situationen wird in der Arbeit ebenso betont wie die zukünftigen Chancen, die sich aus der Brennstoffzellentechnologie für China ergeben. Abschließend werden drei Szenarien entwickelt. Für die Szenarien werden einerseits allgemeine Annahmen bezüglich der Kriterien Wirtschaft, Wirtschaftspolitik, Technologie, Verhalten der Gesellschaft, Energie & Umwelt und andererseits spezielle Annahmen bezüglich der Entwicklung der Wind- und Solarenergie getroffen. Das Basisszenario, welches eine Fortführung der aktuellen Entwicklungen impliziert, zeigt einen nur geringen Beitrag der erneuerbaren Energieträger zur gesamten Stromproduktion. Die beiden technologieorientierten Szenarien RUP1 und RUP2 (RUP steht für Renewables UP) basieren auf einem Bündel an Fördermaßnahmen für erneuerbare Energieträger, rascherer Integration in den Welthandel und erfolgreicherem Aufbau von lokalen Produktionskapazitäten. Das RUP1-Szenario zeigt ein im Vergleich zum Basisszenario beschleunigtes Wachstum erneuerbarer Energieträger. Die noch höhere Wachstumsdynamik im RUP2-Szenario ist u.a. auf noch effizientere Fördermaßnahmen, dem zeitlichen Zusammentreffen mit dem angehenden Wasserstoffzeitalter und kosteneffizienterer Technologien zurückzuführen. Beide RUP-Szenarien können einen wichtigen Beitrag zur Gesamtstromproduktion und zur Reduktion von CO_2-Emissionen leisten.

M. M. FISCHER und T. ROEDIGER-SCHLUGA

2003. DÖRFLER, DANIELA: Vom klassischen Marketing zum Geomarketing – Mikrogeographische Marktsegmentierung im IT-Dienstleistungssektor. WU Wien, 99 Seiten, 40 Abb., 18 Tab.

Diese Diplomarbeit demonstriert exemplarisch die Anwendung der GIS-Technologie als Grundlage für die integrierte Verwaltung, Analyse und Visualisierung marketingrelevanter Daten. Das Ziel ist die Bereitstellung einer Informationsbasis zur Abschätzung von Marktpotenzialen für die Neukundengewinnung, der Marktdurchdringung und Konkurrenzsituation sowie Werbemitteleinsatzplanung auf Basis von geocodierten Daten eines IT-Dienstleistungsanbieters. Nach einer kurzen Skizzierung des klassischen sowie des strategischen Marketingkonzepts wird eine kurze Einführung in Geomarketing und Business-GIS gegeben. Im Mittelpunkt dabei stehen Methoden und Kriterien der Marktsegmentierung als Grundlage der Marketingaktivitäten. Weiterführend werden die Besonderheiten von Dienstleistungen und Dienstleistungsmarketing betrachtet. Im Kern der Arbeit erfolgt einleitend eine Vorstellung des Partnerunternehmens und seiner IT-Dienstleistungen. Die geographischen Analysen werden mit dem Softwarepaket ArcView Business GIS durchgeführt und kommentiert, wodurch der Einsatz von Geo-Marketinginstrumenten im IT-Dienstleistungssektor gezeigt wird.

M. M. FISCHER und P. STAUFER-STEINNOCHER

2003. ENICHLMAIR, CHRISTINA: Mobile Geoinformationssysteme – Marktrelevante Inhalte für Standortbasierte Dienste. Universität Wien, 121 Seiten, 19 Abb., 19 Tab.

Die Integration von Geoinformationssystemen (GIS) und mobilem Internet ist die Basis für das Angebot von Standortbasierten Diensten für den Massenmarkt. Als Standortbasierte Dienste oder Location-Based Services (LBS) werden alle Dienste und Anwendungen bezeichnet, die über Internet und/oder Mobilfunk räumliche Informationen und GIS-Funktionalitäten einem weiten Benutzerkreis zugänglich machen und daher einen Mehrwert für diese Kunden durch die Bereitstellung von zeitkritischen und standortabhängigen Dienstleistungen generieren. Der Abruf von Standortbasierten Diensten ist von jedem beliebigen mobilen Endgerät möglich und nicht alleine auf Mobiltelefonie beschränkt. Mit zunehmendem Genauigkeitsgrad der Lokalisierung eines Endgerätes können mit höherer Präzision auf den Standort zugeschnittene Dienste zur Verfügung gestellt werden. Die Dauer einer Abfrage und der Umfang der zu übertragenden Datenmenge werden von den Übertragungsstandards des Mobilfunks determiniert. Das Hauptaugenmerk dieser Arbeit liegt auf der Marktrelevanz von Inhalten für Standortbasierte Dienste. Inhalte sind dann marktrelevant, wenn sie flächendeckend, aktuell bzw. aktualisierbar, qualitativ hochwertig, tiefenrecherchiert, zielgruppenorientiert und lokalisierungsgenau sind. Der „MOBILE GUIDE" von A1 (Mobilkom Austria), ein österreichischer, Standortbasierter Dienst mit über 200.000 Adressen und Informationen für verschiedenste Lebenssituationen, hat als Zielgruppe alle A1-Kunden. In vorliegender Untersuchung geht es darum, Benutzergruppen zu identifizieren, derzeitige und mögliche weitere Inhalte zu evaluieren sowie die Benutzerfreundlichkeit dieses Dienstes und die Zahlungsbereitschaft der NutzerInnen aufzuzeigen. MOBILE GUIDE-NutzerInnen werden dabei potenziellen NutzerInnen Standortbasierter Dienste (sonstige A1-Kunden) gegenübergestellt.

M. M. FISCHER und P. STAUFER-STEINNOCHER

2003. FASTENBAUER, HEINZ-DIETER: Geschäftsmodelle im M-Commerce am Beispiel eines mobilen Touristeninformationssystems. WU Wien, 112 Seiten, 18 Abb., 2 Tab.

Mobile Touristeninformationssysteme sind Anwendungen, die durch die Berücksichtigung des Aufenthaltsorts einen Mehrwert für den Nutzer bieten. Den Durchbruch haben sie wie viele andere Anwendungen im M-Commerce jedoch noch nicht geschafft. In dieser Arbeit wird ein wesentlicher Erfolgsfaktor für die Einführung von standortbasierten Mehrwertdiensten betrachtet. Das richtige Geschäftsmodell entscheidet über Erfolg und Misserfolg im M-Commerce. Auf Basis der, in den letzen beiden Jahren zahlreich erschienen, Publikationen werden die wichtigsten Grundlagen des M-Commerce wie Verwendungsmöglichkeiten, Kundenanforderungen, technische Unzulänglichkeiten und Konkurrenzanwendungen ausgearbeitet. Es folgt die Betrachtung des Geschäftsmodells, wobei das Hauptaugenmerk auf die Wertschöpfungskette im M-Commerce gelegt wird. Auf die Notwendigkeit von Partnerschaften zwischen den einzelnen Wertschöpfungsbeteiligten wird ebenfalls eingegangen. Dieses theoretische Wissen bietet die Grundlage für den anwendungsorientierten Teil. Die Interessen der einzelnen Wertschöpfungsbeteiligten berücksichtigend, wird ein Geschäftsmodell zur langfristigen Finanzierung eines mobilen Touristeninformationssystems für Wien entwickelt. Es kann gezeigt werden, wie erfolgsentscheidend Geschäftsmodelle für standortbasierte Mehrwertdienste sind. In der derzeitig schwierigen wirtschaftlichen Situation kommt es insbesondere auf die Zusammenarbeit innerhalb der Wertschöpfungskette an, um Erlösquellen für die einzelnen Beteiligten zu ermöglichen.

M. M. FISCHER und P. STAUFER-STEINNOCHER

2003. GASSER, GERT: Die Position des Wirtschaftsstandortes Österreich im internationalen Standortwettbewerb untersucht am Beispiel der Baxter AG. WU Wien, 104 Seiten, 22 Abb., 3 Tab.

Die zunehmende Globalisierung und das damit verbundene wirtschaftliche Zusammenwachsen einzelner Länder und Regionen bedingt auch eine verstärkte Auseinandersetzung mit der Standortproblematik. Internationale Konzerne verfolgen eine global ausgerichtete Standortpolitik und nutzen bei Standortentscheidungen ihren weltweiten Aktionsradius. Beeinflusst von der Struktur der jeweiligen industriellen Branche, orientieren sich Unternehmen bei Betriebsansiedelungen an unterschiedlichen Standortanforderungen und treffen Standortentscheidungen in Abhängigkeit von der Präsenz verschiedener Standortfaktoren. Aber die Standortwahl wird auch dadurch geprägt, wie unterschiedliche Faktoren von den Entscheidungsträgern wahrgenommen werden. Die Position Österreichs als klassisches Produktionsland für technologisch mittelwertige Industriegüter scheint auf Grund der in diesem Segment immer stärker werdenden Ost-Konkurrenz nicht länger haltbar zu sein. Österreich muss sich seiner Stärken besinnen und eine den Erfordernissen der Zeit entsprechende Ausrichtung des industriellen Sektors vornehmen. Eine Branche mit Zukunft könnte die Biotechnologie sein, mit der sich auch der amerikanische Pharmakonzern Baxter International beschäftigt. Für diesen ist Österreich mittlerweile zum wichtigsten Forschungsstandort außerhalb der Vereinigten Staaten geworden und man sieht bei Baxter auch noch ein enormes Potenzial für die künftige Entwicklung dieser Branche in Österreich. Der Notwendigkeit zur Neupositionierung des Wirtschaftsstandortes Österreich wird auch seitens der Austrian Business Agency, der staatlichen Agentur für Standortfragen, Rechnung getragen, indem man versucht, in Österreich ein Image als Technologiestandort aufzubauen.

M. M. FISCHER und T. ROEDIGER-SCHLUGA

2003. JANSENBERGER, Mag. EVA: Das Verfahren der Kerndichteschätzung zur Analyse von Marktkonzentration und Marktdominanz im Lebensmitteleinzelhandel. WU Wien, 68 Seiten, 25 Abb., 13 Tab.

Die vorliegende Arbeit beschäftigt sich mit dem Verfahren der Kerndichteschätzung als Instrument zur Analyse der Entwicklung von Marktkonzentration und Marktdominanz im oberösterreichischen Lebensmitteleinzelhandel im Zeitraum von 1998 bis 2001. Die Zielsetzung dieser Arbeit ist es, die jüngere Entwicklung von Marktkonzentration und das Vorliegen von Dominanzsituationen in einem ausgewählten Untersuchungsgebiet zu analysieren. Die Kerndichteschätzung bietet sich hierbei als Verfahren zur räumlichen Punktmusteranalyse an, da mit Hilfe dieser statistischen Methode unter Einbeziehung eines Geoinformationssystems (GIS) die Entwicklungen von Marktkonzentration und Marktdominanz visualisiert werden können und somit auch kleinräumige Veränderungen dargestellt werden können. Im Rahmen der vorliegenden Arbeit wurden die Lebensmitteleinzelhandelsstandorte der beiden Unternehmen Rewe Austria AG und Spar Österreichische Warenhandels-AG zu einer Gruppe zusammengefasst und mit den Standorten der Gruppe der übrigen Marktteilnehmer (Adeg Österreich HandelsAG, ZEV Markant Zentralverrechnungsges.m.b.H., Zielpunkt Warenhandel Gmbh & Co KG und andere in Oberösterreich tätige Lebensmitteleinzelhändler) verglichen. Im Ergebnis zeigt sich insgesamt eine Zunahme von Rewe und Spar gegenüber den übrigen Marktteilnehmern, sowohl in Bezug auf die Outletdichte als auch was die Marktdominanz betrifft. Besonders deutlich wird dies im städtischen Raum (Linz, Wels). Im ländlichen Raum können teilweise auch Entwicklungen zugunsten der übrigen Marktteilnehmer festgestellt werden.

M. M. FISCHER und P. STAUFER-STEINNOCHER

2003. KIROWITZ, JOHANNES (gem. mit TRENKER, MARKUS): Web-GIS Komponenten auf Basis Freier Software in der öffentlichen Verwaltung. WU Wien, 133 Seiten, 15 Abb., 5 Tab.

Die zunehmende Bedeutung der Informations- und Kommunikationstechnologien stellt öffentliche Verwaltungen vor neue Herausforderungen. Der Begriff „E-Government" beschreibt eine Phase des verstärkten Einsatzes dieser Technologien zur Unterstützung der Interaktion zwischen Bürgern und Einrichtungen des politischen Systems. Über die geographische Komponente als gemeinsamen Nenner unterschiedlichster Informationen ergeben sich Einsatzmöglichkeiten internetbasierter GISe v. a. in kommunalen Verwaltungen. Entsprechende Initiativen zielen auf einen verbesserten Zugang zu Informationen und Intensivierung politischer Partizipation seitens der BürgerInnen, im Bereich der Verwaltungen stehen Aspekte wie Effizienzsteigerung und Erhöhung der Legitimität staatlichen Handelns im Vordergrund. Die Realisierung von Web-GIS als geographische Informationsapplikation benötigt neben Daten auch verschiedene Softwarekomponenten. Der Begriff „Freie Software" bezeichnet Programme, mit denen besondere Freiheiten verbunden sind, wie die Offenlegung des Quellcodes, die freie und kostenlose Weitergabe, Veränderbarkeit und Weiterentwicklung der Software durch die BenutzerInnen. Im Gegensatz dazu ist proprietäre Software durch einen geschlossenen Quellcode gekennzeichnet, der nur für den Hersteller einsehbar ist und damit die Grundlage für Lizenzeinnahmen darstellt. Web-GIS Anwendungen auf Basis Freier Software bringen daher zahlreiche Vorteile mit sich: Kostenminimierung durch wegfallende Lizenzkosten, höhere Stabilität und Sicherheit, Flexibilität und Modularität im Aufbau sowie Unabhängigkeit von proprietären Softwareherstellern.

M. M. FISCHER und P. STAUFER-STEINNOCHER

2003. KÖLLENSPERGER, ULRICH: Regional Airlines in the US. An Analysis of Business Models of Regional Airlines in the US with Special Reference to Airline Regulation and Deregulation. WU Wien, 101 Seiten, 21 Abb., 17 Tab.

This thesis has been designed to shed light on a topic so far neglected or almost ignored by the literature: business models of regional airlines in the US. Special reference is made to airline regulation and deregulation, which constitute the environment that determined today's business models of regional airlines. The method of case studies has been chosen for dealing with this contemporary event. Regional airlines can be defined as air carriers providing scheduled service whose function is to connect small and medium-sized communities to large cities and hubs. US regional airlines are the direct descendant of what in the regulated era used to be classed as commuter airlines. Until 1978, the airline industry was highly regulated and left only marginal debates for network optimization. Deregulation changed the airline industry forever. The two most influential events of the development of the regional airlines were the shift from the point-to-point system towards the hub-and-spoke network and the subsequent code-share agreements between major and regional airlines, which helped to exploit the advantages of hubbing. After deregulation the regional airline industry was confronted with rapid industry consolidation and market concentration. Operations were vertically integrated into major airlines' hub-and-spoke networks. The main functions of regional airlines are connecting small and medium-sized communities with hubs (feeding) and market outsourcing, where major airlines have benefited from the lower cost structure of their regional partners on short-haul routes. The thesis provides a conceptual framework for business models and describes its various elements or components. Four regional airlines are selected according to ownership and number of code-share agreements. Case studies are designed to deal with the company history, operations, cooperations, pricing and revenue sources and financial performance. Then the four business models are identified, analyzed and compared. A predominating business model for the industry can be extracted. Learning points and observations are derived, which can serve as best practices to facilitate the successful management of regional airlines.

M. M. FISCHER und D. WANEK

2003. LEITNER, ALEXANDER (gem. mit LEITNER, CHRISTIAN): Interface Programming and Customization of World Wide Web Based Geographic Information Systems – Illustrated by ArcIMS Sample Programming. WU Wien, 134 Seiten, 39 Abb., 9 Tab.

This thesis deals with the fusion of Internet Technology and Geographic Information Systems (GIS). Concepts of customization and interface programming of WWW-based GIS are discussed and illustrated by sample programming with the Environmental Systems Research Institute's (ESRI) ArcIMS versions 3.0 and 3.1. A detailed analysis of ArcXML, HTML and Java Viewers as well as the WMS concept of the OpenGIS Consortium is given. The thesis aims to serve as a source of theoretical background information, but also as a handbook or guide through the jungle of possibilities on how to customize WWW-based GIS, and how to design and program the right interface for an effective, powerful, and user-friendly application.

M. M. FISCHER und P. STAUFER-STEINNOCHER

2003. LEITNER, CHRISTIAN (gem. mit LEITNER, ALEXANDER): Interface Programming and Customization of World Wide Web Based Geographic Information Systems – Illustrated by ArcIMS Sample Programming. WU Wien, 134 Seiten, 39 Abb., 9 Tab.

This thesis deals with the fusion of Internet Technology and Geographic Information Systems (GIS). Concepts of customization and interface programming of WWW-based GIS are discussed and illustrated by sample programming with the Environmental Systems Research Institute's (ESRI) ArcIMS versions 3.0 and 3.1. A detailed analysis of ArcXML, HTML and Java Viewers as well as the WMS concept of the OpenGIS Consortium is given. The thesis aims to serve as a source of theoretical background information, but also as a handbook or guide through the jungle of possibilities on how to customize WWW-based GIS, and how to design and program the right interface for an effective, powerful, and user-friendly application.

M. M. FISCHER und P. STAUFER-STEINNOCHER

2003. RAUSCHER, GEORG: Ein standortbasiertes Immobilien-Informationssystem für das mobile Internet. Universität Wien, 86 Seiten, 16 Abb.

Das mobile Internet der dritten Generation wird eine neue Dimension von Anwendungen möglich machen, die über das Telefonieren hinausgehen. Standortbasierte Dienste werden dabei eine wichtige Rolle spielen. Diese Arbeit entwickelt ein standortbasiertes Immobilien-Informationssystem, das auch für das statische Internet zu verwenden sein wird. Die zur Entwicklung notwendige Software wird ausschließlich aus der Open-Source Gemeinde entnommen. Das ermöglicht eine flexible Programmierung, die weder auf Betriebssysteme noch auf bestimmte Datenbankmanagementsysteme Rücksicht nehmen muss. Insgesamt werden drei Prototypen des IMIS (Immobilien-Informationssystem) entwickelt, um die verschiedenen Endgerätetypen zu berücksichtigen. Die wissenschaftliche Fragestellung ergibt sich aus dem Antrieb die Programmierlogik des IMIS so zu gestalten, dass sie für unterschiedliche Endgeräte kaum anzupassen ist. Das Verwenden von immer neuen Technologien bei der Entwicklung dieser Endgeräte rechtfertigt eine wissenschaftliche Betrachtungsweise dieser plattformunabhängigen Programmierlogik.

M. M. FISCHER und P. STAUFER-STEINNOCHER

2003. SCHERNGELL, THOMAS: Foresight-Techniken als Instrumentarium zur Gestaltung der österreichischen Technologie- und Innovationspolitik. Universität Wien, 158 Seiten, 25 Abb., 26 Tab.

Die vorliegende Arbeit mit dem Thema „Foresight-Techniken als Instrumentarium zur Gestaltung der österreichischen Technologie- und Innovationspolitik" beschäftigt sich mit der Eignung von jüngeren prospektiven Techniken als Instrument für dieses Politikfeld. Wie man heute weiß, sind neues Wissen und neue Technologien ein bestimmender Faktor für die Wettbewerbsfähigkeit von Unternehmen oder Wirtschaftsräumen. Technologiepolitik ist daher integraler Bestandteil einer modernen Wirtschaftspolitik geworden. Mit dem Bedeutungszuwachs von Technologiepolitik als eigenständigem Politikfeld ging auch ein steigender Bedarf an Instrumenten zur Gestaltung und Ausrichtung dieses Politikfelds einher. Eines der jüngsten Instrumentarien sind die in dieser Arbeit untersuchten Foresight-Techniken. Foresight ist den letzten Jahren in zahlreichen Ländern zum Einsatz gekommen, und es gibt in Europa fast kein Land mehr, das nicht solche prospektiven Methoden zur Gestaltung der Technologiepolitik beansprucht. Angesichts der Ausprägungen des österreichischen Innovationssystems erscheint es besonders wichtig, immer neue Produkt- und Prozessinnovationen auf den Markt zu bringen, um langfristig die Wettbewerbsfähigkeit zu erhalten und den Standort zu sichern. Hier kann Foresight bei der Auffindung von Zukunftstechnologien, bei Schaffung von neuen Partnerschaften oder Clustern sowie bei der Prioritätensetzung in der politischen Gestaltung helfen.

M. M. FISCHER und T. ROEDIGER-SCHLUGA

2003. TIPPMANN, RALPH: Die Entwicklung eines standardisierten europäischen Binnenschifffahrtsinformationssystems. WU Wien, 100 Seiten, 18 Abb., 11 Tab.

Trotz ihrer unbestreitbaren ökologischen und ökonomischen Vorteile wird die Binnenschifffahrt als Transportmedium bisher nur relativ wenig genutzt. Ein ganz wesentlicher Grund dafür liegt in der bislang mangelhaften Integration in zunehmend global organisierte Logistikketten. Abhilfe verspricht hier die Entwicklung geeigneter Informationssysteme für die (Binnen-) Schifffahrt, welche Kapazität, Effizienz und Qualität des Transportmediums (Binnen-) Schiff erhöhen sollen. Herr Tippmann hat sich in seiner Diplomarbeit zum Ziel gesetzt, den Aufbau, die Funktionsweise, und die technische Umsetzung eines derartigen River Information Systems (RIS) darzustellen sowie anhand eines konkreten Fallbeispiels dessen Nutzen für die Donauschifffahrt zu illustrieren. Kapitel 1 führt in die Problemstellung ein und beschreibt die grundlegende Forschungsfrage. Kapitel 2 hat zum Ziel, notwendiges Hintergrundwissen bereitzustellen. Zu diesem Zweck werden der Status Quo und die Entwicklungsperspektiven der europäischen Binnenschifffahrt dargestellt, die Notwendigkeit des Einsatzes telematischer Systeme in der Binnenschifffahrt zur verbesserten Integration in intermodale Logistikketten erörtert und ein chronologisch-historischer Überblick über die Entwicklung nautischer Informationssysteme in Europa gegeben. Kapitel 3 beschreibt den technischen Aufbau und die Funktionsweise eines RIS. Kapitel 4 diskutiert die konkrete Implementierung von DoRIS, einem RIS für die Donau. Das Kapitel schließt mit einem Interview des Leiters der österreichischen Schifffahrtspolizei, der wesentlich an der Entwicklung eines europäischen RIS beteiligt war, in welchem der Nutzen eines RIS auf der Donau für verschiedene Akteursgruppen und die mittelfristigen Zukunftsperspektiven für eine derartiges System beleuchtet werden.

M. M. FISCHER und T. ROEDIGER-SCHLUGA

2003. TRENKER, MARKUS (gem. mit KIROWITZ, JOHANNES): Web-GIS Komponenten auf Basis Freier Software in der öffentlichen Verwaltung. WU Wien, 133 Seiten, 15 Abb., 5 Tab.

Die zunehmende Bedeutung der Informations- und Kommunikationstechnologien stellt öffentliche Verwaltungen vor neue Herausforderungen. Der Begriff „E-Government" beschreibt eine Phase des verstärkten Einsatzes dieser Technologien zur Unterstützung der Interaktion zwischen Bürgern und Einrichtungen des politischen Systems. Über die geographische Komponente als gemeinsamen Nenner unterschiedlichster Informationen ergeben sich Einsatzmöglichkeiten internetbasierter GISe v. a. in kommunalen Verwaltungen. Entsprechende Initiativen zielen auf einen verbesserten Zugang zu Informationen und Intensivierung politischer Partizipation seitens der BürgerInnen, im Bereich der Verwaltungen stehen Aspekte wie Effizienzsteigerung und Erhöhung der Legimität staatlichen Handelns im Vordergrund. Die Realisierung von Web-GIS als geographische Informationsapplikation benötigt neben Daten auch verschiedene Softwarekomponenten. Der Begriff „Freie Software" bezeichnet Programme, mit denen besondere Freiheiten verbunden sind, wie die Offenlegung des Quellcodes, die freie und kostenlose Weitergabe, Veränderbarkeit und Weiterentwicklung der Software durch die BenutzerInnen. Im Gegensatz dazu ist proprietäre Software durch einen geschlossenen Quellcode gekennzeichnet, der nur für den Hersteller einsehbar ist und damit die Grundlage für Lizenzeinnahmen darstellt. Web-GIS Anwendungen auf Basis Freier Software bringen daher zahlreiche Vorteile mit sich: Kostenminimierung durch wegfallende Lizenzkosten, höhere Stabilität und Sicherheit, Flexibilität und Modularität im Aufbau sowie Unabhängigkeit von proprietären Softwareherstellern.

M. M. FISCHER und P. STAUFER-STEINNOCHER

b) Abteilung Angewandte Regional- und Wirtschaftsgeographie

Diplomarbeiten

2003. ABDO, ELIAS: Die Entwicklung des Tourismussektors im Libanon. 138 Seiten, Illustr., graph. Darst.

2003. ARBESSER, PETRA: Globalisierung – die Ursachen für die Veränderungen der Weltwirtschaft. VIII, 116, XIX Seiten.

2003. AROCKER, BETTINA: Struktur und Entwicklung des Industriestandortes Oberes Waldviertel unter Berücksichtigung der regionalen und wirtschaftlichen Aspekte einer EU-Osterweiterung. III, 211, [20] Seiten, Illustr., graph. Darst., Kt.

2003. ARTNER, KAREN: Destinationsmanagement in der Tourismusregion Fethiye/Südwesttürkei. 184 Seiten, graph. Darst.

2003. BENDA, THOMAS: Bestandsaufnahme der räumlichen Organisation der Dienstleistung Telefonie im Großraum Wien. 152, 19 Seiten, graph. Darst., Kt.

Dienstleistungsproduktion ist immer an besondere Formen der Standortorganisation gebunden, wobei besonders bei den Konsumdiensten der Nähe zum Markt, zu den Konsumenten eine besondere Bedeutung hat (Theorie der Zentralen Orte, multiple Standortorganisation). Das gilt interessanter Weise auch für ganz moderne und hochtechnisierte Dienstleistungen wie es die Telfonie-Dienste sind. Es zeigt sich auch hier, dass es vielfältige Formen der räumlichen Marktabdeckung unter relativ geringen Reichweitebedingungen geben muss, so dass ein recht dichtes Standortnetz zu erwarten ist.

Die vorliegende Arbeit versucht in einer umfassenden explorativen Studie diese in den letzten Jahren der Entwicklung und totalen Umstrukturierung des Telefoniewesens entstandene räumliche Organisation im Raum Wien zu untersuchen. Die Arbeit beginnt mit einer Darstellung der Telefonie (Kap. 2) und behandelt dann sehr ausführlich den theoretischen Hintergrund (Kap. 3), wobei auch verschiedenste standorttheoretische Aspekte diskutiert und auf die Fragestellung hin bewertet werden. Die Hauptleistung der Arbeit besteht aber zunächst einmal in einer sehr umfassenden und systematischen Strukturanalyse des Angebotes an Sprachtelefonie in Wien (Kap. 4), dann aber besonders in der empirischen Analyse der verschiedensten Vertriebssysteme (Kap. 5), wobei besonders auf die sehr aufwändige Standortanalyse hinzuweisen ist.

CH. STAUDACHER

2003. BRANDNER, HERBERT: Die Region Wienerwald in ihrer Doppelfunktion als Wirtschaftsertragswald und Erholungsgebiet. 96 Seiten, graph. Darst., Kt.

2003. BREITWIESER, KRISTINA: Die Naturwerksteinindustrie in Österreich. 151 Seiten, graph. Darst.

2003. BURBÖCK, ARNOLD: Die Romantikzimmer – neue Beherbergungskonzepte am Beispiel des österr. Romantiksektors. VIII, 123 Seiten, graph. Darst., Kt.

2003. CHLAUPEK, SYLVIA: Die Struktur und Entwicklung von Hotelstandorten in den österreichischen Landeshauptstädten. 111 Seiten, graph. Darst., Kt.

2003. ECKSTEIN, KRISTIN: Entwicklung und Internationalisierung der Brauwirtschaft am Beispiel der Brauerei Kapsreiter. 110 Seiten, graph. Darst.

2003. ENHUBER, DANIELA: Biologischer Landbau: Entwicklung, Strukturen, Vermarktung – Regionale Kooperation und Vermarktung in der Bio-Heu-Region Trumer Seenland. IV, 125 Seiten, graph. Darst.

2003. FAHRNBERGER, WALTER: Niederösterreichische Nachrichten – Struktur und Organisation einer Regionalzeitung. 100, II Seiten, graph. Darst.

2003. FERA, DAVID: Tourismusstruktur und Tourismusentwicklung in Kroatien. 110 Seiten, graph. Darst., Kt.

2003. FRIESENBICHLER, MARGIT MARIA: Regionalmanagement und Regionalmarketing am Beispiel des Leader+ Projekts Kraftspendedörfer Joglland. 146 Seiten, graph. Darst., Kt.

Da sich die Wirtschaftsgeographie lange Zeit nicht oder nicht innovativ genug mit der Regionalentwicklung und -politik und mit den dahinter stehenden theoretischen Konzeptionen der „Region" auseinander gesetzt hat, haben sich andere sozialwirtschaftliche Fachbereich verstärkt um diesen Bereich angenommen, so dass heute die modernen Entwicklungen in diesen Bereichen von Strömungen in den Management- und Marketingwissenschaften bestimmt werden, was sich auch in den Begriffen Regionalmanagement und Regionalmarketing ausdrückt. Dieses Manko gilt in sehr ähnlicher Weise für die Regionalplanung. Dabei bestünde in der Wirtschaftsgeographie mit dem Konzept der Formation schon seit vielen Jahrzehnten ein theoretisches Regionsmodell, mit dem wesentliche innovative Ansätze hätten entwickelt werden können. Die (unnötigen) Schwierigkeiten der Geographie mit dem Landschafts- und Regionsbegriff haben das aber lange verhindert. Mit der systemtheoretischen Basiskonzeption und der Einführung des Begriffes „Wirtschaftliches Regionalsystem" durch RITTER (1991) besteht wieder große Hoffnung, dass hier zumindest wieder der Anschluss gefunden werden kann. Die Beschäftigung mit dem Regionalmanagement und Regionalmarketing ist in dieser Situation eine ganz wichtige Aufgabe im Rahmen der Wirtschaftsgeographie.

Die vorliegende Arbeit setzt sich das Ziel den „Entwicklungsstand und die Wirksamkeit von Regionalmarketing in der Region Joglland" zu analysieren und „ausgehend von allgemeinen theoretischen Positionen ... am Fallbeispiel „Kraftspendedörfer Joglland die

Umsetzung darzustellen" und zu bewerten (S. 5). Die Arbeit basiert auf einem außergewöhnlich umfassenden und breit angelegten theoretischen Teil (Kap. 2–5), der das Regionalmanagement und -marketing gestützt auf breitester Literaturbasis von den Grundlagen her analysiert, zum Regionsbegriff und zur Regionalpolitik in Beziehung setzt und auch die Praxisschritte zur Umsetzung ausführlich diskutiert. Dabei wird ganz besonders deutlich die Rolle des Netzwerkansatzes in den Vordergrund gestellt und somit z.T. sogar explizit ein Bezug zum autopoietischen Konzept der Systemtheorie hergestellt. Auf dieser ausführlichen Theoretischen Basis wird dann die Fallstudie „Kraftspendedörfer Joglland" bearbeitet: Das geschieht in sehr ausführlicher Weise, indem verschiedenste Quellen aufgearbeitet und ein zweistufiges Konzept von Expertenbefragungen realisiert wird. Es werden die verschiedenen Ebenen und Stufen des Regionalmarktings und -managements durchgearbeitet und dann jeweils vor dem Hintergrund der Theorie bewertet, so dass insgesamt ein sehr eindrucksvolles Bild der Entwicklung, der Strategien, der Methoden und z.T. – dort wo, schon verwirklicht, – der Wirkungen entsteht.

CH. STAUDACHER

2003. FUCHS, KLAUS: Die Biotechnologiebranche am Wirtschaftsstandort Wien. 123 Seiten, graph. Darst., Kt.

2003. GRILL, NICOLAS: Strukturen und Standorte von Clubanlagen im europäischen Sommer-Tourismus. 85 Seiten, Illustr., graph. Darst.

2003. GRUNDNER, THOMAS: Das Welthandelsgut Zigarre. 101 Seiten, graph. Darst., Kt.

Welthandelsgüter sind in der Regel so genannte „geographische Seltenheitsgüter" (RITTER), deren Produktion an bestimmte spezialisierte und z.T. einmalige Standorte und Räume mit spezifischen Faktorkombinationen gebunden ist und die auch in sehr ausgewählten Räumen nachgefragt werden, so dass eine hohe, oft globale Handelsspannung gegeben ist. Dazu gehören unter anderem vor allem tropische Agrarprodukte und auch der Tabak für die Herstellung von Zigarren bzw. die damit in Formationsstrukturen verbundene Zigarrenherstellung. Die Analyse solcher Welthandelsgüter hat in der Handelslehre und der Wirtschaftsgeographie eine alte Tradition, die in den letzten Jahren völlig vernachlässigt wurde! Die vorliegende Arbeit ist hier ein Versuch eine solche Analyse des Welthandelsgutes Zigarre als eine Fallstudie zu betreiben, mit der methodische und inhaltliche Erkenntnisse und ein Beitrag zu wirtschaftsgeographischen Grundfragestellungen geliefert werden sollen.

Das Ziel dieser Arbeit ist die Besonderheiten des Produktes Zigarre zu analysieren und die gesamte Wertschöpfungskette vom Anbau des Tabaks bis zum Konsumenten zu systematisieren (vgl. Kap. 15). Dazu wird zunächst ein sehr ausführlicher Überblick über die Geschichte der Zigarre gegeben (Kap. 2), um den Weg der Zigarre von Amerika nach Europa und die Entwicklung der Zigarrenindustrie zu veranschaulichen. Anschließend werden die Tabakanbau-Regionen der berühmtesten Länder des Tabakanbaus für Zigarren beschrieben und die typischen Merkmale herausgearbeitet (Kap. 3). Hier wären bessere Detailkarten der Anbaugebiete, die man aus Atlanten bzw. dem Internet gewinnen kann, durchaus hilfreich. Um die Komplexität des Produktes Zigarre besser zu verstehen, wird bei den Wurzeln der Zigarrenherstellung, der Tabakpflanze selbst, begonnen. Daher wird die Tabakpflanze mit ihren optimalen Wachstumsbedingungen und notwendigen Kulturmaßnahmen beschrieben (Kap. 3). Darauf folgen Ausführungen über den Anbau, die Aufbereitung des Tabaks und das Rollen einer Zigarre (Kap. 4). Danach geht die Arbeit näher auf die Entlohnung und die Arbeitsbedingungen der Zigarrenroller ein (Kap. 5). Außerdem wird eine typische Zigarrenfabrik für Premium-Zigarren (handgemachte Zigarren mit Langblatt-Einlage) und eine Fabrik, welche maschinell Zigarren mit Kurzblatt-Einlage produziert, gegenübergestellt (Kap. 6). Darüber hinaus werden Strategien der Gestaltung verschiedener Marken eines Herstellers, Vor- und Nachteile eines längeren Reifungsprozesses des Tabaks und sämtliche Einflüsse auf die Entstehung des Preises von Zigarren vorgestellt (Kap. 7). Dann kommt der Sprung in die Nachfrageräume – insbesondere am Beispiel Österreich wird das österreichische Tabakmonopol und der österreichische Tabakfachhandel behandelt (Kap. 10). Weiters wird die Sicht des Einzelhandels anhand eines ausgewählten Tabakspezialitäten-Geschäfts in Wien dargestellt. Die Informationen dazu stammen aus einem selbst durchgeführten Experteninterview. Außerdem wird „Tobaccoland", der größte Tabakwarengroßhändler und damit auch der größte Importeur von Zigarren in Österreich, vorgestellt werden. Ein großes Kapitel ist dem internationalen Zigarrenbusiness gewidmet. In diesem Teil der Arbeit werden zuerst die wichtigsten Konzerne des internationalen Zigarrengeschäfts und anschließend der europäische Absatzmarkt beschrieben. Des Weiteren werden das Problem mit den Fälschungen von Zigarren und Trends am Zigarrenmarkt aufgezeigt (Kap. 14). Abschließend wird die gesamte Wertschöpfungskette einer handgemachten Zigarre mit Langblatt-Einlage vom Anbau des Tabaks bis zum Konsumenten mit den jeweiligen Maßnahmen bzw. Einflussfaktoren des Produktes nacheinander dargestellt (Kap. 15). Diese Systematik ließe sich leicht mit der Formationsbildung in den Anbaugebieten verbinden, die in den jeweiligen Kapiteln zwar indirekt vorkommt, aber nicht systematisch diskutiert wird. Damit hätte sich auch die doch bestehende „Theorielosigkeit" der Arbeit etwas abbauen lassen.

Ch. Staudacher

2003. Haid, Ildiko: Der Naherholungsraum der Salzburger Stadtbevölkerung. IV, 85 Seiten, graph. Darst., Kt.

2003. Hainzl, Doris: Die Bedeutung von Themenparks für periphere touristische Randgebiete am Beispiel der „Anderswelt" in Heidenreichstein. 182 Seiten, Illustr., graph. Darst.

2003. Hillebrand, Elisabeth Maria: Unternehmensnetzwerke und Internationalisierungsstrategien am Beispiel der Plaut AG. 191 Seiten, graph. Darst., Kt.

2003. Hosseinkhani-Marandi, Shima: Waterfront development als ein Instrument der Stadtentwicklung, gezeigt am Beispiel des Expo Parks in Lissabon. 112 Seiten, graph. Darst.

2003. Hüttl, Markus: Standortentscheidungen von IT-Dienstleistungsunternehmen im Kontext der digitalen Konvergenz. 93 Seiten, graph. Darst.

2003. Ince, Sezgin: Destinationsmanagement in der Tourismusregion Fethiye/Südwesttürkei. 184 Seiten, graph. Darst.

2003. Kautz, Rainer: Herkunft, Merkmale und Situation chinesischer Immigranten in Österreich. 116 Seiten, graph. Darst.

2003. Kröll, Maximilian P.: Gründungsförderung in Österreich am Beispiel eines Businessplan-Wettbewerbs. 150 Seiten, graph. Darst.

2003. Ludwig, Bernhard: Struktur und Entwicklung des Industriestandortes Oberes Waldviertel unter Berücksichtigung der regionalen und wirtschaftlichen Aspekte einer EU-Osterweiterung. III, 211, [20] Seiten, Illustr., graph. Darst., Kt.

2003. Nemes, Orsolya: Der Tourismus auf der österreichischen und ungarischen Seite des Neusiedlersees. 163 Seiten, Illustr., Kt.

2003. OBERASCHER, ANDREAS: Stadtmarketing in den U.S.A. – eine theoretische und praktische Auseinandersetzung anhand ausgewählter Projekte des Bundesstaates Illinois. II, 186 Seiten, graph. Darst., Kt.

Stadtmarketing als relativ neue Form endogener Entwicklungsprozesse in kleinen Regionalsystemen, insbesondere in krisenhaften Innenstädten und Kleinstädten, ist eine ganz bedeutende Form der Steuerung und des Managements von dezentralen Strukturen insbesondere unter Einsatz des Instruments der Netzwerkbildung (Akteursnetzwerke, Innovative Milieus, Formations- und Clusterbildung, ...). Dabei geht es vor allem darum räumlich benachbarte und dezentral organisierte Strukturen vieler Einzelhändler, Dienstleister und sonstiger Unternehmen und Institutionen ohne Hierarchiebildung in konkurrenzfähige zentral organisierte und gemanagte Strukturen überzuführen. Stadtmarketing ist allerdings nicht die einzige Form solcher „Entwicklungsprozesse" und es hängt sehr wesentlich von der „Kultur" ab, welche Formen sich herausbilden: In (Mittel-)Europa ist das Stadt- oder Citymarketing eine prominente aber sicher nicht die einzige Form und es war die Aufgabe der vorliegenden Diplomarbeit Stadtmarketing in den USA zu untersuchen, wobei es um die Frage geht, gibt es dieses Instrument überhaupt und, wenn ja, in welcher Form, mit welchen spezifischen Varianten und vor allem auch, welche anderen Formen verfolgen dort ähnliche Ziele usw.

Die vorliegende im Rahmen des NEURUS-Programms geförderte Arbeit geht am Beispiel von 4 Mittelstädten in Illinois der Frage nach „Sind US amerikanische Stadtmarketing-Konzepte und Public-Privat-Partnership Projekte der richtige Weg, um Langzeit-Strukturen für eine ganzheitliche, positive Stadtentwicklung zu schaffen?" (S. 9): die Arbeit besteht aus einem Theorieteil und einem empirischen Teil: Der ausführliche Theorieteil (Kap. 3) befasst sich in außergewöhnlich umfangreicher Weise und unter Verarbeitung der grundlegenden und auch weiterer breiter Literatur (siehe Literaturverzeichnis) mit den Grundlagen, der Begriffsdefinition, dem historischen Hintergrund in den USA und mit der heutigen Situation des Stadtmarketing in den USA. Dabei zeigt sich schon eine wesentlich stärkere Ausrichtung am „Economic Develpoment", dem Community Development und dem Neighborhood Development, wobei am ehesten bei der letzen Form stärkere Ähnlichkeiten mit dem europäischen Stadtmarketing feststellbar ist. Das Development „von unten" scheint also eher typisch europäisch zu sein. Der zweite Teil (Kap. 4) befasst sich mit einer empirischen Studie am Beispiel von 4 Mittelstädten in Illinois (City of Champain, City of Urbana, City of Peoria und City of Springfield), wo über 4 qualitative Interviews mit einem Vertreter der jeweiligen Cities der Themenkreis in seinen vielfältigen Dimensionen ausgeleuchtet wird (Transkription der Interviews: siehe Anhang). Dabei wird eine grundlegende Diskrepanz zwischen Theorie und Praxis festgestellt und auch die Tatsache, dass überwiegend mit stark traditionellen Instrumenten gearbeitet wird. Ein Kritikpunkt an dieser Stelle wäre der Hinweis darauf, dass die Problemstrukturen (Wirtschaftsstruktur, Problemzonen, ...) der Beispielstädte nicht systematisch dargestellt werden.

CH. STAUDACHER

2003. OBERMAIR, GÜNTER: Die Auswirkungen der Bewerbung und einer möglichen Durchführung der Olympischen Winterspiele 2010 in Salzburg. 149 Seiten, graph. Darst.

2003. OBERNDORFER, MARTINA: Börsenstandorte – ein Vergleich der New York Stock Exchange und der Wiener Börse. 126 Seiten, graph. Darst., Kt.

2003. PAĽKOVÁ, ZUZANA: Standortentscheidungen und -vernetzungen von multinationalen Unternehmen – ausländische Direktinvestitionen von Automobilherstellern in der westslowakischen Wirtschaftsregion. 256 Seiten, graph. Darst.

2003. PALZER, RAPHAELA: Grenzüberschreitende Unternehmeraktivitäten im Alpen-Adria-Raum. 148 Seiten, graph. Darst.

2003. PAUMANN, CHRISTOPH: Ortsleitbild der Gemeinde Lunz am See. 109 Seiten, graph. Darst.

2003. PITAYATARATORN, DENISE: Bestandsaufnahme der räumlichen Organisation der Dienstleistung Telefonie im Großraum Wien. 152, 19 Seiten, graph. Darst., Kt.

2003. PONIER, JÖRG: Containerterminals im Binnenverkehr am Fallbeispiel Salzburg Liefering. VI, 73, A-E Seiten, graph. Darst., Kt.

2003. POSCH, MICHAEL: Museumsbahnen in Österreich als touristische Attraktionen und ihre regionalen Auswirkungen. 190 Seiten, Illustr., graph. Darst.

2003. POVAŽANOVÁ, ZUZANA: Direktinvestitionen der österreichischen Unternehmen in der Slowakei. 138 Seiten, graph. Darst., Kt.

2003. PRAZNOVSKA, MARTINA: Entwicklung der Regionalpolitik in der Slowakei im Transformationsprozess. IV, 144 Seiten, graph. Darst., Kt.

2003. RAUSCHAL, KARIN: Stadtmarketingprozesse unter besonderer Berücksichtigung regionaler Netzwerke – gezeigt am Beispiel der Stadt Vöcklabruck. V, 124 Seiten, graph. Darst., Kt.

Regional- und Stadtmarketing stellt eine besondere Form der endogenen Entwicklung dar, die als Weiterentwicklung der Regional- und Stadtentwicklung verstanden werden kann. Es werden dabei ausgehend vom Konzept des Marketing-Broadening Grundprinzipien der endogenen Entwicklung und der Netzwerkstrategie zu einem neuen Entwicklungskonzept verbunden. Damit wird auch erreicht, dass das Konzept Wirtschaftlicher Regionalsysteme als Systemansatz in die Praxis umgesetzt wird. Regional-/Stadtmarketing wird als eine Sozialtechnik verstanden, „die einen Beitrag leistet, um die unterschiedlichen Wünsche und Erwartungen der Bürger mit den politischen, ökonomischen und gesellschaftlichen Leitvorstellungen der" Region, „Stadt- bzw. Gemeindeverwaltung zu koordinieren" (MEISSNER 1995, S. 22). Dabei ist zu unterscheiden zwischen einem „Innen-Marketing", bei dem es um eine Abstimmung zwischen der Regional- oder Stadtverwaltung und den Bürgern, Unternehmen, Verbänden, ... der Region/Stadt selbst geht, und einem „Aussen"-Marketing, bei dem es um das Image, die Wirkung im Verhältnis zu anderen Wirtschaftlichen Regionalsystemen der gleichen hierarchischen Ebene (andere Städte, Regionen), aber auch gegenüber übergeordneten Wirtschaftlichen Regionalsystemen besonders gegenüber Kernräumen (POLOTOTZEK, J. 1993, S. 17). Das Produkt „Region" bzw. „Stadt" als Objekt des Marketingprozesses ist ein sehr komplexes, ein „Systemprodukt", das gleichzeitig Träger des Marketing ist. Es handelt sich also um den Spezialfall eines „Selbstmarketing". Nach innen konkretisiert sich dieses Produkt in der kulturellen, geistigen und materiellen Zuständen des Regionalsystems und dem Image aus der Sicht der regionalen Bürger und Unternehmen, nach außen vornehmlich im Image und in qualitativen Aspekten der Region/Stadt.

Die vorliegende Arbeit befasst sich mit der Theorie und Praxis des Stadtmarketing und versucht insbesondere eine Integration des Marketing- und des Netzwerkansatzes (vgl. oben) und behandelt diese Problematik empirisch am Fallbeispiel Vöcklabruck. Die Arbeit beginnt mit einer sehr ausführlichen und systematisch durchgearbeiteten Literaturanalyse zum Stadtmarketing (Kap. 2), wobei eingehend begriffliche Aspekte, Organisationsformen des Stadtmarketing und der Stadtmarketingprozess analysiert werden, und zum Themenkomplex Regionale Netzwerke (Kap. 3), wobei in Vorbereitung auf den empirischen Teil besonders auf die Netzwerkanalyse eingegangen wird. Der empirische Teil der

Arbeit (Kap. 4) befasst sich mit dem Stadtmarketing in Vöcklabruck, wobei neben der Auswertung von Daten, Literatur und Broschüren zum Untersuchungsobjekt (Kap. 4.2.) und zum Stadtmarketing in Vöcklabruck (Kap. 4.3.) der qualitative Forschungsansatz zur Analyse des Stadtmarketing-Netzwerkes (Kap. 4.3.6. und 4.3 7.) eingesetzt wird. Nach eine Diskussion der Methoden der qualitativen Forschung wird das qualitative Interview herangezogen (Leitfaden siehe Anhang), das mit sorgfältig ausgewählten Interviewpartnern dann auch durchgeführt wird. Die wesentlichen Ergebnisse der Interviews werden dann analytisch dargestellt (Kap. 4.3. 6.1–8) und über eine Matrizenauswertung und eine graphische Veranschaulichung klar strukturiert herausgearbeitet.

CH. STAUDACHER

2003. RICHARD, BIANCA: Standortanpassungsstrategien im Management kleinerer und mittlerer Reisebüros in Österreich. 153 Seiten, Illustr., graph. Darst.

2003. SCHINDLER, JÜRGEN: EU-Förderungen von Klein- und Mittelbetrieben in Vorarlberg. 99 Seiten, graph. Darst., Kt.

2003. SCHÜTZENEDER, CHRISTIAN: Reiseverhalten, Kundenzufriedenheit und Kundenloyalität – Fallstudie FTI Touristik und Dominikanische Republik. 175, [94] Seiten, graph. Darst.

2003. SCHWARZ, ROSEMARIE: Südafrika als Wirtschaftsstandort für österreichische Direktinvestitionen. VIII, 143 Seiten, graph. Darst.

2003. SIPOS, MICHAELA: Mögliche Folgen der globalen Erwärmung auf den Alpenraum. 112 Seiten, Illustr., graph. Darst.

2003. SMRTSCHEK, EVELYN: Gästestruktur und Gästeverhalten in Warmbad Villach. 136, [ca. 45] Seiten, Illustr., graph. Darst.

2003. STERRER, JOCHEN: Das globale Netz von T-Mobile. 194, [39] Seiten, Illustr. graph. Darst.

2003. STOFF, BEATE MARIA: Die Entwicklung der alpinen Landwirtschaft im politischen Bezirk Murau nach dem EU-Beitritt. VII, 181 Seiten, graph. Darst., Kt.

2003. STORM, TINA: Klösterreich im Waldviertel – eine angebotsorientierte Kundenzufriedenheitsanalyse in der Benediktinerabtei Attenburg, im Prämonstratenser-Chorherrenstift Geras und im Zisterzienserstift Zwettl. 211 Seiten, graph. Darst.

2003. ŠUMŠALOVÁ, ALEXANDRA: Standortentscheidungen und -vernetzungen von multinationalen Unternehmen – ausländische Direktinvestitionen von Automobilherstellern in der westslowakischen Wirtschaftsregion. 256 Seiten, graph. Darst.

2003. ULM, LAN-ANH: Vietnam und sein Tourismus – zwischen Kriegsimage und tropischem Urlaubsparadies. V, 307 Seiten, Illustr., graph. Darst.

2003. ÜREYEN, ECE: Türkische MigrantInnen als Unternehmensgründer in Wien. 102 Seiten, graph. Darst.

2003. VLČKOVÁ, GABRIELA: Kriterien für die dynamische Entwicklung österreichischer Unternehmen (Finanzdienstleistungen, Industrie und Handel) in Zentral- und Osteuropa – Slowakei. 113 Seiten, graph. Darst.

2003. WENINGER, SILVIA: Ist das Waldviertel gesund? Eine wirtschaftsgeographische Analyse der endogenen Entwicklungschancen des Gesundheitstourismus. 192 Seiten, graph. Darst.

2003. WICHRA, CHRISTIAN: Struktur und Standortmuster der chemischen Industrie in Österreich. 178 Seiten, graph. Darst., Kt.

Branchenanalysen haben in der Wirtschaftsgeographie eine durchaus sinnvolle Tradition und können auch unter der Anwendung aktueller Konzeptionen und Zielsetzungen wesentliche Erkenntnisse bringen. Ein wichtiger neuer Aspekt solcher Branchenanalysen ist der Netz- bzw. Netzwerkansatz, der die kooperative Unternehmensnetzwerke, die plurilokalen Standortstrukturen und die Verbund- und Formationsstrukturen zu analysieren versucht. Die Branche der chemischen Industrie ist dabei eine mit ganz besonderen Strukturen und Voraussetzungen und auch entsprechend charakteristischen Unternehmen, Standort- und Vernetzungsmustern und mit einem hohen Potential zur Formationsbildung.

Die vorliegende Arbeit setzt sich das Ziel die „Struktur und Standortmuster der chemischen Industrie" zu analysieren und versteht sich als Beitrag zur „Aktualisierung der Chemiestandorte bzw. des Kartenwerkes über die chemische Industrie, die zuletzt im Jahr 1961 erschienen ist": Die Arbeit versucht zunächst über den Einbau breiter Literatur eine Begriffsabgrenzung zu finden und dann die Grundlagen der Standortorientierung zu erarbeiten (Kap. 1), wobei versucht wird, sehr explizit auf die chemische Industrie und ihre Branchen und Spezialisierungen einzugehen. Eine Branchenanalyse der Chemischen Industrie in Österreich verschafft einen sehr detaillierten Überblick über die verschiedensten Facetten der Branche, wobei sehr differenzierte Betriebs- und Standortlisten mit den jeweiligen Spezialisierungen an Management, Produktion und Vertrieb erstellt werden und diese auch in entsprechende Standortkarten umgelegt werden. Diese sind z.T., etwas zu klein geraten und könnten etwas mehr zu einer Interpretation und zur Ableitung von allgemeinen Standortaussagen verwendet werden. Die Ergebnisse der Standortanalyse werden dann nochmals aufgegriffen (Kap. 3) und mit den allgemeinen Standortgrundlagen nach WIMMER in Beziehung gesetzt. Zwei sehr ausführliche Fallstudien über die Donau Chemie AG und die Novartis Gruppe Österreich vertiefen die Analyse in sehr anschaulicher Weise.

CH. STAUDACHER

2003. WIMMER, SONJA: Der Pustertalradweg von Innichen nach Lienz – eine Analyse. 89 Seiten, Illustr., graph. Darst., Kt.

2003. WINKLER, MARTIN: Geography of investment – ausländische Direktinvestitionen in Österreich unter besonderer Berücksichtigung wirtschaftsgeographischer Aspekte. 213 Seiten, graph. Darst.

2003. ZEMAN, MARKUS: Bewertungsverfahren von Wirtschaftsstandorten, Österreich und Schweiz. 120 Seiten, graph. Darst.

2003. ZOTTL-SCHUH, ALEXANDRA: Die Industriestruktur der Stadt Wiener Neustadt an der Schwelle zum 21. Jahrhundert. 205 Seiten, graph. Darst.

2003. ŽUŽUL, GORAN: Qualitätstourismus an der kroatischen Küste unter besonderer Berücksichtigung des Tourismusortes Bol (Brač). 154 Seiten, graph. Darst., Kt.

B. Wissenschaftliche Veröffentlichungen des Instituts für Wirtschaftsgeographie, Regionalentwicklung und Umweltwirtschaft der Wirtschaftsuniversität Wien

a) Abteilung für Wirtschaftsgeographie & Geoinformatik

O. Univ.-Prof. Dr. MANFRED M. FISCHER:

2003. A methodology for neural spatial interaction modelling. *Proceedings of the 18th Pacific Regional Science Conference*, Conference-CD-ROM, Acapulco [Mexico], 1–4 July.

GIS and network analysis. *Proceedings of the 43rd Congress of the European Regional Science Association (ERSA)*, Conference-CD-ROM, Jyväskylä [Finland], 27–31 August.

Principles of neural spatial interaction modelling. *Proceedings of the 43rd Congress of the European Regional Science Association (ERSA)*, Conference-CD-ROM, Jyväskylä [Finland], 27–31 August.

The new economy and networking. In JONES, D. C. (ed.): *New Economy Handbook*, pp. 343–367. San Diego: Academic Press.

gem. mit J. CUKROWSKI: Seigniorage Wealth and Redistribution in Central and Eastern European Countries. *Post-Communist Economies* 15(1), 27–46.

gem. mit J. CUKROWSKI: Strategic Market Research and Industry Structure in Integrated Economy. *Prague Economic Papers* 12(4), 317–330.

gem. mit A. REGGIANI: Spatial interaction models: From the gravity to the neural approach. In CAPELLO, R., NIJKAMP, P. (eds.): *Advances in Urban Economics*. Amsterdam, New York, Oxford: Elsevier.

gem. mit A. VARGA: Spatial knowledge spillovers and university research: Evidence from Austria. *Annals of Regional Science* 37(2), 303–322.

gem. mit M. REISMANN und K. HLAVACKOVA-SCHINDLER: Neural network modelling of constrained spatial interaction flows: Design, estimation and performance issues. *Journal of Regional Science* 43(1), 35–61.

Vertr.-Ass. Mag. MARTIN REISMANN:

2003. gem. mit M.M. FISCHER und K. HLAVACKOVA-SCHINDLER: Neural network modelling of constrained spatial interaction flows: Design, estimation and performance issues. *Journal of Regional Science* 43(1), 35–61.

Univ.-Ass. Mag. Dr. THOMAS ROEDIGER-SCHLUGA:

2003. Some microevidence on the ‚Porter Hypothesis' from Austrian VOC emission standards. *Growth and Change*, 34, 3, 357–377.

Wiss. Mitarb. in Ausbildung Mag. THOMAS SCHERNGELL:

2003. gem. mit D. SCHARTINGER und M. WEBER: Strukturen, Prozesse und Argumentationsmuster der Forschungs- und Technologiepolitik: Fallstudie Großbritannien. In: DACHS, B., DIWISCH, S., KUBECZKO, K., LEITNER, K.-H., SCHARTINGER, D., WEBER, M., GASSLER, H., POLT, W., SCHIBANY, A. und STREICHER, G. (Hrsg.): *Zukunftspotentiale der österreichischen Forschung. Materialband.* S. 23–37. Wien: Rat für Forschungs- und Technologieentwicklung.

Wiss. Mitarb. in Ausbildung Mag. DANIELA WANEK:

2003. Fuzzy spatial analysis techniques in a business GIS environment. *Proceedings of the 43rd Congress of the European Regional Science Association,* Conference-CD-ROM, Jyväskylä [Finland], 27–31 August 2003.

C. Veranstaltungen des Institutes für Wirtschaftsgeographie, Regionalentwicklung und Umweltwirtschaft der Wirtschaftsuniversität Wien

b) Abteilung Angewandte Regional- und Wirtschaftsgeographie

Kolloquium „Raum und Wirtschaft", gemeinsam mit der Österreichischen Gesellschaft für Wirtschaftsraumforschung (ÖGW)

15. Jänner 2003 Mag. MARITA ERLER *(Fa. Czipin & Partner)*:
Verkehrsprobleme des Wintertourismus im Tuxer Tal (Leopold-Scheidl-Preis 2000)

Sommersemester 2003:

2. April 2003 Dr. RUDOLF JUCHELKA *(RWTH Aachen)*:
Brachflächen in Innenstädten – Potentiale der Stadtentwicklung
Ergebnisse eines Forschungsprojektes über deutsche Städte

14. Mai 2003 Dr. EVA WILLI (*e-communication network*):
Strategische Kommunikation mit neuen Medien in der Wirtschaft

18. Juni 2003 Mag. Dr. SYLWIA MILKE (*WU, Inst. f. BWL des Außenhandels*):
Spezifika der Produktpositionierung in Zentral- und Osteuropa

Wintersemester 2003/04:

22. Oktober 2003 Mag. GEROLD MARKGRAF (*Firma NÖVOG, St. Pölten*):
Integrierte Bahnhofsentwicklung in Klein- und Mittelstädten
Planungs-, regional- und Bahnpolitische Bewertung

19. November 2003 Festkolloquium für em. Univ. Prof. Dkfm. Dr. WIGAND RITTER

Würdigung und Gratulationen

Univ. Prof. Dr. WOLF-DIETER HÜTTEROTH (*Erlangen*):
Die nordarabischen Länder – Irak und Nachbarn – in der osmanischen Geschichte

17. Dezember 2003 Mag. WOLFGANG MIKULA:
Wirtschaftsstandort Wiener Neustadt (Leopold-Scheidl-Preis 2002)

Arbeitsberichte der Institute für Geographie in Österreich 2004

I. Institut für Geographie und Regionalforschung der Universität Wien*)

1845 Dozentur für Physische Geographie und Kristallographie, 1851 o. Professur für Geographie, 1853 „Geographisches Cabinet", 1885 Umbenennung in Geographisches Institut, zwei o. Professuren „Physische Geographie" und „Historische" bzw. „Kulturgeographie" bis 1965 („Geographie I" und „Geographie II"). – Danach Erweiterung: 1965 ao. Professur, ab 1968 o. Professur für „Geographie mit besonderer Berücksichtigung der Kartographie", ab 1971 umbenannt in „Geographie und Kartographie", ab 2002 „Professur für Kartographie und Geoinformation"; – 1966 ao. Professur, ab 1971 o. Professur für „Länderkunde und Allgemeine Geographie", 1991 umgewandelt in ao. Professur für „Regionalgeographie", 2000 umgewandelt in „Professur für Regionalgeographie"; – 1972 o. Professur „Geographie III", 1975 umbenannt in „Geographie, Raumforschung und Raumordnung", 1995 umbenannt in „Angewandte Geographie, Raumforschung und Raumordnung", ab 2000 „Professur für Angewandte Geographie, Raumforschung und Raumordnung"; – 1978 ao. Professur für „Klima-, Hydrogeographie und Landschaftsökologie", 2000 umgewandelt in „Professur für Klima-, Hydrogeographie und Landschaftsökologie"; – 1993 Umbenennung der o. Professur für Kulturgeographie in „Humangeographie", ab 2000 „Professur für Humangeographie".
Das Institut (1978 bis 1999 offizielle Bezeichnung: Institut für Geographie, seit 2000 neuer Name: Institut für Geographie und Regionalforschung) war von 1975 bis 1999 zur Grund- und Integrativwissenschaftlichen Fakultät zugeordnet. Nach der Umbenennung der Fakultät in Fakultät für Human- und Sozialwissenschaften gehörte es dieser von 2000 bis 2004 an. Seit Oktober 2004 Zugehörigkeit zur Fakultät für Geowissenschaften, Geographie und Astronomie.
Lehrkörper 2004: 5 Univ.-Professoren, 3 emer. o. Professor/inn/en, 1 vakante Professur; ferner 6 Gastprofessoren, 8 ao. Univ.-Professor/inn/en (Universitätsdozent/inn/en), 6 Assistenzprofessor/inn/en, 1 Univ.-Assistent, 1 Vertr.-Assistent, 1 wiss. Beamtin, 9 Studienassistent/inn/en, 57 externe Lektor/inn/en und Dozent/inn/en.
Spezielle Einrichtungen: Fachbibliothek und Kartensammlung, Physiogeographisch-landschaftsökologisches Labor, Computerkartographie, GIS-Labor und Multimedia-Labor, Grafik-, Foto- und Reprolabor, Modellversuch Pädagogikum – Fachdidaktik Geographie und Wirtschaftskunde.

---

*) http://www.univie.ac.at/geographie

A. Habilitationen, Dissertationen und Diplomarbeiten

Habilitationen

2004. ZIERHOFER, Dr. WOLFGANG (Basel): Habilitation an der Fakultät für Human- und Sozialwissenschaften der Universität Wien. Lehrbefugnis (*venia legendi*) für Humangeographie.

Öffentlicher Habilitationsvortrag am Institut für Geographie und Regionalforschung am 9. Jänner 2004.

Habilitationsschrift: Gesellschaft – Transformation eines Problems. Oldenburg 2002, 299 Seiten, 16 Abb. (veröffentlicht als Band 20 der Reihe „Wahrnehmungsgeographische Studien", Oldenburg 2002, 299 Seiten).

Vorsitzender der Habilitationskommission: Univ.-Prof. Mag. Dr. HELMUT WOHLSCHLÄGL (Universität Wien).

Hauptgutachter (über die Habilitationsschrift und das gesamte wissenschaftliche Werk): Univ.-Prof. Dr. HANS H. BLOTEVOGEL (Institut für Geographie der Universität Duisburg-Essen, Professor für Wirtschafts- und Sozialgeographie), Univ.-Prof. Dr. PETER WEICHHART (Institut für Geographie und Regionalforschung der Universität Wien, Professur für Humangeographie); Teilgutachter/innen (nur über die Habilitationsschrift aus der Sicht der Soziologie und Sozialökologie): Univ.-Prof. Dr. MARINA FISCHER-KOWALSKI, Institut für Interdisziplinäre Forschung und Fortbildung der Universitäten Klagenfurt, Wien, Innsbruck und Graz (IFF), Abteilung für Soziale Ökologie, Wien), Prof. Dr. BERNHARD GLAESER (Wissenschaftszentrum Berlin für Sozialforschung (WZB), Abteilung Zivilgesellschaft und transnationale Netzwerke); Gutachter über die didaktische Qualifikation und pädagogische Eignung des Habilitationswerbers: Prof. Dr. HUIB ERNSTE (Department of Human Geography, University of Nijmegen, Niederlande), Ao. Univ.-Prof. Dr. HEINZ NISSEL (Institut für Geographie und Regionalforschung der Universität Wien), BARBARA HAUER (Vertretung der Studierenden).

2004. HEINTEL, Mag. Dr. MARTIN (Wien): Habilitation an der Fakultät für Human- und Sozialwissenschaften der Universität Wien. Lehrbefugnis (*venia legendi*) für Humangeographie.

Öffentlicher Habilitationsvortrag am Institut für Geographie und Regionalforschung am 29. Juni 2004.

Habilitationsschrift: Regionalmanagement in Österreich – Professionalisierung und Lernorientierung. Wien 2003, 435 Seiten, 73 Abb., 9 Tab. (veröffentlicht als Band 8 der Reihe „Abhandlungen zur Geographie und Regionalforschung", Wien 2005, 320 Seiten, 73 Abb., 9 Tab.).

Vorsitzender der Habilitationskommission: Univ.-Prof. Mag. Dr. HELMUT WOHLSCHLÄGL (Universität Wien).

Hauptgutachter (über die Habilitationsschrift und das gesamte wissenschaftliche Werk): Univ.-Prof. Dipl.-Volksw. Dr. DIETRICH FÜRST (Institut für Landesplanung und Raumforschung der Universität Hannover), Univ.-Prof. Dr. HEINZ FASSMANN (Institut für Geographie und Regionalforschung der Universität Wien, Professur für Angewandte Geographie, Raumforschung und Raumordnung); Teilgutachterin (nur über die Habilitationsschrift aus der Sicht der Regionalentwicklung): Univ.-Prof. Dr. MARTINA FROMHOLD-EISEBITH M.A. (Institut für Geographie und Angewandte Geoinformatik der Universität Salzburg, Professur für Regionalentwicklung); Gutachter über die didaktische Qualifikation und pädagogische Eignung des Habilitationswerbers: Mag. ELISABETH STIX, Mag. MATTHIAS KRANABETHER (Vertretung der Studierenden).

Dissertationen

2004. MAYRHOFER, Mag. MARIA: UrlauberInnen am Urlaubsort in einem Land der sogenannten Dritten Welt: Verhalten und Handeln, Wahrnehmungs- und Deutungsmuster, subjektives Urlaubserleben. Eine empirische Studie in Goa, Indien. Wien 2004, 413 Seiten, 18 Abb., 4 Tab., 132 Fotos.

Mit dem Zitat von FLICK (1995) „Fragestellungen erwachsen nicht aus dem Nichts. Sie haben häufig ihren Ursprung in der persönlichen Biographie des Forschers" beginnt Mag. MAYRHOFER höchst treffend das Einführungskapitel zu ihrer vorliegenden Dissertation. In ähnlicher Weise entstand nämlich auch bei ihr das Interesse am Themenkreis „sozio-kulturelle Aus- bzw. Wechselwirkungen des Tourismus" in der Dritten Welt: Die Autorin wurde sowohl als Rucksacktouristin in zahlreichen Staaten des arabischen bzw. asiatischen Raums als auch als Reiseleiterin von österreichischen Gruppen in Indien mit allen gängigen Klischees des Dritte-Welt-Tourismus konfrontiert, so dass sich für sie bald die Frage stellte, wie stark das Ausmaß des Eingriffs touristischer Aktivitäten in den jeweiligen Zielgebieten ist bzw. inwiefern Touristen zur Veränderung der „bereisten Kulturen" beitragen und wie diese Prozesse zu bewerten sind.

Die Befassung mit Tourismusproblemen in der Dritten Welt ist allerdings keineswegs neu und verfügt auch innerhalb der humangeographischen Forschung bereits über eine lange Tradition, die aber nicht selten durch ausgesprochen „eurozentrische" Denkmuster und oft auch durch allzu stark generalisierende und romantisierende Aussagen über die „sozio-kulturellen Auswirkungen" touristischer Aktivitäten geprägt war und ist. Eine beinahe ebenso lange Tradition weist auch die Tourismuskritik auf, die – aus einer Vielzahl disziplinärer Richtungen (neben der Geographie zum Beispiel auch aus den Wirtschaftswissenschaften, der Ethnologie, der Soziologie, der Verhaltensforschung usw.) kommend, mittlerweile schonungslos das Argument der völkerverständigenden Wirkung des Tourismus widerlegt hat.

Schon in ihrer Diplomarbeit mit dem Titel „Sozio-kulturelle Aspekte des Tourismus in der Dritten Welt: Eine empirische Fallstudie in Goa, Indien" (1992), die – nochmals ergänzt und überarbeitet – 1997 unter dem Titel „How ‚They' Perceive ‚Tourism' – Another Side of the Touristic Coin" als Band 7 der „Beiträge zur Bevölkerungs- und Sozialgeographie" in englischer Sprache publiziert wurde, versuchte MAYRHOFER, einen innerhalb der Geographie innovativen Ansatz zu wählen, der sich deutlich vom „Mainstream" der geographischen Tourismusforschung abhob: Nicht der Tourist selbst stand im Zentrum der Betrachtung, sondern die „Bereisten", die in gängigen Studien meist nur als weitgehend uniforme, undifferenzierte Konstante Beachtung fanden.

Vor diesem Hintergrund verfolgte die Autorin zunächst folgendes Forschungsziel: Durch eine Erfassung der Einstellungen der Dorfbewohner zu Touristen, deren grundsätzliche Kontaktbereitschaft sowie deren Perzeption von Tourismus als kulturveränderndem Faktor sollte herausgearbeitet werden, mit welchen sozialen, historischen oder wirtschaftlichen Aspekten deren unterschiedliche Meinungen und Verhaltensweisen im Zusammenhang stehen. Dabei nahmen einige soziale Faktoren wie etwa die Kastenzugehörigkeit und das Migrationsverhalten Schlüsselpositionen ein. Ausgangspunkt für diesen Ansatz war die Annahme, dass die bereiste Bevölkerung aktiv auf Tourismus reagiert und die Ursachen unterschiedlicher Reaktionen primär im konkreten gesellschaftlichen Kontext zu finden sind, was die Autorin auch durch die Ergebnisse ihrer damaligen ersten empirischen Erhebung deutlich zu belegen in der Lage war.

Vor diesem Hintergrund richtet MAYRHOFER nun – aufbauend auf den Erkenntnissen ihrer ersten Goa-Studie (Diplomarbeit) – den Fokus ihres Forschungsinteresses wieder zurück auf die Reisenden selbst. Ihr fällt beim intensiven Studium der einschlägigen Literatur auf, dass in der enormen Fülle der Publikationen nur wenige konkrete empirische Befunde über das unmittelbare Verhalten und Handeln von Urlaubern (und zwar sowohl von Pauschal- als auch von Individualtouristen) am Urlaubsort und deren Urlaubserleben enthalten sind. Parallel dazu zeigt die jüngere Entwicklung der Tourismusdebatte einen Pendelschlag zurück zu romantisierenden Visionen der Völkerverständigung (Schlagwort „Tourismusethik"): propagiert werden wiederum Idealvorstellungen über „verantwortungsvolles Verhalten auf Reisen", gesucht wird eine „durchführbare Alternative zur gegenwärtigen Form der Begegnung zwischen Reisenden und Bereisten" usw. (vgl. z. B. FRIEDL 2002 und die von MAYRHOFER sehr instruktiv und kritisch aufgearbeitete umfangreiche Literatur zu dieser Thematik), wobei aber gleichzeitig der Vorwurf weiterbesteht, dass die Tourismuskritiker nach wie vor über die Köpfe der Touristen „hinwegtheoretisieren" und zu wenig auf die tatsächlichen Gründe des touristischen Verhaltens bzw. auf die Erlebnisebene während der Urlaubssituation Bezug nehmen.

Für MAYRHOFER ergibt sich daraus die zentrale Frage, weshalb Empfehlungen über das sogenannte „richtige Reisen", die mittlerweile seit Jahrzehnten in einer Vielzahl von Publikationen an Urlauberinnen und Urlauber weitergegeben werden, von diesen nicht angenommen bzw. „befolgt" werden, oder anders formuliert: Weshalb kommen Begegnungen auf breiter Basis zwischen Reisenden und Bereisten nicht in der Form zustande, wie sie sich gestalten sollten, nämlich das gegenseitige Verständnis zwischen Kulturen fördernd? So ist auch die vorliegende Dissertation als eine Studie über das Verhalten und Handeln von Urlauberinnen und Urlaubern in der unmittelbaren Urlaubssituation, in ihrem „Urlaubsraum", zu verstehen, wobei es der Verfasserin um die „Wirklichkeit von UrlauberInnen in dieser spezifischen Situation, um ihre Gedanken und Gefühle, um ihre Wahrnehmungs- und Deutungsmuster, um ihre Wünsche und Bedürfnisse" geht – dadurch soll es möglich werden, „ihr Verhalten und Handeln zu verstehen und zu erklären" (S. 15).

Um dieser Forschungskonzeption gerecht zu werden, ist der Einsatz qualitativer Forschungsmethoden (qualitative Interviews) unabdingbar. MAYRHOFER hat sich diesbezüglich umfassend eingearbeitet, was die Ausführungen in Kapitel 3 („Zur empirischen Forschung – Ablauf, Methoden, ...") eindrucksvoll beweisen. Die Forschungsfragen selbst werden sinnvollerweise in Goa, Indien, gestellt: Der Autorin ist Goa aus früheren Aufenthalten bestens bekannt, sie verfügt auch über gute Kontakte zu Wissenschaftlern (vorwiegend Soziologen) der Universität Goa, die einen regelmäßigen fachlichen Gedankenaustausch während der Arbeit ermöglichten, und darüber hinaus ist Goa keine reine „Badedestination", sondern ein Urlaubsziel, das sowohl von Pauschalreisenden als auch Individualtouristen im Rahmen von „Rundreisen" angesteuert wird.

Die entsprechende Methodenauswahl (ausführlich beschrieben und begründet in Kapitel 3) ergibt sich aus dem gewählten qualitativen Forschungsansatz, wobei u. a. zwei Komponenten im Zentrum des Interesses stehen:

– Die Perspektive der Handelnden, abgedeckt durch die Leitfragestellung: Wie beschreiben, kommentieren, interpretieren Personen ihr eigenes Verhalten, welche Meinungen artikulieren sie? Hierfür setzt MAYRHOFER qualitative Interviews, Zeichnungen und informelle Gespräche ein.

– Die Perspektive der forschenden Person: Wie nimmt die Forscherin selbst die Urlauber und deren Handeln in unterschiedlichen Situationen wahr (Äußerlichkeiten wie z. B. Schmuck, Kleidung, nonverbale Botschaften, ...), wie lassen sich die von den Probanden frequentierten Orte erfassen? Dies geschieht vorwiegend mittels teilnehmender Beobachtung, Fotos, der Erstellung von Skizzen etc.

Kernstück der vorliegenden Dissertation ist Kapitel 4 „Ergebnisse der empirischen Forschung – Antworten auf die Forschungsfragen", das mit rund 250 Seiten nicht nur den bei weitem umfangreichsten Teil der Arbeit stellt, sondern auch schon rein quantitativ den hohen Anteil an Eigenleistung in der vorliegenden Dissertation belegt. MAYRHOFER spannt darin einen breiten Bogen von der Klassifikation der dort anzutreffenden wichtigsten Urlaubertypen („TouristInnen" – „Neckermänner" – „Reisende" – „Freaks"), ihren jeweiligen Urlaubsvorstellungen und ihrem Vorverständnis des Urlaubsortes über das äußere Erscheinungsbild, die typischen Tagesabläufe von Pauschal- im Vergleich zu IndividualtouristInnen, die Kontakte zwischen den UrlauberInnen selbst und zwischen diesen und Einheimischen bis hin zu typischen Handlungs- und Verhaltensmustern in charakteristischen Situationen, wie zum Beispiel fotografieren, einkaufen und „einheimisch" essen gehen.

Die ausführlichen Beobachtungen der Probanden, die Transkriptionen ihrer Interviews und die daraus abgeleiteten Antworten MAYRHOFERS auf die eingangs gestellten zentralen Forschungsfragen sind nicht nur methodisch und theoretisch sehr gut abgesichert und begründet, sondern auch durchwegs flott geschrieben und über weite Strecken sogar höchst vergnüglich zu lesen. Nicht nur an einer Stelle hat sich der Verfasser dieser Zeilen in MAYRHOFERS Darstellungen in seinem eigenen Agieren und Reagieren als „Reisender" wiedererkannt und wurde durch ihre Interpretationen zu einer kritischen Reflexion seines eigenen „Tuns" in Situationen, die den von ihr beschriebenen ähneln, angehalten.

Es kann nicht Ziel der Begutachtung der vorliegenden Besprechung sein, die Ergebnisse von MAYRHOFERS Analysen hier im Detail aufzulisten (und von diesen gibt es in der vorliegenden Arbeit genug), auf die interessantesten Punkte sei jedoch kurz hingewiesen:

Wie erwartet, unterscheiden sich die Urlaubskonzeptionen von PauschaltouristInnen und IndividualtouristInnen deutlich voneinander. Erstere weisen eine grundsätzlich außenorientierte Urlaubskonzeption auf und stellen Faktoren wie „Kulturinteresse", „Weiterbildung" etc. in den Mittelpunkt, während sich Individualreisende hingegen stärker auf das eigene Ich, auf „Selbsterfahrung" etc. konzentrieren. Diese Erkenntnis an sich ist noch nichts Neues und auch bereits aus anderen Dissertationen, die zu ähnlichen Themen am Institut für Geographie und Regionalforschung verfasst wurden, belegt (vgl. zum Beispiel die Dissertation von SPREITZHOFER „Tourismus Dritte Welt – Brennpunkt Südostasien. Aspekte des Individualtourismus vor dem Hintergrund politischer Steuerung und soziokulturellen Wandels", Wien 1994).

MAYRHOFER bleibt jedoch nicht bei derlei einfachen bzw. idealisierenden Typologien stehen, sondern fragt weiter und findet interessante neue Ergebnisse, die empirisch bislang noch nicht ausreichend belegt waren: So kann sie nachweisen, dass trotz der bereits genannten unterschiedlichen Urlaubskonzeptionen von Pauschal- und Individualreisenden das Urlaubserlebnis bzw. der „Urlaubsraum" bei beiden Gruppen von drei Aspekten geprägt sind, die nahezu alle Handlungsbereiche durchdringen und sich häufig gegenseitig bedingen. Bei allen untersuchten Urlaubergruppen bzw. -typen wird der Urlaubsraum folgendermaßen wahrgenommen:

– als Raum, in dem Positives erlebt werden will;
– als Raum, in dem Fremdes vorhanden sein soll/muss;
– und schließlich als Raum, in dem mit dem Bewusstsein von Überlegenheit (gegenüber den „Bereisten", aber auch gegenüber „anderen" Touristen), agiert wird.

Damit zeigt MAYRHOFER deutlich und empirisch belegt den Teufelskreis touristischen Handelns und Verhaltens auf, der idealisierende Überlegungen über „richtiges" bzw. „verantwortungsvolles Reisen" usw. zunichte macht: Das angestrebte positive Urlaubserlebnis wird – bei allen Typen von UrlauberInnen – entscheidend durch das eigene Überlegenheitsgefühl (und zwar sowohl in Hinblick auf den lokalen Kontext als auch auf andere UrlauberInnen) bewirkt; dieses Überlegenheitsgefühl ermöglicht wiederum in den meisten Situationen das Enstehen von „Sicherheit", wobei diese ihrerseits wieder Grundvoraussetzung für das positive Urlaubserlebnis ist.

Kurzum: Bei der Dissertation von Frau Mag. MAYRHOFER handelt es sich insgesamt gesehen um eine sehr gut strukturierte, methodisch saubere und theoretisch gut abgesicherte Studie, die sehr engagiert und interessant geschrieben ist und eine Fülle von interessanten Ergebnissen und Ideen enthält.

K. Husa

2004. Schuch, Mag. Klaus: Central Europe and the European Framework Programmes for Research, Technological Development and Demonstration (RTD). Wien 2004, 219 Seiten, 32 Abb., 48 Tab.

Ausführliche Besprechung dieser Dissertation im Arbeitsbericht des Instituts für Wirtschaftsgeographie, Regionalentwicklung und Umweltwirtschaft der Wirtschaftsuniversität Wien für 2003 in diesem Buch.

M. M. Fischer
(Wirtschaftsuniversität Wien)

Diplomarbeiten

2004. Artner, Dipl.-Ing. Richard: Gefährdungspotenziale von Quellenschutzgebieten infolge touristischer Nutzung, dargestellt am Beispiel Rax. Wien 2004, 151 Seiten, 57 Abb., 6 Tab., 3 Karten.

H. Baumhackl

2004. Bacher, Heimo Arndt: Risiko Berg – Beobachtungen des gesellschaftlichen Umgangs mit alpinen Naturgefahren. Die Katastrophe von Galtür und die Felsstürze am Eiblschrofen. Wien 2004, 200 Seiten, 41 Abb., 7 Tab.

B. Bauer

2004. Bachl, Susanne: Erstellung und Einsatz einer analytischen Schummerung. Gezeigt am Beispiel frei verfügbarer Geodaten. Wien 2004, 116 Seiten, 62 Abb., 6 Tab.

W. Kainz

2004. Bauer, Elisabeth: Der Einfluss von Piagets Theorie der geistigen Entwicklung in ausgewählten Geographie- und Wirtschaftskunde-Schulbüchern. Eine fachdidaktische Analyse. Wien 2004, 125 Seiten, 57 Abb., 2 Tab.

C. Vielhaber

2004. Ceka, Agim: Eigenständige Regionalentwicklung als Strategie zur Überwindung der Peripherie – eine regionalwirtschaftliche Analyse der Marktgemeinde Wolfau im südlichen Burgenland. Wien 2004, 174 Seiten, 48 Abb., 7 Tab.

H. Baumhackl

2004. Chlaupek, Andreas: Die Energiesituation Österreichs im Vergleich zur europäischen und globalen Entwicklung unter besonderer Berücksichtigung der Wasserkraftanlagen und deren Auswirkungen auf die Landschaftsökologie und die Landschaftsplanung. Wien 2004, 206 Seiten, 76 Abb., 22 Tab.

Die Europäische Union hat große Anstrengungen unternommen, um einerseits den Energiemarkt zu liberalisieren und andererseits das Energieangebot langfristig zu sichern. Ein wichtiges Element des langfristigen Energieangebots ist in Österreich die Wasserkraft, mit der sich Andreas Chlaupek in seiner Diplomarbeit näher auseinandersetzt. Ihm geht es dabei besonders um die Frage, in welcher Weise ein Flusskraftwerk das ökologische Gesamtgefüge verändert. Er untersucht diese Frage am Beispiel des Kraftwerks Freudenau an der Donau und er kommt zum Schluss, dass die positiven Folgeeffekte überwiegen. Im unmittelbaren Uferbereich ist funktionelle und landschaftsökologische Aufwertung zu beobachten und die Hebung des Grundwasserspiegels entlang des Staubereichs führt zu einer deutlichen Standortverbesserung für die Weichholzauzone. CHLAUPEK umrahmt seine landschaftsökologische Analyse des Kraftwerkes mit einer umfassenden Darstellung des Energiesektors in Österreich, seiner Entwicklung und seiner Besonderheiten, mit einer Analyse der energiepolitischen Veränderungen in der EU und mit einer technischen Erläuterung von modernen Flusskraftwerken an der Donau.

H. FASSMANN

2004. ECKHARDT, SIEGLINDE: Wohnzufriedenheit im verdichteten urbanen Flachbau. Beispiel Hagedornweg 1120 Wien. Wien 2004, 101 Seiten, 32 Tab.

C. VIELHABER

2004. ERLBACHER, CHRISTOPH: Trends und Perspektiven der Arbeitsmigration in Südost- und Ostasien. Wien 2004, 183 Seiten, 4 Abb., 38 Tab.

K. HUSA

2004. FINK, BERNHARD: Hydrogeographische Untersuchungen im oberen Erlaufgebiet. Wien 2004, 179 Seiten, 47 Abb., zahlr. Karten.

H. FISCHER

2004. FREIBAUER, MONIKA: Die Dachgeschossausbauten in Wien 1992 und 2002. Räumliche Verteilung und Einbettung in sozioökonomische Strukturen. Wien 2004, 113 Seiten, 15 Abb., 22 Tab., 16 Grafiken.

Dachgeschosswohnungen sind nicht nur begehrte Wohnimmobilien, sie stellen auch ein willkommenes innerstädtisches Wohnflächenpotenzial dar. Jeder ausgebaute Dachboden im Bestand ersetzt theoretisch einen Neubau am Stadtrand und unterstützt damit eine stadtplanerische Perspektive, die auf eine kompakte Stadtentwicklung abzielt. Der Ausbau von Dachgeschosswohnungen wird daher auch von der öffentlichen Hand besonders gefördert. Trotz dieser positiven Wertigkeit des Ausbaues von Dachgeschosswohnungen ist es schwierig, einschlägige Statistiken darüber abzurufen. Wie viele Dachgeschosswohnungen in Wien errichtet werden, welche sozioökonomische Struktur die Bewohner aufweisen, wo der Dachausbau schwerpunktmäßig erfolgt und welche gebäudestrukturellen Merkmale vorherrschend sind, kann nicht so ohne weiteres beantwortet werden.

Dieses Defizit hat die Diplomarbeit von MONIKA FREIBAUER thematisiert und anhand unterschiedlicher methodischer Zugänge wesentliche Erkenntnisse erarbeitet. Anhand der in den Amtsblättern der Gemeinde Wien veröffentlichten Bauansuchen grenzt sie das Volumen der jährlichen Dachgeschossausbauten ein. Ihrer Erhebung nach wurden 1992 rund 680 und 2002 rund 430 Ansuchen gestellt (ohne Zu- und Umbauten), jeweils mehr als 10 Prozent des gesamten Neubauvolumens. Die Ausbauten der Dachböden erfolgen nicht mehr nur in den inneren Bezirken 1–9, sondern greifen auch über den Gürtel hinausgehend in die äußeren Bezirke 10–19 aus. FREIBAUER hat darüber hinaus anhand der Bauansuchen 2002 eine 10-Prozent-Stichprobe gezogen und jedes einzelne Gebäude, in dem sich der Dachbodenausbau befindet, näher untersucht. Es zeigte sich dabei, dass Dachgeschossausbauten Anlass und Folge einer umfassenden Sanierung der Gebäude darstellen. Wenn ein Dachboden ausgebaut wird, dann erfolgt gleichzeitig in einem hohen Ausmaß auch eine Sanierung des Hauses. Dachgeschossausbauten stellen damit in benachteiligten Stadtgebieten einen Nukleus einer baulichen und sozialen Aufwertung dar.

H. FASSMANN

2004. FRIEDWAGNER, ANDREAS KURT: Die Berücksichtigung der spezifischen Gegebenheiten hochgelegener Weideländer der Hindukush-Karakorum-Himalaya-Region in der internationalen Entwicklungsplanung am Beispiel Bhutans. Wien 2004, 157 Seiten, 37 Abb., 7 Tab.

H. PALME
(Wirtschaftsuniversität Wien)

2004. FUCHSBERGER, CHRISTINA NICOLE: Schutzgebiete – ein Beitrag zur Regionalentwicklung peripherer Räume? Schwerpunkt Naturpark Geschriebenstein – Irottkó im Burgenland. Wien 2004, 122 Seiten, 27 Tab., 2 Grafiken.

K. HUSA

2004. GLÜCK, GÜNTHER: Regionalentwicklung in der Nationalparkgemeinde Hardegg. Planungsanspruch und wahrgenommene Umsetzungsschritte. Wien 2004, 128 Seiten, 8 Tab.

N. WEIXLBAUMER

2004. GRUBER, MICHAELA: Terrorismus versus Tourismus: Ursachenforschung, Konsequenzen und Handlungsstrategien. Wien 2004, 185 Seiten, 29 Abb., 16 Tab.

H. BAUMHACKL

2004. HAIDER, CARINA: (Land-)Wirtschaften junge Bäuerinnen anders? Weibliche Lebenswelten in der Landwirtschaft zwischen Tradition und Innovation unter besonderer Berücksichtigung österreichischer Jungbäuerinnen. Wien 2004, 126 Seiten, 15 Abb., 6 Tab.

Diese Diplomarbeit begibt sich auf die Suche nach jungen Frauen in der österreichischen Landwirtschaft und gewährt einen Einblick in weibliche Arbeits- und Lebenswelten auf österreichischen Bauerhöfen.

Ausgangspunkt der Diplomarbeit ist Frage, wie die junge bäuerliche Bevölkerung und innerhalb dieser vor allem Frauen auf die neuen Herausforderungen im Zuge der strukturellen Veränderungen in der Landwirtschaft reagieren. Nehmen junge Frauen ausgehend von einem positiven Berufsverständnis neue Herausforderungen an und sind somit eine innovative Kraft für den ländlichen Raum oder führen aktuelle Entwicklungen in der Landwirtschaft zu Passivität und Resignation, die langfristig den Ausstieg aus der Landwirtschaft nach sich ziehen?

Weibliches Landwirtschaften wird im Vergleich zur Mütter- und Großmüttergeneration – einzelnen Lebensparametern folgend (Tätigkeitsbereiche, Arbeitsbelastung und Freizeit, Bildung, sozialrechtliche Stellung, ...) – analysiert, woraus sich vier verschiedene Lebenswelttypen festmachen lassen. Diese Lebenswelten repräsentieren unterschiedliche Zugänge zu Arbeit, Familie, Hof und Weiblichkeit im Allgemeinen. Gleichzeitig zeigen sie das breite Spektrum im Umgang mit Tradition und Innovation, die nicht als strenge Gegensätze aufgefasst werden. Vor allem junge Bäuerinnen behaupten sich als „Lebensweltmanagerinnen" zwischen Tradition und Innovation.

Neben einer statistischen Analyse, die die Frage positiv beantwortet, ob es überhaupt noch junge Bäuerinnen gibt, werden die empirischen Daten dafür verwendet, die Lebenswelten junger Frauen zu erfassen. Es zeigt sich klar, dass Veränderungen in der Landwirtschaft zu Zäsuren in der Entwicklung weiblicher Lebenswelten geführt haben. Anders als Mütter und Großmütter treten junge Frauen aus dem Schattendasein und machen sich auf die Suche nach neuen Handlungsräumen.

Junge Bäuerinnen nehmen die Herausforderungen, die sich aus dem Strukturwandel ergeben, an und kämpfen gegen ihre Marginalisierung. Sie sind ein innovatives Potenzial, das entscheidende Impulse für die Entwicklung des ländlichen Raums setzen kann. Die Einbindung junger Bäuerinnen in regionale Entwicklungsstrategien kann Synergieeffekte freisetzen, die insgesamt zu einer positiven Entwicklung des ländlichen Raums beitragen und somit zur Lebensqualität jener, die diese Entwicklung mittragen.

N. WEIXLBAUMER

2004. HAMMELMÜLLER, INGRID: Das Grundwasser im Bezirk Amstetten – Ein Überblick und Ausblick im Rahmen grundwasserrelevanter nationalrechtlicher und gemeinschaftsrechtlicher Bestimmungen. Wien 2004, 120 Seiten, 30 Abb., 14 Tab.

B. BAUER

2004. HANSAL-PANGRATZ, MARION: „Urban Entertainment Center" in Wien. Ein stadtgeographischer Überblick über die funktionelle Architektur der neuen Freizeitwelten. Wien 2004, 122 Seiten, 20 Abb.

„Urban Entertainment Center" (UEC) stellen neue Formen von Einkaufszentren dar, die als Besonderheit eine Kombination von Unterhaltung, Erlebnis, Gastronomie, Wellness und Einkaufen offerieren. Sie sind nicht historisch gewachsen, sondern folgen einem architektonischen und funktionellen Gesamtkonzept. Sie sind Ausdruck eines gesellschaftlichen Wandels, der einen Zuwachs an Freizeit mit sich bringt, und prägen neue urbane Zentren abseits der traditionellen. Sie sind damit stadtplanerisch nicht neutral zu beurteilen, sondern – ganz im Gegenteil – sie gefährden das gewachsene Gefüge der Einkaufsstraßen.

MARION HANSAL-PANGRATZ hat sich mit den UEC in Wien näher auseinandergesetzt. Ihre Diplomarbeit ist sowohl theoretisch als auch empirisch ausgerichtet. Im Theorieteil geht sie auf die Entwicklung zur Freizeitgesellschaft ein und auf den derzeitigen Stand der einschlägigen Literatur zu UEC. Im empirischen Teil präsentiert sie sechs Fallstudien aus Wien: die „Shopping City Süd", das „Shopping Center Nord", die „Millenium City", die „Lugner City", die „Gasometer City" und das „Donauzentrum/Donauplex". Sie hat für die Untersuchung der Fallstudien einen einheitlichen Erhebungsraster entwickelt, der eine generelle Beschreibung des Centers, eine Abgrenzung der Kundenherkunftsgebiete (anhand der Kennzeichen der auf den Parkplätzen abgestellten Autos) sowie eine Kartierung der Einzelhandelsgeschäfte vorsah. Eine Schlussbetrachtung und eine kleine Fotodokumentation beendet die Arbeit.

H. FASSMANN

2004. HÖLZL, MARTIN: Die Kartierung von Überschwemmungsflächen mit Hilfe der Fernerkundung am Beispiel des Hochwassers 2002 in Österreich. Wien 2004, 135 Seiten, 31 Abb., 42 Tab., 8 Bilder.

W. KAINZ

2004. HÖRNDL, IRENE: Die Rolle der muslimischen Frau in der österreichischen Gesellschaft – eine soziodemographische Analyse. Wien 2004, 148 Seiten, 8 Abb., 58 Tab.

K. HUSA

2004. HUBER, HEIDE-MARIA: Grenzen und raumbezogene Identität am Beispiel des niederösterreichisch-tschechischen Grenzraumes. Wien 2004, 156 Seiten, 20 Abb., 12 Diagr., 3 Tab., 33 Karten.

„Jedes System hat Grenzen. Angefangen bei Zellen und Individuen bis hin zu gesellschaftlichen Systemen und Staatenbünden, alle brauchen sie räumliche Grenzen, um ihre Identität finden und bewahren zu können," so die Autorin.

Oftmals werden Grenzen als Hindernisse und Barrieren bezeichnet und in den letzten Jahren und Jahrzehnten wurden die Rufe nach ihrem Abbau immer lauter. Mit dem Fall des „Eisernen Vorhanges" begann in Europa eine neue Ära. Staatsgrenzen werden heute nur mehr als formale Linien im Raum gesehen und alle ehemaligen Ostblockstaaten drängen auf einen möglichst baldigen EU-Beitritt, um auch am grenzenlosen europäischen Wirtschaftsmarkt teilhaben zu können.

Bei all dieser Euphorie wird aber in Osteuropa auch eine gegenteilige Entwicklung beobachtet. Nationale Grenzen gewinnen wieder an Wert, da jeder Staat nach der Loslösung von der kommunistischen Gemeinschaft endlich seine eigene nationale Identität ausbilden und leben möchte. Meinungen von Politikern, Historikern und Philosophen haben in dieser Hinsicht vor allem eines gemein, argumentiert Frau HUBER: „Auch wenn räumliche Grenzen im Sinne von Barrieren und Hindernissen fallen sollen, so müssen sie in einer anderen Art und Weise bestehen bleiben, um jedem Volk seinen Raum und seine Identität zu bewahren".

Am Beispiel der niederösterreichisch-tschechischen Grenzregion (in den Städten Retz und Znojmo) wurde untersucht, inwieweit die heutige Staatsgrenze in den Köpfen der Menschen eine Barriere für ihren persönlichen Identifikationsraum bildet. Anhand von „mental-maps" wurden die Räume der Grenzbewohner aufgezeichnet und analysiert. Für die Österreicher gilt, dass sie aufgrund der räumlichen Nähe zu Znojmo sehr wohl ihren „Raum" auch in der Tschechischen Republik sehen, da es ein städtisches Zentrum dieser Region darstellt, wie es nur vom viel weiter entfernten Wien übertroffen wird. Für die Bewohner Tschechiens hingegen bedeutet Österreich vor allem touristische Attraktion. Von den Alpen und Wien bis hin zu Mozart assoziierten sie oftmals – neben der Arroganz der Österreicher – sehr positive Aspekte. Von beiden Seiten wurde jedoch am häufigsten der zum Untersuchungszeitpunkt baldige EU-Beitritt Tschechiens bei der Befragung erwähnt und die damit verbundene große Chance für die gesamte Grenzregion.

Als „best-case" für dieses Grenzgebiet wurde manchmal erwähnt, wieder eine Grenz-Gemeinschaft zu bilden, wie sie früher, vor den beiden Weltkriegen, bestand, eine Gemeinschaft, die einfach darauf beruht, dass man beiderseits der Grenze lebt und dies als verbindend empfindet. Als „Tor zum Osten / Westen" inmitten von Europa ist dies gemäß der Autorin eine mögliche Zukunftschance im Europa der Regionen.

N. WEIXLBAUMER

2004. HUBER, WALTER: Naturstein, Natursteinverwitterung und Sanierung am Beispiel der Universität Wien. Wien 2004. 141 Seiten, 68 Abb., 12 Tab.

Untersuchungen zur Bausteinverwitterung haben sich in den letzten Jahrzehnten zu einem Schwerpunktthema der Angewandten Geomorphologie entwickelt. Die Fülle der daraus resultierenden Literatur ist enorm und zum Teil hoch spezialisiert. Sie wird im ersten, theoretischen Teil der vorliegenden Untersuchung aufgearbeitet und liefert gute Überblicke über die Entstehung und die Eigenschaften der für das Bauwesen bedeutenden Gesteine und über einschlägige Reinigungs-, Konservierungs- und Restaurierungsmaßnahmen an Natursteinen. Im Zentrum der Darstellung stehen jedoch komplexe physiogeographische Fachfragen wie Verwitterungsmechanismen und deren Steuerfaktoren oder Porosität und Wasseraufnahme von Natursteinen. W. HUBER zeichnet sich durch eine besondere Fähigkeit für den Wissenschaftstransfer aus: er ist sprachlich eloquent, bringt Zusammenhänge auf den Punkt und kann physikalische und chemische Prozesse für jedermann verständlich erklären.

Der zweite, angewandte Teil der Arbeit konzentriert sich auf die Restaurierung und Konservierung des Hauptgebäudes der Universität Wiens. Hier kam eine Vielzahl von verschiedenen Kalken und Kalksandsteinen, untergeordnet auch Granit und Tonschiefer, zum Einsatz. Der Autor legt besonderes Augenmerk auf Provenienz und Entstehungsmilieu der verwendeten Gesteine und auf die daraus resultierenden recht unterschiedlichen Materialeigenschaften und Verwitterungsresistenzen.

C. EMBLETON-HAMANN

2004. HUNDERTPFUND, MARTIN: Analyse des qualitativen und quantitativen Reiseverhaltens der Skandinavier. Wien 2004, 126 Seiten, 23 Abb., 36 Tab.

H. BAUMHACKL

2004. JAGSCHICH, STEFAN: Landschaftsökologische Gliederung des Eisenstädter Beckens (Wulkatales) im Bereich der Gemeinde Schützen am Gebirge. Wien 2004, 210 Seiten, 50 Abb., 70 Tab.

B. BAUER

2004. JANIK, CHRISTOPH: Der Stellenwert der Topographie in einem modernen Geographie- und Wirtschaftskundeunterricht: Eine Problemanalyse anhand ausgewählter Schulbücher. Wien 2004, 171 Seiten, 75 Abb., 5 Tab., Anhang.

C. VIELHABER

2004. KAMELOTT, SUSANNE: Geographische Konfliktforschung. Das theoretische Konzept und die empirische Umsetzung am Beispiel des Konflikts um die skitechnische Erschließung der Wilden Krimml. Wien 2004, 119 Seiten, 17 Abb., 6 Tab.

Diese Studie erarbeitet zuerst sorgfältig „Bausteine einer Theorie raumbezogenen politischen Handelns" und stützt sich dabei vor allem auf die Ansätze von OSSENBRÜGGE, COLEMAN und GIDDENS sowie der interpretativ-verstehenden Handlungsanalyse in der Kulturgeographie. Die empirische Analyse des Konflikts um die skitechnische Erschließung der Wilden Krimml beschäftigt sich zuerst mit einer präzisen Konfliktbiographie, den Zielen und Handlungsstrategien der Akteure (Erschließungsbefürworter/-gegner) auf lokaler wie regionaler Ebene (Grenzgebiet Salzburg/Tirol). Die Ziele des raumbezogenen Handelns der verschiedenen Akteure werden differenziert nach ökonomisch-finanziellen, politischen, lebensweltlich-identifikatorischen bzw. ideellen Zielen und den Machtpotenzialen und Strategien der Handelnden ausgelotet. Anhand der Interpretation von Zeitungsartikeln kann die Instrumentalisierung räumlicher Zusammenhänge mit „strategischen Raumbildern" gedeutet werden. Vorliegende Diplomarbeit verbindet in vorbildlicher Weise eine tiefgründige Auseinandersetzung hinsichtlich wichtiger gesellschaftsrelevanter Theorieansätze der Postmoderne mit intensiver empirischer Analyse „vor Ort" (Beobachtungen, Interviews, Auswertungen von Sitzungsprotokollen usw.).

H. NISSEL

2004. KLINGER, GERNOT: Kartographische Anforderungen an Visualisierung und Kombination globaler Thematiken. Wien 2004, 160 Seiten, 23 Abb., 19 Tab.

W. KAINZ

2004. KOBLER, JOHANNES: Risikokarten als Planungsgrundlage für Flächenbewirtschaftung und Tourismuslenkung im Nationalpark Kalkalpen Oberösterreich. Wien 2004, 319 Seiten, 134 Abb., 107 Tab.

K. KATZENSTEINER
(Universität für Bodenkultur)

2004. KRAMMER, MONIKA: Der paläolithische Fundort Stratzing/Krems-Rehberg (NÖ) aus quartärgeologischer und sedimentologischer Sicht. Wien 2004. 155 Seiten, 64 Abb., CD-Rom als Beilage.

M. KRAMMERs Arbeit ist im Bereich der Paläoumweltanalyse und Geoarchivforschung angesiedelt. An der altsteinzeitlichen Fundstelle Stratzing/Krems-Rehberg wurden vom Bundesdenkmalamt und der Österreichischen Akademie der Wissenschaften zwischen 1985 und 2003 umfangreiche Grabungen durchgeführt. Für die Aufnahme, Auswertung und Visualisierung der daraus resultierenden malakologischen, palynologischen, mikromorphologischen, sedimentologischen und paläontologischen Befunde wurde eine flexible, jederzeit erweiterbare Datenbank benötigt, welche im Zuge der vorliegenden Diplomarbeit entwickelt wurde. Der zweite eigenständige Beitrag von M. KRAMMER zur Erforschung der Paläolithstation Statzing/Krems-Rehberg ist der Versuch, die kulturführenden Schichten der verschiedenen Grabungsprofile zu parallelisieren und daraus die alten Geländeoberflächen zu rekonstruieren. Dies gestattet Rückschlüsse auf Erosions- oder Akkumulationsphasen, die von den eiszeitlichen Siedlern ausgelöst wurden, und in weiterer Folge auf das Ausmaß des „Past Human Impact" auf die Umwelt. Besonders hervorzuheben sind schließlich der interdisziplinäre Charakter von M. KRAMMERs Arbeit und ihre enge Zusammenarbeit mit FachwissenschaftlerInnen der verschiedensten Disziplinen. Die erfolgreiche Verknüpfung von Erkenntnissen, die aus recht unterschiedlichen Sichtweisen entstanden sind, liegt deutlich über dem Leistungsniveau einer normalen Diplomarbeit.

C. EMBLETON-HAMANN

2004. MAYRHOFER, DORIS: Kartographische Anforderungen an ein Interface im musealen Edutainmentbereich, gezeigt an einer Projektarbeit in Zusammenarbeit mit dem Österreichischen Globenmuseum. Wien 2004, 118 Seiten, 41 Abb., 4 Tab.

W. KAINZ

2004. MESSNER, HARALD: Point Pattern Analysis im Geomarketing. Die innovative Anwendung explorativer Techniken zur Identifikation räumlicher Cluster in der räumlichen Marktdurchdringungsanalyse. Wien 2004, 114 Seiten, 26 Abb., 7 Karten, 7 Tab.

W. KAINZ

2004. MITTERMAIER, ROLAND: Kartographische und systemarchitektonische Anforderungen an eine feldrechnerbasierte Erfassung topographischer Originärdaten – gezeigt am DLM. Wien 2004, 232 Seiten, 102 Abb., 44 Tab.

W. KAINZ

2004. NEUHUBER, Mag. THERESA: Wohn-Räume: Leben im sozialen Verbund. Eine Untersuchung zu Fragen der sozialräumlichen Bindung am Beispiel dreier Wohngruppenprojekte. 167 Seiten, 15 Abb., 50 Tab.

C. VIELHABER

2004. PETERS-ANDERS, JAN: EMMLAD – An Economic Multi-Agent Model of Land Use Decision Processes (Based on Data of a Rural Community in Styria/Austria). Wien 2004, 110 Seiten, 37 Abb., 14 Tab., 1 CD.

W. KAINZ

2004. POMS, BARBARA: Tourismus und Industrie: Konflikt für eine Region? Die Kärntner Marktgemeinde Frantschach Sankt Gertraud als Standort beider Wirtschaftszweige. Wien 2004, 255 Seiten, 88 Abb., 20 Tab, 3 Karten.

H. BAUMHACKL

2004. PROBER, ANDREA: Schaffen Schulpartnerschaften Grenzen ab? Eine Untersuchung an der österreichischen Ostgrenze. Wien 2004, 115 Seiten, 15 Abb., 4 Tab., Anhang.

N. WEIXLBAUMER

2004. RAMSAUER, MARIA: Die Rolle der Soziopolitischen Netzwerke bei der Integration der Kurden in Wien. Wien 2004, 128 Seiten, 2 Tab., 2 Karten.

H. FASSMANN

2004. SCHACHNER, SILVIA-IRENE: Prinzipien der Nachhaltigkeit als integrativer Impuls einer sozialgeographischen Betrachtung. Wien 2004, 114 Seiten, 11 Abb.

C. VIELHABER

2004. SCHEIBENHOFER, SUSANNE: Natur- und kulturräumliche Abhandlung der Region Traismauer. Begleitbroschüre zu einer ökologischen Lehrwanderung im Gebiet von Traismauer. Wien 2004, 154 Seiten, 49 Abb., 13 Tab., 33 Fotos.

B. BAUER

2004. SCHRATT, ALEXANDER: Das Potenzial rasterbasierter Desktop-VR-Syteme in der Kartographie – gezeigt am Beispiel Naturpark Blockheide. Wien 2004, 102 Seiten, 69 Abb., 2 Tab., 1 CD.

W. KAINZ

2004. SICKL, ANDREA: Die Darstellung der kritisch-konstruktiven Didaktik nach Wolfgang KLAFKI sowie eine mögliche praktische Aufarbeitung klafkischer Grundgedanken im GW-Unterricht anhand des Themas: Der europäische Integrationsprozess und die Wahrnehmung unserer Nachbarn als Unterrichtsthema im GW-Unterricht. Wien 2004, 164 Seiten, 7 Abb.

C. VIELHABER

2004. SPITZER, DORIS: Die ungleiche Begegnung zwischen Reisenden und Bereisten. Eine „State of the Art"-Analyse. 269 Seiten, 13 Abb., 10 Tab.

H. BAUMHACKL

2004. TRÄXLER, DANIELA: Das Kleingartenwesen in St. Pölten. Eine Untersuchung zur Bedeutung und Funktion der Freizeitwohnform Kleingarten in der Stadt St. Pölten. Wien 2004, 159 Seiten, 16 Abb., 27 Tab.

H. BAUMHACKL

2004. WINKELMAYER, KATHRIN: Naturparke als Modellregionen nachhaltiger Regionalentwicklung? Eine Analyse am Beispiel der Naturparke „Ötscher-Tormäuer" und „Eisenwurzen-Niederösterreich". Wien 2004, 176 Seiten, 47 Abb., 8 Tab.

N. WEIXLBAUMER

B. *Wissenschaftliche Veröffentlichungen*
(Schriftenreihen des Instituts; Veröffentlichungen der Mitglieder des Instituts für Geographie und Regionalforschung der Universität Wien)

1. Schriftenreihen des Instituts

a) Geographischer Jahresbericht aus Österreich:

2004. LX. und LXI. Band (Doppelband). „Forschungsberichte aus dem Institut für Geographie und Regionalforschung der Universität Wien (Auswahl)". Hrsg. von H. WOHLSCHLÄGL. Schriftleitung: N. WEIXLBAUMER. Wien 2004, 435 Seiten, 67 Abb., 28 Tab. und 14 Farbkarten (mit Beiträgen von K. HUSA, A. WISBAUER und H. WOHLSCHLÄGL; W. MATZNETTER, D. NITSCH und A. WISBAUER; G. HATZ; H. FASSMANN; P. WEICHHART; M. HEINTEL und N. WEIXLBAUMER; H. NAGL; K. KRIZ und A. PUCHER zum Rahmenthema des Bandes sowie den Arbeitsberichten der Institute für Geographie an den österreichischen Universitäten für die Jahre 2001 und 2002). ISBN: 978-3-900830-50-2.

b) Wiener Schriften zur Geographie und Kartographie:

2004. Band 15: KRETSCHMER, INGRID, DÖRFLINGER, JOHANNES und FRANZ WAWRIK: Österreichische Kartographie. Von den Anfängen im 15. Jahrhundert bis zum 21. Jahrhundert. Wien 2004, 318 Seiten, 47 SW-Abb., 4 Tab. und 54 Farbtafeln. ISBN: 978-3-900830-51-7.

2004. Band 16: KAINZ, WOLFGANG, KRIZ, KAREL und ANDREAS RIEDL (Hrsg.): Aspekte der Kartographie im Wandel der Zeit. Ingrid Kretschmer zum 65. Geburtstag und anlässlich ihres Übertritts in den Ruhestand. Wien 2004, 344 Seiten, 80 Farb- und 86 SW-Abb., 10 Tab. (mit Vorworten des Institutsvorstandes und der Herausgeber, einer Publikationsliste von Ingrid Kretschmer sowie insgesamt 36 Beiträgen: Geschichte der Kartographie: C. BOARD, K. BRUNNER, M. CAVELTI HAMMER, J. DÖRFLINGER, G. FASCHING, H.-U. FELDMANN, I. KLINGHAMMER, R. KOSTKA, J. MOKRE, M. MONMONIER, F. ORMELING, M. RICKENBACHER, M. STAMS, Z. TÖRÖK, F. WAWRIK, L. ZÖGNER; Allgemeine Kartographie: U. FREITAG, G. GARTNER, I. HAUSNER, P. JORDAN, F. KELNHOFER, R. MANG; Angewandte Kartographie: L. BIRSAK, M. FRANZEN, L. HURNI, W. G. KOCH, I. WILFERT und M. BUCHROITHNER, A. RIEDL, P. HIERNER und M. SAUL, E. SPIESS, R. STANI-FERTL; Geoinformationstechnologie: M. AZIZ, A. BORSDORF und D. MOSER, W. CROM und M. HEINZ, W. JÖRG, K. KRAUS und P. DORNINGER, K. KRIZ). ISBN: 978-3-900830-54-1.

c) Abhandlungen zur Geographie und Regionalforschung:

2004. –

d) Materialien zur Didaktik der Geographie und Wirtschaftskunde:

2004. Band 17: VIELHABER, CHRISTIAN (Hrsg.): Fachdidaktik alternativ – innovativ. Acht Impulse um (Schul-)Geographie und ihre Fachdidaktik neu zu denken. Wien 2004, 126

Seiten, zahlreiche Abb. und Grafiken (mit Beiträgen von P. WEICHHART, B. WERLEN, K. DOBLER und H. PICHLER, T. RHODE-JÜCHTERN, W.-D. SCHMIDT-WULFFEN, K. DIRNBERGER, A. ERHARD, S. MAHLKNECHT). ISBN: 978-3-900830-48-9.

2004. Band 18: RHODE-JÜCHTERN, TILMAN: Derselbe Himmel, verschiedene Horizonte. Zehn Werkstücke zu einer Geographiedidaktik der Unterscheidung. Wien 2004, 227 Seiten, zahlreiche Abb. und Grafiken. ISBN: 978-3-900830-52-6.

e) Beiträge zur Bevölkerungs- und Sozialgeographie:

2004. –

2. Publikationen der Institutsmitglieder

Univ.-Prof. Dr. HEINZ FASSMANN:

2004. Wissenschaftliche Betreuung: Landesentwicklungskonzept für Niederösterreich. Prinzipien, Grundsätze und Ziele einer integrierten Raumentwicklung. Amt der Niederösterreichischen Landesregierung, St. Pölten 2004, 123 Seiten.

Stadtgeographie I: Allgemeine Stadtgeographie. Braunschweig: Westermann, 2004, 240 Seiten (Das Geographische Seminar).

Zentrale-Orte-Konzept und Zentralitätskonzept in den Rechtsdokumenten der Bundesländer: vielfältig und unterschiedlich. In: Forum Raumplanung 2/2004, S. 14–20.

Porträt: Institut für Geographie und Regionalforschung der Universität Wien. In: Forum Raumplanung 2/2004, S. 53–58.

Geography in Austria. In: Belgeo 1/2004, S. 17–32.

Massenarbeitslosigkeit und regionale Arbeitsmarktdisparitäten. In: Leibniz-Institut für Länderkunde (Hrsg.): Nationalatlas Bundesrepublik Deutschland. Band 8: Unternehmen und Märkte. Leipzig: Elsevier Spektrum Akademischer Verlag, 2004, S. 126–127.

Landflucht – Dritte Welt. In: Praxis Geographie 7/8, 2004, S. 4–8.

L'immigrazione nell'Unione Europea: cause, modelli, tendenze. In: Salute e Società, anno III-2/2004, S. 157–170.

Die Demografie Osteuropas. In: E. SPERL und M. STEINER: Was für Zeiten. Edition Gutenberg, Wien 2004, S. 63–68.

Die große Freiheit? Zuwanderung und Niederlassung. In: Osteuropa 54, 5-6/2004, S. 316–329.

EU-Erweiterung und Ost-West-Wanderung: Freizügigkeit und Übergangsregelung. In: Petermanns Geographische Mitteilungen 148, 3/2004, S. 6–15.

gem. m. G. HATZ: Wien verstehen. Wege zur Stadt. Wien: Verlag Bohmann, 2004, 312 Seiten.

gem. m. U. REEGER und H. KOHLBACHER: Polen in Wien. Entwicklung, Strukturmerkmale und Interaktionsmuster. Wien: Verlag der Österreichischen Akademie der Wissenschaften), 2004, 97 Seiten (= ISR-Forschungsbericht 30).

gem. m. A. HANIKA, G. BIFFL, J. KYTIR, G. LEBHART, S. MARIK und R. MÜNZ: ÖROK-Prognosen 2001–2031. Teil 1: Bevölkerung und Arbeitskräfte nach Regionen und Bezirken Österreichs. Wien 2004, 275 Seiten (= ÖROK Schriftenreihe 166/1).

gem. m. H. HATZ: Fragmentierte Stadt? Sozialräumliche Struktur und Wandel in Wien 1991–2001. In: Mitteilungen der Österreichischen Geographischen Gesellschaft 146, Wien 2004, S. 61–92.

gem. m. R. MÜNZ: EU-Erweiterung und die Zukunft. Ost-West-Migration in Europa. In: Historische Sozialkunde 4/2004, S. 37–49.

gem. m. H. HATZ: Vier Viertel und ein paar Städte – eine regionalgeographische Skizze. In: M. WAGNER (Hrsg.): Niederösterreich. Eine Kulturgeschichte von 1861 bis heute. In: Menschen und Gegenden, Bd. 1, Wien: Böhlau Verlag, 2004, S. 165–192.

gem. m. R. MYRDEL: Integracja a transnarodowa migracja wahadlowa (na przykladzie polakow w wiedniu). In: Panstwo i Spoleczenstwo 1/2004, S. 81–98.

gem. m. R. MÜNZ: Wanderndes Humankapital: ein Faktor im Standortwettbewerb. In: Raum 53/2004, S. 34–37.

Univ.-Prof. Dipl.-Ing. Dr. WOLFGANG KAINZ:

2004. gem. mit Z. LI und Q. ZHOU (Hrsg.): Advances in Spatial Analysis and Decision Making. A selection of peer-reviewed papers presented at the ISPRS Workshop on Spatial Analysis and Decision Making, 3–5 December 2003, Hong Kong, China. Lisse, The Netherlands: Swets & Zeitlinger B.V., 321 Seiten (= International Society for Photogrammetry and Remote Sensing [ISPRS] Book Series).

gem. mit Z. LI und Q. ZHOU: Advances in spatial analysis and decision making: an introduction. In: Z. LI, Q. ZHOU und W. KAINZ (Hrsg.): Advances in Spatial Analysis and Decision Making. A selection of peer-reviewed papers presented at the ISPRS Workshop on Spatial Analysis and Decision Making, 3-5 December 2003, Hong Kong, China. Lisse, The Netherlands: Swets & Zeitlinger B.V., S. 1–6 (= International Society for Photogrammetry and Remote Sensing [ISPRS] Book Series).

gem. mit X. TANG: Formation of fuzzy land cover objects from TM images. In: Z. LI, Q. ZHOU und W. KAINZ (Hrsg.): Advances in Spatial Analysis and Decision Making. A selection of peer-reviewed papers presented at the ISPRS Workshop on Spatial Analysis and Decision Making, 3–5 December 2003, Hong Kong, China. Lisse, The Netherlands: Swets & Zeitlinger B.V., S. 73–87 (= International Society for Photogrammetry and Remote Sensing [ISPRS] Book Series).

Integration von E-Government und Geodatenpolitik in Österreich. Umsetzung braucht Übereinstimmung. In: Kommunal. Das größte Fachmagazin für Österreichs Gemeinden, Nr. 2, Feb. 2004, S. 11.

gem. mit K. KRIZ und A. RIEDL (Hrsg.): Aspekte der Kartographie im Wandel der Zeit. Festschrift für Ingrid Kretschmer zum 65. Geburtstag und anlässlich ihres Übertritts in den Ruhestand. Wien: Institut für Geographie und Regionalforschung der Universität Wien, 2004, 344 Seiten (= Wiener Schriften zur Geographie und Kartographie, Bd. 16).

Hohe Auszeichnung für Univ.-Prof. Dr. Ingrid Kretschmer. In: Mitteilungen der Österreichischen Geographischen Gesellschaft, 146. Jg., Wien 2004, S. 363–364.

Univ.-Prof. Dr. PETER WEICHHART:

2004. Zentralität und Raumentwicklung – Ergebnisse eines ÖROK-Projekts. In: Forum Raumplanung, Wien 2/2004, S. 6–13.

Action Setting – ein „unmögliches" Forschungsprojekt. In: Raum, 54, Wien 2004, S. 44–49.

Gibt es ein humanökologisches Paradigma in der Humangeographie des 21. Jahrhunderts? In: W. SERBSER (Hrsg.): Humanökologie. Ursprünge – Trends – Zukünfte. München: oekom-Verlag, 2004, S. 294–307, 6 Abb. (= Edition Humanökologie, Band 1).

Regionalentwicklung: Identitätsmanagement für Orte. In: M. L. HILBER und A. ERGEZ (Hrsg.): Stadtidentität. Der richtige Weg zum Stadtmarketing. Zürich 2004, S. 129–138.

gem. mit J. ARING: Gestaltung der Entwicklung durch politische Raum- und Entscheidungsstrukturen. In: W. GAMERITH et al. (Hrsg.): Alpenwelt – Gebirgswelten. Inseln, Brücken, Grenzen. Tagungsbericht und wissenschaftliche Abhandlungen. 54. Deutscher Geographentag Bern 2003. Heidelberg und Bern 2004, S. 693–696.

Paradigmenvielfalt in der Humangeographie – Neue Unübersichtlichkeit oder Multiperspektivität? In: C. VIELHABER (Hrsg.): Fachdidaktik: alternativ – innovativ. Acht Impulse um (Schul-)Geographie und ihre Fachdidaktik neu zu denken. Wien: Selbstverlag des Instituts für Geographie und Regionalforschung der Universität Wien, S. 11–19 (= Materialien zur Didaktik der Geographie und Wirtschaftskunde, Bd. 17).

Univ.-Prof. Mag. Dr. HELMUT WOHLSCHLÄGL:

2004. (Hrsg.): Geographischer Jahresbericht aus Österreich, LX. und LXI. Band (Doppelband) „Forschungsberichte aus dem Institut für Geographie und Regionalforschung der Universität Wien (Auswahl)". Wien: Institut für Geographie und Regionalforschung, 2004, 435 Seiten, 67 Abb., 28 Tab. und 14 Farbkarten.

gem. mit K. HUSA und A. WISBAUER: Perspektiven der räumlichen Bevölkerungsentwicklung in Österreich seit dem Zweiten Weltkrieg. In: Geographischer Jahresbericht aus Österreich, LX. und LXI. Band (Doppelband), Wien 2004, S. 9–51.

gem. mit K. HUSA: Glacier Protection versus Development of Tourism. The Case of Pitztal, Tyrol, Austria (in Chinesisch). In: World Regional Studies, vol. 13, No. 1, Shanghai 2004, S. 1–8.

gem. mit M. HOFMANN-SCHNELLER, M. DERFLINGER, G. MENSCHIK und W. TUTSCHEK: Durchblick 5 – Geographie und Wirtschaftskunde für die 9. Schulstufe. Neuer Lehrplan. Schulbuch für die 5. Klasse der allgemeinbildenden höheren Schule. Wien: Verlag Westermann Wien, 2004, 176 Seiten, viele Abb. und Grafiken.

gem. mit M. HOFMANN-SCHNELLER, M. DERFLINGER, G. MENSCHIK und W. TUTSCHEK: Durchblick 5 – Geographie und Wirtschaftskunde. Lehrerband. Wien: Verlag Westermann Wien, 2004, 64 Seiten, viele Abb. und Grafiken.

Vorwort des Institutsvorstandes. In: W. KAINZ, K. KRIZ und A. RIEDL (Hrsg.): Aspekte der Kartographie im Wandel der Zeit. Festschrift für Ingrid Kretschmer zum 65. Geburtstag und anlässlich ihres Übertritts in den Ruhestand. Wien: Institut für Geographie und Regionalforschung, 2004, S. 7–8 (= Wiener Schriften zur Geographie und Kartographie, Bd. 16).

gem. mit Ch. VIELHABER: Herausgeber und Schriftleiter der Reihe „Materialien zur Didaktik der Geographie und Wirtschaftskunde", Wien 1988ff. Im Jahr 2004 erschienen Band 17 (126 Seiten, zahlreiche Abbildungen und Grafiken) und Band 18 (227 Seiten, zahlreiche Abbildungen und Grafiken).

Em. o. Univ.-Prof. Dr. Dr.h.c. ELISABETH LICHTENBERGER:

2004. Was war und was ist Europa? Orden pour le merite für Wissenschaften und Künste. In: Reden und Gedenkworte 32, Göttingen: Wallsteinverlag, 2004, S. 145–156.

Quo vadis Europäische Union? In: Mitteilungen der Österreichischen Geographischen Gesellschaft, Bd. 146, Wien 2004, S. 13–42.

Ao. Univ.-Prof. Mag. Dr. CHRISTINE EMBLETON-HAMANN:

2004. Processes Responsible for the Development of a Pit and Mound Microrelief. In: Catena, 57/2, 2004, S. 175–188.

Fünf Enzyklopädie-Artikel. In: A. GOUDIE (Hrsg.): Encyclopedia of Geomorphology. London: Routledge, 2004 („Erratic", in Bd.1, S. 337; „Haldenhang", in Bd. 1, S. 512; „Hanging Valley", in Bd.1, S. 513; „Proglacial Landform", in Bd. 2, S. 810–813; „Roche Moutonnée", in Bd. 2, S. 870).

New Perspectives on the Microrelief of Alpine Pastures. In: R. J. BATALLA (Hrsg.): International Conference on River / Catchment Dynamics: Natural Processes and Human Impacts. Solsona (Catalonia, Spain), 15.–20. May, 2004. Conference Programme and Abstracts. S. 29.

Bericht der Österreichischen Geomorphologischen Kommission. In: Mitteilungen der Österreichischen Geographischen Gesellschaft, Bd. 146, Wien 2004, S. 434.

Ao. Univ.-Prof. Mag. Dr. KARL HUSA:

2004. gem. mit G. HÖDL, C. PARNREITER und I. STACHER: Herausforderung Migration. In: Internationale Migration – Eine globale Herausforderung. Wien: Verein für Geschichte und Sozialkunde, 2004, S. 3–11 (= Historische Sozialkunde 4/2004).

gem. mit A. WISBAUER und H. WOHLSCHLÄGL: Perspektiven der räumlichen Bevölkerungsentwicklung in Österreich seit dem Zweiten Weltkrieg. In: Geographischer Jahresbericht aus Österreich, LX. und LXI. Band (Doppelband), Wien 2004, S. 9–51.

gem. mit H. WOHLSCHLÄGL: Glacier Protection versus Development of Tourism. The Case of Pitztal, Tyrol, Austria (in Chinesisch). In: World Regional Studies, vol. 13, No. 1, Shanghai 2004, S. 1–8.

gem. mit W. KAINRATH: Österreich-Bibliographie 2003/2004. In: Mitteilungen der Österreichischen Geographischen Gesellschaft, Bd. 146, Wien 2004, S. 380–400.

Ao. Univ.-Prof. Dr. INGRID KRETSCHMER:

2004. gem. mit J. DÖRFLINGER und F. WAWRIK: Österreichische Kartographie. Von den Anfängen im 15. Jahrhundert bis zum 21. Jahrhundert. Wien: Institut für Geographie und Regionalforschung der Universität Wien, 2004, 318 Seiten, 47 SW-Abb., 4 Tab. und 54 Farbtafeln (= Wiener Schriften zur Geographie und Kartographie, Bd. 15).

Das Jahr 2003 – Aktivitäten in Österreich. In: Kartographische Nachrichten, 54. Jg., 2004, Heft 2, S. 91–96.

Wolfgang Scharfe 13.6.1942 – 21.9.2003. In: Cartographica Helvetica, Bd. 29, 2004. S. 2–3, 3 Abb.

Obituary Wolfgang Scharfe (1942–2003). In: Imago Mundi, Vol. 56, 2004, Part 2, S. 198–199.

Friedrich Simony. Erforscher des Karls-Eisfeldes, Dachstein (Oberösterreich). In: K. BRUNNER (Hrsg.): Das Karls-Eisfeld. Forschungsarbeiten am Hallstätter Gletscher. München 2004, S. 31–73, 17 Abb. (= Wissenschaftliche Alpenvereinshefte, Heft 38).

Der Ortler – frühe Lage- und Höhenangaben durch österreichische Aufnahmen. In: Mitteilungen der Österreichischen Geographischen Gesellschaft, Bd. 146, Wien 2004, S. 323–344, 4 Abb.

Friedrich Aurada 1917–2004. In: Mitteilungen der Österreichischen Geographischen Gesellschaft, Bd. 146, Wien 2004, S. 365–369.

Ao. Univ.-Prof. Dr. HEINZ NISSEL:

2004. Bericht zur Auslandsexkursion der Österreichischen Geographischen Gesellschaft in den Iran 2003. In: Mitteilungen der Österreichischen Geographischen Gesellschaft, Bd. 146, Wien 2004, S. 427–430.

Mumbai: Megacity im Spannungsfeld globaler, nationaler und lokaler Interessen. In: Geographische Rundschau, Jg. 56, Heft 4, Braunschweig 2004, S. 55–60.

Hafenstädte im Netzwerk britischer Weltherrschaft. In: D. ROTHERMUND und S. WEIGELIN-SCHWIEDRZIK (Hrsg.): Der Indische Ozean. Wien: Promedia Verlag, 2004, S. 181–206 (= Edition Weltregionen, Bd. 9).

gem. mit F. W. KORKISCH und A. K. RIEMER: Aktuelle geopolitische Fragestellungen: Interdisziplinäre Überlegungen zur Theorie und Praxis. Forschungsprojekt der Wissenschaftskommission des Bundesministeriums für Landesverteidigung. Abschlussbericht, Wien 2004, 232 Seiten.

Istanbul als „Gateway" zwischen Dritter und Erster Welt. In: Raum. Zeitschrift für Raumplanung und Regionalpolitik, Themenheft 56: Migration. Wien 2004, S. 30–33.

Ao. Univ.-Prof. Mag. Dr. CHRISTIAN VIELHABER:

2004. GIS – Flop, DigitCam – Top. Bilanzierende Schlaglichter zur Frage, ob digitale Medien den GW-Unterricht verändern. In: GW-Unterricht, Nr. 93, Wien 2004, S. 8–14.

Zur Konstruktion neuer Lebensräume und Lebenswelten. In: E. REIF und I. SCHWARZ (Hrsg.): Falsche Grenzen, wahre Hindernisse. Wien: Mandelbaum Verlag, 2004, S. 93–113.

Klimazonen – ein schulgeographischer Aufreger? In: GW-Unterricht, Nr. 95, Wien 2004, S. 12–17.

gem. mit F. PALENCSAR: IMST – weit mehr als ein topographischer Begriff oder: Wie kann sich die Schulgeographie der Didaktik der Naturwissenschaften annähern, ohne ihre Identität zu verlieren. In: GW-Unterricht, Nr. 96, Wien 2004, S. 45–48.

Ao. Univ.-Prof. Ing. Dr. NORBERT WEIXLBAUMER:

2004. Freie Fahrt für die Alpenkonvention?! Umsetzung am Brennpunkt Verkehr. In: CIPRA-Info, Nr. 70, 2004, S. 4.

gem. mit B. KARRE (Hrsg.): Freie Fahrt für die Alpenkonvention?! Umsetzung am Brennpunkt Verkehr. Tagungsband der CIPRA-Jahresfachtagung. 23.–24. Oktober 2003 in Salzburg. Wien 2004, 117 Seiten.

Die Alpenkonvention – ein vorwärtsgerichteter Bezugsrahmen für die Alpenpolitik. In: Freie Fahrt für die Alpenkonvention?! Umsetzung am Brennpunkt Verkehr. Tagungsband der CIPRA-Jahresfachtagung. 23.–24. Oktober 2003 in Salzburg. Wien 2004, S. 11–16.

gem. mit M. HEINTEL: Gebietsschutz und Regionalmanagement. Erfahrungen und Empfehlungen anhand des Naturparks Ötscher-Tormäuer. In: Geographischer Jahresbericht aus Österreich, Bd. 60/61, Wien 2004, S. 149–174.

gem. mit D. SIEGRIST: Leitthema D4 – Von der gestaltenden Kraft lokaler Agenden. In: W. GAMERITH et al. (Hrsg.): Alpenwelt – Gebirgswelten, Inseln, Brücken, Grenzen. Tagungsbericht und wissenschaftliche Abhandlungen. 54. Deutscher Geographentag Bern 2003. Heidelberg/Bern 2004, S. 717–718.

Nature Parks as Instruments of Sustainable Landscape Development. A Comparison of the Nature Park Conceptions of Austria and Canada by the example of Lower Austria and British Columbia. Bericht zum Faculty Research Program für das International Council for Canadian Studies in Ottawa, 32 Seiten.

Schriftleitung von: „Geographischer Jahresbericht aus Österreich", 60. und 61. Band (Doppelband) „Forschungsberichte aus dem Institut für Geographie und Regionalforschung der Universität Wien (Auswahl)", Hrsg. von H. WOHLSCHLÄGL, Wien: Institut für Geographie und Regionalforschung, 435 Seiten, 67 Abb., 28 Tab. und 14 Farbkarten.

Ass.-Prof. Mag. Dr. ELISABETH AUFHAUSER:

2004. überBevölkerung unterEntwicklung. Diskurse um Bevölkerungspolitik. In: K. FISCHER, I. MARAL-HANAK, G. HÖDL und C. PARNREITER (Hrsg.): Entwicklung und Unterentwicklung. Eine Einführung in Probleme, Theorien und Strategien. Wien: Mandelbaum Verlag, 2004, S. 219–237.

Gender und Regionalentwicklung. Zur Notwendigkeit der ReVision von Geschlechterbildern. In: PlanerIn, Zeitschrift für Stadt-, Regional- und Landesplanung, Heft 3/2004, S. 14–16.

„Am Land, wo die Traditionen traditionell stark gepflegt werden." Ein geschlechterkritischer Blick auf die niederösterreichische Dorf- und Stadterneuerung. In: Club Niederösterreich (Hrsg.): DorfZukunft". Wien: Club NÖ, 2004, S. 12–16.

Einführung in die statistische Datenanalyse für Lehramtsstudierende. Materialien zur Lehrveranstaltung. Wien: Institut für Geographie und Regionalforschung, Universität Wien, 323 Seiten.

Ass.-Prof. Mag. Dr. GERHARD HATZ:

2004. gem. mit H. FASSMANN: Vier Viertel und ein paar Städte. In: M. WAGNER (Hrsg.): Kulturgeschichte Niederösterreichs, Bd. 1, Böhlau Verlag, Wien 2004. S. 165–191.

gem. mit H. FASSMANN: Wien verstehen – Wege zur Stadt. Wien: Bohmann Verlag, 2004, 312 Seiten.

gem. mit H. FASSMANN: Fragmentierte Stadt? Sozialräumliche Struktur und Wandel in Wien 1991–2001. In: Mitteilungen der Österreichischen Geographischen Gesellschaft, Bd. 146, Wien 2004. S, 61–92.

Sozialräumliche Folgen der Stadtsanierung durch Public-Private-Partnerships. Das Modell der „sanften" Stadterneuerung in Wien. In: Geographischer Jahresbericht aus Österreich, Bd. 60/61, Wien 2004, S.77–106.

Ass.-Prof. Mag. Dr. WALTER MATZNETTER M.Sc.:

2004. The Vienna and Bratislava Urban Regions – Comparing Urban Development under (Welfare) Capitalism and (Post-) Communism. In: European Spatial Research and Policy, 11. Jg., Heft 1, S. 61–77.

gem. mit D. NITSCH und A. WISBAUER: Stadtregionen im Systemvergleich. Räumliche Bevölkerungsentwicklung in und um Wien und Bratislava 1950/51 bis 2001. In: Geographischer Jahresbericht aus Österreich, Bd. 60/61, Wien 2004, S. 53–76.

Univ.-Ass. Mag. Dr. ROBERT PETICZKA:

2004. (Hrsg.): Beiträge zur Quartärforschung und Landschaftsökologie. Gedenkschrift zum 60. Geburtstag von Spyridon Verginis. Wien: Institut für Geographie und Regionalforschung, 2004, 234 Seiten, 55 Abb.

gem. mit M. NIEDERHUBER, M. PACHER und T. EINWÖGERER: Quartärforschung – ein multidisziplinärer Ansatz. In: R. PETICZKA (Hrsg): Beiträge zur Quartärforschung und Landschaftsökologie. Wien: Institut für Geographie und Regionalforschung, S. 15–20, 3 Abb.

gem. mit D. RIEGLER: Typuslokalität Stillfried an der March – Ausgangssituation. In: R. PETICZKA (Hrsg): Beiträge zur Quartärforschung und Landschaftsökologie. Wien: Institut für Geographie und Regionalforschung, 2004, S. 41–45, 2 Abb.

gem. mit D. RIEGLER: Sedimentologisch-bodenkundliche Untersuchungen im Bereich Stillfried an der March – Grub Kranawetberg. In: R. PETICZKA (Hrsg): Beiträge zur Quartärforschung und Landschaftsökologie. Wien: Institut für Geographie und Regionalforschung, 2004, S. 47–53, 4 Abb.

Univ.-Ass. Mag. Dr. ANDREAS RIEDL:

2004. Kolumne Globenjagd im Internet zum Thema moderne Globen im Internet. In: P. ALLMAYER-BECK und J. MOKRE (Hrsg.): News 2003 – Internationale Coronelli-Gesellschaft für Globenkunde. Wien: Österreichische Nationalbibliothek, S. 6–7.

gem. mit R. Mittermaier: Anforderungen an die Hardwarekomponenten eines mobilen GIS zur Geodatenerfassung. In: J. STROBL, T. BLASCHKE und G. GRIESEBNER (Hrsg.): Angewandte Geographische Informationsverarbeitung XVI: Beiträge zum AGIT-Symposium Salzburg 2004. Heidelberg: WICHMANN, S. 445–450.

gem. mit W. KAINZ und K. KRIZ (Hrsg.): Aspekte der Kartographie im Wandel der Zeit. Festschrift für Ingrid Kretschmer zum 65. Geburtstag und anlässlich ihres Übertritts in den Ruhestand. Wien: Institut für Geographie und Regionalforschung der Universität Wien, 2004, 343 Seiten (= Wiener Schriften zur Geographie und Kartographie, Band 16).

Entwicklung und aktueller Stand digitaler Globen. In: W. KAINZ, K. KRIZ und A. RIEDL (Hrsg.): Aspekte der Kartographie im Wandel der Zeit. Festschrift für Ingrid Kretschmer zum 65. Geburtstag und anlässlich ihres Übertritts in den Ruhestand. Wien: Institut für Geographie und Regionalforschung der Universität Wien, 2004, S. 256–263 (= Wiener Schriften zur Geographie und Kartographie, Band 16).

Vertr.-Ass. Mag. Dr. MARTIN HEINTEL:

2004. gem. mit A. BEDNAR, F. DOLLINGER, E. KMENT, R. LIDAUER und H. WAGNER (Hrsg. der Reihe): Raumentwicklung in Österreich. Wien: Verlag Ed. Hölzel, 2004, 48 Seiten (= Segmente – Wirtschafts- und sozialgeographische Themenhefte, Heft 8).

gem. mit I. MOSE (Heft-Moderation): Ländliche Peripherien Europas im Vergleich (Editorial). In: Europa Regional, 12. Jg., Heft 2, Leipzig: Institut für Länderkunde, 2004, S. 66–68.

Regionalpolitik in Österreich – Retrospektive und Perspektive. In: Österreichische Zeitschrift für Politikwissenschaft (ÖZP), 33. Jg., Heft 2, Baden-Baden: Nomos, 2004, S. 191–208.

Periphere Regionen in Finnland und Schweden; Zwischen Abwanderung, Landschaftsschutz und Hightech-Entwicklung. In: Geographische Rundschau, 56. Jg., Heft 5, Braunschweig: Westermann, 2004, S. 24–29.

gem. mit N. WEIXLBAUMER: Gebietsschutz und Regionalmanagement – Erfahrungen und Empfehlungen anhand des Naturparks Ötscher-Tormäuer. In: Geographischer Jahresbericht aus Österreich, Band 60/61, Wien: Institut für Geographie und Regionalforschung, 2004, S. 149–174.

gem. mit G. STROHMEIER: Qualifizierungsmaßnahmen als Grundlage der Regionalentwicklung in ländlich peripheren Regionen? Beispiele aus dem österreichischen Grenzraum. In: F. BRÖCKLING, U. GRABSKI-KIERON und C. KRAJEWSKI (Hrsg.): Stand und Perspektiven der deutschsprachigen Geographie des ländlichen Raumes, Münster: Institut für Geographie, 2004, S. 109–115. (= Arbeitsberichte der Arbeitsgemeinschaft Angewandte Geographie Münster, Heft 35).

Ist Erfolg messbar? Probleme der Evaluation von Regionalmanagements. In: P. SEDLACEK (Hrsg.): Evaluation in der Stadt- und Regionalentwicklung, Wiesbaden: VS Verlag für Sozialwissenschaften, 2004, S. 123–143 (= Stadtforschung aktuell, Band 90).

The Implications of Globalization for Urbanization: Jakarta's Primacy in the National Context. CD-ROM der SEAGA Conference (Southeast Asian Geography Association) „Southeast Asia: Development and Change in an Era of Globalization" an der University of Khon Kaen, Thailand, 8 Seiten (conference proceedings).

gem. mit C. HINTERMANN und N. WEIXLBAUMER: MOTION: Motive zur Wohnstandortwahl im oberösterreichischen Zentralraum. Zusammenfassung der Projektergebnisse zur Entwicklung von Strategien für eine nachhaltige Raumentwicklung im Auftrag von „Integrierte Planung und Entwicklung regionaler Transport- und Versorgungssysteme GesmbH (IPE)". 24 Seiten, exkl. Beilagen.

gem. mit G. STROHMEIER und E. HOLZINGER: Grenzüberschreitendes Bildungsangebot. Projektendbericht im Auftrag des Amtes der Niederösterreichischen Landesregierung, des Amtes der Oberösterreichischen Landesregierung, des Amtes der Burgenländischen Landesregierung und des Amtes der Wiener Landesregierung. 22 Seiten, exkl. 3 Anhänge.

Vertr.-Ass. Mag. Dr. KARIN VORAUER-MISCHER:

2004. Regionalpolitik und demographische Entwicklung. Zum Stellenwert der Demographie in der österreichischen Alpenpolitik. In: W. GAMERITH, P. MESSERLI, P. MEUSBURGER und H. WANNER (Hrsg.): Alpenwelt-Gebirgswelten. Inseln, Brücken, Grenzen. Tagungsbericht und wissenschaftliche Abhandlungen zum 54. Deutschen Geographentag 2003. Heidelberg/Bern 2004, S. 523–530.

Regionen der EU. Problemgebiete und Möglichkeiten der Regionalförderung. In: Geographische Rundschau, Jg. 56, Heft 5, Braunschweig 2004, S. 4–8.

gem. mit C. PFAFFENBACH: EU-Regionalpolitik in Katastrophengebieten. Hochwasser 2002 in den neuen Bundesländern. In: Geographische Rundschau, Jg. 56, Heft 5, Braunschweig 2004, S. 10–14.

Sozialer Wohnbau. In: H. FASSMANN und G. HATZ (Hrsg.): Wien verstehen. Wege zur Stadt. Wien: Bohmann Verlag, 2004, S. 161–184.

Lektor Ao. Univ.-Prof. (der TU Wien) Dr. WOLFGANG BLAAS:

2004. gem. mit R. PIERRARD und W. SCHÖNBÄCK: The Economics of Water Quality Policies: A Hierarchical Approach to Evaluation. In: T. GUIRGUINOV et al. (Hrsg.): Environmental Protection Technologies for Coastal Areas. Proceedings of the Fourth Black Sea Conference, Varna, Bulgaria, June 2004, S. 129–145.

gem. mit G. GUTHEIL-KNOPP-KIRCHWALD: Socioeconomic Dynamics and Property Rights Regulation as Driving Forces of Urban Spatial Development: the Case of Vienna. In: Scienze Regionali – Italian Journal of Regional Science, Nr. 2/2004, S. 25–48.

gem. mit K. PUCHINGER, G. OPPOLZER und C. KASSL-HAMZA: Regionaler Beitrag Wien. ZEWISTA – Zentrenstruktur und Wirtschaftsstandortentwicklung. Studie gefördert von der Stadt Wien und dem ERDF im Rahmen von Interreg III B CADSES. Wien.

gem. mit R. WIESER: Die Bedeutung staatlicher Interventionen im Wohnungswesen. Studie im Auftrag der Kammer für Arbeiter und Angestellte Wien. Wien.

gem. mit K. PUCHINGER, A. RESCH und A. HERGOVICH: Entwicklungsszenarien der Wiener City. Analysen stadtstruktureller Entwicklungsprobleme der Wiener City und Cityrandgebiete. Wien (= Reihe „Dokumentation – Erarbeitung STEP WIEN 2005", Nr. 61)

gem. mit R. WIESER: Wohnwirtschaftliche und volkswirtschaftliche Probleme der Kürzung der Wohnbauförderung. Wien: Kammer für Arbeiter und Angestellte Wien, 35 Seiten.

Lektorin Mag. Dr. CAROLINE GERSCHLAGER:

2004. (Hrsg.): Deception in Markets. An Economic Analysis. Houndmills: Palgrave Macmillan, 2004, 367 Seiten.

Introduction. In: C. GERSCHLAGER (Hrsg.): Deception in Markets. An Economic Analysis. Houndmills: Palgrave Macmillan, 2004, S. 1–24.

Deception in Markets. The Enron Case. In: C. GERSCHLAGER (Hrsg.): Deception in Markets. An Economic Analysis. Houndmills: Palgrave Macmillan, 2004, S. 99–114.

Wirtschaftliche Evolution und kulturelle Dynamik. Kritik zum Hauptartikel „Beharrung und Wandel" von Ulrich Witt. In: Erwägen Wissen Ethik (Deliberation Knowledge Ethics), 15. Jg., Heft 1, 2004, S. 59–61.

Lektor Mag. Dr. CHRISTOF PARNREITER:

2004. gem. mit K. FISCHER, G. HÖDL und I. MARAL-HANAK (Hrsg.): Entwicklung und Unterentwicklung. Eine Einführung in Probleme, Theorien und Strategien. Wien: Mandelbaum Verlag, 2004, 278 Seiten (= GEP Gesellschaft – Entwicklung – Politik, Band 3).

gem. mit K. FISCHER, G. HÖDL und I. MARAL-HANAK: Entwicklung – eine Karotte, viele Esel? In: K. FISCHER, G. HÖDL, I. MARAL-HANAK und C. PARNREITER (Hrsg.): Entwicklung und Unterentwicklung. Eine Einführung in Probleme, Theorien und Strategien. Wien: Mandelbaum Verlag, 2004, S. 13–55 (= GEP Gesellschaft – Entwicklung – Politik, Band 3).

Free Trade and Changing Patterns of Cityward Migration: The Case of Mexico. In: Human Settlement Development. Encyclopaedia of Life Support Systems (EOLSS). Oxford: UNESCO / EOLSS Publishers.

Zwischen hoher Verstädterung und neuer ländlicher Entwurzelung. Migration in Lateinamerika. In: Praxis Geographie, Heft 7/8-2004, S. 34–37.

Wie aus Bauern Arbeitslose wurden. Wie Menschen im Zeitalter der Globalisierung überflüssig gemacht werden (Mexiko 1980 – 2000). In: Österreichische Zeitschrift für Geschichtswissenschaften, Nr. 2/2004, S. 31–52.

Lektorin Mag. ELISABETH RATHMANNER:

2004. Betriebserkundung leicht gemacht. Eine interessantes Thema für AHS-Lehrer/innen im Berufsorientierungsunterricht. Wien: AK Wien, 46 Seiten (= Reihe Berufsorientierung, Nr. 3).

gem. mit E. BAHTOVIC und H. PINTER: Schulische Berufsorientierung und Schlüsselqualifikationen, Umsetzungsvarianten BO und die Möglichkeit der Vermittlung von Schlüsselqualifikationen. Wien: AK Wien, 43 Seiten (= Reihe Berufsorientierung, Nr. 4).

Lektor Mag. Dr. CHRISTIAN SITTE:

2003. Zeitschriftenspiegel (und www-Adressen). In: GW-Unterricht, Nr. 93, 94, 95 und 96, Wien, insgesamt 31 Seiten.

Mitherausgeberschaft und redaktionelle Betreuung des Heftabschnitts „Wirtschafts- und Sozialgeographie, Wirtschaftsinformationen". In: Wissenschaftliche Nachrichten, (Fortbildungsorgan des BMUK Wien für Lehrer der naturwissenschaftlichen Fächer an Oberstufenformen / S II), Hefte Nr. 124, 125 und 126, Wien.

Ein neuer Lehrplan GWK für die AHS-Oberstufe 2004 – kommentierende Bemerkungen. In: Wissenschaftliche Nachrichten, Heft 125, Wien, S. 45–50.

Wie „politisch" ist Geographie und Wirtschaftskunde? Teil 1: Eine Analyse im Zusammenhang mit neuen Oberstufen-Lehrplänen. In: GW-Unterricht, Nr. 93, Wien, S. 40–49.

Wie „politisch" ist Geographie und Wirtschaftskunde? Teil 2: Verschiedene Ansätze. In: GW-Unterricht, Nr. 94, Wien, S. 32–40.

Zeitgeschichte. Lehr- und Arbeitsbuch für berufsbildende mittlere und höhere Schulen. Wien: Verlag Manz, 207 Seiten (Schulbuch-Nr. 116 008).

Geschichte, Kultur und Gesellschaft 1848 bis zur Gegenwart. 1. Auflage der Neubearbeitung von C. SITTE des Buches von FUHRY, HOCHRAINER, SITTE. Schulbuch für berufsbildende Schulen. Wien: Verlag Manz, 280 Seiten (Schulbuch-Nr. 116 061).

Webergänzung zu den Manz-Schulbüchern „Geschichte, Kultur und Gesellschaft 1848 bis zur Gegenwart" bzw. „Zeitgeschichte" (vollständige Neukonzeption der seit 1998 bestehenden Webseite – Contenterstellung – laufende Wartung). URL: www.eduhi.at/ geschichte-chsitte/geschichte/index.html.

Einfache e-learning Ansätze im Geographieunterricht der S II. In: Geographie und Schule, Heft 147, Köln 2004, S. 23–28.

Lektor Mag. ROMAN STANI-FERTL:

2004. Wirtschaftskarten in der Schulkartographie – Zum Stand der Entwicklung in den österreichischen Schulatlanten. In: W. KAINZ, K. KRIZ und A. RIEDL (Hrsg.): Aspekte der Kartographie im Wandel der Zeit. Festschrift für Ingrid Kretschmer zum 65. Geburtstag und anlässlich ihres Übertritts in den Ruhestand. Wien: Institut für Geographie und Regionalforschung der Universität Wien, 2004, S. 256–263 (= Wiener Schriften zur Geographie und Kartographie, Band 16).

C. Veranstaltungen des Instituts für Geographie und Regionalforschung der Universität Wien

Kolloquium aus Geographie und Regionalforschung

Wintersemester 2003/04:

9. Jänner:	Dr. WOLFGANG ZIERHOFER (Universität Basel, Programm „Mensch, Gesellschaft, Umwelt"): Gesellschaft – Transformation eines Problems (*Öffentlicher Habilitationsvortrag*)

Sommersemester 2004:

31. März:	Priv.-Doz. Dr. LOTHAR SCHROTT (Geographisches Institut der Universität Bonn; Vertragsprofessor am Institut für Geographie und Regionalforschung der Universität Wien – Supplierung der vakanten Professur für Physische Geographie): Sedimentspeicher alpiner Geosysteme – ein Schlüssel zum Verständnis der Reliefentwicklung
12. Mai:	Univ.-Prof. Dr. MARLIES SCHULZ (Geographisches Institut der Humboldt-Universität zu Berlin; im SS 2004 Gastprofessorin im Rahmen des „Sokrates"-Professorenaustausches am Institut für Geographie und Regionalforschung der Universität Wien): Stadtumbau „Ost" – Das Beispiel Berlin
16. Juni:	Prof. JOSEPH F. PATROUCH Ph.D. (Department of History, Florida International University, Miami; im SS 2004 Gastprofessor am Institut für Geographie und Regionalforschung der Universität Wien): Vienna as Seen from Miami – The Results of Two Colloquia on the City
29. Juni:	Vertr.-Ass. Mag. Dr. MARTIN HEINTEL (Institut für Geographie und Regionalforschung der Universität Wien):

Regionalmanagement in Österreich – Professionalisierung und Lernorientierung (*Öffentlicher Habilitationsvortrag*)

Wintersemester 2004/05:

24. November: Prof. Dr. WULF-DIETER SCHMIDT-WULFFEN
(Professur für Didaktik der Geographie im Fachbereich Erziehungswissenschaften der Universität Hannover):
Geographieunterricht gemeinsam mit Schülerinnen und Schülern gestalten

D. Gastprofessuren 2004

Prof. Dipl.-Ing. Dr. ANDREAS FALUDI, Professor für Räumliche Politiksysteme in Europa, Nijmegen School of Management, Universität Nijmegen, Niederlande – Gastprofessur für Raumforschung und Raumordnung (WS 2003/04).

Lehrveranstaltungen: European Spatial Planning, Vorlesung, 2-stündig; Seminar aus Angewandter Geographie, Raumforschung und Raumordnung: European Spatial Planning, 2-stündig.

Dr. GÜNTER WOLKERSDORFER, Wissenschaftlicher Assistent amLehrstuhl für Politische Geographie / Sozialgeographie, Institut für Geographie der Universität Münster / Westfalen – „Sokrates"-Gastdozentur für Humangeographie (im Rahmen des Professoren- und Dozentenaustausches Deutschland – Österreich) (WS 2003/04).

Lehrveranstaltung: Seminar aus Humangeographie: Aktuelle Formen der Geopolitik und ihre Dekonstruktion, 3-stündig (gem. m. H. NISSEL).

Tit. ao. Univ.-Prof. Dr. FRANZ ZWITTKOVITS, Universitätsdozent – Gastprofessur für Humangeographie und Regionalgeographie (WS 2003/04).

Lehrveranstaltungen: Der Ostalpenraum – eine regionalgeographische Analyse, Vorlesung, 2-stündig; Der Karst in verschiedenen Klimazonen (Tropen, Trockenräume, Mediterranraum), Vorlesung, 2-stündig; Physiogeographische Exkursion – Inland: Morphologie des südlichen Wiener Beckens, 1,5-stündig; Physiogeographische Exkursion – Inland: Höhenprofil Puchberger Becken – Schneeberg, 0,5-stündig; Physiogeographische Exkursion – Inland: Stuhleck – Semmering, 0,5-stündig.

Priv.-Doz. Dr. LOTHAR SCHROTT, Geographisches Institut der Universität Bonn – Vertragsprofessur für Physische Geographie, Supplierung der vakanten Professur für Physische Geographie (Nachf. Univ.-Prof. Dr. Hans Fischer) (SS 2004).

Lehrveranstaltungen: Naturwissenschaftliche Grundlagen der Physiogeographie I, Vorlesung, 2-stündig; Projektkonzeption und Arbeitsmethoden im Bereich der Angewandten Geomorphologie, Übung, 2-stündig; Seminar aus Physiogeographie: Global Environmental Change – Folgen für Umweltsysteme, 3-stündig.

Prof. Dr. MARLIES SCHULZ, Univ.-Prof., Geographisches Institut der Humboldt-Universität Berlin, Professur für Angewandte Geographie / Regionalplanung in der Abteilung Humangeographie – „Sokrates"-Gastprofessur für Humangeographie (im Rahmen des Professorenaustausches Deutschland – Österreich) (SS 2004).

Lehrveranstaltung: Berlin zwischen Euphorie und Realität – Abschied von einer geteilten Stadt, Vorlesung mit Übung, 2-stündig.

Prof. Dr. JEAN CLAUDE MULLER, Geographisches Institut der Ruhr-Universität Bochum, Fachgebiet Kartographie / Fernerkundung – Gastprofessur für Kartographie und Geoinformation (SS 2004).
Lehrveranstaltungen: Neue Medien und ihre Anwendung in der Kartographie, Vorlesung, 2-stündig; Konversatorium zur Vorlesung Neue Medien und ihre Anwendung in der Kartographie, 1-stündig; Projektseminar aus Geoinformation und Geovisualisierung: Visualisierung dynamischer räumlicher Prozesse, 3-stündig.

Prof. JOSEPH FRANCIS PATROUCH, Ph.D., Associate Professor und Director of Graduate Studies am Department of History, Florida International University, Miami, U.S.A. – Gastprofessur für Humangeographie (Historische Kulturgeographie, Stadtforschung) (SS 2004).
Lehrveranstaltungen: The Image of Vienna. „Marketing" the Heritage of the City, Proseminar, 3-stündig (gem. m. G. HATZ); Seminar aus Humangeographie: Urban Preservation vs Urban Renewal – The Example of Vienna. Changing Perspectives and Concepts, 3-stündig (gem. m. G. HATZ).

Priv.-Doz. Dr. LOTHAR SCHROTT, Geographisches Institut der Universität Bonn – Vertragsprofessur für Physische Geographie, Supplierung der vakanten Professur für Physische Geographie (Nachf. Univ.-Prof. Dr. Hans Fischer) (WS 2004/05).
Lehrveranstaltungen: Naturwissenschaftliche Grundlagen der Physiogeographie I, Vorlesung, 2-stündig; Projektseminar aus Physiogeographie und Landschaftsökologie, 4-stündig.

Prof. OLAV SLAYMAKER, Ph.D., Full Professor, Department of Geography, University of British Columbia, Vancouver, Canada – Gastprofessur für Physische Geographie (WS 2004/05).
Lehrveranstaltungen: Ecosystems Theory (Ökosystemtheorie), Vorlesung, 1-stündig; Mass and Energy Balances of Terrestrial Surfaces (Die Stoff- und Energiebilanz von Landschaftseinheiten, Vorlesung mit Übung, 2-stündig.

II. Institut für Geographie und Raumforschung der Universität Graz*)

1871 o. Professur, 1878 Geographisches Institut, 1967 2. o. Professur, 1983 ao. Professur, 1999 umbenannt in Geographie und Raumforschung.

Lehrkörper: 2 o. Professoren, 1 Univ.-Professor, 4 ao. Univ.-Professoren, 2 Ass.-Professoren, 3 Vertr.-Assistenten, 1 wiss. Beamter, 24 externe Lektor/inn/en und Dozent/inn/en.

Spezielle Einrichtungen: Geomorphologisches Labor, Kartographie-Werkstatt, Werkstatt für GIS und Fernerkundung, Fotolabor, Fachdidaktik Geographie und Wirtschaftskunde, Umweltsystemwissenschaften

A. Habilitationen, Dissertationen und Diplomarbeiten

Dissertationen

2004. FERSTL, ALEXANDER: URBAN Graz. Integrierte Stadtentwicklung 1996–2006. Die EU-Gemeinschaftsinitiativen URBAN I und URBAN II als Instrumente der Stadtentwicklung, 302 S. mit 66 Abb., 31 Tab.

Forschungsstand und theoretische Grundlagen

Der Autor integriert seine Forschungsfragen in eine klar definierte Problemstellung, aus der insgesamt fünf relevante Untersuchungsschwerpunkte resultieren. Die im Zusammenhang damit diskutierte Methodik beinhaltet die wesentlichsten Aspekte der Entwicklung und gegenwärtige Stellung des Forschungsstandes. Die Dissertation stützt sich vorwiegend auf Primärliteratur und eigene Recherchen im Kontext zwischen Theorie und Praxis. Besonders hervorzuheben sind im Zusammenhang damit vom Autor verfasste Berichte zu den URBAN-Programmen der Stadt Graz sowie Verordnungs- und Informationstexte der Europäischen Kommission. Diese Arbeitsgrundlagen wurden unter dem Aspekt der eingangs diskutierten Forschungsfragen einer kritischen Quellenanalyse unterzogen und hinsichtlich ihrer Bedeutung für die operative Umsetzung EU-geförderter Stadtentwicklungsprogramme und -projekte zielorientiert ausgewertet. Weitere Arbeitsgrundlagen bildeten die Evaluierungs- und Bewertungsberichte zu den Grazer EU-Programmen sowie im Rahmen der wissenschaftlichen Begleitforschung zu den URBAN-Programmen erschienene Veröffentlichungen. Darüber hinaus führte der Autor empirische Erhebungsarbeiten vor Ort durch, die ihren Niederschlag in Fallstudien zum Grazer URBAN I-Programm finden. Teile der Dissertation wurden vom Autor, der beruflich mit der Abwicklung EU-geförderter Programme in Graz befasst ist, bereits vorweg publiziert und ergaben einen praxisorientierten Ausgangspunkt für weiterführende Analysen im Rahmen der Dissertation. Die Aktualität der Thematik ist insbesondere vor dem Hintergrund der laufenden EU-Gemeinschaftsinitiative URBAN II (2000–2006) gegeben.

Inhalt und Forschungsergebnisse

Als zentrales Thema der Dissertation steht die Implementierung und Umsetzung EU-geförderter Stadtentwicklungsprogramme in Graz seit 1996 im Mittelpunkt der Untersuchung. Im Zusammenhang damit wurden zunächst die Möglichkeiten der Städteförderung im Rahmen der EU-Regionalpolitik diskutiert. Die zwei darauf folgenden Kapitel konzentrieren sich auf die Umsetzung der beiden EU-Gemeinschaftsinitiativen URBAN I und URBAN II, wobei sowohl das gesamte Rahmenprogramm analysiert als auch exemplarisch auf Einzelprojekte eingegangen wird. Ein weiterer Kernbereich ist die darauf aufbauende Auseinandersetzung mit Lernfeldern, die sich für die Stadtverwaltung durch die Umset-

---

*) http://www.kfunigraz.ac.at/geowww/

zung der genannten Programme innerhalb der Stadtentwicklung eröffnen. Als relevante Forschungsergebnisse zeigen sich dabei deutliche Ansätze einer Öffnung der Stadtentwicklung Richtung Interdisziplinarität, Nachhaltigkeit und Umsetzungsorientierung. Das daran anschließende Schlusskapitel fasst die Forschungsergebnisse zusammen und beinhaltet ein Plädoyer für ein stärkeres Engagement der EU in Fragen der Stadtentwicklung und Städtepolitik.

P. ČEDE

2004. PIETSCH, UTE: Graz – Kulturhauptstadt Europas 2003 – Eine regionale Medienanalyse, 223 S., Abbildungen, Tabellen, Karten, Literaturverzeichnis.

Frau Mag. PIETSCH hat eine von der Stadt Graz unterstützte Dissertation zum o.a. Thema verfasst, wobei vorweg insbesondere das persönliche Engagement der Kandidatin hervorzuheben ist, handelt es sich doch bei diesem Thema um ein nicht originär geographisches Forschungsfeld. Die Verknüpfung von ökonomischem, kulturellem und auch räumlich-geographischem Wissen kennzeichnet das Anspruchsniveau dieser Arbeit.

Ziel der Arbeit ist es, die Anwendungsorientierung der Geographie nutzend,

- die Berichterstattung von ausgewählten nationalen und internationalen Printmedien im Kulturhauptstadtjahr 2003 in Bezug auf die Steigerung des Bekanntheitsgrades von Graz zu analysieren,
- eine Medienanalyse, regional differenziert, durchzuführen sowie
- Werbestrategien, Trends und regionale Zukunftsmärkte als nachhaltige Nutzung von Graz 2003 vorzustellen.

Die Umsetzung dieser Zielsetzungen erfolgt in 4 Teilschritten:

(1) In einem theoretisch-methodischen Aufgriff werden Begrifflichkeiten, wie Tourismus, Kommunikation, Marketing, Kultur, Kunst, Events analysiert und für die spätere Verwendung in der Medienanalyse diskutiert.
(2) Weiters werden die Entwicklungen von Graz zur Kulturhauptstadt Europas dargestellt und über Marketing- und Imagestrategien mit den tatsächlichen touristischen Effekten von Graz 2003 verknüpft.
(3) Im empirischen Teil werden qualitative und quantitative Analysen der medialen Berichterstattung durchgeführt und die Frage des Images von Graz 2003 aus der Perspektive unterschiedlicher Raumkategorien (Österreich und deutschsprachige Nachbarländer, Europa West (romanisch), Europa Nord (anglo-/skandinavisch), Osteuropa (slawisch), amerikanischer und asiatischer Raum) in ihren kulturellen Differenzierungseffekten charakterisiert.
(4) Abschließend werden die Folgerungen aus der empirischen Analyse in Trends und Werbestrategien für eine (nachhaltige) Tourismusentwicklung von Graz übergeführt.

F. M. ZIMMERMANN

Diplomarbeiten

bei F. BRUNNER

2004. BALDAUF, MICHAEL: Die bäuerliche Direktvermarktung – ein Beitrag zur nachhaltigen Entwicklung (Region Wolfsberg), 121 S., 24 Abb., 15 Tab.

BINDER, SOPHIA: Prozesssteuerung auf Gemeindeebene in der Lokalen Agenda 21 (dargestellt am Beispiel steirischer Gemeinden), 145 S., 43 Abb., 69 Tab.

Diplomarbeiten
bei P. Čede

2004. FILIPANCIC, ANDREAS: Suburbanisierung und Deagrarisierung in den Gemeinden im Riedelland im Osten von Graz. 197 S. mit 140 Abb., 64 Tab.

KABOSCH, ULRIKE: Jerusalem. Aktuelle stadtgeographische Prozesse und Strukturen vor dem Hintergrund des israelisch-palästinensischen Konflikts. 120 S. mit 50 Abb., 18 Tab.

KRONIG, ANDREAS: Die Regionalentwicklung in der Karnischen Region. 150 S. mit 75 Abb., 21 Tab.

LEITOLD, NICOLE: Der Tourismus im Bezirk Voitsberg. Prozesse und Strukturen unter besonderer Berücksichtigung der Entwicklungspotentiale und EU-Projekte in ausgewählten Gemeinden. 131 S. mit 78 Abb., 6 Tab.

PERTL, ROLAND: Regionalentwicklung und -planung im Regionalverband Spittal-Milstättersee-Lieser-Malta-Nockberge. 152 S. mit 69 Abb., 22 Tab.

THALER, MARIA: Die Forstwirtschaft als Gewinner der Deagrarisierung in Osttirol im Vergleich zum angrenzenden Mölltal. 129 S. mit 45 Abb., 68 Tab.

TÜRK, ELISABETH: Idealstadtkonzepte in Italien unter dem Einfluss der Geisteshaltung des Rinascimento. 109 S., 75 Abb.

Diplomarbeiten
bei H. Eicher

2004. FINK, PETER: Weltweite Überwindung von Wasserquerungen – Trajekteinsparung durch große Brücken- und Tunnelbauten. 163 S., 61 Tab., 137 Abb.

Diplomarbeiten
bei J. Fank

2004. LANTHALER, CHRISTINE: Lysimeter stations and soil hydrology measuring sites in Europe: purpose, equipment, research results, future developments, 145 S.

Diplomarbeiten
bei R. Lazar

2004. BURGHARD, SANDRA: Anwendungsorientierte Thermographie unter Berücksichtigung des umweltgeographischen Aspektes, 103 S., 38 Abb., 18 Tab.

FALINSKI, THOMAS: Analyse der Temperatur- und Windverhältnisse im Raum Graz, 92 S., 34 Abb., 21 Tab.

KNELY, ULRIKE: Landschaftsökologische Aspekte des Finkensteiner Moores, 85 S., 37 Abb., 25 Tab.

KRAACK, LASSE: Die Lokalwindzirkulation in Graz, 89 S., 43 Abb., 17 Tab.

PRILASSNIG, ELENA: Entsorgungsmöglichkeiten von Abfällen aus den medizinischen Bereichen, 102 S., 29 Abb., 17 Tab.

TAFERL, MICHAEL: Schadstoffbelastung und Veränderung der Luftgüte im Knittelfelder Becken in den letzten 20 Jahren, 95 S., 29 Abb., 20 Tab.

WIENER, CHRISTIAN: Alternativenergieformen und ihre Verbreitung und Inwertsetzung in Österreich, 112 S., 42 Abb., 21 Tab.

WINKLER, MARKUS: Bioklimakarten von Österreich, 103 S., 32 Abb., 21 Tab.

Diplomarbeiten
bei G. K. LIEB

2004. GRECHENIG, INGRID: Wie Menschen Rohstoffe und Energie gewinnen und nutzen – Fachdidaktische Überlegungen zum Geographie- und Wirtschaftskundeunterricht der 5. Schulstufe. – 91 S., 18 Abb., 5 Diagr., 1 CD-Rom als Beilage.

HASENHÜTTL, MARTHA: Physische Geographie der westlichen Schladminger Tauern. – 90 S., 82 Abb. u. Tab., 1 Karte als Beilage.

HÖLBLINGER, KLAUS: Entwicklung und Bedeutung von Nationalparks: Gegenüberstellung Österreich-USA. – 157 S., 12 Abb., 13 Tab.

KREUZER, BERNADETTE: Die physisch-geographischen Grundzüge des Toten Gebirges (Steiermark) im Spannungsfeld zum Tourismus. – 105 S., 40 Abb., 14 Tab.

PERTL, ANGELIKA: Vergleich von Methoden und Messgeräten für die Durchflussmessung an Oberflächengewässern. – 80 S., 53 Abb., 16 Tab.

POSCH, EDELTRAUD: Die Siedlungen und Verkehrswege gefährdenden Lawinen der Steiermark. – 96 S., 40 Abb., 12 Tab., 1 Karte als Beilage.

SCHWARZ, ROLAND: Luftqualität in Slowenien. – 113 S., 31 Abb., 23 Tab.

Diplomarbeiten
bei W. SULZER

2004. PAMSER, HANS-PETER: Erfassung ausgewählter Parameter zur Darstellung des Landschaftswandels im unteren Mölltal unter Einbeziehung von Fernerkundungsdaten und topografischen Karten, 78 S., 35 Abb., 8 Tab.

HASENAUER, STEFAN: The significance of Remote Sensing in the Good Practise Guidance for Land-Use, Land-Use Change and Forestry as specified by the Kyoto Protocol, 67 S., 7 Abb., 6 Tab. In Zusammenarbeit mit TU-Wien (Inst. für Photogrammetrie und Fernerkundung, Prof. W. WAGNER).

Diplomarbeiten
bei F. ZIMMERMANN

2004. BLAZEJ, DANIEL: Ansätze zu einer Positionierung der touristischen Potenziale der Region Petzen und deren Kommunikation durch kartografische Medien (mit Fallbeispielen), 130 S.

BRUNNER, PETRA: Untersuchung der Wertschöpfung und Nachhaltigkeit des Europäischen Zentrums für erneuerbare Energie für die Stadt Güssing, 153 S.

EDELSBRUNNER, ANTON: Die Nutzung des Internet durch die österreichische Hotellerie., 79 S.

KAUKAL, MARTIN: Gemeindekooperationen bei Wirtschaftsstandorten in Österreich, 118 S.

MADER, CLEMENS: Integration of sustainability into universities: good practices and benchmarking for integration, 89 S.

POSEDU, BERNHARD: Strukturelle Entwicklung und Innovationspotentiale der steirischen Industrie. 106 S.

RUTRECHT, SIEGRUN MARIA: Museum und Region: Möglichkeiten der Kooperation und Vernetzung, 83 S.

SCHAFFERHOFER, CHRISTOPH: Die Dokumentation der Herstellung eines kommerziellen kartografischen Produkts unter Einsatz von Methoden des Projektmanagement: ein Praxisbericht aus der Tourismuskartografie, 100 S.

THOMAS, MELISSA: Informationsaufbereitung und Visualisierung touristischer Inhalte am Beispiel des Naturparks Raab, 64 S.

Diplomarbeiten

bei H. ZOJER

2004. REICHHOLD, CHRISTINE: Die regionale Entwicklung der Carnica-Region Rosental, mit spezieller Berücksichtigung des Wassers, 109 S.

STARY, VIKTORIA: Die regionale Entwicklung der Region Regionalverband Lavanttal, mit spezieller Berücksichtigung des Wassers, 121 S.

Diplomarbeiten

bei H. WAKONIGG

2004. BUCHLEITNER, CHRISTIAN: Die Beziehung der El Niño Southern Oscillation mit dem Niederschlag bzw. der Temperatur in Australien, 148 S.

B. Wissenschaftliche Veröffentlichungen der Mitglieder des Instituts für Geographie und Raumforschung der Karl-Franzens-Universität Graz

O. Univ.-Prof. Dr. HERWIG WAKONIGG:

2004. gem. mit J. GSPURNING, W. TINTOR, M. TRIBUSER: Volumen- und Flächenänderungen an der Pasterze von 1981 bis 2000. Carinthia II 194./114. Jg., S. 463–472.

O. Univ.-Prof. Dr. FRIEDRICH ZIMMERMANN:

2004. Konvergenz und Divergenz der Lebensstile im Gebirge und in urbanen Welten. GAMERITH, W., MESSERLI, P., MEUSBURGER, P., WANNER, H. (Hrsg.): Alpenwelt-Gebirgswelten: Inseln, Brücken, Grenzen, 54. Deutscher Geographentag Bern 2003, S. 465–466.

gem. mit JANSCHITZ, S. (eds): Regional Policies in Europe – Soft Features for Innovative Cross-Border Cooperation: Leykam, Graz, 150 p.

Ao. Univ.-Prof. Dr. WALTER ZSILINCSAR:

2004. Eignungsanalyse des Standortes Weiz für die Aufnahme in den Großgeräteplan für MR-Tomographiegeräte. In: Schriftenreihe des Österreichischen Ost- und Südosteuropa-Instituts, Bd. 29 „Herausforderung Osteuropa". Wien, S. 307–322.

gem. mit FISCHER, W.: Grenzüberschreitende Kooperationen im Rahmen einer zukunftsorientierten Umweltforschung im Hinblick auf die Abfallentsorgung. In: Schriftenreihe des Österreichischen Ost- und Südosteuropa-Instituts, Bd. 29 „Herausforderung Osteuropa". Wien, S. 307–322.

Ao. Univ.-Prof. Dr. PETER ČEDE:

2004. Region Großglockner-Mölltal-Oberdrautal. Der historische Werdegang, Graz/ Mörtschach. 59 S.

gem. mit LIEB, G. K.:Erlebnis- und Kulturwanderweg Oberdrautaler Sunseiten, Spittal/Drau, 6 S.

Ao. Univ.-Prof. Dr. HARALD EICHER:

2004. Die Pontebbana-Verkehrsachsenanbindung (Südkorridor) an den Korridor V im Österreichischen Generalverkehrsplan – eine neue grenzüberschreitende regionale Interessengemeinschaft im Südosten Österreichs. – Schriften des Österr. Ost- u. Südosteuropa-Instituts, Bd. 29 (= Herausforderung Osteuropa), Vlg. f. Geschichte u. Politik Wien/Oldenbourg Vlg. München, S. 279–306.

Ao. Univ.-Prof. Dr. REINHOLD LAZAR:

2004. gem. mit PODESSER A.: Klimatologische Bewertung der Windenergie in der Steiermark auf der Basis der Ergebnisse neuer Sonderstationen. Tagungsband des 8. Österr. Klimatages in Wien, S 45–46.

La importancia del clima urbano en la contaminacion del aire de las ciudades; Tagungsband der Int. Klimagung für Stadtklima und Bioindikation in La Paz, Bolivien, 7 S.

Bericht über die Errichtung der höchst gelegenen Temperaturstation der Welt am Llullaillaco (6739 m). Grazer Mitt. d. Geographie und Raumforschung Hft. 35, S. 10–13.

gem. mit PODESSER, A.: Bericht über die Errichtung der höchst gelegenen Temperaturstation der Welt am Llullaillaco (6739m). Tagungsband des AK – Klima in Gladenbach/BRD, S 11.

gem. mit M. ZABALLA ROMERO, W. KOSMUS: The use of bioindication plants for the assessment of air pollutants in the city of Cochabamba, Bolivia.

Ao. Univ.-Prof. Mag. Dr. GERHARD K. LIEB:

2004. Die Pasterze als Beispiel eines schwindenden Gletschers. – In: ZÄNGL, W. & HAMBERGER, S.: Gletscher im Treibhaus. Eine fotografische Zeitreise in die alpine Eiswelt. Tecklenborg Verlag, Steinfurt, S. 216–219.

Die Pasterze im Klimawandel. – Alpenverein Graz, Nachrichten 56/2, 16–20.

Die Pasterze – 125 Jahre Gletschermessungen und ein neuer Führer zum Gletscherweg. – Grazer Mitt. der Geographie und Raumforschung (Österr. Geogr. Ges., Zweigstelle Graz) 34, S. 3–5.

gem. mit KROBATH, M.: Die Dachsteingletscher im 20. Jahrhundert. – In: BRUNNER K. (Hrsg.), Das Karls-Eisfeld. Forschungsarbeiten am Hallstätter Gletscher. Wissenschaftliche Alpenvereinshefte 38, München, S. 75–101.

gem. mit SLUPETZKY, H.: Gletscherweg Pasterze. – Naturkundliche Führer zum Nationalpark Hohe Tauern 2, Innsbruck, 122 S.

gem. mit KAUFMANN, V. u. AVIAN, M.: Das Hintere Langtalkar (Schobergruppe, Nationalpark Hohe Tauern) – ein Beispiel für die komplexe Morphodynamik in der Hochgebirgsstufe der Zentralalpen. – Mitt. d. Österr. Geographischen Gesellschaft 146, S. 147–164.

Vertr.-Ass. Mag. Dr. JOSEF GSPURNING:

2004. gem. mit DREXEL, P.: ASTER-Höhendaten im nationalen und internationalen Vergleich, in Proceedings of the 9th International Symposion on Planning, Wien, S. 559–568.

gem. mit SULZER, W.: GIS and Remote Sensing Education – The application in mountain environment of High Tatry Mountains, in A Message from the Tatra – Geographic Information Systems and Remote Sensing in Mountain Environmental Research. Jagiellonian University Press, Krakow, Poland, S. 77–95.

gem. mit TINTOR, W., TRIBUSER, M. und WAKONIGG H.: Volumen- und Flächenänderungen an der Pasterze von 1981 bis 2000, in Carithia II, 194./114. Jahrgang, Klagenfurt, S. 463–472.

gem. mit SULZER, W.: DEM Generierung aus ASTER Daten und Evaluierung, in Angewandte Geoinformatik 2004. Beiträge zum 16. AGIT-Symposium, STROBL, J., BLASCHKE, Th., GRIESEBNER, G. (Hrsg.), Salzburg, S. 190–195.

Im Teleskop: Thailand – Sündenfall im (Urlaubs-)Paradies. Berichte aus dem Institut für Geographie und Raumforschung der Universität Graz (Mitt. der Österr. Geogr. Gesellschaft/ Zweigstelle Graz) 35, Graz, S. 13–15.

gem. mit SULZER, W.: Adalar – Landscape changes in the vicinity of the mega city Istanbul. A hybrid GIS-Remote Sensing approach, in Proceedings of the 1st Göttingen GIS & Remote Sensing Days, Göttingen, S. 16–23.

gem. mit SULZER, W. und KOSTKA, R.: Applicability of available geodata in high mountain environmental research – examples from the Khumbu Himal Area (NEPAL), in Proceedings of the 19th EEU Conference 2004, Kopenhagen, on CD.

Mag. Dr. SUSANNE JANSCHITZ:

2004. gem. mit TITZE, SYLVIA, STRONEGGER, WILLIBALD und PEKKA OJA: Interdependencies of GIS based environmental characteristics and cycling behavior. In: Association of

American Geographers (Hrsg.): Abstracts of the Annual Meeting, 5–9 April 2005; Denver – Colorado.

gem. mit TITZE, SYLVIA und STRONEGGER, WILLIBALD: Developing a supportive environment for health-enhancing physical activity. Promoting active transport: Cycling. Abstract for the European College of Sport Science (ECSS), Clermont-Ferrand, 3.–6. Juli 2004.

gem. mit KOFLER, ANDREA: Protecting Diversities and Nurturing Commonalities in a Multicultural Living Space. In: PAVLAKOVICH-KOCHI, V., MOREHOUSE, B.J. and D. WASTL-WALTER (eds.) (2004): Challenged Borderlands: Transcending Political and Cultural Boundaries. Ashgate, Aldershot/Burlington, S. 193–214.

gem. mit ZIMMERMANN, FRIEDRICH M.: Regional Policies in Europe. Soft Features for Innovative Cross-Border Cooperation. Leykam, Graz 149 S.

Vertr.-Ass. Mag. Dr. WOLFGANG FISCHER:

2004. gem. mit ZSILINCSAR, W.: Grenzüberschreitende Kooperationen im Rahmen einer zukunftsorientierten Umweltforschung im Hinblick auf die Abfallwirtschaft. In: Herausforderung Osteuropa – Die Offenlegung stereotyper Bilder. Schriftenreihe des Österreichischen Ost- und Südosteuropa-Instituts. Verlag für Geschichte und Politik. Wien. S. 307–322.

Vertr.-Ass. Mag. Dr. WOLFGANG SULZER:

2004. gem. mit GSPURNING, J. und KOSTKA, R.: Applicability of available Geodata in high mountain environmental research – examples from the Khumbu Himal Area (NEPAL). Proceedings of the 19th European & Scandinavian Conference for ESRi Users, Copenhagen, 2004.

gem. mit GSPURNING J.: DEM-Generierung aus ASTER-Daten und Evaluierung. In: Angewandte Geoinformatik 2004 – Beiträge zum 16. AGIT-Symposium Salzburg (Hrsg. J. STROBL, T. BLASCHKE und G. GRIESEBNER). Wichmann Verlag, Heidelberg, S. 190–195.

LANDSAT – NIGHTPASS – The Application for Climatic Regional Planning in a High Mountain Region. In: Proceedings of the 7th International Symposium on High Mountain Remote Sensing Cartography (HMRSC VII). Kartographische Bausteine (Ed. M.F. BUCHROITHNER), Bd. 28, Dresden, pp. 205–214.

gem. mit GSPURNING, J.: GIS and Remote Sensing education – the application in High Mountain Environment of High Tatra Mountains (Solowakia). In: A Message from the Tatra – Geographic Information Systems and Remote Sensing in Mountain Environmental Research. (W. WIDACKI, A. BYTNEROWICZ, A. RIEBAU (editors). Jagiellonian University Press, Krakow, Poland, S. 77–95.

C. Veranstaltungen des Geographischen Kolloquiums am Institut für Geographie und Raumforschung der Karl-Franzens Universität Graz

22. Jänner 2004:   Workshop mit Dr. GUDRUN LETTMAYER (Graz)
                   Mediation und Nachhaltigkeit

13. Mai 2004:   Dir. GEORG BLIEM (Haus im Ennstal/Graz)
                   Steirischer Tourismus.

27. Mai 2004: Ao. Univ.-Prof. Mag. Dr. GERHARD K. LIEB, Mag. MICHAEL KROBATH (Graz)
Die Pasterze. 125 Jahre Gletschermessungen und ein neuer Gletscherweg

17. Juni 2004: Dipl. Ing. CLEMENS SPORK (Ligist)
Nachhaltige Waldbewirtschaftung
Waldbetriebe Ligist – Souveräner Malteser-Ritter-Orden

24. Juni 2004: Projektgruppe USW-Praktikum (Graz)
Die Auswirkungen der neuen Deponieverordnung auf die Abfallwirtschaft

14. Oktober 2004: Univ.-Doz. Dr. JOHANN FANK (Graz)
Hydrologischer Atlas der Weinbaugebiete der Steiermark

28. Oktober 2004: Univ.-Prof. Dr. HANS ZOJER, Mag. GERHARD PROBST, Mag. JOSEF SOMMER, WOLFGANG FUCHS & THOMAS SCHERÜBL (Graz)
BLICKPUNKT Wasser (dem zentralen Thema widmen sich die Vortragenden von verschiedenen Blickrichtungen)

11. November 2004: Mag. ANGELIKA WOHOFSKY (Bad Aussee)
Die mehrdimensionale Raumwahrnehmung – Phänomene einer strukturgebenden Landschafts- und Raumerfassung mittels Geomantie und Landschaftsfengshui als Arbeitsgebiet für GeographInnen

25. November 2004: Univ.-Prof. Dr. MARTINA FROMHOLD-EISEBITH (Salzburg)
Effektive Clusterförderung aus instituioneller Perspektive – ein Vergleich von Automotive-Initiativen in Deutschland (Region Aachen) und Österreich (Steiermark)

III. Institut für Geographie der Universität Innsbruck*)

1877 ao. Professur, 1880 o. Professur, 1883 Geographisches Institut als „Geographisches Cabinet" gegründet, seit 1955 „Geographisches Institut und Institut für Alpengeographie", 1978 Institut für Geographie; 1964 zweite ao. Professur, seit 1967 o. Professur, 1978–1999 Abteilung für Landeskunde.

A. Habilitationen, Dissertationen und Diplomarbeiten

Habilitationen

2004. Mag. Dr. JÄGER, GEORG: Kontinuität und Diskontinuität in der alpinen Kulturlandschaft. Das Problem der Persistenz im ländlichen Raum Tirols anhand ausgewählter Fallbeispiele. 643 Bl. und Kartenanhang.

Dissertationen

2004. Mag. ASCHACHER, STEFAN: Die Siedlungsentwicklung von Innsbruck. Analyse der Flächenexpansion von 1856 bis 2002 und Optionen für die Zukunft. 221 Bl. mit 81 Abb.

Die vorliegende Dissertation ist folgendermaßen gegliedert:

- Das Einleitungskapitel wird nach einem kurzen Hinweis auf Quellen und Literatur sowie auf die naturräumlichen Gegebenheiten unter dem Titel „Thesen gegenwärtiger und zukünftiger Stadtentwicklung" Grundzüge der Stadtentwicklung erörtert.
- Das Hauptkapitel behandelt die Entwicklung des Baukörpers der Stadt Innsbruck von 1856 bis 2002.
- Im anschließenden Kapitel wird mit den Grünanlagen, den Freizeiteinrichtungen und den landwirtschaftlichen Nutzflächen auf die bisher noch nicht verbauten Areale eingegangen.
- Im Schlusskapitel werden Aspekte der zukünftigen Siedlungsentwicklung diskutiert.

Im Einleitungskapitel skizziert der Autor die Entwicklung der europäischen Stadt seit dem Beginn des Industriezeitalters. Dabei stützt er sich vorwiegend auf die (architekturhistorische) Lehrbuchliteratur und behandelt wichtige Konzepte des Städtebaues in der Vergangenheit. An diese schließen knappe Ausführungen zu Leitbildern der modernen Stadtgestaltung an, wobei er folgende Ansätze vorstellt:

- Die kompakte und durchmischte Stadt.
- Die Stadt der kurzen Wege.
- Die nachhaltige Stadtentwicklung.
- Die dezentrale Konzentration.
- Die Netz-Stadt als Gegenpol zur kompakten Stadt.
- Die Zwischenstadt – Zukunft der Stadt?

Auf Grund dieser Einführung konnte erwartet werden, dass die vorgestellten Konzepte als Arbeitshypothesen für die Einordnung der empirischen Beobachtungen dienen würden.

Die Analyse der baulichen Entwicklung der Stadt Innsbruck bildet das Kernstück der vorliegenden Dissertation. Um die Siedlungsausweitung quantifizieren und periodisieren zu können, wählte der Autor folgende zeitliche Querschnitte, für welche er den Baubestand aus vorhandenen Karten und Plänen abgeleitet hat:

---

*) http://geowww.uibk.ac.at

- Er ging von der Katasteraufnahme im Jahre 1856 aus, in welcher der Siedlungsbestand zu Beginn des Industriezeitalters sehr genau erfasst worden ist.
- Den nächsten Querschnitt legte er im Jahre 1890 an. In den Jahrzehnten zuvor war es nach der Eröffnung der Eisenbahn durch das Unterinntal (1859) und über den Brenner (1867) zu einer ersten stärkeren Siedlungsausweitung gekommen.
- Der Querschnitt von 1911 erfasst das spätgründerzeitliche Wachstum der Stadt bis knapp vor dem Ersten Weltkrieg.
- Die Kartierung für das Jahr 1934 dokumentiert sowohl den (bescheidenen) kommunalen als auch den randstädtischen Wohnbau der Zwischenkriegszeit.
- Da die durch die Bombardierung der Stadt hervorgerufenen Kriegsschäden erst nach einigen Jahren beseitigt werden konnten, fallen bei der Auswertung für das Jahr 1950 die von den Nationalsozialisten errichteten „Südtiroler-Siedlungen" in Pradl besonders auf.
- Bis zur nächsten Kartierung für das Jahr 1964 waren viele Baulücken geschlossen und ein Teil des neuen Wohngebietes Reichenau fertig gestellt.
- Die Karte des Jahres 1980 erfasst alle wichtigen, mit großen Blöcken verbauten neuen Wohngebiete (Olympisches Dorf, Reichenau, Sadrach) im Stadtgebiet von Innsbruck.
- Auf Grund der zunehmenden Suburbanisierung wurden in den letzten 20 Jahren (Kartierung 2002) innerhalb der Stadt vorwiegend kleinere Bauprojekte realisiert.

Die Auswahl dieser zeitlichen Querschnitte wird nicht näher begründet, weil Herr Aschacher auf Grund zahlreicher Gespräche mit den Betreuern annahm, dies sei nicht notwendig. Für jede der typischen Entwicklungsstufen seit dem Beginn des Industriezeitalters musste das relevante Kartenmaterial erschlossen und sachkundig interpretiert werden, um die flächenmäßigen Veränderungen daraus ableiten zu können. Es besteht kein Zweifel, dass es auf der Grundlage dieses Verfahren gelungen ist, den komplexen Prozess der baulichen Ausweitung des Stadtgebietes von Innsbruck zu periodisieren und zu quantifizieren.

Bei der Interpretation des Baubestandes von 1856 konnte sich der auf die reichlich vorhandene Literatur zur Geschichte von Innsbruck stützen. Dabei berücksichtigte er neben neueren, vorwiegend vom Stadthistoriker F. H. Hye verfassten Publikationen auch ältere Beiträge, ohne zu hinterfragen, ob deren Aussagen noch dem heutigen Forschungsstand entsprechen. Auf diese Weise werden zwar viele Fakten zur Entwicklung der einzelnen Stadtviertel zusammengetragen, konkrete Aussagen zu den räumlichen Verteilungsmustern in Innsbruck vor dem Beginn des Industriezeitalters vermisst man jedoch. Die Interpretation der Flächennutzung bei den späteren zeitlichen Querschnitten (1890, 1911, 1934, 1950, 1964, 1980 2002) zeigt ähnliche Stärken und Schwächen. Während die lokalen Besonderheiten penibel recherchiert werden, fehlt die Einbindung der Fallstudie Innsbruck in die allgemeine Entwicklung der Städte Mitteleuropas. Als Arbeitshypothesen hätten sich dafür die Ausführungen im Einleitungskapitel angeboten.

Durch die Dokumentation der Flächennutzung in acht typischen Entwicklungsphasen ist eine sehr wertvolle wissenschaftliche Dokumentationsarbeit entstanden, deren Wert durch die mangelhafte kartographische Aufbereitung geschmälert wird. Wären die Karten digital angelegt und mit einem GIS-System bearbeitet worden, so wären die Abbildungen nicht nur optisch anspruchsvoller als die vorliegenden handkolorierten Zeichnungen gewesen, sondern es hätten auch durch Verschneidungen der verschiedenen Lageparametern weitergehenden Schlussfolgerungen abgeleitet werden können.

Im nächsten Kapitel setzt sich der Autor mit jenen Flächen Innsbrucks auseinander, welche derzeit (noch) nicht verbaut sind und daher als Erholungs- und Sportflächen dienen oder durch die Landwirtschaft genutzt werden. Diese Ausführungen sind ähnlich angelegt wie die Erörterungen im vorherigen Kapitel. Details werden liebevoll ausgestaltet und mit Hinweisen auf Quellen belegt. Für die Bewertung werden auch zahlreiche Zeitungsartikel herangezogen. Man vermisst jedoch eine kritische Auseinandersetzung mit brennenden

Problemen der Raumordnung. Ähnliches gilt für das letzte Kapitel, in welchem ausgehend vom bisherigen Flächenverbrauch Fragen der zukünftigen Entwicklung Innsbrucks diskutiert werden. Dabei werden die Maßnahmen der Stadtplanung referiert und nicht kritisch hinterfragt, ob und inwieweit einer nachhaltigen und vorausschauenden Daseinsvorsorge Rechnung getragen wird.

H. PENZ

2004. Dipl.-Geogr. FUCHS, SVEN: Development of Avalanche Risk in Settlements. Comparative Studies in Davos, Grisons, Switzerland. 129 S. III., graph. Darst., Kt.

In der Arbeit werden räumliche und zeitliche Aspekte der Entwicklung des Lawinenrisikos für Siedlungsräume zwischen den Jahren 1950 und 2000 dargestellt. Auf einer übergeordneten Ebene werden dabei Veränderungen relevanter Rahmenbedingungen im Kanton Graubünden, Schweiz, untersucht. Eine Fallstudie auf einer größeren Maßstabsebene wurde in der Gemeinde Davos, Graubünden, Schweiz, durchgeführt. Im Folgenden werden die wesentlichen Ergebnisse der Studie zusammengefasst:

– Aufgrund der vielfältigen räumlichen Disparitäten stellt der Kanton Graubünden ein Abbild des Entwicklungsmusters im gesamten Alpenraum dar. Das Schadenpotential hat sich seit 1950 markant verändert. Die Wohnbevölkerung ist um 30 % angestiegen, wobei große räumliche Disparitäten zwischen den Talschaften des Kantons zutage treten. Ein wesentlicher Punkt ist, dass rund die Hälfte der Gemeinden eine Bevölkerungsabnahme zu verzeichnen hat, in diesen Gemeinden leben jedoch nur 16 % der Gesamtbevölkerung. Demgegenüber ist ein starker Anstieg der Bevölkerung in touristisch attraktiven Gemeinden des Kantons zu beobachten, sowie in Gemeinden im Einzugsbereich des Rheintals, was auf deren wirtschaftliche Attraktivität und der damit verbundenen ökonomischen Aktivität zurückgeführt werden kann.

– Seit 1950 hat sich die Anzahl der Gebäude im Kanton verdoppelt. Der zugehörige Versicherungswert ist inflationsbereinigt um den Faktor sechs gestiegen. Bei den Gebäuden ist ebenfalls ein starkes räumliches Ungleichgewicht auffallend, es deckt sich jedoch nicht mit dem Entwicklungsmuster der Bevölkerung. Dies läßt sich teilweise mit der historischen Entwicklung in einigen Gemeinden des Kantons begründen: Ein großer Bauboom ist bereits in der Zeit um die vorletzte Jahrhundertwende zu verzeichnen, als einige Regionen des Kantons bedeutende überregionale bzw. internationale Kur- und später Tourismuszentren waren. In den Jahren nach 1950 setzt eine touristische Inwertsetzung der übrigen Gemeinden ein, was zu einem überdurchschnittlichen Anstieg der Gebäude in den 1960er und frühen 1970er Jahren in diesen Gemeinden führt. Demgegenüber haben die traditionellen Kurorte einen eher unterdurchschnittlichen Anstieg bei der Gebäudezahl zu verzeichnen (vgl. FUCHS & BRÜNDL 2005).

– Die Lawinenschäden im Kanton Graubünden zeigen für die Extremereignisse eine abnehmende Tendenz, sowohl bei Betrachtung der Gesamtschäden als auch bei der Betrachtung der Schadenlast (Schadenkosten je € 1.000 Versicherungssumme). Dies kann mit der Tatsache erklärt werden, dass in Folge des Lawinenwinters 1950/51 die wesentlichen Anrissgebiete verbaut worden sind. Rund die Hälfte der gesamten Lawinenereignisse verursachte nur einen Gebäudeschaden, während lediglich 7 % der Lawinenereignisse mehr als zehn beschädigte Gebäude zur Folge hatten. Insgesamt sind Lawinen, bezüglich auf das Untersuchungsgebiet des Kantons Graubünden, verhältnismäßig teure Elementarschäden. Durchschnittlich verursacht ein Lawinenschaden Kosten in Höhe von € 17.500, während für einen Schaden durch ein anderes Naturereignis durchschnittlich € 6.000 aufgewendet werden müssen (vgl. FUCHS & BRÜNDL 2005).

– Für die Lawinenauslaufbereiche im Untersuchungsgebiet der Gemeinde Davos wurden Risikoanalysen anhand definierter Bemessungsereignisse durchgeführt. Die Untersuchung konzentrierte sich dabei auf Risiken gegenüber Gebäuden und Personen zwischen den Jahren 1950 und 2000. Es konnte gezeigt werden, dass das Risiko deutlich abgenommen hat, obwohl Davos ein Wintersportzentrum ist und sich darüber hinaus zahlreiche Kurkliniken im Gemeindegebiet befinden. Die einzige Ausnahme war in der Kategorie der Wohngebäude erkennbar, wo ein Anstieg des Risikos bei mittleren Eintretenswahrscheinlichkeiten (100 Jahre) nachweisbar ist. Diese Entwicklung ist darauf zurückzuführen, dass kein generelles Bauverbot in den von diesen Szenarien betroffenen Parzellen existiert. Bezüglich der Personenrisiken treten in Davos saisonal bedingt während der Wintermonate Risikospitzen auf. Vor allem in der Weihnachtszeit und in der zweiten Februarhälfte ist eine erhöhte Gefährdung nachweisbar, da während dieser Zeit statistisch gesehen eine Häufung der Tage mit überdurchschnittlicher Lawinengefahr auftritt. Bei einem Vergleich der Szenarien ist auffallend, dass relativ häufige Ereignisse ein kleineres Risiko zur Folge haben als seltene Ereignisse mit einem hohen Schadenausmaß. Generelle Aussagen zur Risikoentwicklung in größeren Gebieten können aus dieser Untersuchung jedoch nur unter Vorbehalt abgeleitet werden, da die Verteilung des Risikos von kleinräumigen Unterschieden in der historischen Entwicklung der Landnutzung abhängig ist.

– Ausgedrückt in Bezug auf den größtmöglichen Schaden (PML) weisen die Lawinenverbauungen im Untersuchungsgebiet einen Nettonutzen auf, sowohl in Bezug auf geschützte Gebäudewerte als auch in Bezug auf geschützte Menschenleben. Wird bei der Bestimmung des Kosten-Nutzen-Verhältnisses jedoch berücksichtigt, dass 1) das jeweilige Bemessungsereignis nicht die gesamte Akkumulationsfläche überstreicht und 2) eine durchschnittliche Verletzlichkeit der Gebäude von 0,3 bzw. 1,0 angenommen wird, treten einzelne Gebiete auf, in denen die Kosten der Verbauungen die Nutzen übersteigen. Darüberhinaus wurde dargestellt, dass es in einigen Bereichen zu einem Problem der optimalen Verteilung kommt: teilweise finanzieren deutlich mehr Personen über ihre durchschnittliche Steuerzahlung Lawinenverbauungen, als einen Nutzen daraus ziehen (vgl. FUCHS & MCALPIN 2005).

Die Untersuchung hat gezeigt, dass zwischen den Jahren 1950 und 2000 in einzelnen Bereichen ein sukzessiver Anstieg des Risikos beobachtet werden kann (vgl. FUCHS et al. 2004, FUCHS et al. 2005). Um einer solchen Entwicklung entgegenzuwirken, scheint es notwendig zu sein, die Instrumente der Raumplanung weiter zu stärken. Bezüglich der absoluten Höhe der Risiken und einer damit verbundenen Fragestellung nach der Wirtschaftlichkeit von Maßnahmen tritt das Problem auf, dass Gebiete, in denen raumwirksame Tätigkeiten auf die jeweilige Gefahrensituation abgestimmt wurden, kleinere Risiken aufweisen als Gebiete, in denen die Raumplanung bislang kaum Rücksicht auf die Naturgefahrensituation genommen hat, und in denen aus diesem Grund ein hohes Schadenpotential vorhanden ist. In Folge werden diese Gebiete bei der Maßnahmenplanung klar begünstigt, da die Wirtschaftlichkeit von Maßnahmen mit zunehmendem Schadenpotential ansteigt.

J. STÖTTER

2004. Mag. KEILER, MARGRETH: Determination of Damage Potential for Alpine Risk Assessment. 96 Bl., III. , graph. Darst.

In der Arbeit wird der in der Risikoanalyse im Bereich der alpinen Naturgefahrenforschung bislang vernachlässigte Faktor des Schadenpotentials untersucht.

Am Beispiel der Gemeinde Galtür (Österreich) wird eine detaillierte Methode zur monetären Bewertung von Gebäuden und mobilen Werten (PKWs) vorgestellt. Darüberhinaus wird eine Analyse der im lawinengefährdeten Siedlungsbereich exponierten Personen durchgeführt.

Der Schwerpunkt der Untersuchung liegt neben methodischen Gesichtspunkten auf der zeitlichen und räumlichen Differenzierung des Schadenpotentials, der Untersuchungszeitraum umfasst dabei die Jahre zwischen 1950 und 2000. Die räumliche Veränderung des

Schadenpotentials wurde, basierend auf den gültigen Lawinengefahrenzonenplänen, in Kategorien entsprechend der roten und gelben Gefahrenzonen aufgeschlüsselt und mit der Gesamtentwicklung in der Gemeinde verglichen. Die Untersuchung unterscheidet zwei Zeitskalen der Betrachtung, zum einen langfristig im Hinblick auf die Entwicklungen im gesamten Untersuchungszeitraum, zum anderen hinsichtlich kurzfristiger Schwankungen im Winterhalbjahr. Mittels eines Fluktuationsmodells wurden Veränderungen des Schadenpotentials mit stündlicher Auflösung abgebildet. In weiterer Folge wurden die Ergebnisse der Schadenpotentialanalyse der Entwicklung der Ausgaben für Verbaumaßnahmen gegenübergestellt.

Aufbauend auf einer detaillierten Erfassungsmethode konnte ein vereinfachtes, GIS-basiertes Verfahren zur Erhebung des Schadenpotentials unter Verwendung bestehender digitaler Daten und statistischer Analysen entwickelt werden. Das vereinfachte Verfahren wurde in den Gemeinden des Paznauntales (Galtür, Ischgl, Kappl und See) getestet und mit der Detailanalyse in der Gemeinde Galtür verglichen. Darauf aufbauend wurden Sensitivitätsstudien durchgeführt.

Die starke Veränderung des Schadenpotentials in Galtür kann auf Veränderungen der Wirtschafts- und Gesellschaftsstruktur während der vergangenen 50 Jahre zurückgeführt werden, die sich vor allem aus einer Intensivierung des Tourismus im gewählten Zeitraum ergeben. Für die Veränderungen der Gebäudewerte sind vor allem Neubauten, Erweiterungen bestehender Gebäude sowie Funktionsänderungen im Gebäudebestand ('vom Bauernhof zum Hotel') verantwortlich.

Neben einem generell zu verzeichnenden Anstieg der Bevölkerung seit 1950 wird die Anzahl gefährdeter Personen in den Wintermonaten durch Saisonarbeitskräfte und durch die stark angestiegene Zahl der Touristen erhöht. In engem Zusammenhang damit steht die Entwicklung der mobilen Werte, die vor allem durch eine Erhöhung der Fahrzeugdichte und durch das veränderte Anreiseverhalten beeinflusst wird.

In der räumlichen Analyse der gefährdeten Bereiche im Vergleich zur gesamten Gemeinde konnte für die rote Gefahrenzone ein geringer Anstieg des Schadenpotentials festgestellte werden, während in der gelben Gefahrenzone die Entwicklung des Schadenpotentials mit der Gesamtentwicklung konform verläuft. Ein markanter Anstieg der exponierten Werte ist in den direkt an die ausgewiesenen Gefahrenzonen angrenzenden Siedlungsbereichen nachzuweisen.

Bei einem Vergleich der Ausgaben für Schutzmaßnahmen zwischen 1950 und 2000 ist auffallend, dass das Verhältnis von Ausgaben zu geschützten Werten seit den 1950er Jahren stark angestiegen ist.

Generell ist es zukünftig anzustreben, passive Maßnahmen, wie die Gefahrenzonenplanung deutlicher durch gesetzliche Regelungen und Restriktion zu stärken, um einer weiteren Erhöhung des Schadenpotentials entgegenzuwirken. Unsicherheiten bei der Erfassung des Schadenpotentials, die sich aus den Eingabedaten ergeben, sollen zukünftig genauer analysiert werden. Somit können flächendeckend Aussagen zur Entwicklung des Schadenpotentials mit einer ausreichenden Genauigkeit für die Risikoanalyse ermöglicht werden.

J. STÖTTER

2004. Mag. KRANEBITTER, THOMAS: Die bäuerliche Landwirtschaft in Osttirol – eine GIS-gestützte Raumanalyse der regionalen Strukturen und Prozesse. Dissertation Innsbruck 2004, 302 Bl. mit 90 Tab., 29 Abb. u. 127 Karten.

Die vorliegende Dissertation ist folgendermaßen gegliedert:
- Der erste Einführungsteil enthält drei kurz gehaltenen Einleitungskapitel, von denen das erste eine „Einleitung" in bäuerliche Landwirtschaft und in den Untersuchungsraum bietet, das zweite der Frage nachgeht, welche Rolle „GIS – das Geographische In-

formationssystem" für die Untersuchung spielt und das dritte den „Einflussfaktoren auf einen Agrarraum" nachgeht.
- Der zweite Einführungsteil behandelt die „bäuerliche" Landwirtschaft in Osttirol, wobei die geschichtliche Entwicklung und die agrarpolitischen Rahmenbedingungen vor und nach dem Beitritt Österreichs zur EU behandelt werden.
- Der Hauptteil der Arbeit ist der „bäuerlichen Entwicklung von 1960 bis heute" gewidmet. In diesem wird auf die Anzahl und (Größen-) Struktur der Betriebe, auf die veränderten agrarsozialen Verhältnisse, auf den Wandel in der Bodennutzung und in der Viehhaltung sowie auf Änderungen in der Almwirtschaft eingegangen, ehe zum Schluss die gegenwärtige Struktur der Osttiroler Landwirtschaft geschildert wird.

Das Kernstück der Dissertation bilden empirische Untersuchungen. Dabei erschloss der Autor durch die Auswertung von Primärunterlagen und durch eigene Erhebungen äußerst umfangreiche Datensätze, die noch in keiner vergleichbaren Studie ähnlich vollständig zusammengestellt und ausgewertet worden sind. Er begnügte sich nicht – wie dies bei Untersuchungen auf der Ebene von politischen Bezirken üblich ist – mit Gemeindedaten, sondern entschied sich für den landwirtschaftlichen Betrieb als kleinste Einheit und für eine vollständige Erhebung aller Höfe des Bezirks. Eine solche Bearbeitung wäre ohne das außerordentliche Entgegenkommen der Bezirkslandwirtschaftskammer Lienz, welche sich für die Untersuchung sehr interessiert und die älteren Betriebskarten für die wissenschaftliche Untersuchung zugänglich gemacht hat, nicht möglich gewesen. Dadurch soll die Leistung des Bearbeiter jedoch nicht geschmälert werden, der die nur in analoger Form vorliegenden Daten mit einem außerordentlich großen Arbeitseinsatz händisch digitalisiert und anschließend so aufbereitet hat, dass er die Entwicklung eines jedes einzelnen Hofes in den letzten 40 Jahren verfolgen konnte. Auf diese Weise kamen insgesamt 930.000 Datensätze zusammen, die er mit Hilfe von GIS (= Geographisches Informationssystem) bearbeitet hat.

Der Wust an empirischen Materialien erschwerte die Einordnung der einzelnen Fakten in eine übergeordnete Theorie. Daher bleiben die in ihren Grundzügen richtig erkannten Aussagen größtenteils beschreibend. Der moderne gesamtgesellschaftliche Strukturwandel wird als Ursache für die in den vergangenen Jahrzehnten eingetretenen Veränderungen im Leben der Bauern zwar erkannt, inwieweit einzelne erfasste Parameter als Indikatoren dafür zu werten sind, wird hingegen nicht näher ausgeführt. Um zu einer weiter gehenden Theoriebildung zu gelangen, hätten auch kartographischen Darstellungen gesichtet werden müssen und es wäre zu diskutieren gewesen, inwieweit durch die in den Karten festgehaltenen Verteilungsmuster die eingangs getroffenen Hypothesen verifiziert bzw. falsifiziert werden.

Die Gestaltung des Textes orientiert sich an den empirischen Fakten, deduktive Ableitungen und eine weitergehende Diskussion der vorhandenen (theoretisch ausgerichteten) Literatur treten hingegen zurück. Ähnliches gilt für die Anordnung einzelner Textabschnitte zu, bei denen man eine klare Ausrichtung auf die wissenschaftliche Theorienbildung vermisst. Auf diese Zielsetzungen sollten bei der Drucklegung jedoch besonders geachtet werden.

Die Kartendarstellungen weisen ähnliche Mängel wie der Text auf. Das umfangreiche empirische Datenmaterial wird detailliert dokumentiert, von einer weitergehenden Typenbildung, welche der theoretischen Vertiefung hätte dienen können, wurde jedoch Abstand genommen. Die Karten zeigen auch die Grenzen von „schlichten" GIS-Darstellungen auf, bei welchen jede Einheit exakt nach dem Lageprinzip dargestellt wird. Dabei können die Daten über GIS zwar lokalisiert werden, in den Punktwolken geht jedoch der Überblick verloren, so dass die regionale Bedeutung nur grob abgeschätzt werden kann. Weitergehende Zusammenhänge und Verschneidungen, die zu einem tieferen Verständnis der Probleme beigetragen hätten, können damit nicht erzielt werden. In weiteren Auswertungsschritten sollte versucht werden, aus der reichen Fülle des Datenmaterials zu Typenbildungen zu kommen, welche den Verlauf und die regionalen Differenzierungsmuster des Strukturwandels der bergbäuerlichen Landwirtschaft einer peripheren ländlichen Region zu erfassen und zu beschreiben im Stande sind. Einzelne daraus abgeleitete Ergebnisse würden sich für die Veröffentlichung in anerkannten Fachzeitschriften anbieten. Auch die für den Druck vorgesehene monographische Bearbeitung sollte in dieser Richtung gestrafft und präziser formuliert werden.

Es kann kein Zweifel darüber bestehen, dass die empirische Materialbeschaffung, die noch in keiner vergleichbaren Untersuchung ähnlich exakt durchgeführt worden ist, einen außerordentlich großen, über das übliche Maß bei einer Dissertationen deutlich hinausgehenden persönlichen Einsatz erfordert hat. Dadurch verzögerte sich die Fertigstellung der Dissertation und der Autor sah sich nicht in der Lage, den Text ähnlich gründlich auszuarbeiten. Gegenüber den empirischen Untersuchungen fällt die Darstellung deshalb deutlich ab. Die durchgeführten Primärerhebungen werden in der Zukunft jedoch als außerordentlich verlässliche Grundlage für viele Aussagen zum regionalen Strukturwandel der bäuerlichen Landwirtschaft in den österreichischen Alpen bilden und in den einschlägigen Untersuchungen noch lange zitiert werden.

H. PENZ

Diplomarbeiten

2004. BERNHARD, JUDITH: Aspekte der grenzüberschreitenden Standortanalyse von ausgewählten Montesorri- und Regel-Grundschulen in (Süd-)Bayern und Vorarlberg.

E. STEINICKE

BILEK, HANNO: Lawinenereignisse im hinteren Ötztal. Dokumentation und statistische Aufbereitung von verschiedenen Einflussgrößen.

J. STÖTTER

BRANDL, KAI: Phoenix – Sozioökonomische Querschnittsanalyse einer US-amerikanischen Großstadt.

K. FRANTZ

DRECHSLER, CHRISTIAN: Nachhaltige Kommunalentwicklung in der Europaregion Tirol – Südtirol – Trentino. Dargestellt an drei Gemeinden der Europaregion Tirol-Südtirol-Trentino.

H. PENZ

DUSLEAG, ALEXANDER: Erreichbarkeitsverhältnisse im öffentlichen Verkehr in Vorarlberg – Eine GIS-gestützte Analyse unter Berücksichtigung des Berufsverkehrs.

E. STEINICKE

EGGER, FLORIAN: Der städtische Raum im Geographie- und Wirtschaftsunterricht – spielend erlernt.

A. ERHARD

FAVRE-BULLE, WILHELMINE: Untersuchungen zur Siedlungsentwicklung der Gemeinde Sonntag im Großen Walsertal. GIS-unterstützte Analyse der genetischen, funktionalen und physiognomischen Merkmale.

A. BORSDORF

FELDERER, MARIA: Klausen im Wandel der Zeit. Die Siedlungs- und Agrarstruktur in der Gemeinde Klausen in Südtirol mit besonderer Berücksichtigung der jüngsten sozioökonomischen und soziodemographischen Entwicklungen.

H. PENZ

FLEIG, ANJA: Snow Distribution Dynamics and ground Thermal Regimes. Slope Studies from high Arctic Longyeardalen, Svalbard.

J. STÖTTER

FREUDENSCHUSS, CHRISTINA: Der Strukturwandel im Lebensmitteleinzelhandel und seine Folgen für die Nahversorgung. Eine Analyse der Nahversorgungssituation im Raum Zirl bis Telfs.

H. PENZ

FORCHER-MAYR, MATTHIAS: Aspekte der diskursiven Herstellung ethnischer Differenz in der Schule. Das Beispiel GW-Unterricht.

A. ERHARD

HAIM, KARIN: Soziokulturelle Aspekte der ländlichen Kleinschulen in Tirol.

H. PENZ

HASLAUER, HANNES: Die Entwicklung der biologischen Landwirtschaft in Österreich von 1997–2002 mit spezieller Berücksichtigung zukunftsträchtiger Vermarktungsmodelle.

H. PENZ

HELD, NINA: Nachhaltiger Massentourismus auf Jamaika: Ein (un-)möglicher Ansatz für die Zukunft?

A. BORSDORF

HEINZLE, MARION: Von der Versorgung zum Konsum. Orte des täglichen Konsums, dargestellt am Beispiel des Stadtteils Boqueirao, Curitiba.

A. BORSDORF

HESSENBERGER, EDITH: Ethnische Netzwerke und sozial-räumliche Segregation türkischer MigrantInnen in Innsbruck unter besonderer Berücksichtigung der Zweiten Generation.

E. STEINICKE

HUTTENLAU, MATTHIAS: Risikoanalyse im Hinteren Stubaital – Tirol. Gefahrenprozess Lawine. Analyse des individuellen und kollektiven Todesfallrisiko auf der Zufahrtsstraße zur Talstation und Analyse des Schutzdefizits im Bereich der Talstation der Stubaier Gletscherbahn.

J. STÖTTER

KARASEK, SUSANNE: Entwicklung einer Programmerweiterung für das Geographische Informationssystem ArcView zur Kosten-Nutzen-Analyse bei gravitativen Naturgefahren KNA [GIS].

J. STÖTTER

KEUP, MARC: Die Ostgrenze der EU und ihre Wärter. Die Visegrad-Staaten und die Herausforderung der Asylmigration: eine geopolitische Analyse.

J. STÖTTER

KNITEL, ANGELIKA: Die „Kettenreaktion" – Der Weg zu einem touristenfreundlichen Innsbruck.

A. BORSDORF

KOHL, FREDERIC: Raumbezogene Identität bei Schülern im Zeitalter der Globalisierung – eine globale und lokale Identität? Eine Untersuchung an Schülern vom Mieminger Plateau.

A. ERHARD

KRANEBITTER, INGRID: Die Aneignung der unmittelbaren sozialen und räumlichen Umwelt von 11-, 12- und 13-jährigen Aldranser Kindern in ihrer Freizeit. Die Aneignung des Nahraumes – Eine Erschließungsperspektive für den GW-Unterricht.

A. ERHARD

KUCHER, HORST: Der Buchweizenanbau in Kärnten und seine Entwicklung als Folge der menschlichen Ernährungsgewohnheiten.

H. PENZ

LÄNGLE, JOHANNES: Projektunterricht im Fach Geographie und Wirtschaftskunde – Eine empirische Untersuchung an Allgemeinbildenden Höheren Schulen in Vorarlberg.

A. ERHARD

LERCH, CLAUDIA: Ganeu. Maisäßkultur und Maisäßlandschaft im äußeren Montafon.

G. PATZELT

MANGENG, ERIKA: Antigone – Beispiel für eine innovative Stadtentwicklung im Zentrum von Motpellier?

E. STEINICKE

MAYER, STEPHAN: Analysis of the avalanche risk in Krundalen, South – West Norway. Comparison of different methods of avalanche mapping.

H. KERSCHNER

MÖSL, THOMAS: Der grenzüberschreitende Schienenpersonennahverkehr in der Europaregion Tirol. Analyse und Perspektiven für einen länderübergreifenden ÖPNV im mittleren Alpenraum.

A. BORSDORF

PÖLSHOFER, BELINDA: Vorarlberg als Hightech Region: Untersuchung des Hightech Sektors der Standortentscheidungen von Hightech Unternehmen in Vorarlberg.

E. STEINICKE

PICHLER, CHRISTINA: Offenes Lernen – von den Ursprüngen bis zur Umsetzung im heutigen GW-Unterricht. Untersucht am Beispiel der Unterrichtsgestaltung dreier ausgewählter Tiroler Lehrpersonen.

A. ERHARD

PRAXMARER, REINHARD: Die Navajo – Identität und Spiritualität. Eine Ethnie zwischen kultureller Persistenz und Auflösung in religionsgeographischer Betrachtung.

A. BORSDORF

RAINER, MARION: Der „Colca Canyon" in Peru. Genese, Struktur und Wirkungen touristischer Erschließungen in indianisch-ländlichen Peripherieräumen Lateinamerikas unter dem Gesichtspunkt der Nachhaltigkeit.

A. BORSDORF

RIZZOLLI, SUSANNE: Folgeerscheinungen des sozioökonomischen Wandels und ihre Auswirkungen auf das Risikopotential in Gebirgsräumen.

J. STÖTTER

RUCK, MARTINA: Die Innsbrucker Messe. Persistente Strukturen und aktuelle Nutzungskonflikte – eine Bestandsaufnahme.

M. COY

SALIHOVIC-MULAOMEROVIC, MURISA: Einsatzmöglichkeiten von Laserscannerdaten zur morphometrischen Analyse der räumlichen Schneeverteilung. Studienfall: Hintereisferner.

J. STÖTTER

SAMUDA, PETER: Die soziale Infrastruktur einer Stadtrandgemeinde am Beispiel der Gemeinde Völs bei Innsbruck.

H. PENZ

STEIGER, ROBERT: Klimaänderung und Skigebiete im Bayerischen Alpenraum.

J. STÖTTER

THALER, THOMAS: Die Entwicklung im Bereich des Südtiroler Obstbaus seit den 1970er Jahren am Beispiel der Apfel-Intensivkulturen in den Tallagen des Brixner Beckens.

H. PENZ

THURNER, ANDREA: Dendroklimatische Analysen an rezenten Fichten, Tannen und Buchen im Lermooser Becken, Tirol.

K. NICOLUSSI

TOLLINGER, CHRISTIAN: Nutzungskonflikte um Revisionsflächen – Flächenumwidmungen in Gefahrenzonen und ihre Folgeerscheinungen.

E. STEINICKE

TREML, CHRISTIAN: SOS-Kinderdörfer – eine Untersuchung möglicher Standortfaktoren in Entwicklungsländern am Beispiel von Blantyre/Malawi.

A. ERHARD

VALTINER, SIMONE: The informal economy on Lamu Island. The invisible economy in the Swahili Society with spezial reference to women's Issues.

A. ERHARD

VÖGELE, MONIKA: Reisegewohnheiten britischer Urlauber, deren Bedeutung für den Tiroler Tourismus und das in Großbritannien vorherrschende Image von Tirol.

E. STEINICKE

WAZEK, KATRIN: San Marino: Autonomer Mikrostaat oder abhängige Enklave?

K. FRANTZ

WÖRLE, MARTIN: Landwirtschaft im östlichen Almbauerngebiet (Anerbengebiet) – eine agrargeographische Analyse mit besonderer Berücksichtigung der Gemeinden Virgen und Saalbach-Hinterglemm.

H. PENZ

ZROST, DAVID: Lawinenereignisse des späten und mittleren Holozäns in den zentralen Ostalpen. Dendrochronologische Untersuchungen rezenter und subfossiler Zirbenhölzer im Kaunertal und Zillertal.

K. NICOLUSSI

B. Wissenschaftliche Veröffentlichungen der Mitglieder des Instituts für Geographie der Universität Innsbruck

1. Publikationen der Institutsmitglieder

O. Univ.-Prof. Dr. AXEL BORSDORF:

2004. gem. m. O. BENDER, W. FAVRE-BULLE, G. FREY, A. HUNDERTPFUND, P. PINDUR: RAUMALP – Auf dem Weg zum Alpenmonitoring. In: Innsbrucker Jahresbericht 2001/2002, Innsbruck, S. 157–167.

gem. m. D. MOSER: Internetbasierte GIS-Applikationen – die Zukunft der Kartographie? Erfahrungen bei der Einrichtung von GALPIS-Web im Rahmen des Projektes RAUMALP. In: KAINZ, W., K. KRIZ und A. RIEDL (Hg.): Aspekte der Kartographie im Wandel der Zeit. Wiener Schriften zur Geographie und Kartographie 16, Wien, S. 293–298.

gem. m. D. MOSER: Neue Medien im Cyberspace. Das Alpeninformationssystem GALPIS-Web und die e-learning Einheit Lateinamerika-Studien. Online Mitteilungen der Österreichischen Geographischen Gesellschaft 146, S. 203–220.

gem. m. P. ZEMBRI (Hg.): Structures. European Cities: Insights on Outskirts. Paris.

gem. m. R. HIDALGO: Formas tempranas de la exclusión residencial y el modelo de la ciudad cerrada en América Latina. El caso de Santiago de Chile. In: Revista de Geografía Norte Grande, Santiago de Chile, 32:21–37 (ISSN 0379-8682).

gem. m. R. HIDALGO: Vom Barrio Cerrado zur Ciudad Vallada. Mitteilungen der Österreichischen Geogaphischen Gesellschaft 146: S. 111–124.

gem. m. V. MAYER: Konvergenz und Divergenz der Kulturen in den Randzonen der Städte. In: ARLT, H. (Hg.): Das Verbindende der Kulturen. TRANS-Studien zur Veränderung der Welt 1, Wien, S. 245–246.

gem. m. V. MAYER (Hg.): Konvergenz und Divergenz der Kulturen in den Randzonen der Städte. Beiträge der Sektion 3.7. Internationale Konferenz Das Verbindende der Kulturen. Schriftenreihe Wohnwesen Umland Wien 2, Wien, 102 S.

Commercial areas in the outskirts of European cities. Locations and structures. In: Borsdorf, A. & P. Zembri (Hg.): Structures. European Cities: Insights on Outskirts. Paris. S. 129–148.

Günter Kahle: Nachruf. In: Almanach der Österreichischen Akademie der Wissenschaften 154. Wien: 487–494.

Herbert Wilhelmy's geographische Stadtforschungen. In: Kohlhepp, G. (Hg.): Herbert Wilhelmy (1910–2003). Würdigung seines wissenschaftlichen Lebenswerks. Tübinger Geographische Studien 141, S. 85–99.

Innsbruck: From city to cyta? Outskirt development as an indicator of spatial, economic and social development. In: Dubois-Taine, G. (Hg.): From Helsinki to Nicosia. Eleven case studies & synthesis. European Cities. Insights on Outskirts. Paris, S. 75–96.

Landflucht als Teil der Mobilitätstransformation. Das Beispiel Lateinamerika. In: Praxis Geographie 34, 7–8, S. 9–14.

On the way to post-suburbia? Changing structures in the outskirts of Euopean cities. In: Borsdorf, A. & P. Zembri (Hg.): Structures. European Cities: Insights on Outskirts. Paris, S. 7–30.

Religionsgeographie, kulturgeschichtlich. In: Betz, H.D. et al. (eds): Religion in Geschichte und Gegenwart. Handwörterbuch für Theologie und Religionswissenschaft, Band 7. Tübingen, S. 316–317.

Religionsgeographie, religionswissenschaftlich. In: Betz, H.D. et al. (eds): Religion in Geschichte und Gegenwart. Handwörterbuch für Theologie und Religionswissenschaft, Band 7. Tübingen, S. 315–316.

Verkehrs- und Städtenetze in Alpen und Anden. Über die Problematik der Übertragbarkeit von Erfahrungen im internationalen Entwicklungsdialog. In: Gamerith, W., P. Messerli, P. Meusburger & H. Wanner (Hg.): Alpenwelt-Gebirgswelten. Inseln, Brücken, Grenzen. Tagungsbericht und wissenschaftliche Abhandlungen, 54. Deutscher Geographentag Bern 2003. Heidelberg, Bern, S. 299–308.

Wenn Stadt „geformter Geist" ist, wofür steht dann Postsuburbia? Spurenlesen im ruralen Raum. In: Borsdorf, A. & V. Mayer (Hg.): Konvergenz und Divergenz der Kulturen in den Randzonen der Städte. Beiträge der Sektion 3.7. Internationale Konferenz Das Verbindende der Kulturen. Schriftenreihe Wohnwesen Umland Wien 2, Wien, S. 17–25.

gem. m. C. Dávila, H. Hoffert & C. I. Tinoco: Espacios naturales en Latinoamérica. Desde la Tierra del Fuego hasta el Caribe. LASON-Estudios Latinoamericanos Online, Modulo Naturaleza. Wien: Österreichisches Lateinamerikainstitut.

gem. m. S. Crivelli, C. Demetriou, P. Frankhauser, P. Giovannini, A.-J. Klasander, M. Koch, M. Schumacher, P. Zembri: Parallels and differences in the outskirts of European cities. A. methodological reflection and a comparative matrix. In: Borsdorf, A. & P. Zembri (Hg.): Structures. European Cities: Insights on Outskirts. Paris, S. 169–181.

O. Univ.-Prof. Dr. Johann Stötter:

2004. gem. m. S. Fuchs, M. Bründl: Development of avalanche hazard risk between 1950 and 2000 in the municipality of Davos, Switzerland.-Natural Hazards and Earth System Sciences, 4, 2004, 263–275.

gem. m. S. Fuchs, M. Bründl: Entwicklung des Lawinenrisikos im Siedlungsraum. – INTERPRAEVENT, Riva, Bd. 2, 2004, 115–126.

gem. m. S. Fuchs, M. Bründl: Entwicklung des Lawinenrisikos im Siedlungsraum – Fallbeispiel Davos, Schweiz. – Internationales Symposion Interpraevent – Riva del Garda (24.-28. Mai). Band 2: S. VI/115–126.

gem. m. Th. Geist, A. Heller: Digitale Geländemodelle aus Airborne Laserscanningdaten - eine qualitative hochwertige Grundlage für glaziologische Fragestellungen. – In: Strobl, J. et al. (Hrsg.): Angewandte Geoinformatik 2004 – Beiträge zum AGIT-Symposium Salzburg 2004, 163–171.

gem. m. M. Hama, M. Seitz: Risk Communication via Environmental Education. Case Study Galtür, Austria. – Malzahn, D. und T. Plapp (eds): Disasters and Society-From Hazard Assessment to Risk Reduction. Berlin, 271–277.

gem. m. M. Keiler: Aspekte der Entwicklung des Schadenpotentials bei Lawinenrisiken am Beispiel Galtür. – Internationales Symposion Interpraevent – Riva del Garda (24.–28. Mai). Band 2. S. VI/139–150.

gem. m. M. Keiler: Aspekte der Schadenpotentialentwicklung von Lawinenrisiken am Beipiel Galtür. – INTERPRAEVENT, Riva, Bd. 2, 139–150.

gem. m. M. Keiler, G. Meissl: Determination of the damage potential: a contribution to the analysis of avalanche risk. In: Brebbia, C.A. (ed.): Risk Analysis IV, Southampton, S. 187–196.

gem. m. M. Keiler, S. Fuchs, A. Zischg: The Adaptation of Technical Risk Analysis on Natural Hazards on a Regional Scale. – Zeitschrift für Geomorphologie N.F. Suppl. Bd. 135 S. 95–110.

gem. m. M. Keiler, G. Meissl: Determination of the damage potential – A contribution to the analysis of avalanche risk. – In: C. Brebbia (ed.): Risk Analysis IV. Southampton. S. 187–196.

gem. m. K. Klebinder, R. Sailer, A. Heller: Sensitivität des Lawinensimulationsmodells SAMOS. – INTERPRAEVENT, Riva, Bd. 2, 2004, 151–162.

gem. m. G. Meissl: Errichtung des k_{plus}-Kompetenzzentrum „alpS-Zentrum für Naturgefahren-Management. Innsbrucker Geographische Gesellschaft, Jahresbericht, S. 148–156.

gem. m. A. Moran, M. Wastl, C. Geitner: A regional scale risk analysis in the community of Ólafsfjörður, Iceland. Int. Symposium Interpraevent 2004 – Riva del Garda, Vol. 6: 185–195.

gem. m. F. Schöberl, H. Schönlaub, A. Ploner, T. Sönser, S. Jenewein und M. Rinderer: PROMABGIS: ein GIS-basiertes Werkzeug für die Ermittlung von Massenbilanzen in alpinen Einzugsgebieten. – INTERPRAEVENT, Riva, Bd. 1, 271–282.

gem. m. H. Weck-Hannemann: Leitthema B1-Nutzung, Naturgefahren, integrales Risikomanagement. In: Gamerith, W., P. Messerli, P. Meusburger und H. Wanner (Hrsg.): Alpenwelt-Gebirgswelten. Inseln, Brücken, Grenzen. Tagungsbericht und wissenschaftliche Abhandlungen, 54. Dt. Geographentag, Bern, 247–248

gem. m. M. Keiler, G. Meissl: Naturgefahren- und Riskomanagement in Österreich. – In: Felgentreff, C. & Th. Glade (eds): Von der Analyse natürlicher Prozesse zur gesellschaftlichen Praxis. Praxis Kultur- und Sozialgeographie 32. Potsdam. S. 88–108.

gem. m. M. Wastl: Landschaftswandel im Svarfaðardalur und Skíðadalur, Tröllaskagi, Nordisland. Norden, 16, 13–18.

gem. m. A. Zischg: Objektorientierte Betrachtung des Lawinenrisikos. In: Schutz des Lebensraumes vor Hochwasser, Muren, Lawinen und Hangbewegungen. Internationales Symposium INTERPRAEVENT 2004, Riva del Garda/Trient, 24.–27.Mai 2004, Band 2, Thema 6 Lawinen: S. 217–228.

gem. m. A. Zischg, A. Moran, A., G. Meissl: From probability to possibility-modelling the system behaviour of natural hazards using fuzzy set theory. Geophysical Research Abstracts EGU Joint Assembly, Nice, France. Vol. 6, Nr. 04982.

gem. m. A. Zischg, S. Fuchs, M. Keiler, G. Meissl: Ein GIS-basiertes Expertensystem zur Erzeugung dynamischer Lawinenrisikokarten. In: Strobl, J., T. Blaschke, G. Griesebner, G. (Hrsg.): Angewandte Geoinformatik 2004, S. 820–829.

gem. m. A. Zischg, S. Fuchs: Uncertainties and Fuzziness in Analysing Risk Related to Natural Hazards – A Case Study in the Ortles Alps, South Tyrol, Italy. – In: C. Brebbia (ed.): Risk Analysis IV. Southampton: S. 523–532.

Univ.-Prof. Dr. Martin Coy:

2004. Periphere Regionen unter Globalisierungsdruck. Wirtschafts- und sozialgeographische Konsequenzen des Sojabooms im brasilianischen Mittelwesten. – GW Unterricht, 96: 1–10.

gem. m. F. Geipel: Staudämme in Brasilien. Großprojekte zur Energiegewinnung im Spannungsfeld zwischen wirtschaftlichem Nutzen und sozialen Kosten. – Geographische Rundschau, 56, 12: 28–35.

Ao. Univ.-Prof. Mag. Dr. Andreas Erhard:

2004. Anspruch und Wirklichkeit: Wer frisst wen? In: GW-Unterricht 94, S. 24–31.

Fußball und Neokolonialismus – ein Perspektivenwechsel (SII). In: GW-Unterricht 96, S. 75–77.

Golden Nanyuki revisited. In: GW-Unterricht 94, S. 1.

Identität zwischen Heimat und Cyberspace – ein schulgeographisches Problem angedacht. In: Vielhaber, C. (Hg.): Fachdidaktik alternativ-innovativ, acht Impulse um (Schul-)Geographie und ihre Fachdidaktik neu zu denken. (= Materialien zur Didaktik der Geographie und Wirtschaftskunde, Band 17), S. 93–105.

Ökonomie und was sonst noch interessant ist: Multiperspektivisches aus Wirtschaftskunde und Didaktik, Teil 1. In: GW-Unterricht 95, S. 55–64.

Ökonomie und was sonst noch interessant ist: Multiperspektivisches aus Wirtschaftskunde und Didaktik, Teil 2. In: GW-Unterricht 96, S. 36–44.

Wenn jemand dauernd Hunger leiden muss – Armut konkret am Beispiel Malawi. In: GW-Unterricht 93, S. 16–28.

Ao. Univ.-Prof. Mag. Dr. Klaus Frantz:

2004. Indian Reservations in the USA – Anglo-American and Indian Value Systems as Determinants of Economic Life. In: Stoyanov, P. et al. (eds.): Social and Cultural Geography, Sofia and Veliko Turnovo, Sofia and Veliko Turnovo University Press, pp. 249–267.

gem. m. P. STOYANOV, CH. GANEV: Privatization of Public Space as a New Trend in Urban Development. In: STOYANOV, P. et al. (eds.): Social and Cultural Geography, Sofia and Veliko Turnovo, Sofia and Veliko Turnovo University Press, pp. 149–169.

Ao. Univ.-Prof. Dr. GEORG KASER:

2004. gem. m. I. JUEN, C. GEORGES: Modelling observed and future runoff from a glacierized tropical catchment (Cordillera Blanca, Perú). Global and Planetary Change, accepted.

gem. m. C. GEORGES, I. JUEN, and T. MÖLG: Low-latitude glaciers: Unique global climate indicators and essential contributors to regional fresh water supply. A conceptual approach. In: HUBER, U., H. K. M. BUGMANN, and M. A. REASONER (eds.): Global Change and Mountain Regions: A State of Knowledge Overview. Kluwer: New York.

gem. m. C. GEORGES, I. JUEN, T. MÖLG, P. WAGNON, and B. FRANCOU: The behavior of modern low-latitude glaciers. Past Global Changes News, 12(1), 15–17.

gem. m. D.R. HARDY, T. MÖLG, R.S. BRADLEY, T.M. HYERA: Modern glacier retreat on Kilimanjaro as evidence of climate change: Observations and facts. International Journal of Climatology, 24, 329–339, doi: 10.1002/joc.1008.

Ao. Univ.-Prof. Dr. HANNS KERSCHNER:

2004. Climate in the central Alps, 16.000 years ago – the case of the Gschnitz Stadial. Geophysical Research Abstracts 6, EGU04-A-04695.

Weather type climatology of Eastern Alpine glacier behaviour, 1966–1995. Geophysical Research Abstracts 6, EGU04-A-04706.

Ao. Univ.-Prof. Mag. Dr. KURT NICOLUSSI:

2004. gem. m. F. DELLINGER, W. KUTSCHERA, P. SCHIESSLING, P. STEIER, E.M. WILD: A ^{14}C calibration with AMS from 3500 to 3000 BC, derived from a new high-elevation stone-pine tree-ring chronology. Radiocarbon 46/2: 969–978.

gem. m. J.N. HAAS, C. WALDE, V. WILD, P. PINDUR, R. SAILER, P. ZWERGER u. R. LUZIAN: Extrafossiles as palynological tool for the reconstruction of long term Alpine vegetation change due to Holocene snow avalange in Tyrol (Austria). Polen 14, S. 272–273. XI. International Palynological Congress, 4.–8.7. 2004, Granada, Spanien, Abstracts.

Tree-ring research on Holocene climate in the Alps: possibilities and results. Workshop "Holocene climate in the Alps: toward a common framework ?", 15.–18.1.2004, Aix les Bains, Abstract.

gem. m. G. LUMASSEGGER, G. PATZELT, P. PINDUR, P. SCHIESSLING: Aufbau einer holozänen Hochlagen-Jahrring-Chronologie für die zentralen Ostalpen: Möglichkeiten und erste Ergebnisse. In: Innsbrucker Geographische Gesellschaft (Hg.): Innsbrucker Jahresbericht 2001/2002, 16: 114–136.

gem. m. H.P. STAFFLER: Fund subfossiler Holzstämme in Naturns. Der Schlern 78/4: 4–9.

Ao. Univ.-Prof. Dr. Fritz Schöberl:

2004. gem. m. T.G. Ganz: Influencing factors of flow instabilities in steep and stepped channels. 2nd International Conference on Fluvial Hydraulics (RIVER FLOW 2004), Naples, Italy June 23–25.

gem. m. R. Reindl: Geschiebebewirtschaftungskonzept Obere Drau als Basis eines verbesserten Hochwasserschutzes. Int. Symposium „Lebensraum Fluss-Hochwasserschutz, Wasserkraft", Ökologie der TU München.

gem. m. W. Kühner: Energy Gradients in Curved Steep Channels. Proceedings of the 6th Int. Conference on Hydroscience and Engineering, Brisbane, Australia.

gem. m. J. Stötter, H. Schönlaub, A. Ploner, T. Sönser, S. Jenewein und M. Rinderer: PROMABGIS: ein GIS-basiertes Werkzeug für die Ermittlung von Massenbilanzen in alpinen Einzugsgebieten. – INTERPRAEVENT, Riva, Bd. 1, 271–282.

Ao. Univ.-Prof. Mag. Dr. Ernst Steinicke:

2004. Exkursionsführer der Europaregion Tirol-Südtirol-Trentino. Publikationsvorhaben des Instituts für Geographie. – In: Innsbrucker Geographische Gesellschaft (Hg.): Innsbrucker Jahresbericht 2001/2002. – Innsbruck, S. 193–198.

gem. m. D. Hofmann: California's High Mountain Regions as New Areas for Settlement. – In: Petermanns Geographische Mitteilungen 148, p. 16–19.

Univ.-Ass. Mag. Dr. Armin Heller:

2004. gem. m. Th. Geist, J. Stötter: Digitale Geländemodelle aus Airborne Laserscanningdaten – eine qualitative hochwertige Grundlage für glaziologische Fragestellungen. – In: Strobl, J. et al. (Hrsg.): Angewandte Geoinformatik 2004 – Beiträge zum AGIT-Symposium Salzburg 2004, 163–171.

gem. m. F. Jurgeit, K. Förster: Tirol Atlas: Technisches Framework auf Basis von OpenSource Technologien. In: Strobl, J., Blaschke, T., Griesebner, G. (Hrsg.): Angewandte Geoinformatik 2004, Beiträge zum 16. AGIT-Symposium, Salzburg, S. 293–302.

gem. m. K. Klebinder, R. Sailer, J. Stötter: Sensitivität des Lawinensimulationsmodells SAMOS. – INTERPRAEVENT, Riva, Bd. 2, 2004, 151–162.

gem. m. R. Sailer, K. Klebinder, L. Khakzadeh, A. Heller: Integraler Risiko- und Krisenmanagementplan der Gemeinde St. Anton am Arlberg. In: Strobl, J., Blaschke, T., Griesebner, G. (Hrsg.): Angewandte Geoinformatik 2004, Beiträge zum 16. AGIT-Symposium, Salzburg, S. 579–584.

OR Dr. Josef Aistleitner:

2004. gem. m. W. Keller: Das Trentino in den Geschichtekarten des Tirol-Atlas. Bericht über eine beispielgebende Zusammenarbeit der Provinz Trient mit dem Institut für Geographie. In: Innsbrucker Jahresbericht 2001–02, Innsbrucker Geographische Gesellschaft, S. 190–192.

OR Mag. Dr. WILFRIED KELLER:

2004. gem. m. J. AISTLEITNER: Das Trentino in den Geschichtekarten des Tirol-Atlas. Bericht über eine beispielgebende Zusammenarbeit der Provinz Trient mit dem Institut für Geographie. In: Innsbrucker Jahrsbericht 2001–02, Innsbrucker Geographische Gesellschaft, S. 190–192.

Univ.-Ass. Dr. CLEMENS GEITNER:

2004. Die Ötztaler Alpen – Ein bewegtes Stück Landschaftsgeschichte in vier Akten. – In: RITSCHEL, B.: Ötztaler Alpen: 16–27. München.

gem. m. A. GERIK, L. LAMMEL, A.P. MORAN, C. OBERPARLEITER: Berücksichtigung von Systemzuständen und Unschärfen bei der Bemessung von Hochwasserereignissen in kleinen alpinen Einzugsgebieten. Konzeptionelle Überlegungen zum Aufbau eines Expertensystems. – GeoForum Umhausen 2003, Bd. 4.

gem. M. TUSCH, S. HUBER, M. TULIPAN: Bodenbewertung in Stadtregionen des Alpenraums – Projekt TUSEC-IP. Mitteilungen der Österreichischen Bodenkundlichen Gesellschaft, Heft 71. Wien.

gem. m. M. TUSCH, W. GRUBAN, M. TULIPAN, S. HUBER: Bodenschutz in den Städten des Alpenraums – Anforderungen an die Bodenbewertung. (= Interner Endbericht zu Arbeitspaket 6 „Benutzeranforderungen" für das Projekt TUSEC-IP im Rahmen der EU-Gemeinschaftsinitiative INTERREG-III-B Alpenraum. – Koordination Arbeitspaket 6: Institut für Geographie, Universität Innsbruck). – Innsbruck, 83 S.

gem. m. A.P. MORAN, A. GERIK, J. LAMMEL, C. OBERPARLEITER: Conceptual approach for the development of an expert system designed to estimate floods in small Alpine hydrological catchments. Landschaftsökologie und Umweltforschung, 47, 253–259 (Abstracts of the International Conference on Hydrology of Mountain Environments, Berchtesgaden 2004).

gem. m. A. MORAN, M. WASTL: Natural hazards assessment in the community of Ólafsfjörður. A regional-scale risk analysis. Die Erde, 134(2), 147–162.

gem. m. MORAN, A., WASTL, M., STÖTTER, J.: A regional scale risk analysis in the community of Ólafsfjörður, Iceland. Int. Symposium Interpraevent 2004 – Riva del Garda, Vol. 6: 185–195.

Univ.-Ass. Dr. MARIA WASTL:

2004. gem. m. J. STÖTTER: Landschaftswandel im Svarfaðardalur und Skíðadalur, Tröllaskagi, Nordisland. Norden, 16, 13–18.

C. Veranstaltungen des Instituts für Geographie der Universität Innsbruck

Vorträge im Jahre 2004

20. Jänner:	Prof. Dr. WOLFGANG TAUBMANN (Univ. Bremen): Stadt- und Regionalentwicklung in der VR China
27. April:	Prof. Dr. ECKART EHLERS (Univ. Bonn): Die Islamische Republik Iran: Ein Schurkenstaat?

25. Mai: Prof. Dr. Jürgen Bähr (Univ. Kiel):
Südafrika nach dem Ende der Apartheid – Neue Probleme und Zukunftsperspektiven
9. November: Prof. Dr. Sebastian Lentz (Institut für Länderkunde Leipzig):
Moskau – von der sozialistischen zur kapitalistischen Stadt?
7. Dezember: Prof. Dr. Frauke Kraas (Univ. Köln):
Singapur – ‚Kleiner Tiger' mit Weltstadtambition

Geographische Kolloquien im Jahre 2004

16. Juni: Dr. Thomas Glade (Universität Bonn):
Nutzen historischer Informationen in Naturgefahren- und Risikomanagement

IV. Geographische Abteilungen des Fachbereichs Geographie, Geologie und Mineralogie der Universität Salzburg*)

Erste o. Professur für Geographie und Errichtung des „Geographischen Instituts" 1963. Zweite ordentliche Professur 1968, ao. Professuren 1975, 1980. 1978 Umbenennung in „Institut für Geographie"; 1998 Umbenennung in „Institut für Geographie und angewandte Geoinformatik". 4 Professuren, 6 Assistenzprofessuren, 2 halbe L1-Posten, 9 externe Institutsangehörige (Dozenten und Honorarprofessoren), 15 MitarbeiterInnen im Projektbereich sowie im Bereich Z-GIS und UNIGIS-Universitätslehrgänge.

2004: Zusammenlegung mit den Instituten für Geologie und Mineralogie zum Fachbereich Geographie, Geologie und Mineralogie. Abteilungen: Mineralogie und Materialwissenschaften; Paläontologie; Regionale und Angewandte Geologie; Allgemeine Geologie und Geodynamik; Humangeographie, Regional- und Entwicklungsforschung; Physische und Angewandte Geographie; Angewandte Geoinformatik und Kartographie (vorgesehen).

A. Habilitationen, Dissertationen und Diplomarbeiten

Diplomarbeiten

2004. ATZENSBERGER, ALEXANDRA: Kleingärten in Salzburg. 192 S. Ill., graph. Darst., Karten

JÜRGEN BREUSTE

FASCHING, ROSWITHA: Regionalprofil der EuRegio Salzburg – Berchtesgadener Land – Traunstein. Regionalbewusstsein und regionale Identität, 146 S. Ill., graph. Darst., Karten

CHRISTOPH STADEL

GAHLEITNER, CHRISTIAN: Differenzial-Analyse ÖPNV und MIV: ein Vergleich von Reisezeiten im Einkaufsverkehr auf Grundlage eines GIS-basierten Netzwerkmodells am Beispiel der Stadt Salzburg, 129 S., graph. Darst., Karten

JOSEF STROBL

GÖTTLICH, MAXIMILIAN: Gefährdung durch Massenbewegungen und Bodenerosion im Bereich der nördlichen Grauwacken-Zone am Beispiel des Buchberg (Gemeinde Goldegg im Pongau), 122 S., 57 Abb., 22 Tab., 16 Karten.

HANS-ERICH STOCKER

GUGL, CHRISTIAN: Limitatio Carnuntina: GIS-Analyse der römischen Zenturiation im Raum Carnuntum (Niederösterreich), 86 S. Ill., graph. Darst., Karten

JOSEF STROBL

HASLINGER, SABINE: Las Vegas, 126 S. Ill., graph. Darst., Karten

WOLFGANG KERN

---

*) http://www.geo.sbg.ac.at

HOLZER, CHRISTINE: „Commercial Ribbons" der Stadt Salzburg: Land- und Gebäudenutzung entlang ausgesuchter Ausfallstraßen, 176 S. Ill., graph. Darst., Karten

CHRISTOPH STADEL

HÖRL, JAKOB: Radtourismus in der EuRegio Salzburg – Berchtesgadener Land – Traunstein: Analyse der Akzeptanz und regionalwirtschaftlichen Bedeutung des Mozart-Radwegs, 112 S. Ill., graph. Darst., Karten

MARTINA FROMHOLD-EISEBITH

KAUBISCH, PETER: Ländliche Entwicklung im Département Louga/Senegal – Notwendigkeit und Möglichkeit der Koordinierung von Entwicklungsaktivitäten, 254 S. Ill., 72 Abb., 10 Karten, 33 Tab.

CHRISTOPH STADEL

KUMMERER, MICHAEL: Biosphärenpark Tennengebirge: eine Chance für die touristische Weiterentwicklung der Region, 129 Seiten incl. Anhang, 27 Abbildungen, 5 Tabellen

HERBERT WEINGARTNER

OMULEC, JOACHIM: Der Thermentourismus im niederbayerischen Bäderdreieck und im oberösterreichischen Geinberg – ein Vergleich, 154 S. Ill., graph. Darst., Karten

CHRISTOPH STADEL

ROTH, CORNELIUS: OpenGIS für das Katastrophenmanagement in Österreich, 181 S. Ill., graph. Darst., Karten

JOSEF STROBL

SANOPOULOS, ANGELOS: Where have all the bears gone? 77 S. Ill., graph. Darst., Karten

JOSEF STROBL

SCHRANZ, ASTRID: Arbeitsmigration aus Entwicklungsländern nach Südspanien, 184 S. Ill., graph. Darst., Karten

CHRISTOPH STADEL

SCHRATTENECKER, WOLFGANG: Räumliche Entwicklung der Qualifikationsstruktur der Beschäftigten in Deutschland 1980 bis 2002, 132 S., 97 Abb. u. 8 Tab.

MARTINA FROMHOLD-EISEBITH

STROHBACH, ALOIS: Die touristische Entwicklung einer peripheren Region unter Berücksichtigung der natürlichen Einflußfaktoren am Beispiel der Südküste von Thasos, 102 S. inkl. Anhang, 50 Abb., 7 Karten

HERBERT WEINGARTNER

WALLNER, CHRISTOPH: Regionalwirtschaftliche Auswirkungen touristischer Attraktionen am Beispiel der ‚Eisriesenwelt Werfen' im Salzburger Land, 166 S., 63 Abb. u. 5 Tab. (Die Arbeit gewann den 3. Platz des Forschungspreises des Landes Salzburg)

MARTINA FROMHOLD-EISEBITH

WENZLHUEMER, ULRIKE: Dynamik der natürlichen Bevölkerungsbewegung: Prognose und interaktive Visualisierung anhand der Stadt Salzburg, 140 S. Ill., graph. Darst., Karten, 5 Folien, 1 CD-Rom

JOSEF STROBL

ZOCHER, DANIELA: Bevölkerungsstatistik im Geographieunterricht: online-Karten als interaktives Unterrichtsmaterial, 95 S., graph. Darst., Karten

JOSEF STROBL

B. Wissenschaftliche Veröffentlichungen der Mitarbeiter der geographischen Abteilungen des Fachbereichs Geographie, Geologie und Mineralogie der Universität Salzburg

Ao. Univ.-Prof. Dr. THOMAS BLASCHKE:

2004. gem. mit TIEDE, D.: An integrated workflow for LIDAR/optical data mapping for security applications. International Archives of Photogrammetry, Remote Sensing and spatial information sciences, Vol. No. XXXVI-5/W1, Pithsanulok, Thailand, 1–6.

gem. mit TIEDE, D., HEURICH, M.: Object-based semi automatic mapping of forest stands with Laser scanner and Multi-spectral data. International Archives of Photogrammetry, Remote Sensing and Spatial Information Sciences, vol. XXXVI-8W2, Freiburg, 328–333.

gem. mit TIEDE, D., HEURICH, M.: 3D landscape metrics to modelling forest structure and diversity based on laser scanning data. International Archives of Photogrammetry, Remote Sensing and Spatial Information Sciences, vol. XXXVI-8W2, Freiburg, 129–132.

gem. mit TIEDE, D.: GIS, 2,5D und 3D Visualisierung und 2,5D/3D Analyse. Von loser Kopplung zu voller Integration? In: COORS, V. und ZIPF, A. (Hrsg.): 3D-Geoinformationssysteme. Grundlagen und Anwendungen. Wichmann Verlag, Heidelberg, 280–292.

Participatory GIS for spatial decision support systems critically revisited. In: EGENHOFER, M., FREKSA, C., MILLER, H. (eds.). GIScience 2004, Adelphi, MD, 257–261.

Habitatmodellierung im Naturschutz: Unterschiedlich komplexe Modelle und deren Zusammenführung. In: DORMANN C., BLASCHKE T., LAUSCH A., SCHRÖDER B., SÖNDGERATH D. (eds.): Habitatmodelle im Naturschutz, UFZ-Berichte 9/2004, Leipzig, 135–140.

gem. mit LANG, S., KLUG, H.: Software zur Analyse der Landschaftsstruktur. In: WALZ, U., LUTZE, G., SCHULTZ, A., SYRBE, R.-U. (eds.): Landschaftsstruktur im Kontext von naturräumlicher Vorprägung und Nutzung – Datengrundlagen, Methoden und Anwendungen. IÖR Schriften 43, Dresden, 29–46.

gem. mit NEUBERT, M.: Segmentierung von Fernerkundungsdaten als Grundlage zur Ableitung von Landschaftsstrukturmaßen. In: WALZ, U., LUTZE, G., SCHULTZ, A., SYRBE, R.-U. (ed.): Landschaftsstruktur im Kontext von naturräumlicher Vorprägung und Nutzung – Datengrundlagen, Methoden und Anwendungen. IÖR Schriften 43, Dresden, 91–108.

Integrating GIS and image analysis to support the sustainable management of mountain landscapes. In: WIDACKI, W., BYTNEROWICZ, A., RIEBAU, A. (eds.): A Message from the Tatra: Geographical Information Systems and Remote Sensing in Mountain Environmental Research, Jagiellonian Univ. Press, Krakov, Riverside, 123–138.

gem. mit SCHÖPFER, E., BURNETT, C.: Land use change analysis of Salzburg's Southern urban fringe. In: SMITH, P. and L. BRUZZONE (eds.). Analysis of multi-temporal remote sensing images. World Scientific, 376–384.

gem. mit BURNETT, C., PEKKARINEN, A.: New contextual approaches using image segmentation for object-based classification. In: DE MEER, F. and DE JONG, S. (eds.): Remote Sensing Image Analysis: Including the spatial domain. Kluver Academic Publishers, Dordrecht, 211–236.

gem. mit STROBL, J., GRIESEBNER, G. (eds.): Angewandte Geoinformatik 2004, Wichmann Verlag, Heidelberg, 842 S.

gem. mit DORMANN, C., LAUSCH, A., SCHRÖDER, B., SÖNDGERATH, D. (Eds.): Habitatmodelle – Methodik, Anwendung, Nutzen. UFZ-Berichte 1/2004, Leipzig.

gem. mit STROBL, J., GRIESEBNER, G. (eds.): Angewandte Geographische Informationsverarbeitung XV, Wichmann Verlag, Heidelberg, 630 S.

gem. mit ALMER, A., MEISNER, R., GÖBEL, R., SPARWASSER, N., STELZL, H., RAGGAM, H.: Automatic generation of realistic virtual landscapes from Remote Sensing Data. UN workshop on disaster management, Munich, extended abstract.

gem. mit TIEDE, D., MEISNER, R., GÖBEL, R.: Rapid information extraction from remote sensing data for disaster management. UN workshop on disaster management, Munich, extended abstract.

gem. mit STEINMANN, R., KREK, A.: Analysis of online public participatory GIS applications with respect to the differences between the US and Europe. UDMS Urban Data Management Systems 2004, Venice, 11.13–11.25.

GIS in der Entwicklungszusammenarbeit. In: NOEO Wissenschaftsmagazin 3/2004, 37–40.

Object-based contextual image classification mimicking human interpretation. 4th International eCognition User Conference, Munich, 4/5 March 2004, CD-ROM.

gem. mit MADDEN, M.: An object-based GIS / remote sensing approach supporting landscape analysis and nature conservation tasks. In: Proceed. 19th US-IALE conference, Las Vegas, 72–73.

gem. mit LANGANKE, T., LANG, S.: An object-based GIS / remote sensing approach supporting monitoring tasks in European-wide nature conservation. Proceed. Mediterranean conference on Earth Observation. First Mediterranean Conference on Earth Observation (Remote Sensing), April 21–23, 2004, Belgrade, 245–252.

Univ.-Prof. Dr. JÜRGEN BREUSTE:

2004. Decision making, planning and design for the preservation of indigenous vegetation within urban development. In: Landscape and Urban Planning, 68, 439–452.

Natur- und Landschaftsschutz im Ballungsraum Halle-Leipzig – raumstrukturelle Grundlagen und Leitbilder. In: Österreich in Geschichte und Literatur, 48, 3–4, 242–256.

Towards a new landscape – linking the past with the present: Experiences of urban landscape transformation. In: Proceedings of the Fifth International Workshop on Sustainable Land-Use Planning, 7–9 June 2004, Wageningen. Wageningen, The Netherlands.

gem. mit BAUMGART, M., BERTELLI, U., BOGNAR, A.: Making Greener Cities – A Practical Guide. In: UFZ-Bericht 8. Stadtökologische Forschungen Nr. 37. Leipzig.

Univ.-Doz. Dr. FRANZ DOLLINGER:

2004. Die Rolle des Alpenraums im österreichischen Raumentwicklungskonzept – ein unbekannter Ballungsraum als Erholungsgebiet für die alpennahen Agglomerationen? – In: GAMERITH, W. et al., Hrsg.: Alpenwelt – Gebirgswelten. Inseln, Brücken, Grenzen. Tagungsbericht und wissenschaftliche Abhandlungen. 54. Deutscher Geographentag in Bern vom 28. September bis 4. Oktober 2003. Heidelberg und Bern, S. 663–670.

Kapitel 1: Der vielfach genutzte Raum: Planung tut Not! Kapitel 3: Städtische Regionen – dynamisch und ordnungsbedürftig, gemeinsam mit LIDAUER, R. Kap. 5: Der Verkehr der Zukunft - Herausforderung für Europa. – In: BEDNAR, A. et al.: Raumentwicklung in Österreich. Wien (= Reihe „Segmente". Wirtschafts- und sozialgeographische Themenhefte, E. Hölzel Ges.m.b.H., S. 2–7, 12–15 und 20–23).

Wahre Landschaft und Ware Landschaft. Der Gesamtcharakter einer Erdgegend als Grundlage für den Tourismus am Beispiel der Freizeitlandschaften im Zeller Becken. Begleittext zur Ausstellung von Chris Wittwer „Die Freizeitlandschaften des Wintertourismus in der Region Zell am See / Kaprun", (c) FRANZ DOLLINGER und CHRIS WITTWER 2004, http://www.culture-nature.com/pinzgau.

Univ.-Prof. Dr. MARTINA FROMHOLD-EISEBITH:

2004. Innovative Milieu and Social Capital – Complementary or Redundant Concepts of Collaboration-based Regional Development? In: European Planning Studies, vol. 12, 2004, no. 6, 747–765.

Profitieren von der Migration der IT-Spezialisten? In: Deutsche Gesellschaft für Technische Zusammenarbeit – GTZ (Hg.): Migration and Development. Brain Drain or Brain Gain? Die Migration Hochqualifizierter. Dokumentation zur GTZ-Konferenz ‚Die Wanderung von Hochqualifizierten: Brain Drain oder Entwicklungsmotor für die Herkunftsländer?', Berlin, 38–39.

gem. mit VILSMAIER, U.: Das transdisziplinäre Lehrforschungsprojekt ‚Leben 2014' – Perspektiven der Regionalentwicklung in der Nationalparkregion ‚Hohe Tauern'. In: GAMERITH, W., MESSERLI, P. et al. (Hg.): Alpenwelt – Gebirgswelten, Heidelberg und Bern, S. 407–416.

Em. O. Univ.-Prof. Dr. HELMUT HEUBERGER:

2004. mit TÜRK, R. Gletscherweg Berliner Hütte. Naturkundlicher Führer Bundesländer, Band 13 (Herausgeber: Österreichischer Alpenverein): 122 S.

Über Bergsteigen und Naturwissenschaft. Österreichische Alpenzeitung, Folge 1573, Jahrgang 122, Jänner/Februar, 1–4.

Gletscherweg Berliner Hütte. Naturkundlicher Führer Bundesländer, Bd.13, 119 S.

Die Erstbesteigung des 8200m hohen Cho Oyu. Salzburger Alpenvereinsnachrichten 50, Heft 195, 6–7.

Mag. Dr. THOMAS JEKEL:

2004. gem. mit HUBER, F.: Barocke Hülle – Postmoderne Fülle? Politisch umkämpfte Altstadtbilder. In: Salzburger Jahrbuch für Politik, 2003. Salzburg, 143–160.

gem. mit FROMHOLD-EISEBITH, M.: Identität und Regionalwirtschaftliche Innovativität. Diskussion eines hypothetischen Zusammenhangs. In: Geographische Zeitschrift, 93, 2. Stuttgart: Steiner, 115–129.

Von der Millionenshow zum kritisch-emanzipatiorischen Unterricht. Anmerkungen zu Fachdidaktik alternativ-innovativ, hrsg. v. C. VIELHABER. In: GW-Unterricht, 95, 18–20.

gem. mit BACHLEITNER S., HORNER C., und SHAHNAWAZ, S.: Re-Imagining India: Alternative Unterrichtsmaterialien. In: GW-Unterricht 93, S. 88–95.

Mag. Dr. THOMAS KEIDEL:

2004. gem. mit SAUERWEIN, M.: Urban landscapes: multifunctionality and ecological diversity of the city outskirts. Verhandlungen der Gesellschaft für Ökologie 34. Berlin, 84–85.

Ao. Univ.-Prof. Dr. WOLFGANG KERN:

2004. Athen – Metropole im Südosten Europas. In: Geographische Rundschau. Heft 7/8, Jg. 56. Braunschweig, 10–16.

Em. O. Univ.-Prof. Dr. HELMUT RIEDL:

2004. New Contributions to the geomorphology of the Aegean archipelago in particular consideration of datin peneplains and pediments and their paleoclimatic conditions. Annales Géologiques de Pays Helléniques, 1e Série, T. 40, Fasc. A, Athen, S. 11–50.

Arbeitsbericht IV. Institut für Geographie und Angewandte Geoinformatik der Universität Salzburg. In: Geographischer Jahresbericht aus Österreich. Institut für Geographie und Regionalforschung der Unversität Wien, 60–61, Doppelband, S. 275–278, 281–282, 389–390.

Univ.-Prof. Dr. HEINZ SLUPETZKY:

2004. gem. mit G. EHGARTNER: Programm „Wasser- und Eishaushaltsmessungen im Stubachtal" (Massenbilanzmessreihe vom Stubacher Sonnblickkees). Ergebnisbericht 2003.

gem. mit G. EHGARTNER: Programm „Wasser- und Eishaushaltsmessungen im Stubachtal" (Massenbilanzmessreihe vom Stubacher Sonnblickkees). Ergebnisbericht 2002.

gem. m. G.K. LIEB: Gletscherweg Pasterze (Glocknergruppe). ÖAV-Reihe: Naturkundliche Führer zum Nationalpark Hohe Tauern Bd. 2, 2., völlig neu bearbeitete Auflage, Innsbruck 2004, 51 Fotos, 8 Abb. u. 1 Übersichtskarte, 122 S.

Die Rudolfshütte (2.304 m) in den Hohen Tauern – die zweithöchste ganzjährig besetzte Synopstation in Österreich. Festschrift 100. Jahresbericht des Sonnblickvereins f.d. Jahr 2002. 6 Fotos, Wien, S. 48–51.

And again... The ABS Backpack proves to be THE rescue system. www.abssystem.com (in der section reality-testimonials) 2 S.

Wahre Tiergeschichten aus den Bergen – eine fast unglaubliche Dackelgeschichte. Salzburger Alpenvereinsnachrichten Jg. 50, H. 194, S. 194.

Der erste „Freerider"? 40 Jahre „Ludwig-Bildserie" eines Schneebrettabganges. Salzburger Alpenvereinsnachrichten Jg. 50, H. 192, S. 6–7.

Nordwand in Agonie! Vom Ende eines Eisklassikers. Bergundsteigen, ÖAV, H. 2/04, 7 Fotos, S. 50–52.

Gletschermessen in den (Neuseeländischen?) Alpen. Editorial. ALPEN, Mitt. d. ÖAV 1–04, S. 4.

Dramatischer Gletscherschwund im Sommer 2003. Salzburger Aplenvereinsnachrichten Jg. 50, H. 193, S. 11.

O. Univ.-Prof. Dr. CHRISTOPH STADEL:

2004. gem. mit WINIGER R, M.: Leitthema a4-Gebirge und Umland: Stoff- und Werteflüsse. In: GAMERITH, W. et al. (Eds.): Alpenwelt – Gebirgswelten. Inseln, Brücken, Grenzen. Tagungsbericht und wissenschaftliche Abhandlungen. 54. Deutscher Geographentag Bern 2003, 28. September bis 4. Oktober 2003. Heidelberg/Bern, S. 169–170.

Costa, Sierra, Oriente. Tourismus in den tropischen Anden. In: LUGER, K., BAUMGARTNER, C., and WÖHLER, K. (Eds.): Ferntourismus wohin? Der globale Tourismus erobert den Kontinent. Innsbruck/Wien/München/Bozen: Studienverlag, S. 239–248.

Processes and forces affecting the dynamics of the outskirts of European cities. In: FRANZÉN, M., and HALLEUX, J.M. (Eds.): European Cities. Dynamics, Insights on Outskirts. Brussels: COST Office, S. 19–31.

Cross-boundary linkages at the urban outskirts. The EuRegio Salzburg–Berchtesgadener Land – Traunstein, Austria/Germany. In: FRANZÉN, M., and HALLEUX, J.M. (Eds.): European Cities. Dynamics, Insights on Outskirts. Brussels: COST Office, pp. 137–148.

Vulnerabilidad y Resistividad. La marginación y la lucha contra la pobreza en America Latina. In: Universitat de Barcelona (Ed.): IV Seminario Internacional Red Temática Medamerica. Un Nuevo Orden Mundial: Estrategias Endógenas hacia el Desarrollo Social, pp. 8/2–8/9.

Intermediate Cities and Aspects of Urban Sustainability in the Andean Region. Encuentro Internacional Humboldt, Buenos Aires. humbodt@sinetics.com.ar

Ao. Univ.-Prof. Dr. JOSEF STROBL:

2004 UNIGIS – Digital Campus for Professionals. In: Geospatial Today, Vol 3 Issue 4. Hyderabad: Spatial Networks.

Die Koordinate – Schlüssel zu zukunftsweisenden Investitionen / The Coordinate – Key to Forward-Looking Investments. In: Energiesymposium Fuschl 2003 (= Forschung im Verbund – Band 85), 234–239.

Erfolgsfaktoren für E-Learning – Lebenslanges Lernen mit Online-Medien. In: SCHIEWE, J. (Hrsg.): E-Learning in Geoinformatik und Fernerkundung: Wichmann, Heidelberg, 3–10.

GIScience Education for Professionals – the UNIGIS Distance Learning Model. In: Geospatial Today, 6/2004.

Geoinformatik – was steckt hinter Karten und Satellitenbildern? / In: NOEO – Wissenschaftsmagazin Online, Ausgabe 03/2004, 30–33.

OpenGIS und Schulunterricht – Lernziele im Bereich Geo-Medien-Kompetenz. In: SCHÄFER, D. (Hrsg.): Geoinformation und Geotechnologien. Anwendungsbeispiele aus der modernen Informations- und Kommunikationsgesellschaft (= Mainzer Geographische Studien, Heft 52), 75–85.

Zukunftsweisende Nutzung von Geodateninfrastrukturen. In: Proceedings ‚Geoinformationssysteme 2004', TU München, 7 S.

gem. mit BLASCHKE T. und GRIESEBNER G. (Hrsg): Angewandte Geoinformatik 2004 – Beiträge zum 16. AGIT-Symposium Salzburg: H. Wichmann Verlag, Heidelberg, 842 S.

Mag. ULLI VILSMAIER:

2004. gem. mit FREYER, B. und MUHAR, A.: Inter- und transdisziplinäre Lehrforschung. Das Beispiel ‚Leben 2014 – Perspektiven der Regionalentwicklung in der Nationalparkregion Hohe Tauern/Oberpinzgau'. In: BREUSTE, J./FROMHOLD-EISEBITH, M. (Hg.): Raumbilder im Wandel. 40 Jahre Geographie an der Universität Salzburg. Salzburger Geographische Arbeiten, Bd. 38. Salzburg, S. 173–186.

gem. mit FROMHOLD-EISEBITH, M.: Das transdisziplinäre Lehrforschungsprojekt ‚Leben 2014' – Perspektiven der Regionalentwicklung in der Nationalparkregion ‚Hohe Tauern'. In: GAMERITH, W./MESSERLI, P. et al. (Hg.): Alpenwelt – Gebirgswelten. Inseln, Brücken, Grenzen. Tagungsbericht und wiss. Abhandlungen des 54. Deutschen Geographentags Bern 2003. Heidelberg und Bern: Dt. Gesellschaft für Geographie, S. 407–416.

gem. mit MOSE, I.: Zur Implementierung der Nationalpark-Idee in Landwirtschaft, Tourismus und Bildung. Ergebnisse eines Studienprojektes in der Nationalparkregion Hohe Tauern. Salzburger Geographische Materialien 29. Salzburg: Selbstverlag des Fachbereichs Geographie und Geologie.

Ao. Univ.-Prof. Dr. HERBERT WEINGARTNER:

2004. Die Insel Thasos – Landschaft und touristische Nutzung. In: Geographische Rundschau, Heft 7–8, 30–35.

gem. mit GRUBINGER, J.: Landschaftsveränderungen im Almgebiet am Südostrand des Tennengebirges (Werfenweng, Salzburg).

C. Geographische Veranstaltungen der Geographischen Abteilungen des Fachbereichs Geographie, Geologie und Mineralogie

Salzburger Geographische Gesellschaft
Zweigverein der Österreichischen Geographischen
Gesellschaft

21.01.2004:	Mag. Dr. MELANIE KEIL (Schladming): American Retirement Settlement – ein Albtraum?
34.03.2004:	Univ.-Prof. Dr. MARTINA FROMHOLD-EISEBITH (Universität Salzburg): Indonesien – ein Technologie-Standort?
28.04.2004:	Mag. Dr. THOMAS KEIDEL (Universität Salzburg): Schrumpfende Städte – Albtraum oder Chance? (Noch) kein Thema in Österreich? Das Beispiel Leipzig.
26.05.2004:	Mag. Walter GRUBER (Universität Salzburg): Interessenskonflikte in Alaska

Juli 2004:	Studienreise: Der alte und der neue Süden der USA. Leitung: Prof. Dr. WOLFGANG KERN
24.11.2004:	Geograph – ein richtiger Beruf oder irrte Antoine de Saint Exupery? Podiumsdiskussion mit Mag. WALTER HAAS (Euregio), Dr. HORST IBETSBERGER, Mag. MARKUS HÄUPL (Geoglobe) und Mag. ALEXANDER DALZIO

CAFÉ INTERNATIONAL
ARBEITSGRUPPE ENTWICKLUNGSFORSCHUNG UND
ENTWICKLUNGSZUSAMMENARBEIT

13.01.2004:	Vortrag von Mag. HUBERT BRAUN (Ried i. I.): Fairer Handel und Teeproduktion in Sri Lanka
14.12.2004:	IRINA TSVETKOVA, Social and Economic Geography Department, „St. Kliment Ohridksi", Sofia University, Bulgaria

Tagungen/Veranstaltungen

AGIT 2004:	Symposium für Angewandte Geoinformatik (Gesamtleitung: J. STROBL)
8. 07. 2004:	AGIT-Special: eTourismus und Geoinformation
7. bis 9. 07. 2004:	AGIT-EXPO 2004: Fachmesse für Geoinformatik
17.11.2004:	GEOGRAPHY DAY: Tag der offenen Tür. Präsentationen zu alltagsrelevanten Fragestellungen der Geographie und der angewandten Geoinformatik

V. Institut für Geographie und Regionalforschung an der Universität Klagenfurt*)

1975/76 Lehraufträge für Physische Geographie, Humangeographie und Kartographie. 1976 1. o. Professur der Geographie mit bes. Berücksichtigung der Didaktik, 1977 2. o. Professur der Geographie mit bes. Berücksichtigung der Didaktik, 1978 Institut für Geographie, 1997 Institut für Geographie und Regionalforschung.

A. Dissertationen und Diplomarbeiten

Dissertationen

2004. Mag. AIGNER, SUSANNE: Leitlinien einer nachhaltigen Almwirtschaft am Beispiel des Kärntner Almrevitalisierungsprogramms, 211 Seiten, 120 Tab., 34 Fotos und einer Reihe von GIS-Karten im Format A4.

Zielsetzungen der Arbeit, beispielhaft Grundlagen-Daten für das „Kärntner Almrevitalisierungsprogramm", ein Maßnahmenbündel zur Revitalisierung der Almflächen für die wirtschaftliche Nutzung, zu erarbeiten. Mit geo- und biowissenschaftlichen Daten für konkrete Almflächen untermauert, werden folgend Maßnahmen vorgeschlagen (Almrevitalisierungs-Maßnahmenplan, Almbewirtschaftungspläne). Im Kapitel „Material und Methoden" werden die biologisch-ökologischen Grundlagen (Energieangebot der Weideflächen/Energiebedarf der Weidetiere), Bestoßungsumfang etc. vorgestellt, im folgenden Kapitel (S. 27–50) Boden- und Vegetationstypen der Almflächen in Kärnten, und anschließend naturschutzrechtliche Aspekte der Almwirtschaft. Die Ausführungen zeugen von hohem Grad wissenschaftlicher Kenntnisse im Bereich der subalpin-alpinen Vegetation und von einer profunden Bearbeitung der juridischen wie der almagrarischen Sachverhalte. Es folgt (Kap. 5–8, 25 S.) eine wertende Beschreibung der Almgebiete des Landes, ihrer Entwicklung und ihrer Bedeutung für die Landwirtschaft als Ganzes.

Unter dem Titel „Kärntner Almrevitalisierungsprogramm" werden Bewirtschaftungsangaben zur Nutzung, Erschließung und Bedeutung der Almen vorgestellt, sowie eine Reihe von Entwicklungen im Almbereich (Verbuschung etc.), die eine Revitalisierung notwendig machen. Nach den bisher vorgestellten Fakten ergibt sich die Möglichkeit, Leitlinien der nachhaltigen Almbewirtschaftung und zugehörige Planungsmaßnahmen vorzustellen. Am Beispiel der Plöckenalm/Gailtal wird schließlich demonstriert, wie ein Bewirtschaftungsplan zustande kommt, welche Maßnahmen aufgrund der Analysen vor Ort vorgeschlagen werden, und welche Planunterlagen (Karten, Tabellen, Text) dem Almwirtschafter zur Verfügung gestellt werden. Die Arbeit ist im hohen Maße anwendungsorientiert, und interdisziplinär und fachlich-wissenschaftlich äußerst fundiert.

M. SEGER

2004. Mag. URABL, ERICH: Wechselbeziehungen zwischen Verkehrsinfrastruktur (Straße, Schiene) und Regionalentwicklung in Kärnten. 414 Seiten.

Mit einem trotz der relativ großen Lettern umfangreichen Arbeit legt Mag. URABL ein Oevre vor, welches nicht nur aus dieser Sicht, sondern auch von der Breite der angerissenen Themen her sehr respektabel ist. Gleiches gilt für die benutzte und verwendete Literatur, das diesbezügliche Verzeichnis umfasst 25 Seiten. Als Kärntner wie auch als Seniorstudent hat Herr URABL zudem im Laufe seiner Lebenserfahrung und seiner jahrzehntelangen Beobachtung das, was Thema ist, geradezu selbst erlebt. Von diesem

---

*) http://www.uni-kln.ac.at/groups/geo/

Kontext des Interesses an der selbst gestellten Aufgabe ausgehend, ist das intensive Bemühen des Kandidaten herauszustellen, auch der wissenschaftlichen Ebene, die eine Dissertation verlangt, in angemessener Form genüge zu tun. Das zeigt sich besonders im Teil I der Arbeit, wo der Zusammenhang der Verkehrsinfrastruktur-Entwicklung mit dem gesellschaftlich-technischen Wandel an sich beschrieben wird (I/2). Anschließend wird ein regionsbezogener Einleitungsteil geboten (I/2), der sowohl Grundzüge der Regionalpolitik beschreibt als auch Raumordnung, Lagemerkmale und Basisdaten zu Kärnten. Hier werden auch (S. 41) Thesen und Forschungsfragen zum Zusammenhang von Verkehrsinfrastruktur und Regionalentwicklung formuliert, allerdings ohne Hinweis, mit welchen Methoden und über welche Datensätze dem schwierigen Problem kausaler Zusammenhänge nachgegangen werden soll. Als Methodik angeführt werden unterschiedliche Formen von Recherchen, die in breiter Form das Anliegen der Arbeit unterstützen, ebenso Fachinterviews etc. In der Tat ist es dabei zu einer sehr beachtlichen Zusammenstellung von unterschiedlichen Materialien und Fakten gekommen, die in dieser Dichte nirgendwo sonst zu finden sind. Sie alle haben den konkreten Regionsbezug, und einen beschreibend erläuternden Wert im Zusammenhang mit der Entwicklung der Verkehrsinfrastruktur, den zugehörigen (wirtschafts-)politischen Entscheidungen und mit räumlichen Aspekten der Gesellschaft.

Ein Teil II der Arbeit widmet sich dem Eisenbahnbau in Kärnten und beschreibt auch dessen jüngere Entwicklungen inklusive der Gegenüberstellung von Schiene und Straße. Ähnlich behandelt Teil III den Straßenbau und die Wechselwirkung zur nachkriegszeitlichen Motorisierung und zum Pendlerwesen. Unfallkosten und Umweltbelastungen hält der Begutachter im Zusammenhang mit dem Thema für entbehrlich, der Zusammenhang von Motorisierung und Mobilität jedoch ist eine der wesentlichen Aussagen, die man sich vom Titel der Arbeit her erwartete. Ein Teil V beschreibt die regionalen Verkehrskonzepte für Schiene und Straße im gesamtösterreichischen Kontext, und ein abschließender Teil VI befasst sich mit Prognosen und Lösungsansätzen im Verkehrsbereich, wirtschaftliche Aspekte mit einschließend.

Jeder Teil der Arbeit schließt mit einer ausführlichen Zusammenfassung (je ca. 10 S.). Doch auch hier werden weniger Fragen beantwortet als Fakten dargeboten. Der Zusammenhang zwischen Regionalentwicklung und Verkehrsinfrastruktur bleibt kompilatorisch, wenngleich in einer Vielzahl von Facetten vorgetragen.

M. SEGER

2004. Mag. STOISER, GABRIELE: Lebensqualität und Ortsverbundenheit, dargestellt am Beispiel der Landeshauptstadt Klagenfurt. 609 Seiten.

Die vorliegende Dissertation ist volumenmäßig (ca. 600 Seiten) und inhaltlich ein Höhepunkt unter den bisherigen Dissertationen im Fach Geographie. Der Autorin ist es auf beeindruckende Art gelungen, eine Fragestellung sowohl vom theoretischen wie auch empirischen Gesichtspunkt zu behandeln und eine sehr ausgeweitete Fallstudie zu erstellen, die wesentliche Entscheidungsunterlagen für die Politik liefert.

Im ersten Hauptteil wird vor allem aus theoretischer Sicht der Begriff Lebensqualität als multidimensionales Konzept vorgestellt. Es folgt eine spezifische Darstellung der städtischen Lebensqualität und der Ortsverbundenheit. Im zweiten Teil der Dissertation werden die praktischen und theoretischen Grundlagen für eine umfassende Befragung der Bevölkerung zur Lebensqualität dargestellt.

Das besonders bemerkenswerte an der Arbeit ist die umfassende Rezeption der Literatur, die teilweise schwer zugänglich ist.

Es werden eine Reihe von Ansätzen der Lebensqualität vorgestellt, die in der herkömmlichen „Amtsgeographie" bisher unbekannt sind und auch in anderen Dissertationen in Österreich nicht behandelt worden sind. Wesentlich erscheint, dass die Frage pluralistisch angegangen wird. Glückstheorien fehlen ebenso wenig wie Bedürfniskonzepte. Von besonderen Wert ist das Kapitel über die Operationalisierung von Lebensqualität, wobei auf fast alle international gängigen Indikatorenansätze eingegangen wird (z.B. auch Human Development Index oder Happy Life-Expectancy Scale).

Die Verbindung zu neueren Konzepten der Wohlfahrt und auch der Regionalentwicklung werden in einem gesonderten Kapitel ausführlich behandelt. Es geht über die eher modernen Ansätze Sustainable Development, Livability, Soziale Exklusion und Soziale Kohäsion.

Der theoretische Teil erfährt eine weitere Vertiefung durch die Einengung auf die städtische Lebensqualität. Besonders wertvoll ist der Hinweis auf die diesbezüglichen internationalen Forschungsprogramme und auf Beispiele auf lokale Lebensqualitätmaße (z.B. Ontario – Quality of Life Index). Auch Hintergrundfragen werden gestellt, wie z.B. im Kapitel „Lebensqualität von wem, für wen und wodurch?".

Einen anderen Schwerpunkt bildet die Ortsverbundenheit und ihre Bedeutung im Zeitalter der Globalisierung. Es werden die umfassenden Konzepte wie Heimat, lokale Identität und Ortsverbundenheit kritisch behandelt und letztlich die Identität der Bevölkerung mit dem Image einer Stadt gegenübergestellt.

Der Modellaufbau der umfassenden Befragung wird ausführlich dargestellt, wobei auch die formalen Kriterien per Stichprobe behandelt werden. Einleitend zur Befragung wird ein kurzer Abriss über die wichtigsten Probleme der Stadt Klagenfurt gegeben, wobei insbesondere der auf Seite 357 ff. angeführte Städtevergleich wichtig ist.

Die Befragung hat die Überschrift „Klagenfurt aus der Sicht der Bürger" und geht von vergleichbaren Umfragen im deutschsprachigen Raum aus. Es wird ein integrierter Ansatz verwendet, der sowohl objektive, wie subjektive Kriterien enthält. Dies entspricht dem heutigen Forschungsstand.

Einige kurze Absätze sind enorm aufschlussreich, insbesondere wenn es um einen Vergleich von Klagenfurt mit anderen Städten geht. So wird anhand von Befragungen aus der Literatur angeführt, dass die Ortsverbundenheit mit Klagenfurt mit 91,4 % relativ hoch ist. In Wien ist sie allerdings mit 95 % etwas höher. In anderen Städten sinkt sie bis auf 70 % (Pforzheim).

Erwartungsgemäß ist die Sorge um die Umwelt einer der wichtigsten Punkte der Befragung. Die Verkehrssituation kristallisiert sich ebenfalls erwartungsgemäß als großes Problem heraus. Die Suburbanisierung verstärkt das Verkehrsproblem. Ein weiterer Problemkreis sind die massiven Auswirkungen, die sich auf die Lebensqualität durch die Aufgabenüberwälzung des Bundes für verschiedene Leistungen der Stadt ergeben. Diese Hypothese, dass das Image die Wahrnehmung und das Erleben der Stadt und damit die Einschätzung der Lebensqualität beeinflusst, hat sich bestätigt.

Wie umfassend die Befragung angelegt ist, zeigt auch die Aufnahme von nicht alltäglichen Fragen, wie z. B. über das Sicherheitsbedürfnis der Bevölkerung. Eine gewisse Unsicherheit fühlen die Frauen, aber auch ältere Menschen im öffentlichen Raum, vor allem in Park- und Grünanlagen. Im Vergleich zu anderen Städten ist aber die Situation keineswegs dramatisch.

Ein wesentlicher Vorzug der Arbeit ist die stadtteilsbezogene Aufgliederung. Deutliche Disparitäten ergeben sich durch die Umweltverhältnisse, aber auch durch den Grad der Ortsverbundenheit. Die versorgungsorientierte, qualitative Ausstattung weist in einigen randlichen Untersuchungsgebieten Defizite auf. Interessant ist, dass bei Zusammenfassung aller Aspekte die Unzufriedenheit im Stadtteil St. Peter am höchsten ist.

Man kann sich dem abschließenden Fazit nur anschließen „Sowohl die Analyse der subjektiven Bewertungen der Bürgerinnen und Bürger, als auch der auf objektive Indikatoren basierende Städtevergleich lassen den Schluss zu, dass Klagenfurt seinen Bewohnern ein hohes Maß an Lebensqualität bietet. Kleinräumige Disparitäten konnten ebenso nachgewiesen werden, wie der Einfluss des Alters auf die Bewertung lebensqualitätsrelevanter Aspekte. Auch der Konnex zwischen Lebensqualität einerseits und Ortsverbundenheit, bzw. Image andererseits hat sich bestätigt".

Die wissenschaftliche Fundierung wird auch durch den Umfang des Literaturverzeichnisses deutlich. Das Literaturverzeichnis umfasst mehr als 25 Seiten. Englischsprachige Literatur ist zahlreich vertreten.

M. SAUBERER

Diplomarbeiten

2004. EICHHÜBL, MICHAEL: Erreichbarkeiten in Kärnten im motorisierten Individualverkehr. 134 Seiten, Tab., Abb., Lit.-verz., Internetquellen.

Die Arbeit umfasst 134 Seiten inkl. Literatur- und Internetquellen-Verzeichnis, 14 Abb. auf CD, 48 Abb. im Text. Sie ist dem Bereich der Geodaten-Verarbeitung und der Netzwerkanalyse zuzurechnen und verwendet den hierarchischen und differenzierten Straßen-Datensatz, um ein Erreichbarkeitsmodell im motorisierten Individualverkehr (im Dauersiedlungsraum) des Bundeslandes Kärnten zu erstellen (Programm Network Analyst, ESRI). Dazu werden in einer umfangreichen Vorarbeit diese Daten so hergerichtet, dass eindeutige Verlaufswege existieren, und jedem Straßentyp wird eine generelle Durchschnittsgeschwindigkeit zugeordnet (Literatur). Steigungsstrecken werden dabei angemessen berücksichtigt (DAM). Von gewählten Zentren ausgehend, kann daraus das gesamte Straßennetz nach Erreichbarkeitszonen berechnet und dargestellt werden, und das dabei aufgespannte Areal kann nach „Isolinien" der Erreichbarkeit dargestellt werden (nach bestimmten Verbesserungen dieser Polygonkonstruktionen). Das wird für die Hauptorte der Politischen Bezirke Kärntens durchgeführt, und die einzelnen Erreichbarkeitszonen werden mit den Bevölkerungsdaten nach Ortsdaten verschnitten. Dadurch kann die in einer gewissen Erreichbarkeit erfassbare Bevölkerungsmenge errechnet werden, bzw. umgekehrt die „Zeitzonen" der Fahrzeit zu einem der Zentralen Orte des Landes. Das operationelle Verfahren ist vielseitig anwendbar. Zu Beginn der Arbeit wird angemessen ausführlich auf das Umfeld der Arbeit in zweifacher Form eingegangen: Auf Einzugsgebiete, Erreichbarkeiten und Mobilitätsfragen, und auf GIS-Erreichbarkeitsmodelle.

M. SEGER

2004. ERBEN, HEINZ HARALD: Faktoren der jüngsten Stadtentwicklung am Beispiel der Städte Feldkirchen i.K. und Althofen. 112 Seiten, Lit.- und Internetverz.

M. SAUBERER

2004. FRANK, HEIDE: Konzepte ökologisch orientierter Planung und Beispiele für ihre Umsetzung. 109 Seiten, 22 Abb., 7 Tab., Lit.-verz.

K. ZIENER

2004. FRIEDRICH, NATASCHA: Eine Systemtechnologie erobert den Raum. Mobilfunk-Analyse einer neuen Infrastruktur. 164 Seiten, 34 Abb., 12 Tab., 18 Diagramme, 26 Karten, Lit.-verz.

Wird im Untertitel von Infrastruktur gesprochen, so soll damit von Anfang an auf das vielfältige Netz der Sende- und Empfangsanlagen aufmerksam gemacht werden, welches eine Voraussetzung darstellt sowohl für einen neuen Wirtschaftszweig als auch auf dessen Basis, das Kommunikationsbedürfnis per „Handy" (Mobilfunkstationen in Österreich 2003: 18.000). Abhängig vom Ausbaustand dieser Funkstationen war das Netz zunächst lückig, und es wurde im Verlaufe der 90er-Jahre zunehmend engmaschiger: ein Beispiel für die räumliche Diffusion einer neuen Technologie, die von den großen Städten und den Verbindungslinien zwischen diesen ausgeht. Diesen Sachverhalten widmet sich die gegenständliche Arbeit, wobei die Konkurrenzsituation unter den Netzbetreibern den Zugang zu wichtigen Informationen sehr erschwert hat. Auf 175 S. und mit zahlreichen Karten (auch

Mobilfunk-Standorts-Karten) und Abbildungen versehen, liefert Frau FRIEDRICH einen Überblick über die technisch-rechtlichen Grundlagen und die ökonomische Entwicklung dieser Sparte der Telekommunikation, bevor sie die Netzausbreitung und Netzverdichtung anhand von Mobilfunk-Arealen aus verschiedenen Zeitständen vergleichend darlegt. Im abschließenden Kapitel „Zukunftsvision" wird auf die sich abzeichnenden technischen Entwicklungen, das Problem der Standortlokalisation jedes Handy-Benützers und auf allfällige gesundheitliche Risken eingegangen.

M. SEGER

2004. GALLOBITSCH, CHRISTIAN: Das Berggebiet im Zeitalter digitaler Landnutzungs- und Landbedeckungs-Information, gezeigt am Beispiel des neuen Kärntner Almkatasters. 124 Seiten, Lit.-Verz., Website-Verz., Karten i.A.

Herr GALLOBITSCH legt eine Arbeit vor, die der angewandten Geographie zuzuordnen ist. Generell handelt es sich dabei um den derzeitigen Trend, in der öffentlichen Verwaltung alle verfügbaren raumbezogenen Informationen auch digital verfügbar zu machen. Das gilt auch für landwirtschaftliche Nutzflächen, und im konkreten Fall für Almflächen, die nach Grenzen, Flächenumfang sowie nach Nutzungs- und Besitzmerkmalen bekannt sein müssen. Der unmittelbare Anlass zur exakten Verortung und zur Feststellung der Nutzung solcher Parzellen sind flächenbezogene Unterstützungszahlungen an die Landwirtschaft von Seiten der öffentlichen Hand bzw. der EU.

Ausgehend von den im Laufe des Studiums erworbenen Qualifikationen hat Herr GALLOBITSCH beim Amt der Kärntner Landesregierung die zugehörigen technischen Arbeiten durchgeführt, und anschließend daraus eine Diplomarbeit zusammengestellt. Geschickt hat er dabei den Ausführungen zum „Digitalen Almkataster" zwei Kapitel vorangestellt, zum einen „Geographische Landschaftsanalysen und amtliche Interessen", und danach den „Exkurs: Das alpine Berggebiet und seine Nutzung". Die Ziele des Almkatasters und die Arbeiten dazu werden anschließend beschrieben, und ebenso die Almwirtschaft an sich. Abschließend folgt eine Analyse der Almflächen Kärntens durch eine Kombination des Almflächen-Datensatzes mit dem digitalen Höhenmodell. Schon zuvor sind andere Datenverknüpfungen (z.B. mit dem digitalen Orthofoto) vorgestellt worden, wie die Arbeit auch sonst gut mit Diagrammen und Tabellen versehen ist. Eine geglückte Kombination von technischem Know-how und geographischer Erläuterung.

M. SEGER

2004. HARTLIEB, KERSTIN: Das Nachhaltigkeitsprinzip unter besonderer Berücksichtigung von Raumentwicklungsfragen in Österreich. 139 Seiten, 14 Tab., 2 Abb., Internetquellen, Lit.-Verz.

Mit einer Arbeit von 139 Seiten legt Frau HARTLIEB ihre Recherche zum generellen Thema „Nachhaltigkeit" in einer von ihr gewählten Zusammenfassung vor. Das Thema der Nachhaltigkeit zählt zu den schillerndsten Begriffen der jüngeren Raumentwicklungshypothesen. Dies auch deshalb, weil ein Slogan der Entwicklungspolitik erstaunlich unkritisch in das Repertoire der wissenschaftlichen Forschungskonzeptionen zur weiteren Gestaltung der regionalen wie internationalen Wirtschafts- und Raumentwicklung übernommen wurde. Unkritisch deshalb, weil die zumindest drei konstituierenden Elemente der „Nachhaltigkeit" – ökonomische, soziale und ökologische Nachhaltigkeit – einander in der lebenspraktischen Realität zumindest in Detailfragen grundsätzlich widersprechen: Wer ökonomische Nachhaltigkeit fordert, d.h. den Fortbestand der Lebensgrundlagen z.B. in einer Region, wird in einer sich ändernden Wirtschaftsstruktur nicht ohne Verzicht auf den ökologischen Status quo umhin können (ökologische Verluste in den wirtschaftlich prosperierenden Gebieten/Verfallserscheinungen in den ökonomischen Passivräumen), und vice versa. Und wer die soziale Nachhaltigkeit, d.h. den Fortbestand der gegebenen Erwerbsgrundlagen der regionalen Bevölkerung propagiert, wird sich mit den Problemen des strukturellen Wandels der Erwerbsgrundlagen konfrontiert sehen. Diese sind auch unter dem Blickwinkel der übergeordneten standörtlichen Veränderungen von Arbeitsplätzen im regionalen wie überregionalen Maßstab zu betrachten. Der schwierigen Aufgabe der Darstellung dieser Problematik hat sich Frau HARTLIEB in der vorliegenden Arbeit pragmatisch entzogen, was für eine Diplomarbeit als durchaus adäquate Vorgangsweise angesehen wird.

In einen ersten Kapitel (Prinzipien der Nachhaltigkeit) werden der Übergang von einem unscharf umschriebenen allgemeinen Umweltschutz zur nachhaltigen Entwicklung beschrieben, mit den Definitionen zur zukünftigen Entwicklung, die von der Gegenwart nicht verbaut werden dürfe (Brundtland-Bericht 1987). Anschließend stellt die Kandidatin die drei Charakteristika des Konzeptes der nachhaltigen Entwicklung, das „Drei-Säulen-Modell", vor (ökologische, ökonomische und soziale Nachhaltigkeit) sowie den zugrundeliegenden Objektbereich, und das Prinzip der Selbstorganisation – vornehmlich angesiedelt im Verantwortungsbereich aller beteiligten Akteure, und zumeist im regionalen Kontext. Indikatoren einer nachhaltigen Raumentwicklung werden anschließend angesprochen, und in einem weiteren Kapitel wird auf die Strategien einer nachhaltigen Entwicklung eingegangen. Dabei werden die zugehörigen Ziele der EU-Regionalentwicklung angeführt, das entsprechende Raumentwicklungskonzept EUREK sowie die österreichische Strategie zur nachhaltigen Entwicklung. Den Berücksichtigungen der Nachhaltigkeit in der Raumentwicklung gilt das folgende Kapitel, und die zugehörigen Leitlinien in Österreich (ÖROK 2001) werden vorgestellt.

M. SEGER

2004. JANACH, BIRGIT: INTERREG IIIA Kärnten & Slowenien – Instrument der Solidarität innerhalb der europäischen Raumentwicklung? Ein punktueller Evaluierungsversuch. 131 Seiten, 24 Abbildungen (Tabellen), Lit.verz.

Zwei Fragen am Anfang: Was müssen junge Absolventen an Praxis und Erfahrung mitbringen, um im boomenden Bereich EU-Kommissions-bezogener Tätigkeiten reüssieren zu können? Sie müssen im Verlauf des Studiums Gelegenheit erhalten, sich in diesem neuen, interdisziplinären und internationalen Umfeld umzusehen. Die zweite Frage: Wie sinnvoll sind die Projekte, über die wir einen Teil der in Brüssel abgelieferten Steuermillionen wieder zurückholen? Im Umfeld dieser zwei Fragen bewegt sich die Diplomarbeit. Frau JANACH hat sowohl in Brüssel als auch im Amt der Kärntner Landesregierung Erfahrungen gesammelt, und von dieser Basis aus den Versuch unternommen, dem Ergebnis von einigen INTERREG IIA-Programmen nachzugehen. Die Evaluierung dieser Programme ist eine mehrfache: Sinnhaftigkeit und Mittelaufteilung vor Genehmigung, Kontrolle der Mittelvergabe durch die EU-Bürokratie und durch die des Landes, und ökonomische Evaluierungen eben durch Ökonomen. Was auf der regionalen Ebene von solchen Projekten übrig bleibt, also regionalwirksam wird, hatte uns interessiert.

Einen umfangreichen Teil der Arbeit widmet Frau JANACH der europäischen Strukturpolitik und den zugehörigen Rahmenbedingungen, den Instrumenten und Finanzierungsbestimmungen, den Gemeinschaftsinitiativen und schließlich den INTERREG IIIA und den Phare/CBC-Programmen Kärnten–Slowenien (letzteres: 30 S., Verfahrens- und Prüfungsbestimmungen etc., gut dokumentiert, gut recherchiert. Ab S. 78: Evaluation in der Regionalpolitik, Beispiele dazu, und dann eine Auflistung und Beschreibung (S. 86ff.) von zehn INTERREG IIIA-Projekten. Es folgt eine Befragung von „Experten", die mit den jeweiligen Projekten vertraut sind, und hier beginnt das Problem der Anonymisierung: alle Projekte wurden nach einzelnen Fragestellungen von den „Experten" bewertet, wodurch es zu nicht aussagefähigen Misch-Masch-Informationen kommt. Wenn ein Projekt ordnungsgemäß abgeschlossen ist, dann hat der Projektnehmer offenbar das Recht bzw. die Möglichkeit, sich auf den „Datenschutz" zu berufen. Die von der Kandidatin geforderte Anonymisierung aller Informationen macht diese zugleich wertlos. Das hätte die Kandidatin erkennen müssen, vielleicht habe ich aber zu viel verlangt.

M. Seger

2004. Moser, Mathias: Eine Analyse der „Temperatur- und Schneeverhältnisse" der Winterhalbjahre seit 1950, gezeigt am Beispiel Kärnten. 117 Seiten, 48 Abb., 15 Tab., 15 Karten, Lit.-verz., 4 Internetlinks, Anhang digital auf CD.

Hinter dieser Arbeit steht eine hochaktuelle Fragestellung, nämlich die Frage, ob eine Verschlechterung der Schneeverhältnisse in Kärnten zutrifft, was für den Tourismus von großer Bedeutung ist. Diese Fragestellung wird auch regional differenziert behandelt. Der große Wert der Diplomarbeit liegt in den umfassenden statistischen Berechnungen (Temperaturentwicklung, Schneelage usw.), die nicht nur tabellarisch, sondern auch kartographisch hervorragend dargestellt wurden, und wesentlich zur Qualität der Arbeit trägt die lange zugrunde gelegte Zeitreihe (beginnend mit etwa 1950) bei. Besonders hervorzuheben sind auch die Querbeziehungen zu wirtschaftsgeographischen Fragen, wie insbesondere der Tourismusentwicklung.

M. Sauberer

2004. Puscher, Harald: Umweltnetzwerke als innovative und nachhaltige Kooperationsformen im Zeichen der EU-Osterweiterung. 152 Seiten, 29 Abb., 17 Tab., Lit.-verz.

P. Jordan

2004. Dr. Schindler-Zojer, Elisabeth: Landschaft – Landeskunde – Literatur. Die Beschreibung von Regionen, von Natur- und Kulturlandschaften im alltagsweltlichen Kontext: das Beispiel Kärnten.

Mit dem Untertitel „Die Beschreibung von Regionen, von Natur- und Kulturlandschaften im alltagsweltlichen Kontext: das Beispiel Kärnten" wird das Ziel der vorgelegten Arbeit deutlich gemacht, nämlich einer Landschaftsbeschreibung nachzugehen, in einem spezifischen problemorientierten Aufgriff: Landschaft in der Literatur und „Regionalgeographie" im alltagsweltlichen Kontext. Das ist gewagt und gut zugleich, hat sich doch die Geographie interne Diskussion bereits längst von jenen tradierten Aufgabenfeldern entfernt (zumindest im Zusammenhang mit der Selbstbewertung von Wissenschaftlichkeit), was von Seiten der „Gesellschaft", diesem Fach an Aufgaben zugeordnet wird. Werden solche Aufgaben nicht von „der Geographie" wahrgenommen, dann nehmen sich andere dieser Bereiche an. Das gilt für raumbezogene Forschungsprojekte (z.B. Kulturlandschaftsforschung in Österreich) ebenso wie für „volkswissenschaftliche" Inhalte (Reiseführer-Literatur etc.). Vor diesem Hintergrund wird die vorliegende Arbeit gelesen. Um einen Theorieexkurs kann das Thema nicht umhin, und hier wird rezente und maßgebliche Literatur sinnvoll verwendet (Job, Hard, Wirth, Popper, Blotevogel, Wardenga, Heinritz). Es folgt ein Exkurs zu Landschaft und Literatur, unter Berücksichtigung der Landesbeschreibung von Kärnten, mit zahlreichen Beispielen aus dem 19. u. 20. Jh., bis hin zu Brandstetter und zur rezenten Mundartdichtung. Ab Kap. 6, S. 68, wird das Zollfeld, zunächst landschaftskundlich-historisch beschrieben, dann nach literarischen Zitaten, und schließlich in nichtgeographischen wissenschaftlichen Texten (Umwelt- und Naturschutz, Regionalplanung).

M. Seger

2004. Unrath, Valentin: Hazardforschung, Naturkatastrophen – von wachsender ökonomischer Bedeutung für die Versicherungswirtschaft. 119 Seiten.

M. Seger

2004. WALCHER, ERWIN: Unwetterschäden durch markante meteorologische Ereignisse in Kärnten: Ursache, Wirkung und Trendanalyse der vergangenen 25 Jahre. 196 Seiten, Abb., Tab., Lit.-verz., Anhang.

Mit dem Untertitel: Ursache, Wirkung und Trendanalyse der vergangenen 25 Jahre steckt sich Herr Walcher ein hohes Ziel, und die Arbeit umfasst auch mehr als 200 Seiten. Ausgegangen ist die Arbeit von Fragen der Versicherungswirtschaft nach den Trends von witterungsbedingten Schadensfällen. So beschreibt ein erster Teil der Arbeit auch Institutionen in Kärnten, die sich mit der Aufzeichnung von Schadensereignissen befassen (qualitativ, Schäden zumeist geschätzt). Für die Jahre 1990–2002 folgt dann die Erfassung und Beschreibung von meteorologischen Ereignissen mit Schadenswirkung. Unterschiedliche Quellen werden dazu herangezogen, und der Zusammenhang mit Versicherungsfällen kann nicht geboten werden. Vielfach sind Schadensfälle auch nicht versicherbar, und in Notfällen springt die öffentliche Hand solidarisch ein. Interessant ist der Zusammenhang von Schadensereignissen und Wetterlagen (S. 85–100). Das gilt auch für die Darstellung der Niederschlagsverhältnisse in Kärnten 1980–2001; die Auswirkung des „Klimawandels" in Bezug auf den Niederschlag in dieser Region ist gering. Die Witterungskomponenten „Sturm" und „Gewitter" werden abschließend im Zusammenhang mit Schadensereignissen festgestellt. Meteorologische Schadensereignisse sind Extremereignisse, und die lassen sich weder mit Daten der Mittelwertsklimatologie noch mit durchschnittlichen Häufigkeiten von Wetterlagen gut in Übereinstimmung bringen. In diesem Sinne sind auch Trends eher über einzelne Witterungskonstellationen möglich.

M. SEGER

2004. WEINBERGER, GUDRUN MARIA: Geographische Informationssysteme in der Kommunalverwaltung – Anwendungsmöglichkeiten in der Praxis. 154 Seiten, 47 Abb., 6 Karten, 6 Tabellen, Lit.-verz.

In der Kommunalverwaltung in Kärnten, müsste es genau besehen im Titel heißen, denn die vorgelegte Analyse bezieht sich auf die Gemeinden in diesem Bundesland. In den Gemeindeverwaltungen hat die elektronische Verwaltung längst Einzug gehalten, trifft das auch auf GI-Systeme zu? Welche kommunalen Aufgaben bedürfen überhaupt des Einsatzes von GI-Systemen? Und ab welcher Gemeindegröße erscheint das rentabel? Auf solche Antworten gibt Frau WEINBERGER in den zwei Hauptkapiteln kompetente Antwort (Kap. 3: GIS-Bedarf im kommunalen Bereich, 30 S., und Kap. 4: Anwendung von GI-Systemen in der Kärntner Kommunalverwaltung, 50 S.). Für kommunale Fragen relevante GI-Systeme und deren Funktionalitäten werden vorgestellt, und die häufigsten räumlich-digitalen Fachdaten. Die jüngste Entwicklung in der Verbreitung von GI-Systemen wird beleuchtet, und der Informationsverbund mit übergeordneten Institutionen (KAGIS, CNC). Mit "GEO-Government" als Teil des E-Government" wird ein Ausblick geboten, und last not least wird auf die ausführliche Einleitung verwiesen, die Grundinformationen zu GI ebenso umfasst wie Fragen der Geodatenpolitik.

M. SEGER

2004. ZÖHRER, BETTINA: Neue Ansätze des Regionalmanagements in der Region Südkärnten unter Berücksichtigung der EU-Rahmenbedingungen. Ein Evaluierungsversuch. 248 Seiten.

Die umfangreiche Arbeit spannt einen weiten Bogen von der Theorie der Regionalpolitik über die Europäische Strukturpolitik und deren Umsetzung in Kärnten bis zu einem ausführlichen Fallbeispiel (Regionalmanagement „Südkärnten").

Die Autorin hat mit dem veröffentlichungsreifen Werk eine hervorragende Leistung vollbracht. Besonders hervorzuheben ist der klare und logische Aufbau der Arbeit ergänzt durch Lesehilfen (z.B. Begriffserklärung Seite 239 ff.) und die Präzision, mit der die Fallstudie durchgeführt wurde. Diese umfasst eine Befragung von fast 100 regionalen Akteuren in Südkärnten und bringt diesbezüglich interessante Ergebnisse, die im Durchschnitt eine positive Einstellung zum Regionalmanagement zeigen. (Allerdings lässt sich auch eine gewisse Indifferenz einiger Befragten ableiten.)

Die technische Ausstattung (Tabellen und aktuelle Farbkarten) ist hervorragend.

M. SAUBERER

B. Wissenschaftliche Veröffentlichungen der Mitglieder des Institutes für Geographie und Regionalforschung der Universität Klagenfurt

O. Univ.-Prof. Dr. MARTIN SEGER:

2004. Endogene Entwicklung unter externen Einflüssen. Prozesse im österreichischen Berggebiet. In: GAMERITH et al. (Hrsg.): Alpenwelten-Gebirgswelten (54. Dt. Geogr.Tg. Bern 2003, Tagungsbericht u. wiss. Abhandlungen), S. 653–662.

Landinformationssystem Österreich. In: GRILLMAYER, R. u. W. SCHNEIDER (Hrsg.): Geodaten zur Landbedeckung in Österreich, S. 45–56.

Borders 3: GeographInnen-Symposium zur EU-Erweiterung im Dreiländereck, 3. bis 5. Mai 2004. In. UNISONO, ZS der Universität Klagenfurt, 6/2004, S. 6–7.

Welt der Alpen – Gebirge der Welt; Buchbesprechung. In: Geographica Helvetica H. 3, S. 246–247. (Hrsg. u. Schriftleiter): MÖGG (Mitteilungen d. Österr. Geographischen Gesellschaft) 146, 443 Seiten, Selbstverlag der ÖGG, Wien.

gem. m. MOSTAFA MOMENI: Miyanabad – Stiftungsdorf im Weichbild der Metropole Teheran. In: MÖGG 146, S. 93–110.

gem. m. WOLFGANG SITTE: Elisabeth Lichtenberger 80 Jahre. In: MÖGG 146, S. 11–12.

gem. m. HEINZ NISSEL: Die Iran-Exkursion der ÖGG. In: MÖGG 146, S. 427–430.

gem.m. F. ASPETSBERGER u. E. BRUCKMÜLLER (Hrsg.): Österreich in Geschichte und Literatur mit Geographie. 48. Jg.

(Hrsg. u. Schriftleiter): MÖGG (Mitteilungen d. Österr. Geographischen Gesellschaft) 146, 443 Seiten, Selbstverlag der ÖGG, Wien.

Ass.-Prof. Mag. Dr. PETER MANDL:

2004. The Assessment of Constrained Markov Chain Models and Multi Agent Based Models for Adequately Representing the Development Process of Settlement Areas in a Central European Region. Regents of the University of California. In: GiScience 2004, Extended Abstracts and Poster Summaries, S. 306–308.

Prof. L1 Dr. FRIEDRICH PALENCSAR:

2004. Das Kaufverhalten und die Kaufkraft von Jugendlichen. Taschengeldausgaben der Schüler/Innen der Kärntner Tourismusschulen und ihre ökonomische Bedeutung für den Schulstandort Villach. In: IDE – Informationen zur Deutschdidaktik, Studienverlag Innsbruck-Wien-München-Bozen, 28. Jg., Heft 3, S. 78–87.

gem. m. ALTZIEBLER H: Tanárképézesi Együttmüködés Az Egyetem Ès Iskolák Között (Az Elsö Öt Èv) (Cooperation in teacher education between university and schools the first five years). In: E. CSOBOD, A. VARGA (Hrsg.): Fenntartható közösségek és iskolafejlesztés (Tagungsband der ENSI)Országos Közoktatási Intézet, S. 74–76.

Lektor HR Univ.-Doz. Dr. WOLFGANG SCHWARZ:

2004. The Position of the Region of Lower Austria (Land Niederösterreich). Guidelines on National Regional Aid 2006+. EU Regional Policy (Structural Funds) 2007–2013. Government of Lower Austria. St. Pölten 2004, 31 S.

Kapitel 4 (Räumliche Strukturen), 5.8 (Industrie, produzierendes Gewerbe und wirtschaftsnahe Dienste) und 5.9 (Innovation und Technologie). In: Amt der NÖ Landesregierung (Hrsg.): strategie niederösterreich – Landesentwicklungskonzept. St. Pölten 2004, S. 30–50, 78–84.

Die Verwaltungsbezirke von Niederösterreich – Daten und Fakten (1. Teil). In Archiv, Anhang 31–41. Archiv Verlag, Wien 2004.

Univ.-Ass. Dr. habil. KAREN ZIENER:

2004. Die Region Unteres Odertal – Entwicklung ländlich-peripherer Räume in Brandenburg und Westpommern (Pomorze Zachodnie) zwischen Naturschutz und Tourismus. In: WIECKERT, ROLAND und CHRISTOF ELLGER (Hrsg.) (2004): Exkursionsführer: Berlin + Brandenburg zwischen Kiez, Metropole und ländlicher Peripherie. Räumliche Entwicklungen seit 1989/90, Berlin, S. 302–309.

C. Veranstaltungen des Geographischen Kolloquiums und Gastvorträge am Institut für Geographie und Regionalforschung der Universität Klagenfurt

22.01.2004	Prof. Dr. DAN BALTEANU: „The Romanian Carparthians on the Way to Sustainability" (Direktor des Instituts für Geographie der Rumänischen Akademie der Wissenschaften Bukarest)
11.03.2004	Dr. habil. KAREN ZIENER: „Das Konfliktfeld Erholungsnutzung – Naturschutz in Nationalparken und Biosphärenreservaten" (Institut für Geographie und Regionalforschung Klagenfurt)
14.05.2004	Doz. Dr. WOLFGANG SCHWARZ: „Regionalentwicklung in der EU-15 – Ergebnisse einer rückwirkenden empirischen Analyse" (Abt. Raumordnung und Regionalpolitik, NÖ Landesregierung)
21.05.2004	Mag. URSULA BAUER, Wien u. Gemeinderätin ANGELIKA HÖDL, Klagenfurt: „Probleme der Frauenpolitik und Stadtplanung in Wien und Klagenfurt"
24.05.2004	Dr. IGOR ROBLEK, Klagenfurt: „Die Alpenkonvention als Modell der nachhaltigen Regionalentwicklung in Berggebieten. Aktuelle Aktivitäten des neu eingerichteten Ständigen Sekretariates"
02.06.2004	Mag. WILLIBALD SCHICHO: „Der Standort Kärnten im Lichte der neuen ÖBB" (Österr. Bundesbahnen, Leiter Cargo Süd)
17.06.2004	Mag. GABRIELE STOISER: „Lebensqualität in Klagenfurt – Ergebnisse einer empirischen Untersuchung" (Statistisches Amt der Stadt Klagenfurt)

23.06.2004	Prof. Milan Bucek: „Die Regionalprobleme der Slowakei im Hinblick auf die EU Mitgliedschaft" (University of Economics Bratislava)
07.10.2004	Prof. Dr. Wilfried Heller: „Tirana – Wachstum der Stadt durch Schrumpfung des Landes" (Universität Potsdam)
24.11.2004	Univ.-Prof. DI Georg Kotyza: „Das BESTE erhoffen und das SCHLIMMSTE befürchten (Alte stadtplanerische Lebensweisheit)" (Stadtplanung Wien)

VI. Institut für Wirtschaftsgeographie*), Regionalentwicklung und Umweltwirtschaft**) der Wirtschaftsuniversität Wien

Mit Wintersemester 1999/2000 wurde das Großinstitut für Wirtschaftsgeographie, Regionalentwicklung und Umweltwirtschaft mit vier Abteilungen errichtet. Das Institut vereinigt die raumwissenschaftlich orientierten akademischen Einheiten der WU unter einem Dach, das Institut für Wirtschafts- und Sozialgeographie (1898 gegründet als Seminar für Handelsgeographie, 1905 umbenannt in Geographisches Institut und Seminar für Wirtschaftsgeographie), das Institut für Raumplanung und Regionalentwicklung (1975 gegründet als Institut für Raumordnung) und das Interdisziplinäre Institut für Umwelt und Wirtschaft (gegründet 1991). Das neue Institut besteht aus folgenden vier Abteilungen: *Abteilung für Wirtschaftsgeographie und Geoinformatik (WGI), Abteilung für Stadt- und Regionalentwicklung (SRE), Abteilung für Wirtschaft und Umwelt (IUW), Abteilung für Angewandte Regional- und Wirtschaftsgeographie (ArWI).*

A. Habilitationen, Dissertationen und Diplomarbeiten

a) Abteilung für Wirtschaftsgeographie & Geoinformatik

Dissertationen

2004. WAGNER, Mag. DAVID MARKUS: Imageanalyse europäischer Städte mittels Faktoren- und Faktorkongruenzanalyse. Eine Studie am Beispiel der Städte Berlin, Dublin, Edinburgh, Heidelberg und Tallinn. Wirtschaftsuniversität Wien, 157 Seiten, 24 Abb., 45 Tab., 58 Seiten Anhang.

Der Autor legt eine Arbeit vor, die zu klären versucht, inwieweit sich verschiedene europäische Städte in der Wahrnehmung von TouristInnen unterscheiden. Bei der Behandlung dieser Fragestellung stützt sich der Autor auf standardisierte Gästebefragungen, die in Berlin, Dublin Edinburgh, Heidelberg und Talinn im Rahmen des Eurocity Survey [2000–2002] des europäischen Städtetourismusverbandes durchgeführt wurden. Gegenstand der vergleichenden Analyse ist die Frage 13 des Survey, die sich mit verschiedenen denotativen und konnotativen Aussagen der Gäste gegenüber der Stadt beschäftigt und deren Beurteilung anhand einer 5-Punkte-Likert-Skala gemessen wird.

Die Dissertationsschrift besteht aus einem Einleitungskapitel, fünf Hauptkapiteln und einer Zusammenfassung mit Ausblick. In Kapitel 1 führt der Autor in die Fragestellung ein und formuliert die Zielsetzung mit Faktorenanalyse und Faktorkongruenzanalyse das Image konkurrierender Destinationen im Städtetourismus darzustellen. Unter Image versteht der Autor in Anlehnung an NIERSCHLAG, DICHTL und HÖRSCHGEN (2002, S. 1282): „die Gesamtheit aller Vorstellungen, Einstellungen, Kenntnisse, Erfahrungen ..., die Menschen (Einzelpersonen oder Gruppen) mit einem bestimmten Meinungsgegenstand verbinden. Das Image charakterisiert ein Bezugsobjekt ganzheitlich, also insbesondere mit allen als relativ erachteten Einstellungsdimensionen".

Im zweiten Kapitel setzt sich der Verfasser, erstens mit messtheoretischen Fragen der kognitiven Komponenten des Destinationsimages auseinander und zweitens mit dem Instrumentarium einer Faktorenanalyse [und der Faktorkongruenzanalyse] im Vergleich zu alternativen Analysetechniken. Kapitel 3 geht auf Probleme beim Vergleich von Imageanalysen von Tourismusdestinationen ein. Die Diskussion konzentriert sich auf die Ursachen heterogener Daten und die Auswirkungen auf vergleichende Analysen. Der Autor folgt hier

---

*) http://www.wigeoweb.wu-wien.ac.at, http://wu-wien.ac.at/arwi/
**) http//www.wu-wien.ac.at/iuw

KOTABE'S (2001) Unterteilung in technische, konzeptionelle und semantische Unterschiede und erläutert diese anhand von Beispielen aus der touristischen Marktforschung.

Kapitel 4, Kapitel 5 und Kapitel 6 stellen den Kern der Arbeit dar. In Kapitel 4 wurden die Variablen mit einer Faktorenanalyse [Hauptkomponentenanalyse; Ähnlichkeitsmessung: Produktmomentkorrelation; Rotation: Varimax] auf einige wenige Dimensionen reduziert, die das Image der Einstellungen repräsentieren sollen. Es zeigt sich, dass die erzielten städtespezifischen Ergebnisse nur bedingt miteinander vergleichbar sind. Aus diesem Grund folgt der Autor in Kapitel 5 dem von LEVINE (1977, S. 43) vorgeschlagenen Verfahren der gepoolten Faktorenanalyse und in Kapitel 6 der bei internationalen Studien bereits bewährten Faktorkongruenzanalyse (CAVUSGIL 1985). Als Weiterentwicklung des Computerprogramms FACISM (ARORA und VAUGHN 1981) hat der Autor ein Tool zur Berechnung der Kongruenzkoeffizienten mit Hilfe der Statistiksoftware R programmiert. Der Autor zeigt u.a., dass sich Dublin und Edinburgh in der Wahrnehmung der Touristen stark ähneln, während Berlin und Heidelberg relativ verschieden wahrgenommen werden. Kapitel 7 schließlich fasst die wichtigsten Ergebnisse der Arbeit zusammen.

M. M. FISCHER

Diplomarbeiten

2004. BARENSCHER, KAI: Neuer Ansatz im Geomarketing: Von konventionellen Geomarketingsystemen zu netzwerkbasierten ASP-Geomarketingmodulen. Universität Hannover, 99 Seiten, 25 Abb., 6 Tab.

Zielsetzung der Diplomarbeit ist es, „beim Wandel von traditionellen Geomarketingsystemen anzusetzen und den Bedeutungsgewinn der netzwerkbasierten Geomarketingmodule zu verdeutlichen". Die Einbindung des Application-Service-Providing [ASP] Modells der Informationswirtschaft wird als Triebfeder dieser Entwicklung zu Grunde gelegt. Inhaltlich folgt die Diskussion einer aus dem Titel der Arbeit abgeleiteten Schlagwortkette einschließlich der Darstellung eines Fallbeispiels und einer betriebswirtschaftlichen Beurteilung des Konzeptes der ASP-Geomarketingmodule. Im einleitenden Kapitel skizziert der Verfasser kurz den (geo-)informationstechnischen Kontext, in dem die Forschungsaufgabe behandelt wird, den Aufbau der Arbeit und die Methodik. Kapitel 2, mit dem Titel „Geomarketing", soll Grundlagen vermitteln, die für das Verständnis von GIS-Applikationen im Marketingmanagement notwendig sind. Dies ist eine schwierige Aufgabe, die die Integration technischer und methodischer Konzepte der Geoinformationswissenschaft im Lichte Marketing-spezifischer Problem- und Anwendungsbereiche erfordert. Im dritten Kapitel werden Grundlagen netzwerkbasierter geographischer Informationssysteme expliziert. In Kapitel 4 wird das Applikation Service Providing [ASP] Modell vorgestellt und mit Hinweisen auf die Bedeutung für das Fallbeispiel versehen. Kapitel 5 und Kapitel 6 repräsentieren den innovativen Kern der Arbeit. Hier werden die theoretischen Grundlagen [Kap. 2 bis Kap. 4] im Fallbeispiel zusammengeführt und nach betriebswirtschaftlichen Aspekten beurteilt. Beide Kapitel basieren auf Expertenbefragungen. In Kapitel 5 wird am Beispiel der Touren- und Routenplanung eines Pharmakonzerns die technische Realisierung netzwerbasierter ASP-Geomarketingmodule aufgezeigt. Kapitel 6 umfasst eine betriebswirtschaftliche Beurteilung des Konzeptes der ASP-Geomarketingmodule. Es werden Fragen der Transaktionskosten, urheber-, vertrags- und datenschutzrechtliche Aspekte und der Preisgestaltung für ASP-basierte Geomarketing Dienste thematisiert. Die interessante Frage nach dem Marktpotenzial derartiger Dienste wird abschließend kurz diskutiert.

P. STAUFER-STEINNOCHER

2004. HAIMBÖCK, KLAUS-DIETER: Schnittstelle für Drittanbieter von standortbasierten Mehrwertdiensten. WU Wien, 97 Seiten, 50 Abb., 5 Tab.

Diese Diplomarbeit beschäftigt sich mit der Frage, wie eine Schnittstelle aussehen müsste, mit der Mobilfunkbetreiber die Standortdaten ihrer Kunden an Drittanbieter weitergeben können, damit diese netzübergreifende standortbasierte Mehrwertdienste für alle Netzbetreiber und Kunden anbieten können. Derzeit ist es jedoch so, dass die meisten Mobilfunkunternehmen jeweils eine eigene Strategie zu diesem Thema verfolgen und ihre eigenen Applikationen entwickeln bzw. zukaufen. Dies führt auf längere Sicht dazu, dass die Telekomunternehmen die Applikationen selbst warten müssen bzw. bei mehreren Netzbetreibern jeweils die gleiche Applikation läuft, allerdings getrennt von den anderen Anbietern und deren Daten. Diese Arbeit zeigt anhand von Prototypen technische Möglichkeiten auf, wie Mobilfunkbetreiber die Positionsdaten ihrer Mobilfunkkunden an Drittanbieter weitergeben können, damit diese Applikationen entwickeln und betreiben können, die dann von allen Kunden, egal von welchem Betreiber, gemeinsam genutzt werden können.

M. M. FISCHER und P. STAUFER-STEINNOCHER

2004. KERN, NICOLE: The Expansion of No-Frills Airlines in the United Kingdom. WU Wien, 90 Seiten, 24 Abb., 19 Tab.

In the European context the term no-frills airline came up first in Great Britain. Even before the deregulation, Great Britain had liberalised parts of its commercial passenger air transport and was the first European country to base a low cost carrier. Although low cost airlines have grown substantially, there are only little data on no-frills available. The objective of the thesis is to survey the expansion of no-frills airlines in the UK. In this context different business models of the low cost carriers and the full service airlines are discussed. Furthermore the study identifies the European no-frills markets and sheds some light on the position of the UK. As a result the thesis provides some evidence that low cost airlines and premium airlines have different business models. The UK air passenger market is particular with regard to its huge catchment population and a number of secondary airports which are granting subsidies. Besides, it is the second most important market as far as worldwide passenger air transport is concerned. Even today, the UK is the leading European country in no-frills operations; although its growth rate is far below that of other European countries such as Germany.

M. M. FISCHER und T. ROEDIGER-SCHLUGA

2004. KRANZELMAYER, GREGOR: Standortanforderungen für Praxen freiberuflicher Physiotherapeuten in Wien. WU Wien, 98 Seiten, 19 Abb., 11 Tab.

Die Standortproblematik für Praxen freiberuflicher Physiotherapeuten wird in dieser Arbeit erstmals am Beispiel Wiens untersucht. Die normative Standorttheorie und der behaviouristische Ansatz zur Standortfrage werden als Rahmenwerk zur Beschreibung von Standortfaktoren, Standortsuchprozess und Standortanforderungen in Kapitel 1 herangezogen. Kapitel 2 beschreibt das Unternehmen „Physiotherapiepraxis". Es werden der „physiotherapeutische Prozess", Ziele freiberuflicher Physiotherapeuten und das durch eine große Vielfalt gekennzeichnete Spektrum der von freiberuflichen Physiotherapeuten angebotenen Dienstleistungen erklärt. Kapitel 3 gewährt einen Überblick über relevante Umweltbedingungen für eine freiberufliche Tätigkeit als Physiotherapeut in Wien. Rechtliche Rahmenbedingungen, die Konkurrenzsituation sowie die demographischen und infrastrukturellen Rahmenbedingungen in Wien werden erläutert. Kapitel 4 enthält Fallstudien zu den Praxistypen „Einzelpraxis mit Kassenvertrag", „Einzelpraxis ohne Kassenvertrag", „Gemeinschaftspraxis mehrerer Physiotherapeuten" und „Praxisgemeinschaft von Physiotherapeut und Arzt". Kapitel 5 präsentiert eine Zusammenfassung und die Conclusio der vorliegenden Arbeit.

M. M. FISCHER und T. ROEDIGER-SCHLUGA

2004. LOIBL, BETTINA: Bedarfsanalyse für die qualifizierte Versorgung pflegebedürftiger SeniorInnen am Beispiel Wien. WU Wien, 84 Seiten, 3 Abb., 51 Tab.

Im Rahmen dieser Arbeit wird der Zusammenhang zwischen Überalterung und Pflegebedürftigkeit untersucht. Darüber hinaus werden die Auswirkungen auf das Angebot an qualifizierter Versorgung pflegebedürftiger SeniorInnen in Wien dargestellt, welche sich durch die mittel- und langfristige Abschätzung der Bedarfsentwicklung ergeben, um ein lückenloses Pflegenetz zu gewähren. Es wird festgestellt, dass die Problematik des demographischen Alterns der Bevölkerung bereits in vollem Gange ist: Unabhängig vom gewählten Bevölkerungsszenario wird der Anteil der älteren Menschen sowohl absolut als auch relativ ansteigen. Somit wird auch der Bedarf an qualifizierter Betreuung zunehmen, wobei es zu unterschiedlichen Entwicklungen bei den einzelnen Leistungen und Leistungsträgern kommen wird. Aus Sicht der SeniorInnen wird hierbei der finanzielle Aspekt hauptausschlaggebend sein: Jene Dienste, welche über die staatlichen Krankenkassen abgerechnet werden können, werden stärker nachgefragt werden als jene, die von den betroffenen Personen privat bezahlt werden müssen.

M. M. FISCHER und P. STAUFER-STEINNOCHER

2004. PETAUTSCHNIG, SABINE: E-Commerce im Lebensmittelhandel – Zielmarktevaluierung und Analyse eines Geschäftsmodells für einen E-Tailer in Österreich. WU Wien, 95 Seiten, 28 Abb., 7 Tab.

Durch die Entwicklung neuer Informations- und Kommunikationstechnologien bietet sich dem traditionellen Lebensmitteleinzelhandel die Möglichkeit das Internet als Informationsmedium für die Kunden und als neuen Vertriebsweg für Produkte des täglichen Bedarfs zu nutzen. Der Erfolg des E-Tailing Service ist von der Analyse der Kundenbedürfnisse und der Abstimmung des Geschäftsmodells auf dieselben abhängig. Die Konzentrationstendenzen im österreichischen Lebensmittelhandel verstärken den Konkurrenzdruck auf die einzelnen Unternehmen. Differenzierungsmöglichkeiten und Mittel zur Kundenbindung sind verstärkte Kundenorientierung und mehr Servicequalität. Auf der Basis einer Evaluierung der Standortfaktoren der Region Nordostösterreich [Burgenland, Niederösterreich, Oberösterreich und Wien] und der Zielgruppenanalyse wird die Auswahl des regionalen Operationsbereiches auf zehn Gemeinden beschränkt. E-Tailer müssen besondere logistische Herausforderungen bewältigen. Neben den logistischen Bedürfnissen der Produkte des Frischsortiments, stellen Lagerstruktur- und Routenplanung eine wesentliche Aufgabe der Logistikabteilung dar. Das Ziel der Marketingstrategie ist es die Zielkunden durch die Wahl des entsprechenden kommunikationspolitischen Mix von den Vorteilen des neuen Service zu überzeugen. Die Wahl der Markteintrittsstrategie und die Einbindung des E-Tailing Service in das bisherige Unternehmen sind von der jeweiligen Struktur und der Unternehmensphilosophie abhängig.

M. M. FISCHER und P. STAUFER-STEINNOCHER

2004. REIMANN, AXEL: GIS-unterstützte Patientenanalyse der Universitätskliniken Wien und Innsbruck. WU Wien, 144 Seiten, 87 Abb., 25 Tab.

Diese Arbeit beschreibt den möglichen Einsatz von GIS-Technologie bei der Auswertung und Analyse von Patientendaten des stationären Bereiches des Allgemeinen Krankenhauses Wien, Universitätskliniken, und des Landeskrankenhauses, Universitätskliniken, Innsbruck, für den Zeitraum von 1997 bis 2000. Für ein besseres Verständnis der Materie und des Umfeldes wird zunächst ein Überblick über den Einsatz von GIS-Technologie im Gesundheitsbereich gegeben. Weiters erfolgt eine Darstellung des österreichischen Gesundheitswesens und der Leistungsorientierten Krankenanstaltenfinanzierung (LKF-System), da dies die Datenbasis für die in dieser Arbeit durchgeführten Analysen und Auswertungen liefert. Anschließend werden für die beiden Krankenanstalten diverse Auswertungen und Analysen durchgeführt, um den Nutzen eines GIS für dieses Einsatzgebiet zu verdeutlichen, gefolgt von einem Vergleich der Ergebnisse. Im abschließenden Kapitel erfolgt eine Zusammenfassung der Arbeit sowie ein Ausblick auf mögliche zukünftige Entwicklungen.

M. M. FISCHER und P. STAUFER-STEINNOCHER

2004. TILLMANN, RENÉ: Teleworking in Österreich und mögliche Auswirkungen auf den Arbeitsverkehr am Beispiel Hewlett Packard Österreich. WU Wien, 97 Seiten, 37 Abb., 32 Tab.

Die Zielsetzung der Arbeit Teleworking in Österreich und mögliche Auswirkungen auf den Arbeitsverkehr am Beispiel Hewlett-Packard Vienna liegt in der Erarbeitung von empirischen Ergebnissen bezüglich der Wirkung von Teleworking auf den Pendelverkehr. Die durchgeführte Befragung der Beschäftigten des Unternehmens Hewlett-Packard in der Betriebsniederlassung HP-Nord zählt mit 409 Teilnehmern zu den weltweit größten Untersuchungen in diesem Forschungsfeld. Eine weitere Besonderheit dieser Untersuchung liegt darin, dass in die Befragung sowohl Teleworker als auch nicht Teleworker integriert worden sind. Somit ergibt sich die Möglichkeit die Unterschiede zwischen Teleworkern und Nicht-Teleworkern zu isolieren. Da die Anzahl der Teilnehmer ca. zwei Drittel der Beschäftigten des Betriebes ausmacht, wird dadurch eine repräsentative Darstellung der Anwendung von Teleworking in einem Betrieb dargestellt. Um die Ergebnisse dieser Arbeit international einordnen zu können wird in weiterer Folge ein Überblick über die Entwicklung von Teleworking im Allgemeinen und über vergleichbare Studien im Besonderen gegeben. Es zeigt sich, dass Teleworking mit einer Reduktion von 8,4% der Pkw-Kilometer den Pendelverkehr signifikant verringert. Im Vergleich zu anderen Studien fällt diese Reduktion weit deutlicher als erwartet aus. Es zeigt sich überdies, dass Teleworker dieser neuen Arbeitsform weit positiver gegenüberstehen als Nicht Teleworker, welche die Nachteile von Teleworking auch deutlich schwerwiegender beurteilen als Teleworker. Die Ergebnisse lassen den Schluss zu, dass durch die laufenden Verbesserungen der technischen Rahmenbedingungen ein rasches Wachstum von Teleworking generiert wird. Teleworking scheint einen wirksameren Beitrag zur Reduktion von Verkehr zu leisten als bisher angenommen worden ist.

M. M. FISCHER und T. ROEDIGER-SCHLUGA

2004. ZIPPERER, PETER: Spendermarktanalyse für die Österreichische Kinder-Krebs-Hilfe. WU Wien, 86 Seiten, 27 Abb., 36 Tab.

Nonprofit Organisationen (NPO) spielen heutzutage eine bedeutende Rolle in jeder modernen Gesellschaft. Ihr Betätigungsfeld erstreckt sich dabei über alle Bereiche des täglichen Lebens. So auch in Österreich. Da Nonprofit Organisationen ihre Ziele nicht über Profit, sondern über die Qualität und Quantität ihrer bereitgestellten Leistungen definieren, hängt ihr Überleben von der Aufbringung der benötigten Mittel ab (Fundraising). Diese Arbeit zeigt anhand der Österreichischen Kinder-Krebs-Hilfe, wie man den Spendermarkt aufgrund gesammelter Daten seiner bestehenden Spender analysieren kann (Database Marketing), um den Prozess des Fundraisings möglichst effizient zu gestalten. In der vorliegenden Untersuchung geht es darum, mit Hilfe eines Geographischen Informationssystems die spenderstärksten Regionen zu ermitteln, und ein Profil adäquater soziodemographischer Merkmale von diesen zu erstellen. Die Arbeit konzentriert sich dabei im Detail auf die österreichischen Bundesländer Wien, Niederösterreich und Burgenland, da nur für diese Regionen die relevanten Daten seitens der Kinder-Krebs-Hilfe zur Verfügung standen. Anschließend wird nach Regionen mit ähnlichen sozidemographischen Regionalprofilen gesucht, mit der Prämisse, dass in diesen Gebieten ebenfalls ein erhöhtes Spenderpotential zu erwaten ist. Auf diese Gebiete sollen in weiterer Folge die Akquisitionsmaßnahmen mittels Direktmarketing verstärkt fokussiert werden. Diese Vorgehensweise baut auf dem Prinzip der sozialen Segregation auf, welche das Verhalten der Konsumenten/Spender in direkten Bezug zu ihrem Wohnumfeld setzt. Das Ergebnis dieser Untersuchung soll dazu beitragen, die Streuungsverluste beim Fundraising zu verringern, eine Optimierung des verwendeten Marketingbudgets zu bewirken und einen Informationszuwachs für zukünftige Akquisitionsmaßnahmen zu erhalten. Die Arbeit schließt mit konkreten Handlungsempfehlungen zur Spendenakquisition für die Kinder-Krebs-Hilfe ab.

M. M. Fischer und P. Staufer-Steinnocher

b) Abteilung Angewandte Regional- und Wirtschaftsgeographie

Dissertationen

2004. Gfrerer, Josef: Die Rolle der Unternehmen in Technologie- und Gründerzentren im Innovationsprozess der österreichischen Wirtschaft und ihre Bedeutung für regionalwirtschaftliche Impulsgebung mit Schwerpunktsetzung auf das Land Oberösterreich. 2 Bände, zus. 434 Seiten, graph. Darst.

2004. Mackinger, Birka: Die raumwirtschaftlichen Auswirkungen des Designer Outlet Center (DOC) Parndorf auf den Einzelhandel, den Tourismus und den Arbeitsmarkt. 333 Seiten, graph. Darst.

Lokalisierte Investitionen und wirtschaftliche Aktivitäten sind immer in einer bestimmten Weise in Wirtschaftliche Regionalsysteme eingebunden. Das ambivalente Verhältnis der individuellen Elemente, der Unternehmen, Standorte, Standortguppen, Subsysteme usw. zu den jeweils für sie bedeutsamen Regionalsystemen besteht einerseits immer aus einem reaktiven und durch Selektion und Bewertung bestimmten „Standortverhalten", einer „Einordnung" und „Verortung" im Raumsystem und wird andererseits durch die „Wirkungen" der wirtschaftlichen Elemente im Raumsystem relevant. Dabei stehen diese beiden Dimensionen in einem Verhältnis, dass man nur mit dem „Henne-Ei-Problem" beschreiben kann. Diese „Auswirkungen" von Investitionen und wirtschaftlichen Aktivitäten sind äußerst vielfältig, sie lassen sich aber, wie auch in der vorliegenden Dissertation andiskutiert (vgl. Kap. 1.4.3 und 1.4.4, vgl. auch S. 16), durchaus systematisch fassen: die erste Wirkungsebene ergibt sich aus der „Existenz" von wirtschaftlichen Subjekten (z.B. durch den Platzverbrauch, die Marktpräsenz, den Verbrauch von Investitionsmitteln usw.), eine zweite durch „Externalitäten", also durch mehr oder weniger kostenlose und/oder nicht vermeidbare Nachbarschaftseffekte; auf der dritten Ebene durch aktive „Tauscheffekte", die sich als Regionaleffekte aus den regionalen Verflechtungen ergeben, und letztlich auf der vierten Ebenen aus den möglichen aktiven regionalen Integrationseffekten, durch die aus der zunächst dezentralen regionalen Produktionsstruktur zentrale regionale Produktionsmuster produziert werden können (z.B. Netzwerke, regionale Kooperationen, Clusterbildung usw.)

Die vorliegende Dissertation befasst sich mit klar begründeter Einschränkung mit den Regionaleffekten, den „raumwirtschaftlichen Auswirkungen" wirtschaftlicher Subjekte am Beispiel des DOC Parndorf (vgl. zentrale Forschungsfrage; S. 8). Die reinen „Existenzeffekte" am Standort selbst werden nicht untersucht und die Integrationseffekte werden als Lösungsansatz propagiert (vgl. S. 237). DOS´s oder FOC´s sind wirtschaftliche Institutionen, welche die regionale Situation in ganz besonderer Weise beeinflussen und insbesondere direkte Einflüsse auf den jeweiligen Standort und die Region ausüben und besonders im Bereich Einzelhandel, in speziellen Fällen auch auf den Tourismus und auf den Arbeitsmarkt sowie auf die Einkommenssituation und -kreisläufe wesentlichen Einfluss ausüben können. Diese Einflüsse können regional sehr unterschiedlich dimensioniert sein. In der vorliegenden Arbeit wird daher richtiger Weise der Wirkungs- und damit der Untersuchungsraum nicht vorweg festgelegt, sondern erst in der empirischen Untersuchung zu „entdecken" versucht. (vgl. S. 8 und 9). Aufgrund der besonderen regionalen Situation des DOC Parndorf konzentriert sich die Arbeit auf die regionalen Auswirkungen auf den Einzelhandel der Region, der sich insbesondere durch ein geändertes Einkaufsverhalten der Konsumenten ergibt, auf die Kopplungseffekte im Tourismus und die Auswirkungen auf den Arbeitsmarkt (vgl. Aufbau der Arbeit: Abb. 1. S. 11).

Theoretisch geht die Arbeit im Kern von den Basisargumenten der Exportbasistheorie und ihrer postkeynsianischen Fundierung aus (Kap. 1.5.3.2.), die ja gerade bei einem auf externen Investitionszuflüssen basierenden und vornehmlich durch externe Kaufkraftzuflüsse getragenen DOC besonders gut geeignet scheint: Das DOC kann dabei als „basic sector" aufgefasst werden und es können Auswirkungen auf den „non basic sector" der Region über den Einkommenseffekt und über spill overs erwartet werden (vgl. S. 55); dieser Ansatz wird in der Arbeit dazu verwendet ein umfassendes Modell der regionalen Wirkungen des DOC (Abb. 6, S. 66) zu entwickeln – in diesem Modell fehlen die externen Investitionen durch den Errichter und Betreiber –, in das auch die Hypothesen eingebaut sind und aus dem sich auch die inneren Zusammenhänge dieser Hypothesen erschließen. Die formulierten Hypothesen (S. 67 und 68) decken die sechs wichtigen Bereiche der Fragestellung ab: Einkommenseffekte – lokaler Arbeitsmarkt, Einkommenseffekt – lokale Wirtschaftsverflechtungen, spill overs/Kopplungseffekte, spill overs/Kopplungseffekte im lokalen Einzelhandel, spill overs/Kopplungseffekte im lokalen Tourismus und direkte Konkurrenzwirkungen auf den Einzelhandel. Neben dem Exportbasiskonzept werden auch andere Theoriekonzepte angesprochen – Theorie der Zentralen Orte, Aktionsräumlicher Ansatz, Stadtentwicklungsmodell nach Thompson, Polarisationstheorie, Zentrum-Peripherie-Modelle –, die allerdings nur z.T. für die theoretische Konzeption des Forschungsansatzes nutzbar gemacht werden. Hier wäre eine integrative Diskussion sinnvoll gewesen oder man hätte diese Ansätze überhaupt weglassen können. Dafür wäre vielleicht ein etwas tieferer Einstieg in die Theorie der Regionaleffekte und der „raumwirtschaftlichen Auswirkungen" gut gewesen.

Mit dem Bezug auf das Exportbasiskonzept und dem Modell der regionalen Wirkungen des DOC entsteht ein klares Konzept und eine systematische Struktur für die empirische Arbeit: Die Arbeit stützt sich auf verschiedenes sekundärstatistisches Material (insbesondere bei der Analyse der Arbeitsmarkteffekte) und auf breit angelegte empirische Erhebungen in Form von qualitativen strukturierten Interviews zum Einkaufs- und Händlerverhalten, zu den Kopplungseffekten und zu den direkten und indirekten Auswirkungen insbesondere im regionalen Einzelhandel. Die Konsumentenbefragung umfasst 300 Interviews (Fragebogen siehe Anhang) mit einer entsprechenden Quotierung auf 20 % Konsumenten aus der Region, 15 % Urlauber in der Region und 65 % externen Ausflüglern – die nicht begründet ist –, die Händlerbefragung umfasst 90 Interviews (strukturierter Fragebogen siehe Anhang) mit einer Gruppe von 65 Händlern mit DOC-Branche und einer Kontrollgruppe von 25 Händlern ohne DOC-Branche. Zusätzlich wurden die Aussagen von 10 Experten mit ausführlichen Interviews in die Erhebung einbezogen. Die Repäsentativität wird soweit dies möglich und sinnvoll ist mit entsprechenden Methoden geprüft und bewertet (vgl. Kap. 2.2.4). Die Hypothesen, die mit den qualitativen empirischen Aussagen getestet werden sollen, werden ebenfalls statistisch auf ihre „Gültigkeit" geprüft und das Ergebnis jeweils auch bewertet (vgl. Kap. 2.2.5). Damit liegt eine methodisch klar strukturierte und empirisch stichhaltige Analyse vor.

Die Analyse der regionalen Auswirkungen von verorteten Wirtschaftseinheiten – also eines DOC's – erfordert die ausführliche Analyse des Subjektes, das diese regionalen Auswirkungen auslöst: das geschieht in einem umfangreichen Kapitel über das DOC (Kap. 3), in dem der Standort, die Strukturen, die Besucher und Kundenstruktur, Arbeitsplätze, das

Marketing und auch die regionalwirtschaftlichen Verflechtungen (Zulieferer) analysiert werden. Eine recht umfassende Analyse und Beschreibung des Untersuchungsraumes (Kap. 2), seiner allgemeinen wirtschaftlichen Entwicklung und die strukturelle Beschreibung des Einzelhandels, des Tourismus und des Arbeitsmarktes – der drei Hauptbereiche, für die die „Wirkungen" des DOC untersucht werden sollen – arbeitet die für die Interpretation und Bewertung der empirischen Analysen wichtigen Grundlagen klar heraus (vgl. Kap. 3.2.6).

Die Analyse der Wirkungen selbst ist in den beiden Bereichen zum Konsumentenverhalten und Händlerverhalten als qualitativer Ansatz konzipiert und es werden Meinungen, Einstellungen, Verhaltensmuster und Bewertungen der betroffenen Personen/Haushalte/ Betriebe erfasst, interpretiert und vor dem jeweiligen Theoriehintergrund bewertet. Damit wird ein möglicher Geo-Determinismus zwischen räumlichen Situationen (Nähe, Ferne, Erreichbarkeit usw.) und Regionaleffekten vermieden und von den „subjektiv" wahrgenommenen, bewerteten Wirkungen ausgegangen. Die Befragungsergebnisse werden jeweils ausführlich inhaltlich dargestellt und diskutiert (Kap. 4.1. und 5.1.) und dann auf die jeweils relevanten Hypothesen bezogen (Kap. 4.2. und 5.2.).

Die Arbeitsmarkteffekte (vgl. Kap. 6) werden vornehmlich über die Auswertung sekundärstatistischer Daten analysiert, wobei versucht wird über die Entwicklung der unselbständigen Beschäftigten, der Arbeitslosigkeit und der Einkommensentwicklung Auswirkungen des größten regionalen Arbeitgebers DOC auf den Arbeitsmarkt abzuschätzen. Auch hier werden entsprechende Hypothesen geprüft und bewertet (Kap. 6.6.). Dabei ergeben sich zwar klare Anhaltspunkt über Auswirkungen entsprechend den Hypothesen des Exportbasis-Modells, es bleibt aber eine beträchtliche Unsicherheit wegen des nicht ausräumbaren ceteris paribus-Problems.

Durch die sehr offene Abgrenzung des Untersuchungsraumes und des Wirkungsraumes der Raumeffekte kann auch eine recht klare Systematik der räumlichen Differenzierung von „Wirkungen" rund um die Wirkungsquelle herausgearbeitet werden: Am Standort selbst wirken Existenzeffekte und Externe Effekte über Agglomerationsentstehung und Standortimage, In der Nahregion sind Tauschbeziehungen und Zuliefereffekte wichtig aber auch unmittelbare Konkurrenz im Einzelhandelsbereich und positive Kopplungseffekte im Einzelhandel und Tourismus, die allerdings mit der Distanz zur Quelle abnehmen. In der Fernregion sind es vor allem die Konkurrenzwirkungen im Bezug auf die Absaugung von Kaufkraft für Markenprodukte.

Insgesamt liefert die Arbeit über die theoretisch gut fundierte und methodisch klar konzipierte Analyse wesentliche Aussagen zum wirtschaftsgeographisch sehr relevanten Grundproblem der „Wirkungen" im regionalen Kontext aber auch zu den allgemeinen regionalen Effekten von DOC´s und auch für den individuellen Fall des DOC-Parndorf (vgl. Abb. 21, S. 233, vgl. auch S. 234–238). In den Schlussfolgerungen wird auf die vierte Ebene von regionalen Wirkungen Bezug genommen (vgl. oben S. 1) und neben der besseren Nutzung des Kopplungspotentials ein „umfassendes, ganzheitliches Regional- und Standortmarketingkonzept" (S. 237) gefordert, also eine regionale partnerschaftliche Kooperation, in der das DOC eine Führungsrolle gemeinsam mit anderen führenden Institutionen in der Region (Gemeinden, Städte, Verbände, Großunternehmen) einnehmen sollte.

Ch. Staudacher

2004. Schwarz, Martin: Wettbewerbsstrategie „Internet" – Analyse strategischen Bewusstseins und Gestaltung einer virtuellen Strategie unter besonderer Berücksichtigung eines sich verändernden operativen Umfelds. 2 Bände, zus. 625 Seiten, graph. Darst.

2004. Winkler, Klaus: Regionalwirtschaftliche Aspekte und Besucherzufriedenheit von Großveranstaltungen – Fallstudie Wiener Donauinselfest. 2 Bände, zus. 383 Seiten, ca. 100 Seiten Anhang, graph. Darst.

Diplomarbeiten

2004. AUGUSTIN, HANS STEFAN: Tourismusstruktur und Tourismus in Südostasien – betrachtete Länder: Bangladesh, Kambodscha, Laos, Myanmar, Thailand, Vietnam. 325, ca. 130 Seiten, Illustr., graph. Darst., Kt.

2004. BODE, PHILIPP: Standortentscheidungen bei Forschungs- und Entwicklungseinrichtungen multinationaler Pharmaunternehmen. 142 Seiten, graph. Darst., Kt.

Arbeits- und Standortteilung sind bei Wirtschaftsunternehmen eines der kritischen Strategiekonzepte. Besonders deutlich wird das bei den großen internationalen Konzernen, die damit eine gezielte Verteilung von Unternehmensfunktionen auf den globalen Wirtschaftsraum und damit wesentliche Vorteile der Aggregation von Standortvorteilen verfolgen. Besonders interessant sind dabei besondere Unternehmensfunktionen wie die Forschung und Entwicklung. F&E-Abteilungen sind in vielen Branchen – ganz besonders z.B. auch in der Pharmaindustrie – eine ganz grundlegende Einrichtung der Prosperität und Konkurrenzfähigkeit und werden daher nicht nur als eigenständige Institutionen konstruiert, sondern auch aufgrund ihrer Standortsensibilität auch mit charakteristischen Standortmustern versehen.

Die vorliegende Arbeit befasst sich mit der Frage „wie forschende Pharmakonzerne mit den Möglichkeiten im Bezug auf ihre Standortentscheidungen und Planung bei F&E-Einrichtungen umgehen und welche Faktoren für diese Entscheidungen relevant sind." (S. 10). Diese Fragestellung wird in einer fruchtbaren Kombination von Literatur- (= Theorie-) und empirischer Arbeit, die aus der Auswertung von sekundärem Datenmaterial und einer qualitativen Analyse mit 8 Top-Managern von Pharma-Unternehmen besteht, sehr ambitioniert angegangen. In sehr umfangreicher Weise werden zunächst die Grundlagen der Standortproblematik überhaupt (Kap. 2) und die Standorttheorie (Kap. 3) diskutiert und dann auch auf die Netzwerkproblematik (Kap. 4) eingegangen. Dabei wird bei jedem Ansatz versucht, wesentliche Folgerungen und Erkenntnisse für die Themenstellung abzuleiten – das hätte man durchaus auch noch etwas intensiver und systematischer machen können. Ein wichtiger Ansatz liegt auch darin, die Pharmaindustrie und ihre Besonderheiten herauszuarbeiten (Kap. 5). Hier hätte man durchaus etwas intensiver und systematischer Arbeiten können, insbesondere dadurch, dass man F&E-Unternehmen systematischer auf Organisation, Immobilienansprüche, Einflüsse der Technik, Arbeitskräfte und dann daraus ableitend mit Bezug auf Standortansprüche. Die eigentliche Leistung der Arbeit liegt im empirischen Teil, in dem über Befragungen und qualitative Interviews mit Managern für 8 globale Unternehmen wesentliche Fakten der Standortmuster und der Standortwahl und -bewertung analysiert werden. Die Standortdokumentation der F&E-Einrichtungen dieser 8 Konzerne wird dann sinnvoller einer differenzierten Wertung und Klassifikation zugeführt. Besonders interessant sind dann die Ergebnisse der Interviews und deren Auswertung und Interpretation, wobei immer wieder versucht wird, diese Ergebnisse mit der Literatur und der Theorie in Verbindung zu bringen. In der textlichen Darstellung hätte man sich vielleicht etwas mehr Systematik in der Auswertung erwartet.

CH. STAUDACHER

2004. BRITT, ANDREAS: Tourismus und Tourismusentwicklung in Payerbach und Reichenau. 156, LX Seiten, graph. Darst., Kt.

2004. DOTZOVA, LILIANA: Foreign direct investment in Bulgaria, with special reference to the Austrian investment performance. V, 103 Seiten, graph. Darst.

2004. ENZENDORFER, SYLVIA: Die Aktivität österreichischer Unternehmen in der Tschechischen Republik. 109 Seiten, Illustr., graph. Darst., Kt.

2004. ERNST, SONJA: Analyse der Anwendung des Destinationsmanagement-Konzeptes in der Region Hochkönig. 124 Seiten, Illustr., graph. Darst., Kt.

Touristische Regionalstrukturen sind – vereinfacht – entweder historisch gewachsen und damit dezentral organisiert, oder sie sind als zentral geführte und durch zentrale Finanzierung entstandene Komplexe, in denen die ganze touristische Wertschöpfungskette integriert ist, ein einheitliches Marketing besteht und die auch am Markt einheitlich auftreten. Gewachsene touristische Regionalstrukturen verfügen nicht über solche zentrale Bedingungen und brauchen daher besondere Organisationsleistungen, um solche für den Wettbewerb wichtigen integrierten Strukturen zu erreichen. Das Destinationskonzept ist dabei heute der prominenteste Ansatz. Er ist darauf ausgerichtet durch Selbstentwicklung solche zentralen Strukturen und eine zentrales Management aufzubauen, ohne dass dabei die Selbständigkeit der einzelnen Elemente des Regionalsystems verloren geht. So gesehen ist das touristische Destinationskonzept ja auch ein Modell für viele andere Formen der Integration von Regionalsystemen wie z.B. von Geschäftsstraßen, von Stadtzentren oder von Bahnhofsvierteln usw.

Die vorliegende Arbeit befasst sich am Beispiel der Region Hochkönig (Salzburg) „mit neuen Theorien zur Struktur, Management und Marketing touristischer Destinationen" und mit der „Tourismusregion Hochkönig als Fallbeispiel einer Destinationsanalyse" (S. 5). Dabei wird ein besonderer Schwerpunkt auf Analyse des touristischen Netzwerkes der Akteure und Entscheidungsträger, die Formen der Kooperation, die Regeln des Zusammenspiels und die Strategien gelegt (S. 6). Nach der Darstellung der Problemstellung und Zielsetzung (siehe oben) werden wesentliche Grundlagen erarbeitet: Es werden zunächst die wesentlichen Grundlagen anhand der relevanten Literatur diskutiert, auf die touristische Produktion, den Destinations-Begriff, den Systemcharakter von Destinationen und die Kooperation als wichtigstes Instrument der Destinationsgestaltung Bezug genommen (Kap. 2). Dann wird das Destinationsmanagement als grundlegende Wettbewerbsstrategie diskutiert (Kap. 3). Dabei werden die Besonderheiten dieser Konzeption klar heraus gearbeitet, die Ziele dargestellt und vor allem die Schlüsselelemente des Destinationsmanagements (vor allem nach BRATL/SCHMIDT 1998) herausgearbeitet. Diese bilden dann auch den Leitfaden für die spätere Analyse der Region Hochkönig (vgl. unten). Damit ergibt sich eine klare Verbindung von Theorie und praktischer Fallstudienanalyse. Die Analyse der Region Hochkönig nach dem Destinationskonzept ist dann zweigeteilt aufgebaut: Es beginnt mit einer Darstellung des Destinationszustandes und darauf aufbauend wird dann die Destinationsentwicklung diskutiert (Kap. 4). Die Untersuchungen basieren auf der Auswertung von Sekundärmaterial, auf Beobachtungen und besonders auf Experteninterviews, die bei der Analyse der Netzwerkstrukturen grundlegend sind. Die Arbeit liefert dann eine recht ausführliche Ist-Analyse (Kap. 4.3.1.–4.3.7) der touristischen Strukturen, der regionalen Organisation, der Zusammenarbeitsformen usw. wobei insbesondere herauskommt, dass durch die Dreiteilung in die Gemeinden Mühlbach, Dienten und Maria Alm eigentlich außer wenigen übergreifenden Aspekten, keine wirkliche Destinationsintegration besteht. Das beruht auch auf der „Raumstruktur", die man hätte etwas systematischer analysieren können! Dann wird die mögliche Anwendung des Destinationskonzeptes auf die Region diskutiert, wobei auf die 6 Schlüsselelemente (vgl. oben) zurückgegriffen wird: Damit erfolgt auch ein systematische Wertung der Situation und es werden bei der Weiterentwicklung zur Destination die wesentlichen Problemgebiete herausgearbeitet.

CH. STAUDACHER

2004. FLECK, MICHAEL KLAUS: Die Auslandsbetätigungen von kleinen und mittleren Unternehmen und die Attraktivität des südafrikanischen Marktes. IX, 97 Seiten, graph. Darst., Kt.

2004. FLECK, ROBERT: Auswirkungen von U-Bahn Stationen in der Entwicklung von Stadtvierteln. 88 Seiten, graph. Darst., Kt.

2004. FRÜHWIRTH, WERNER: Eine Untersuchung der geographischen Auswirkungen der Reform der Gerichtsorganisation Österreichs auf Bezirksgerichtsebene. 139 Seiten, graph. Darst., Kt.

2004. GÖSCHL, MANUEL: Kommunikationsnetze. 141 Seiten, graph. Darst., Kt.

2004. GÖTZ, CHRISTINA: Regionalentwicklung im Südburgenland – Organisationsmodelle einer eigenständigen und nachhaltigen Regionalentwicklung. V, 228, ca. 28 Seiten, graph. Darst., Kt.

Regionalentwicklung ist derzeit generell gekennzeichnet durch extrem starke Aufsplitterung der Arten und Dimension von Projekten, der Zuständigkeiten, der Förderungsmodalitäten, der politischen Strategien usw. Entwicklungsprozesse und -politiken in einzelnen Regionen sind daher sehr schwer zu überblicken und entbehren daher sehr häufig auch einer notwenigen Koordination. Ein weiteres Problem besteht darin, dass sich Regionalentwicklung sehr stark nur über nationale oder EU-Förderungssysteme identifiziert und damit auch komplizierte und aufwendige Abwicklungsmodalitäten dominieren. Dadurch besteht häufig auch ein Defizit in der regionalen Identifikation und Koordination. Dabei tritt auch das Problem in den Vordergrund, was als Identifikations- oder Koordinations-„Region" definiert werden soll bzw. sich als solche identifizieren soll. Dazu kommen laufende Veränderungen bei den großen tragenden Förderstrukturen und Programmen, wie sie mit dem Ende der laufenden Programmperiode 2006 zu erwarten sind. Alle diese Probleme treffen für das Südburgenland in besonderer Weise zu, so dass diese Probleme im Auftrage des Leaderbüros Südburgenland+ in dieser Diplomarbeit analysiert werden.

Die vorliegende Diplomarbeit befasst sich mit folgender Forschungsfrage: „Wie können Kooperations- und Organisationsmodelle im Südburgenland im Sinne einer eigenständigen und nachhaltigen Regionalentwicklung – unabhängig von zeitlich begrenzten Förderinstrumentarien – aussehen?" (S. 1). Dazu wird in einem sehr breit und tiefgehend angelegten Literaturteil (Kap. 1 und 2) der gesamte relevante Bereich der Regionalentwicklung und -politik diskutiert und auf Implikationen für das Südburgenland geprüft (Kap. 3). Dabei werden alle relevanten Theoriezugänge diskutiert: von den neoklassischen Ansätzen über die endogene Strategie, den Governance-Ansatz, die Akteurstheorie und besonders aktuell auch systemtheoretische Zugänge. Besonders ausführlich wird dann auch auf den Aspekt der regionalen Kooperation und Netzwerkbildung eingegangen (Kap. 2). Es folgt dann eine ausführliche und kritische Bestandsaufnahme der Regionalförderung im Südburgenland, wobei die Analyse der Förderungspolitik stark in den Vordergrund tritt, so als gäbe es Regionalentwicklung nur dort, wo auch Förderung (von oben) stattfindet. Diese Strukturen und Prozesse werden dann einer ausführlichen Kritik unterzogen: Wirkungsanalyse (Kap. 4.3.) und Stärken-Schwächen-Analyse (Kap. 4.4.). Auf dieser Basis wird dann als empirischer Beitrag eine qualitative Analyse zur Bewertung, Zukunftsentwicklung und zur Kooperation über Experteninterviews durchgeführt. Die Ergebnisse werden ausführlich dokumentiert (siehe Anhang) und kritisch analysiert und dargestellt (Kap. 5.3.). Aus der Gesamtanalyse werden, weil die regionale Koordination und Integration als ein wichtiges Grundproblem erkannt wird, Beispiele von Organisationsmodellen der regionalen Entwicklung vorgestellt (Kap. 6.1.) und dann konkrete Vorschläge für die Weiterentwicklung im Südburgenland entwickelt (Kap. 6.2.).

CH. STAUDACHER

2004. GUNSAM, BETTINA: Zentralisierung des Fuhrparkmanagements und flächendeckende Fuhrparkinstandhaltung durch Auslagerung. IV, 90 Seiten, Anhang, graph. Darst., Kt.

2004. HOFFMANN, BERNHARD: Luxustourismus – Analyse von Luxustourismusorten und Regionen und Standortanalyse von Luxushotelketten. 137 Seiten, graph. Darst., Kt.

2004. KADAWY, LUKAS: Die Standortwahl von Unternehmenszentralen – Analyse am Beispiel des Standortes Wien. 101 Seiten, graph. Darst., Kt.

2004. KAMITZ, BRITTA: Mountainbiken als Trendsportart – eine wirtschaftsgeographische Untersuchung der Mountainbike-Region Wienerwald. 227 Seiten, graph. Darst., Kt.

2004. KERN, HANS: Innenstadtbelebung in St. Pölten – Kritik der Strukturen, Aktivitäten und Programme. 147 Seiten, graph. Darst., Kt.

2004. KLEIN, DIANA: Dokumentarfilm in Österreich – Standorte, Firmen, Finanzierung und Märkte. 110 Seiten, graph. Darst., Kt.

2004. KOCZKÁS, GÁBOR: Kriterien für die dynamische Entwicklung österreichischer Unternehmen (Finanzdienstleistungen, Industrie und Handel) in Zentral- und Osteuropa – Ungarn. 108 Seiten, graph. Darst.

2004. KUSCHINSKY, CHRISTINA: Österreichische Direktinvestitionen in Slowenien – Rahmenbedingungen und Fallstudien. 116 Seiten, graph. Darst., Kt.

2004. LACKNER, MICHAEL: Sonderwirtschaftszonen als Anreiz für Investitionen in ausgewählten EU-Beitrittsländern. IV, 116 Seiten, graph. Darst., Kt.

2004. LACKNER, SONJA: Regionale Entwicklung – lokale Agenda 21 am Beispiel der Marktgemeinde Obervellach. 144, 11 Seiten, graph. Darst., Kt.

2004. MÖSSLER, REGINA: Kinos in Wien – eine Bestandsaufnahme und Standortanalyse. 146 Seiten, graph. Darst., Kt.

2004. MÜCKE, ANGELIKA: Kooperationsmodelle und deren Anwendung im Tourismus am Beispiel Mariazeller Land. 166 Seiten, graph. Darst., Kt.

2004. NUSSMÜLLER, EVA: Regionalentwicklung im Südburgenland – Organisationsmodelle einer eigenständigen und nachhaltigen Regionalentwicklung. V, 228 Seiten, graph. Darst., Kt.

2004 PATZAK, NIKOLAUS: Kooperationsmodelle und deren Anwendung im Tourismus am Beispiel Mariazeller Land. 166 Seiten, graph. Darst., Kt.

2004. PONGRACZ, PETRA: Attracting supermarkets to underserved, urban markets. 89 Seiten, graph. Darst., Kt.

Einzelhandelsunternehmen sind in ihrer Standortausrichtung als Distributionsunternehmen extrem marktorientiert ausgerichtet. Sie reagieren dabei in besonderer Weise aufgrund der räumlichen Reichweite der Konsumenten auf räumliche Strukturen und Differenzierungen dieser Märkte. Sie sind über das Instrument der Standortentscheidung immer auf der Suche nach den besseren Märkten und meiden Standorte und Märkte mit wesentlichen Nachteilen. Ein besondere Form benachteiligter Märkte sind solche Gebiete, in denen Konzentrationen von Bevölkerungen auftreten, die ein niedriges Einkommen haben, wie es in vielen amerikanischen Städten aufgrund der wesentlich extremeren Disparitäten der Fall ist. Solche Standorte und Märkte werden insbesondere von den Einzelhandelsgroßunternehmen mit ihren Filial- und Franchise-Standorten gemieden, so dass deren Disparität durch den Versorgungsmangel noch deutlich gesteigert wird. Strategien zur Ansiedlung von Versorgungsunternehmen in solchen Gebieten sind eine ganz wichtige Politik in der Stadtentwicklung.

Die vorliegende Arbeit untersucht am Beispiel von Durham, North Carolina, solche Strukturen und Entwicklungen und diskutiert auch die Maßnahmen der Stadtentwicklung um ein Ausdünnen der Versorgungsstruktur zu vermeiden: Die Arbeit beginnt mit einer ausführlichen Diskussion der Grundfragen des Themas (Kap. 2) und arbeitet vor dem Hintergrund der „amerikanischen Stadt" (Kap. 2.2.) die Fragen Einzelhandelsversorgung für den Bereich der Alltagsversorgung recht systematisch auf: es werden die Defizite und negativen Wirkungen mangelhafter Versorgungsstrukturen aufgezeigt, die Strukturen des LM-Einzelhandels in den USA diskutiert, insbesondere mit Bezug auf Stadtgebiete mit niedrigem Einkommen der Bevölkerung und auch die Politik diskutiert, die in dieser Situation eingesetzt wird. Das Fallbeispiel bezieht sich auf die Stadt Durham für die – besonders für ein ausgewähltes Testgebiet nach einem Überblick über die Strukturen der Grocery Stores (Kap. 4.2.) die Strukturen der im Testgebiet, die Handelsstrukturen und auch die wichtigsten Akteure analysiert werden. Mit der Darstellung auch der Stadtentwicklung und der städtischen Einzelhandels-Entwicklungsprogramme und -erfolge zeigt sich ein klares Bild der Notwendigkeit öffentlich gesteuerter Standortprogramme als notwendige Politik des Disparitätenausgleiches. Es zeigt sich als Ergebnis der Arbeit klar, dass solche Programme unbedingt notwendig sind und eine räumlich orientierte Ausgleichspolitik gesamtwirtschaftlich Sinn macht.

CH. STAUDACHER

2004. PREINING, TONJA: Wie wirkt sich das Guggenheim Museum auf die Stadt Bilbao aus. 101, 12 Seiten, Illustr., graph. Darst.

2004. PRUTSCHER, PIA: Die Standortfrage als Kernelement im Businessplan – Standort und Struktur der Brillenmanufaktur Nikolaus Hauser KEG. Getr. Zählung, graph. Darst., Kt.

2004. REDA, AMIN: Die Entwicklung des U.S.-Amerikanischen Nationalparksystems bis 1933. 134 Seiten, graph. Darst., Kt.

2004. REISCHL, MARTIN: Mountainbiken als Trendsportart – eine wirtschaftsgeographische Untersuchung der Mountainbike-Region Wienerwald. 227 Seiten, graph. Darst., Kt.

2004. SAILER, SUSANNE: Standorte, Struktur und Kooperation der privaten Autobusunternehmen in Niederösterreich. 104 Seiten, graph. Darst., Kt.

2004. SANDER, ERIKA: Destination Management versus Tourismusverband – regionales Management im Spannungsfeld der organisatorischen Gestaltung. XIII, 251 Seiten, graph. Darst., Kt.

2004. SANTER, CLAUDIA: Standortalternative Innenstadt – am Beispiel Villach. 115 Seiten, graph. Darst., Kt.

2004. SCHILDKNECHT, BARBARA: Die Bedeutung der Bergbaurohstoffe für die Wirtschafts- und Exportentwicklung Mexikos der letzten Jahrzehnte. VII, 132 Seiten, graph. Darst., Kt.

2004. SCHREIBER, CHRISTOPH: Auswirkungen neuer Medien auf Unternehmensstandorte im Burgenland. 182 Seiten, graph. Darst., Kt.

2004. SCHUBERT, ALEX: Entwurf eines City-Logistik-Konzepts für die Wiener Innenstadt. VII, 142 Seiten, graph. Darst., Kt., 4 Beilagen.

2004. SCHULTE, DAVID: Perspektive global city – eine Analyse der Stärken und Potentiale der Städte Berlin und Peking. 165 Seiten, Illustr., graph. Darst., Kt.

Die Existenz von Städten, Global Cities, World Cities aber auch von Städtesystemen, egal ob sie in hierarchischen oder eher egalitären Strukturen organisiert sind, gehört zu den systemischen Grundlagen von räumlichen Systemen und damit von wirtschaftlichen Regionalsystemen; das galt schon in der Phase der alten Hochkulturen genauso wie im Mittelalter und in der Neuzeit und gilt ganz besonders in der Industrialisierung und ist aus der heute sich herausbildenden globalen Wirtschaft überhaupt nicht mehr wegzudenken. Ohne Weltstädte und ohne Weltstädtesystem keine globale Wirtschaft, aber auch keine sinnvolle und konkurrenzfähige Einbindung von Wirtschaftsregionen in dieses Weltsystem. Daher ist die Beschäftigung mit der Rolle von Städten im Regional- und Weltwirtschaftssystem eine wichtige Kernthematik wirtschaftsgeographischer Befassung mit der Wirtschaft, mit Wirtschaftsentwicklung, Globalisierung usw. Ein besonders interessantes Studienobjekt sind dabei die großen Städte dieser Welt, die nicht zur obersten Hierarchieebene der Global Cities gehören, sondern zur mittleren Ebene, weil von dieser in der Zukunft am ehesten zu erwarten ist, dass sie mit ihren Regionen in einen wichtigen Konkurrenzkampf um den Aufstieg in die oberen Hierarchieebenen eintreten werden. Der Vergleich zwischen „alten" und „neuen" Städten und Regionen ist dabei besonders spannend.

Die vorliegende Diplomarbeit befasst sich am Beispiel von Berlin und Peking mit diesen Fragen: „Inwiefern sind Peking und Berlin Global Cities oder World Cities? Sind sie auf dem Weg eine Global City zu werden?" (S. 12). Auf der Grundlage einer recht umfassend angelegten Diskussion des Global – World City-Konzeptes, indem die wichtigen Begriffe auf der Basis der Kernliteratur diskutiert werden (es fehlt eigentlich nur REBITZER), entsteht ein entsprechender Forschungsrahmen. Dieser wird über ein recht umfassend angelegtes qualitatives Forschungsprogramm realisiert: Auf der Basis sehr breiter Literatur und der Verwendung von verschiedensten Materialien (z.B. Stadtentwicklungspläne, ...) werden zunächst für beide zu vergleichende Städte wichtige Strukturthemen diskutiert: Geschichte, Wirtschaftsstruktur, Immobilienmarkt, Verkehrssysteme, Wirtschaftssituation usw. bis hin zu aktuellen Konzepten der Stadtentwicklung. Der so erstellte Strukturvergleich liefert bereits wesentliche Grundlagen zur Fragestellung. Ergänzt und vertieft wird diese Analyse durch äußerst umfangreiche qualitative Interviews zu diesen Themenkomplexen mit ausgewählten Experten (vgl. Tab. 11, S. 13). Diese Experteninterviews, sind systematisch ausgewertet und im Anhang in voller Transkription dokumentiert. Besonders wichtig dabei ist auch, dass hier immer wieder die Fragen der Zukunftsentwicklung und möglicher Strategien diskutiert werden.

CH. STAUDACHER

2004. STAFFLER, ZENO: Bedeutung und Auswirkung von Golfplätzen auf die touristische Struktur und Entwicklung in Südtirol. 94 Seiten, graph. Darst., Kt.

2004. SVECENY, FERDINAND: Electronic commerce im business-to-business Bereich und seine Auswirkungen auf die Automobilindustrie. 113 Seiten, graph. Darst.

2004. TESAŘ, PETR: Kriterien für die dynamische Entwicklung österreichischer Unternehmen in Zentral- und Osteuropa – Tschechien. 117 Seiten, graph. Darst.

2004. VARGA, KATALIN: Der Naturpark Geschriebenstein–Irottkö im Rahmen der Fonds der Europäischen Union Interreg und Phare. 141 Seiten, graph. Darst., Kt.

B. *Wissenschaftliche Veröffentlichungen des Instituts für Wirtschaftsgeographie, Regionalentwicklung und Umweltwirtschaft der Wirtschaftsuniversität Wien*

a) Abteilung für Wirtschaftsgeographie & Geoinformatik

O. Univ.-Prof. Dr. MANFRED M. FISCHER:

2004. GIS and network analysis. In HENSHER, D., BUTTON, K., HAYNES, K. and STOPHER, P. (eds): *Handbook of Transport Geography and Spatial Systems*, pp. 391–408. Amsterdam, New York, Oxford: Elsevier.

Innovation, knowledge creation and systems of innovation: From theory to policy. In Dezvoltarea Regionala si Echilibrul Structural al Economiei Nationale. Proceedings of the 4th National Symposium of the Romanian Regional Science Association, 27–28 May, 2004, Galati, Hrsg. PÂRLOG, C., IONESCU, R.-V. and TUSA, E., 15–19. Bucharest: Orel Füssli.

gem. mit K. HLAVACKOVA-SCHINDLER: Spatial interaction modelling: Neural network methods and global optimization. In DIAPPI, L. (ed.): *Evolving Cities. Geocomputation in Territorial Planning*, pp. 45–61. Aldershot (England) and Burlington (USA): Ashgate.

gem. mit A. REGGIANI: Spatial interaction models: From the gravity to the neural network approach. In CAPPELLO, R. and NIJKAMP, P. (eds.): *Urban Dynamics and Growth. Advances in Urban Economics*, pp. 319–346. Amsterdam: Elsevier.

Univ.-Ass. Mag. Dr. THOMAS ROEDIGER-SCHLUGA:

2004. *The Porter hypothesis and the economic consequences of environmental regulation. A neo-Schumpeterian approach*. Cheltenham: Edward Elgar.

Ass.-Prof. Mag. Dr. PETRA STAUFER-STEINNOCHER:

2004. gem. mit E. JANSENBERGER: Dual kernel density estimation as a method for describing spatio-temporal changes in the Upper Austrian food retailing market. In Toppen, F. and Prastacos, P. (eds.): *Agile 2004, 7th Conference on Geographic Information Science. Conference Proceedings*, pp. 551-558, Heraklion: Crete University Press.

gem. mit E. JANSENBERGER: Räumlich-Zeitliche Analyse von Marktkonzentration und Marktdominanz im oberösterreichischen Lebensmitteleinzelhandel. In STROBL, J., BLASCHKE, T. and GRIESEBNER, G. (eds..): *Angewandte Geoinformatik 2004 Beiträge zum 16. AGIT-Symposium Salzburg*, pp. 271.277, Heidelberg: Wichmann.

Wiss. Mitarb. in Ausbildung Mag. EVA JANSENBERGER:

2004. gem. mit P. STAUFER-STEINNOCHER: Dual kernel density estimation as a method for describing spatio-temporal changes in the Upper Austrian food retailing market. In Toppen, F. and Prastacos, P. (eds.): *Agile 2004, 7th Conference on Geographic Information Science. Conference Proceedings*, pp. 551–558, Heraklion: Crete University Press.

gem. mit P. STAUFER-STEINNOCHER: Räumlich-Zeitliche Analyse von Marktkonzentration und Marktdominanz im oberösterreichischen Lebensmitteleinzelhandel. In

STROBL, J., BLASCHKE, T. and GRIESEBNER, G. (eds.): *Angewandte Geoinformatik 2004 Beiträge zum 16. AGIT-Symposium Salzburg*, pp. 271–277, Heidelberg: Wichmann.

b) Abteilung für Angewandte Regional- und Wirtschaftsgeographie

Ass.-Prof. Dr. ALBERT HOFMAYER:

2003. Verantwortlicher Schriftleiter der „Wirtschaftsgeographische Studien", hrsg. v. d. Österr. Gesellschaft für Wirtschaftsraumforschung, Wien: Band 29 (2003) mit 94 Seiten.

Univ.-Doz. Dr. FELIX JÜLG:

2004. Wintersporttourismus. In: BECKER, CHRISTOPH/HOPFINGER, HANS/STEINECKE, ALBRECHT (Hrsg.): Geographie der Freizeit und des Tourismus – Bilanz und Ausblick. Verlag R. Oldenbourg, München, S. 249–258, 2 Tabellen und 2 Graphiken; Zweite unveränderte Auflage, München.

Ao. Univ.-Prof. Dr. CHRISTIAN STAUDACHER:

2004. Grundverkehrswert und Schutzgebiete. Gutachten im Auftrag der Österreichischen Nationalbank, Jubiläumsfondsprojekt Nr. 11095, Wien, 5 S.

Ort- und Stadtkernbereich EUROPARK-Taxham in Salzburg? Bewertung der beabsichtigten Widmung aus fachlich-wirtschaftsgeographischer Sicht. Gutachten, Wien 2004, 19 S.

Waidhofen an der Ybbs – Altstadtzentrum / „EKZ Stadt der Türme"? Projektbericht, Wien 2004, 100 S., 38 Abb.

C. Veranstaltungen des Institutes für Wirtschaftsgeographie, Regionalentwicklung und Umweltwirtschaft der Wirtschaftsuniversität Wien

b) Abteilung Angewandte Regional- und Wirtschaftsgeographie

Kolloquium „Raum und Wirtschaft", gemeinsam mit der Österreichischen Gesellschaft für Wirtschaftsraumforschung (ÖGW)

14. Jänner 2004   Mag. BARBARA HOFSTÄTTER:
Die Golfanlage Waidhofen/Thaya und ihre touristischen und regionalwirtschaftlichen Auswirkungen
(Leopold-Scheidl-Preis 2002)

Sommersemester 2004:

10. März 2004   Univ.-Doz. Dr. PETER JORDAN (*Österr. Ost- u. Südosteuropainstitut*):
Kroatien und die europäische Integration
(Vorbereitung zur Exkursion „Sonnenseite der Adria")

9. Juni 2004   Mag. ALEXANDER WIMMER (*Weinakademie Österreich*):
Auswirkungen des Klimawandels auf die Weinwirtschaft und Weinbauregionen

23. Juni 2004	Mag. Thomas Novoszel (*südburgenland plus*): Regionale Entwicklung im Südburgenland – Erfolge, Erfahrungen und Probleme mit LEADER+

Wintersemester 2004/05:

20. Oktober 2004	Privatdoz. Dr. Rudolf Juchelka (*Univ. Duisburg – Essen*): Globalisierung im Dienstleistungssektor – eine wirtschaftsgeographische Betrachtung zum Luftverkehr (Festkolloquium zum 60. Geburtstag von Prof. Staudacher)
24. November 2004	Univ.-Prof. Dr. Klaus Arnold (A^RWI), Mag. Alexander Aigner (*Fa. AIVET*): E-Learning in der betrieblichen und schulischen Weiterbildung
15. Dezember 2004	Mag. Goran Žužul (*Fa. LKW Walter*): Qualitätstourismus an der kroatischen Küste – Fallstudie Bol Mag. Andreas Oberascher: Stadtmarketing in den USA – Fallstudien aus Illionois (Leopold-Scheidl-Preise 2003)